토마스 마이어 Thomas Meyer

2003년 뮌헨 루트비히 막시밀리안 대학교(LMU)에서 박사학위를 마쳤고,
6년 후 「1933~1938년 유럽 철학과 신학」이라는 주제의 연구로 교수
자격을 취득했다. 훔볼트 재단과 미네르바 재단의 연구원으로 활동했고,
여러 대학에서 방문 교수로 재직했다. 2020년 이후 모교의 철학 교수로
재직 중이다. 주요 연구 분야는 19세기와 20세기 사상사와 유대 철학이다.
2020년부터 한나 아렌트 선집 편집을 담당했으며 그중 8권이 이미
피페르 출판사에서 출판되었다. 주요 저서로『에른스트 카시러』,『해방의
종말에 대하여』,『철학과 법 사이』 등이 있다.

이 책은 "개인적 경험 없이는 어떠한 사유 과정도 없다. 모든 사유는
문제를 추적하는 추후 사유다."라는 아렌트의 잘 알려진 문장에서
출발한다. 아렌트의 경험과 정치적 사유의 결실인『전체주의의 기원』을
중심으로, 그 이전과 이후로 나누어 그의 삶과 연구를 풀어내고 있다.
기존에 조명되지 않았던 아렌트의 삶과 행적, 자료를 더해 우리가 그동안
알지 못했던 한나 아렌트의 모습을 생생하게 복원했다.

옮긴이 홍원표

한국외국어대학교 정치외교학과를 졸업하고 동 대학원에서 1992년
「고전적 합리주의의 현대적 해석: 레오 스트라우스, 에릭 보에글린,
한나 아렌트를 중심으로」라는 주제로 정치학 박사학위를 받았다. 이후
현재까지 한나 아렌트 정치철학 연구에 전념하고 있다. 한국외국어대학교
교무처장과 미네르바교양대학 학장을 맡았고, 한국정치학회 총무이사와
부회장, 한국아렌트학회 회장을 역임했다. 현재는 한국외국어대학교
명예교수로 있다.
저서로는『현대 정치철학의 지형』,『아렌트: 정치의 존재이유는 자유다』,
『한나 아렌트 정치철학』,『한나 아렌트와 세계사랑』(공저) 등이 있으며,
『혁명론』,『정신의 삶』,『어두운 시대의 사람들』,『한나 아렌트 철학 전기』,
『한나 아렌트·카를 야스퍼스 서간집 1926~1969』(1, 2권),『전체주의
물결과 정치적 이해』 등을 옮겼다.

한나 아렌트

한나 아렌트

HANNAH ARENDT

토마스 마이어 홍원표 옮김

한길사

차례

"이것이 바로 갈망이다.
밀물과 썰물처럼 흘러가는 삶 속에서 살며
시간 속에서 고향 없이 살고 싶다."

젊은 학생 시절의 한나 아렌트.

온갖 불확실한 상황에도 불구하고,
한나 아렌트와 그녀의 첫 남편 귄터 슈테른은 1929년경 함께 있었다.

웃음과 눈물 사이에서.

1930년대 중반, 파리의 한나 아렌트.

『전체주의의 기원』 집필을 마친 이후 해변에서 휴식을 취하고 있다.
로즈 파이텔슨, 한나 아렌트, 하인리히 블뤼허.

1949년 알프레드 카진이 찍은 사진.

"나는 개인적인 경험 없이는 어떠한 사유 과정도 가능하다고
생각하지 않는다. 모든 사유는 추후 사유다."

한나 아렌트, 1964년.

일러두기

- 인명과 지명 등은 국립국어원의 외래어표기법을 따랐으나,
  독자에게 친숙한 단어는 그에 따라 표기한 경우도 있습니다.
- 책 말미에 있는 미주는 모두 지은이주, 본문 쪽 하단에 있는
  각주는 모두 옮긴이주입니다.

한나 아렌트의 저작에 흔히 붙이는 수식어는 '현재actual; gegenwär-tig'라는 단어일 것이다. 그녀는 지난 30여 년 동안 동시대 인물로 이해되어 왔으며 심지어 "시대의 사상가"(리처드 번스타인)로 읽히기도 했다.

자유민주주의의 심각한 위기, 2022년 2월 24일 이후 계속되고 있는 우크라이나에 대한 러시아의 침략 전쟁, 전 세계 난민의 급격한 증가, 인간을 무력화할 수 있는 발명품의 위협…. 한나 아렌트 전기는 이러한 사태를 계기로 아렌트의 지속적인 '현재성'을 강조해야 하지 않을까? 아렌트의 사유와 행위는 20세기에 등장한 전례 없는 전체주의와 맞서 투쟁하는 데 헌신하지 않았는가? 약자를 옹호하고 '권리를 가질 권리'를 옹호하지 않았는가?

아니면 그 반대일까? 아렌트의 현재성은 우리가 국제적으로 잘못된 방향으로 가고 있음을 보여주는 또 다른 증거일까? 그녀는 식민주의자, 인종주의자, 이스라엘을 경멸하는 사람들의 편에 서 있지 않았는가? 그녀는 사회 문제·페미니즘·성평등에 관심이 있었는가? 그녀는 당대의 편견에 깊이 빠져 있지 않았기에 우리에게 흥미로운 사례일 뿐이었는가?

나는 한걸음 물러서서 아렌트가 살았던 시대의 입장에서 그녀의 삶과 저작을 거의 대부분 소개하기로 했다. '기록문서 연구Archivrecherch'를 바탕으로 한 이 최초의 전기에서 알 수 있듯이, 아렌트는 자신이 살던 시대와 특별한 방식으로 소통했다. 그녀는 1934년부터 1940년 사이에 파리로 이주한 유대인 어린이와 청소년을 적극적으로 지원하고 많은 생명을 구할 기회를 잡았다.

이후 아렌트는 미국에 거주하면서 자신의 행위와 사상에 결정적인 영향을 미친 유대인문화재건위원회에 계속(총 20년 동안) 참여했다. 이 전기는 이 시기에 초점을 두고 있다. 물론 아렌트가 자신의 경험과 관련하여 아무 이야기도 하지 않았고, 이것이 저작 일부가 되는 것을 허용하지 않았다. 그런데도 이 20년은 그녀의 사유 형성에 영향을 주었다. 이러한 사유는 행위에서 비롯되었고, 이를 다시 성찰했기 때문이다. 이 시대에 대한 해석이 아니라 뚜렷한 묘사가 중요하다.

피페르Piper출판사는 2020년 10월부터 내가 편집한 12권짜리 연구 총서를 출간하고 있다. 여기에는 한나 아렌트의 단행본과 에세이가 포함되어 있다. 상세한 해설과 함께 새롭게 정리하여 보완한 텍스트들은 이 전기와 함께 하나의 통일된 체계를 이루고 있다.

나는 스스로 세운 과제와 이를 수행할 수 있는 제한적인 수단을 생각할 때마다 볼프강 힐데스하이머의 한 발견을 떠올린다. 1981년 힐데스하이머는 괴테와 영국 미술사학자 앤드류 마봇*의 알려지지 않은 대화의 일부를 출판한 바 있다.

마봇은 다음과 같이 대답했다. "각하, 저는 모든 전통을 불신합니다. 개연성이 있는 것조차도요. 저에게는 진실만이 사실이고, 개연성은 환상일 뿐입니다." 그러자 괴테가 말했다. "나쁘지 않네, 젊은 친구여. 우리는 여기서 의심하는 사람뿐만 아니라 반항하는 사람도 상대하고 있는 것 같군."

토마스 마이어
베를린의 샤를로텐부르크, 2023년 8월 8일

---

* 앤드류 마봇(Andrew Marbot, 1801~1830)은 영국 귀족이며 미학자이자 미술 심리학자로 프로이트와 모더니즘의 예술적 통찰력을 예상했다고 한다. 이 책의 출처는 다음과 같다. Wolfgang Hildesheimer, *Marbot: Eine Biographie*(Frankfurt/Main: Suhrkamp, 1984).

마지막 닻줄

더 이상 나를 찾지 않는 해안,

내 시선이 여전히 맴돌고 있는 도시,

닻 깊은 곳에서처럼

내 영혼이 가라앉은 곳에서,

그리고 여전히 나를 묶어두고 있는 이 닻줄은

나를 낳은 세상에,

점점 사라지는 본토로

유럽이었던 모든 것이 사라진다.

풍경의 언어와 음악,

세상과의 분리, 열정

그리고 무시무시한 혈연관계에서

어두운 죽음의 광란.

내 세월의 비밀,

어렸을 때 했던 말,

아직도 나를 묶어두는 마지막 닻줄,

내가 오래전 떠났을 때.

한스 잘, 리스본, 1941년 4월 1일, 기네호에서

1941년 5월 10일 리스본은 온화한 봄날이었다. 공식 일기예보에 따르면 기온은 섭씨 19.6도를 넘지 않았다. 아침에 기네호Guiné의 출항 작업이 항구에서 완료되었고, 몇 시간만 지나면 "출항하라!"는 외침이 울려 퍼질 터였다.

기네호는 포르투갈 식민지 해운회사에서 운영하는 여객선 가운데 가장 작은 배였다. 이 배가 새로운 목적으로 개조되었기 때문에, 사람들은 이 배의 특별한 역사를 알지 못했다. 1905년 이 배는 산미구엘San Miguel이라는 이름으로 항해를 시작했는데, 그 당시에는 주로 화물 수송에 사용되었다. 산미구엘호는 날씬하고 기동성이 뛰어나며 우아한 모습의 선박이었다. 제1차 세계대전 종전 직전인 1918년 8월, 이 배는 포르투갈 국민 사이에서 명성을 얻었고, 적조차 찬사를 보냈다. 선장이 해전사에서 가장 성공적인 잠수함 유보트 사령관인 독일 해군 장교 페리에르로부터 거의 극적으로 탈출했기 때문이다. 이 선박은 사상자나 화물의 손실 없이 전설적인 추격함으로부터 벗어날 수 있었다.[1] 12년 후인 1930년, 산미구엘호는 운행이 중단된 원래 기네호의 후속 모델인 기네 2호가 되었다. 이름이 변경된 이 배는 10년 동안 주로 리스본과 카보베르데* 사이를 오가며 항해했다.

---

*　　현재 아프리카 서쪽 세네갈 연안에 있는 국가.

그러나 1941년 5월이 되어서야 모든 것이 바뀌었다. 나치 독일과 동맹국들은 제2차 세계대전 초기에 정복을 통해 서부로의 탈출 공간을 점점 더 좁혀갔다. 이에 따라 박해받는 유대인을 구출하는 활동에는 더 큰 노력과 더 많은 수송 능력이 필요했다. 뉴욕에 본부를 둔 구호단체인 미국 유대인공동분배위원회JDC는 선박 용선의 횟수를 늘리기 시작했다.[2] 그래서 기네호는 이 위원회의 주문으로 1941년 4월 1일 처음으로 리스본과 뉴욕 사이의 항로를 항해하였고, 이 항로를 총 일곱 차례 운항했다. 그중 마지막 항해는 1942년 5월 19일에 출발했다. 1944년 10월 말, 이 위원회는 마침내 마지막으로 기네호를 임대했다. 11월 5일 대부분 유대인인 어린이와 청소년 449명이 하이파에 도착했다. 기네호에 승선한 사람은 누구나 더 안전하다고 느낄 수 있었다.

이 위원회의 첫 수송에는 본명이 한스 잘로몬, 즉 미술사학자이자 시인인 한스 잘도 탑승했다. 그는 1993년 사망하기 3년 전에 출간된 저서 『어느 도덕주의자의 회고록*Memoiren eines Moralisten*』 제2부에서 「망명 중의 망명Exil im Exil」이란 제목으로 이민자들의 유명한 '대기실'인 포르투갈 수도의 분위기를 묘사했다.

리스본 항구에는 더 이상 또는 여전히 출항하지 않는 배들이 그 자리에 있었다. 모든 나라에서 온 난민들이 카페에 앉아 있었다. 그들은 비자를 기다리며 다양한 언어로 자신의 목소리를 들려주려고 했다. 암거래상들은 카페에 앉아서 미국까지 항해하는 데 2주가 걸리는 포르투갈의 소형 증기선 승선표를 제공했다.

사람들은 안전하다고 생각했다. (…) 그렇지만 안전은 믿을 수 없었다. 미국 비자를 취득하지 못한 이들은 여진히 유럽에 머물렀고, 히틀러는 유럽의 거의 모든 지역을 점령하고 있었다. 히틀러는 왜 포르투갈만은 성가시게 하지 않았을까? 사람들은 서둘러야 했다. 즉 너무 늦기 전에 배편을 잡아야 했다.[3]

대부분 유럽 전역에서 온 난민이었던 189명의 유대인 여성과 남성 승객은 1941년 5월 10일 한나 아렌트와 하인리히 블뤼허와 함께 항구에서 승선했다. 이들은 무엇을 생각하고 느꼈는가? 에른스트 에밀 롤만과 아내 힐데가르트는?

불과 1년 전에 롤만의 부모인 한스와 마리아는 칼레에서 나치를 피해 도망치던 중 절망에 빠져 목숨을 끊었다. 롤만 가족은 평범한 사람이 아니라 쾰른에서 3대째 신발 제조업을 이어온 오랜 전통의 유대인 가문이었다. 1921년 12월 29일, 한스 롤만은 카를 카우프만 및 카를 미하엘과 함께 루베르 지역의 트리어 남동쪽에 있는 마을 구스테라스탈에서 신발 공장 로미카를 설립했다. 이 공장은 수십 년 동안 명성을 누렸고 전성기에는 2,000명의 직원을 고용하기도 했다. 에른스트 에밀을 포함한 롤만의 세 아들이 사업을 물려받을 예정이었지만, 롤만 가족의 개인적·직업적 기반은 1933년부터 조직적으로 붕괴되기 시작했다.

에른트스 에밀의 아내 힐데가르트는 바이마르 공화국 시절에 심리학을 공부했고, 이후 미국에서 학업을 이어가 정신분석학자로 명성을 얻게 된다. 그리고 승선한 여성 가운데 지그문트 프로이트를 집중적으로 연구한 사람은 그녀뿐만이 아니었다. 1907년 빈에서 태어난 케테 볼프도 유명한 심리학자 카를 빌러Karl Bühler 의 지도로 1929년 박사학위를 받았다. 케테 볼프는 빌러의 유명 한 동료 장 피아제의 안내로 스위스를 거쳐 리스본으로 향했다. 볼프는 자신의 제자이자 친구였던 안네마리 로이첸도르프와 함 께 승선했다. 두 사람 모두 미국에서 아동심리학자로서 명성을 쌓았다.

그외에도 1941년 5월 10일 기네호의 승객 명단을 보면, '작가' 인 하인리히 블뤼허와 그의 '아내' 요한나 블뤼허가 발견된다. 등 록 사항에 따르면 두 사람 모두 무국적자였으며 1940년 9월 19 일자로 마르세유에서 발급된 비자를 소지하고 있었다. 블뤼허는 41세로 베를린 태생의 '독일인'이었고, 아렌트는 34세로 하노버 태생의 '유대인'이었다.

블뤼허 부부는 많은 용기와 행운, 그리고 무엇보다도 다양한 조직과 사람들의 도움으로 프랑스 수용소를 탈출했을 뿐만 아니 라 도주하는 중에도 서로를 찾을 수 있었다. 따라서 그들이 마르 세유에서 미국인 바리안 프라이Varian Fry*4와 그의 동료들을 만 난 것은 우연이 아니었다. 1940년에 설립된 비상구조위원회의

   *   프라이는 비시 정권의 프랑스에서 구조 네트워크를 운영하여 2,000명의 반 나치 및 유대인 난민의 탈출을 도왔다. 이스라엘이 제2차 세계대전 중 난민 의 생명을 구한 비유대인에게 수여하는 명예 칭호인 '세계의 의인'으로 인정 받은 다섯 명의 미국인 중 첫 번째 사람이었다.

명성은 빠르게 퍼져나갔고, 이 구조 단체는 같은 해에 운영을 시작한 유니테리언 유니버설리스트 봉사위원회* 및 파리 퀘이커공동체를 비롯한 다양한 단체와의 협력을 통해 이민자 사회에 널리 알려지게 되었다. 그런데 하버드대학교에서 교육을 받은 고전언어학자이자 언론인인 프라이가 블뤼허 부부에게 필요한 구조비자를 발급하기까지는 개인적인 지원이 필수적이었다.

첫 번째 단계는 입국 국가 시민으로부터 입국 지원의 보증, 즉 신원 보증을 확보하는 것이 필요했다. 아렌트는 1936년 이후 뉴욕에 거주하던 첫 남편인 귄터 슈테른(훗날 귄터 안더스)과 접촉하여 신원 보증을 확보했다. 귄터 슈테른은 여러 유대인 단체를 통해 인본주의적인 기업가 찰스 굿맨을 소개받았다. 굿맨은, 심부름꾼에서 펄프·제지무역회사의 사장으로 성공한 헝가리 태생의 모리스 귄츨러Moricz Gunczler와 함께 블뤼허 부부를 보증했다. 프라이에게 연락을 취한 사람은 훗날 사회과학자로 유명해진 앨버트 허쉬만이었을 것이다.[5] 그는 블뤼허를 알고 있었고, 가족 내의 의심스러운 평판에도 불구하고 아렌트와 블뤼허를 옹호했다.[6]

아렌트와 블뤼허는 나중에 프라이와 유니테리언 유니버설리스트 봉사위원회가 1945년경에 작성한 구조자 명단에 128번과

*　Unitarian Universalist Service Committee(UUSC)는 1940년 5월 나치 박해로 위험에 처한 유럽 난민을 돕기 위한 목적으로 설립되었으며, 미국과 전 세계에서 인권과 사회 정의를 증진하는 비종파 조직이다. 이 위원회는 신앙심과 양심을 지닌 사람들을 참여시켜 전 세계의 중대한 인권 위기에 대응해 왔다.

129번으로 포함되었다. 한스 잘과 함께 무엇보다도 지그프리트 크라카우어 — 명단에서 확인할 수 있듯이 — 그리고 하인리히 브란들러와 같이 블뤼허 부부의 수많은 지인도 프라이를 통해 자유세계에 도착했다. 하인리히 브란들러도 1928~29년 공산당 반대파KPDO의 창립 회원 가운데 한 사람으로 1933년 이후 수년간 파리를 비롯해 여러 곳에서 망명 생활을 했다. 그는 절친한 친구이자 전우인 아우구스트 탈하이머 그리고 그의 가족들과 함께 실제 탈출의 목적지인 하바나에 도착했다.[7]

블뤼허 부부는 승선할 때 소지품이 거의 없었다. 장서 대부분은 당시 많은 이민자를 지원했던 파리 퀘이커공동체에 숨겨져 있었다. 두 사람이 가지고 있던 편지, 원고, 문서도 1940년 이후 도피 과정에서 거의 분실되었거나 그 전에 이미 분실된 상태였다.

아렌트가 원어로 된 아이스킬로스의 비극집을 선실에서도 가지고 있었을까?* 이것은 그녀가 '구할 수 있었던' 유일한 책이었을 것이다. 그녀는 1940년 8월 4일, 프랑스에서 스페인을 거쳐 포르투갈로 도피하기 전에 프랑스어로 귄터 슈테른에게 보낸 마지막 편지를 다음과 같은 문장으로 마무리했다. 그것은 자신의 망명 생활을 다른 어떤 것보다 가장 잘 요약한 문장이었다. "이제 투쟁은 모든 것을 위한 것이다 νῦν ὑπὲρ πάντων ἀγών." 『페르시아인들Persians』에서 가져온 이 인용문은 그녀가 적어도 1933년부

---

*   바드대학 아렌트 서고에 보관된 아이스킬로스의 희곡 『아가멤논Agamemnon』과 관련한 내용이다. 1935년 프랑스 출판사(Les Belles Lettres)가 출간한 그리스어 원본이다.

터 살아왔고 앞으로도 계속 살아가려 했던 태도를 잘 드러낸다. 즉 "투쟁은 모든 것을 위한 것이다."[8] 그 앞 구절을 보면 아렌트가 어떤 활동을 했고 어떤 역사관을 갖고 있는지를 직접 보여주는 언급도 있다. "너희 헬레네의 후손들이여, 가자!/조국을 해방하라, 어린이들을 해방하라/그리고 여자들, 너희 조상 신들의 자리/그리고 너희 조상들의 무덤으로 가라."[9]

도항 자체는 놀라움이 없지 않았다. 승무원들은 뉴욕에서 동쪽으로 약 1,600마일 떨어진 바다에서 거대한 물체를 발견했다. 처음에 그들은 독일인들의 지뢰 함정에 부딪힐까 두려워했지만, 곧 다른 사람들이 '유령선'일지도 모른다고 보고했다. 사실 그것은 물 위에 떠다니는 바지선이었고 높이 13미터의 크레인이 멀리서 기네호에 손짓하는 듯했다. 그러나 이 난파선을 침몰시키려는 시도는 실패로 끝났다.

뉴욕에서 기다리고 있던 기자들은 도착한 사람들의 삶에 있었던 끔찍하고 특별한 일들뿐만 아니라 그러한 이야기들에 대해서도 맹렬히 비난했다. 기네호의 도착 소식은 1941년 5월 22일 미국 신문에 실렸다. 기네호는 13일간의 항해 끝에 스태튼 아일랜드 스테이플턴 항구의 9번 부두에 정박했다.

수년 동안 어퍼 웨스트 사이드에서도 성공을 거둔 건축가인 슈나이더와 허터는 1902~03년 부동산 개발업자 아브라함 모겐로스의 의뢰를 받아 317 웨스트 95번가(317-319)에 중상층을 위한 '발렌시아' 아파트 건물을 세웠다. 웨스트 엔드 애비뉴와 리버

사이드 드라이브 사이의 95번가 남쪽에 있는 이 집은 지하철에서 불과 두 블록 떨어져 있었다. 트램을 선호하는 사람들은 브로드웨이, 암스테르담, 6번가 노선을 이용하기 위해 5분을 더 걸어야 했다. 이 지역이 점점 인기를 얻게 되었고, 5년 뒤에는 '발렌시아' 건물에 이어 바로 맞은편에 호화 주택 용도로 같은 건축가가 설계한 웅장한 '페닝턴' 건물이 들어섰다.[10] 해당 지역의 더 큰 흐름에 따라, 그리고 1920년대 말부터 만연했던 경제 위기로 인해 두 건물은 당시 이미 고전적이었던 다른 많은 건물과 마찬가지로 1940년에 완전히 헐리고 재건축되었다. 즉 넓은 아파트는 거의 대부분 단독실로 바뀌었다.

도착한 당일 아렌트와 블뤼허는 가구가 일부 비치된 '발렌시아'의 두 개의 방으로 이사했고, 아렌트의 어머니는 얼마 후 자신의 아파트로 이사했다. 숙소는 블뤼허 부부의 도착을 미리 알고 있던 '미국 실향민 외국인학자 지원긴급위원회'에서 제공한 것이었다. 그들이 입주할 무렵 60채가 넘는 아파트가 들어선 7층짜리 셋집은 이미 상당히 낡은 상태였다.

하루 뒤인 1941년 5월 23일, 아렌트는 슈테른에게 전보로 다음과 같이 알렸다. "우리는 웨스트 95번가 317번지에 살고 있습니다. 한나."[11]

며칠 후 그녀는 이력서를 타자로 정리했다.

이력서

　한나 아렌트 본인은 1906년 10월 14일 하노버에서 태어났습니다. 1924년 가을, 쾨니히스베르크/프로이센의 인문계 고등학교 졸업(즉 대학입학자격) 시험에 합격했습니다. 1924년부터 1928년까지 철학·개신교 신학·그리스 문헌학을 연구했습니다. 그리고 철학을 전공으로, 신학과 그리스어를 부전공으로 연구했습니다.

　저는 철학을 하이데거(마르부르크대학교), 후설(프라이부르크대학교), 야스퍼스(하이델베르크대학교) 교수 밑에서 연구했습니다. 마르부르크대학교 불트만 교수와 하이델베르크대학교 디벨리우스 교수 밑에서 신학을 연구했고, 하이델베르크대학교 레겐보겐 교수 밑에서 그리스 문헌학을 연구했습니다. 1928년 가을 하이델베르크대학교에서 야스퍼스의 지도로 「아우구스티누스의 사랑 개념 Der Liebesbegriff bei Augustin」에 관한 연구로 박사학위를 받았습니다. 이 논문은 1930년 슈프링어출판사(베를린)에서 철학 총서의 하나로 출판되었습니다. 또한 야스퍼스, 하이데거, 디벨리우스 교수님의 주선으로 1930년 또는 1931년에 라헬 파른하겐의 삶에서 예시된 독일계 유대인의 동화 문제에 관한 연구로 독일학문비상대책재단 Notgemeinschaft der Deutschen Wissenschaft으로부터 연구비를 받았습니다. 저는 이 시기에 다음과 같은 주요 논문을 발표했습니다: 《게젤샤프트 Gesellschaft》에 「철학 및 사회학」, 《새 스위스 평론*Neuen Schweizer Rundshau*》에 「릴케의 두이노의 비가」,《유대교과학학술지》에 「레싱과 멘델스존」을,《레클람-알마나흐*Reklam-Almanach*》에 「라헬 파른하겐」을 게재했습니다. 아담 밀러에 관한 논문, 프리드리히 겐츠, 아우구스티누스 등의 서평과《쾰른 차이퉁》,《프랑크푸르트 차이퉁》,《사회과학 아카이브》에 서평을 게재했습니다.

저는 1933년 8월 파리로 이주했고, 처음 몇 년 동안은 다음과 같은 일을 했습니다. 유대인 문제에 대한 실질적인 개요를 파악하기 위해 처음 몇 년 동안 모든 연구를 중단했습니다. 아르놀트 츠바이크의 비서로 잠시 일한 후, 독일계 유대인 난민 정착위원회의 교육 부서(농업 및 수공예)를 이끌었고, 1935년에는 난민 어린이들을 위한 청소년 알리야의 프랑스 지부를 설립했습니다. 약 120명의 어린이가 이를 통해 1936년까지 팔레스타인으로 이주했습니다. 이 작업을 위해 팔레스타인에서 3개월을 보냈습니다. 이 사무실은 약 2년 운영되는 동안 일종의 상담 센터로 확장되었습니다. 파리에는 그런 기관이 없었기 때문입니다. 1936년 이후 저는 시간제로만 이 일을 계속했습니다. 인민전선 정부가 청년들에게 취업 허가증을 발급하고 있었고, 자격증은 독일에서 더 시급하게 필요했기 때문입니다. 1936년 말 저는 데이비드 프랑크푸르터의 변호를 위해 결성된 위원회의 사무국장을 맡았습니다. 프랑크푸르터의 변호인단은 방대한 자료를 수집하여 제공했지만, 변론 자체의 성격에 영향을 미치려는 모든 시도는 실패했습니다.

1937년부터 1938년 11월 대박해가 일어날 때까지 학문 연구를 재개하기 위해서 저는 모든 실천 활동에서 손을 뗐습니다. 그 당시에는 철학을 연구하며 지냈습니다. 이 시기에 라헬 파른하겐에 대한 연구를 마치고 반유대주의 역사를 연구했으며, 파리에 있는 독일 대학에서 이 주제에 대한 일련의 강연을 했습니다.

1938년 11월의 대학살과 새로운 난민 유입은 이런 관조의 시기를 끝내게 했습니다. 저는 실무로 돌아와 유대인위원회(부서: 독일계 유대인 정착 중앙국, 예루살렘 란다우어 박사)로부터 중부 유럽에서 프랑스로 이주하는 어린이와 성인들이 직면한 모든 문제를 처리해달라는 요청을 받았습니다. 전쟁 중에 프랑스 시온주의 단체의 도움으로 독일과 오스트리아 구금자들을 위한 봉사 활동을 시작했습니다. 주요 임무는 강제수용소에 수감된 사람들을 구출하는 일이었습니다.

한나 아렌트는 새로운 '이력서'를 들고 베를린 시절부터 알고 지냈던 사회학자 알버트 잘로몬을 만나러 뉴스쿨에 갔다. 잘로몬은 그녀와 함께 원본을 번역했고, 그녀가 지원서에 첨부하거나 앞으로 며칠, 몇 주에 걸쳐 직접 전달할 이력서 원본을 만들었다. 그녀는 독일어와 영어 이력서 사본을 슈테른에게도 보냈다.[12]

이력서는 목적이 있어야 하고 정확하고 명확하며 짧고 간결해

야 한다. 줄거리를 훑어본 후에는 그 사람과 이야기하고 더 잘 알
고 싶은 욕구를 불러일으키는 이미지가 떠올라야 한다. 이것은
바로 지원서 절차가 규정된 이래로 안내서와 참고 책자에서 계
속 강조되어온 내용이다. 한나 아렌트의 진술도 이 기본 틀을 따
랐다. 즉 이름·출생지·최고학위·전공 및 학습 장소·전공과목 및
장소·관련 교수·논문의 주제 및 출판물 순으로 작성되었다. 그
녀가 논문 발표 날짜를 잘못 기재했다는 사실 ─「아우구스티누
스의 사랑 개념」에 대한 연구는 1929년 가을에 출판되었다 ─은
독일연구재단의 전신, 독일 학술비상대책재단의 연구비 지급 시
점과 관련한 불확실함만큼이나 놀랍다. 연구비는 1930년 봄부터
2년 동안 그녀에게 수여되었다. 그녀의 실수와 모호함은 관련 서
류가 없었기 때문이었을까? 반면에 나중에 출판한 글들의 경우
는 완전히 달랐다. 책 제목과 잡지, 심지어 자신이 기고했던 신문
사 이름까지 정확히 기억하고 있었다. 원본이나 참고문헌을 간직
하고 있었던 것일까?

첫째 단락 이후에는 단절과 동시에 새로운 전환이 시작되었
다. 이민으로 알려진 독일에서의 도피는 아렌트를 또 다른 급진
적인 결론으로 이끌었는데, 바로 학문 연구를 포기하는 것이었
다. 아렌트는 '유대인 문제'에 불가피하게 대면해야 했기에 실천
활동으로의 전환이 정당하다고 생각했다. 아렌트는 싸웠다. 그녀
는 실천적인 유대인 연구를 통해 제3제국 존재 이유의 핵심이 되
었던 반유대주의에 맞서 싸웠다.

아렌트는 둘째 단락에서, 마치 이전에 수행한 일이 새로운 일

과 아무 관련이 없다는 듯이 열거하는 방식에서 벗어나 보고하고 해석하는 방식으로 전환했다. 여기에는 아렌트의 두 모습이 드러난다. 첫째, 한나 아렌트는 전적으로 교육과 글쓰기에 매진하는 인물로 나타난다. 둘째, 아렌트는 완전히 변화된 공공영역에 직면하여 사적 자아를 근본적으로 다르게 이해해야 할 필요성을 깨달은 인물로 드러난다. 사적 자아는 실제로 업무 자체에서 가시화되어야 했다.

이것은 어떤 모습이었나? 작가이자 정치운동가인 아르놀트 츠바이크와 함께 진행한 공동 연구는 1934년에 출간된 『1933년 독일계 유대인의 성과 *Bilanz der deutschen Judenheit 1933*』에 집중되었다. 츠바이크가 편지에서 강조했듯이, 한나 아렌트는 이른바 『최종결론 *Fazit*』이라는 책에서 중요한 역할을 했다. 단명한 조직이었던 농업·수공예단체와 '직업 재배치'라는 개념이 무엇에 관한 것인지 거의 알려지지 않았지만, 이것은 아렌트에게는 앞서 언급한 '청소년 알리야' 활동, 즉 '1936년까지 약 120명의 어린이'를 구출한 것만큼이나 중요한 사건이었음이 분명하다. 아렌트는 1964년 언론인 귄터 가우스와의 텔레비전 대담에서 파리에서의 활동에 대해 언급하기 전까지 자세한 내용을 밝히지 않았다. 구조된 어린이의 수 역시 다시 언급되지 않았다.

데이비드 프랑크푸르터위원회에 참여한 것도 마찬가지다. 프랑크푸르터는 1936년 2월 4일 다보스에서 스위스 나치 친위대 해외 조직 책임자 빌헬름 구스트로프를 저격한 후 경찰에 자수했다.

이 모든 것을 이해하기는 쉽지 않았다. 심지어 라헬 파른하겐에 관한 연구와 앞서 언급한 원고 및 폭로 기사는 현재 '반유대주의의 역사'라는 제목으로 유고에 보관되어 있으며 출판되지 않았다. 아렌트는 이력서에서 자신의 학문 연구 시기를, 현실이 잔인하게 자신의 삶으로 돌아오기 전에 숨을 고르는 순간으로 묘사했다. 그 무렵 독일 제국의 유대교 회당이 불타고 있었다. 사람들을 구해야 한다는 절박함은 또 다른 차원을 차지했기에, 그녀는 다시 실천적 활동에 뛰어들었다.

그 후, 아렌트는 프랑스 최대 수용소인 귀르스 수용소에서 보낸 한 달여에 대한 이야기는 단 한마디도 하지 않았고, 프랑스에서 구조선으로 탈출했다는 이야기 또한 없었다. 대신 이력서는 20세기의 상징이 되는 용어인 '강제수용소'로 끝을 맺는다. 당시에 그 용어가 무엇을 포함하고 무엇을 상징했는지 현재의 시점에서 정확하게 알 수는 없지만, 그것은 아렌트의 삶과 저작이 향후 다루게 될 모든 것을 예고하고 있었다. 그녀는 유대인들이 개처럼 살해되고 매장되었다는 사실을 이미 알고 있었다. 1940년 9월 26일, 그녀는 예루살렘에 있는 게르숌 숄렘에게 서로 친구였던 발터 벤야민의 자살 소식을 전하는 편지를 보냈을 때에도 그 사실을 알고 있었다.

수용소에서의 구출은 아렌트가 막 도망친 대륙에 대한 마지막 기억이었다.

기네호가 리스본항을 떠났을 때, 돌이킬 수 없는 단절을 경험하고 2주 후에 일종의 결과로 이어졌던 그 한나 아렌트의 삶은

1941년 5월 10일 반쯤 지나 있었다.

그녀에게 남은 시간은 20세기의 마지막 닻줄과 그 흔적을 자신과 후대의 모든 이들에게 전하려는 생각과 글쓰기로 가득 차 있었다.

서론

저는 개인적인 경험 없이는 어떠한 사유 과정도 없다고 믿습니다.
모든 사유는 문제를 추적하는 추후 사유입니다.

한나 아렌트, 1964년 9월 16일*

한나 아렌트의 삶과 저작에 대한 전 세계의 관심은 전기 연구에 대한 현저한 침묵으로 인해 상쇄된다. 1982년 엘리자베스 영-브륄의 모범적인 저작 이후, 전기에 대한 포괄적인 시도, 즉 삶과 저작을 모두 고려한 시도는 없었다.**[13] 아렌트의 제자에게 주

---

* 이 인용문은 아렌트와 귄터 가우스의 텔레비전 대담(10월 28일 방영)에서 귄터 가우스의 "철학적 통찰력은 사유를 진행하는 과정에서 개인적인 경험에 어느 정도 의존하는가?"라는 질문에 대한 답변이다. 출처는 다음과 같다. Hannah Arendt, *Essays in Understanding 1930~1954*(New York, San Diego, London: Harcourt Brace & Company, 1994), p. 20; 홍원표 옮김, 『전체주의 물결과 정치적 이해: 한나 아렌트 에세이 모음집 1930~1954』(서울: 신서원, 2024), 128쪽.

** 우리말 번역본의 서지사항은 다음과 같다. 홍원표 옮김. 『한나 아렌트 전기: 세계 사랑을 위하여』(일산: 인간사랑, 2007);『한나 아렌트 철학 전기: 세계 사랑의 여정』(서울: 신서원, 2022). 2007년 번역본은 영어 초판이고, 2022년 번역본은 2004년 영어 재판이다.

어진 아렌트 유고에 대한 독점적인 접근과 친구들과의 집중적인 대화는 아렌트의 이야기를 형성하는 데 결정적인 역할을 했다. 하지만 이를 위한 전제 조건은 영-브륄이 오랫동안 아렌트와 친하게 지냈다는 점이었다. 영-브륄은 아렌트로부터 직접 받은 많은 정보, 이야기, '일화'*를 다른 사람들이 전해준 이야기와 조화시키기만 하면 되었다. 아렌트가 직접 남긴 내용, 그녀의 주변 사람들이 추가한 내용, 그리고 그 자료들을 토대로 쓰여진 지금도 여전히 중요한 이 전기가 어떻게 구성되었는지는 제한적으로만 추적할 수 있다. 영-브륄과 함께 아렌트에 대해 논의했던 많은 사람이 아렌트가 세상을 떠나기 전에 편지와 기타 문서를 파기했다.

40년이 지난 현재, 전기의 전제 조건은 완전히 바뀌었다. 한나 아렌트의 저작에 관한 수천, 수만 권의 출판물, 비평서 및 출판된 서신 이외에도 한나 아렌트에 대해 더 자세히 알고 싶은 사람은 워싱턴 DC의 의회도서관에 보관된, 완전히 디지털화되고 무료로 제공되는 온라인 자료에 접근할 수 있다. 아렌트와 관련하여 자주 연관되는 두 용어, '사적'과 '공적'을 사용하여 결과 상황을 설명한다면, 그녀의 경우 어떤 구분의 가능성도 사라졌다고 말할

---

*   일화(逸話; anecdote)라는 용어는 그리스어 'ἀνέκδοτον'(미공개된, 즉 문자 그대로 공개되지 않은)에서 유래했으며, 작가가 강조하거나 설명하고 싶은 요점을 설명하기 위해 사용되는 짧은 이야기에 적용된다. 일화적 증거는 과학적 증거와 대조적으로, 과학적 방법으로 조사할 수 없는 증거로 자주 사용된다.

수 있다. 한나 아렌트는 공적인 인물로만 존재한다.

그렇다면 왜 이 전기일까? 이 전기는 영-브륄의 다른 접근방식과 마찬가지로 아렌트의 삶과 저작을 현재를 위해 개방하는 것을 목표로 한다. 그러나 여기서 선택한 접근방식은 이전의 모든 저작과 근본적으로 다르다. 이 전기는 아렌트를 당시의 모습으로 묘사하기 위해 지금까지 연구자들이 간과했던 기록물 자료와 기타 문서를 분석한다.

이는 제1장의 경우, 쾨니히스베르크의 아렌트 가족사를 다시 써야 했다는 것을 의미한다.

바이마르 공화국 시절에 해당하는 전거典據 상태가 훨씬 형편없었기 때문에, 아렌트의 이야기를 다시 들려주는 것은 더욱 어려웠다. 그래서 아렌트의 발전 과정을 더 넓은 맥락에서 살펴보고, 잘 알려진 인물인 철학자 마르틴 하이데거와 카를 야스퍼스의 영향을 더 살펴보기로 했다. 이 연구는 철학자가 1930년대 초반에 어떻게 계몽주의 시대의 유대인 해방이라는 주제를 성찰의 초점으로 삼은 역사학자이자 사회학자가 되었는가에 대한 단순한 질문에서 시작되었다.*

---

*　아렌트는 박사학위 논문을 출판한 이후 유대인 여성 라헬 파른하겐 전기를 집필하기 시작했으며, 망명 직전까지 「계몽주의와 유대인 문제」(1932), 「사교육 기관을 반대하며」(1933), 그리고 「최초의 동화: 라헬 파른하겐 서거 100주년 후기」(1933)를 출간했다. 다음 자료를 참조할 것. Hannah Arendt, *The Jewish Writings*, eds. Jerome Kohn and Ron H. Feldman(New York: Schocken Books, 2007), 22-28; 홍원표 옮김, 『유대인 문제와 정치적 사유』(파주: 한길사, 2022), 191-229쪽. 이하 한국어판을 중심으로 표기함.

이 연구는 아렌트의 삶에서 두 단계에 초점을 맞춘다. 독일에서 탈출한 이후 파리에서 보낸 시절과 미국에서 1951년 첫 번째 주요 저작『전체주의의 기원 *The Origins of Totalitarianism*』(그리고 4년 후 독일어판『전체주의의 요소와 기원 *Elemente und Ursprünge totaler Herrschaft*』)이 출간되기까지의 시기이다. 아렌트의 전기에서 항상 완전히 조명된 것으로 여겨져왔지만 실제로는 하나의 사각지대가 있었다. 그것은 1933년 10월부터 1940년 여름까지 거의 전적으로 프랑스 수도에서 보냈고 그녀 자신이 거의 공개적으로 말하지 않았던 시기였다. 총 2년에 걸쳐 여러 국가의 기록물보관소를 조사한 결과, 아렌트가 직접 보냈거나 아렌트에 관해 쓴 편지와 텍스트가 놀라울 정도로 많이 발견되었다. 이들 가운데 일부는 이 전기에서 처음으로 사용되었다. 점점 더 선명해지는 '파리 시절'의 모습은 이전에는 단편적으로만 알려졌던 것과 근본적으로 다르다.

이제 이러한 문서를 바탕으로 아렌트의 활동을 추적할 수 있다. 한 가지 예외를 제외하고는 여러 유대인 단체, 특히 청소년 알리야 — 디아스포라 Diaspora에서 '이스라엘 땅'으로의 유대인 이민 — 에 전념하는 단체를 자세히 추적할 수 있게 되었다. 구조의 기회조차 얻지 못한 상상할 수 없을 만큼 많은 수의 어린이와 청소년을 선발한 경험이 아렌트의 사상, 사람들과의 관계, 넓은 의미에서의 전기 등에 미친 영향은 이 책에서 암시적으로만 살펴볼 수 있다. 민족의 지속적인 존재를 위해 확신에 찬 시온주의자들이 벌인 투쟁은 무조건적 헌신, 그리고 아렌트와 동료 운동가들이 사용하려는 수단에 대한 깊은 절망을 특징으로 한다. 그 절망은 잠시도 그녀의 임무를 멈추게 하지 않았다. 이 기간에 아렌트는 관료주의, 위계질서, 무력감 등 이전에 알려진 인간 심연의 모든 한계를 뛰어넘는 적 앞에서 극도로 고통스러운 교훈을 얻었다. 아렌트는 유럽 유대인 학살에 대한 통찰을 자주 표명했다. 일어나서는 안 될 일이 일어났고 "우리가 결코 극복할 수 없을 것"이라는 통찰이다. 이는 그녀가 파리에서 경험한 사실과 1941년 이후 미국에서 전해 들은 600만 명이 넘는 희생자의 학살에 대한 인식에 기초한 것이다. 파리 시절의 문서에 주석을 단 판본이 이미 준비 중이지만, 아렌트의 연구는 이러한 관점에서 재평가되어야 한다. 이 점만은 분명히 말할 수 있다.

파리 시절 아렌트의 경험은 점차 『전체주의의 기원』이 된 텍스트에서 처음으로 표현되었으며, 이는 아렌트가 몰입하고 의식적으로 자신을 배치한 유대인의 맥락에 전적으로 빚지고 있다. 이 책은 당시에는 '기대의 지평'이 사라진 것처럼 보였던 완전히 파괴된 '경험 공간'을 처음으로 포괄적이고 의도적으로 지도에 표시했다. 아렌트의 프랑크푸르트대학교 스승인 카를 만하임의 공식적 표현에 따르면, '경험 공간'은 단순히 역사적 지식의 보조적 도구보다 훨씬 더 중요하며, 이 점에서 완전히 다른 것이다. 그것은 실존적이며 "우리 사이에 존재하는 삶의 범주이다. 공통의 '서로를 위한 존재'가 만들어졌다." 또한 "세계 외부의 사물(풍경, 사람, 정치 등)과 관련된 모든 공유 경험은 이 경험 공간과 관련되어 있으며 이와 지향성을 유지한다."[14]

이 공통된 '경험 공간'은 더 이상 존재하지 않았다. 한쪽의 유대인과 다른 한쪽의 독일인 사이에 놓인 "피의 바다"(레오 스트라우스)는 '구조된 자'에게 어떻게 그런 일이 일어났는지에 대한 연구를 요구했다. "왜 유대인인가?"라는 우스꽝스럽고 위험한 질문과 달리, 파괴해야 할 절대적인 적에 대한 '어떻게'라는 질문은 아렌트가 가능한 대답을 찾아야 하는 과제였다. 『전체주의의 기원』, 그리고 더 큰 범위에서 『전체주의의 요소와 기원』은 그 해답을 찾으려는 아렌트의 시도이다. 이 책은 두 가지 맥락에서 쓰였다. 첫째, 아렌트는 1944년부터 1952/53년까지 유대인문화재건위원회의 직원이었고, 최종적으로 사무국장이었다. 거의 20년 동안 유대인 단체에서 일한 것은 단순한 고용 관계에서 그치는 것이 아니라 생명과 생존이 항상 위태로운 자리임을 의미했다. 둘째, 인격persona의 공개적 재창조를 언급해야 한다. 아렌트는 자신에게 주어진 가능성을 포착한다. 그녀는 언론인이자 지식인으로서, 자신의 표현대로 정치이론가로서 그리고 철학자로서 자신을 이해한다. 소크라테스 전통에 따르면, 이는 직업이 아닌 삶의 방식이다. 그러나 그녀의 메시지는 훼손된 삶의 부정적 측면을 목표로 하지 않고, 돌이킬 수 없을 정도로 파괴된 '경험 공간'과 함께 '현상 공간Erscheinungsraum'의 배치를 지향하고 있다. 이러한 혁명적 접근방식이 『인간의 조건Vita activa oder Vom tätigen Leben』에서 전개되었다는 사실은 아렌트가 붕괴된 정치와 철학의 전통 너머에 있는 '기대의 지평'을 창조했음을 나타낸다.

여기에서도 아렌트는 1935년 당시 자신과 대화를 나누었던 카를 만하임이 공식화한 통찰을 따르고 있다.

하지만 사회 구조의 변동 시대에 살아가는 사람들이 지닌 기대의 지평은 전혀 다르다. 따라서 그들은 정적인 사회의 사람들이 생각하는 것과 알려지지 않은 수많은 개별 사실뿐만 아니라 새로운 사실이 생성되고 새로운 사실로 결합된 원리의 가능한 변화도 고려한다. 아울러 그들은 화폐 구매력의 가치 변동뿐만 아니라 통화의 완전한 붕괴도 예상한다. 즉 그들은 내각의 교체뿐만 아니라 의회제 형태가 아닌 정부가 설립될 가능성, 국가 권력이 전혀 수립되지 않을 가능성, 또는 국가 권력이 무력과 설득의 사용에 관한 원칙을 변경할 가능성도 기대한다. 누구든 갑자기 다음과 같은 점을 예상할 수 있다. 전쟁과 혁명, 내전과 유사한 붕괴 과정은 결국 기존의 행동 방식이 되었던 사회적 사건의 틀을 파괴하기 때문에, 개인은 신뢰할 수 없으며 정직하지 않을 뿐만 아니라 누구든 평균적으로 의지할 수 있었던 과거의 인간 신뢰성과 연대는 전반적인 관계 영역, 즉 경제 영역과 사적 영역에서 갑자기 사라지기도 한다. 그러한 경우, 우리는 확장된 기대의 지평을 위해 이전에 더 제한되었던 기대의 지평을 포기했다고 말할 수 있다. 그러한 시대에 역사는 훨씬 더 본질적인 형태로 사람들에게 그 자체를 드러내며, 관찰자에게 사회적 사건에서 한 시대의 틀과 구조를 구성해온 '주요 매개체prin-cipia media'의 층위에 대한 통찰력을 제공한다. 그러한 경우, 과학자들은 자신들이 영원하다고 생각했던 구조 법칙과 사회의 한 시대나 한 단계만을 확립한 구조 법칙을 구별할 기회를 갖는다. 또 처음에는 개별적이고 고립된 것처럼 보였던 사실, 기존의 틀에서 벗어나 새로운 원리의 암시만을 담고 있던 사실을 정확하게 진단하고, 그 안에서 우세하고 이를 뒷받침하는 새로운 구조 법칙을 표현하는 것이 가능해졌다.[15]*

다른 장章들은 각각 독립적인 이야기, 재구성, 성찰을 제공하고, 전체적으로는 아렌트의 삶과 저작의 위상에 대한 새로운 방향을 제시한다.

아렌트의 저서와, 출판되고 보관된 '수많은' — 덜 중요함을 암시하는 듯한 표현의 — 텍스트를 별도의 간결한 장에서 다루고 있지만, 이 내용들이 『전체주의의 기원』이나 『전체주의의 요소와 기원』보다 덜 중요하기 때문은 아니다. 오히려 이것들은 모두 아렌트의 논리를 따르고, 아렌트 사상이 어떻게 발전해왔는가를 보여주며, 일단 얻은 통찰을 어떻게 더 발전시키고 의역하는가에 대한 정보를 제공한다. 간결하게 말하자면, 이것들이 주는 특별함은 모두 차분한 글쓰기 과정의 결과물이다. 아렌트의 산문은 그녀의 두 주요 저작이 완성된 이후 근본적으로 달라진다. 그녀는 자료를 마음대로 다루고 그 안에서 자신감 있게 움직인다. 그녀는 논제를 제기하고 주장하며, 논증하고 반박하며, 지지하

---

*　만하임은 이 책에서 '주요 매개체'라는 개념을 존 스튜어트 밀의 『논리의 체계 *A System of Logic*』에서 가져왔다고 밝혔다.

고 거부한다. 텍스트는 담론을 확립하지만, 동시에 전통적인 응답 기록에서 찾을 수 있는 내용을 포함한다. 아렌트의 전체 저작에는 두 가지 예외가 있다. 하나는 1957년 미국 아칸소주의 주도州都에서 발생한 폭력적인 인종 차별 폭동에 대한 논문「리틀록 사건에 대한 성찰」이고, 하나는『예루살렘의 아이히만*Eichmann in Jerusalem*』이다. 두 저작은 모두 파괴된 '경험 공간'에 다시 한번 명확하게 반응한다.

마르틴 하이데거뿐만 아니라 야스퍼스 부부도 언급해야 한다. 아렌트와 철학자의 관계는 게오르크 하르트만의 저서『카를 야스퍼스: 독립적인 사유에 관여. 한나 아렌트와 그녀의 비평가들. 사후 단편』* 덕분에 연구되었다고 간주할 수 있다. 이 전기는 하이데거에 대한 아렌트의 반응과 아렌트와 야스퍼스 부부 사이의 토론을 내부적 관점으로 재구성한다. 아렌트는 항상 게르트루트를 야스퍼스와 동등한 상대자로 여겼고, 그들은 서로 편지를 주고받았다. 이것은 당시 실제로 존재했던 관계의 위상을 되살리는 것이다.

다음 장들은 앞 장의 흐름을 따라 아렌트의 삶과 저작을 면밀하게 검토한 것처럼 보이지만 가능한 한 명백한 것은—명백하기에—우회했다. 예를 들어 '미디어 지식인' 한나 아렌트가 있다. 그녀가 그런 인물이었다는 사실은 더 이상 의문의 여지가 없

---

*　이 책의 서지사항은 다음과 같다. Georg Hartmann, *Karl Jaspers: Vom unabhängigen Denken: Hannah Arendt and Ihre Kritiker: Nachgelassene Fragmente*(Basel: Schwabe Verlag, 2022).

다. 특히 1964년 독일 제2텔레비전에서 방송된 언론인 귄터 가우스와의 대화 때문만은 아니다. 하지만 그것이 전부였을까? 미디어에서 아렌트의 존재를 살펴본다는 것은, 그녀가 언제 어디서 어떻게 말하고 개입해야 한다고 생각했는지, 그리고 그녀가 어떻게 모든 사람이 알고 있는 사람이 되었는지를 함께 살펴보는 것을 의미한다.

얼핏 보면 여성으로서의 아렌트의 위치도 비슷하다. 1970년대 초에 뉴욕에서 그녀에 대한 집중적인 토론이 있었다. 이를 통해 언론인으로서 아렌트의 시작을 돌아볼 수 있다.「여성으로서 여성의 입장」장에서는 아렌트의 삶과 저작에서 건너뛴 단계에 주목하며, 그녀의 전기에 갖는 관심이 그녀의 사후에만 나타난 현상이라는 대중의 편견을 반박한다.

'결론'은 1975년 12월 4일 아렌트의 갑작스러운 죽음으로 간략히 마무리된다.

이 전기도 다른 전기와 마찬가지로 일련의 접근방식으로 구성된다. 따라서 완전성을 강조하는 주장은 자연스럽게 이미 풍부한 자료가 있는 영역, 그러니까 삶의 '본질'에 관한 생각이 끊임없이 새롭게 도출되는 신화 영역으로 이동하게 된다. 전기는 다루는 대상, 즉 각각의 사례에서 묘사되는 삶만큼이나 접근방식과 실행방식도 다양하다. 따라서 탄생과 죽음을 제외하고 조합組合도, 표준화 가능성도, 항상 적용되는 것도 없다. 만들어진 근사치에만 정당화가 필요할 뿐이다. 이 시점에서 이 새로운 접근은 아렌트의 삶과 저작에 관한 기존의 문헌에서 전혀 다루지 않았거나 기껏해야 미미하게만 다루어져 더는 조사할 수 없었던 부분에 전적으로 집중하려는 시도라고 할 수 있을 것이다.

이 전기는 동료들이 서로 다른 우선순위를 설정한 것을 의식적으로 반영한 최초의 전기이기도 하다. 그런데도 단순한 추가가 아니라 다른 이야기도 전달한다. 이 책은 다른 해석에 반대하여 쓴 것이 아니라 오히려 독립적이고 완전히 새로운 것을 제공한다.

새로 발견한 출처의 올바른 방향을 찾으려는 결정은 당연한 결과를 불러온다. 여기서 사람들은 전통의 일부와 더불어 '페르소나'로 확립된 일부 이야기를 헛되게 찾으려 하지만, 그것에 대한 증거는 정확하게 찾을 수 없다. 집중적인 연구를 통해서도 새로운 통찰력을 얻을 수 없었던 인물과 주제 분야에 대한 설명은 매우 간략하게 언급된다. 라이프치히대학교 문화학자 링고 뢰제너와 예일대학교에서 가르치는 바바라 폰 베흐톨스하임의 연구 덕분에 하인리히 블뤼허의 경우 상황이 완전히 바뀌었다. 그런데도 신중한 편집 덕분에 수년에 걸쳐 그 중요성이 커지고 있는 귄터 슈테른 안더스뿐만 아니라 그에 대한 새롭고 중요한 정보가 많이 소개되고 있다.

이 전기에서는 아렌트의 전기에서 지금까지 주목받지 못했거나 전혀 알려지지 않았던 인맥에 주목하고 이름을 언급할 것이다. 이것은 이전에 간과되거나 덜 인식된 사람들에 대한 뒤늦은 '정당화'가 아니라 오히려 친숙한 것을 다른, 때로는 새로운 관점으로 바라보는 시도이다. 레오폴디네 바이츠만, 마르타 문트, 줄리엣 슈테른과 에바 슈테른은 아렌트가 인생의 중요한 단계에 만난 사람들이다. 이들 대부분이 여성인 것은 우연이 아니다. 이들은 업무상 아렌트와 직접 접촉했거나 실제 비슷한 상황에서 활동했다.

한나 아렌트 자신도 삶과 저작이 특별한 방식으로 서로 연관되어 있다는 사실을 항상 자기 성찰의 주제로 삼았다. 그녀에게 삶과 저작을 이어주는 것은 '경험', 더 정확하게는 '개인적인 경험'이었다. 그렇다고 해서 모든 텍스트가 자전적이라는 의미가 아니라, '자기 자신'이 직접 겪은 경험을 성찰의 기회로 삼았음을 의미한다. 여기서 중요한 것은 삶과 저작이 이미 합쳐지는 것이 아니라 사유를 통해 서로 스며드는 과정 속에서 일정한 거리를 유지한다는 점이다.

아렌트는 1930년대 초반 이후 삶과 저작의 상호작용, 과거와 현재의 전기에 영향을 미치는 요인들을 다루었지만, 이 문제를 본격적으로 다룬 글은 1961년 자신의 모음집 『과거와 미래 사이 *Between Past and Future*』의 서문이었다.

누구든지 역사가가 말 그대로 일련의 이론과 태도에 충실해야 하는 연속적인 세대의 형식이 아니라 한 사람의 전기 형식—기껏해야 사람들의 정신에 실제로 나타난 것에 대한 은유적인 근사치를 목표로 하는 형식—으로 우리 세기의 지성사를 집필한다면, 이 사람의 정신은 한 번이 아니라 두 번이나 제자리로 돌아와야 한다. 첫 번째는 그가 사유에서 행위로 이탈할 때이고,

두 번째는 행위를 하는 동안 사유로 돌아가야 하는 때이다. 따라서 다음과 같이 언급하는 것이 어느 정도 관련성이 있을 것이다. 최근의 역사가들뿐만 아니라 행위자와 증인들, 즉 생존자들이 더는 존재하지 않고 아직 존재하지 않는 일에 의해 완전히 결정되는 막간의 시간Zwischenzeit을 의식할 때, 사유에 대한 호소는 일어났다. 역사 속에서 이러한 시간 간격(틈)은 진실의 순간을 담을 수 있음을 여러 번 보여주었다.[16]

체계적인 지도와 이해적 접근이 있다면 누구든 한나 아렌트의 삶과 저작에 대한 자세한 내용을 이 책에서 찾아볼 수 있다. 하이데거와 야스퍼스의 제자는 시간의 흐름에 따라 정치화되었고, 철학에서 근대 유대인 역사로 옮겨갔으며, 스스로 분투하는 소수 집단의 내면을 조명하기 위해 확고한 국외자, '파리아pariah'인 라헬 파른하겐을 선택했다. 아렌트는 1933년부터 시작된 전통과 문명의 단절로 인해 사유 활동에서 벗어나 '청소년 알리야'*에 참여하는 행위로 전환했으며, 이 이상한 막간의 시간에 다시 사

---

*　인간발달의 분류 기준은 나라마다 다를 수 있다. 따라서 평균적인 기준을 고려한다. 독일어 'Kind', 즉 어린이(아동)는 6세 이상~12세 미만에 해당하며, 'Jugend'는 12세 이상~19세 미만에 해당한다. 따라서 이 책에서는 어린이(아동)와 청소년을 구분하면서 때로는 '어린이·청소년 알리야'로, 때로는 '청소년 알리야'로 표기하기도 한다. 옮긴이는 다른 역서에서 '청년 알리야'로 표기했지만, 우리 사전에서는 "현대 사회에서는 20~30대 정도의 나이대에 속하는 남성과 여성을 아우르는 말"로 정의하고 있어서 이 용어를 우리말로 옮기는 데 혼선을 초래할 수 있다. 특히, '청소년 알리야'에서는 18세 이전의 아이를 지칭한다는 점에서 '청년'이 아니라 '청소년'으로 통일한다.

유를 시작할 수 있었지만 유럽 유대인 학살을 지켜보아야 했으며, 마침내 자신의 경험을 완전히 다른 방식으로 기억과 연결해야만 했다.

아렌트는 '완전한 순환'을 두 번 거쳤다. 그녀는 시대를 초월한 것으로 여겨지는 철학과, 전통을 망각한 정치이론이 설정한 경계를 인식할 수 없다는 사실을 숨기려 하지 않았다. 이러한 인식 속에서 그녀는 광범위한 작업을 통해 두 주기를 '극복했다.' 그러나 아렌트의 문제 제기는 철학과 정치이론뿐만 아니라 자신에 대한 사람들의 기대에도 영향을 미쳤다. 그녀가 유럽의 시온주의 활동에 평생을 바치고 수년 동안 속담처럼 불리는 '구원받은 생존자'에 헌신했다는 사실이, 실제로 이스라엘 국가건설 과정에서의 정치적 결정에 대한 그녀의 비판으로 인해 정말 무효가 되어야 하는가?

아렌트는 『예루살렘의 아이히만』에서 1940~1945년 사이에 유대 민족 지도자들의 개인적 성격과, 정치적 판단과는 완전히 무관한 행동을 날카롭게 비판했다. 이때 그들은 아렌트가 '유대 민족에 대한 사랑'을 전혀 갖고 있지 않다고 단정했다. 정말 그랬는가? 아니면 게르숌 숄렘이 말한 "동료 유대인 사랑Ahavat Israel"이 전통적인 유대 문학에서 사용된 문구가 아니라 아렌트가 파리, 귀르스, 리스본에서의 경험으로 인해 따르고 싶지 않았던 시온주의적 개념이었기 때문일까? 그런데 그녀는 왜 나치에 맞선 자신의 싸움이 어린이와 청소년을 구하는 데 초점을 맞춘 투쟁이라고 공개적으로 말하지 않았는가? 아렌트가 직접 팔레스타인

이송을 책임진 120명의 어린이와 청소년이든, 그녀의 책상 위에 명단이나 이력서가 놓여 있거나 훈련 캠프에서 만났고 적어도 미래의 운명을 생각할 필요가 없었던 최소 500~700명의 사람이든 말이다. 그럼에도 불구하고, 아렌트의 '유대 민족 사랑'에 대한 질문이 다시 제기되어야 한다는 사실은 변하지 않는다.

이와 유사한 질문은 지금 대답할 수 있는 것이 아니며 대답할 수도 없다. 그런데도 이 전기는 미래의 대답을 찾을 수 있는 자료를 제공한다. 이 전기는 지금까지 알려지지 않은 것을 밝히려는 최초의 포괄적인 시도이다.

'베니스 섬'의 집: 쾨니히스베르크의 가족사

한나 아렌트는 쾨니히스베르크 출신의 유대인이었다.

그녀는 가족과 친척 그리고 많은 친구와 함께 '프레겔강이 관통하는 도시'*에서 어린 시절과 청소년기를 보냈고 그곳의 여러 학교에 다녔으며 '우회 후에'** 고등학교를 마쳤다. 그 시절의 사진에는 그녀가 도시 주변과 인근 발트해에서 즐겁게 지내던 모습이 담겨 있다. 친숙한 쾨니히스베르크는 그녀에게 마음의 평온을 주는 안식처였다. 예를 들면, 그녀가 박사학위 논문「아우구스티누스의 사랑 개념」집필을 마치고 최종 원고를 수정할 때였다. 또한 1933년 독일을 떠나기 전에 쾨니히스베르크에서 유일하게 확인되는 공개 강연을 했다.***

---

* 프레겔강은 쾨니히스베르크시를 관통하고 있다. 북쪽은 구시가지이고 남쪽으로 프리드리히 부르크와 포르데레 포르슈타트 사이에 있는 지역이 베니스 섬이다. 오스프 반호프 구역에 해당하는 이곳이 바로 유대인 거주 지역이며 프레겔 강변에 있다.

** 아렌트는 고등학교 시절에 퇴학당했고, 개인 교육을 통해 고등학교 졸업 자격시험에 합격하여 졸업하였다. 이와 관련한 이야기는 본문에서 언급된다.

*** 아렌트는 1929년 박사학위를 받은 후 라헬 파른하겐 전기를 집필했고, 이 주제로 강의를 한 적이 있다. 관련 내용은 다음 자료에서 확인할 수 있다. 홍

물론 1920년 1월 1일 하노버에 편입된 린덴은 아렌트의 출생지로 그녀의 인생 회고에서 특별한 의미를 지니지는 않았다. 그러나 아렌트는 자신이 공부한 곳인 마르부르크대학교와 하이델베르크대학교조차도 주로 하이데거와 야스퍼스를 통해 공개적으로 기억했다. 도시 자체는 거의 언급되지 않았다. 1930년대 초 프랑크푸르트에서 살았던 짧은 기간도 그곳 사람들에게만 영광을 안겨주었다.*

아렌트는 1941년 5월 리스본에서 탈출한 이후 1975년 12월 4일 사망할 때까지 뉴욕에서 살았다. 이 무국적 여성은 쾨니히스베르크의 역사학자 페르디난트 그레고로비우스가 1853년 출간한 이래 독일계 유대인에게 중요한 역할을 해온 『로마의 게토와 유대인 *The Ghetto and the Jews of Rome*』**을 1948년 편집·출간했다.*** 아렌트는 제2차 세계대전과 홀로코스트 이후에도 자신의 이름이 쾨니히스베르크 시절에 속하며 자신이 유대인임을 증명한다고 확

원표 옮김, 『한나 아렌트·카를 야스퍼스 서간집, 1926~1969』(서울: 신서원, 2024), 「편지 14」, 93쪽.

* 아렌트는 귄터 슈테른과 결혼한 이후 교수자격 논문을 준비하는 남편과 함께 프랑크푸르트에서 한동안 체류한 적이 있다. 이후 두 사람은 이곳을 떠나 베를린으로 이주하였다. 『한나 아렌트·카를 야스퍼스 서간집, 1926~1969』, 「편지 19」, 98-99쪽.

** 랜달 자렐의 영역으로 출간됨.

*** 쇼켄은 1931년 독일에서 출판사를 설립했고 1945년부터 미국에서 출판을 시작했다. 쇼켄출판사는 카프카, 부버, 로젠츠바이크 등 유대인의 저작을 출판했다. 아렌트는 1945년 7월 이후 이 출판사의 편집자로 활동했다.

신했다.[*][17] 1964년 9월 16일 그녀는 귄터 가우스와의 텔레비전 대담에서 자신의 가족사(주로 아렌트 집안과 어머니 마르타 콘 집안의 역사)를 쾨니히스베르크와 매우 조심스럽게 연관시켰다. 1946년 이후 이곳은 칼리닌그라드로 이름이 바뀌어 소련에 속하게 되었으며, 서방의 누구도 더는 접근할 수 없는 도시가 되었다. 아렌트가 가우스와의 대담 무렵에 출간된 『예루살렘의 아이히만』에서 쾨니히스베르크에 대해 자세히 언급한 것은 단 한 번뿐이었다.[**] 아렌트는 오늘날에도 널리 읽히는 한스 폰 렌도르프 백작[18]의 『동프로이센의 일기 *Ostpreußen Tagebuch*』를 인용해 다음과 같이 썼다.

> 다음 이야기는 '지도자'도 아니었고 당원도 아니었던 한 여성에 관한 이야기이기 때문에 문제의 핵심을 더욱 잘 드러낸다. 이 사건은 러시아가 쾨니히스베르크를 완전히 파괴하고 도시의 폐허를 점령하고 주 전체를 합병하기 며칠 전인 1945년 1월 독일의 완전히 다른 지역인 동프로이센에서 벌어진 일이다.[***][19]

[*] 『한나 아렌트·카를 야스퍼스 서간집, 1926~1969』, 「편지 34」, 129쪽. 다음 내용을 참조할 것. "저는 옛 이름을 계속 사용합니다. 그런 관례는 여성이 직업을 가질 때 이곳 미국에서는 아주 일반적입니다. … (아울러 저는 유대인으로서 저 자신을 확인하는 이름을 원하기 때문입니다.)"

[**] 아렌트는 『예루살렘의 아이히만』 제6장 최종 해결책 끝부분에서 이에 대해 다음과 같이 언급했다. "현재로서는 쾨니히스베르크를 탈출하고 치료는 나중에 받는 것이 더 중요하다고 애써 설명했다. 당신은 어디로 가고 싶냐고 내가 그녀에게 물었다."

아렌트의 저서뿐만 아니라 편지나 그녀에 관한 동시대의 기록에서도 우울한 감정이나 지나간 시절에 대한 그리움, 자신이 경험했던 일을 떠올리는 향수는 거의 찾아볼 수 없다. 설령 있다고 하더라도 일반적인 내용은 없고 항상 특정 인물에 대해 매우 간명하게 언급했을 뿐이다.

그러나 아렌트의 유년기와 청소년기에 쾨니히스베르크는 어땠는가? 좋아하는 장소가 있었는가? 서점, 카페, 광장은? 그녀는 친구들을 어디서 만났는가? 아니면 쾨니히스베르크는 다른 도시와 마찬가지로 결국 그녀가 1924년 가을까지 어린 시절 대부분을 보낸 장소의 이름일 뿐인가?

"팔라스 아테나"라는 별명을 안겨준 아렌트의 명석함에 대한 수많은 이야기, 그리스 고전과 카를 야스퍼스의 『세계관의 심리학*Psychologie der Weltanschauungen*』을 읽은 젊은 니체 독자, 자주 결석했던 학생에 관한 이야기까지 이 모든 것은 대부분 사건이 발생한 지 수십 년이 지난 후 그녀와 다른 사람들이 들려준 이야기다. 그러나 수많은 사람의 입에서 오르내리는 일화와, 명확한 답을 제공하는 일부 구절에 만족하고 싶지 않다면, 쾨니히스베르크에서 살았던 유대인 아렌트 가족의 삶을 살펴볼 필요가 있다.

***　　김선욱 옮김, 『예루살렘의 아이히만: 악의 평범성에 대한 보고서』(파주: 한길사, 2006), 180쪽.

프레겔 강변 정착과 새로운 시작: 조상 아론 아렌트

접근 가능한 출처에 따르면, 아렌트 가문의 이야기는 쾨니히스베르크 남서쪽에 위치한 '친텐'*에서 시작된다. 이곳은 1313년에 도시 권리를 부여받았다. 연대기에는 유대인 주민이 1810년경 처음으로 이곳에 영구적으로 거주했다고 기록되어 있다. 1831년 인구조사에 따르면 2,069명이 거주했고, 이들 가운데 유대인은 약 80명이었다. 쾨니히스베르크의 혼인등록부에 따르면, 한나 아렌트의 증조부 아론 아른트Aron Arndt(철자법상 Arendt)와 증조모 헨리에테 레비는 1839년 1월 6일 결혼했다. 아론 아른트의 부모는 가끔 언급되지만, 조셉과 로자 아른트에 대해서는 아무것도 확인할 수 없다. 그들은 아론의 형제 지몬이 태어난 바르텐슈타인에서 왔을 가능성이 있으며, 따라서 동프로이센 아렌트 집안의 역사는 한 세대 더 거슬러 올라간다. 1818년에 태어난 아론은 결혼 당시 '상인'으로 등재되어 있었지만, 그의 사업이 구체적으로 무엇이었는지는 알 수 없으며, 아내에 대해서도 더 정확한 정보는 확인되지 않는다.

결혼 직후 두 사람은 쾨니히스베르크로 이사했고, 1841년 4월 3일에 딸 파니가 태어났다. 그로부터 2년이 채 지나지 않은 1843년 2월 3일에 마르쿠스, 이듬해에는 샤를로테, 유아기에 사망한

---

* 러시아의 점령 이후 '쾨니히스베르크'는 명칭이 칼리닌그라드로 바뀌었다. 마찬가지로 '친텐'은 현재 '코르네보'로 바뀌었으며 폴란드 국경에 인접해 있는 시골 지역이다.

도로테아, 그다음으로 젤리와 로잘리, 1853년 베노, 1855년에는 8세를 넘기지 못한 마르가레테가 뒤를 이었다.

요한나는 마침내 1859년에 태어났고, 전해지는 가족사에 따르면 바로 그녀의 이름을 따서 한나 아렌트의 이름이 지어졌다고 한다. 요한나는 매우 부유한 쾨니히스베르크의 유대인 상인 게오르크 홀다크와 결혼한 후 개신교 세례를 받았으며 오늘날에도 여전히 기억되는 두 아들을 낳았다. 한스 홀다크는 국제적으로 유명한 기계화된 토양 경작의 선구자이자 라이프치히대학교의 농업공학 교수였다. 한 살 아래인 펠릭스 홀다크는 변호사이자 법철학자로 드레스덴 공과대학과 '왕립 작센 임학아카데미'* 에서 가르쳤고, 무엇보다도 법적 방법론 문제를 연구했다.[20] 이른바 '반半유대인Halbjuden'이었던 형제들 가운데 펠릭스는 1934년에, 한스는 1935년에 직위를 사임해야 했다. 요한나는 1936년 사망했다.

아론 '아렌트Arendt'에 대해서는 알려진 바가 거의 없다. 그는 자신을 아론 아렌트라 부르며 서명했지만, 당국에서는 여전히 그를 아론 '아른트Arndt'로 기재했다. 한나 아렌트와 그녀의 조상에 대한 불분명한 출처에 근거한 많은 이야기에서 이러한 사실을 발견할 수 있다. 그녀의 가족에 대해 '전해지는' 이야기와 기록보

---

*   1811년 산림학자 하인리히 코타가 드레스덴 근처 작센의 타란트에 아카데미를 설립했다. 나중에 통합된 산림수목원은 세계에서 가장 오래된 수목원 중 하나이다. 1990년 독일 통일 당시 임학대학은 드레스덴 공과대학에 통합되었다.

관소에서 발견되는 사실이 일치하는 경우는 매우 드물다.

대부분의 경우 우리는 추측에 의존해야 한다. 아론 세대의 아렌트 집안은 신앙심이 매우 깊었으며 아마도 유대교 정통파였을 가능성이 있다. 도시 거주 유대인 인구에 비해 소위 농촌 유대교에 관한 연구는 거의 수행되지 않았기에, 친텐 공동체의 구성과 쾨니히스베르크로 이주한 이유에 대해서는 말할 수 있는 것이 없다.[21] 본질적으로 유대인 해방을 특징으로 하는, 즉 자유주의적이고 세속적인 성향이 우세했던 유대인 농촌 공동체는 극히 드물었다. 그럼에도 쾨니히스베르크 유대인의 발전을 고려하면, 아론 아렌트에게 수도이자 주거 도시인 쾨니히스베르크가 매력적으로 보였던 것은 경제적인 이유 때문이었던 듯하다.

어쨌든 아론은 공동체가 성장하는 것을 지켜보았고 일부 동료가 정치와 경제 분야에 진출하는 것도 목격할 수 있었다. 그러나 그는 유명 의사이자 1848년 이후 사회민주주의자가 된 요한 야코비의 정치 활동을 따랐는가? 정신적 "세계시민 공화국"(위르겐 만테이)*의 역사가 그의 삶에 중요한 역할을 했는가? 그리고 그는 쾨니히스베르크 인물의 화신이라고 불리는, 가장 중요한 독일 철학자 임마누엘 칸트를 알고 있었을까? 칸트의 명성은 외국인 방문객에게 도시를 매력적으로 만들려는 첫 번째 야망에서도 어

---

* 위르겐 만테이(Jürgen Manthey, 1932~2018)는 독일의 작가이며 문학자로 에센대학교 교수로 재직했다. 그는 쾨니히스베르크에 관한 책으로 널리 알려졌다.『쾨니히스베르크: 세계시민 공화국의 역사 *Königsberg: Geschicte einer Welt-bürgerrepublik*』(2005)가 그 대표작이다.

느 정도 중요했다. 그러나 이런 질문과 다른 많은 질문에 답을 할 수는 없다. 수년 동안 쾨니히스베르크와 동프로이센의 역사를 형성하는 데 핵심적인 역할을 한 지적인 정치가 테오도르 폰 쇤에 대해 아론이 인식했는지에 대해서도 말할 수 없다.[22]

관점을 바꾸어보면, 1544년에 설립된 알베르투스대학교에서 박사학위를 받고 교수자격 논문을 통과한 최초의 유대인 요제프 레빈 잘슈츠가 있었다. 쾨니히스베르크 출신인 그는 1857년에서 1859년 사이에 쾨니히스베르크 유대인 공동체의 역사에 관한 저서를 출판했는데, 아론 아렌트가 이에 대해 알고 있었는지에 대한 의문이 제기된다.[23] 3년 후 잘슈츠는 아론 아렌트의 상황을 더 잘 이해할 수 있는 정보를 담은 '부록'을 출판했다. '상인'이었던 아렌트가 1830년대 후반부터 쾨니히스베르크의 정치 발전에 중요한 역할을 했던 시장 카를 고트프리트 슈펠링이 프로이센에서 유대인의 평등을 위한 운동을 벌였다는 사실을 알아차리지 못했을 리가 없다. 슈펠링은 1847년 7월 23일의 「유대인의 조건에 관한 법률」을 구성하는 73개 항에서 드러나는 것처럼 반유대주의 강경파와 자유주의적 실용주의자 사이의 이해에 크게 이바지한 연설을 잘슈츠의 부록[24]에서 길게 인용했다.[25] 슈펠링은 1812년 해방 칙령을 훨씬 뛰어넘는 이 법률의 보고자였으며, '유대인의 시민적 조건'에 관한 제1조에 명시된 것처럼 "평등한 의무와 더불어 우리 기독교 신자들과 동등한 권리"를 주장하는 데 매우 중요한 역할을 했다. 잘슈츠의 문서에 따르면, 그의 주장은 매우 진보적이었다. 국가는 시민이 밝힌 '외형적인 신앙 선언'에만 국한

해야 하며, 아직 알지 못하는 종교에 대한 정보를 알아내려고 시도해서는 안 된다. 잘슈츠의 말에 따르면, 슈펠링은 분명히 유대인에 대한 일반적인 고정관념을 정확히 알고 있는 전문가이자 유능한 수사학자였다.

특히 유대인이 쾨니히스베르크에서 공직을 맡을 가능성이 실현되었다. 이 도시는 이후 발트해 연안 국가, 즉 벨라루스와 폴란드에서 온 유대인 상인들에게 더욱 매력적인 도시가 되었는데, 이미 정치적 개방성이 집중된 동서 무역에 영향을 미쳤기 때문이다. 따라서 아론 아렌트는 경제 호황의 목격자이자 수혜자였을 것이다. 프로이센계 유대인 집안 출신인 아론 아렌트는 대부분의 동유럽 동료나 경쟁자처럼 규제가 심한 수수료 사업에서 성공할 필요 없이 무역에 직접 관여할 수 있었다.[26]

쾨니히스베르크는 1850년부터 1910년 사이에 독일의 다른 주요 도시들처럼 성장했지만, 결코 연속적이지는 않았고 같은 속도로 성장하지도 않았다. 이 모습은 유대인 인구 비율의 변화에도 반영되어 있다. 1846년 쾨니히스베르크의 유대인 주민등록부에는 총 1,781명으로 기재되어 있으며, 이 중 62명은 무국적자로 당국이 밝힌 도시 인구 7만 378명의 2.53%에 해당한다. 1849년에는 1,946명(무국적자 39명), 1852년에는 2,044명(42명), 1855년에는 2,236명(무국적자는 더 이상 별도로 기재되지 않음), 3년 후에는 2,401명(인구 8만 1,794명 중 2.93%에 해당), 마지막으로 1861년에는 2,572명이었다.[27]

구시가지와 가까운 뢰베니히트는 쾨니히스베르크의 주거 중심지 중 하나였다. 아론 아렌트는 1850년대 초 이곳의 힌테레 포르슈타트 51번지로 이주했다. 이곳에는 수많은 쾨니히스베르크 유대인들이 거주하며 사업을 하고 있었다. 중요한 문학 역사가이자 수필가이며 소설가인 알렉산더 융은 1846년 저작 『쾨니히스베르크와 쾨니히스베르크 사람들 *Konigsberg und die Konigsberger*』에서 이곳에 대한 인상을 남겼다. 첫 쪽에는 이렇게 적혀 있다.

좌회전하여 다소 보기 흉한 거리에 도착하면 바로 앞에 놀랍게도 아름다운 집들이 펼쳐진다. 여기가 바로 우리가 있는 교외 지역이다. 이곳에서는 베를린의 라이프치히 거리에서 본 듯한 현대적이고 대도시다운 분위기를 느낄 수 있지만, 긴 검정색 비단 가운과 비슷한 소재로 만든 짧은 바지를 입은 이상한 사람들 때문에 곧바로 독특한 동양적 성격을 띠게 된다. 챙이 넓은 모자를 쓰고 있고, 신발과 스타킹을 신고, 손에 긴 지팡이를 들고 있는 사람들. 그들은 거리 양쪽에서 여러 무리를 이루고 있거나, 상업적인 이해관계로 분주한 왕래 속에서 개별적으로 흩어져 있기도 했다. 여름이면 이곳에 모여든 폴란드계 유대인들은 길고 종종 눈처럼 하얀 수염을 기르고 있었으며 얼굴 생김새는 날카롭고 피부는 맑았다. 그들은 또 다른 한 점의 가부장적 정물화처럼 여전히 신성한 기억의 자취를 간직하고 있었다. 이러한 모습은 고대 가나안이라는 사랑받는 고향과 그 시대의 정신을 더욱 뚜렷하게 대비시켰다.[28]

거리 구역 내에서 아렌트 집안이 여러 차례 이사한 사실이 기록에 남아 있다. 때로는 이 집으로, 때로는 다섯 집 더 떨어진 곳으로 이사하기도 했다.

그 사이 열네 살 어린 아론 아렌트의 동생 지몬도 출생지인 바르텐슈타인에서 쾨니히스베르크로 이주하여 그 근처에 정착했다. 지몬이 쾨니히스베르크 출신의 로자 마이어와 결혼한 지 1년 뒤인 1859년 1월 요한나 에밀리가 태어났고, 18개월 뒤 마르틴, 1864년 마르가레테, 1867년 후고 베네딕트가 태어났다. 후고 아렌트는 쾨니히스베르크, 뮌헨, 베를린, 파리의 미술 아카데미에서 공부한 후 에르푸르트에 정착하여 풍경화와 초상화 화가로 인정받으며 활발한 활동을 하다가 1950년 사망했다. 그는 어렸을 때 세례를 받았기 때문에, 제3제국 치하에서는 '단지' 수용소로 추방되었을 것이다.

아렌트 집안 3대와 사업: 동반자로서의 지속적인 변화

1850년대 말 증거 서류와 주민등록부에 따르면, '상인' 아론 아렌트는 '실리주의자'가 되었고, 나중에는 '제품 거래상'이 되었다. 이후 아론과 지몬 두 형제는 더욱 긴밀하게 협력하게 되었다. 1864년에 아론은 '제품 상점'의 주소이기도 한 '포르데레 포르슈타트 68번지'로 주소를 등록했다. 그는 1855년 8월에 개교한 '폴란드 학교' 바로 근처에 살았는데, 이 학교는 뒤쪽 건물인 71a번지에 있었다. 공식적으로 알려진 '포르데레 포르슈타트 교회당'은 동유럽의 탈무드 학자들이 여행하는 동안 머무르는 매우 인기 있는 곳이었고, 이후 쾨니히스베르크 정통파의 지적 중심지가 되었다.[29]

1864년 4월 3일 《왕립 프로이센 주공보》는 쾨니히스베르크에 있는 '왕립 상업 및 해군 위원회'의 공지를 게재했는데, 여기에는 지역 상인 아론 아렌트가 역시 쾨니히스베르크 주민인 막스 아렌트에게 "무역 상사 A"에 대한 무제한 "위임장을 부여했다"는 내용이 나와 있다. 아론의 장남 마르쿠스는 막스를 한나 아렌트의 할아버지라고 불렀다. 아론이 막스에게 위임장을 준 지 이틀 후, 그의 형제 지몬은 좀머펠트 회사를 인수했고 같은 해 가을에 대리인을 고용할 수 있었다. 아론이 여전히 '제품 사업'을 운영하는 동안, 지몬은 이제 '원료 담배 제품 및 여송연 도매업'에서 '직물 및 능직물綾織羅紗; Buckskin 도소매업'으로 전환했다. 독일에서 '보크펠Bockfell'이라는 '나사'는 털을 강하게 눌러 만든 소모사梳毛絲 원단, 손질되지 않은 양모 또는 여러 종류의 양모를 혼방한 원단을 말한다. 지몬의 형 역시 미래에 정확히 이 방향으로 나아가고 있었다. 즉 1872년, 딸과 아들 중 일부가 이미 이주해 있던 베를린으로 옮긴 아론은 매우 성공적인 직물 사업체를 운영했다.

업무 대리인 고용은 경제 부흥의 분명한 신호였다. 이는 이듬해인 1865년 아론이 포르데레 포르슈타트 68번지를 인수하면서 더욱 가시화되었다. 그는 아마도 25년 동안 살았던 도시에서 처음으로 부동산을 매입했을 것이다. 그러나 성공 이야기는 이제

막 시작일 뿐이었다. 1866년 5월 18일《왕립 프로이센 주공보》
는 다음 기사를 게재했다. "쾨니히스베르크에 설립된 A. 아렌트
회사는 회사 명부에 115번으로 등록되어 있으며(쾨니히스베르크
에서 같은 이름으로 운영되는 본사의 지점), 1866년 5월 18일 법령에
따라서 이번 달 26일 쾨니히스베르크의 상인 아렌트가 회사 소
유주로 등록된다. 오르텔스부르크, 왕립지방법원."

직선거리로 130킬로미터 떨어진 오르텔스부르크에 지점을 개
설한 것은 놀라운 결정이었으며, 아론 아렌트의 사업은 분명 순
조롭게 진행되고 있었다. 동유럽과의 무역이 활발해졌거나 다른
가족 구성원이 그곳에 거주하며 사업 성공에 관여했을 가능성
등 당시 쾨니히스베르크의 중견 기업이 동쪽으로 지점을 개설하
는 일반적인 이유가 있었을 것으로 추정할 수 있다.

1866년 쾨니히스베르크 주소록에는 포르데레 포르슈타트 10번
지에 처음으로 야콥 콘이 거주한다고 기록되었다. 아론에 비해 잘
알려지지 않은 야콥은 훗날 한나 아렌트의 외할아버지가 된다.

이듬해 아론은 처음으로 자신의 사업 활동을 좀 더 자세히 설
명했다. 문서에 따르면, 그는 '원료 제품과 호박 사업'에 종사한
것으로 확인된다. 1870년 쾨니히스베르크 도시사 연구의 권위자
인 프리츠 가우제가 "아우구스투스 시대"라고 부른 시기가 시작
될 무렵, 그는 동생 지몬과 함께 수출에 중점을 두고 대마와 아마
의 위탁 사업에 뛰어들었고, 자신의 책임 아래 독자적으로 활동
했다("독립 사업"). 두 아렌트 형제의 사업장은 이제 아론 소유의
포르데레 포르슈타트 68번지였다.

2년 전인 1868년에 막스 아렌트는 근처에 아파트를 임대했다. 그는 아버지의 공식 대리인으로서 경제적으로 독립하게 되었다. 그리고 결혼 증명서에 따르면, 막스 아렌트는 부모님의 집을 떠나기 전인 1월 6일에 제화공인 유다스 아이삭 볼게무스와 에스터 지렐(본명은 나탄 헤이만)의 딸인 18세의 요한나 '하네' 볼게무스와 결혼했다. 1849년 10월 21일 쾨니히스베르크에서 동쪽으로 약 150킬로미터 떨어진 치운켄 사유지에서 태어난 이 예비 신부는 결혼을 위해 특별한 인증이 필요했다.[30] 그리고 아렌트 집안은 1861년 프로이센군을 위해 발급한 유대인 공동체의 연령 확인서를 문서에 포함시켰다. 막스의 복무 여부는 확실하지 않지만, 그가 항상 자신을 유대계 독일인 애국자로 여겼던 이유를 설명해주는 근거가 될 수 있다.

1868년에 막스의 결혼식이 있었고, 그의 아버지 아론도 회사 구조 조정을 시작하며 두 세대의 가족을 하나로 모았다. 9월 10일 《왕립 프로이센 주공보》에는 다음과 같은 기사가 실렸다. "지역 상인 아론 아렌트는 A라는 회사 이름으로 자신의 사업을 운영하고 있다. 아렌트는 운영하던 무역 사업을 이곳 출신의 상인 막스 아렌트와 상인 지몬 아렌트에게 매각했다. 아렌트 부자父子는 둘 다 이곳 출신이고 공동 계정으로 이전 회사명의 사업을 계속하고 있다."

그래서 아론은 자신의 집을 두 젊은이에게 넘겼으며, 2년 후 그 자신도 다른 사업에 뛰어들었다. 1871년 9월 7일 그는 이전 회사를 마침내 청산했고, 지몬과 막스는 각자의 사업을 시작했다. 같은 날 막스는 하인리히 리히텐슈타인을 공동 소유주로 하여 무역 회사인 '막스 아렌트 회사'를 설립했고, 그의 삼촌은 율리우스 단치거와 함께 '지몬 아렌트 회사'를 세웠다.

이듬해 아론은 포르데레 포르슈타트 68번지를 그의 형제 지몬에게 팔고 쾨니히스베르크를 떠나 베를린으로 이주하여 '몰켄마르크트 지역'에 이미 언급한 직물점을 열었다. 아론의 자녀들도 여기에 참여했다. 아론은 제국 전역의 신문에 광고를 게재하는 등 성공적인 사업을 벌였다.

1873년 10월 25일 막스와 요한나 아렌트 사이에 아들이 태어났다. 한나 아렌트의 아버지인 바울은 오전 2시에 태어났다. 1년이 채 지나지 않은 1874년 9월 막스는 아내에게 무역 사업에 대한 위임장을 주었다. 여기에는 세금상의 이유가 있을 수 있지만 배우자 사이의 긴밀한 관계를 보여주는 일로, 확실히 일반적인 일은 아니었다. 아들 바울이 태어난 지 13개월이 채 안 된 1874년 11월 11일에 딸 헨리에테가 태어났다.

1874년은 야콥 콘과 그의 러시아 태생 아내 파니(결혼 전 성은 스피에로) 가족에 결정적인 변화가 일어난 해이기도 하다. 출생 증명서에 명시된 대로, 마르타 — 한나 아렌트의 어머니 — 가 5월 18일 오전 5시 30분에 태어났기 때문이다.

아렌트 가족의 삶에서 다음 중요한 전환점은 1876년 3월 5일에 발생했다. 요한나는 불과 26세의 나이로 사망했다. 그 무렵 '제품 사업'을 '회사' 형태로 운영하던 홀아비 막스는 같은 해 힌테레 포르슈타트 4번지에 집을 매입했다. 그는 아마도 두 자녀를 부양하기 위해 1877년에 요한나의 여동생 클라라와 재혼했고 다음과 같은 재산 정리 결과를 발표했다.

"상인 막스 아렌트는 1877년 6월 4일 계약에 따라 클라라(결혼 전 성은 볼게무스)와의 결혼을 위한 재산 공유 및 취득을 배제했다. 아내의 현재 자산과 상속, 증여, 행운 또는 기타 방법으로 결혼 중에 취득한 모든 재산은 유보 재산으로 간주하여 그녀의 소유로 한다." 아렌트 집안의 많은 구성원으로 거슬러 올라갈 수 있는 이러한 재산 배분은 특히 여성의 회사 참여와 성공을 반영한다.

같은 해인 1877년 아론 아렌트도 베를린에서 사망했다. 아들인 베노가 그의 사업을 이어받았고, 오르텔스부르크 지점은 몇 년 후에 문을 닫았다. 베를린과 쾨니히스베르크 아렌트 집안과의 관계에 대해서는 알려진 바가 없다. 출생, 약혼, 결혼, 사망 소식이 베를린 신문에 게재되었다는 사실로 미루어보아, 아렌트 집안에게 두 번째로 중요한 도시이자 생활의 중심지였음을 짐작하게 한다.

1879년 막스는 가족과 함께 이사했다. 그는 포르데레 포르슈타트에 있는 집을 팔았지만, 여전히 옛 동네에 머물렀다. 그는 크노헨로 42번지에 있는 크고 밝은 아파트를 매입했고, 가게는 바로 근처에 있는 크노헨로 37번지에 자리잡았다. 1880년 초 회사는 다시 이전했다. 이번에는 5번지와 6번지가 붙어 있는 주택으로 옮겨 회사와 거주지로 함께 사용했다. 1년 후 막스는 사업 분야도 변경했다. 그는 종이 생산에 필요한 헐거운 넝마나 꽉 조이는 넝마를 수출했고,[31] 삼촌 지몬은 '제품 및 차Tee 도매업'*에 뛰어들면서 동시에 '넝마 수출업'도 계속했다. 이것이 더 자세히 무엇을 의미했는지는 1881년 있었던 법률적 분쟁에서 확인할 수 있다. 막스는, 겐트와 쾰른에 본사를 둔 유명하고 국제적으로 활발한 무역 회사인 존 페퍼 회사를 상대로 소송을 제기했다. 이에 대해 5월 4일 공식 관보 역할을 하는《쾰른 차이퉁》에 다음과 같이 실렸다. "소송물 가격: 14575,95라이히스마르크.[32] 1880년 10월에 합의한 100,000킬로그램 이상의 직물 배송에 대한 비용이 지불되지 않았다." 6월 9일에 여러 나라에서 3년 넘게 재판이 진행되었고, 마침내 막스 아렌트가 승소했다. 그의 가족을 번영하게 만든 것은 주로 넝마 무역이었다.

그러나 1881년에 막스 아렌트와 지몬 아렌트의 공동 활동 분야에서 주목할 만한 것은 그뿐만이 아니었다. 아마도 같은 이름을 가진 수많은 쾨니히스베르크 사업가들과의 혼동을 피하기 위해 야콥 노헴 콘은 자신의 '위탁 사업'의 주소지를 이전했다. 그가 사업장을 크나이프호프 랑가세 51번지로 옮기는 동안 가족은 크노헨로 5번지와 6번지에 있는 아파트로 이사했다. 그곳은 바로 아렌트 가족이 이미 살고 있던 건물이었다. 따라서 한나 아렌트의 부모는 늦어도 7~8세쯤 만났음이 틀림없다.

아렌트 집안과 콘 집안은 1889년까지 8년 동안 같은 집에서

---

*　　원문에는 'Thee'로 표기되어 있으나 'Tee茶'로 번역했다. 다음 내용을 참조하였다. "이 도시는 영국이 주도하는 세계시장에 러시아산 차를 공급하는 대륙의 가장 중요한 차 무역 중심지였다."『한나 아렌트 철학 전기: 세계 사랑의 여정』, 142쪽.

살았다. 이후 아렌트 집안은 몇 집 떨어진 크노헨로 19번지로 이사했는데, 그곳이 바로 그들의 집이자 회사 본사였다. 따라서 마르타 콘과 바울 아렌트는 함께 자랐고, 비슷하게 경험했으며, 가족의 경제적 성장을 목격했고, 서로의 발전 과정을 면밀하게 지켜봤을 것이다. 일기와 편지 또는 기타 개인 문서가 공식 기록보관소에 보관되어 있지 않기 때문에, 아렌트와 콘 가족의 상황은 공개된 자료를 통해서만 개략적으로 추정할 수 있다.

몇 년 후, 크노헨로 19번지는 두 집안의 역사에서 중요한 역할을 하게 된다. 야콥 노헴 콘이 이 집을 매입한 것이다. 그렇지 않았다면 그는 유대인이나 쾨니히스베르크의 공공영역에 거의 흔적을 남기지 않았을 것이다. 유대인 단체의 기부자 명단에서 간혹 그의 이름을 찾을 수 있으며, 특히 유대인 고아원은 1911년 50주년 기념 간행물에서 그를 기념하였다. 그리고 생애 말기에 그는 아내와 함께, 때론 홀로 요양차 카를스바트를 여행하면서 기독교인 부부가 운영하고 당연히 유대교 율법에 어긋나지 않으며 작가 아달베르트 스티프터의 방문으로 유명해진 전통적인 '2성급' 게스트하우스에 머물렀다. 이 사실은 그가 얼마나 엄격하게 규율을 준수했는지 가늠하게 해준다. 어쨌든 한 가지는 확실하게 말할 수 있다. 콘이 1906년 4월 8일부터 9일까지 크노헨로 19번지에서 사망했을 때, 그는 도시에 여러 주거 및 창고 건물을 소유한 부유한 상인이었다.

시간을 거슬러 올라가 아렌트 집안과 콘 집안이 부흥하던 시기에 쾨니히스베르크의 상황을 자세히 살펴볼 가치가 있다.

1885년 올해의 기사에서는 이렇게 설명한다.

> 도시의 구시가 길은 대부분 비좁았으며, 알트슈타트Altstadt 구
> 역에서는 거리가 직각으로 교차하고, 상당한 깊이의 높고 좁은
> 5층짜리 박공 주택이 들어서 있다. 낮은 층 앞에 있는 현관은 이
> 곳에서 '볼메Wolme'라고 불린다. 늪지 위에 조성된 크나이프호
> 프 구역, 부유한 상인들이 주로 거주하는 알트슈타트 구역, 양
> 조장이 위치하고 크나이프호프 랑가세에서 가장 잘 보존되어
> 한자동맹 건축 양식을 갖추고 있는 뢰베니히트 구역이 있다. 공
> 간이 상당히 부족하여 건물을 위쪽으로만 지을 수 있었기 때문
> 에, 특히 알트슈타트에서는 안뜰이 돌출 바닥 위 높은 곳에 배
> 치되었으며, 타르로 코팅되고 철제 난간들이 설치되어 있다. 도
> 시의 이 지역에서는 겨울과 봄 동안 지하실 대부분이 물로 가
> 득 차 펌프로 퍼내야 하는 경우가 많다. 쾨니히스 거리, 융커 거
> 리, 포르데레 포르슈타트, 클라퍼비제, 포르데레 로스가르텐 및
> 교외의 다른 곳에서는 멋지고 아름다운 개인 주택이 솟아 있다.
> (…) 주요 거리인 포르데레 포르슈타트와 프리드리히스부르크
> 사이 일부가 베니스 섬으로 불리는 교외는 유대인 거주지다.[33]

아렌트 집안의 경제적 성공은 당연히 쾨니히스베르크의 전반
적인 발전과 일치했다. 이 요새 도시는 늦어도 1850년대부터 끊
임없이 격변을 겪고 있었다. 칸트의 발자취를 따라가고 싶었던
지역 주민과 방문객은 쾨니히스베르크 가문의 부지런한 현대 전

기작가 덕분에 최초의 여행 안내서에 수록된 유적지를 발견할 수 있었다.[34] 성곽의 재생과 확장은 이미 10년 전부터 인구 증가와 다소 충돌하는 양상으로 진행되었고, 이는 긍정적인 경제 발전에 힘입어 더욱 가속화되었다. 1852년에서 1885년 사이에 철도망이 대대적으로 확장되면서 동양에서 들어오는 상품과 독일제국으로 나가는 상품의 무역 중심지가 근본적으로 바뀐 것도 이에 이바지했다. 특히 목재, 곡물, 차 무역은 이로 인해 큰 이익을 얻었다.

이 개발은 프레겔강과 낙후된 항구 시설로 인해 제약을 받았다. 강의 항해 여건은 꾸준히 개선되었지만, 항구 확장을 위한 근본적인 개조 작업은 1899년에야 비로소 조금씩 이루어졌다. 이때 상인들과 도시는 쾨니히스베르크가 동유럽 경쟁 도시들에 뒤처질 수밖에 없으며 마침내 뭔가를 해야 한다는 의견에 합의하였다. 그때까지는 수리 작업과 교량 교체 작업에 그쳤다. 건설 작업이 시작된 지 22년이 지난 1901년에야 쾨니히스베르크와 필라우 사이의 수로 연결이 현대화되어 더 큰 선박이 운하를 이용할 수 있게 되었다. 그러나 1904년에 마침내 개장한 '새로운' 항구도 곧 다시 협소해졌다. 쾨니히스베르크 사람들은 이제 현대 자본주의를 완전히 수용했으나, 무역 박람회 개최와 철도 운송 개선과 같은 모든 계획에도 불구하고 제국에 비하면 여전히 낙후되어 있었으며, 이제 국제 무역도시가 되어야 한다는 점을 인식했다.

여기서는 간략하게 언급했지만, 쾨니히스베르크의 경제적 근대화와 그 (자연) 경계의 긴장 관계는 1920년대까지 행정관들의 주요 관심사였다. 게다가 도시의 주변 위치도 문제였다. 다른 무역 중심지에 도달하려면 항상 먼 거리를 극복해야 했다. 그럼에도 현대적인 철도망과 해운과 큰 강을 끼고 있는 항구라는 점은 변하지 않는 사실이었다.[35]

1880년대 중반에도 막스 아렌트는 쾨니히스베르크 차 수출 사업의 거물들을 따라잡을 수 없거나 따라가고 싶지 않아서인지 삼촌 지몬과 마찬가지로 여전히 넝마 수출 사업을 하고 있었다. 그의 재산이 얼마인지는 정확히 알 수 없다. 아렌트나 콘 모두 쾨니히스베르크 차 상인에 관한 몇 안 되는 자료에는 등장하지 않는다.

막스 아렌트는 그의 오랜 이웃인 콘과는 달리 도시에서 잘 알려진 인물이었다. 늦어도 1890년대 말 그는 유대인 공동체와 쾨니히스베르크 시의회에서 공직과 공적 역할을 맡았다. 그가 도시와 유대인 공동체 내에서 수행한 역할은 그가 사망한 지 5일 후인 1913년 3월 22일 자유주의 일간지 《쾨니히스베르크 하르통 차이퉁》에 게재된 그의 장례식에 대한 보도를 통해 알 수 있다. 한나 아렌트가 존경했던 할아버지에 대한 증언은 거의 없고, 쾨니히스베르크 시민사회에서 유대인이 어떻게 인정받았는지를 보여주는 드문 통찰을 제공하기 때문에 여기에 자세히 재현한다.

사업가이자 오랜 기간 시의원을 지낸 막스 아렌트가 오랜 투병 끝에 70세의 나이로 지난 화요일 세상을 떠났다. 성聖 금요일에 그의 시신은 각계의 많은 애도 속에서 안식처에 안치되었다.

영면한 고인의 유해는 트라크하임 풀베르로에 있는 상가에서 사랑과 존경의 마지막 선물로 장식되어 녹색 숲 한가운데에 안치되었다. 여기에는 정오 무렵에 많은 조문객이 모였다. 가까운 친척, 시의회 제2부의장 브라운(은퇴함), 젬브리즈키 시의원, 레만, 라사르-콘 박사 교수, 코른 및 시의회의 많은 의원, 회당 공동체 대표기관 이사회 및 수많은 자선기관의 인사들이 참석했다. 차분한 하모늄 풍금 연주 후, 수석 랍비인 보겔슈타인 박사는 시편 영창자의 말을 인용하여 고인에게 따뜻한 부고 기사를 바쳤다. 그는 고인을 날카로운 성격에 거친 면이 없지는 않았지만 따뜻한 자선심과 깊은 신앙심으로 가득 찬 분, 의무에 대한 충성심으로 가득 찬 분, 자신의 좁은 활동 영역뿐만 아니라 더 넓은 대중, 특히 고향에 대한 봉사에 생의 마지막까지 전력을 다한 분으로 묘사했다. 고인은 자선 분야에도 크게 공헌했다. 회당 공동체는 가장 소중한 사람을 잃은 유족들과 함께 애도했다. (…) 장례 행렬은 거의 끝이 없어 보이는 줄로 이어져 (…) 왕의 문 앞에 있는 유대인 묘지로 이동했다.

그러나 부고문 기사에 흔히 따르는 모든 수사학적 표현에도 불구하고 익명으로 작성된 이 기사는 막스 아렌트를 정확하게 묘사했다. 막스 아렌트는 가장 중요한 시 위원회와 유대인위원회에 똑같이 참석했으며, 공적인 인물이었다. 1898년부터 시의회

의장으로 활동했으며, 유대인 공동체의 다양한 위원회에서 20년 동안 활동한 덕분에 1911년부터 사망할 때까지 대표회의 의장을 맡았다. 또한 쾨니히스베르크에서 '간호 및 장례 협회', 즉 '체브라 카디샤'와 지역사회의 '중앙빈민위원회' 의장으로 활동했다. 그는 유대인 고아원을 재정적으로 지원했을 뿐만 아니라 고문으로서도 활동했으며, '러시아계 이스라엘인 환자구호협회'에 참여했고, 수년 동안 '유대인 역사 및 문화 협회'의 재무를 맡기도 했다. 그는 쾨니히스베르크 칸트 지부를 공동 설립했으며 도시의 공공영역에서 이러한 모든 기능을 수행했다. 그는 '독일계 유대교 신앙인 중앙협회'와 가까웠으며 신흥 시온주의 젊은 대표들과의 분쟁을 회피하지 않았다. 유대인 삶의 현재와 미래에 관한 쾨니히스베르크 토론을 기록한 현대 보고서에 따르면, 막스 아렌트는 토론에 참여해 자기 입장을 분명히 표현했다고 한다. 그는 시온주의 '유대인 학생협회'가 주최한 행사에서 대표자 회의의 공식 대표로 명시적으로 언급되었으며, 비록 훨씬 후에 기록된 기억에 근거한 것이지만, 근대 유대인 삶의 올바른 방향에 대한 논의에서 중요한 논쟁 상대였다.[36]

누구든 유대인 내부 분쟁 속에서 막스 아렌트의 정치 노선을 재구성하려면 '중립성'이라는 개념에서 시작해야 한다. 막스는 공개적으로 활동하는 유대인 단체라면 언제나 쾨니히스베르크 지역사회 전체를 대표할 수 있는 의견을 표명해야 한다고 생각했다.[37] 이것이 상황에 대한 단순한 태도나 평가가 아니라는 사실은, 자유주의 단체인 '유대교 신앙을 가진 독일 시민 중앙협회'에 소속된 모든 단체가 '중립성 요건'에 동의하지 않으면 배제된다는 결정에서 입증된다.[38] 분명히 막스 아렌트는 자신의 가족과 주변 환경 속에서 시민사회에서 흔히 말하는 '유대인 해방'의 이점을 인식하고 있었다.

막스 아렌트는 세기가 바뀌면서 점차 포르데레 포르슈타트에서 물러나 여전히 넝마 무역을 하면서 점점 더 큰 투자자가 되었고, 마침내 '상하수도, 소수성 및 비오나이드 가스 플랜트'가 전문인 오랜 전통의 링겐 회사Lingen Co.를 공동 소유주로서 인수하게 된다. 부고 기사에서 언급했듯이, 그는 오래된 유대인 공동묘지에서 100미터 남짓 떨어진 중산층 트라크하임 풀베르로 21번지에서 말년을 보냈다. 한 층 아래에는 1871년 쾨니히스베르크에서 태어나 1929년 사망한 지방법원 판사 아르투르 바르다가 살았다. 그는 현대적인 칸트의 모습을 형성하는 데 중요한 역할을 한 유고를 편집한, 매우 박식한 칸트 애호가였다.

사회민주주의자에서 수석 기술자까지: 한나의 아버지 바울

높은 평가를 받은 자서전적 실화소설인 『자비의 가시밭: 게르다 수녀의 일기에서』*를 읽으면, 막스 아렌트의 가족에 대해 더 자

---

* 서지사항은 다음과 같다. Henriette Arendt, *Dornenpfade der Barm herzigkeit: Aus Schwester Gerda's Tagebuch. Herausgegeben*(Stuttgart, 1909). 헨리에테는 1895~1896년 베를린의 유대인 병원에서 간호사 훈련을 마친 후 다양한 병

세히 알 수 있다. 이 책은 막스의 딸이자 한나 아렌트의 고모인 헨리에테 아렌트가 1909년에 편집하여 출간한 책이다. 그 후 막스 아렌트는 시민적 삶의 방식을 중시하며 문학에 몰두했고, 동시에 대형 넝마 창고를 운영하며 때로는 열악한 조건에서도 노동자를 고용한 기업가였다. 헨리에테와 아버지 막스 아렌트가 보여준 감동적인 친근감에 대한 묘사는, 이미 1899년 헨리에테가 개신교로 개종한 데서 영향을 받은 것으로 추정된다. 또한 이 소설은 새로운 종교적 방향 정립을 정당화하기 위해 기획되었다. 그런데도 이러한 묘사는, 손과 호흡기를 보호할 장비도 없이 화학 물질로 넝마를 보관하고 처리하는 거대한 작업장에서의 노동 환경을 기록한 다른 동시대 보고서들과 일치한다. 작업이 건강에 얼마나 해로운가는 넝마와 사람을 한 배에 함께 운송하는 것이 금지되었다는 사실에서도 알 수 있다.

가상 인물인 게르다 수녀도 소설에서 오빠 바울에 대해 언급하지만, 제공된 정보는 의미 있는 만큼만 간략히 제시된다. 바울은 15살의 나이에 신념에 찬 사회민주주의자이자 '동지'가 되었다. 그의 누이는 가상의 일기에서 "빨간 넥타이를 매지 않은 사람은 누구도 그에게 접근할 수 없었다"라고 기록했다.[39] 아울러 헨리에테는 뒤처진 자신과 달리 바울이 매우 훌륭한 학생이었다고

원과 정신기관의 가정 간호와 간호 분야에서 계속 일했다. 그녀는 1899년 개신교로 세례를 받았으며, 1902~1903년 종파에 관계 없이 슈투트가르트 보조간호사협회에 가입했다. 1909년에는 '게르다 수녀'라는 가명으로 간호사로서의 경험을 담은 책을 출판했다.

반복해 기록했다.

사실 '실제 인물'인 바울 아렌트는 매우 우수한 학생이었을 것이다. 도시에서 두 번째로 오래된 쾨니히스베르크 알트슈타트 고등학교의 문서에서 그가 10학년 과정부터 재학 중이었음을 확인할 수 있다. 이 학교의 역사는 14세기 후반까지 거슬러 올라간다. 바울은 새 학교에 입학한 첫해에 상을 받았다. 연례 보고서에 따르면, 특별한 업적에 대한 보상은 '물리 실험 기구'였다. 이듬해에는 "칭찬받을 만한 노력과 좋은 행동"으로 책을 상으로 받았다.

그는 자연과학에 남다른 관심이 있었을 뿐만 아니라, 인문계 고등학교의 핵심 교과인 고대 그리스어에도 뛰어났다. 이는 학기말에 고등학교 이전을 축하하기 위해 올린 소포클레스의 〈아약스Aias〉 공연에서 고등학교 최상급생으로서 오디세우스의 주역을 맡은 사실을 보면 알 수 있다. 청소년 합창단이 원본 구절을 낭독할 때, 도시의 유명 인사들이 모두 참여했다.[40] 알트슈타트 고등학교는 쾨니히스베르크의 유대인들 사이에서 가장 인기 있는 학교 중 하나였으며, 그보다 더 오래된 크나이프호프 고등학교만이 당시 유대인들 사이에서 존경을 더 많이 받았다. 두 학교는 모두 독일 제국 이전부터 유명했으며 특히 고대 언어 분야의 수준이 높아 좋은 평가를 받았다.[41]

바울 아렌트는 반에서 가장 어린 학생으로서 1891년 부활절에 '알트슈타트 고등학교'에서 졸업장을 취득했으며 필기 보고서 덕분에 모든 구술시험이 면제되었다.[42] 그는 학교 연례 보고서에서 자신의 직업 선택을 '전기공학'이라고 밝혔다. 그는 입학허가서에 일반적으로 '자연과학'이라고 표시하며 쾨니히스베르크에서 한 학기 동안 이 과목을 공부한 후 베를린으로 갔다.

바울이 사회민주주의자라는 사실도 그의 누이가 꾸며낸 이야기가 아니었다. 1922년 《사회주의 월간지 *Sozialistische Monatshefte*》 12월호의 '사망자 명단' 난에 헨리에테 아렌트의 사망 기사가 실렸다. 그녀는 48세의 나이로 '마인츠의 한 병원'에서 조용히 사망했다.[43] 익명의 작성자는 계속해서 다음과 같이 밝혔다.

> 그녀는 바울 아렌트 동지(1890년대 베를린 사회주의 학생운동의 최고 지도자로서 사회주의 아카데미의 창립에 참여했으며, 세계대전 중 죽음으로써 슬픈 고통에서 벗어난 사람)의 여동생으로, 독특한 삶의 운명을 겪었다.[44]

한나 아렌트는 고모 헨리에테에 대해 한마디도 하지 않았다. 헨리에테가 개신교로 개종한 후에도 계속 가족의 일원이었는지 여부는 아직 밝혀지지 않았다. 독일 제국에서 그녀의 명성이 부모와 형제 사이에 문제를 일으켰는지도 불분명하다. 헨리에테는 쾨니히스베르크와 제네바에 있는 학교에 다녔고, 베를린의 유대인 병원에서 간호사로 간호 훈련을 마친 후 독일 최초의 여성 경찰 보조원이 되었다. 그녀는 1903년부터 슈투트가르트에서 5년 동안 일했고, 이후 여러 가지 혐의로 해고되었다고 한다. 혐의 중 일부는 불분명했다. 그녀는 정말 유명해졌다. 그런데도 그녀는 유대인 신문과 잡지에 아동 인신매매에 관한 글과 감옥의 상황,

무엇보다도 고아들의 상황을 묘사한 글을 기고하여 늘 논란에 휩싸였고 때로는 사기 의혹까지 받았다. 1914년에는 헨리에테의 저작을 원작으로 한 인기 극영화 〈작은 백인 노예들Kleine weisse Sklaven〉*이 개봉되었다. 그녀는 또한 병원에서 일하는 간호사와 간병인들이 환자뿐 아니라 의사와의 관계에서도 법적 회색 지대에 놓여 있다는 점을 자주 언급했다. 그들에 대한 의견은 간호 및 병원 부문 관련 입법에 중요한 영향을 미쳤다.[45]

바울 아렌트에 대한 희소한 정보를 통해 알 수 있듯이, 알려지지 않은 부고 기사 작성자는 요제프 블로흐이며 아마도 바울의 가장 친한 친구였을 것이다.[46] 1871년 9월 14일 러시아의 빌코비츠키에서 태어난 블로흐는 유대교 정통파 집안 출신이다. 그는 1870년대에 쾨니히스베르크로 이사했고, 앞서 언급한 칸트 연구자 아르투르 바르다와 함께 1890년에 크나이프호프 고등학교를 졸업했다. 블로흐는 쾨니히스베르크대학교에서 수학과 물리학을 전공했지만, 베를린대학교로 옮겨 1907년 당시 유명한 '에를랑겐의 소크라테스' 바울 헨젤 밑에서 「칸트에서 헤르만 코헨까지의 무한 개념」이란 주제의 철학 논문으로 박사학위를 받았다.

요제프 블로흐와 바울 아렌트는 같은 나이, 비슷한 가족 배경을 가진 쾨니히스베르크 유대인 친구들의 일원이었다. 여기에는 이후 아렌트와 블로흐의 아내들 모임의 현존하는 편지에서 언급

---

* 헨리에테 아렌트는 미국 남북전쟁 이후 미국에서 젊은 백인 노예들의 경험을 탐구한다. 이들이 어떻게 노예 생활과 매춘을 강요받는지, 그리고 어떻게 이런 상황에서 벗어날 수 있는지를 보여준다.

된 '마르타 콘 양'과 '헬레네 프로이덴하임 양'도 포함되어 있다. 아렌트의 친구들 가운데 나중에 피부과 의사가 된 에른스트 퓌르스트와 피부과 의사이자 작가로 활동한 아돌프 요제프존도 있었다.

언급된 사람들 가운데 블로흐는 정치적으로 아렌트와 가장 가까운 사람이었다. 두 사람 모두《사회주의 아카데미: 사회주의 학생 및 독일어를 구사하는 학생 기관》의 발행인 요한 자센바흐를 중심으로 모인 단체에 속해 있었다. 그러나 프랑스 문화에 호의적이었던 한 출판업자와 다른 편집진은 잡지의 방향에 대해 곧 이견을 드러냈다. '수정주의', 즉 비非마르크스주의 노선이 우세해졌다. 사회민주당 내에서 블로흐의 정치적 문제 의식은 옆으로 밀려났다. 마르크스주의의 '다른' 창시자인 프리드리히 엥겔스, 그리고 사회민주당의 다른 위대한 인물들과의 교류 역시 이러한 흐름을 바꾸지는 못했다.[47]

바울 아렌트가 이 모든 일에서 어떤 역할을 했는지 확정하기는 어렵다. 블로흐의 유고에 드물게 보존된 왕래 서신 가운데 정치 활동에 대해 직접 언급한 편지는 거의 없다. 1894년 바울 아렌트는《사회주의 아카데미》의 창립을 준비한 사람 중 한 명이었지만 구체적으로 어떤 역할을 맡았는지는 알 수 없다. 그는 회의 보고서나 회의록에 한 번도 등장하지 않았다. 그의 편집 작업에 대한 기록은 아무것도 없으며, 잡지에도 그의 이름이 나와 있지 않다. 그리고 그가 수많은 약어 중 하나, 아니면 다양한 가명 뒤에 숨어 있었는지는 명확하지 않다. 어쨌든 그는 1895년이나 1896년 어느 시점에 '편집팀'에서 사임했으나 이 사임이 모든 협력의 완전한 포기로 간주되는 것을 원하지 않았다. 이 모순된 태도는 끝내 해명되지 않았다.

바울 아렌트는 연구와 함께 당대의 인기 작가들을 읽을 시간을 가졌다. 크누트 함순, 니체, 톨스토이, 빈의 풍자가 피터 알텐베르크 등이 그 예이다. 바울 아렌트가 이 시기에 가장 신경을 많이 쓴 것은 자신과 친구 블로흐의 건강이었다. 아렌트가 베를린 의사들과 그들의 역량에 대해 상세히 언급한 편지가 있는데, 그 자신은 결국 1년의 군 복무 징집을 두려워했다.

자센바흐가 떠난 후 재정적인 문제에 시달리면서도《사회주의 월간지》를 계속 발간해 집중적으로 연구할 시간이 거의 없었던 블로흐와 달리, 역시 베를린에서 공부하던 아렌트는 자신의 계획을 잘 수행했다. 1898년 6월 3일 그는 친구에게 다음과 같이 간결하게 말했다. "기술자 P. 아렌트, N. W. 마리엔로 8Il." 졸업 직후 아렌트는 1871년 하노버에 설립된 유명한 회사인 게브뤼더 쾨르팅 회사의 전기 부서에서 일자리를 찾았다. 현재 하노버 인근의 린덴에 본사를 두고 있는 이 회사는 아렌트가 입사했을 당시 중앙난방, 가솔린 및 디젤 엔진 분야로 사업을 확장하며 유럽에서 가장 혁신적인 회사 중 하나로 꼽혔다. 또 이 회사는 가스 엔진과 진공 브레이크 특허도 다수 보유했다. 바울 아렌트가 1889년 고등학교 전학으로 〈아약스〉 공연에 출연했을 때, 쾨르팅 회사는 해당 학교 보고서에서 특히 강조한 대로 새 학교 건물에 난방 시설을 막 설치한 상태였다. 이 회사는 또한 처음부터 국제적 지향성을 보이며 미국을 포함해 7개국에도 진출했고, 11년 동안 성공적인 주식회사로 성장하여 1914년에는 총 4,000명의 직원을 두고 있었다. 쾨르팅 회사는 시대의 흐름에 따라 린덴의 본사 바로 근처에 공동체적 성격을 지닌 현대적인 노동자 거주지를 건설했다. 이는 여러 차례 보고된 바 있다. 독일 제국의 쾨르팅 회사에서 주로 일했던 젊은 기술자 바울 아렌트의 경력은 여기에서 시작되었다. 바울은 블로흐에게 자신의 다양한 직장에 대한 개인적인 인상을 소식으로 알렸지만 함께했던 정치적 과거에 대해서는 언급하지 않았다.

바울 아렌트는 린덴과 하노버에서 사회적으로 성장했다. 이는 그의 주소에서도 입증된다. 1899년에 그는 마리엔로에서 더 잘 알려진 지역에 있는 카노넨발로 18a로 이사했다. 직장에서의 승진으로 재정적 여지도 넓어졌다. 그래서 1900년 9월에 바울 아렌트가 친구 블로흐에게 몇 주 전에 가자고 권유했던 파리 여행은 분명히 부담이 되지 않았던 것 같다. 한나 아렌트는 나중에 자신의 어머니가 한동안 파리에서 살았고 그곳에서 공부했다고 말하기를 좋아했다. 두 친구가 파리의 마르타 콘을 방문하고 싶었을까, 아니면 단지 총각 여행이었을까? 어쨌든 그 이유가 어디에서도 언급되지 않은 걸 보면 당시에는 다들 알고 있었을 것이다. 그리고 평소에는 매우 자신감이 넘치지만 특별히 활동적이지는 않은 바울 아렌트는 편지에서 극도로 단호한 모습을 보인다. 그는 파리로 가야 한다고 강조하며, 주저하는 친구를 설득하려고 몇 가지 여행 일정을 제시했다.

1년 후 마르타 콘과 바울 아렌트는 두 사람이 여행을 떠났던 하이델베르크에서 블로흐에게 엽서를 보냈다. 이제 그들은 분명히 부부가 되었다. 이 기간에 바울 아렌트는 종종 남서부, 특히 그의 회사가 도시를 위해 새 발전소를 건설하고 있던 조베른하임에 있었다.

1902년 4월 13일 마르타 콘과 바울 아렌트는 쾨니히스베르크 협회의 '독일 자원센터'에 있는 당시 유명한 연회장에서 랍비 헤르만 포겔슈타인의 주례로 결혼했다. 증인은 신랑 신부의 아버지들이었다. 자체 식당이 있는 독일 자원센터 건물을 임대할 수 있는 사람이라면 도시 중산층에 속했다.

그 직후 부부는 가르다 호수, 쿠프슈타인, 베니스로 신혼여행을 떠났다. 하노버로 돌아온 두 사람은 에세르로 6II에 있는 새 아파트로 이사했고, 10월에 회사 본사와 매우 가까운 하노버-린덴의 야콥로 4III로 이사했다. 이번 이사는 바울 아렌트가 수석 기술자로 승진하고 위임장을 부여받은 것과 동시에 이루어졌다. 덴마크 북부에서 보낸 엽서에서 알 수 있듯이, 지위가 높았던 만큼 독일에서의 수많은 출장에는 가끔 해외 체류도 수반되었을 것이다. 1904년에 부부는 린덴 중심부에 있는 아파트인 마르크 플라츠 2로 이사했다. 이 아파트는 중산층 지역에서도 건축학적으로 가장 정교한 집이었기 때문에 일정 수준의 성공을 상징하는 곳이었다. 두 사람이 이듬해 취리히, 루체른, 인터라켄을 거쳐 스위스로 3주간 휴가를 갈 수 있었다는 사실도 그들의 안정된 사회적 지위를 보여준다.

헨리에테와 바울 아렌트가 주고받은 편지와 이들의 짧은 부고 기사, 그리고 학교생활에 관한 단편적인 기록은 적어도 아렌트 가족의 경우 3대에 걸친 독일계 유대인 해방의 역사를 간략하게 살펴보는 데 도움이 된다. 물론 콘 가족에 대한 해당 진술은 훨씬 더 추측의 성격이 강하다. 동시에 진보와 세속화에 대한 고전적 규범서에서 곧바로 나온 듯한 현존하는 자료에서 '서사'를 구성하려는 시도는 완전히 피상적인 수준에 머물 수밖에 없다.

아론 아렌트의 경우, 그와 쾨니히스베르크 도시 공동체와의 관계 또는 통합에 대한 질문에는 답하기 어렵다. 그가 직장 생활의 규칙에 익숙해져 아들 마르쿠스를 포함하여 가족을 부양할 기반을 마련했다는 사실은, 독일 동프로이센 사회에서 유대인으로서의 그의 역할에 대해 아무것도 말해주지 않는다. 아론은 쾨니히스베르크인, 동프로이센인 및 기타 독일인, 그리고 다른 유럽 국가의 사업 파트너들과의 관계 속에서 법적으로 보장된 공간과 공존 영역을 활용했다.

마르쿠스 아렌트는 1860년대와 1870년대의 경향을 따라 자신의 이름을 바꾸면서 단지 외부적인 변화만이 아닌 실질적인 변화를 꾀했다. 가족사의 새로운 장은 막스 아렌트와 함께 시작되었다. 그는 가까스로 중견 기업이자 중산층 사업체의 소유주가 되는 데 성공했다. 사업 성공으로 인해 그의 영향력과 명성도 도시 공동체에서 높아졌다. 쾨니히스베르크시와 유대인 공동체에 대한 그의 헌신은 다음 해에도 계속되었다. 이는 도시가 잘되면 그 안에 사는 유대인들도 잘될 것이라는 유대인 시민 사이에 널리 알려진 견해에 기초했다. 그리고 그 반대도 마찬가지였다. 문서로 확인되는 반유대주의 정서와 폭력 또는 쾨니히스베르크의 다른 형태의 배제를 막스 아렌트 및 그의 가족과 직접 연관시키는 것은 역사적으로 정확하지 않다. 마찬가지로 이런 일반적인 공식에서 더 이상의 결론을 도출하는 것은 과장된 해석일 것이다. 오랫동안 사회민주주의자들이 지배해왔던 도시에서 반유대주의 폭력의 역사가 있었음을 보여주는 증거는 많다.[48] 그러나 아론·막스·바울 아렌트에 대해 알려진 바에 따르면, 거래 실패나 괴롭힘, 배제 또는 이와 유사한 어떤 징후도 찾아볼 수 없다.

좀 더 정확히 말하자면, 한 가지 측면만은 분명하다. 막스 아렌트는 시온주의를 거부했다. 팔레스타인에 이스라엘 국가를 건설한다는 공통의 목표를 가진 시온주의 운동은, 유대인이자 시민이며 독일인으로서 동등한 권리를 갖는다는 그의 통합적 사고를 깨뜨렸다. 그의 관점에서 볼 때, 시온주의의 사상과 계획은 그것이 실제 성취한 것과 반대되는 것이었다.

막스 아렌트는 1913년 사망하면서 더는 제1차 세계대전, 유대인의 애국심과 평화주의, 20세기 최초의 대재앙이 쾨니히스베르크에 불러온 격변을 목격하지 못했다. 그리고 그의 아들 바울도 1913년에 세상을 떠났으므로, 어린이 한나 아렌트에게 소중한 존재였던 인물들의 이야기는 여기에서 끝난다.

새로운 삶: 학교 부적응 학생 요한나

요한나 아렌트는 1906년 10월 14일 오후 9시 15분 린덴에서 22시간의 산고 끝에 정상 분만을 통해 3.695kg의 몸무게로 태어났다. 두 달 후 아렌트의 어머니는 아이를 위해 육아일기에 이 사실을 적었다.[49] 마르타 아렌트의 육아일기와 남편의 1908년 4월까지의 육아일기는 처음에는 전적으로 딸의 발육에 초점이 맞춰졌다. 1908년 8월부터 1909년 8월까지, 그리고 1911년 2월부터 1914년 1월까지의 긴 공백은, 결국 치명적인 결과로 이어진 바울 아렌트의 병이 모든 것을 바꾸어놓았음을 보여준다. 우선 1908년 초여름에 바울 아렌트가 '업무 대리권'*을 상실하고 몇 달 후 해고되자 가족은 1908년 11월 쾨니히스베르크로 다시 이사하기로 했다. 바울은 1911년 그곳의 정신병원에 일시적으로 입원했고, 그동안 마르타는 딸을 위해 '정상적인' 삶을 유지하려고 노력했다. 바울 아렌트의 병명은 직접 언급되지 않았다.

마르타는 자신의 감정을 행간에 숨기고 항상 아이를 주시하는 예리한 관찰자였다. 아버지의 상태에 대한 이해, 불치병 환자에 대한 헌신, 유치원에서의 적응 — 아마도 한나 아렌트가 선생님 역할을 기꺼이 맡았을 것이다 — 그리고 행복한 순간과 어린 시절 질병 사이의 크고 작은 사건들이 1913년 할아버지와 아버

---

* 사업체를 위한 모든 종류의 법적 거래를 수행하기 위해 직원에게 부여된 상업용 '위임장(Prokula)'을 보유해야 한다. 위임장은 상법에 따라 규제되는 대리권이다. 이는 개인이 회사를 대신하여 행동할 수 있는 권한을 부여한다.

지의 죽음으로 모두 뒤로 밀려났다. 아이의 반응은 마르타를 당황하게 했다. 한나는 사랑하는 할아버지를 별로 그리워하지 않는 것 같았고, 아버지가 돌아가셨을 때는 오히려 어머니를 위로하려고 노력했다. 어쨌든 그 사건이 한나의 학교 성적에 지속적인 영향을 미치지는 않았던 것 같다.

동시에 혼자 남은 마르타와 그 딸을 받아들인 친척과 친구들과의 인연도 있었다.

막스 아렌트와 바울 아렌트가 사망한 직후 마르타는 10주 동안 파리와 흑림 지역으로 혼자 여행을 했다. 1년 후에는 카를스바트, 빈, 런던으로 다시 여행을 떠났다. 1914년 5월 그녀가 여동생 파니와 함께 방문한 보헤미안 온천 마을은 이미 설명한 대로 그녀의 아버지뿐만 아니라 아렌트 가족은 물론 콘 가족이 수년 동안 자주 찾았던 곳이다. 한나와 함께 발트해, 특히 잠란트 해안의 노이쿠렌에 정기적으로 여행을 가기도 했다. 막스 아렌트는 19세기 말에 여행지이자 휴양지였던 크란츠의 한 별장을 매입했다. 이곳은 특히 쾨니히스베르크 주민들에게 인기가 있었고 1885년 말부터는 기차로 갈 수 있게 되었다. 한나 아렌트는 두 가족의 많은 친구와 지인들로 둘러싸여 늘 보살핌을 받으며 자랐다.

그녀의 학창 시절에 대해서는 놀라운 이야기와 함께, 의심할 여지 없이 이해할 수 있는 회고적인 추측들이 있었다. 그렇지 않았다면 그녀의 학창 시절은 평범하지 않았을까? 그렇다면 실제로는 어땠을까? 확인 가능한 자료가 있다면 무엇을 말해줄까? 베를린 시립도서관에는 이에 관한 주목할 만한 문서가 있다. 1925년 2월

1일자로 연례보고서 10면에 기록되어 있듯이, 337명의 학생이 등록되어 있으며, 그중 315명은 '개신교인', 22명이 '가톨릭교도'였으며, '반체제 인사'는 없었고, '유대교인'은 한 명도 없다. '교단 또는 종교'에 대한 정보는 여기까지다. 329명의 학생이 프로이센 시민이었고, 통계에는 '비프로이센 제국 독일인' 2명과 '외국인' 6명도 포함되어 있다.

같은 쪽의 '보고 연도 1924/25년도에 수료증을 받은 학생' 목록 맨 끝부분에 불규칙한 부분이 눈에 띈다. 숫자 1147 뒤에는 1148이 아니라 '학교 부적응Schulfremd'이라는 항목이 있다. 같은 줄에는 '종교 또는 신념'에 대한 단순한 줄과 '선택된 직업' 아래에 또 다른 특이한 점이 있다. 최소한 생년월일은 '1906년 10월 14일'로 기재되어 있고 국적도 '프로이센'으로 기재되어 있다. 이는 「프로이센 쾨니히스베르크 주립 빌헬름 고등학교 1924~25년 연례보고서」에서 '요한나 아렌트'에게 할당된 세부 정보이다.

늘 그렇듯이 교장이 작성한 학교 보고서는 대개 건조한 문체로 학교생활을 서술하고 학생과 교사의 정확한 숫자, 특별 활동 등을 나열한다. 다만 기관에는 약간의 수사가 필요한데, 이는 문서화된 작업을 통해 이루어진다. 프로이센-개신교 인문계 고등학교라고 해서 다를 수 있었겠는가? 문서화된 교재에는 김나지움 5학년부터 라틴어 8시간, 8학년에는 고대 그리스어 6시간, 프랑스어 2시간이 추가되었다.* 13학년까지는 거의 그대로 유지

---

* 　근대 독일 교육제도의 경우 학교에 최대 13개 학년이 있었다. 김나지움 기

되었다. 읽을 원전이 자세히 나열되고, 때로는 고전을 통째로 공부하기도 하고, 때로는 인기 있는 선집들을 참고하기도 했다. 이런 선집을 엮는 일은 당시 독일 고등학교 선생들 사이에서 일종의 경쟁처럼 여겨졌다. 스페인어가 개설되어 있었고, 러시아어와 히브리어를 추가할 수 있었다. 고대 언어에 비하면 독일어와 수학 과목은 4시간으로 보통 수준이었고, 8학년부터는 3시간이었다. 이 모든 것은 당시 인문계 고등학교로서는 특이한 일이 아니다. 한나 아렌트는 이전 학교에서도 크게 다르지 않은 경험을 했을 것이다.

3명의 학생은 필기 성적이 우수해 구술시험을 면제받았지만, '요한나 아렌트'는 '학교 부적응 학생'이라는 신분으로 인해 프로이센 학교 규정에 따라 구술시험을 면제받지 못했다. 고등학교 졸업시험에 합격한 16명의 학생 중 7명이 그녀보다 어린 나이였다. 놀랄 것도 없이 남학생 고등학교인 만큼 그녀의 동료 졸업생들은 모두 남성이었고 모두 개신교 신자였다. 그해 최고의 학생, 우등생 또는 기타 특별 학생에 관한 이야기는 단 한마디도 없다. 언뜻 보기에 바이마르 공화국의 정치적·경제적 안정 국면 초기의 완전히 평범한 고등학교 졸업반이었다. 하지만 그것이 전부는 아니었다. 한 가지 예외가 있었기 때문이다. 그녀는 바로 종교가 없는 외부 학생이었다. 사실 이는 빌헬름 고등학교에서는 매우

간을 9학년으로 연장한 후에 5년(Sexta), 6년(Quinta), 7년(Quarta), 8년(Untertia), 9년(Obertertia), 10년(Untersekunda), 11년(Obersekunda), 12년(Unterprima), 13학년(Oberprima)으로 나뉜다.

이례적인 일이었다. 지금까지 알려진 바로는 한나 아렌트가 이 학교에서 졸업 자격시험을 통과한 유일한 여학생이었다.

마지막 불특정 일기 항목에 따르면—"1918년 9학년으로 수월한 진급. 그녀가 어떤 여행보다도 선호하는 노이쿠렌에서의 휴일"—여기에 인용된 빌헬름 고등학교 연례보고서를 제외하고는 당시 한나 아렌트에 대한 정보를 제공할 수 있는 동시대의 출처는 없다. 몇 년 동안 어떤 극적 긴장이 있었을 것이다. 처음에 학교생활은 그녀에게 평범한 것처럼 보였다. 아렌트의 하이델베르크대학교 박사학위 서류철에 있는, 타자기로 작성된 이력서는 확실히 이러한 추정을 뒷받침한다. 1913년부터 1919년까지 그녀는, 1898년에 설립되고 4년 후 독립하여 쾨니히스베르크에서 점점 인기를 얻게 된 엘비라 지트니크 선생님이 운영하는 여학교에 다녔다. 이 학교에 다닌 학생들은 주로 중산층 소녀들이었다. 어머니의 일기에 따르면, 한나 아렌트도 반 친구나 선생님들 사이에서 그곳을 집처럼 편안하게 느꼈다고 한다. 하지만 엘비라 지트니크가 정치적으로 어떤 입장을 취했는지는 의심스럽다. 적어도 1920년대 후반에 지트니크는 반유대주의 독일사회당의 후보로 동프로이센 지방 선거에 몇 차례 출마하기도 했다.

어머니는 1914년 전쟁이 시작된 후 "쾨니히스베르크의 러시아군"을 언급하며 한나와 함께 베를린으로 피신했다. 그곳에서 한나는 샤를로텐부르크 여자고등학교, 즉 조피 샤를로텐 고등학교에 다녔고 10주 후 쾨니히스베르크의 안전한 곳으로 돌아왔다. 제1차 세계대전이 시작된 직후 2개의 러시아 군대가 실제로

쾨니히스베르크 전투를 시작했고, 전투는 탄넨베르크에서 독일
군의 승리로 끝났다. 쾨니히스베르크로 돌아온 후 한나는 자주
아팠지만 학교 성적은 좋았다. 그럼에도 그녀는 더욱 불안해했고
병세도 심해졌다. 어머니는 과도한 감수성을 가진 아이를 대하는
데 큰 어려움이 있었다고 기록했다. "예민한 아이: 아이가 아빠를
닮을 수는 없나! 아렌트 집안 사람들은 감정이 훨씬 강건해서 우
리 같은 사람보다 훨씬 더 쉽게 삶을 헤쳐 나갈 수 있다."

1915년부터 1918년까지 일기 항목이 점점 더 드물어졌다. 이
여학생이 종종 열이 나고, 친구들과 즐겁게 놀고, 주변 지역으로
여행을 떠났으며, 가족 전통에 따라 카를스바트와 마리엔바트로
여행했다는 것 외에는 알려진 바가 거의 없다. 마르타보다 2살
아래인 남동생이자 한나의 외삼촌, 샬로텐부르크의 산부인과 의
사인 라파엘 콘 박사가 1916년 9월 1일 업무 중 발생한 감염으로
현장에서 사망했다는 사실이 알려졌지만 크게 주목받지는 않았
다. 한나는 때때로 학교 공부를 잘하고 때때로 눈에 띄지 않다가
도 다시금 매우 잘하고 쉽게 암기했다.

기록보관소에는 그녀가 명문 퀸 루이제 고등학교에 다녔던
1919년부터 1922년까지의 기간에 대한 기록이 전혀 없다. 그녀
가 왜 학교를 떠났는지, 왜 떠나야 했는지는 현재로서는 명확하
지 않다. 그럼에도 여러 회고록에 반복해서 등장하는, 한나에 대
한 반유대주의적 선동이나 공격에 대한 언급은 나중에 그녀 자
신이 매우 일반적인 용어로만 이야기했음에도 불구하고 여전히
여러 회고록에 남아 있다. 그러나 그녀는 나중에 어머니의 방어

적 태도에 대해서는 완전한 확신을 가지고 자신의 의견을 피력했다. 이 원칙은 다른 많은 맥락에서도 찾아볼 수 있는데, 유대인이라는 이유로 공격을 받으면 유대인으로서 자신을 방어해야 한다는 것이다. 그녀의 말은 마치 그러한 반유대주의적 공격이 방금 일어난 일인 것처럼 생생했다.

현존하는 교사 인사 서류에는 일반 학생, 특히 유대인 학생에 취한 조치에 대한 정보를 제공하는 항목은 없다. 그러나 서류는 사람이 관리하는 것이며, 일상적인 반유대주의는 대체로 기록되지 않았다. 이런 점은 당시 신문 보도에서도 마찬가지였다.

그런데도 한나 아렌트가 루이제 고등학교에 다녔던 마지막 해인 1921~1922년의 현존하는 학교 보고서 가운데 유일하게 남아 있는 타자 인쇄본은 살펴볼 가치가 있다. 이 보고서는 시간의 흐름에 의해 분명히 영향을 받은 기록이다. 교장은 교직원들의 놀랍도록 많은 병가 보고를 제외하고는 강등이나 기타 문제에 대해 보고할 것이 없었다. 그러나 그동안 프로이센 주의회 의원이었던 마르가레테 하이네가 학교로 돌아온 것은 주목할 만한 일이었다. 1919년부터 1921년까지 좌파 자유주의 독일민주당DDP 소속의 주의회 의원이었던 하이네는 인생에서 여러 차례 선구자 역할을 했다. 첼레에서 태어난 그녀는 고등학교를 졸업한 최초의 여성 중 한 명으로 뮌헨의 루트비히막시밀리안대학교 철학과에서 박사학위를 받은 최초의 여성이었으며, 1905년에 뮌헨에서 '여성연구회'의 초대 회장을 지냈다. 그녀는 당시 여성 해방과 여성 인권에 초점을 맞춘 《여성*Die Frau*》 및 기타 학술지를 출판했다. 쾨니히스베르크에서 '여성 박사 수석 교사'로 잘 알려진 그녀는 책과 고풍스러운 가구로 가득한 자신의 방 6개짜리 아파트에서 지식인들과 교류했다. 한나 아렌트는 그녀를 알았는가? 루이제 고등학교는 여학생도 남학생과 동등하다는 것을 증명하기 위해 노력한 진보적인 교육기관으로 명성을 얻었다. 겉으로 보기에는 흠잡을 데가 없었다.

루이제 고등학교를 중퇴한 한나는 개인 교육을 받았다. 1년 후인 1922년 부활절에 그녀는 후펜 고등학교의 외부 학생으로 '고등학교 졸업시험'에 합격했고, 그 후 11학년에서 12학년으로 진급했다. 그녀의 친구들도 그녀가 전학하고 정규 수업에 결석한다는 사실을 알고 있었다.[50] 이후에도 아렌트는 개인 교습을 이어가며 1923/24년 겨울 학기에는 베를린대학교에서 가톨릭 종교철학자 로마노 과르디니가 진행한 철학 수업을 들었고, 1924년 9월 12일 빌헬름 고등학교에서 졸업 자격증을 받았다. 이 문서는 사라졌다.

학교 등록부에 있는 '요한나 아렌트' 항목을 다시 읽어보면, 그녀 또는 그녀의 어머니가 종교나 교파에 가입하지 않았다는 사실을 즉시 알 수 있다. 아마도 이전에 겪은 반유대주의적 경험 때문일까? 그런데 그녀는 왜 1874년에 설립되어 유대인 학생이 거의 다니지 않는, 명문 인문계 학교로 손꼽히던 '남학생을 위한' 고등학교에서 졸업시험을 치렀을까? 이미 언급했듯이, 쾨니히스베르크에는 독일 제국 전역에서 존경받던 매우 오래된 교육 기관들이 있었으며, 19세기 이후 유대인 학생들이 졸업반의 다수를 차지하곤 했다. 아렌트 가족은 빌헬름 고등학교의 교장 한스 팀레크를 알고 있었을까? 아니면 그의 친구이자 동료였던 헤르더 연구자 빌헬름 도벡을 알았을까? 아니면 외부 학생을 받아들인 유일한 고등학교였을까?

다른 졸업생들이 누구인지를 살펴보는 편이 더 쉬울 것이다. 그들 중 두 명은 아렌트와 함께 어느 정도 명성을 얻었다. 고고학자 라인하르트 룰리스는 제3제국 시대에 새로운 통치자에게 명백한 굴복 없이 박물관과 발굴 현장에서 자신의 작업을 수행했지만, 알려진 저항 행위도 하지 않았다. 훗날 괴팅겐대학교 명예교수로 재직한 그는, 당시 특유의 완곡한 표현이 가득함에도 불구하고 20세기 고고학사 연구의 시작을 알리는 저작을 공동 편집하기도 했다.

또 다른 저명한 고등학교 졸업생은 아이텔-프리드리히 리스만이었다. 1933년 킬에서 박사학위를 받은 이 의사는 샤를로텐부르크에서 진료했으며 가끔 전문적인 논문을 발표하기도 했다. 그러다 1939년 11월 전쟁이 발발한 후, 그는 당시 독일군이 점령하고 총독부의 수도로 선포된 크라쿠프의 지방병원 부원장 겸 내과 과장으로 갑자기 폴란드에 나타났다. 그곳에서 부상한 군인과 아픈 '동료 시민'을 돌볼 뿐만 아니라 베를린의 나치 거물들과도 접촉했다. 그리고 그의 이름은 '1941년 10월 13일부터 16일까지 바트 크리니카에서 열린 총독부 보건부 실무회의 회의록'에 첨부된 주목할 만한 참가자 목록에서 찾을 수 있다. 이 회의는 표면적으로는 '전염병 퇴치'를 주제로 다루고 있었다.[51] 그러나 실제 회의록에 따르면, '박수갈채'가 터져 나오는 가운데 바르샤바 게토에 수용된 유대인들을 살해할 계획이 논의되고 있었다. 전쟁이 끝난 후 리스만은 베를린 프렌츨리우어베르크에 있는 병원의 원장이 되었고, 동독으로부터 영예를 얻었으며, 추모 출판물에 증명된 바와 같이 사람들에게 우호적인 동료로 기억되었다.

다른 학교 친구들도 있었다. 한나 아렌트가 죽을 때까지 기억하는, 때로는 어리고 때로는 나이가 많은 또래 친구들이 있었다. 그들과 자주 혹은 적어도 정기적으로 연락을 주고받았다. 현존하는 서신에는 그녀가 쾨니히스베르크에서 이 사람 또는 저 사람들과 여전히 교류하고 있다는 언급이 반복되며, 그 뒤에 열띤 칭찬에 가까운 간결한 성격 묘사가 이어진다. 그들 중 상당수는 아렌트와 평생을 함께하며 우정을 유지했다. 여기에는 에른스트 그루마흐, 헬라 옌쉬, 그리고 철학자 에리히 바일과 결혼 후 자신을 안네 바일이라고 부른 안네리제 멘델손이 포함된다.

한나 아렌트는 어린 시절과 청소년 시절 때로는 과민하고, 때로는 똑똑하고, 때로는 평범하고, 심지어 학교를 잘 못 다녔다고 한다. 그녀는 어머니에게 "까다롭거나 고집 센" 아이였다. 마르타 아렌트가 원하지 않았으나 의무적인 유대교 종교학교에 보내야 했던 사실 역시 그녀의 일기에서 엿볼 수 있다.

1913년 할아버지의 죽음─아플 때 창밖으로 지켜보며 묘사한 할아버지의 장례 행렬─과 아버지의 죽음은 아렌트의 행동에 영향을 미치지 않은 것으로 추정되지만, 어머니의 재혼은 큰 변화였다. 3대에 걸쳐 쾨니히스베르크에 살았던 유대인 집안 출신인 홀아비 마르틴 베어발트는 전해지는 이야기에 따르면 마르타 아렌트와 오랜 지인이었다. 이는 그가 오랫동안 포르데레 포르슈타트에 살면서 일했기 때문에 가능한 일이었다. 1869년생인 이 철물점 상인은 1901년에 태어난 딸인 클라라 그리고 한 살 어린 에바와 함께 부졸트로에서 살았다. 한나 아렌트와 나이 많은 두 의붓자매의 관계는 아마도 원만하지 않았을 것이다. 전해지는 사진은 연출된 것처럼 보이며, 실제 그들 사이의 관계에 대한 정보는 거의 없다.

피아노 연주자로서 재능이 있었고 베를린에서 약리학을 공부했던 클라라가 1932년 사망했기 때문에(그녀는 자살했을지도 모른다), 한나와 에바는 1933년 독일 제국에서 나치당이 권력을 장악한 이후 함께 어머니를 돌보게 되었다.

마르타의 재혼이 경제적 문제 때문이었는지는 단정하기 어렵다. 베어발트 집안은 아렌트 집안보다 사회적 평판이 훨씬 낮았지만, 그렇다고 재산이 부족한 것은 아니었다. 마르틴 베어발트와 그의 사별한 여동생은 쾨니히스베르크에 지점을 두고 단치히에서 회사를 운영했으며, 1921년에 다른 철물점과 합병하여 그곳에서 전무이사가 되었다. 기록부에는 자본금 700만 라이히마르크가 기재되어 있다. 바울 아렌트는 막스 아렌트가 두 번째 아내와 재산 분리에 동의했기 때문에 사망 후 빈손으로 남겨지지 않았을 것이다. 그러나 마르타가 1920년 베어발트와 결혼했을 때 어떤 재정 상태에 있었는지는 확실하지 않다. 당시 증인들의 보고서에 따르면, 상인의 의붓딸 한나는 고집이 세고 '전형적인'

외동딸로 여겨졌지만, 한나는 평생 그에게 낯선 사람으로 남았으며, 그 역시 한나에게 마찬가지였다.

새 가족과의 유대가 불가능했다면 그녀 곁에 누가 남았을까? 한나 아렌트가 어릴 때부터 지닌 뛰어난 특성은 바로 우정을 맺는 능력이었을 것이다. 그녀는 사촌인 에른스트 퓌르스트와 이후 그의 아내가 된 케테 레빈, 콘라트(요람) 야코비와 그의 동생 하인리히(하노흐), 에른스트 그루마흐와 긴밀한 관계를 유지했다. 또한 굼빈넨 출신으로 1931년 이다르-오베르슈타인에서 개업한 의사 프리드리히 크로넨베르거와 결혼한 프리데 그륀발트, 그리고 무엇보다도 그루마흐와 친분이 있고 그에게 소개받은 안네 멘델손과도 가깝게 지냈다. 그외에도 나중에 의사가 된 하인츠 리히텐슈타인, 팔레스타인에 거주하며 나중에 키부츠 운동에 중요한 역할을 한 알프레드 마르크스도 있었고, 그의 여동생 키티 마르크스-슈타인슈나이더도 아렌트를 알고 있었다. 아렌트와 헬라 리벤잠(나중 이름은 헬라 옌쉬)이 언제 만났는지는 알 수 없다. 아마도 한동안 같은 학교에 다녔을 가능성이 있다.

『소피스트』에서 라헬까지: 학문의 길

"뮌헨은 하나의 큰 건설 현장처럼 보입니다. 과르디니의 강의에
최소한 1,200명이 앉아 있고 일부는 서 있기도 할 만큼 붐비고 있네요.
그는 윤리에 대해 강의했어요. 최고 수준의 도덕철학이지만 완전히
부적절하군요."[52]

한나 아렌트가 1952년 5월 18일 두 번째 남편 하인리히 블뤼허
에게 보낸 편지는 제2차 세계대전 이후 독일인들의 교육에 대한
열망이 단순한 관찰을 넘어서는 현상임을 보여준다. 이는 뮌헨
시민이 유명 인사의 강의를 듣기 위해 강당과 교회를 가득 메운
모습에서 잘 드러난다. 아렌트의 이 말은 그녀 특유의 판단력뿐
만 아니라 그 판단에서 흔히 발견되는 날카로움을 보여주는 수
많은 기록 중 하나이다. 많은 동시대인은 이런 날카로움을 이미
알아차렸고 적지 않은 이들이 이에 자극을 받았다.

 아렌트 전기의 맥락에서 볼 때, 이 편지는 거의 30년 전으로 거
슬러 올라가는 매우 독특한 출발점으로 우리를 안내한다. 한나
아렌트는 1924년 9월 고등학교 졸업장을 받기 전, 즉 1923/24년
겨울 학기에 베를린 프리드리히 빌헬름 대학교에서 이른바 '소

수 강좌kleine Matrikel'를 신청한 객원 학생(청강생)으로 철학을 공부했다. 여기에서 아렌트에게 가장 지속적인 인상을 남긴 사람은 아마도 가톨릭 지성인[53] 로마노 과르디니였을 것이다. 이전 여름학기부터 '대학의 상임 객원교수'이자 '브레슬라우대학교의 정교수(기독교 세계관)'로 강의를 하던 카리스마 넘치는 베르나 태생의 이 철학자는 이미 1886년 한 살 때 가족과 함께 마인츠로 이주했다. 그는 프라이부르크대학교와 튀빙겐대학교에서 교육을 받은 후 1910년 마인츠에서 사제 서품을 받았다. 1915년 프라이부르크대학교에서 박사학위를 받았으며, 1922년 본대학교에서 교수 자격시험을 마친 후 브레슬라우대학교의 부름을 받았으나 곧 베를린대학교로 옮겼다.

1923~24년 학기에 열린 강좌「하느님과 세계」와「구체성 문제와 하느님 나라의 교리」라는 주제의 강의 원고는 현존하지 않는다. 첫 번째 강좌의 현존하는 필사본은 아렌트가 쾨니히스베르크에서 베를린으로 과르디니를 찾아간 직접적인 이유를 알려주지는 않는다. 아렌트는 그 강좌를 통해 적어도 당시의 신학 논쟁에 대한 통찰력을 얻었을 것이다. 만약 그녀에게 종교적 의미 탐구가 중요했다면, 청소년 운동과 언론 활동에 헌신했던 과르디니에게서 기독교 지침을 찾으려 했을 것이다. 과르디니는 "청소년과 권위 사이의 긴장"에 대해 말하기를 좋아했고, 특히 신학적·정치적 성찰과 (가톨릭) 전례에 대한 성찰을 통해 이를 파악하고 진정시키려고 노력했기 때문이다.[54] 이때부터 아렌트의 서재에는 1923년에 출판된 과르디니의 두 번째 저작인『거룩한 표징에

대하여 *Von heiligen Zeichen*』가 꽂혀 있었다. 이 소책자는 어세語勢가 강한 경구적 언어를 사용하여 느슨한 전례 체계를 만들려는 시도를 담고 있다.*⁵⁵ 아렌트가 왜 종교계의 지성인을 찾아갔는지에 대해서는 추측만 가능하다. 아마도 친구나 지인들에게서 과르디니에 관한 흥미로운 이야기를 들었을 가능성이 크다. 당시 종파 간의 분열은 그다지 뚜렷하지 않았다. 종교를 막론하고 상당수의 신학자들이 의견을 제시했을 때 전문적인 시대정신의 해석자들이 시대의 혼란에 맞서 제시한 해답을 접하는 것도 젊은 남녀에게 그만큼 중요한 경험이었다.

아렌트는 또한 고대 그리스 어문학자, 특히 리하르트 하르더와 함께 「연습 강좌」에 참여했다. 나중에 두 사람은 하이델베르크에서 연인 관계를 맺었다. 하르더는 고전문학계에서 가장 젊고 빛나는 유명 인사 중 한 사람으로 1924년에 결혼했고, 3년 뒤 하이델베르크대학교에서 조교로 수습과정을 마친 후 쾨니히스베르크대학교 교수로 초빙을 받았다. 아렌트와 하르더는 수년간 여러 차례 만날 기회를 가졌다.

---

*   과르디니는 기독교 생활의 일상적 실천에서 기본적인 행동, 표지, 상징을 탐구한다. 즉 십자가 표지, 서기, 무릎 꿇기에 표현되는 기본적인 내면적 태도 등에 대해 밝히고 있다.

정신의 모험가: 마르부르크대학교의 하이데거

설명한 바와 같이, 아렌트는 베를린에 잠시 머물렀고 고등학교 졸업장을 받기 위해 쾨니히스베르크로 돌아갔다. 그사이 그녀는 철학을 공부하기에 가장 좋은 곳이 어디인지 충분히 논의했을 것이다. 베를린에서의 경험 이후 고대 그리스와 신학, 특히 시대 정신에 대한 질문이 일반 대중 사이에서 크게 부각되면서 개신교 신학과 함께 철학이 반드시 필요하다는 데에는 더 이상 의심의 여지가 없는 듯했다. 그렇게 아렌트는 마르부르크대학교로 향했다. 그곳에서는 중요한 철학자가 얼마 전 사망하여 영향력 있는 '학파'의 시대가 막을 내렸고, 다른 철학자는 쾰른으로 자리를 옮길 준비를 하고 있었으며, 또 다른 철학자는 이전 겨울학기에 많은 추종자를 데리고 도착해 있었다.

아렌트가 헤센주의 대학도시에 도착했을 때는 독일 철학사에서 격변의 순간이었다. 1924년 8월 17일 70세의 나이로 사망한 파울 나토르프는 신칸트주의 '마르부르크 학파'의 마지막 공동 창시자였다. 1882년 리가에서 태어나 1922년 나토르프의 후계자로 임명된 니콜라이 하르트만이 그 학파 출신이었다. 하르트만은 1907년 나토르프와 학파의 설립자인 헤르만 코헨으로부터 박사 학위를 받고 1909년부터 그곳에 거주했으며, 1921년 「인식 형이상학의 기초」라는 연구로 학파의 순수한 교의에 작별을 고하고 독자적으로 활동하기 시작했다. 하르트만의 '개종'은 이미 1913년에 시작된 발전의 정점을 보여주었다. 동료와 학생들의 전국적인 항의에도 불구하고 코헨의 후임으로 에리히 루돌프 옌쉬가 임명되었기 때문이다. 이 임명은 19세기에서 20세기로 넘어가는 전환기에 가장 중요한 독일계 유대인 사상가였던 코헨의 기억을 지우려는 의도를 담고 있었다. 바이마르 공화국 초기에 민족주의적이었던 옌쉬는 독일 제국 이후 체제의 변화를 지지했지만 1920년대 중반부터 우익 민족주의적인 반민주주의자가 되었고, 늦어도 1931년부터는 나치를 적극 지지했다.

마르부르크 학파의 신칸트주의 유산이 공격적인 비판을 받으며 빠르게 퇴조하는 가운데, 옌쉬는 급진화의 길을 걸었다. 한편 하르트만이 도약을 준비하던 1923/24년 겨울학기에 마르틴 하이데거가 마르부르크대학교에 부임했다. 1924/25년 겨울학기가 시작될 때, 한나 아렌트 역시 하이데거의 강의를 듣기 위해 마르부르크대학교에 등록했다.

전직 예수회의 수련생이자 신학생이었던 하이데거는 아직 정식 교수는 아니었다. 개신교 여성과 결혼하여 두 아들(한 명은 혼외자였으나 나중에 입양)의 아버지가 된 그는 1918년 전쟁이 끝난 직후부터 프라이부르크대학교에 있었다. 그는 프라이부르크대학교에서 "새로운 민주주의 국가와 독립적으로 철학을 추구하려는 의지에서 태어난 혁명가"라는 명성을 얻었다. 독실한 가톨릭 신자였던 그는 특히 오랫동안 사유의 폐허 속에서 방황하던 이전 세대의 동료들을 잠에서 깨어나게 하고 싶었다. 더 나아가 제도와 소명 의식에 대한 그들의 불충실함을 더는 두고볼 수 없다고 여겨 그들을 밀어내야 한다고 생각했다.

하이데거는 1919년 전쟁 비상학기부터 처음에는 프라이부르크대학교에서, 다음에는 마르부르크대학교에서, 그리고 1928년부터 다시 프라이부르크대학교로 돌아와서 평이한 언어로 말했다.

개인적 삶의 모든 현존재는 구체적이고 지배적인 생활세계 내에서 모든 순간마다 세계, 환경의 동기부여적 가치, 삶의 지평에 있는 사물, 동료 인간, 사회와 관계를 맺는다. 이러한 삶의 관계는 진정한 형태의 성과 ― 예를 들어 과학, 종교, 예술, 정치와 같은 삶의 형태 ― 에 의해 지배당할 수 있으며, 그리고 완전히 다른 방식으로 지배당할 수 있다.

그러나 학자는 고립되어 있지 않다. 그는 학생들과의 풍부한 연결을 통해 비슷하게 노력하는 연구자들의 공동체에 묶여 있다. (…)

오늘 우리는 대학 부문의 실질적인 개혁을 위한 준비가 되어 있지 않다. 그리고 이를 위해 성숙해지는 것은 모든 세대의 책무다.*[56]

---

* 이 책에서는 하이데거의 초기 강의를 수록하고 있다. 하이데거는 1919년 전쟁 비상학기에 「철학의 이념과 세계관 문제」, 1919년 여름학기에 「현상학과 초월적 가치철학」, 그리고 「부록: 대학의 본질과 학문 연구」라는 주제로 강의했다. 앞의 인용문은 「철학의 이념과 세계관 문제」에서 가져온 것이다.

하이데거는 믿을 수 없을 정도로 열심히 연구하고 자신의 사명에 확신과 치열함을 보인 사상가였다. 그는 반대자와 친구 모두에게 빠르게 뛰어난 재능을 인정받았으나 무엇보다도 다음 세대인 학생들의 이해를 원했다. 학생들은 하이데거의 강의를 듣거나 저작을 해석하는 동기가 아무리 달랐더라도, 발전하고 안정되어가는 바이마르 공화국과는 상반되는 철학의 재구성 과정에 자신들이 적어도 일시적으로는 동참하고 있다고 확신했다. 사회 전체가 서서히 움직이기 시작하고 동시에 다양한 인내심이 시험받던 그곳에서 한 철학자는 새로운 약속이 충분히 급진적이지 않다는 것을 깨달았다. 그는 낡은 것을 복원해야 한다—특이하게 유행하는 양복을 입는 사람에게 이보다 더 불쾌한 것은 없다—고 말하지 않았고, 오히려 모든 것을 미래에 두었다. 하이데거는 처음부터 전통에 대한 급진적인 해석자이자 현재에 대한 비판자였으며, 미래의 사유에 대해 상대적으로 정확한 전망을 지닌 자신감 넘치는 미래학자였다. 참호나 부모 집의 삶에서 막 탈출했거나 일반적으로 정신의 모험에 열려 있는 사람이라면 누가 그의 강의에 끌리지 않았겠는가?

그래서 젊은 남녀들은 하이데거 주변에 모였다. 그것은 단지 하이데거 개인 때문만은 아니었다. 그들 대부분은 하이데거를 지지했고, 프라이부르크대학교에서 그를 후계자로 삼은 에드문트 후설이 발전시키고 끊임없이 새롭게 다듬어가던 현상학을 알고 싶어 했다. 두 사람 사이의 대조는 이보다 더 뚜렷할 수 없었다. 하이데거는 (대학) 혁명의 시대가 미래 세대에게 무엇을 의미하는지를 동시대 사람들에게 분명히 보여주었다.

그러나 누구든 하이데거의 평판을 '분위기', 아마도 '에로스'나 '시대정신', 즉 개념을 새로 만드는 힘이나 이와 관련된 파토스에만 돌리는 것은 너무 단순한 해석일 수 있다. 프라이부르크대학교 시절의 젊은 하이데거는 더 많은 것을 제시할 수 있었다. 그렇지 않았다면 사람들은 그의 모든 촉구와 홍보에도 불구하고 마르부르크대학교에서 그를 주목하지 못했을 것이다. 두 편의 자격 논문―1914년에 출판된 논리 문제에 관한 박사학위 논문, 그리고 2년 후 둔스 스코투스의 저작에 관한 교수자격 논문―외에는 자신의 '시험 강의록Probevorlesung'만을 출판했기 때문이다. 1920년대 초반 하이데거가 마르부르크대학교에 '그렇게' 임용되기에는 이것만으로는 충분하지 않았다.

따라서 하이데거는 논문이나 적어도 자신의 계획에 대한 상세한 개요를 제출해달라는 요청을 받았다. 하이데거가 파울 나토르프에게 보낸 보고서―그래서 「나토르프 보고서」라는 이름이 붙었다―는 그때까지 이룬 성과와 확장 가능성을 보여주기 위한 것이었다. 그는 「아리스토텔레스에 대한 현상학적 해석」[57]이라는 다소 난해한 제목으로 일종의 계획서를 제출했다.

1922년 나토르프에게서 박사학위를 받은 한스-게오르크 가다머, 함부르크대학교에서 에른스트 카시러와 거의 동시에 박사학위를 받은 레오 스트라우스, 1925년 하르트만에게서 박사학위를 받은 뛰어난 재능의 게르하르트 크뤼거와 같은 젊은 철학자들은 하이데거의 강의를 듣기 위해 프라이부르크대학교로 갔다가 그의 강의에 매료되어 마르부르크대학교로 갔다. 하이데거는 의심할 여지 없이 그들에게 딱 맞는 사람이었다. 비록 정교수 임용이 주로 베를린에서 결정되었지만, 마르부르크대학교에서는 하이데거가 임명될 수 있다는 인상이 굳어졌다.

1923년 가을 30대 중반의 한 남자가 대학에 부임했고, 2년 전 프라이부르크대학교 학생들과 마찬가지로 마르부르크대학교 학생들도 처음으로 그를 '소개'받았다. 하이데거는 처음부터 무엇을 기대해야 하는지 명확하게 알려주었고, 성공을 장담할 수 없는 급진적 '새로운 시작'의 연구계획에 전적으로 헌신할 것을 즉시 발표했다. 철학은 이제 끝났기 때문이다. 이제 누구든 개념을 다시 명확히 하고 새로운 접근을 시도할 수 있는 기반을 마련해야 한다. 하이데거는 텍스트, 즉 질문 자체를 새로이 면밀하게 검토해야 하는 실제적인 것이 있음을 먼 훗날에야 깨달았다. 그것은 '표현', '돌파구', '훈련'으로 귀결된다. 말했던 모든 것, 달성할 수 있는 모든 것은 그저 준비에 불과했다. 그는 단지 '지침'을 제공하고, 철학의 종말을 진단하면서 동시에 다른 과제가 있었기 때문에 '전통'을 없애고 싶었다.

하이데거는 프라이부르크대학교에서 '연구'에 대해 언급한 데 이어, 마르부르크대학교를 위해 마련된 새로운 고려 사항과 함께 이를 다음과 같이 공식화했다.

과거·현재·미래는 서로 밀고 당기는 차원이 아니라, 오히려 통합된 방식으로 현존재의 방식을 결정한다. 이것이 사실이라면,

그리고 모든 철학이 어떤 의미에서 명시적으로든 암묵적이든 현존재에 대해 질문한다면, 철학이 역사와 어떤 관계를 맺는지에 따라 사유 자체를 얼마나 멀리 보는지 알 수 있다.[58]

그곳에 이르기 위한 길, 그 방법은 위험으로 가득 차 있으며, 후설이 제시하고 상세한 지도를 그린 지침조차도 더 이상 고민 없이 채택할 수 없기 때문에 따르기 어렵다. 그러나 하이데거에 따르면 프라이부르크대학교 스승은 처음으로 '근거'를 제공했다. 그 과정에는 매력이 고려되고, 누구든 익숙한 지형에서 방향을 잃었을 때 발생하는 전율뿐만 아니라 '섬뜩함'도 포함된다. 그러나 '키케로 같은 사람Cicerone'*은 이러한 인상뿐만 아니라 탈출 가능성도 지니고 있다.

> 인식에 있어서 중요한 것은 존재자에 안주하는 것, 안전한 현존재의 방식으로 그들 자신 안에 안주하는 것이다. 그러나 세계의 친숙함이 도피처가 되는 한, 이것은 어떠한 의미도 갖지 않는다. 현존재가 확실성에 대한 걱정을 피해 도망치는 것은 바로 섬뜩함이다.
> 섬뜩함은 현존재가 직면한 진정한 위협이다.**[59]

---

* 키케로의 달변에 빗대어 수다스러운 관광 안내자를 '키케로네'로 표현하지만, 여기서는 '하이데거'를 지칭한다.

** 하이데거는 사실성, 위협, 섬뜩함, 일상성을 연계하여 설명한다. "그 섬뜩함은 현존재의 일상성에서 드러난다. 이 섬뜩함 현상은 외로움, 즉 당신이 이

그곳에서 하이데거는 젊고 역동적이며 결단력 있고 힘이 넘치는 모습과 날카로운 눈빛을 한 채 학생들 앞에 섰다. 다른 교수들은 귀족풍의 옷깃과 후기 빌헬름주의에서 차용한 듯한 매력적인 상의를 입은 채 등장하여 '건강한 정신과 건강한 육체'라는 지혜를 부정하는 것처럼 보였지만, 하이데거의 외관 역시 많은 사람이 따르고 싶어 하는 겉모습에 불과했다. 그러나 하이데거의 사유는 노력의 결과였다. 그는 그 노력이 한편으론 자신에게서 드러나기를 원했고, 다른 한편으론 자신이 그것을 숙달할 수 있기를 원했다. 그는 위기 진단 전문가들로 구성된 대규모 합창단의 선창자 가운데 한 명이었다. 그러나 그는 정확히 기반을 만들고 싶었으며, 자신의 언어를 뿌리내리려고 노력했다. 또 가르치려는 의지를 억제할 수 없었으며, 현대 사회의 확인된 '파멸'에 맞서 동료와 학생들 사이에서 공감을 얻고자 하는 사람이었다.

1923/24년 겨울학기부터 모든 사람은 이제 헤센주 대학도시에서 소문에 불과했던 그가 수많은 충성스러운 학생들과 함께 철학을 머리에서 발로 뒤집어 놓기 위해 왔다는 사실을 직접 확인할 수 있었다.

하이데거는 여름학기에 자신의 연구계획을 펼치기 시작했다. 아리스토텔레스 철학의 일부 '기본 개념'에 대한 논의는, 앞에서 언급한 철학의 필수적인 부흥, 그것이 일어날 수 있는 유일한 요

것저것을 부정하는 외로움과는 아무런 관련이 없다. 현존재가 자신에 대한 성찰에 빠져 있는 한, 그것은 눈에 보이지 않는다."

청이자 관심 자체, 즉 하이데거의 사유를 엮어내는 기술을 더욱 강화시킨다. 이를 통해서 위에서 언급한 기본 개념들이 더욱 집중적으로 관계를 맺을 수 있고, 그가 원하는 '통일'이 더욱 긴밀하게 연결될 수 있다. '현존재Dasein'는 자신의 '세계 내 존재'를 인식하게 된다.

이듬해 1924/25년 겨울, 플라톤의 대화편 『소피스트 *Sophistes*』 강의가 있었다. 그리하여 막 도시에 도착한 한나 아렌트와 한스 요나스를 포함한 학생들은 1924년 11월 3일 하이데거의 '연구계획'을 압축된 형태로 들었다.

> 플라톤은 『소피스트』에서 인간 존재를 가장 극단적인 가능성, 철학적 존재로 고려한다. 플라톤은 소피스트가 무엇인지 설명함으로써 철학자가 무엇인지 간접적으로 보여준다. 그리고 그는 철학자가 되려면 어떻게 해야 한다는 식의 공허한 계획을 제시하는 것이 아니라 철학하는 것을 통해 이를 수행한다.[60]

이는 앞으로 50년 동안 변하지 않을 사항을 명시한 것이다. 하이데거에게 철학자가 된다는 것은 항상 "가장 극단적인 가능성 중 하나, 철학적 존재로서의 인간 존재"였다. 전해 내려오는 것을 여유롭게 반복하고 분류하며 재해석하는 것이 아니라, 특별한 '인간 존재'를 여러 번 과도하게 확장하는 것이다. 라틴어의 기본 단어인 '극단extremus'이 이미 최상급이었지만, 하이데거에 의해 다시 한번 최상급이 되었다. 사전에서 '극단적'이라고 충실하게 번역한 것처럼 과도하고 급진적이며 극단적인 것은 언어에 폭력을 가하지 않고는 현실을 더욱 뒤처지게 만드는 '외부', 즉 경험 바깥에 서 있지 않고는 증대될 수 없다.

'철학자'가 된다는 것은 진리에 독점적으로 접근함을 의미하기 때문에, 하이데거는 '은폐되지 않은 것Αλήθεια; aletheia', 진리에서 시작했다. 그런 다음 기본 단어인 '탁월함'을 인간 존재와 세계 속 움직임의 관점에서 해석했다. 진리는 사람들을 주변 세계와 연결해주는 사건이며, 자신을 세계에 머물 수 있게 하는 수단을 제공한다. 개념사·맥락화·해석의 측면에서 이러한 연결을 개념적으로 시각화하면 잃어버린 것이 무엇인지 상기할 수 있다.

철학에는 올림픽 정신이 없었고 더 높이, 더 빠르게, 더 멀리 나아가기를 원하지 않았으며 진보의 패러다임과 분리되어 있었다. 중요한 것은 오직 질문을 이해하는 일이었다. 그리고 이것은 인간 존재의 가장 극단적인 가능성에 대한 감독 아래 이루어진다. 그다음에 하이데거는 어떻게 했을까?

하이데거는 우선 일반적인 편람 체계에 따라 깔끔하게 정리된 『소피스트』를 강의에서 완전히 해체했다.

> 우리가 이해를 발전시킬 가능성에 따라 사물 자체에서 무엇을 말하고 있는지 확인하고 명확하게 설정하지 않는 한, 우리가 플라톤과 아리스토텔레스 철학 또는 일반 철학을 이해하는 것은 불가능하다.[61]

하이데거의 강의는 아렌트와 요나스 같은 사람들에게 하나의 사건이었고, 하이데거가 스스로 선언했던 사유 방식이 그 자체로 성취된 것처럼 보이는 인상을 지속적으로 남겼다. 철학은 이러한 형태로 하이데거가 예측한 종말을 이겨냈다.

한나 아렌트는 강의에 참여했고, 그 과정에서 사랑에 빠졌다. 누가 먼저였든 결과는 같았을 것이다. 두 사람은 아마도 1925년 2월 초부터 불륜 관계였을 것이다. 현존하는 편지에 따르면 그 이상이었다. 하이데거가 현존하는 첫 번째 편지에 쓴 것처럼 매우 이상한 방식으로 확인된 예측은 다음과 같다. "이제부터 당신은 내 삶에 속할 것이오."* 하이데거가 같은 편지에서 썼듯이, "당신을 내 사람이라고 부를 수 없을 것"이라는 사실은 아렌트가 죽을 때까지 사실이기도 했다. 하이데거가 토마스 아퀴나스의 저작을 읽었던 「중세 존재론」 세미나에는 함께 참석한 다른 학생들도 강의 준비에 나섰다. 그중에는 '쾨니히스베르크 사람들'도 포함되어 있는데, 그들 중 일부는 이미 프라이부르크대학교에서 하이데거의 강의를 듣고 깊이 매료되었다. 그들은 그 매혹을 간직한 채 마치 까마귀가 날아가듯 1,650킬로미터 떨어진 고향으로 돌아갔다. 그중에서도 누구보다 중요한 인물로 아렌트의 첫 번째 친구인 에른스트 그루마흐가 있다.

*   Hannah Arendt and Martin Heidegger, *Letters 1925~1975*(Orlando, New York, San Diego, Toronto, London: Harcourt, Inc., 2004), letter 1(10 February, 1925), 3.

편지 교환이 있었고 하이데거가 여러 방식으로 강하게 드러나기 때문에, 아렌트는 그와의 관계를 바탕으로 마르부르크대학교 시절에 대해 글을 쓰고 싶은 유혹이 있었을 것이다. 하지만 그렇게 하면 이 시기에 대한 시야가 지나치게 제한될 것이다. 마르부르크대학교는 그 이상이었다. 아렌트는 카를 뢰비트, 레오 스트라우스, 한스-게오르크 가다머, 게르하르트 크뤼거, 야콥 클라인 등과 느슨한 동아리를 형성하고, 회고록에서 알 수 있듯 다른 철학자 및 모임과도 대화를 나누었다. 하지만 이들 중 누구와도 친하게 지내거나 친구가 된 적은 없었다. 그들은 마르부르크대학교에서 서로에 대해 알고, 서로를 보았고, 다른 사람들이 쓴 글을 읽고, 서로를 어느 정도 관찰했을 뿐이다. 아렌트는 가다머와 클라인에 대해서는 전혀 관심이 없었으며, 평생 거리를 두었다.

아렌트와 교류하기를 즐겼던 한스 요나스는 그녀를 약간 사랑했고 그녀와 나눌 수 있는 우정을 소중히 여겼다. 비슷한 질문에 서로 다른 대답을 했다는 사실은 그들의 우정이 얼마나 지적으로 자유로웠는지를 보여준다. 요나스 자신의 진술에 따르면, 그는 나중에 하이델베르크대학교에서 아렌트를 쿠르트 블루멘펠트에게 소개해주었다고 한다. 아렌트의 자기 해석에 따르면, 이것은 시온주의와 의식적인 유대교, 그에 따른 질문과 정치로의 길을 열었다고 한다. 동시에 그들은 독일계 유대인, 하이데거의 제자, 이론에서 실천으로 나아가는 열정적인 철학자로서 아우구스티누스를 연구하며 공통의 '유산'을 공유했다. 아렌트는 어린이와 청소년을 구하려 했고, 요나스는 군인이 되어 독일로 돌아왔지만 뮌헨클라트바흐 출신의 어머니가 살해당했다는 소식을 듣게 되었다. 우정은 『예루살렘의 아이히만』을 둘러싼 논쟁 속에서도 유지되었다. 두 사람은 1960년대 뉴욕의 뉴스쿨에서 동료가 되었다.* 아렌트가 자신을 대학의 주요 의사 결정에서 제외시킨 '보이스 클럽Boys Clubs'에 극도도 짜증을 냈음에도 불구하고, 그들의 우정은 다시 돈독해졌다. 이는 평생 우호적인 관계를 유지하던 두 사람의 관계를 깨뜨릴 정도는 아니었다.

그리고 '쾨니히스베르크 사람', 특히 에른스트 그루마흐는 처음 쾨니히스베르크에서 법학을 연구하고, 그다음에는 고전문헌학을 연구하며 때론 베를린대학교에서, 때론 하이델베르크나 프라이부르크, 라이프치히 대학교 및 여러 대학에서 항상 하나의 질문을 찾고 있었다. 그 질문은 항상 그를 사로잡았다. 그루마흐는 수년 동안 철학, 특히 하이데거에 매료되었다. 야스퍼스는 그루마흐를 매료시키지 못했지만 야스퍼스 또한 한번쯤은 '거쳐야 하는 곳'이었다. 메스키르히 출신의 그 남자 하이데거는 그루마흐를 여러 차례 위기에 빠뜨렸다. 쾨니히스베르크에서 진행한 회의와 그 후 연구실에서 주목의 대상이었던 그는 한편으로 카리스마 넘치고 박식하며 개방적이었지만 다른 한편으로 엄청나게 우울했고 자신의 연구 주제에서든 인생 전체에서든 끊임없이 고뇌하는 사람이었기 때문이다. 그루마흐는 여러 사람을 몇 번이고

* 한스 요나스는 1955년부터 1976년까지 뉴스쿨 교수로 재직했고, 아렌트는 1967년부터 1975년까지 뉴스쿨에 재직했다.

방문했으며, 많은 사람이 그루마흐를 걱정했고, 몇 여성은 그를 사랑했다. 질투가 있었고, 어떤 여성은 공개적으로 또는 은밀하게 곁을 떠났고, 다른 여성은 구혼했다.

우리는 폴디라고 불리는 레오폴디네 바이츠만을 통해서 하이데거 주변에 대한 사회학적이면서도 소설적인 묘사 덕분에 이 모든 것에 대한 결론을 도출할 수 있다. 1898년 브르노(브륀)에서 태어난 그녀는 자신을 한스 프라이어의 제자라고 여겼으며, 니체에 관한 논문으로 학위를 받았다. 그녀는 그루마흐와 함께 하이데거를 처음에는 프라이부르크대학교로, 그다음에는 마르부르크대학교로 정기적으로 찾아갔다. 그녀는 하이데거의 강의와 세미나 내용을 꼼꼼하게 기록한 남녀 학생 가운데 한 명이었다. 기록 내용을 비교하고 수정한 후에 타자 원고를 준비하는 비서에게 전달한 다음, 사본을 만들어 관심 있는 사람들에게 배포했다. '하이데거-마르크스주의자'(테오도르 아도르노)와 헤르베르트 마르쿠제가 조직자 가운데 한 명이었고, 주로 헬레네 바이스와 같은 다른 사람들은 때로는 독자적으로, 때로는 바이츠만의 '배포 조직'과 함께 일했다. 한동안 마르부르크에서 살면서, 아렌트도 참석했던 하이데거의 개인 세미나에 한 번 이상 참석했던 브르노 은행가, 즉 바이츠만의 아버지가 자금을 지원했다. 바이츠만의 아버지는 1930년대에 자연사한 어머니와 달리 1942년 아우슈비츠에서 살해되었다. 때로는 매우 솔직하게 보고하고, 때로는 매우 신중하며, 종종 수많은 친구의 도착과 출발 연도와 순서를 혼동하는 그의 딸은 마르부르크대학교의 하이데거 곁에서 아렌트의 후임자가 되었고, 하이데거가 원래 그녀에게 맡기려 했던 일을 수행했다. 즉 바이츠만을 도우려고 했던 카를 뢰비트와 함께 『존재와 시간*Sein und Zeit*』의 교정본을 읽고 수정했다.

바이츠만은 우울증을 극복한 그루마흐를 떠났다. 그루마흐는 자신의 논문에서 1925년 하이데거로부터 주제를 받았다고 언급했는데, 이것은 그가 더는 기대하지 않았던 일종의 인정의 표시였다. 궁극적으로 그루마흐는 고전문헌학을 선택했고, 리하르트 하르더의 지도로 「고대 스토아의 자연과 선*Physis und Agathon in der Altern Stoa*」이라는 주제의 논문을 썼다. 이 논문은 1932년 출간되었을 때 학계에서 인정받았다. 그루마흐는 사유의 단초를 제공해 준 하이데거와 교정을 해준 아렌트에게 감사를 표했다. 그러나 그해 파리로 이주하여 브르노, 라이프치히, 프라이부르크, 쇼프하임, 마르부르크, 쾨니히스베르크에서의 추억을 글로 남긴 바이츠만에 대해서는 단 한마디도 언급하지 않았다.

바이츠만은 항상 사회주의자이자 마르크스주의자였으며 급진적인 정치 성향을 지녔다. 그녀는 아렌트의 미래 남편 하인리히 블뤼허 주변의 동아리를 알고 있던 한 노동조합원과 관계를 맺고 있었다. 바이츠만은 철학을 포기하고, 자신이 나중에 언급했듯이 프랑스에서 '노동운동과 사회운동'을 하기로 결심했다.

1940년 레오폴디네 바이츠만과 그녀의 남편은 파리를 떠나야 했다. 비밀경찰은 아파트를 봉쇄하고 넓은 서재, 하이데거와 후설에 관한 책 분량의 연구 자료를 포함한 모든 원고와 서신을 압수했다. 두 사람이 여러 공산주의자 및 사회주의자와 접촉하고 있었기 때문이다. 마지막으로, 필사되지 않은 하이데거의 강의 및 세미나의 수많은 속기 녹취록이 유실되었다.

나중에 레오폴디네 바이츠만이 긴밀하게 접촉한 사람은 드와이트 맥도널드와 그의 아내 낸시였다. 바이츠만은 남편과 함께 맥도널드의 학술지 《정치*Politics*》에 가명으로 글을 기고했다. 바이츠만이 2002년 104세의 나이로 사망했을 때, 그녀는 프랑스의 몇몇 좌파 노동조합원을 제외하고는 거의 완전히 잊혀졌다. 『한 세대에 대한 보고서*Zum Bericht über eine Generation*』라는 그녀의 저서는 마르부르크의 사유 실험실에서 매우 특이한 실험을 수행한 매력적인 젊은 남녀 동아리에 대한 독특한 통찰을 제공했다.[62]

아렌트에게 마르부르크대학교는 하이데거와의 만남, 평생 친구인 한스 요나스와의 친분 및 토론뿐 아니라, 루돌프 불트만과의 인연을 상징하기도 한다. 그녀가 전쟁 이후 야스퍼스에게 자신이 잊고 싶지 않은 것들을 신학자로부터 배웠다고 확신했다는 것이 정확히 무엇을 의미하는지는 부분적으로만 재구성할 수 있다. 불트만은 마르부르크대학교에서 권위자였으며 「바울의 인간학」 세미나 참여는 확실히 아렌트 연구의 핵심 가운데 하나였다. 그녀는 1925/26년 겨울학기에, 19명의 별도 학생 이외에도 세심하게 관리된 회의록에 명시된 대로 불트만의 신약 세미나의 정규 학생 23명 중 한 사람이었다. 이에 앞서 2년 전 겨울학기에 「바울 윤리」 세미나가 있었는데, 거기서 하이데거는 두 차례에 걸쳐 「마틴 루터의 과실」에 대해 강의했다.[63]

1924년에 나온 『바울 윤리의 문제*Das Problem der Ethik bei Paulus*』라는 에세이 모음집은 바울의 윤리에 관한 불트만의 세미나를 바탕으로 한다. 불트만은 아렌트가 아우구스티누스를 읽는 데 지침이 될 만한 질문에서 출발한다. 그는 이렇게 묻고 있다. 고전 작가의 명백한 모순을 어떻게 처리하는가? 그것들은 홀로 남겨져 있는가, 비판의 원인인가, 아니면 그것을 다루는 방법에 대한 해석학적·방법론적 성찰을 촉발하는가?

> 누구도 이것이 실제로 진정한 이율배반이 아닌지 묻지 않는다. 즉 일관된 사실 집합에서 생겨나서 객관적으로 함께 속해 있는 모순적이면서도 관련성이 있는 진술에 관해 설명한다.[64]

그리스어 원문을 참조하고 비교하는 데 익숙한 신학자에게는 이러한 언급이 해롭지 않은 것처럼 들린다. 이 인용문은 불트만과 하이데거가 형성한 교육적 맥락을 보여준다. 불트만은 당시 하이데거로부터 영향을 받아 개념 분석을 통해 내용을 전개했다. 아렌트에게는 철학 원본의 용도, 기원, 차용과 유사점 또는 차이점을 훨씬 더 정확하게 결정해야 하는 지적 작업이었다. 그리고 그러한 태도는 1925/26년 아렌트의 세미나에서도 드러났다. 이것은 '노모스'와 '코스모스' 개념에 대한 바울의 이해에서 시작되었다. '율법'과 '질서', 초기 유대교의 이해와 비교하기, 사도의 양면성과 차이점, 다양한 서신 ― 고린도전서, 로마서, 갈라디아서, 빌립보서 등 ― 의 비교, 마지막으로 다른 해석의 원용, 최대 경쟁자인 카를 바르트의 해석과 키르케고르의 실존주의적 번역 시도 등으로 이어졌다. 녹취록을 읽다 보면, 아렌트가 해석학적 시도에서 당연히 높은 수준에 이르렀고 고전 언어를 다루는 데 있어서 자신감을 가지고 있음을 알 수 있을 뿐만 아니라, 그녀가 평생 고대 그리스어와 라틴어를 얼마나 자연스럽게 받아들였는지도 알 수 있다.

중요한 것은 경험한 해석 내용의 충실도와 방식이 두 갈래에서 나왔다는 점이다. 하이데거의 『소피스트』 강의만 일별하는 사람은 불트만의 독해가 본문에 훨씬 더 충실하다는 사실을 깨닫지 못할 것이다. 하이데거가 번역, 논증의 배열, 자신의 언어 구조의 공식화에서 취하는 '자유'는 불트만과 그의 학생들의 주석에는 존재하지 않는다. 우선 실제로 어떤 내용이 다루어졌는지를 살펴볼 필요가 있다. 아렌트는 자신의 실제 '신학' 작업이 시작되는 지점에서, 1926년에 출판된 불트만의 책 『예수*Jesus*』에 대한 비판적 논평에서 볼 수 있듯 회의적으로 변했다. 그러나 그녀는 여전히 불트만에 대한 충실함을 유지했다.

사랑은 오직 천국에만 존재한다: 하이델베르크대학교의 야스퍼스[65]

아렌트는 1926년 5월에 한스 요나스가 이미 다니고 있던 하이델베르크대학교의 여름학기에 등록했다. 그곳에서 강의하던 카를 야스퍼스는 하이데거와 잘 알고 지냈다. 두 사람이 각자의 자의식을 드러내기 위해 적극적으로 사용한 '투쟁 공동체'라는 용어는, 다양한 신칸트주의 및 기타 철학에 대한 공동 비판을 특징짓기 위한 것이었지만 정치적 의미도 담고 있었다.

그들은 아렌트에 대해 의견을 나누었는가? 그럴 가능성은 있다. 어쨌든 아렌트는 1929년까지 서신(두 사람의 서간집)에는 언급되지 않는다.* 하이데거와 헤어진 이후에도 그와 개인적이고

---

* 야스퍼스가 하이데거에 보낸 1929년 6월 20일자 편지에서 다음과 같이 밝히고 있다. "오늘 편지를 보내는 진짜 이유는 다음과 같다오. 아렌트는 겨울에 학위를 마쳤다오. 전체적으로 이 논문은 첫 번째 부분 이후로 우리가 기대했던 만큼 훌륭하지 않았지만, 철학적으로 여전히 훌륭하다고 (…) 그녀에 대한 짧은 추천서를 보내주시겠소?" 「83. Karl Jaspers to Martin Heidegger」, *The Heidegger-Jaspers Correspondence(1920~1963)*, eds. Walter Biemel and Hans Saner, trans. Gary E. Aylesworth(New York: Humanity Books, 2003).

지적인 친밀함을 유지했던 점을 고려하면, 아렌트가 하이델베르크대학교로 옮긴 것은 자연스러운 수순이었다. 아렌트는 또 야스퍼스가 1925/26년 겨울학기에 「종교철학」이란 주제로 강의했다는 사실을 확실히 알았을 것이다. 야스퍼스는 이 강의에서 아우구스티누스도 다루었을 것이다.

아렌트는 마르부르크대학교에서 시작했던 연구를 하이델베르크대학교에서도 계속했다. 철학으로는 야스퍼스의 지도에 따라 1926년 「현대 철학사」와 「셸링」, 1927년 「철학적 세계관」과 「헤겔, 정신현상학」, 마지막으로 1928년 「헤겔 역사철학」 강좌에 참여했다. 개신교 신학으로는 마르틴 디벨리우스의 지도로 1926년 「사도 시대의 문제」, 1928년 「야콥 서신」 강좌에 참여했다. 또한 오토 레겐보겐과 헤르만 오스테른의 지도로 고전문헌학 강좌에 참여하고, 베를린에서 이미 알고 있던 리하르트 하르더의 지도로 고대 그리스 문학 강좌에 참여했다. 새로 추가된 강좌에는 프리드리히 군델핑거의 현대 독일 문학이 포함된다. 군델핑거는 1927년부터 자신을 공식적으로 군돌프라고 불렀으며, 1926년 「클롭슈톡」과 「17세기 독일 문학」을 강의했다. 아렌트는 1927년에 계획된 강좌에는 참여하지 않았다. 그리고 아렌트는 카를 만하임의 지도로 1927년 「19세기 철학의 정치적·사회적 의미」, 1928년 「사회학 연습」 강좌에 참여했다. 아렌트는 겨울학기에 에드문트 후설의 강의에 참여했다. 후설은 1926/27년에 프라이부르크대학교에서 「현상학 입문」을 강의했다.[66] 그녀는 하이델베르크와 프라이부르크 대학교에서 공부하는 동안 아우구스티누스에게 특별한 관심을 두려 하지 않았다. 당시 하이델베르크대학교 교수 중에서 아우구스티누스에 관심을 보인 사람은 철학사가 에른스트 호프만뿐이었다. 개인적인 헌정이 담긴 아렌트의 논문 사본은 몬트리올에 있는 호프만의 서재에 있다.

아렌트의 박사학위 논문 작성과 아우구스티누스를 연구하게 된 동기를 알려주는, 현재까지 알려진 출처는 아렌트가 평생 친구이고 한때 연인이었던 작가이자 수필가 에르빈 뢰벤슨에게 보낸 아렌트의 편지다.* 1927년 7월 3일, 아렌트는 자신과 야스퍼스가 「아우구스티누스의 사랑 개념」이라는 주제에 대해 동의했다고 뢰벤슨에게 알렸다.[67] 아렌트는 이때부터 아우구스티누스의 저작을 읽었으며 종종 '조용한' 쾨니히스베르크로 돌아왔다. 1927/28년 겨울학기에 그녀는 휴학하고 논문만 작성하고 싶었으나 휴학을 철회했다. 바덴바덴에 있는 친구들을 방문하는 것 외에도 쾨니히스베르크는 그녀가 선호하는 휴양지였던 것 같다.

그 이후 뢰벤슨은 아렌트의 대화 상대자였다. 아렌트는 야스퍼스의 철학 개념을 뢰벤슨에게 소개하고 빌헬름 딜타이에 대해 함께 토론하고, 라이너 마리아 릴케의 『두이노의 비가*Duineser Elegien*』를 분석하며 서로를 위로했으며, 다시 "친구이자 후원자인 아우구스티누스"**로 돌아와 이야기를 나누었다. 1927년 12월

---

*   편지의 출처는 다음과 같다. Arendt in an unpublished letter to Erwin Loewenson from October 27, 1927. Deutsches Literaturarchiv Marbach, Signature: A: Arendt 76.955/3.

**   앞의 각주에서 밝혔듯이, 이 문구는 아렌트가 뢰벤슨에게 보낸 편지에 언급

12일, 그녀는 뢰벤슨에게 자신의 독서, 기독교 신학과 아우구스티누스에 대한 이해와 관련하여 최초의 생생한 통찰을 전해주었다. 아렌트는 처음부터 인간의 '능력'에는 "신을 대적하는 것"이 포함되며, 절대적인 용어로 설정하면 "신을 버리는 것"으로 이어진다는 점을 중요하게 생각했다. "신을 버리는 것, 즉 신을 포기한 상태에서는 이성의 자율성이 우세하다"고 말한다. 이것은 아렌트에게 "철학의 유일한 가능성"이다.

이것은 그녀의 집필 작업이 지닌 독립성과 특이성을 규정하는 기준을 보여준다. 교부의 저작에 대한 진정한 철학적 해석이 가능할 뿐 아니라 해석이 이 글 자체에 이미 내재해 있다는 것이다. 달리 말하면, 아렌트의 경우 '사랑의 개념'과 관련한 원전에 대한 철학적 질문은 아우구스티누스 저작에 이미 명시적으로 담겨 있었다. 만약 철학적 해석이 가능하다면, 애초에 그 진술을 철학적 진술로 가시화할 수 있는 개념을 사용하여 해석 자체를 수행하는 것도 허용된다. 아렌트는 뢰벤슨과 논의한 '기독교 신학'의 문제를 다룰 때 '구조' 또는 '통일성', '경험적 친근감'으로서 '초월성', 신·인간·세계의 관계에 대해 거듭 언급했다. 마르부르크대학교에서 배운 내용이 중요한 역할을 한다는 점은 의심의 여지가 없었다. 아렌트는 하이데거의 기본 개념인 '특이성'이나 '역사성'을 개념으로 사용하는 것이 아니라 오히려 아우구스티누스 철학을 탐구하는 방법으로 사용했다. 그러나 아렌트 논문의 방법론

된 것이다.

적 구성에 영향을 미친 사람이 하이데거만 있는 것은 아니었다. 바울의 로마서와 갈라디아서에 대한 루터의 논평과 키르케고르의 저서 『순간*Der Augenblick*』도 그녀에게 중요해 보였다. 그녀는 이때 불트만의 저작도 읽었다.

아렌트가 1928년 9월 20일 박사학위 심사논문을 제출할 때까지 친구들과 논문에 대해 어느 정도 논의했는지, 그리고 어떤 수정을 했는지는 알 수 없다. 어쨌든 야스퍼스는 이 논문을 받은 지 4일 후에 읽었을 것이고, 10월 9일 아렌트에게 면담을 요청했을 것이다. 하루 뒤 아렌트는 시간에 구애받지 않고 논문을 "면밀하게 검토하겠다"고 야스퍼스에게 알렸다. 아렌트는 자신의 학문적 진실성을 강조하기까지 했기 때문에 그의 비판은 가혹했을 것이다. 야스퍼스는 1929년 6월 20일에야 하이데거에게 실망감을 표명했지만, 동시에 그녀가 많은 것을 배웠던 동료의 제자로 아렌트를 언급하기도 했다.

이 '면밀한 검토'는 특히 아렌트의 재정적인 어려움으로 인해 시간이 걸렸다. 그러나 아렌트는 지도교수인 야스퍼스의 의견을 들은 뒤, 마르틴 디벨리우스(초기 기독교 역사)와 오토 레겐보겐(그리스어)의 구술시험을 통과해야 했다.

이 논문에 대한 야스퍼스의 불만, 그리고 하이데거의 결정적인 영향 역시 보고서에 분명하게 드러나 있다.

논문의 3장은 세 가지 다른 기원, 즉 지상의 욕구를 무의미하게 만드는 죽음에 대한 사유, 실제 존재에 대한 사유, 아담으로부터 시작된 인류 역사의 공동체에 대한 사유에서 아우구스티누스의 사랑에 대한 이해를 다루고 있다. 내 생각에 가장 단순한 제1장은 모든 면에서 매우 명료하고 완전하며 흠잡을 데가 없다. 기술적으로 어렵고 더 흥미로운 제2장은 부분적으로 광범위하지만 다른 절에 비해 단순한 기초에 머물러 있다. (…) 제3장은 아직 완성되지는 않았지만 조사 경로를 명확하게 보여준다.

방법은 객관적 이해를 지향하지만 동시에 강압적이다. 서론과 본론은 생애 동안 일어난 아우구스티누스 사상의 주요 변화가 완전히 무시되었음을 분명히 드러내고 있다. 역사적·철학적 관심은 결정적이지 않다. 결국, 그 원동력은 말로 표현되지 않은 것에서 나온다. 저자는 철학적 연구를 통해 기독교적 가능성으로부터의 자유를 정당화하고 싶어 하며, 동시에 그러한 가능성에 매력을 느낀다. 저자는 교육 과정 전체의 체계를 구축하려는 것이 아니라 사유의 실존적 기원에 대한 통찰력을 얻기 위해 불일치 사항을 찾아내려고 한다. (…)

그러나 그녀는 항상 아우구스티누스의 글에 없는 의미를 부여하는 위험에서 벗어나지 못했다. 토론의 결과 몇 가지는 수정되었다. (…) 그와 관련하여, 내용 면에서 이 뛰어나고 인상적인 논문은 불행히도 최고 점수를 받을 수 없다. 따라서 등급 II-1로 평가한다.

날짜가 기재되지 않은 이 보고서는 논문의 구조를 간단하고 명확하게 설명한다. 다시 한번 말하지만, 예고된 '철저한 심사'의 명확한 지침도 포함되어 있다. 1928년 11월 26일에 실시된 구두 심사는 훨씬 덜 호의적이었다. 야스퍼스는 2등급에서 3등급으로, 레겐보겐과 디벨리우스는 각기 만족스럽다고 평가하여 전체적으로 '양호(2)' 등급을 부여했다.

하이델베르크대학교에서 이미 겨울학기를 마치고 졸업한 아렌트는 연구비 신청에 성공하지 못한 채 바쁘게 지냈다. 1929년 6월 13일 그녀는 야스퍼스에게 제출할 원고를 대폭 수정한 결과를 요약한 상세한 편지를 보냈다.* 특히 제3부 「사회적 삶Vita socialis」의 내용을 다시 썼다. 따라서 그녀는 야스퍼스의 전문가적 의견을 진지하게 받아들였다.

『아우구스티누스의 사랑 개념』은 철저하게 학술적인 저작으로, 아렌트처럼 교부敎父의 저작에 대한 철학적 해석에 관심이 있는 전문가들에게만 흥미를 준다. 아우구스티누스의 저작은 '사랑'이란 개념에 의문을 제기한다. 아렌트는 이를 위해 세 가지 언어를 사용한다. 첫째, 라틴어를 사용한다. 아우구스티누스의 라틴어를 독일어로 번역하는 경우는 거의 없다. 이는 아우구스티누스가 사유했던 맥락을 보존하는 것이다. 두 번째 언어는 라틴어 용어, 구문, 문장 사이에 삽입되어 개별 요소를 서로 연결하는 엄

---

* 구체적인 수정 내용에 대해서는 다음 자료를 참조할 것. 『한나 아렌트·카를 야스퍼스 서간집 1』, 85-86쪽.

격하게 기능적인 독일어이다. 마지막으로, 기능적인 독일어에 명시적인 해석 수준을 더하는 현대, 더 정확하게는 당대의 철학 용어이다.

주요 작업은 '구별'이다. 아렌트는 엄청난 인내심을 가지고 아우구스티누스의 질서 체계를 풀어내고, 논문에 근본적인 '매듭'을 부여한 다음 개별적인 실마리(주제)를 찾아낸다. 이런 식으로 아우구스티누스의 사상에 접근할 수 있게 된다. 앞의 2부에서는 아우구스티누스의 저작에 나타난 '불일치'를 드러내며, "하느님 현전에coram Deo 있는 사람이 세상의 모든 것으로부터 고립된 채 어떻게 이웃에게 관심을 가질 수 있을까?"*[68]라는 질문으로 이어진다. 아렌트의 재구성에 따르면, 사랑과 이웃사랑 사이의 관계는 여전히 불명확한 상태이다. 하느님과 인간 사이의 견고한 관계가 모든 사람에게 적용되어 하느님을 향한 사랑에서 모두 동등한 '타인'이 된다면, '이웃 사람'은 어떻게 영향을 미쳐야 하는가? 좋은 질문이라고 생각한 아렌트는 어머니에게 헌정한 사본에 손으로 쓴 메모로 자신의 연구를 간략하게 요약했다.** "첫 번

---

* 아렌트는『아우구스티누스의 사랑 개념』제2부 각주 45에서 다음과 같이 밝히고 있다. "아우구스티누스는 하느님의 현전에서(coram Dei)와 하느님의 앞에서(ante Deum)라는 용어를 상호 교환적으로 사용한다. 나는 우선 '하느님의 현전에서'라는 문구를 사용한다. 그렇게 하는 첫 번째 이유는 그것과 '전방'을 상당히 다른 시간적 의미에서 구별해야 할 필요가 있기 때문이다."

** 1929년 슈프링어출판사에서 책으로 출간한 복사본[033083]에는 "Meiner Mutter"라는 문구가 있지만, 1996년 시카고대학교 출판사의 책에는 이 문구가 삭제되어 있다.

째 부분에서 인간은 자신만을 사랑했고 두 번째 부분에서 사랑을 사랑했다. 그는 언제 다른 사람을 사랑할까?"

「철학적 해석의 시도」라는 부제가 말해주듯, 갈 길이 멀다. 아렌트는 주로 신학자로 간주되는 저자의 저작을 특정 질문과 관련하여 어떻게 철학적으로 해석할 수 있는가에 관심을 두었다.[*] 아우구스티누스에서 확인된 '특성'은 "모든 표현을 지배하고 제한하는 세 가지 원칙"에서 드러난다. 아렌트는 "다양한 사유의 병렬적 존재", "나이가 들면서 점점 더 커지는 아우구스티누스의 교조주의적 애착", 마지막으로 "아우구스티누스의 사유 지평에서 전기적으로 입증 가능한 발전의 사실"을 주장한다. 이것들은 각기 아렌트가 내린 독립적인 방법론적 결정이며, 동시에 연결되어 있다. '병존'이란 표현은 지금까지 강조된 아우구스티누스 사상의 '모순'에서 관심을 돌리도록 하여 인위적인 통일 개념을 구성할 필요가 없도록 하였다.

"특히 이웃사랑의 의미와 중요성에 대한 질문"에 따라 진행된 연구 과정은 뢰벤슨에게 자신의 인지적 관심사로 이미 지적했던 내용을 드러낸다. 신, 세계, 인간 사이의 상호작용으로부터 '사랑' 개념에 기초한 인간 상호관계, 즉 '사회적 삶'에 대한 이해가 철학적으로 정당화될 수 있는가? 이것이 바로 이 논문이 대답하고자 하는 질문이며, '관통하는' 문제이다.

---

[*] 이 단락에서는 『아우구스티누스의 사랑 개념』「서론」의 첫 단락 내용 [A:033241]을 요약한다. 다음 자료를 참조할 것. 서유경 옮김, 『사랑 개념과 성 아우구스티누스』(서울: 텍스트, 2013), 40쪽.

그러나 해석이란 아우구스티누스 자신이 암시한 바를 명확히 밝히는 것을 의미하며, 이러한 설명을 통해 서로 다른 의도가 어떻게 하나의 맥락에서 함께 나타나고 서로에게 영향을 미치는지 보여주는 것을 의미한다. 이 논문의 탐구는 전적으로 분석적일 것이다. 아우구스티누스 자신이 명확히 하지 않은 깊은 곳을 꿰뚫어 보려는 분석이 될 것이다.[69]

이러한 배경은 비밀 교리를 형성하지 않으며 아우구스티누스의 성찰에서 '본질'도 아니다. 그런데도 '배경'에 대한 이야기는 아렌트가 현대 개념, 즉 주로 하이데거의 개념으로 논의하는 과정에서 해석하고 평가하는 것을 의미한다. 여기서는 과거·현재·미래와 같은 시간 구조가 포함된다. 교부敎父는 후자(미래)를 염두에 두고 모든 것을 설계하지만, 현재와 지상의 삶은 평가절하된다. 삶은 마치 세상이 없어진 것처럼, 더는 세상이 필요하지 않은 것처럼 여겨진다. 지상의 부담은 단지 시험에 불과하다. 사멸성과 죽음에서 분리된 '절대적 미래'는 현존재, 역사와 그 인식, 역사성에 대한 '기억'을 완전히 무작위로 또는 근본적으로 뒤집어 신에 대한 전적인 의존으로 배치하는 동시에 중심 무대를 차지한다. 이것은 개인뿐만 아니라 다른 사람들, 옆집 부인, 옆집 남편, 인류에게도 적용된다.

내 이웃은 그가 나와 같이 하느님과 관계를 맺고 있는 한에서만 이웃이다. 나는 더 이상 현세의 구체적인 만남에서 친구나 적으로서 그를 경험하지 않고, 사랑을 결정하는 질서 안에서 자신의 자리를 가지고 있는 한 인간으로서 그를 경험한다.[70]

아렌트는 연구 과정에서 이러한 동기를 몇 번이고 반복해 정교화하여 마침내 '사회적 삶'에 도달한다. 아우구스티누스가 사용한 이 용어는 마치 활동적 삶, 그리고 플라톤과 아리스토텔레스 이후 '활동적 삶vita activa과 함께 존재하는 이론적 삶의 형태인 '관조적 삶vita contemplativa', 그리고 이와 나란히 제3의 가능성인 아렌트의 '소실점'*으로 쉽게 이해될 수 있는 용어 중 하나이다. 그러나 '사회적 삶'은 이웃이나 이웃으로서의 타자를 발견하는 것이 아니라 오히려 '공동체 안에서의 삶'에서 주어지는 '공동성'을 뜻한다. 이 공동성은 원죄를 지닌 아담에게서 공동의 기원을 발견할 가능성을 형성하며, 따라서 '창조주'와 무관한 역사를 형성한다. 그러나 이 땅에 오신 하느님의 아들 그리스도는 역사적으로 경험할 수 있는 존재로서 이 이웃 공동체 안에 들어와 그를 통해서만 구속救贖이 성취되는 구원의 역사를 창조한다. 그 이전까지 인간은 아담 이후 여러 세대에 걸친 세계 내의 관계, 가장 진정한 의미에서 역사적으로 입증된 이웃사랑에 의존했다. "사랑은 오직 천국에만 존재한다."**

---

* 소실점(Fluchtpunkt; vanishing point)은 원근법에서는 실제 평행선이 되어 있는 것을 평행이 아니게 그릴 때, 모든 선이 수렴하는 지점, 즉 투시 이미지의 점을 말한다. 이론적으로 이 점은 무한 원점이다.

** 아우구스티누스는 『시편 주해』86, 6(원문에는 85, 6으로 표기)에서 "'당신

아우구스티누스는 이 연구에서 대담자로, 자신이 직접 등장하지는 않지만 주어진 문제와 관련하여 자신의 저작을 근본적으로 면밀하게 조사하는 사람으로 바뀐다. 아렌트는 아우구스티누스를 분석하기 시작하며, 2차 문헌은 극히 드물게, 그리고 논증 과정에 거의 영향을 미치지 않는 범위 내에서만 포함시킨다.* 「철학적 해석의 시도」와 관련하여 동시대인들이 이미 예기한 영향은 하이데거와 야스퍼스, 그리고 특히 쾰른대학교의 철학자 막스 셸러에게서 나온다. 아렌트가 집중적으로 연구했고, 아내이자 법률 유산 관리자인 메리트 셸러와도 접촉했던 막스 셸러의 경우, 유일하게 언급된 것은 날카로운 거부감뿐이었다. 아렌트는 '가치윤리'에서 비롯된 셸러의 사랑 철학이 '원한'에 갇혀 있다고 보았다.**

아렌트는 또한 하이데거의 제자이자 한때 동료였던 카를 뢰비트의 교수자격 논문, 1928년에 출판된 『동료 인간의 역할을 하는

이 하느님을 사랑한다면 당신이 아직 지상에 있을지라도 천국에 있는 것이나 다름없다'고 주장한다." Hannah Arendt, *Love and Saint Augustine*, eds., Joanna Vecciarelli Scott and Judith Chelius Stark(Chicago & London: The University of Chicago Press, 1996), 33; 서유경 옮김, 『사랑 개념과 성 아우구스티누스』(서울: 텍스트, 2013), 81쪽.

* 아렌트가 인용한 2차 문헌은 대략 다음과 같다. 플라톤, 『티마이오스』; 아리스토텔레스, 『니코마코스 윤리학』·『기후학』·『천체에 관하여』; 플로티노스, 『엔네아데스』; 하이데거, 『존재와 시간』, 질송, 『아우구스티누스의 기독교 철학』; 한스 요나스, 『아우구스티누스와 바울의 자유 문제』; 귀나르 휠트그랑, 『아우구스티누스의 사랑의 계율』; 셸러, 『논문 및 강연 모음집』.

** 아렌트는 논문 제2부 「창조주와 피조물: 기억된 과거」 제2절의 각주 72에서 관련 내용을 언급한다.

개인: 윤리 문제의 인간학적 기반에의 기여』[71]를 꼼꼼히 읽었다. 그 덕분에 개인과 동료 인간을 실존주의적 관점에서 생각할 수 있게 되었고, 반드시 이것에 헌신할 필요도 없게 되었다.

이제 하이데거와 야스퍼스에 대해 언급할 차례다. 하이데거는 단 한 번만 언급된다.* 이는 하이데거와 자신을 구별하기 위한 것이다. 야스퍼스의 경우는 전혀 다르다. 그러나 하이데거의 '영향력'은 어디에서나 볼 수 있다. 결국 '현존재', '실존', '존재자', '시간성'과 같은 용어는 그를 암시한다. 야스퍼스조차도 자신의 논문 심사보고서에서 아렌트를 비판하면서, 그녀가 하이데거에게서 얼마나 많은 것을 배웠는지 강조했을 때 이 점을 확신했다.

아렌트는 아우구스티누스의 사랑 개념을 해체하지만 새로운 '인물'을 위해 그것을 재구성하지는 않는다. 그녀는 아우구스티누스와 함께 ─ 야스퍼스의 경우, 텍스트에서 찾을 수 있는 것의 끝까지 ─ 나아간다. 아렌트는 아우구스티누스의 저작이 현대적 용어를 사용했음에도 불구하고 그 맥락에서 벗어나지 않는 역사적 문제라고 보았다. 그녀의 동시대 사람들은 이것을 매우 잘 인식했다. 아렌트의 책은 실제로 광범위하고 매우 지적인 반응을 얻었으며, 그녀는 나중에 이 책으로 '독일 학술비상대책재단'**

---

*   한 차례 인용한 부분은 다음과 같다. "인간 실존에 통일성과 총체성을 부여하는 것은 기억이지 (예컨대 하이데거의 접근방식에서처럼 죽음에 대한 예상으로서의) 기대가 아니다."『아우구스티누스의 사랑 개념』, 116-17쪽. 독일어 학위논문에서는 하이데거의 다른 저서, 『근거의 본질에 대하여 *Vom Wesen des Grundes*』의 일부 내용을 인용한다.

**   이 재단은 현재 독일연구협회의 전신이다. 이와 관련한 내용은 『한나 아렌

에 연구지원금을 신청할 수 있게 되었다.

『아우구스티누스의 사랑 개념』의 출판에 관한 구체적인 이야기는 이례적으로 잘 재구성되어 있다. 아렌트가 논문을 제출하기 3개월 전인 1928년 7월 8일, 야스퍼스는 베를린에 본사를 둔 슈프링어출판사의 발행인 페르디난트 슈프링어에게 다음과 같은 편지를 보냈다.

> 동시에 나는 아마도 겨울에 제자의 아우구스티누스 논문을 당신에게 선보일 예정이라는 점을 말하고 싶습니다. 이 논문은 매우 훌륭해 보이며 개인적으로 매우 중요합니다. 다만 인쇄비 보조금을 기대하기는 어려울 것 같습니다.

1929년 8월 4일, 야스퍼스는 이 문제에 대해 다시 슈프링어에게 요청했다. '아렌트 양'의 원고를 자신의 편지에 동봉했으며, '철학 연구' 총서 9호에 『아우구스티누스의 사랑 개념』을 출판해달리는 요청도 함께 첨부했다. 야스퍼스는 또한 출판사에 '베를린 근처의 노이바벨스베르크'에 있는 아렌트의 주소를 알려주었다. 다음날 야스퍼스는 원고 접수를 확인했고, 8월 6일 출판사 직원은 "아렌트 원고: I-X 및 1-121쪽 + 짧은 논평"이라고 기록했다. 일주일 후, 출판사는 처음으로 '여성 박사'에게 연락하여 원고가 접수되었음을 확인해주었다. 초기 정보는 다음과 같다. 원고

트·카를 야스퍼스 서간집 1』,「편지 5」의 내용, 86쪽을 참조할 것.

조판은 며칠 내에 시작될 예정이며, 600부의 인쇄와 함께 서평과 증정, 그리고 저자를 위한 총 40부를 인쇄하며, 그중 10부는 '무료'로 발행할 계획이다. 9월 29일에 '한나 슈테른 박사'는 남편 귄터 슈테른과 함께 10월 1일 하이델베르크로 이사할 것이라고 출판사에 알렸다. 1929년 10월 28일 한나 슈테른 박사는 마침내 그 책이 자기 앞에 있다고 말했다.[72]

포츠담에서의 번개 같은 결혼식과 프랑크푸르트에서의 자금 조달

앞에서 간략히 언급했듯이, 한나 아렌트는 1929년 9월 26일 포츠담(1938년부터 공식 명칭은 바벨스베르크) 근처 노바베스 시청에서 후설의 제자인 귄터 슈테른과 결혼했다. 그녀는 호적에 자신을 '무직'으로, 남편을 '사강사私講師'로 기재했다. 아렌트는 아마도 1925년에 마르부르크에서 슈테른을 처음 만났을 것이다. 슈테른은 하이데거의 강의를 듣기 위해 프라이부르크에서 마르부르크로 이사했다. 하이데거가 '새로운 수강생'에 대해 반복적으로 경멸하듯 언급했으나 그 이유를 밝히지 않았기 때문에, 슈테른은 이미 어느 정도 주목을 받았을 것이다.[73]

슈테른은 항상 손님과 친구들에게 열려 있는 부유하고 자유주의적인 집안 출신이었으며, 동시에 수많은 학자와 랍비를 배출한 중요한 집안 출신이었다. 할아버지인 역사학자 지기스문트 슈테른은 베를린 개혁공동체의 공동 창립자 가운데 한 사람이었고,

1848년 혁명에 관한 책뿐만 아니라 유대교의 정신사와 문화사에 관한 책을 써서 널리 인정받았다. 부모는 유럽 전역에 알려진 중요한 심리학자였다. 빌리엄 (루이스) 슈테른은 베를린에서 태어나 처음에는 브레슬라우대학교에서 가르쳤고, 1916년부터 함부르크대학교에서 가르쳤다. 그는 무엇보다도 아내 클라라와 함께 장기간 연구를 통해 『어린이의 언어*Die Kindersprache*』(1907)와 『어린 시절의 회상, 증언과 거짓말*Erinnerung, Aussage und Lüge in der ersten Kindheit*』(1908), 그리고 1911년 차별 심리학과 그 방법론적 기초에 관한 저작을 출간하여 당대 가장 영향력 있는 독일 심리학자로 명성을 얻었다. 1905년 그가 창간하고 공동 편집한《응용심리학 학술지*Zeitschrift für angewandte Psychologie*》는 이 주제를 위한 토론의 장으로 여겨졌다.

권터 슈테른의 부모는 1900년에 힐데, 1902년에 권터, 1904년에 에바 등 각각 2살 차이로 태어난 세 명의 자녀를 두었다. 이들 형제는 아렌트의 삶에서 중요한 역할을 했다. 힐데는 1933년 나치의 정권 장악 이후 저항단체에 가입했고, 1935년 이 단체의 해체 이후 뤼벡-라우어호프 여성 교도소에서 2년간 수감 생활을 하다가 1937년 8월 석방 이후 독일을 떠나 네덜란드로 망명하였다. 두 자녀를 둔 용기 있는 비혼모였으며, 두 자녀 역시 살아남았다. 1961년 사망한 그녀는 동독에서 힐데 마르크비차라는 이름으로 불렸으며 큰 존경을 받았다.

젊은 권터 슈테른은 다른 마르부르크 학파와 달리 정통 현상학자나 후설주의자도 아니었고 하이데거주의자도 아니었다. 그는 일찍부터 스스로 생각하려고 노력했다. 누구든 그의 철학적 텍스트, 특히 1928년에 출판된 논문 「소유물에 관하여Über das Haben」에서 탐색의 움직임을 관찰할 수 있다. 여기에는 하이데거의 개념 및 성찰과 더불어 하르트만의 용어도 포함되어 있다. 슈테른은 이 두 가지를 모두 음악 철학의 현상학을 위한 일종의 '준비 교육'으로 바꾸려고 노력했다. 그러나 그 책은 그가 자신의 교수자격 논문으로 자리를 얻고자 바랐던 프랑크푸르트대학교에는 아무런 영향도 미치지 못했고 어떤 인상도 남기지 못했다. 인정을 받으려는 슈테른의 전략은 매우 불행한 결과를 낳았다. 나중에 '프랑크푸르트 학파'라는 용어로 분류된 프랑크푸르트 사회 연구소의 막스 호르크하이머, 프리드리히 폴록, 헤르베르트 마르쿠제, 레오 뢰벤탈 등의 회원들은 그의 의도를 알아차리지 못했다. 이들뿐만이 아니었다. 반半마르크스주의자 가운데 음악 전문가인 테오도르 아도르노도 있었는데, 그는 몇 년 후에 엄지손가락을 내리며 슈테른에 대해 "가능성 없다"는 판단을 내렸다.

슈테른은 참으로 독단과는 거리가 먼 성품의 소유자였다. 그는 1919년 새로 설립된 함부르크대학교의 철학 교수직을 맡은 에른스트 카시러와 우호적인 관계를 유지했다.

슈테른과 같은 세대이며 동료인 스트라우스, 가다머, 요나스, 클라인, 크뤼거, 뢰비트의 경우를 보더라도 그들은 하이데거에 대해 좋은 평가를 내리지 않았다. 하이데거의 공공연한 거짓말은 반복적인 주제가 되어 수많은 문제를 일으켰다. 그럼에도 그들은 누구도 하이데거를 능가할 수 없다고 믿었다. 그들은 노년에 이르러서도 여전히, 누구도 따라올 수 없는 하이데거의 탁월한 철학적 재능을 회상하며 칭찬했다. 그들이 하이데거와 함께 경험하거나 그에 대해 배운 것이 무엇이든 인상은 항상 같았다. 하이데거는 그들에게 철학의 전형이었다. 슈테른은 앞서 언급한 더 많은 이유로 철학자의 호의를 바랐다. 1923년 12월, 하이데거는 함부르크의 '슈테른 부부'*와 함께 머물며 그곳에서 매우 편안함을 느꼈다. 카시러와 슈테른은 하이데거에게 다원적 공화주의 문화철학의 지적 구체화인 바르부르크 도서관을 소개해주었다.

마르부르크와 함부르크는 중간 기착지에 불과했다. 슈테른은 베를린으로 이주하여 그곳에서 계속 기자로 일했다. 때로는 짧은 기간 동안, 때로는 몇 달 동안 파리로 가서 음악을 공부하고 진로에 대해 고민했다.

그 후 슈테른은 베를린에서 아렌트를 만나 별다른 이유나 필요도 없이 서둘러 결혼했다. 이어 두 사람은 급히 하이델베르크로 향했다. 야스퍼스나 다른 이들과 향후 계획을 논의하기 위해서였다. 그중에는 베를린 과학아카데미와 좋은 관계를 맺고 있던 역사가 부부인 슈테른-토이블러도 있었다. 오이겐 토이블러는 그곳의 여러 위원회 위원이었고, 젤마 슈테른은 소위 궁정 유대인에 관한 연구로 연구비를 지원받고 있었기 때문이다. 그러나 과학아카데미뿐만 아니라 바이마르 공화국의 민주적 엘리트들

---

* 여기서 슈테른 부부는 귄터 슈테른의 부모인 빌리엄 슈테른과 클라라 요제피이다. 빌리엄 슈테른은 함부르크대학교의 교수였으나 1934년 대학을 떠나 미국 듀크대학교의 교수가 되었다.

을 지원했던 록펠러재단 산하의 에이브러햄 링컨재단은, 라헬 파른하겐에 관한 교수자격 논문을 쓰려는 아렌트의 연구계획을 재정적으로 지원하지 않았다.

독일 학술비상대책재단에 신청할 기회는 아직 남아 있었다. 야스퍼스는 전문가들의 의견을 정리한 후 하이데거와 함께 신학자 디벨리우스를 설득했다. 아렌트를 열심히 지도했던 그 자신도 전문가 의견을 보탰다. 그 의견은 야스퍼스가 아렌트를 얼마나 정확하게 '알고', 그리고 그녀를 얼마나 잘 평가했는가를 보여준다. 1929년 12월 21일, 야스퍼스는 다음과 같은 내용으로 편지를 보냈다.

나는 세미나에 참여한 슈테른-아렌트 부인을 수년간 알고 지냈습니다. 그녀는 평범한 학생과 차별화되는 성격으로 곧 눈에 띄었습니다. 누구든 젊은 나이에 이미 가지고 있는 지적 관심과 성취의 실행력을 확인하면 그녀의 상당한 발전을 기대할 수 있습니다.

철학과 역사 교육을 바탕으로 라헬의 전기를 집필하려는 슈테른-아렌트 부인의 의도는 그녀를 아는 사람이라면 누구나 이해할 수 있습니다. 그녀는 특이한 방식으로 이 계획에 개인적이고 사실적인 전제 조건을 제시합니다. 나는 여러분의 지원이 학문 발전에 큰 도움이 될 것이라고 확신합니다. 그것은 또한 한 저명한 인물이 미래의 지적 삶에 적극적으로 참여할 수 있는 길을 열어주는 일이기도 합니다.

이틀 후 하이데거는 하이델베르크에 심사 의견서를 보냈다.

한나 슈테른-아렌트 부인은 첫 학기에 내 세미나에 참여하고 연습 강좌에도 참여했습니다.

처음부터 그녀는 연구에 대한 즐거운 열정과 남다른 관심을 보였습니다. 가치 있는 것에 대한 확실한 본능과 탁월한 영리함은 곧 문제에 대한 철저한 이해로 이어졌습니다.

종합적인 교육과 문학적 표현에 대한 재능과 함께 이것에 대한 이해로, 슈테른-아렌트 부인은 지성사 분야에서 귀중한 연구를 수행할 수 있게 될 것입니다. 오늘날 철학적으로 충분한 능력을 갖추고 이 분야에 참여하는 사람은 소수에 불과합니다.

디벨리우스는 이미 1929년 6월에 심사 의견서를 제출했다.

나는 신약 세미나 모임과 개인적인 대화를 통해서 한나 아렌트 양을 알고 있습니다. 내 생각에 그녀는 절대적인 지적 수준을 지닌 매우 재능 있는 사람입니다. 내가 아는 한, 그녀의 주요 관심사는 지성사 분야입니다. 그녀는 지성사 문제와 발전을 다루는 세미나 회의의 토론에서 주도적인 역할을 했습니다. 그녀는 다른 역사적 주제에는 관심이 적은 것 같습니다. 그녀의 분석 및 비교 능력은 세미나와 박사학위 시험에서 모두 평균보다 훨씬 높은 것으로 입증되었습니다.*[74]

아렌트에게 유리한 결정이 내려졌을 때, 슈테른-아렌트 부부는 이미 프랑크푸르트에 있었다. 그들은 1930년 4월에 도착했다. 그들은 외더벡 128번지, 이후 슈반탈러로 73II번지에서 아주 짧은 기간 동안 살았다.[75] 야스퍼스는 물론 아렌트로부터 즉시 통보를 받았다.

그러나 야스퍼스, 하이데거 그리고 디벨리우스 외에도 다른 누군가가 아렌트의 계획에 대해 더 정확하게 알고 있었던 것은 분명하다. 1927년 그녀가 친구인 에르빈 뢰벤슨에게 쓴 편지에서 나타나듯, 하이델베르크에서 눈에 띄었고 프랑크푸르트에서 다시 만난 사람은 바로 '유대인 사강사 카를 만하임'이었다. 만하임이 이 모든 과정에서 중요한 역할을 했다는 사실은 그가 1930년 여름학기에 사회학 정교수로 강의를 시작한 직후인 5월 3일에 쓴 편지를 보면 알 수 있다. 그 편지에는 이렇게 적혀 있다.

---

*　　과학·학습보호협회는 1933년 소수의 학자(윌리엄 베버리지, 레오 실라드, 러더퍼드 경)가 학술지원위원회라는 이름으로 설립했고, 독일의 나치 정권이 대학교수를 대규모 해고할 가능성이 있다는 것을 알고 난민 강사들에게 단기 보조금을 제공하여 새로운 직장을 찾는 데 도움을 주는 목표를 두었다. 전쟁 기간에 이 협회는 케임브리지로 이전했다.

슈테른-아렌트Stern-Ahrends(원문 그대로!) 박사 부인은 이미 학술 연구지원금을 받았고, 이제는 당분간 외부 생활이 보장되어 매우 기뻐하고 있습니다. 귀하의 추천은 좋은 일이었고, 그녀를 대신하여, 또 제 이름으로도 감사드립니다.[76]

이 인용된 말은 하이델베르크대학교의 법학 교수인 구스타프 라드브루흐에게 전달된 것이다. 뤼벡 출신인 라드브루흐는 하이델베르크에서 유명한 사회민주주의자였으며, 독일 의회 의원이자 1920년대 초에 3개 내각에서 법무부 장관을 역임했다. 그는 1920년부터 독일 학술비상대책재단에서 다양한 관리직을 맡았으며, 1929년 11월부터 기관 개혁을 주도하기 위해 1925/26년에는 퇴임했다. 유대인 문제를 홍보하는 것은 그에게 중요했다. 당시 그는 하이델베르크대학교에서 퇴직 위협을 받은 독일계 유대인 수학 교수이자 반파시스트인 율리우스 굼벨을 지원했다.[77]

만하임은 라드브루흐의 수락에 대해서 직접적으로 감사할 만한 이유가 없었다. 그런데도 그렇게 했다는 사실은 역시 사회학자가 철학자에 대해 감사를 표현한 것으로 볼 수도 있다. 1930년 5월 아렌트는 만하임의 저서『이데올로기와 유토피아*Ideologie und Utopie*』에 대한 논쟁을 이미 3개월 동안 진행하고 있었다. 아렌트는 가장 중요한 사회민주주의 이론 학술지인《게젤샤프트》에 이 책에 관한 에세이를 게재했다.*[78] 이 학술지에 만하임의 책에 관

<hr>

*　　이 에세이는 다음 자료를 참조할 것.『전체주의 물결과 정치적 이해*Essays in*

한 에세이를 게재한 사람은 그녀만이 아니었다.

마찬가지로 프랑크푸르트대학교 교수로 재직 중인 개신교 신학자 폴 틸리히는 전년도에 이 프로그램을 개설했으며, 미국 망명 시절에는 아렌트와 함께한 친구로 뉴욕에서 활동하던 초기에 그녀에게 전문적인 조언으로 도움을 주었다.*[79] 헤르베르트 마르쿠제가 틸리히의 뒤를 이었고, 만하임의 첫 박사과정 학생인 한스 슈파이어가 아렌트 뒤를 이었다. 『이데올로기와 유토피아』 (1929)는 게오르크 루카치의 『역사와 계급의식 *Geschichte und Klassenbewusstsein*』(1924), 하이데거의 『존재와 시간』(1927)보다 학계에 더 큰 반향을 불러일으켰다. 이 반향은 많은 논평을 통해 증대되었다. 예컨대, 아렌트는 만하임과 협력하여 "사회적 파시즘의 철학적 토대"를 마련했다는 이유로 공산주의 잡지인 《인터내셔널 *Die Internationale*》로부터 비난을 받았다.[80] 브레슬라우대학교에서 가르치며 만하임의 책을 자세히 논평했던 철학자 지크프리트 마르크는 다음과 같이 밝혔다. "한나 아렌트가 카를 만하임의 루카치 성향의 사회학을 존재론을 부정하는 '존재자 탐구 Ontik'로 특징지을 때, (…) 그녀는 오히려 옳았다."[81]

『이데올로기와 유토피아』는 3부로 구성된다. 제1부는 책의

<hr>

Understanding』(서울: 신서원, 2024).

*   폴 틸리히(Paul Tillich, 1886~1965)는 히틀러와 나치의 등장으로 비유대인 가운데 최초로 프랑크푸르트대학교 교수직을 박탈당했는데, 미국 뉴욕 유니언신학교 철학부의 초청으로 이 대학에서 1년 동안 교수로 생활했고 1934년 재임용된 이후 1955년에 정년 퇴임했다.

제목이자 서론 역할을 한다. 제2부 「정치는 학문으로서 가능한가?(이론과 실천 문제)」는 이데올로기 문제를 다루고 있으며, 「유토피아 의식」이라는 제목의 제3부는 예상대로 유토피아 문제를 다루고 있다. 3부의 원문은 서로 다른 해에 작성되었으나 처음부터 책으로 출판하기 위한 것이었다.

마르크의 요약은 아렌트의 의도를 잘 포착하고 있다. 실제로 아렌트는 하이데거와 야스퍼스의 철학적 배경 속에서 이 사회학적 논쟁을 읽었다. 물론 하이데거는 『존재와 시간』에서 이른바 현재를 설명하는 임무를 철학에서 박탈하고, 가능한 한 급진적이고 전통에서 벗어난 방식으로 '현존재', 즉 '존재'와 '존재자'라는 고전적 개념을 성찰하려고 노력했다. 아렌트에 따르면, 야스퍼스는 이를 표현하기 위해 '실존'이란 개념을 사용한다.

사유는 이 두 사람의 철학에서 '존재자' 또는 '일상성', '평균', '그들', '대중'을 외면하고 모든 지상의 중력으로부터 자유로운 '실존' 또는 '존재'에만 관심을 집중한다는 비판으로부터 안전하다고 믿는다. 여기에서 '존재'에 대한 교의인 '존재론Ontologie'과 '존재자'에 대한 교의인 '존재자 탐구Ontik'는 서로 대립한다.

아렌트는 이제 흥미로운 게임을 연출한다. 만하임은 이 질문을 상상할 수 없을 만큼 날카롭게 뒤집기 때문이다. 실제로 위에서 내려다보는 것은 무엇이고, 거기서 눈에 띄고 싶은 것은 무엇인가? 말하자면, 만하임은 아래에서 바라본다. 문제는 철학의 모든 운동이 역사, 사유의 발전, 비정신적인 것에 대한 언급을 진지하게 받아들이지 않아야 한다는 사실에 있다. 게다가 모든 운동은 모든 상대성과 위치 상실, 모든 무작위성과 비합리성, 궁극적으로 현대인의 완전한 '고향 상실'로부터 자유로워야 한다. 인간적 구조, 무엇보다도 초월적 구조에 대한 철학적 분석은 이 모든 것에 영향을 받지 않는다. 누가 아무리 '위기'를 외친다 해도, '존재'나 '실존'에서 시작하는 철학자는 없다. 그러나 철학이 모든 것을 과거('이데올로기')와 미래('유토피아')의 관점에서 보고 종합의 가능성을 망각할 때, 이러한 태도는 현재를 분석하는 데 이상적인 후보로 떠오른다. 만하임 자신은 역사를 의식하며 살아가는 동시에 미래를 위한 힘을 보존하는 방법을 고안했다.

'고향 상실'은 역사를 갖고 있으며, 사회학적으로 설명될 수 있는 발전의 결과이다. 종교적 유대가 자신만의 세계를 만들어내는 순간에 인간은 외로워진다. 우리가 사는 원래의 세계가 필요하지 않기 때문이다. 새로운 세계는 일상적 활동, 직업, 돈벌이, 자본주의 세계이며, 자본주의는 대규모 조직으로서 개인을 모든 관계에서 벗어나게—고향 상실 상태로—한다. 이 역사를 이해하는 것 자체는 철학의 과제다. 이 과제에서는 새로운 고향 상실이 무세계적 정신 없이도 존재할 수 있다는 사회학적 분석이 어느 정도 근거를 갖는지—심지어 자본주의에서도—를 찾아야 했다.

아렌트는 자신의 에세이 덕분에 만하임의 제자들과 함께 공통의 주제로 연구하는 모임에 참여하게 되었다. 만하임이 마르틴 부버에게 보낸 1931년 12월 22일자 편지를 보면 이에 대해 더 정확히 알 수 있다.

그래서 저는 '자유주의와 유대교'라는 특별한 문제, 주로 19세기 전반의 해방 노력과 개별 사회 계층이 어떻게 관련되어 있는지, 이 시기에 유대인과 비유대인 사이에 어떤 실존적 영향이 있었는지에 초점을 맞춘 연구 공동체를 결성하여 연구하고 있습니다.[82]

라헬 파른하겐에 관한 책의 핵심인 유대인의 해방 노력을 밝힌 아렌트의 초기 에세이는 바로 이런 맥락에서 시작되었다. 사회학자 한스 게르트와 후에 유명한 역사학자가 된 야콥 카츠의 논문도 이 맥락에서 쓰였다.[83] 그들의 저작 『18세기 말 독일 지식인의 사회학적 상황』과 『독일에서의 유대인 동화와 그 이데올로기』는 '고향 상실'을 출발점으로 삼으려는 만하임의 요구가 어떻게 사회학적으로나 역사적으로 건설적일 수 있는가를 보여주는 예였다. 그때는 스스로 입장을 받아들이지 않은 채 각자의 현재와 연결된 관점에 관한 것이었다. 어떤 종류의 일반성도 연구자의 인식과 관심보다 우선해야 하지 않으며, 현재를 이해해야 하는 것도 아니다. 오히려 만하임의 종합이란 의미에서 역사에서 지속되는 것, 아마도 미래에 보여주는 것을 관찰해야 한다. 즉 항상 각 시대의 시야에서 관찰해야 한다. 이러한 관점에서 보면, 자유주의는 철학적 일반성을 지향하는 '정신' 없이도 존립할 수 있는 것처럼 보였고, 대신에 지침이 아닌 제안으로, 일정한 개방성으로 유대인 소수와 마주했다는 점에서 도전이었다.

아렌트는 만하임의 분석과 제자들의 연구에서 기본 개념이 명

확하지 않다면 그런 예측이 아무 소용이 없다는 사실을 깨달았
다. 아렌트의 경우 그 제목은 「계몽주의와 유대인 문제」였으며,
그녀는 1932년에 같은 제목의 에세이를 게재했다. 이 에세이의
결론은 한편 만하임의 방법이 아렌트를 사회학적·역사적 분석
으로 얼마나 멀리 이끌었는지를 보여주기 때문에 자세히 인용할
가치가 있다.

> 그들은 역사적 현실 내에서, 유럽의 세속화된 세계에서 어쩔 수
> 없이 어떻게든 이 세계에 적응하고 자신을 형성해야만 한다. 그
> 러나 그들의 경우 교양은 필연적으로 가장 중요한 것이다. 그것
> 은 비유대인 세계와 관련된다. 일단 유대인이 자신들의 과거를
> 상실하면, 현재의 실재는 그 위력을 드러내기 시작한다. 교양은
> 그들이 이 현재에도 살아남기 위해 갖게 되는 유일하게 가능한
> 수단이다. 교양이 무엇보다도 과거의 이해를 의미한다면, '교양
> 있는' 유대인은 이방인의 과거에 의존한다. 그는 자신이 이해해
> 야 하는 현재를 통해 그 과거에 도달한다. 그가 그 과거에 참여
> 하기 때문이다. 적어도 현재를 이해하려면, 우리는 과거를 새로
> 이 명백하게 파악해야 한다. 과거를 명백히 역설하는 것은 헤르
> 더가 교양 있는 사람을 위해 주장하는 거리두기 ─ 유대인이 처
> 음부터 유지하는 거리두기 ─ 효과에 대한 긍정적 표현이다. 따
> 라서 역사는 역사의 이질감에서 벗어나 유대인의 특별하고 정
> 당한 관심사로 등장한다.[*84]

아렌트는 이런 관점에서 라헬 파른하겐의 텍스트와 편지를 읽었으며, 다양한 연구 단계에서 자신의 어조를 바꾸고 궁극적으로 자신과 동등한 입장에 서게 된다. 1930년대에도 '고향 상실'은 여전히 철학과 사회학이 병행해서 다룰 수 있는 문제였다. 2년 후 아렌트가 유대인 해방 시대의 중심 인물을 다루었을 때, '고향 상실'은 자신이 처한 상황의 일부가 되었다. 이 점에서도 라헬 분석은 이미 망명에 속한다.

*　　홍원표 옮김, 『유대인 문제와 정치적 사유』(파주: 한길사, 2022), 213–14쪽.

완전한 유대인: 파리 시절

우리의 마음은 오늘 그 어느 때보다 여러분과 함께 팔레스타인에
있습니다. 팔레스타인에서, 그리고 국경 반대편에 있는 수백만의
유대인들을 생각할 때 우리는 무력함에 그 어느 때보다 우울합니다.

아렌트(파리)가 졸트(예루살렘)에게 보낸 편지(1939년 8월 25일)

최후까지의 책임

최초의 독일 민주주의가 종말을 향해 추락하고 있다는 사실은
1932년 중반에는 더 이상 간과할 수 없는 일이었다. 유일한 질문
은 어떤 형태의 정부가 민주 질서를 따를 것인가였다. 7월 17일
'알토나 피의 일요일'*이 있은 지 3일 후, 프란츠 폰 파펜 제국 총
리가 이끄는 극우 정부는 이 상황을 이용하여 이른바 프로이센

---

* 나치 돌격대(SA)의 신병 모집으로 인해 당시 프로이센 지방의 슐레스비히
홀슈타인(1937년 함부르크에 편입) 알토나에서 경찰, 돌격대, 독일 공산당
(KPD) 지지자 사이에 격렬한 충돌이 발생한 사건을 말한다. 이 사건으로 18
명이 사망했다.

쿠데타를 감행했다. 폰 힌덴부르크 제국 대통령은 두 가지 긴급 법령을 공포했고, 그 후 폰 파펜은 프로이센의 '국가판무관Reichskommissar'으로서 민주적으로 선출된 프로이센의 사민당 총리 오토 브라운의 권한을 이어받아 제국 국방장관에게 기본권 제한과 함께 '집행 권한'을 부여했다. 이러한 조치는 1932년 4월 선거에서 423석 중 219석을 차지한 나치당과 공산당이 함께 과반수를 차지한 데 근거한 것이었다. 이는 사민당, 가톨릭 중앙당DZP, 한때 좌파 자유당이었던 독일민주당으로 구성된 연립정부가 더는 어떤 결정도 추진할 수 없음을 의미했다. 이후 라이프치히에서 열린 '프로이센 대 제국' 재판에서 양측 모두 부분적인 승리로 볼 수 있었지만, 폰 파펜과 그의 측근들이 모든 중앙 행정 요직을 충성파로 채우면서 제국 법원의 판결은 사실상 무시되었다.[85]

'몽유병자'라는 은유는 제1차 세계대전에도 적용될 수 있지만, 바이마르 공화국의 종말은 정치적이고 의도적인 과정이었다. 아렌트는 이 모든 사실을 알고 있었을 것이고, 유대인이든 비유대인이든 그 누구도 낙관적일 수 없었을 것이다. 그런데도 위험은 이와 같은 노선에 따라 진행되었고, 이는 실존적 차이를 가져왔다.

정치적 위기는 일하고 돈을 벌어야 하는 것과 별개의 문제였다. 독일 학술비상대책재단은 라헬 파른하겐의 전기 연구에 교수 자격 취득 보조금을 지원했다. 1933년 3월 7일 라헬 파른하겐 서거 100주년이 다가왔고, 파른하겐은 이미 다양한 논문의 주제였다. 아렌트는 이 주제를 서서히 대중에게 알려야 했다.

텍스트의 내용을 논의하기에 앞서 아렌트가 자신의 연구 주제로 다루게 된 배경을 간략히 살펴본다. 그녀가 유대인 학계에 관심이 있다는 사실은 이미 하이델베르크에서 젤마 슈테른-토이블러와 접촉하면서 깨달은 바였다. 슈테른-토이블러는 1925년 베를린 유대교과학아카데미의 지원을 받아 자신의 최초 저작 『프로이센 국가와 유대인*Der preußische Staat und die Juden*』제1권을 출간하여 유대인과 비유대인, 유대인과 국가 당국 사이의 상호작용에 대한 완전한 통찰력을 제공했다. 1922년 봄호《동서 연구*Ost und West*》에 게재된, 두 부분으로 구성된 에세이는 슈테른-토이블러가 유대인 여성에 미친 근대성의 영향과 이에 대한 그들의 구체적인 반응에 주목했음을 증명한다. 이 글에서는 또한 파른하겐과 '사교계 여성*salonnière*'에 관한 엘렌 케이의 당시 권위 있는 저서도 자세하게 평가했다.

설명했듯이, 늘 재정적 압박을 받았던 아렌트에게 유대교과학아카데미에서 연구비 지원을 계획했지만 무산되었고, 독일 학술비상대책재단은 그녀에게 2년간 연구비를 지급했다. 1932년 지원 기간이 만료되었을 때, 한 유대인 재단이 잠시 후원했다. 잘린저 재단은 유대교과학아카데미에서 일했거나 추천받은 사람들에게 몇 달 동안 연구비를 제공하는 경우가 많았다. 아렌트는 슈테른-토이블러 부부 외에도 유대교과학아카데미에서 적어도 한 사람, 이스마르 엘보겐과 접촉했다. 이는 베를린의 유대교과학아카데미에서 가르쳤던 엘보겐이 결정적인 영향을 미친《독일 유대인 역사 잡지*Zeitschrift für die Geschichte der Juden in Deutschland*》에 아렌트가「계몽주의와 유대인 문제」에 관한 논문을 게재한 것에서도 알 수 있다.

아렌트는 1931년 파른하겐에 관한 첫 번째 텍스트를 집필하여 다음 해에 출간했다. 이 글은 레클람출판사의 널리 읽히는『독일 연감Deutschen Almanach』에 실렸으며, 아렌트는 여기서 1826년 6월 파른하겐이 파울리네 비젤에게 보낸 편지 자료도 함께 소개했다. 두 글 모두, 괴테 기념일에 맞춰 자유 기고로 구성된 이 책의 맥락에 완전히 들어맞는 것이었다. 에세이의 일부는 나중에 파른하겐 책에 포함되었고, 일부는 다른 맥락으로 옮겨져 전기가 지닌 구성적 성격을 다시 한번 드러낸다.

그러나 1932년 파른하겐에 관한 에세이는 아렌트와 남편과의 관계를 기록한 문서이기도 하다. 귄터 슈테른은 1930년 아렌트에게 헌정한 자신의 강의「자유와 경험」에서 인류학적 성찰에 없어서는 안 될 용어, '불확정성Unfestgelegtheit'을 사용했다. 이 용어는 파른하겐에 관한 에세이의 중심에 놓여 있었다. '불확정성'은 파른하겐이 국외자로서의 존재를 통해 얻은 자유 활동의 여지를 의미했다.

1933년은 아렌트에게 중요한 해였을 것이다. 파른하겐에 관한 연구는 두 장을 제외하고 완성되었다. 이 원고는 1959년 독일어로 처음 출간된 저서보다 훨씬 더 직접적이며, 완전히 다른 위험을 감수한다.

라헬 레빈은 1771년 베를린에서 태어났다. 그녀의 아버지는 유대인 보석상으로 부유하고 영리했으나 교육 수준은 낮았다. 그녀의 어머니는 개성이 없었고 의존적이었으며 남편의 횡포를 늘 두려워했고 다섯 자녀를 두었다. 집에서는 전통이 거의 사라졌다. 외부 관습은 여전히 유지되었지만 아직 동화되지는 않았다. 통찰력은 단지 습득된 지식일 뿐이다. 탈무드에 대한 교육도 지식도 없었다. 영성은 모제스 멘델손을 통해 표현된다. 사람들은 멘델손을 알고, 그와 레싱의 우정을 알고 있으며, 그 우정을 자랑하며, 『현자 나탄*Nathan der Weise*』도 알고 있다. 레싱의 사진이 벽에 걸려 있다. 어린이들에게 지식을 제공하기 위해 매우 평범하다고 판명된 가정교사를 고용한다. 아무것도 모르는 부모가 아이들을 가르친다는 것은 참으로 어려운 일이다.[*86]

1933년 아렌트가 가장 친한 친구였던 안네리제 멘델손의 어머니 로즈 멘델손을 통해 야스퍼스에게 보낸 아렌트의 원고는 이렇게 시작된다. 여기서 이미 어조가 정해진다. 지난 몇십 년 동안 상상했던 부르주아 유대인의 삶은 19세기와는 완전히 다른 거친 모습이었다. 파른하겐은 시간을 거슬러 올라가지만, 아직 자신의 목소리를 갖지 못했다. 따라서 우선 해방 논쟁의 현황이 전개될 것이다. 레싱은 '계몽주의'의 핵심인 '역사의 진리'와 '이성의 진리'를 구별하는 멘델손에게 영향을 미쳤다.[**] 이러한 통찰력은 라

<hr>

* 이하 'Varnhagen/Hahn'으로 표기함. 이 인용문은 바바라 한이 편집한 앞의 책 앞부분에 포함된 것으로 타자로 친 원고에 해당하는 부분이다.

** 관련 내용은 다음 자료를 참조할 것. 『유대인 문제와 정치적 사유』, 「멘델스

헬에게 그대로 전달될 수 없었다. "순수한 자기 사유", 즉 이성은 "자신이 유대인이라는 것"을 볼 수 없게 만든다. 그러나 대화도 더는 이어지지 않았다. "이해 속에서, 대화의 무한함 속에서 순수한 자기 사유에서와 마찬가지로 현실은 다시 제거된다. 우리가 알고 싶은 것은 그 사람의 경험도 삶도 아닌 그 사람의 감정이다."[87]

라헬은 카를 프리드리히 알브레히트 핑크 핀켄슈타인과 약혼했지만 1800년에 파혼했다. 이후 함께 떠난 파리 여행은 그들에게 큰 영향을 미쳤다. 아렌트의 말은 이러하다.

> 라헬은 특정한 사람이 되었지만, 어떤 특정한 자질을 획득한 것이 아니며, 그녀의 현실은 자신이 겪은 고통과 과거 속에서 드러날 뿐이다. 이 과거는 아무리 갈망해도 미래도 희망도 가능성도 이겨낼 수 없는 냉혹함을 지니고 있다.[88]

이 이야기에서 파른하겐은 '개인'이 되지 않을 것이며, 가능한 '발전 소설'*도 쓸 수 없다. 마지막에는 이렇게 말한다.

> 이성·통찰력·인간성·이유에 귀 기울이는 것, 이 모든 것은 라헬의 삶에서 거의 아무런 역할도 하지 못한다. 누구든 상대방을

존의 계몽주의 수용: 유대교와 영원한 진리」, 197쪽.

* 어린 시절부터 성년기까지 성격의 발전을 다루는 자전적인 소설로, 주인공이 자신과 환경과의 대결을 통해 정신적·정서적으로 성장해가는 과정을 그린다.

고려하지 않고 직접 전달하는 진실은 인간적이지 않다. 진실에
는 이유가 없다.[89]

그때까지 자신에 대한 진실과 통찰, 존재 이유를 아는 방법은
오직 하나뿐이었다. 괴테와의 만남,『발헬름 마이스터*Wilhelm Meis-ter*』읽기, 파른하겐의 이야기에서 '멈춤das Stehenbleiben'을 인식할
수 있는 능력은 '교육'을 통해, 즉 진보를 통해서는 얻을 수 없다.
오히려 파른하겐은 공연 중인 작품에서 자신이 누구에게서 무엇
을 받아들일지를 선택할 수 있는 '세계의 무대'가 있다는 것을 이
해한다. 그러나 자신의 세계에 대한 무한한 개방성은 성찰을 통
해 다시 자기 자신으로 돌아올 뿐이다. 카를 아우구스트 파른하
겐 폰 엔제와 결혼했다고 해서 이러한 맥락에서 벗어나는 것은
아니다. 따라서 아렌트의 마지막 문장은 다음과 같다.

그녀는 낮과 마찬가지로 파른하겐에 집착하지만 매일 밤 끊임

없이 반복되는 긴급하고 귀찮게 구는 밤의 꿈에 빠지게 된다.[90]

아렌트의 라헬 파른하겐은 1932/33년에 구체적인 이상형이었
다. 그녀의 이야기는 처음에는 자신의 잘못이 아닌, 미성숙의 상
태에서 벗어나는 이야기였다. 그러나 쾨니히스베르크 철학자 임
마누엘 칸트가 결코 가볍게 선포하지 않았던 "과감히 알려고 하
라Sapere aude"*는 매우 특정한 지적·사회적 환경에서만 받아들
여질 수 있었다. 멘델손 자신도 자신의 이성을 사용하라고 요구

하는 것만으로도 충분히 깨닫게 된다는 이른바 순진함을 단호히 거부했다. 파른하겐의 경우에는 더욱 그러했다. 아렌트는 자신 안에 갇힌 존재, 그로 인해 나타나는 개성, 그리고 자신의 여주인공을 세계와 분리하는 얇지만 견고한 벽의 동시성을 파른하겐에게서 인식할 수 있었다. 이 모든 것은 '유대인'이나 '여성의 운명'에 맞춰진 것이 아니라, 결코 개별적인 것에 귀속되지 않는 특별하고 독특한 것으로 묘사되었다. 아렌트는 이것이 바로 파른하겐 자신이 직접 쓰고 전기작가가 이를 자신의 시대에 맞게 옮겼을 뿐이라고 믿었다.

이후 아렌트는 라헬 파른하겐 서거 100주년을 맞아 본격적으로 준비에 들어갔다. '꿈'이 중요하고 실제로도 필수적이지만, 아렌트는 더 이상 그것에 머물 수 없었다. 이제 결단을 내려야 할 때였다. 귄터 슈테른은 이미 경고를 받았기에 두 번 생각하지 않았다. 그에게 2월 27~28일 밤 독일 제국의회 화재는 독일을 떠나라는 결정적인 신호였다. 그는 이전 방문을 통해 잘 알고 있던 파리로 급히 도망쳤다. 그는 언어가 통하고 입국 절차가 복잡하지 않다는 것을 알고 있었다.

---

*   이 라틴어 경구는 시인 호라티우스의 『서간집 *Epistles*』에 처음 사용되었으며, 칸트가 「계몽이란 무엇인가에 대한 답변」에서 인용하면서 계몽주의의 표어가 되었다. "계몽이란 인간이 스스로 초래한 미성숙함에서 벗어나는 것을 뜻한다. (…) 과감히 알려고 하라! 자신의 마음을 사용할 용기를 가져라! 계몽주의의 표어다."

아렌트는 남기로 했다. 그녀는 나중에 '책임감'을 느꼈다고 말했다. 이 '책임감'은 기념일에 《유대인 평론*Jüdische Rundschau*》과 《쾰른 차이퉁》에 게재된 두 편의 글에서도 찾아볼 수 있다. 과도하게 열성적인 신구 국가사회주의자들도 그녀가 얼마나 큰 책임을 지고 있는지 알아차렸다. 3월 6일에 남서독 방송국에서 방송될 예정이었던 라디오 에세이 「라헬 파른하겐 폰 엔제」는 파른하겐 편지 낭독과 함께 30분간 진행되다가 갑자기 취소되었다. 한 주 전 전국의 신문에 예고되었다가 실제 당일 방송 편성표에서 갑작스럽게 사라졌다. 방송 통제는 특히 빠르게 이루어졌다. 결과적으로 이 방송 원고의 인쇄본 두 편만이 남게 되었다.

막스 리히너는 편집을 맡은 《쾰른 차이퉁》에서 1937년 사임할 때까지 수많은 저항의 글을 게재했다. 아렌트는 파른하겐의 삶 자체에 초점을 맞춰 썼다. 파른하겐은 잉여를 창출하지 않았고, 그런 의미에서 아무런 이해관계도 없었으며, 오히려 전적으로 자신의 삶 자체였다. 이 점에서 그녀는 사적인 것과 공적인 것이 하나로 합쳐진 이상적인 사람이었다. 아렌트는 정체성이나 진정성에 대해 쓰지 않았고, 존재와 존재자 또는 주체와 객체를 구분하는 철학 전통도 따르지 않았다. 더도 덜도 아닌 삶의 충만함이 바로 파른하겐의 모습이자 그녀의 관심거리였다. 이러한 관심은 다른 사람들과 함께하는 것에서 비롯되었고, 여전히 그녀 자신에게로 돌아왔다. 아렌트가 파른하겐에 대한 최초이자 유일하게 알려진 공개 강연에서 말한 내용이 여기서 중요한 역할을 했을 수 있다.[91]

정확히 한 달 후인 4월 7일 아렌트는 《유대인 평론》에서 다른 접근방식을 택했다. 즉《쾰른 차이퉁》에 게재한 기고문에서 파른하겐은 자신의 자기 인식에 대해 다시 생각하게 되었고, 독자들은 단지 그녀가 자신에 대해 알고 표현한 것을 확인했을 뿐이다. 《유대인 평론》의 표제가 말해주듯, 이 글은 바로 「원래의 동화同化: 후기」였다.《쾰른 차이퉁》판의 논평으로도 읽힐 수 있는 이 텍스트는 정치적, 더 나아가 유대 정치적일 것이다. 아렌트에 따르면, 바로 이 비유대인 중산층이 다수를 이루는 사회에 대한 초기 적응이 실패로 드러났고, 따라서 「후기」라는 말은 문자 그대로 이해되어야 했다. 유대인에 대한 공공연한 폭력, 바이마르 의회주의의 파괴, 최초의 반유대주의 법과 규정, 새로운 조치와 규범에 대한 자발적이고 질서 있는 (과도한) 적응은 역사적 사건을 되돌아볼 것을 요구했다. 그것이야말로 대응해야 할 현실이었다.

'불확정성'이란 진단은 유지되었으나 이번에는 해당 용어 없이, 역사적·사회학적 근거를 바탕으로 제시되었다. 본문의 시작 부분은 이를 위해 현대적 논의와 그 주제들로 가득 채워졌다. 각 문장은 유대인 협회 및 조직의 노력, 그 대표자 및 공개 성명과 관련될 수 있다. 아렌트가 이제 선포된 '방어 투쟁'에 대해 이야기할 때, 그 배후에 있는 것은 '유대인 신앙을 가진 독일 시민 중앙협회'이다. 아렌트가 '세례'와 '동유럽 유대인'과의 구분에 대해 말할 때, 그녀는 나치가 '유대인'이라는 구조물을 만들어낸 이후 사라진 두 가지 형태의 거리두기를 언급한다. 아렌트의 암묵적인 논지에 따르면, 이 구조물은 이제 모든 유대인을 다시 살아나게 했다. '동화'는 더 이상 역사적·사회학적으로 발전한 구조, 즉 세계-내-존재의 가능성이 아니라 '이데올로기', 이단, 극적인 자기 오해였다. 그리고 아렌트는 1933년 봄 나치당의 집권을 논의한 많은 기사보다 훨씬 더 날카롭게 "일반적으로 사회적이며 공식적으로 합법화된 반유대주의"에 대해 글을 썼다. 그녀는 이 반유대주의를 "현대적"이라고 불렀다. 바로 이 순간 (아렌트의) 파른하겐은 자신이 어떻게 '모범적'이게 되었는가를 인식할 수 있도록 완전히 자신의 시대로 되돌아갔다. 아렌트는 카를 만하임과 마찬가지로 부르주아지의 역사적 기원, 즉 시민이 "자신의 것만을 대표하는" 비정치적인 특수 지위를 추적하고 있었다. 그러나 이것은 공공영역을 형성하지 못한다. 시민은 '사적인 개인'이기 때문이다. 아렌트는 이 진단을 고수할 것이다.

따라서 《유대인 평론》에 게재한 논문으로부터 아렌트가 자유로워졌다는 사실을 추론할 수 있다. 사회 전체, 관습 및 규칙에 대한 의무가 일방적으로 취소되었기에, 이것들은 이제 존재하지 않게 되었다. 아렌트는 파른하겐 원고 없이 독일을 떠났지만, 매우 특별한 이야기의 끝을 목격했을 뿐만 아니라 대내외적으로 분명한 말을 전했다는 것을 확실히 알고 있었다. 그녀는 '시민'을 통해, 정치적으로는 순진하면서도 현대적 자기 역량 강화를 상징하는 매우 양면적인 인물을 선택했다. 그녀의 관점에서 볼 때, 이것은 자신의 길을 투쟁의 길로 이해할 수 있고 항상 과거에 대한 자부심을 지니고 있던 '유대인 시민'에게 더 많이 적용되었다. 바로 그 유대인 시민의 태도를 '한나Hanna(원문대로!) 아렌트'는 《유대인 평론》에 게재한 글 「사교육 기관에 반대하여」*에서 비판했다. 공립 교육기관에서 유대인 학생을 배제한다고 해서 부유층이 자녀를 사립학교에 보내 독일 유대인의 분열과 약화를 더욱 심화시켜서는 안 된다. 유대인 어린이와 청소년을 위한 유대인 학교는 새로운 반유대주의 조치의 영향을 받은 모든 사람을 수용해야 했다. 아렌트의 요구에는 환멸에 대한 요구도 포함되어 있다. 동화의 역사는 끝났고, 유대인 시민, 특히 이 계층에서 충원된 '지도자'는 단결과 자립을 위한 용기를 가져야 했다. 유대교는 이제 더는 '게토'나 '독일 사회'에서 존속할 수 없었다.

아렌트에 대한 정당화는 이미 이때부터 시작되었다. 1964년 그녀가 귄터 가우스와의 대담에서 회상한 것처럼, 동시대 사람들은 히틀러에 대해 '엄청나게 흥미로운 일'을 생각해냈다. 하이델베르크 시절 그녀의 친구인 베노 폰 비제는 동료와 함께 훗날 자신의 표현대로 "어리석게도" 더 나쁜 사태를 막기 위해 "독일 대학의 재편에 관한 49개 테제"를 발표했고 물론 나치당에 가입하기도 했다. 그리고 또 다른 그리스 문헌학자인 리하르트 하르더는 새로운 통치자에 대한 비공개 제안에 서명하는 것은 자제했지만, 자신이 편집한 저명한 학술지 《해시계 *Gnomon*》에서 1933년 하이데거의 프라이부르크대학교 「총장 연설」을 다음과 같이 칭찬했다. "진정한 지식이 어디에서 오는가를 분명히 하는 투쟁 연설이다." '국민,' '공동체,' '미덕,' 심지어 '존재', 이 모든 것은 정교하게 국가사회주의와 일치한다.[92]

---

*   다음 자료를 참조할 것. 『유대인 문제와 정치적 사유』, 215-18쪽.

아렌트는 가만히 있을 수도 없었고 가만히 있기를 원하지도 않았다. 아마도 1926년 하이델베르크에서 아렌트와 처음 만난 이후 계속 연락했던 쿠르트 블루멘펠트, 게다가 나중에 분명해졌듯이, 아르놀트 츠바이크와《유대인 평론》편집팀은 아렌트에게 신문과 잡지에서 반유대주의적 발언을 찾아볼 것을 요청했다. 그녀는 이를 수행하기 위해 베를린 국립도서관을 선택했다.

아렌트의 일이 누설되었는지, 그녀가 한동안 감시를 받았는지, 그녀의 대출 요청이 의심스러운 것으로 밝혀졌는지, 아니면 수많은 자발적인 유대인 체포 물결 가운데 나치의 손에 붙잡혔는지 여부는 확인할 수 없다. 어쨌든 아렌트는 체포되었다. 아렌트가 기억하듯이, 그녀는 8일 동안 감옥에 갇혀 있었고, 그녀의 어머니는 아마도 체포되지 않았거나 체포되었다 해도 곧 석방되었을 것이다. 자신의 설명에 따르면, 당시 시누이였던 에바 슈테른이 그녀의 석방에 중요한 역할을 했고, 아렌트와 친구들은 전기작가 엘리자베스 영-브륄에게 진심으로 정직한 정치경찰과 함께한 일종의 모험과 좋은 결과에 관해 이야기했다고 한다. 초대받지 못한 에바 슈테른을 제외한 모든 소식통은 석방 당일 저녁에 열린 호화로운 축하 행사*93를 회상하며 독일과의 작별을 아쉬워했다. 이때부터 한나 아렌트는 특히 위험에 처한 존재로 알려졌음이 틀림없다.

* 다음 자료를 참조할 것. Hannah Arendt Kurt Blumenfeld, *Correspondence 1933~1963*(Paris: Desclée de Brouwer, 2012), 「25. 아렌트가 블루멘펠트에게 보낸 편지」(1953년 3월 29일).

자유를 의미하는 프랑스

친구들은 아렌트가 축하 행사 직후 독일을 떠났다고 회상했다. 그녀는 8월 16일 프라하 주재 프랑스 대사관에 나타나 2개월 비자를 신청한 것으로 알려졌다.[94]

얼마 지나지 않아 아렌트는 제네바에 도착했다. 국제연맹에서 일했던 어머니의 오랜 친구인 마르타 문트가 그곳에 살고 있었다. 문트의 전기를 보면, 아렌트 어머니의 성격을 잘 알 수 있다. 몇 가지 특징은 마르타 문트의 사례를 통해 확인된다. 정치적 헌신, 독립성, 여성의 상황에 대한 명확한 견해 등이 그것이다. 아렌트는 상황을 변화시키기 위한 실질적인 활동이 무엇인지를 아마도 문트로부터 배웠을 것이다. 아렌트가 파리에 도착한 직후 그곳에서 발판을 마련할 수 있었던 것도 문트 덕분이라고 할 수 있다. 그렇다면 마르타 문트는 누구였을까?

1872년 쾨니히스베르크에서 태어난 문트는 고향에서 사회학 및 경제학을 공부하기 시작했고 졸업하지 못한 채 베를린, 로마, 제노바에서 계속 공부했다. 그녀는 또한 일찍부터 파리에 다녀왔으며, 서신을 통해 알 수 있듯이 영어, 프랑스어, 이탈리아어에 능통했다. 1890년대 말에 그녀는 쾨니히스베르크로 왔고, 1898년부터 《사회주의 월간지》에서 재정 및 판매 업무를 담당했다. 문트는 마르타 아렌트와 바울 아렌트를 잘 알고 있었기에 편집자 요제프 블로흐의 가장 가까운 지인이었지만 블로흐와는 항상 격식을 차려 '당신Sie'이라는 호칭을 고수했다. 1910년까지 생존한 블로흐에게 보낸 편지에서 알 수 있듯이, 문트는 빠르게 자신의 업무에서 없어서는 안 될 존재가 되었다. 그녀는 분명히 뛰어나고 체계적인 조직자였으며, 제작 과정에서 기사가 누락되거나 문제가 생기면 빠르게 상황을 파악했다. 또 그녀는 잡지에 필요한 기금을 마련하기 위해 반복해 여행했다. 그녀는 이념적 경계에 얽매이지 않았고, 실제로 투쟁의 대상이었던 '자본가'로부터도 보조금을 받았다. 그녀의 다양한 활동과 여행은 당 공동 창립자인 아우구스트 바벨, 이론가 에두아르트 베른슈타인 등 사회민주주의 명문 귀족과의 접촉으로도 이어졌다.

문트는 1909년 베를린에서 영국 작곡가 아델라 매디슨을 만났을 가능성이 매우 높다. 매디슨의 오페라 〈탈리스만Der Talisman〉이 출판되었고, 이듬해 라이프치히에서 초연되었다. 매디슨의 광범위한 여행에는, 귀족 동성애자인 프랑스 작곡가 에드몽 드 폴리냑과 결혼해 공작부인이 된 친구 위나레타 싱어가 항상 동행했다. 싱어는 프랑스 음악계의 후원자이자 공개적인 레즈비언 여성으로서 공격과 존경을 한몸에 받았다. 드 폴리냑은 1910년경 문트를 개인 비서로 고용했는데, 이 협력은 1914년 전쟁 발발과 그에 따른 프랑스 당국의 독일 시민 추방으로 갑자기 종료되었다. 그러나 문트는 총 3년 동안 유명한 독일 샤우슈필하우스를 비롯한 함부르크 극장에서 극작가 겸 경영 비서로 일했기 때문에 파리에만 머물렀던 것은 아니었다. 그녀는 추방 이후 매디슨과 함께 런던으로 여행했으나 그곳에서 다시 추방당했다.

제1차 세계대전 이후 두 여성은 그간의 경험으로 인해 독일이나 영국에서 계속 살 수 없었고 원하지도 않았다. 추천서 한 장으로 마르타 문트의 인생을 바꾼 사람은 다름 아닌 에두아르트 베른슈타인이었다. 문트는 1920년 9월 21일부터 제네바에 본부를 둔 국제연맹의 국제노동기구ILO에 고용된 세 명의 독일인 가운데 한 명이었으며 이 조직 내의 '정보기관'에 배정되었다. 문트는 처음에는 비서로 일하다가 시간이 지나면서 점점 더 중요한 업무를 맡게 되었다. 그녀는 1924년부터 국제노동기구에서 여성(노동) 권리 문제를 담당했으며, 이 자격으로 유럽과 미국에서 열린 수많은 회의에 참여했다. 1925년 그녀는 워싱턴에서 열린 국제여성회의의 대표 중 한 명이었다.

1920년대 후반에는 국제여성단체와 협력하여 특히 여성 노동자의 상황을 개선하는 일이 문트가 담당한 업무의 중심이 되었다.[95] 국제 언론에는 야간 근무 금지, 산모 보호, 농촌 지역 여성 노동자 차별 금지와 관련한 그녀의 헌신을 다룬 수많은 기사가 보도되었다. 문트는 파리, 런던, 로마 등 유럽 전역에서 활동했다.

문트가 국제노동기구에서 승승장구하던 중 1929년 6월 12일, 그녀의 친구 아델라 매디슨이 런던에서 사망했다. 작곡가 매디슨이 남긴 유산 중 일부는 문트에게 상속되었으나, 그 유산은 아직까지도 발견되지 않았다.

문트는 '노동자 단체와의 관계 담당 부서' 업무에 점점 더 집중하는 국제 활동을 통해 독일 언론의 주목을 받게 되었다. 주요 일간지의 '여성' 지면에는 그녀에 관한 인물 소개가 실렸고, 그녀가 종종 제네바에서 ‘독일인으로서’ 경력을 쌓았다는 사실이 강조되었다. 1930년 그녀는 고위직에 오른 네 사람 가운데 유일한 여성이었다.

1932년 9월 24일 마르타 문트는 여성 노동자의 권리와 여성 인권 전반을 위해 정확히 12년 동안 꾸준히 활동한 끝에 정년이 되어 아마도 본인의 의사와는 달리 은퇴했다. 1933년 2월 한나 아렌트가 그녀를 방문했을 때 6개월 동안 국제노동기구와 다시 공식적인 협력이 있었다. 문트는 1942년 사망할 때까지 다양한 국제 여성 단체로부터 존경을 받았으며 기념일과 기타 축하 행사에 초대되었다. 그러나 그녀는 독일에 살고 있던 여동생에게 알리지도 못한 채, 그리고 자기 유산의 소재에 대해 아무것도 알리지 못한 채 세상을 떠났다. 마르타 문트가 한나 아렌트의 향후 경력에 얼마나 직접 개입했는지는 확인되지 않는다. 다만 아렌트가 해외에서 돈을 보낼 때 항상 문트를 언급한 점으로 보아 두 사람의 교류는 1940년까지 이어졌을 것이다.

비록 마르타 문트의 추천서 등 문서 자료는 남아 있지 않지만, 아렌트가 파리에서 활동했던 단체와의 관계는 분명히 확인된다. 1933년 7월에 설립된 ‘농업·수공업. 유대인 청소년 직업준비협회’는 국제연맹의 다양한 조직과 긴밀히 연결되었다. 문트의 후임자인 프랑스 여성 마르그리트 티베르는 1926년부터 국제노동기구에서 근무했으며 당시 형성된 반파시스트 및 친유대주의 조직과 두터운 인맥을 쌓고 있었다. 티베르는 문트를 소중하게 여겼을 것이다. 문트가 세상을 떠난 이후, 티베르는 문트를 “정말

신뢰할 수 있고 충실한 친구"라고 말했다.[96]

　장면의 전환. 1933년 10월 15일 파리에서 프라하로 한 통의 편지가 발송되었다. 발송인, 즉 '샐리 삼촌'은 프라하에 정착할 계획인 이름이 언급되지 않은 '조카'의 앞날을 가늠하고 있었다. 그런 다음 그는 마침 이집트에 머물고 있던 철학자이자 과학사학자인 알렉상드르 쿠아레를 언급했다. 알렉상드르 코제브니코프(알렉상드르 코제브)가 쿠아레의 고등연구실습원EPHE 교수직을 맡게 되었다고 적었다.* 스트라우스가 밝혔듯이, 코제브는 "헤겔의 종교 철학을 매우 희극적이고 유년기와 노년기의 특성이 뒤섞인 서문과 함께 읽는데, 마치 숫염소와 구세군 단원을 섞어놓은 것처럼 보인다"고 했다. 그러나 이 편지는 소박한 조롱으로 끝나지 않았다. "너의 특별한 친구인 귄터 슈테른과 한나 아렌트가 우리 숙박소에 머물고 있다(우리는 그들을 무시한다)"는 말로 마무리되었다.

　이 편지는 아렌트와 슈테른의 파리 망명 생활에 관한 가장 오래된 현존 문서이다. '샐리 삼촌'은 1932년 10월 초에 록펠러재단으로부터 2년간의 장학금을 받고 가족과 함께 파리에서 생활하고 있던 레오 스트라우스였고, 수령인은 실제로 프라하에서 교수 자격 기회를 얻으려고 노력한 야콥 클라인이었다. 그러나 아렌트

---

* 코제브는 카를 야스퍼스의 지도로 박사학위를 받았고, 파리에 정착하여 쿠아레로부터 자리를 이어받아 1933~39년 헤겔 세미나를 진행했다.

와 슈테른이 클라인의 '특별한 친구'였다고 알려진 이유는 불분명하다.[97] 정확성을 철저하게 신봉했던 스트라우스가 아렌트의 이름을 잘못 표기한 것은 이례적이다. 마르부르크 출신으로 스트라우스와 클라인을 알고 지낸 아렌트와 슈테른은 철학적·정치적으로 서로 다른 세계에 살았다. 그들을 잠시 하나로 묶어준 것은 하이데거 아래에서 진행된 일시적인 연구였으며, 네 사람 모두 유대인이었다.

스트라우스는 가족과 함께 어디에서 살았으며, 따라서 편지에 적힌 날짜를 기준으로 파리에 온 지 8일밖에 안 된 아렌트와 슈테른은 어디에서 살았는가? 주소는 라틴 지구의 중심부에 있는 뤽상부르 공원에서 매우 가까운 제5구의 '269, 생-자크 거리'다. 국제적으로 유명한 이 숙박소는 1896년에 설립된 사립 음악학교 '스콜라 칸토룸' 건물 단지 내에 있어서 특히 미국인 관광객들에게 인기가 높았다. 나치를 피해 도망친 사람들 가운데 상당수는 오늘날의 광고 문구처럼 '현대적인 방'을 찾았다.

귄터 슈테른-안더스는 1933년 6월 17일 이미 주몽 지역에서 벨기에와 프랑스 국경을 통과하며 당국에 6,000프랑의 현금을 소지하고 있다고 신고했다. 경찰 보고서에 따르면, 아렌트는 그해 10월 7일 벨가르드 국제 기차역과 국경 검문소를 통해 프랑스로 넘어올 때 현금 2만 프랑을 소지하고 있었다.

아렌트가 파리에 도착한 지 2주 만에, 아렌트와 슈테른은 독일에서 온 한 지인을 만났다. 여러 나라와 도시를 오가며 바쁘게 활동하는 작가이자 수필가인 아르놀트 츠바이크는 파리에 온 지사흘째인 10월 23일 그들과 이야기를 나누었다. 슈테른은 1년 전에 베를린에서 츠바이크를 만나 아렌트에게 그를 소개했었다. 그당시 헌신적인 시온주의자이자 《유대인 평론》의 임시 편집자였던 츠바이크는 1928년에 출판된 반전 소설이자 '부당한 유죄 판결'을 다룬 소설 『그리샤 상사를 둘러싼 싸움Der Streit um den Sergeanten Grischa』의 성공으로 이후 잘 알려지고 재정적으로도 성공한 작가였다.

파리에서 빠르게 회동 자리를 마련한 이유는 곧 분명해졌다. 츠바이크는 아렌트가 자신의 계획에 협력하기를 원했다. 그의 목표는 가능한 한 빨리 「독일계 유대인의 성과Bilanz der deutschen Judenheit」*를 집필하는 것이었다. 나치 통치자들은 1933년 2월부터 츠바이크가 독일에서 계속 거주하거나 글을 쓸 수 없게 만드는 사건들을 만들어내고 있었다. 5월 초 그의 책이 공개적으로 불태워졌다. 자신이 독일 출판서적상협회가 선정한 "특별히 위험한 작가" 12명의 명단에 포함되었다는 사실을 알게 되었을 때, 그는 더 이상 길이 없음을 깨달았다. 책 한 권 분량의 에세이로 독일계 유대인의 업적을 기리려는, 이전에 고려되었지만 그다지 구체적이지는 않은 계획은 봄부터 더욱 구체화되었다. 츠바이크가 마침내 파리에 도착했을 때 「독일계 유대인의 성과」는 이미 여러 차례 위기와 수정을 거쳤는데, 이는 평소 매우 빠르게 일하고 글을 쓰던 츠바이크에게는 다소 이례적인 일이었다. 이제 이 책을 마

* 'Bilanz'는 '대차대조표'라는 경제 용어이지만 여기서는 '성과'로 표기한다.

무리해야 했다. 독일의 상황이 나치당에 유리하게 굳어지고 해외에서 히틀러와 협약을 맺으려는 경향이 증가하고 있었기 때문이다. 츠바이크의 의도는, 법과 규정에서 점점 더 명확해지고 있는 독일계 유대인에 대한 체계적인 배제가 마침내 확립되고 아리안 '민족 공동체'를 만들겠다는 목표가 달성되기 전에 가능한 한 빨리 「독일계 유대인의 성과」를 내놓는 것이었다.

아렌트와의 협력은 이 기획에 결정적인 활력을 불어넣기 위한 것이었다. 츠바이크가 출판사에 보낸 편지에 따르면, 그녀는 무엇보다도 「유대인과 법」과 「유대인과 예술」 장章의 자료 확보와 편집을 지원해준 "사랑스럽고 영리한 여성"이었다.[98]

츠바이크의 「독일계 유대인의 성과」 기획은 나치의 권력 장악 이후 소위 독일인-유대인 공생 관계의 종말을 주제로 삼았고, 공유된 과거에 대한 경고적인 회상으로 이해될 수 있는 수많은 시도 중 하나였다. 예를 들어, 마르틴 부버는 예루살렘과 베를린에 본사를 둔 쇼켄출판사와 함께 이 '총서'를 출판하고자 했고, 당대의 가장 중요한 유대인 학자들을 설득하려고 노력했다. 부버의 계획은 구상 단계를 넘어서지 못했지만, 시사평론가이자 출판인인 지그문트 카즈넬손이 처음에는 더 큰 성공을 거두었다. 그의 백과사전적 선집 『독일 문화권의 유대인*Juden in deutschen Kulturbereich*』이 바로 그것이다. 공동 작업은 1934년 말에 완성되었고 금지령이 내려졌을 때 출간 준비가 완료되어 있었다. 이 책은 25년이 지나서야 처음으로 출판되었다.[99]

츠바이크의 저작 『독일계 유대인의 성과 1933: 시도*Bilanz der*

deutschen Judenheit 1933: Ein Versuch』는 1934년 암스테르담의 망명 출판사 퀘리도에서 출판되었다. 이 책에서 그는 베스트팔렌 평화조약 이후, 그리고 1871년부터 1914년까지의 평화 기간에 법적·문명적 기준에서 달성된 모든 것을 무력화시킨 폭력의 회귀라는 놀라운 인식에서 출발했다. 제1차 세계대전을 비판적으로 분석했던 그는 제2차 세계대전의 예측을 회피했다. 무엇보다도 최근 사태 발전의 새로운 측면을 더욱 정확하게 파악하려고 했기 때문이다. 츠바이크에 따르면, 그 이후의 모든 것은 유대인의 역사 자체에서 비롯된 통찰력, 즉 발전 속에서 자신이 차지하는 역할에 대한 질문에 기초했다. 제1부 「사실적 상황에 대한 설명」은 동시대 사람들에게, 유대인의 성격과 직업에 대한 역사적·사회학적 주장인 「유대인 단면」보다 훨씬 더 중요했을 것이다. 「유대인 단면」은 결국 부분적으로는 우울하고 부분적으로는 기대되는 장에 지나지 않았지만, 「사실적 상황에 대한 설명」은 현재 상황의 본질을 제공했다.

이 제목은 또한 독일계 유대인의 상황에 대해 두 가지 관점에서 객관적으로 서술하겠다는 약속이기도 했다. 실제로 츠바이크는 유대인 해방의 성공적이면서도 동시에 완전한 이야기를 제시했다. "불과 4~5세대 만에" 경제적·지적 발전이 이루어졌고, 유대인에 대한 공격이 모든 사람에게 적용되는 법질서에 대한 공격으로 이해되며, 그에 따라 저항이 조직되었다는 점은 분명해졌다. 빠르게 집필된 이 글은 확실히 상당수의 동시대 사람들에게 100년 동안 독일의 일원이었던 것에 대한 생생한 기억과, 독일(또는 '독일 정신'이라고 불리는 것)과 영원히 단절된 상황 사이에서 느끼는 불안감이 사실적으로 표현되었다. 「상황 설명」은 성과와 위협, 좋은 것과 나쁜 것을 모두 나열하여 이제 회피할 수 없는 의식적인 유대인성의 과정을 안내하거나 요구하려는 시도였다. 츠바이크는 점차로 일어나고 있는 문명의 붕괴를 아직 인정하고 싶지 않았지만 결국 이해할 수 있는 이유로 간절한 호소를 철회했다. "진정한 독일인"이 자신과 유대인 이웃, 공유된 역사와 신념을 성찰한다면, "독일계 유대인의 더 나은 미래에 대한 희망"을 가질 이유는 여전히 존재한다.[100]

아렌트는 아마도 1933년 이전 시기에 다양한 시온주의와 자유주의 집단에서 익숙하게 들리던 이런 산문을 더는 좋아하지 않았을 것이다. 그녀는 1년 전 이미 해방 약속, 동화의 결과 및 그에 따라 성장한 독일계 유대인 애국주의의 여러 형태에 대한 헛된 희망이 실패했다고 선언했기 때문이다.[101]

그러나 그것은 개인적인 관계의 깊이에는 영향을 미치지 않았다. 츠바이크는 떠나기 직전에 파리에서 슈테른 부부를 다시 만났고, 우선 책을 구성하는 공동 작업을 완료했다. 그는 1933년 12월 13일에 아렌트를 위한 공개적인 추천서를 작성했다.

한나 슈테른-아렌트 박사는 이미 베를린에서 계몽주의 시대와 낭만주의 시대의 유대인 생활 환경에 대한 철저한 전문가로 알려져 있습니다. 아렌트는 라헬 레빈-파른하겐과 그녀의 베를린 살롱에 관한 뛰어난 연구를 진행했으며, 때때로 나에게 작품을

읽어주었습니다. 이 연구는 유대인 이산離散에서 나타난 유대
인 존재의 새로운 측면과 진화하는 측면을 연구하고 이를 분별
력 있게 정의했다는 점에서 관심을 끌었습니다. 그래서 나는 그
녀에게 내 책『독일계 유대인의 성과 1933: 시도』의 공동 작업
을 요청했고, 그녀에게 큰 도움을 받았습니다. 그녀는 현대 반
유대주의의 독특한 성격을 특히 분명하게 이해하고 있었던 것
으로 밝혀졌습니다. 나는 이미 여름에 현대 독일 언론의 반유대
주의 관련 자료 편집을 위해《유대인 평론》편집자에게 그녀를
추천한 적이 있습니다. 그녀의 산문은 학문적으로 훈련된 공동
연구자이자 독립적인 저자에게 요구되는 모든 필요 사항을 충
족합니다.[102]

여기에 최초로 공개된 문서는 여러 측면에서 주목할 만하다.
무엇보다 이 문서는 아렌트가 베를린 국립도서관에서 신문과 잡
지에 실린 반유대주의적 진술을 수집하도록 위임받았음을 보여
주는 유일한 동시대의 증거이다. 동시에 그 배경을 밝히는 유일
한 자료이기도 하다. 아렌트는 나중에 이 주도적인 작업을 쿠르
트 블루멘펠트의 공로로 돌렸지만, 이 자료에는 그의 이름이 언
급되지 않았다. 블루멘펠트가 이 이야기에 포함되었는지의 여부
는 또 다른 이유로 의문이다. 에바 슈테른은 아렌트가 체포된 이
후 블루멘펠트가 그녀를 위해 아무 조치도 취하지 않았다고 평
생 주장했기 때문이다. 블루멘펠트가 이 사실을 몰랐기 때문일
까? 그러나 츠바이크, 아마도 블루멘펠트와《유대인 평론》편집

자들이 이 일에 함께 관여했다는 사실은 그리 놀라운 일이 아니다. 오히려 더 놀라운 것은, 아렌트 자신은 물론이고 그 관계를 알고 있던 모든 이들이 이후 츠바이크의 역할을 철저히 은폐했다는 점이다.

상대적으로 또 중요한 것은, 훨씬 후에야 분명해진 연계에 대한 강조이다. 첫 번째 틀에서 완성된 파른하겐 관련 저작과 현대 반유대주의에 관한 연구는 동전의 양면과도 같다. 츠바이크가 현명하게 지적했듯이, 아렌트의 경우 이 동전은 유대인 해방과 그 실패, 반유대주의와 그 결과 사이에서 발생한 '근대성'이란 이름을 지니고 있다. "현대 반유대주의의 본질"이라는 공식은 츠바이크와 아렌트가 이전 세대와는 다른 반유대주의에 직면했다는 공통의 인식을 의미하기도 한다.

'망명(디아스포라)'을 뜻하는 히브리어 'Galuth'는 아마도 아렌트의 연구가 유대인 내부 문제와 관련되어 있음을 분명히 하려는 의도였을 것이다.

이러한 상황에서 형성된 연대의 공동체는 이제 수많은 망명자의 전기에서 찾아볼 수 있다. 필요는 발명의 어머니이며, 생존을 확보하는 데 오래된 경쟁이나 전통적인 학문적 적대감은 더 이상 중요하지 않다. 그러나 단순히 필요 때문만은 아니었다. 공동의 적이 있다는 확신이 더 큰 동력이었다. '대차대조표(성과)'는 궁극적으로 차변과 대변의 수학적 요약인 결론을 의미한다. 대차대조표는 과거를 돌아보고 미래에 대한 이월 또는 손실을 생성한다. 아렌트와 츠바이크가 대변한 독일계 유대인의 역사는 두 사람에게 익숙한 형태로 나타난다. 두 사람은 마침내 서로가 서로에게 의지할 수 있다는 점을 증명했다. 아렌트는 자신의 신념을 위해 감옥에 갔고, 츠바이크는 그녀의 미래를 보장하고 싶었다.

거의 1년 후 아렌트는 카를 야스퍼스 및 카를 만하임과 함께 츠바이크를 지원서에 추천인으로 등록했다. 이는 위험 부담이 없는 선택은 아니었다. 학자의 계속적인 주선을 전문으로 하고 광범위한 설문지를 개발한 많은 기관에서 정교수 및 종신 교수의 이름과 주소를 요청하고, 실제로 연락을 취해 의견을 묻는 경우가 많았기 때문이다. 츠바이크가 자신의 책 번역을 통해 국제적으로 유명해졌다는 사실이 유리한 요인이었을 것이다. 또 그의 주소—"카르멜산, 모제스 박사 댁"—는 시온주의 단체의 고위급 인사들과의 접촉을 의미하기도 했다. '모제스 박사'는 쿠르트 블루멘펠트를 중심으로 한 단체의 일원이었던 지그프리트 모제스를 가리킨다.

츠바이크를 위한 아렌트의 작업은 늦어도 1934년 『독일계 유대인의 성과 1933: 시도』 출판과 함께 마무리되었다. 슈테른 부부는 얼마 전에 이사해서 매우 조용한 제5구 툴리에로Rue 9번지에 살고 있었다. 새 아파트는 소르본과 라틴 지구의 판테온에서 아주 가까웠고 이전 아파트에서 도보로 10분 거리에 있었다. 두 사람은 분명히 대학가 쪽이 적합한 장소라고 생각했다. 그곳에서 그들은 가구가 딸린 두 개의 방에서 한 달에 560프랑의 임대료를 내고 살았다. 그 비용은 무엇보다도 1880년에 설립된 프랑스 최초의 비종파적 사립 여학교인 유명한 세비네 칼리지Collège Sévigné

에서 진행한 슈테른의 철학 수업을 통해 일부 충당되었다. 슈테른이 그곳에서 가르칠 수 있었던 것은 확실히 특권이었는데, 블라디미르 장켈레비치 또는 모리스 메를로-퐁티와 같은 철학자들이 슈테른에게 이 기회를 마련해주었을 가능성이 가장 크다.

한나 아렌트의 거주 허가 신청을 심사할 당시에, 담당 경찰서도 슈테른의 수입과 가용한 재정적 수단을 긍정적으로 고려했다. 1934년 말 귄터 슈테른이 이미 충분한 재정적 기반을 갖추고 있었고 관련 정보도 모두 호의적이었기에 당국은 내무부에 승인을 권고했다. 얼마 지나지 않아 승인이 떨어졌다. 이로써 1933년 10월 24일 프랑스 당국에 남편 슈테른의 아파트에 머물 수 있게 해달라고 요청했던 한나 아렌트는 약 8개월 만에 안전한 법적 지위를 얻게 되었다.

첫 번째 경력: 행위와 말

'농업·수공업훈련원'[103]은 1933년 7월에 처음 언급되었으나 9월에야 당국에 등록되었는데, 아렌트가 어떻게 여기에서 일하게 되었는지는 정확히 알 수 없다. 이 훈련원은 정치가이자 단기간 장관을 지낸 인본주의자 쥐스탱 고다르[104]가 설립한 많은 단체 가운데 하나로 매우 빠르고 효과적으로 활동했다. 이 가톨릭계 시온주의자는 1910년대부터 팔레스타인의 유대 국가를 위해 집중적으로 운동을 벌여왔으며, 프랑스 정치인들의 예루살렘 방문을 조직하고 그곳 정치인들의 프랑스 방문을 주선했다. 그는 이러한 경험과 많은 인맥을 바탕으로 자신의 조직이 유대인 난민 구호 활동과 협력해야만 성공할 수 있다는 것을 알았다.

농업·수공업훈련원의 문서보관소가 남아 있지 않기 때문에, 조직의 역사에 대해 말할 수 있는 것은 거의 없다. 그러나 제네바 국제연맹 자료에서 1934년 3월의 '보고서'를 찾을 수 있다. 이 보고서에서는 주요 목표를 나열하고 조직의 규모에 관한 구상을 밝히고 있다.

> 농업·수공업훈련원 위원회는 1933년 여름에 프랑스·러시아·독일계 유대인들에 의해 설립되었다. 이들은 대부분 프랑스에 오랫동안 거주하고 있었다. 이 위원회의 목표는 독일에서 생계를 잃은 젊은 유대인들에게 새로운 직업을 배우게 하여 그들을 재교육하는 것이다. 이러한 직업은 주로 수공업과 농업 분야에서 찾아야 했다. 사람들이 나중에 정착할 나라, 특히 팔레스타인에서 생계를 유지할 수 있도록 체계적으로 기술을 배울 기회를 젊은이들에게 제공해야 한다. 처음부터 농업·수공업훈련원의 활동은 이전에 파리에 있던 조직들이 독일 난민을 지원하기 위해 사용하던 방법과 달랐다. 우리는 생산적인 기반 위에서만 장기적이고 효율적인 지원이 가능하다고 확신했다.[105]

따라서 집필자들은 1933년 첫 번째 출국과 망명의 물결 직후에 나타난 두 가지 통찰을 얻었다. 첫째, 유대인 난민에게 학계에 종사할 수 있다는 환상을 유지해주던 단기적 지원은 프랑스 교육계의 반발로 인해 실패로 끝났다. 둘째, 막스 노르다우가 매우 날카롭게 표현했듯이, 시온주의자와 정치가들은 '신경질 유대인Nervenjuden'이 실제로 '근육질 유대인Muskeljuden'이 되어야만 팔레스타인에 유대 국가의 미래가 있다고 생각했다.*[106] 새로운 국가가 단순한 꿈 이상으로 남으려면 모든 분야에서 숙련된 근로자가 필요할 것이다. 1909/10년 갈릴리해에 데가니아(Degania; 히브리어로 '곡물') 키부츠가 설립되면서, 19세기 중반부터 논의되어 온 특별한 사회적·경제적 형태에 대한 구상이 현실이 되었다. 이 키부츠는 때로는 협동조합으로, 때로는 정착촌 개념에 따라 농업에서 수공업으로, 마지막으로 산업기업으로 발전했다. 이를 통해 종교적이든 세속적이든 미래의 이스라엘 국가와 그 주민에게 고유한 성격을 부여하는 기반이 되었다. 19세기 말과 20세기 초에 시작된 다양한 이민(히브리어; alijot)의 물결에 힘입어 키부츠 발전에 큰 영향을 미친 것은 청소년 운동과 이에 상응하는 이민이었다.[107] 하이파의 기술대학인 '테크니온'(이스라엘 공과대학)은 1912년 기술 엘리트와 지적 엘리트를 교육하기 위해 설립되었다. 13년 뒤에는 예루살렘의 히브리대학교가 교육을 시작했다.

* 막스 노르다우(Max Nordau, 1849~1923)는 헤르츨과 더불어 시온주의 운동에 참여했다. 그는 정치적 시온주의의 필요성을 입증하는 임무를 맡았다. 그는 지성적인 '신경질적인 유대인'이나 '탈무드 유대인'에 대한 논쟁적인 반어로 '근육질 유대인'이라는 용어를 만들어냈다. 그는 체조를 통해 유대인의 신체적 건강을 증진해야 한다고 주장했다.

목표는 이러한 시작을 바탕으로 정치적 상황을 고려하여 교육 활동을 대규모로 확장하는 것이었다. 고전적 시온주의 계획은 보고서에서 요구한 대로 목표를 정한 교육 활동을 통해 지원되어야 했다. 미래의 수공업자와 농부들은 특별히 훈련된 직원들로부터 정기적인 훈련을 받고 유대인 역사, 프랑스 문화, 일반 기술 및 직업 문제에 대한 강의를 들을 수 있으며 히브리어와 프랑스어도 배울 수 있었다. 보고서에서 밝히듯이, "학생들의 배치와 숙박을 위임받고 기술 및 교육 업무를 맡은 위원회 직원은 유대교에 심취한 유대인으로서 이런 방식으로 도덕적 업무의 통일성이 확보된다."[108]

한나 아렌트는 이러한 요건을 갖춘 직원 가운데 한 명이었다.

팔레스타인에서 이미 어느 정도 효과가 입증된 이 계획은 1933년 나치가 집권하면서 강력한 추진력을 얻었다. 프랑스의 수많은 기관과 단체는 팔레스타인의 유대인 정착민 수를 늘리고 다양한 키부츠에서의 삶을 준비시킬 목적으로 여기에 열거된 교육과 훈련을 병행하고자 노력했다. 그러나 농지는 하늘에서 뚝 떨어지는 것이 아니어서 힘든 협상을 거쳐 매입하고 조성해야 하기에, 계획에는 분명한 한계가 있었다. 상당수의 프랑스 정치인들은 이 계획을, 이미 1933년에 자금을 지원했던 미국계 유대인들이 독일을 탈출한 더 큰 규모의 유대인 집단을 정착시키려는 식민지화 시도로 여겼다. 수공업과 농업을 위한 적절한 기술학교에 입학하는 것 역시 어려웠다. 이곳에서는 중앙집권화된 파리의 매우 회의적인 당국자들을 설득하는 것보다 개인적인 대화를 통해 개별 지도자를 설득하는 편이 더 쉬웠다. 마지막으로 전문 인력을 찾고 자금을 조달해야 했다.

고다르와 그의 직원들이 얼마나 능숙하게 활동했고 그들의 노력이 얼마나 성공적이었는지는 1934년 말 '독일 난민고등판무관'인 미국인 제임스 그로버 맥도널드의 보고서에서 드러났다.[109] 그는 1933년 10월 26일부터 신설된 직책을 맡아 곧 엄청난 실행력으로 자신의 임무에 뛰어들었다. 특히 고다르와의 많은 대화를 통해 확고한 비유대인 시온주의자가 된 맥도널드는 나치당의 정권 장악 이후 유대인의 탈출에 관한 첫 보고에서 고다르의 비교적 작은 조직을 강조하며 다음과 같은 수치와 평가를 제공했다.

프랑스에서는 '할루츠'[110] 외에도 고다르 상원의원이 회장을 맡은 농업·수공업훈련원 조직이 올해 프랑스 기술학교를 통해 난민을 수용하는 데 주력했다. 프랑스 교육 당국은 이들 학교에 훌륭한 시설을 아낌없이 제공했다. 약 250명의 난민이 올여름에 훈련을 마치고 현재 팔레스타인과 다른 해외 국가로 갔거나 곧 떠날 예정이다. 또 다른 200명이 자리를 잡았고, 단체들은 음식과 숙박에 필요한 기금을 모으기 위해 모든 노력을 기울이고 있다. 학교 수업은 무료다. 최근 파리에서 나는 훈련을 받은 지 1년도 채 되지 않은 수공업자들의 작품을 볼 기회가 있었고, 그들이 보여준 남다른 재능에 깊은 인상을 받았다. 이 전시회는 젊은 유대인 남성과 여성이 육체노동을 할 수 없다는 일반적인 가정이 얼마나 거짓인지 보여주는 인상적인 증거였다.[111]

교육 담당자들은 현장 활동을 지원하기 위해 지방을 방문하여 담당 교사들과 대화를 나누고, 학교에서 달성한 성과를 안정적으로 유지하며, 학업 종결과 후속 취업으로 이어질 수 있도록 노력했다. 이는 팔레스타인으로의 이주를 위한 기반이 되었다. 이러한 노력은 결코 수월한 일이 아니었다. 1933년과 1934년에 프랑스가 겪었던 어려운 경제 상황에서 수공업과 농업 분야의 견습생들이 가장 먼저 해고되었기 때문이다. 이런 이유로 영향력 있는 '명예위원회'의 지원을 받게 된 것이다. 여기에는 "앙드레 스피어, 에드몽 플레그, 레온스 베른하임, 막심 피하, 전직 판사 타이텔(러시아 유대인연합 회장)과 다른 저명인사들"이 포함된다. 명예위원회 사무총장 빅토르 야콥슨은 크리미아 심페로폴 출신으로 젊은 시절부터 시온주의 활동에 참여했으며, 파리에서 성공한 은행가이자 외교관으로 세계시온주의기구WZO를 비롯한 국제 시온주의 조직에서 고위직을 두루 거쳤다. 그는 또한 제네바 국제연맹의 여러 위원회에서 활동했다. 그는 이러한 경력을 바탕으로 두 곳에서 농업·수공업훈련원의 이익을 대표할 수 있었으며 아마도 성공적으로 수행했을 것이다.

한나 아렌트의 업무가 확실히 교육 부서에 집중되었고 농업·수공업훈련원의 성공에 이바지한 것은 분명하다. 그녀가 그곳에서 정확히 어떤 일을 했는지, 그녀와 함께 일했던 젊은이들의 업무량이 어땠는지는 알려지지 않았다. 몇 개의 문서만이 조직에 대한 통찰을 제공할 뿐, 직원들의 기능과 이름에 대해서도 알려진 바가 많지 않다.

그러나 이것이 아렌트가 자신의 학문 연구를 중단했음을 의미하지는 않는다. 1934년 9월 18일 아렌트는 농업·수공업훈련원과 협력한 단체, 즉 런던의 유대인 지원위원회에 자신의 상황, 특히 학문 연구계획을 설명하는 편지를 보냈다. 이 편지는 그녀의 저술에 드러나는 특징 때문에 매우 중요하다. 향후 작품을 특징짓게 될 사상적 동기와 관심을 보여주기 때문이다.

존경하는 선생님께,

얼마 전 저는 이곳 학계에서 귀하의 재단이 독일계 유대인 이민자 학자들을 지원한다는 사실을 알게 되었습니다. 또한 제가 시작한 학문 연구를 계속할 수 없는 상황에 놓이게 되어 오늘은 이렇게 선생님께 연락하게 되었습니다.

이 책은 주로 독일에서 제1세대 유대인이 동화된 동기와 기원에 대한 역사적·사회학적 연구(당시 독일 학술비상대책재단에서 지원함)로 라헬 파른하겐(이 세대의 특징적인 대표자)의 전기 형식을 취한 책입니다. 이 책은 또한 현대 반유대주의의 변화하는 동기에 관한 소규모 연구이기도 합니다. 저는 이미 이에 대한 몇 가지 예비 작업을 마쳤으며, 고인인 '유대인 대표단' 회장이 약 1년 전에 이 작업을 저에게 제안했습니다. 사회학적 요구가 있었고 '유대인 대표단의 책자' 일부로 그런 연구를 출판하고 싶었습니다.

언급된 첫 번째 책의 주요 부분은 어느 정도 완성되어 라이덴의 시토프출판사A. W. Sythoff[112]에서 출판 의사를 밝힌 상태입니다.

저는 돈을 벌어야 하기 때문에, 이 책을 완성하거나 팸플릿 자료를 처리하는 것이 불가능합니다. 빠른 답변을 주시면 매우 감사하겠습니다. 이력서를 첨부합니다.[113]

아렌트가 철학자이자 정치이론가였다는 사실, 또는 이상한 방식으로 동시에 둘 다였다는 사실은 이미 그녀의 생전에 당연하게 여겨졌다. 한 평론가가 1930년 카를 만하임의 『이데올로기와 유토피아』와 관련한 아렌트의 서평에 대해 언급했듯이, 그녀가 "하이데거의 제자였다"는 사실은 세심한 독자들에게는 명백한 사실처럼 보였다. 유대인 동화同化의 비판자가 정치적 범주에서 언론 활동에 참여했다는 사실도 인정되었다. 아렌트가 자신의 저서 『라헬 파른하겐*Rahel Varnhagen*』을 카를 만하임이 말한 "역사적·사회학적 조사"로 설계하여 전기의 장르로 확장했다는 점은 이미 밝혀진 바 있다. 그녀는 자신의 접근방식을 명확히 하기 위해 편지를 이용했다. '동기의 변화' 또는 '동기'에 대한 이야기도 만하임의 영향이 뚜렷하게 드러났다.*[114] 아렌트는 『라헬 파른하겐』에서 몇 가지 논평만으로 유대인 해방과 동시에 발생한 현

---

*　바드대학 도서관은 아렌트 서고의 관련 저작 일부를 pdf 파일로 공개했다. 이와 관련한 문구는 다음과 같다. "그러므로 '천년설의(chiliastisch)' 의식 구조와 운명을 관찰할 때, 원하는 시간이 공간적 이미지로 대체되고 합리성과 계몽주의 시대에 그것은 거의 관련이 없으며 동기 변화의 역사와 더 관련이 있다. 합리적 추론이라는 닫힌 체계가 유토피아적 공백을 채운다." 아렌트는 이 단락 여백에 'rightly'라고 기록했다.

상으로서의 진정한 현대적 형태의 반유대주의를 다루었지만, 이런 주장은 그녀가 이미 이 주제에 대해 더 할 말이 있음을 시사했다. '유대인 대표단 위원회의 책자'에서 계획된 현대 반유대주의에 관한 연구의 출판은 이루어지지 않았지만, 아렌트는 이 주제를 면밀하게 살폈고 나중에 파리에서 강의했으며 결국 책 한 권 분량의 불완전한 원고를 남겼다.

아렌트가 철학에서 유대인 해방과 현대 반유대주의의 역사적·사회학적 현상으로 전환한 것은 이미 이 시점에 이루어졌다. 한나 아렌트의 이후 저작이 어떻게 해석되든 간에, 그녀는 『아우구스티누스의 사랑 개념』의 부제처럼 「철학적 해석의 시도」를 다시는 시도하지 않을 것이다.

아렌트의 요청은 런던의 과학·학습보호협회SPSL에 즉시 전달되었다. 이 협회는 이러한 문제를 담당했으며, 영국계 유대인 조직으로부터 상당한 재정적 지원을 받고 있었다. 이 조직은 런던 정치경제대학교LSE 학장인 윌리엄 베버리지의 영향을 크게 받았다.[115] 영향력 있는 이 경제학자는 1933년 3월 이후 재단 설립을 추진한 결과 수많은 지지자를 확보할 수 있었고, 6월에 이미 작업을 시작하여 매우 빠르게 국제화할 수 있었다.[116]

이후 아렌트는 앞서 언급한 전문가 보고서, 1933년 12월에 작성된 아르놀트 츠바이크의 서한과 더불어 기타 참고 서한을 포함한 문서를 학술비상대책재단에 제출했다. 카를 만하임은 여기서 다시 적극적인 역할을 했다. 만하임 자신도 런던 정치경제대학교에 막 설립된 과학·학습보호협회의 도움으로 성공할 수 있었고, 이후 테오도르 아도르노, 한스 요나스, 카를 뢰비트를 포함해 수많은 옛 동료, 청강생과 학생들이 일자리를 찾도록 지원할 수 있었다.

한나 아렌트는 카를 만하임의 지원에도 불구하고 충분한 연구비를 확보하지 못했고, 이민자와 난민이 미래에 학업을 위해 취업하려는 주요 목적지인 미국에서도 취업 제안을 받지 못했다.[117]

농업·수공업훈련원에서의 활동은 분명히 유대인의 대의를 위한 일이었다. 이 활동은 1933년부터 망명 생활을 하던 아렌트가 시온주의의 목표를 지지하는 어떠한 지적 활동에도 참여하지 않고 오히려 실천 활동을 했음을 의미했다.

아렌트는 농업·수공업훈련원 활동을 통해 프랑스 전역에서 온 수많은 프랑스계 유대인 활동가들과 접촉했다. 이들은 난민 구호 단체 등 다양한 단체에서 활동하는 사람들이었다. 농업·수공업훈련원은 유대인 단체와의 교류와 협력의 필요성을 점점 더 크게 인식하게 되었다. 나치 독일의 정치 상황도 고착되면서 난민 유입이 끊이지 않았고, 보호자 없이 도착하는 어린이와 청소년의 어려움은 더욱 커졌다. 따라서 전통적으로 시온주의 운동에 회의적이었고 대부분 강력하게 반대했던 프랑스계 유대인들이 새로운 상황과 그에 따른 결과를 인식하고 마침내 함께 일할 수 있도록 홍보할 필요가 있었다.

수많은 학술지에서는 이러한 회의적인 태도를 바꾸기 위해 노력했다. 무엇보다도 1933년 알렉산드리아에서 활동한 위대한 랍비 데이비드 프라토[118]가 창간한 《유대인 보고서 *Cahiers Juifs*》는 독일의 정치적·지적 상황을 높은 수준에서 분석하고 프랑스에서의 인식을 높이고자 했다. 1933년 9월 알베르트 아인슈타인의 서문이 실린 300쪽 분량의 복간호가 「독일 문명에 대한 독일계 유대인의 기여」라는 제목으로 발행되었다. 한나 아렌트는 이 보고서에서 자신의 첫 번째 외국어 논문을 발표했다. 「라헬 파른하겐과 괴테Rahel Varnhagen et Goethe」*는 그녀가 야스퍼스에게 보낸 원고를 약간 수정한 것이다. '한나 아렌트-슈테른'이란 저자명으로 발표된 이 원고는 1934년 가을호에 실렸으며, 언어적 특성이 매우 달라서 이후에 수정되고 보완된 기고문처럼 보인다. 《유대인 보고서》에는 여러 여성 저자들의 기고문이 실렸는데, 그들 가운데 나중에 소개할 줄리엣 파리가 있다.

얼마 지나지 않은 1934년 12월 9일 한나 아렌트의 첫 번째 알려진 강의가 유대인 및 망명 언론에 보도되었다. 한나 아렌트 박사가 "일반적인 유대인 문제"에 대해 이야기할 것이라고 밝히는 보도였다. 회의는 아무데서나 열린 것이 아니라 특별히 카페 드 라 페Café de la Paix에서 열렸다. 1862년 문을 연 이래 당대의 모든 유명 인사들이 자주 찾은 이 카페는 상상할 수 있는 모든 단체와 클럽에 항상 건물을 빌려주었고, 1933년부터는 점점 더 다양

*　이 논문 영역본의 출처는 다음과 같다. Hannah Arendt-Stern, "Rahel Varnhagen and Goethe," trans. Haun Saussy, *Critical Inquiry*, Vol. 40, No. 1(Autumn, 2013), 15-24.

한 정치계의 장소가 되었다. 작가이자 변호사이며 시온주의 운동가인 자미 그로네만은 카페 드 라 페에서 독일, 프랑스, 동유럽 유대인 시온주의자들을 설득하여 자신이 설립한 '동서양Ost und West' 단체에서 함께 일하도록 했다. 에드몽 드 로스차일드 남작이든 공산당 간부든 모두 그로네만의 부름에 응해 카페 드 라 페로 향했다. 그로네만이 이 카페를 발견한 것은 아니었다. 그의 아내 소냐도 이 세련된 장소를 좋아했다. 1934년 12월 27일자《이스라엘 기록보관소Archives Israélites》잡지에서 읽을 수 있듯이, 소냐는 치과의사이자 활동가인 루바 필더만과 함께 아렌트의 말에 귀를 기울인 사람이었다.

국제여성시온주의연합은 파리에 대표부를 설립하기 위해 목요일 카페 드 라 페에서 선전 회의를 열었다. 필더만 부인과 그로네만 부인이 주재한 이 회의에는 많은 사람이 참석했다. 슈테른 박사는 이 회의에서 히틀러의 굴레 아래 유대인들이 겪는 고통에 대해 열정적으로 연설했고, 팔레스타인을 위해 어떻게 연대할 수 있는지 보여주었다.

따라서 프랑스 시온주의자들은 한나 아렌트, 아니 오히려 국가사회주의에 맞서 싸우는 동시에 청중에게 팔레스타인 문제에 대한 인식을 일깨운 연설가 한나 아렌트-슈테른 박사를 알게 되었다. 그녀의 헌신적인 강의가 언론으로부터 곧바로 반응을 얻었다는 사실은 매우 이례적이었다. 그 잡지는 실제로 매우 제한된 독자층만을 대상으로 하는 잡지였기 때문이다. 당시의 신문과 잡지를 읽으며 수많은 사건과 조직에 주목하는 사람이라면, 인용된 보도가 아렌트와 같은 신인에게 얼마나 놀라운 일인지 충분히 이해할 수 있을 것이다. 아렌트는 이 상태를 유지하는 것이 목표였다. 자신을 위해 또는 자신이 근무하는 조직을 위해 무언가를 하고, 전달할 내용이 있을 때마다 매우 빠르게 거의 항상 공개했다.

유대인 청소년을 위한 모든 것

새해가 시작되는 순간에는 말 뒤에 행동이 따라야 했다. 1935년 1월 한나 아렌트는 《유대인 신문 *Journal Juif*》에 성과·정치 강령·지원서를 동시에 담은 글을 게재했다. 약 1년 동안 농업·수공업훈련원을 위해 활동한 후, 그녀는 위에서 인용한 단체의 보고서에 이미 포함되어 있고 고등판무관이 확인한 자신의 경험을 공유했다. 그 정치 강령은 이제 유대인 공동체 내 모든 유파流派 사이에서 토론되고 공식적으로 제안되어야 한다고 주장했다. 아렌트는 유대인 난민 지원 분야에서 빠르게 정착된 구조를 깨는 동시에 새로운 이념을 실행할 수 있는 사람으로 자신을 제안하고 싶었다. 그때부터 난민과 국제 문제, 궁극적으로 유대인 내부 문제를 어떻게 다룰 것인가가 그녀의 주제였다. 결국, 이 글은 행간 사이에 이렇게 말하고 있었다. '이봐요. 나는 상황을 잘 알고 있고, 공동의 대의를 위해 불타고 있습니다.' 그렇다면 아렌트는 실제로 무엇을 썼을까?

청소년의 직업 훈련[119]

직업 훈련은 우익이든 좌익이든, 종교적이든 무신론적이든, 시온주의자든 동화주의자든 모든 유대인 청소년에게 중요한 관심사이다. 이러한 이유로 우리는 아래 열거한 사항을 중심으로 토론을 시작하려고 하며, 누구나 참여할 수 있다.

1. 농부도 노동자도 자신들의 사회적·경제적 존재의 기반을 형성하지 않기 때문에, 유대인을 다른 직업군으로 나누는 것이 비정상적이라는 인식은 늘 있었다. 해방 초기부터 유대인들은 반유대주의에 대항하기 위해 보편적인 만병통치약으로 직업 재배치를 설교하기 시작했다. (…) 최근에는 히틀러가 독일계 유대인에게 직업 재배치를 필수 요소로 만들었다. 시온주의는 이러한 모든 노력에 새로운 의미를 부여했다.

2. 그러므로 직업 재배치에는 여러 가지 이유가 있다. 어떤 사람들은 더 잘 동화되기 위해 이를 이용한다. 그들은 이렇게 하면 유대인들이 인구 전체에 더 고르게 분포되고 특정 직업군에 과도하게 편중되지 않을 것이라고 믿는다. 사람들은 이런 식으로 기대하지만, 유대인이 경쟁을 대표하는 곳이면 어디에서나 반유대주의가 발생한다는 사실을 간과하고 있다. (…)

3. 유대인들이 자신의 자리를 포기하고 새로운 이민을 준
비해야 할 때 직업 재배치는 시급한 문제가 된다. 이 상
황에서는 실제로 특정 노동력이 필요한 특정 지역을 고
려하여 직업 재배치를 수행해야 한다. (…)

4. 직업 재배치는 시온주의에서 항상 화두이며, 여기서는
국가 건설과 전체 민족의 사회 정상화를 위해 사용된다.

5. 자선을 근거로 한 직업 재배치는 항상 의문이다. 물론
우리는 많은 위대한 후원자의 선의와 진정한 도움을 의
심하지 않는다. 그러나 자선은 연대와 다르며, 고립된
개인을 도울 뿐 전체적인 계획에 따라서 행동하지 않기
때문에 궁극적으로 효과가 없다. 자선은 사람들을 기부
하는 사람과 받는 사람으로 나눈다. 좋든 싫든, 전자는
후자가 자국에서 자신의 상황을 위태롭게 하지 않도록
하는 데(즉 박애주의적 반유대주의) 관심이 있다. 원조를
받는 사람들은 바람직하지 않은 존재가 되고 비하되며
사기가 저하된다.

6. 다음과 같이 요약한다. 직업 재배치는 노동자가 되겠다
고 결정한 사람의 손에 달려 있어야 한다. 자의적으로
이루어져서는 안 되며 전반적인 계획이 필요하다. 이는
사회적 품위 저하의 문제가 아니라 사회 개선의 문제이
며, 민족 전체를 위한, 민족 전체의 정상적인 국가를 추
구하는 것이다. (…)[120]

한나 아렌트의 계획은 현재 상황, 유대인 해방의 역사, 현대 반유대주의에 대한 분석으로 구성된다. 그 결과 그녀는 유럽과 팔레스타인에서 주도적이던 시온주의자들과 견해를 같이했다. 직업 재배치는 기사에 명시되지는 않았지만, 유대 민족 전체를 대상으로 했고, 하나의 공동체로서 나아가야 할 목표는 글을 읽는 모든 이에게 분명했다. 그것은 바로 팔레스타인에 세워질 유대 국가였다. 그래야만 나치의 '권력 장악'이 초래한 상황, 이를테면 악화되는 무국적자 문제에 주권적인 방식으로 대응할 수 있었다.

객관적으로 볼 때, 고다르의 조직은 재정·물류의 한계에 부딪혔고, 1934/35년에 국내 정치 상황이 악화하면서 거의 매일 새로운 규정이 발표되어 무국적 난민의 생존은 점점 더 위험해지고 있었다. 동시에 프랑스와 독일의 유대계 언론에서는 방치된 어린이와 청소년, 특히 학교를 마친 후 취업할 수 없는 13~17세의 청소년 문제에 대한 보도가 점점 더 많아졌다. 이 때문에, 그리고 베를린에 본부를 둔 어린이·청소년복지단체가 프랑스 상황에 긍정적인 영향을 미칠 가능성이 매우 제한적이기 때문에, 고다르의 조직은 특히 취약한 이 연령층을 위해 파리 비자를 발급해달라고 요청했다. 그러나 그 조직에는 현장 인력이 아무도 없었다.

《유대인 신문》에 기사가 실린 후 상황은 매우 빠르게 바뀌었다. 불과 몇 주 지나 한나 아렌트가 우리 트로키스Uri Trockis라는 인물에게 다음과 같은 편지를 보냈기 때문이다.

베를린의 유대인 청소년지원위원회는 프랑스에 거주하는 독일 난민을 위해 30개의 증명서를 청소년 알리야에게 제공했습니다. 청소년은 15세에서 16세 사이여야 했습니다. 여기에서 나의 임무는 이들을 선발해 팔레스타인으로의 이주를 관리하는 것이었습니다. 이 증명서는 올해 일정에 따른 것이므로 가능한 한 빨리 사용해야 합니다.[121]

아렌트의 청소년 알리야 활동은 1935년 2월의 이 서신으로 시작되었다. 이 활동은 1937년부터 1938년 중반까지 잠시 중단되었다가 다시 1939년 9월 30일까지 지속되었다.

아렌트는 수많은 편지, 비망록, 전보, 엽서 가운데 이 첫 번째 편지에서부터 이미 큰 압박을 받고 있었다. 젊은이들은 5월 중순 엄청난 폭염이 찾아오기 전에 팔레스타인에 도착해야 했고, 평소의 '훈련 과정(하흐샤라; Hachschara)', 즉 기술 및 이데올로기 훈련과 현대 히브리어Ivrit 학습 대신 4주간의 준비 캠프로 충분하다고 판단했다. 반나절은 밭과 작업장에서 일하고, 나머지 반나절은 수업을 받는다. 아렌트의 생각에 따르면, 모든 일은 5월 1일에 시작되어야 한다. 그녀는 이 집단을 감독하기 위해 이미 농업·수공업훈련원에서 교사로서 경험을 쌓았고, 1934년 말 그곳에서 만난 트로키스를 영입하려고 했다. 그러나 그녀는 슈테른과 파리로 이주했을 때 연락을 주고받았던 지인, 사회학자이자 공산주의자이며 프랑크푸르트 사회연구소에서 박사학위를 받은 제1세대 힐다Hilda 바이스로부터 그의 주소를 받은 적이 있었다.[122] 아렌트는 첨부된 단체의 '설명서'를 인용하며 트로키스가 "'도덕적 영향력을 특별히 고려한' 전반적인 감독을 맡게 될 것"이라고 말했다. 그리고 그녀는 "이 어린이들은 다소 빈곤한 이민자 자녀들이고, 게다가 남자아이와 여자아이가 함께 있기에 그 일은 쉽지 않을 것"이라고 덧붙였다. 트로키스는 이 사실을 "교육적 도전"으로 이해하고, 이데올로기적 우려를 제쳐두었을 것이다. 아렌트가 자신의 글에서 시온주의자처럼 "결국 팔레스타인이 이런 종류의 이민에 적합한 나라이며, 당신도 다른 긍정적인 도움은 없다는 점을 나만큼 잘 알고 있다"라고 썼기 때문이다. 트로키스도 이에 동의했다.

아렌트는 곧바로 실행에 옮겼다. 그녀는 의도적으로 부정확하게 언급한 대로 농업·수공업훈련원에서 일하며 쌓은 좋은 인맥을 바탕으로 1935년 3월 초 파리에서 약 30킬로미터 떨어진 곳에 '준비 캠프'를 열었다. 아렌트는 3월 중순부터 잠재적인 기부자들을 캠프에 데려가 현장을 둘러보게 할 수 있을 것이라고 예루살렘에 편지를 보냈다.

아렌트가 제시한 베를린 어린이·청소년복지단체의 계획은 분명히 예루살렘에 있는 동료들과 사전에 논의된 것이 아니었다. 1934년 중반부터 청소년 알리야의 이사였던 게오르크 요제프탈이 3월 27일이 되어서야 팔레스타인의 어린이·청소년 알리야의 책임자인 예루살렘의 헨리에타 솔드에게 편지를 보냈기 때문이다. 요제프탈은 1933년 3월 이후 '떠난' 어린이들만 팔레스타인으로 이주하도록 선발했고, 파리에 있는 다른 단체로부터는 아무런 도움도 받지 못했다고 확신했다. 그는 그곳의 이민자들 상황이 끔찍하다고 묘사했다. 준비에는 희생이 필요했고 많은 노력이 있어야만 완수될 수 있었다. "우리의 대표인 한나Hanna(원문대로!) 슈테른 부인"은 어린이들을 신중하게 선발하고 준비했다. 그녀는 또한 영국 영사관을 통해 진행된 비자 문제 처리에도 관여했다.

아렌트는 농업·수공업훈련원에서의 경험을 바탕으로 이미 준비 작업에 참여했을 것이다. 그녀는 트로키스에게 보낸 편지에서 "계획Schedul"(원문대로!)이라는 단어를 사용했는데, 이는 그녀가 국제적으로 활동하는 조직 간의 공통 소통 언어를 사용했음을 나타낸다. 1935년부터 아렌트와 트로키스가 주고받은 많은 편지는 영어로 작성되었는데, 그녀는 편지와 이후의 기사에서 사용한 프랑스어보다 거의 흠잡을 데 없이 완벽하게 영어를 사용했다.

요제프탈의 편지 이후 모든 일이 빠르게 진행되었다. 아렌트는 4월 1일에 6개월 계약직으로 채용되었다. 누가 그녀에게 급여를 지급할지, 정확히 어떤 일을 맡게 될지 등은 몇 줄에 불과한 채용 공고에는 명시되어 있지 않았다. 그래서 그들은 모든 것을 즉흥적으로 해결해야 했다.

첫 번째 편지를 보낸 지 2주 후 요제프탈은 "한나 슈테른 부인"이 파리의 "우리 조직의 책임자"이므로 비자 문제도 담당하고 있음을 확인했다. 사무실도 마련되었다. 주소는 뒤랑스가 5번지이며, 파리의 유대인 공동체 소유로, 1940년대 초까지 주로 유대인 조직이 있던 곳이다.[123]

헨리에타 솔드는 한나 아렌트가 베를린 어린이·청소년 알리야의 지부장으로 임명된 것에 놀랐을 수도 있다. 아렌트의 이름과 배경은 이미 전 세계에서 활동하던, 유대인 단체의 유명하고 경험 많은 수석 조정자 솔드에게도 알려지지 않았기 때문이다. 또 이전 직원들 가운데 일부는 수년 동안 솔드와 함께 일하며 여러 차례 능력을 입증한 이들이었다.

바로 다음 날 파리로 여행을 떠난 '독일 유대인 정착을 위한 중앙국' 예루살렘 지부의 책임자인 게오르크 란다우어는 아렌트의 향후 작업을 위해 1,000프랑을 지불할 수 있었다. 1895년 쾰른에서 태어나 1954년 뉴욕에서 사망한 란다우어는 1920년대부터 수많은 유대인 조직에서 고위직을 역임한 폭넓은 교양을 지닌 변호사였다. 사회주의자이며 노동조합원인 란다우어는 팔레스타인 유대인과 아랍인 사이의 이민족 해결책을 가장 강력하게 주장한 사람 중 한 명이었다.[124] 4월 9일 그는 그간의 일들로 심각한 영향을 받은 어린이들이 점차 자신감을 잃고 있어 특히 세심한 보살핌이 필요하며, '한나 슈테른'을 통해 도움을 받은 어린이들도 가능한 한 빨리 팔레스타인으로 떠나야 한다고 솔드에게 편지를 보냈다. 어린이들의 자립 자금과 여행 및 숙박 비용 조달, 비자 발급과 관련된 조직의 복잡한 문제와 그에 따른 책임 문제, 신뢰할 수 없는 상호 비난, 기타 의견 불일치 등이 있었지만, 요제프탈은 현장에서 이를 명확히 조정할 수 있었다.

요제프탈은 또한 한나 아렌트가 에바 슈테른의 올케라는 사실을 솔드에게 알려주었다. 에바 슈테른은 늦어도 1933년부터 솔드와 긴밀히 협력해왔으며 곧 베를린 어린이·청소년복지단체에서 지도자 역할을 맡게 될 인물이었다. 이후 솔드는 내부적으로 파리에서 누구와 함께 일할지를 어린이·청소년복지단체의 결정에 맡기기로 했다.

당시 한나 아렌트와 에바 슈테른의 관계에 대해서는 더 이상 알려진 바가 없다. 여기에 언급되고 인용된 것 외에는 당시의 자료가 없기 때문이다. 어쨌든 비교적 잘 알려지지 않은 사람이, 베를린과 예루살렘 단체들의 활동이 아직 미치지 않았던 파리와 같은 곳에서 중요한 역할을 맡게 되었다는 사실은 다양한 활동을 촉발시켰다.

아렌트는 이러한 발전과는 별개로 1935년 4월 22일 첫 번째 보고서를 작성하여 예루살렘, 런던, 베를린의 동료들에게 동시에 보냈으며, 향후 어린이와 청소년을 위한 구체적인 작업에 관한 광범위한 서신과 통신문도 거의 모두 이 시기에 보냈다. 여기에는 여러 가지 사항이 명시되어 있다.

지난 3년 동안 이민 온 수천 명의 동유럽 유대인이 파리에 거주하고 있다. (…) 폴란드 국적자이거나 무국적자인 13세에서 16세 사이의 청소년 중 상당수, 즉 수백 명이 13세에 초등학교를 졸업한 후 길거리로 내몰리고 있다. 최근까지만 해도 적어도 15세까지는 노동 수첩 없이 견습생으로 일할 기회가 있었다. 모든 보호 조치에도 불구하고 폴란드인 또는 무국적 청소년이 파리에서 어떤 종류의 취업 허가를 취득하는 것은 더 이상 허용되지 않는다.

벨빌에는 이 젊은이들 가운데 50명이 적어도 동료들과 함께 의미 있는 저녁 시간을 보낼 수 있는 클럽이 있다. 일주일에 여러 번 정기적으로 만난다. 이 젊은이들의 인생 이야기는 놀라울 정도로 비슷하다. 4년 동안 파리에서 부모와 함께 살았고, 취업 허가는 취소되었으며, 최근 학교를 그만두고 지금은 직업도 없으며, 무엇보다도 최악의 경우에는 아무런 목적도 없다. 이 모든 젊은이는 언젠가는 일할 수 있고 무언가를 배울 수 있는 나라에 갈 수 있다는 희망만으로 살아가고 있다.

파리에서 유대인 청소년의 중요한 시기를 망치지 않으려면, 적극적인 도움을 제공해야 한다. 어떤 형태로든 임시적인 준비(견습생 가정, 일일 훈련센터), 전례 없는 목표, 그리고 이 젊은이들의 절망적인 상황을 완전히 변화시킬 수 있는 것은 '청소년 알리야'의 설립이다. 가장 귀중한 자원인 젊은이들이 방치되고 있으며, 신속한 도움이 없다면 돌이킬 수 없는 손실이 따를 위험이 있다.[125]

이제부터 이 보고서에 이어 거의 매달 새로운 보고서가 나올 예정이었다. 보고서에는 일반적으로 지출에 관한 세심한 문서화, 다양한 프랑스 기관과의 접촉, 어린이·청소년훈련센터와의 협상 결과 등이 포함되어 있다. 동시에 아렌트는 프랑스 내 유대인의 전반적인 상황에 대해 반복해 언급했다. 인용된 서신에서 알 수 있듯이, 그녀는 특히 무국적자인 동유럽 유대인들에 대해 우려했다. 여기서 거의 전문을 옮긴 이 편지는 아렌트가 이후 몇 년 동안 쓴 보고서 중 가장 짧다. 짧은 분량이지만, 이 기간에 아렌트가 일관되게 유지한 정치적 추진 방향이 잘 반영되어 있다. 그녀는 소외계층, 나치가 규정한 피해자 계층에서 최하위층 사람들을 돕는 일에 초점을 맞추었다. 아렌트의 홍보 활동은 그녀의 실제 경험과 어린이·청소년 알리야의 미래 설계에 대한 구상을 결합하는 역할을 했다. 그녀는 항상 독일계 유대인들이 처한 특별한 상황을 모든 사람이 예상할 수 있는 매우 구체적인 예로 제시했다. 독일이나 다른 나라에서 더 이상 제도화되거나 '야만적인' 폭력이 발생하지 않았다는 사실은 그녀에게 기만적인 모습에 불과했다. 20세기 초에 약 9만 명이었던 유대인 수가 1935년[126] 약 26만 명으로 증가한 프랑스 등 민주주의 국가들은 점점 더 제한적인 법률을 도입했고 난민과 이민자의 지위를 안전하게 보장할 준비가 되어 있지 않았다. 이러한 사실 때문에 아렌트는 미래에 대해 회의적인 시각을 갖게 되었다.

보고서가 나온 지 불과 나흘 뒤인 1935년 4월 26일 아렌트의 다음 글은《유대인 신문》에 게재되었으며, 이번에는 영적인 '청소년 지도자' 마르틴 부버에게 헌정되었다. 1878년 빈에서 태어난 부버는 세기 전환기 이후 독일어권뿐만 아니라 '유대인 르네상스'를 대표하는, 가장 널리 읽히고 영향력 있는 인물 중 한 명이었다. 부버는 민족적 파토스와 깊은 종교성을 시온주의라는 정치적 대의, 즉 유럽 유대인을 위한 고향을 세우겠다는 대의와 결합한 진정한 종교적 지식인이었다. 아렌트는 에른스트 그루마흐의 동아리에서 부버의 저작을 알게 되었다.《유대인 신문》에 실

린 아렌트의 글은 호소력이 강했으며, 부버의 글과 행위를 하나
의 호소로 연출했다. 내용은 다음과 같다.

> 부버는 학문에 몰두했음에도 불구하고 항상 최고의 의미에서
> 현대인으로 남아 있었기 때문에 실제로 동화되어 있던 젊은이
> 들의 영혼을 깨우는 데 정말 성공했다. 그는 자신이나 유대교를
> 위대한 과거에 묻어두지 않고 더 위대한 미래를 건설하기 위해
> 살아 있는 흔적을 찾았기 때문에 젊은이들의 마음을 사로잡을
> 수 있었다.[*][127]

그러나 이것만으로는 젊은이들을 구하지 못했다. 이제 남은
과제는 첫 번째 집단이 해상을 통해 팔레스타인으로 이주할 수
있는 여건을 마련하는 것이었다. 이주 예정인 30여 명의 젊은이
들에 대한 정보가 베를린과 예루살렘 사이에 교환되는 동안, 에
바 슈테른은 베를린에서 파리로 이동해 5월 2일 도착했다. 아직
경험이 부족한 프랑스 측 직원인 아렌트에게 검증된 시온주의자
를 배치하는 것은 논리적으로 적절해 보였다. 내부 집계에 따르
면, 베를린 사무소는 1935년 6월 1일 기준으로 이미 612명의 젊
은이에게 비자를 발급하고 팔레스타인까지 동행한 경험이 있었
기에 그 경험을 살려야 했다.[128]
　　에바 슈테른이 베를린과 런던의 헨리에타 솔드와 다른 수많은

직원에게 보낸 상세한 보고서에서 밝힌 것처럼, 그녀는 어린이와 청소년을 프랑스와 팔레스타인에 지속적으로 이송하기 위해 가능한 한 빨리 파리에 전문 조직을 설립하고 모금을 시작하며 프랑스 당국, 유대인 단체 및 인사들과 접촉해야 할 필요성을 느꼈다. 이 보고서는 또한 프랑스계 유대인과 독일에서 이주해온 유대인이 완전히 분리되어 살았으며 협력은 없었다고 밝혔다. 프랑스계 유대인에게 팔레스타인은 선택지가 아니었다. 이는 파리에서의 향후 작업이 어렵다는 사실을 의미한다. 에바 슈테른은 이 모든 것을 결정적인 장애물로 보았고, 프랑스 활동가들이 직접 선발하고 감독하는 첫 번째 청소년 집단의 팔레스타인 이주 계획만으로는 이를 보완할 수 없다고 생각했다.

아렌트는 이 모든 과정에서 보조적인 역할도 하지 않았다. 제공된 목록에 따르면, 그녀는 보고서 사본도 받지 못했다. 이는 아렌트의 역할이 무엇이고, 앞으로 어떤 역할을 해야 하는지에 대해 여러 곳에서 합의가 이루어지지 않았다는 점을 증명한다.

에바 슈테른은 파리의 상황을 설명하며 소규모 배포용으로 보낸 두 번째 보고서에서 프랑스계 유대인 관리들의 날카로운 발언을 인용했다. 어린이들을 팔레스타인에 보내는 것은 아무런 효과도 없다며, "차라리 모로코나 파라과이로 보내지 그래요?"라는 말까지 나왔다. 그녀는 "그런 이해 부족, 거의 냉담하다고 말할 수 있을 정도의 태도는 겪어본 적이 없다"고 덧붙였다. 에바 슈테른은 여담으로 시누이 한나를 언급했지만, 미래에 파리 부서의 직원이 될 것이라고는 말하지 않았다.

그러나 그것만으로는 충분하지 않았다. 에바 슈테른은, 쾨니히스베르크 출신으로 오랫동안 베를린에서 거주했고 마침내 유대인 이민단체에서 활동한 경력이 있으며 런던으로 이주한 베르타 모텍을 초대하여 향후 활동의 조정을 맡겼다.[129] 모텍도 파리에 왔지만, 그녀는 미래의 파리 본부를 수많은 유대인 조직 및 인물들과 가능한 한 빨리 연계하는 것이 자신의 임무라고 생각했다. 그녀와 에바 슈테른이 바로 깨달은 것처럼, 프랑스, 특히 파리의 상황은 인사 및 정치 측면에서 매우 혼란스러웠기 때문이다. 두 여성은 향후 업무를 감독할 위원회를 위해 일련의 유명 인사들을 영입하는 데 성공했다. 그 위원회에는 작가이자 시온주의 운동가인 에드몽 플레그, 스파이어 그리고 작가이자 살롱계 인사이며 조르주 클레망소 총리의 처제인 베르타 주커칸들–세프스가 참여했다. 또 프랑스뿐만 아니라 유대계 단체에서 재무를 맡았던 은행가 알프레드 드 군츠부르크 남작, 베를린에서 교육을 받고 졸업한 후 1926년부터 상트페테르부르크에서 탈출해 파리의 오헬 야콥 유대교 회당의 책임을 맡았던 랍비 모세 엘레아자르 아이젠슈타트, 마지막으로 쥐스탱 고다르 등이 합류했다. 이는 이른바 '상류층'에 속한 사람들을 영입했다는 뜻이다. 그들은 특히 로스차일드 가문과 친분이 두터운 사람들이었다. 로스차일드 가문은 직접 유대인 구출 계획을 추진하기도 했다.

에바 슈테른이 자신의 보고서에서 생생하게 묘사했듯이, 프랑스 활동가들은 어린이·청소년 알리야를 위한 미래 지부를 자신들의 조직에 통합하는 데 매우 관심이 많았지만, 그녀는 이를 분명히 거부했다. 프랑스 단체들 중 상당수는 특히 동유럽 출신 유대인에 대한 추방 정책을 고려하여 정부에 충성을 다해야 한다고 느끼고 있었다. 게다가 에바 슈테른은 그들의 활동에서 "신뢰할 수 없고 체계적이지 않다는 인상"을 받았기에 어린이와 청소년을 그들에게 맡겨서는 안 된다고 생각했다.

프랑스에서 지사를 설립하는 일이 얼마나 어려웠는지는 에바 슈테른이 런던의 하임 바이츠만에게 보낸 편지에서 잘 드러난다. 바이츠만은 1921년부터 4년간의 휴식기 이후 세계시온주의기구 WZO 회장직에 복귀하려는 중이었다. 에바 슈테른은 영향력이 큰 바이츠만에게 기회를 열어줄 것을 긴급히 호소했고, 특히 로스차일드 가문의 지지를 얻기를 희망했다. 특히 '로베르 슈테른 부인'은 이후 로스차일드 가문과 접촉하기 위해 적극적으로 노력했지만, 곧 분명한 답을 받았다. 1935년 중반에 '로베르 슈테른 부인'에게 통보된 것처럼, 이제 "우리 자신의 사회 문제를 돌봐야 한다"는 것, 즉 독일 관련 계획에는 더 이상 관여할 수 없다는 것이었다.

베르타 모텍과 에바 슈테른은 독일 이민자 중에서 팔레스타인에 동정심을 가진 사람들을 찾던 중 줄리엣 슈테른을 발견했다. 그녀는 1893년 파리에서 태어나 첫 번째 남편이 제1차 세계대전 당시 사망한 이후 부유한 상인 로베르 슈테른과 결혼한 줄리엣 스판자르였다. '로베르 슈테른 부인'은 프랑스 사회에서 줄리엣을 부르던 일반적인 호칭이었다. 그녀는 1930년 첫 번째 팔레스타인 여행과 1935년 두 번째 여행 이후 시온주의 활동가가 되었다. 그녀는 '카디마'('전진' 또는 '동쪽을 향해'), '팔레스타인을 위한 유대인 여성Jüdinnen für Palästina' 등 여러 기관을 공동 설립했고, 특히 유대인 여성을 대변하고 옹호하는 정치 조직인 국제여성시온주의기구에서 활동했다. 줄리엣 슈테른은 또한《유대인 신문》의 가장 가까운 동아리에 속해 있었다. 이 신문은 1935년부터 모든 호의 두 면을 어린이와 청소년 활동에 할애했다. 잘 알려진 바와 같이, 아렌트는 이미 두 편의 글을 이 신문에 게재할 수 있었다.

줄리엣 슈테른은 우선 독일 어린이·청소년 알리야의 파리 지부 지부장을 맡았고, 이후 파리와 다른 도시에서의 활동을 발표하기 위해 국제시온주의회의에 여러 차례 참석했다. 그래서 때때로 뒤랑스가 5번지에 있는 작은 사무실에 세 명의 '슈테른'이 있기도 했다. 에바는 6월에 베를린으로 돌아갔고, 줄리엣은 뒤에서 활동하며 국제여성시온주의기구WIZO에 점점 더 관여하게 되었다. 결국 남은 사람은 한나였다….

1935년 5월 파리 어린이·청소년 알리야 지부가 설립되고 자금 조달, 조직, 연결망 구축에 대한 결정이 내려지는 동안, 한나 아렌트는 같은 달 예루살렘에서 이미 발표된, 젊은이들을 팔레스타인으로 이주시키기 위한 작업을 동시에 진행하고 있었다. 베를린과 예루살렘에 있는 사무실과 주고받은 수많은 편지 가운데 첫 번째 편지를 보면, 그녀가 초보자가 아니라 요구 사항을 잘 알고 자신감 있게 행동하는 사람임을 알 수 있다. 그러나 그녀가 후보자들과 함께 마르세유로 이동한 후 시칠리아를 거쳐 하이파에 도착하기 전에(기존 경로 가운데 하나), 팔레스타인 입국 규정이 변경되었다. 350개의 보장된 비자는 더 이상 17세까지 유효하지 않고 최대 16세까지만 유효했다.

1935년 봄부터 아렌트는 주로 벨빌에서 어린이와 청소년들이 팔레스타인으로 이주할 수 있도록 준비시키는 활동에 집중했다. 6월 12일 그녀는 자신의 이전 활동과 관찰 내용을 보고서로 정리하여 게오르크 란다우어에게 보냈고, 란다우어는 이를 예루살렘의 헨리에타 솔드에게 전달했다.

아렌트는 상황을 매우 암울하게 묘사했다. 그녀와 동료들이 돌본 80명의 어린이와 청소년 가운데 35명이 팔레스타인으로 떠나는 최초의 프랑스 단체에 선발되었다. 이주가 시작된 지 1년 반에서 2년이 지나자 "이민자 가족은 극도로 빈곤하고 사기가 저하된 상태"였으며, 소수만이 '거주권'을 부여받았고, 많은 사람이 '준불법적'으로 프랑스에 머무르고 있었다. 이러한 상황은 13세에 학교를 떠난 보호 대상자들에게도 그대로 영향을 미쳤다. 청소년을 고용할 경우 무거운 벌금이 부과되기 때문에 상황은 더욱 악화되었다.

아렌트는 그 절망감을 극적인 말로 표현했다. 기본적으로 출국을 가능하게 해주는 몇몇 시설에는 긴 줄이 늘어섰고, 늦어도 새벽 4~5시까지는 번호표를 수령해야 했다. 부모들은 기회가 없다는 것을 알면서도 차례로 줄을 서고 다음 날에 교대하기도 했다. 어린이와 청소년은 부모와 함께 살지 않는 경우가 많았다. 아렌트는 "유기적으로 건강한 어린이들"조차도 영양실조 비율이

60~70%에 달하며, 선정된 35명의 어린이가 그나마 건강 요건을 가장 잘 충족하는 어린이라고 보고했다. 그녀와 팀원들이 준비해야 했던 6주 동안 14~16세 청소년에게 '사회생활', '규율', '일'을 가르치기란 사실상 불가능했다. "고난은 피할 수 없었다." 그러나 결국 성과가 관찰되었다. 보호 대상자들은 체중이 늘었고, 프랑스 정원사의 지도로 하루에 4~5시간가량 열심히 일하며 히브리어를 배우거나 '팔레스타인 이해' 등의 수업을 들었다.

아렌트는 프랑스의 점점 더 심해지는 제한적인 이민 정책으로 인해 독일 출신 어린이와 청소년에 대한 해결책은 여전히 없다고 보았다. 하지만 앞서 인용한 보고서에서 볼 수 있듯, 입국이 더는 허용되지 않을 동유럽 출신 유대인의 향후 문제는 훨씬 더 심각하리라고 생각했다. 아렌트는 알리야 활동을 동유럽으로 확대할 것을 촉구했으며, 1939년 말까지 계속해서 그렇게 주장했다. 프랑스 당국은 한 명의 어린이와 청소년이라도 불법적으로 일하다 적발되면 가족 전체를 추방했다. 상황은 절망적이었다.

아렌트는 분명히 당시 유럽의 상황을 이미 잘 알고 있었다. 예를 들어, 그녀는 보고서에서 폴란드의 '유대인 고통'과 프랑스 내 동유럽 유대인의 상황을 구분해 설명하였다. 폴란드의 유대인들은 여전히 2년 동안 유대인 기관에서 농업과 수공업 교육을 받을 수 있는 '기본적' 권리를 가졌다. 프랑스에서는 상황이 완전히 달랐다. 그녀는 전체적인 상황 가운데 특히 중요한 특징에 주목했다. 즉 청소년을 직업학교에 입학시킬 수 있더라도 보통 1년 동안만 가능했다. 물론 출국 비자의 경우 '하흐샤라'에서 예정된

2년을 더하면 총 3년의 견습 기간을 채울 수 있다. 그러나 1년의 직업학교를 마친 후에도 팔레스타인에서 이러한 증명서를 발급받지 못하면 즉시 추방될 것이다. 더욱이 청소년들은 출국 준비를 위해 직업학교나 장소를 자유롭게 선택할 수 없다. 이러한 이동에 대한 책임은 각 지방 단체의 지사에 있으며, 이러한 결정은 종종 불리하게 내려진다. 그리고 마침내 1922년 국제연맹이 도입한 난센 여권(Nansen-Pass, 처음에는 러시아 난민에게만 적용되었으나 1920년대 말까지 53개국에서 인정받은 여권)을 소지한 무국적자 수가 증가했다.[130] 프랑스는 아주 초기에 이 여권을 인정한 나라 중 하나였다.

어린이·청소년 알리야 활동에서 아렌트가 거둔 발전 과정을 살펴보면, 1935년 6월은 중요한 전환점이었다. 그녀의 관심이 독일 제국 내의 위협 상황을 넘어 동유럽으로 향했기 때문이다. 앞서 언급한 보고서에서 아렌트는 이미 '청소년 알리야'를 확장하고 싶다고 밝혔다. 이는 프랑스에 거주하는 독일 청년들에게만 국한해 '선례'를 만들 것이 아니라는 입장이었다. 이를 통해 아렌트는 추가 협의를 가능케 하는 최전선을 마련했다. 비록 공식적으로는 어린이와 청소년 단체의 이송 업무를 '유일하게' 맡고 있었으나, 그녀는 곧 베를린 어린이·청소년복지단체 파리 지부의 추가 계획이 배타적인 독일-프랑스-팔레스타인 구도를 전제로 하고 있음을 금방 이해했다. 아렌트가 반대한 것은 그 구상 자체가 아니라 구상의 배타성이었다. 그리고 이러한 분석은 그녀만의 생각이 아니었으므로, 예루살렘과 런던의 시선은 점점 동쪽으로 향했다. 그러나 베를린 사람들은 여전히 나치 독일의 즉각적이고 점점 더 심각해지는 상황에 전적으로 집중하고 있었다.

아렌트는 우선 팔레스타인으로 직접 향했다. 그녀는 6월 중순, 11명의 젊은이와 다른 동료들과 함께 파리 리옹역에서 차를 몰아 마르세유로 간 뒤, 배편으로 제노바로 향해 6월 20일에 도착했다. 시칠리아를 거쳐 6월 27일 하이파에 도착했다. 6월 초에 이미 18명의 어린이가 그곳으로 건너갔다. 아렌트는 팔레스타인에 두 달 남짓 머물 예정이었다. 당시 아렌트는 어린이·청소년 알리야 활동에 집중적으로 참여하고 있었기 때문에, 이 기간 동안 분명히 논의를 구체화했을 것이다.

게오르크 란다우어의 아내이며 감독인 로테 란다우어의 영화 〈젊은이들의 출발〉에서도 볼 수 있듯이, 헨리에타 솔드는 어린이와 청소년들이 도착하면 항상 하이파 항구에 나왔다.[131] 한나 아렌트는 도착할 때마다 포괄적인 보고서를 준비하여 베를린과 런던으로 보냈고, 1935년부터는 파리로도 보냈다. 1920년대 초부터 베를린에서 유대인 사회사업에 중요한 역할을 했던 잘로몬 아들러 루델과 함께 일했고 1934년부터 팔레스타인의 청소년 알리야에서 활동했던 역사학자 도라 스트라우스-바이게르트는 이번에 솔드와 그녀의 동료 한스 베이트를 합류시켰다. 도라는 팔레스타인 어린이와 청소년의 상황에 관한 수백 건의 보고서를 작성했다. 아렌트는 당시 친구였던 올가[132]와 엘머 슈타인과 동행했으며, 실제 보호자인 우리 트로키스와 그의 두 아이는 서류가 미비해 제노바에서 기다려야 했다. 하이파에서 무리가 나뉘었고, 한 명은 그바트 마을로, 다른 한 명은 야주르 마을로 이동했다.

아렌트는 강의와 활동을 통해 이민자 사회에서 유명 인사가 되었다. 그녀는 이민자, 특히 난민들의 곤경을 완화하기 위한 프랑스와 독일의 주도권 다툼 속에서, 반복적으로 비판받는 이분법적 구도를 돌파했다. 그 반대편에도 도움이 필요한 사람들에 대한 아렌트의 확실한 태도와 정치적·개인적 헌신, 그리고 지적 에너지를 높이 평가하는 동료들이 있었기 때문이다. 그래서 아렌트는 《유대인 신문》에 또 다른 장문의 기사를 게재할 수 있었다. 하이파에 도착한 다음 날 이 기사가 파리에서 발표된 것은 결코 우연이 아니었다.

모국으로 돌아가는 젊은이들

부랑자!

2000년 동안 유대인들은 자신의 소유물과 자녀를 동반한 채 조국에 대한 그리움을 안고 전 세계를 떠돌며 살아왔다.

그들은 외국에서 소지품을 분실하는 경우가 많다. 그렇다면 그들은 무엇을 얻었을까? 슬픔의 경험, 즉 자신이 파괴되지 않고 적응할 수 있는 능력이다.

그러나 이러한 운명을 완전히 경험하지 못한 어린이들은 안정적인 가정, 정상적인 환경, 고국, 친구, 언어 등 모든 것을 잃게 된다. 그들은 뿌리 뽑힐 뿐만 아니라 곧 방황하게 된다.

(···)

독일 이민은 자신들이 불운하고 아무것도 성취할 수 없다고 확신하는 '어린이, 청소년, 청년 성인'*을 우리에게 데려왔다.

걱정에 사로잡힌 부모는 자식들을 돌볼 시간이 없다. 부모의 삶은 이미 지나간 것이고, 그들이 달성했거나 달성하지 못한 것은 이미 끝난 일이다. 그들은 미래에 대해 거의 생각하지 않고 눈앞의 현재에만 집중하며 자녀의 상황을 잊어버린다.

어떻게 바꿀 수 있는가? 어린이는 일하거나 배울 권리가 없다. 그저 집안일을 돕고 굶지 않으려고 몇 푼의 돈을 벌 수 있을 뿐이다. 곧 어린이들은 부모로부터 착취당하면서도 아무도 탓할 수 없다.

해결책

이러한 상황에서 그 부모는 몇 달 전에 알려지지 않은 단체, 청소년 알리야로부터 편지를 받았다. 이 편지에는 팔레스타인에 대한 추가 인증서가 젊은이들에게 주어질 것이라고 적혀 있었다. 물론 그 수는 많지 않았다.

---

*　현재 독일 사회 법전(Sozialgesetzbuch)에서 아직 14세가 되지 않은 사람은 '어린이(Kinder)'로, 14~18세의 사람은 '청소년(Jugendliche)'으로, 18~27세의 사람은 '청년 성인(junge Mensch)'으로 규정한다. 다만 자녀의 보호와 양육, 아동 입양에 관한 사항은 이 법의 적용 범위에 포함되지 않는다. 이 조항에서는 18세까지를 지원 범위에 포함한다.

그러나 증명서도 없고 유럽에서 아무것도 배울 기회가 없으며 정처 없이 길거리를 배회하는 '젊은이들junge Leute'은 '이스라엘 땅Eretz Israel'에서 받아들여진다. 오늘날 우리나라는 일부 청소년의 교육을 담당할 수 있을 만큼 충분히 크고 충분히 발전했다. 기꺼이 그렇게 한다. 유대인 정착촌은 젊은 이민자들을 2년 동안 수용하여 학교 교육과 실무 교육을 제공한다. 정착촌은 자신의 농장을 학교로, '동지(Haverim, 함께 공부하는 친구)'를 교사로 제공한다.

편지에 적힌 내용이다.

처음 편지를 받았을 때 부모들은 의심을 품는다. 또 다른 구호위원회? 지하철을 타고 더 많은 시간과 돈을 낭비해야 하는가? 그 제안은 사실이라기에는 너무 좋은 것 같다. 숨은 동기는 없는지? 어린이들도 회의적이다. 물론 모든 어머니는 자신의 자식이 창조의 진주라고 여기지만, 역설적이게도 진주에게는 말하지 못하게 하고 자기가 대신 말하려고 한다. (…) 그러나 다음 날 어린이들은 더 이상 '쉿!' 하는 소리에 겁에 질린 존재가 아니라 스스로 알리야 사무실에 나타나 자신의 미래에 대해 진지한 대화를 나누고 싶어 한다. 그리고 이 대화가 진행되는 동안에만 이 작은 영원한 유랑인Ahasver의 진정한 비극이 드러난다.

'옛 시온주의자'

어느 화창한 날, 한 아버지가 아들과 함께 찾아왔다. 주소는 노숙자 보호소다. 그는 '아주 쉽게' 그곳에 도착했다. 처음에 그는 독일에서 팔레스타인으로 직접 가기를 원했다. 그는 기차에서 내리지도 못한 채 마르세유로 보내졌다. 그곳에서 파리의 노숙자 보호소까지 단 한 걸음뿐이었다. 15세 아들이 그와 동행했다.

아버지가 자신의 여행에 대해 이야기하는 동안, 아들은 조용했고 어울리지 못했다. 이들은 잇따른 불행을 부끄러워하고 짜증스러워했으며, 마치 자신과는 무관한, 다른 사람의 일인 양 행동했다. 그는 불행과 연관되고 싶지 않았다! 그래서 그는 곧 자신이 '옛 시온주의자'라고 선언한다. 다음 날, 아들은 아버지 없이 홀로 찾아왔다. 이제 우리는 더 이상 방해받지 않고 주저하는 세계 여행자와 대화할 수 있다. 그는 더 이상 불행을 부끄러워하지 않는다! 불행에 개인적인 의미를 부여해서는 안 된다. 그것은 개인의 불행이 아니라 민족 전체의 불행이기 때문이다. 침묵이나 위선으로는 아무것도 달라지거나 개선되지 않는다. 물론 그는 개인적인 걱정을 덜기 위해서가 아니라, 집단의 일원으로서가 아니라, 팔레스타인에서 필요로 하기 때문에 그곳으로 갈 것이다. 그는 자신과 다른 사람들, 그리고 그 뒤를 이을 사람들을 위해 나라를 건설할 것이다. 거기서 그는 결코 혼자가 아닐 것이다. 같은 운명을 공유하는 이들과 연대함으로써 그는 더 이상 외로움을 느끼지 않을 것이다.

알리야를 위해 오는 젊은이들은 친구들에게 알리야에 대해 계속 이야기하고, 친구들도 동행자 없이 혼자 온다. 이것이 최고의 홍보다. 14살의 청소년이 들어왔다. 그는 "정보를 얻고 싶어" 한다. 그의 부모는 어디에 있는가? 그는 "제가 실제로 결정을 내리기도 전에 부모를 불필요하게 걱정시키지 싶지 않아요"라고 말한다. 그는 팔레스타인을 "유대인 문제의 유일한 해결책"으로 보고 있지만, 프랑스 서신 업무를 도맡아 온 자신이 아버지를 떠날 권리가 있는지 묻는다. 게다가 어른이 되기 전에 떠날 수 있는지도 궁금해한다. 이 질문에 대한 유일한 해답은 청소년 알리야이다. 그의 13살짜리 여동생이 프랑스 서신 업무를 대신 맡아야 한다. 모든 것이 준비되자, 그는 부모에게 알리고 2주 후에 캠프에 들어가 농업을 배우면서 유대인 문제를 실용적인 방식으로 해결하기 시작한다.

최선의 도움!

청소년 알리야는 자선단체가 아니다. 물론 누구든 돈 없는 사람들을 도와야 한다. 그러나 방황하는 이들의 문제를 돈만으로는 해결할 수 없다. 수업과 직업 훈련은 단지 또 다른 방황을 대비하는 준비일 뿐이다. 부모가 여전히 의구심을 품고 있다면, 아이들도 그 사실을 충분히 알고 있다. 모든 사회 환경에는 선구적인 일Haloutziout을 실현하려는 사람들이 있게 마련이다. 그리고 이것은 필연적으로 구세대와 신세대 대표자들 사이의 또 다른 논의로 이어진다….

어린이들은 대부분 아직 피해를 입지 않았지만 절망적이

다. 그리고 최악의 상황을 겪더라도 매우 빠르게 태도를 바꾼
다. 부모는 불행히도 파리에서 '구걸하는' 법을 배웠지만, 어
린이들은 아직 '구걸하지' 않거나, 구걸하더라도 부당하게 더
달라고 요구한 돈이 자기 단체나 친구에게서 나온 것이라는
말을 들으면 곧 잊어버린다.

노인들은 독일에서의 어려운 시절과 이민, 망명 생활로 도
덕적으로 타락했고 지나치게 복종하거나 너무 뻔뻔해졌다.
그러나 어린이들은 다른 환경에 배치되고 일이 주어지자마
자 곧바로 본연의 존엄성을 회복했다.

몇 주에 걸쳐 일하고 배우며, 놀고 노래하며, 독서하고, 관
심 있는 모든 주제를 자유롭게 토론하는 준비 캠프는 어린이
들에게 자유와 기쁨을 되찾아준다. 그렇다. 그것은 그들에게
잃어버린 젊음을 되찾아주는 것이다.

이 기쁨, 이 존엄, 이 젊음은 힘으로 변하고, 이 힘은 나라
를 재건할 것이다.[133]

물론 이 글은 홍보성 글이기도 했다. 그러나 이 '또한' 중요하
다. 상황에 대한 아렌트의 현실적 설명은 그녀가 솔드와 다른 직
원들에게 보고한 내용과 일치하기 때문이다. 고난의 극복은 미지
의 세계에서가 아니라, 오히려 확고한 기반 위에서 가능하다. 곧
아렌트의 말처럼 자기 결정적인 삶을 영위하고 새로운 공동체를
구축할 수 있게 하는 철저한 조치를 통해서만 고난을 넘어설 수
있었다.

아렌트가 팔레스타인에서 지낸 시간에 대해서는 알려진 바가 거의 없다. 그녀의 대학 친구 한스 요나스의 기억에 따르면, 요나스는 그녀를 예루살렘의 게르숌 숄렘(1897~1982)에게 소개했다. 어쨌든 숄렘은 1935년 8월 25일 예루살렘에서 파리에 있는 가장 가까운 친구 발터 벤야민(1892~1940)에게 다음과 같은 내용의 편지를 보냈다.

> 몇 주 전에 나는 현재 파리에서 어린이들을 팔레스타인으로 보낼 준비를 하는 당신 사촌의 아내 한나 슈테른을 보았다오. 그러나 나는 그녀가 당신과 더 가까운 사이라는 것을 생각하지 못했소. 그래서 그녀에게 당신에 대해 물어보지 않았네요. 그녀는 한때 하이데거의 뛰어난 제자였다오.[134]

발터 벤야민과의 우정과 게르숌과의 우정, 두 우정은 모두 아렌트의 이후 삶과 사상에 각기 다른 방식으로 큰 영향을 미쳤다.

아렌트는 팔레스타인에 머무는 동안 친척인 퓌르스트 가족도 방문했을 것이다. 그녀가 프랑스에서 새로 온 단체를 돌보던 시기에 하이파에서 보낸 편지가 일부 남아 있다. 파리에서는 이제 비서가 사무실을 운영했다.

팔레스타인에서 급히 결정이 내려졌다. 루체른에 최대한 많은 인사를 모이게 하고, 헨리에타 솔드가 8월 20일부터 9월 6일까지 열리는 제19차 시온주의대회에서 어린이·청소년 알리야를 홍보하는 주요 연설을 맡기로 한 것이다.

한나 아렌트와 에바 슈테른은 팔레스타인에서 루체른으로 출발해 8월 20일 오후 1시에 중앙기차역에서 솔드와 그녀의 동료 에마 에를리히를 맞이했다. 그 이전에는 아렌트의 역할에 대한 논쟁이 있었다. 하이파에서 이미 어린이와 청소년 상황에 관한 전시회를 루체른으로 옮겨 그곳에서 전시회를 맡아달라는 요청이 있었지만, 에바 슈테른은 유보적 입장을 표명했다. 에바 슈테른은 한스 베이트와 게오르크 란다우어가 아렌트에게 그녀의 향후 역할에 대해 솔직하게 말하지 않은 것을 문제로 여겼다. 그녀가 1935년 초에 쓴 것처럼, "재난"이 다시 발생하지 않도록 여기에서 결정을 내려야 했다. 이것은 1935년 봄부터 조직 내에서 아렌트의 정확한 역할과 어린이·청소년 알리야의 프랑스 지부 설립 가능성에 대해 존재했던 불확실성의 한 예일 뿐이다. 특히 에바 슈테른과 아렌트는 이 문제로 여러 차례 충돌했다. 예를 들어, 에바 슈테른은 아렌트가 "다가오는 문제를 함께 해결하기 위해 여행을 서두르자"고 요청하는 편지를 보냈을 때 이를 달가워하지 않았다. 그러나 결정은 에바 슈테른에게 불리하게 내려졌다. 결국 필요한 사람은 한나 아렌트였다.

거의 75세인 솔드는 회의를 위한 매우 빽빽한 일정을 세웠다. 도착 후 불과 3시간 만에 그녀는 에바 슈테른 및 마르두크 샤트너[135]와 함께 연설을 준비하고 있었다. 다음날 그녀는 샤트너, 아들러-루델 및 다른 사람들과 다양한 구성으로 미래의 공동 접근 방식에 대해 논의했다. 솔드는 독일어로 연설하기로 했다. 독일에 있는 유대인들을 위한 연대의 표시이자 나치에게 보내는 신호였다. 그리고 마지막으로 시온주의대회를 다룬 장편 영화가 처음으로 제작될 예정이었는데, 이는 독일어가 여전히 중심 언어 중 하나였던 전 세계 유대인들에게 보내는 메시지이기도 했다. 그리고 바로 그날, 몇 주 전에 이미 하이파에서 폴란드 대표들과 회담했던 내용을 바탕으로 어린이·청소년 알리야를 폴란드까지 확대하기로 합의했다. 지금까지 베를린의 지원을 받아 팔레스타인으로 떠난 어린이와 청소년 가운데 455명은 독일 국적, 557명은 다른 국적의 어린이와 청소년이었다.[136]

8월 22일 소규모 단체가 팔레스타인 상황에 대해 논의했다. 하루 뒤에 한나 아렌트는 이 단체에 합류하여 간사로 임명되었다. 정보 교환의 주제는 '프랑스에서 온 비독일계 이민자 자녀의 청소년 알리야'였기 때문에, 그녀가 제기한 이 문제는 이제 본격적으로 논의되었다. 예를 들어, 줄리엣 슈테른은 파리에서 왔고 에바 슈테른도 거기에 있었다. 이 단체는 폴란드나 루마니아 여권을 소지한 약 1,000명의 청소년과 서류상 무국적자들이 알리야의 혜택을 받을 자격이 있을 것으로 추정했다. 그러나 어떻게 수용해야 하는가? 비용은 누가 부담하는가? 팔레스타인에 입국하려면 국적에 따라 특별한 증명서가 필요한가? 프랑스 유대인들은 이 상황에 어떻게 민감하게 반응할까? 알리야만으로는 프랑스 이민자 상황에 대한 해결책이 될 수 없다는 점이 분명해졌지만, 결국 참가자들은 청소년 알리야가 다른 단체 설립을 위한 원동력이 되어야 한다는 낙관적인 입장을 취했다. 14~16세의 청소년을 위한 이 프로그램은 제한된 수의 자격증만 확보할 수 있었다.

관계자들은 회의에 관한 영화가 제작되고 있다는 사실을 사전에 합의한 대로 활용했다. 게오르크 란다우어는 카메라 앞에서 독일어로 향후 계획을 설명하는 회견을 했다.

한나 아렌트는 회의에 참석했으나 대표단은 아니었다. 루체른 심의가 끝난 이후 각 단체는 흩어졌다. 아렌트는 먼저 파리로 돌아와 다음번 어린이와 청소년 여행을 준비했다. 솔드, 에바 슈테른, 줄리엣 슈테른과 다른 많은 대표단은 9월 9일부터 12일까지 독일 대표단이 주로 준비한 '제1회 청소년 알리야 세계대회'에 참석하기 위해 암스테르담으로 이동했다. 또 이들은 관련 보고서를 인쇄했고, 이후 아렌트가 합류했다. 9월 15일 방문단 일부가 베를린에 도착했는데, 아마도 뉘른베르크에서 열리는 나치당 대회와 결의안 통과 시기를 기다리느라 여러 차례 연기된 방문이었다. 솔드는 '모든' 유대인 단체로부터 대규모 지원금을 받은 것으로 알려졌다. 독일계 유대인들은 랍비이자 종교 철학자 레오 벡이 여러 글과 인사말, 연설에서 청소년 알리야와 솔드의 활동을 지지하는 발언을 해왔기 때문에 이번 방문에 큰 기대를 걸었다. 루체른, 암스테르담, 베를린에서 예루살렘으로 들어오는 우편물에는 활동가들이 헝가리, 쾨니히스베르크를 비롯한 여러 도시와 국가에서 수집한 자료와 유대인 공동체의 처지를 긴급하게 알리는 수많은 보고서가 들어 있었다.

헨리에타 솔드의 연설이 큰 호응을 얻은 시온주의회의의 성명과 암스테르담회의의 확약은 모두 한 방향을 가리키고 있었다. 어린이·청소년 알리야를 강화해야 한다는 것이었다. 9월 10일부터 시작된 나치당의 '자유당 대회'는 독일 내 유대인, 나아가 모든 유대인 공동체의 상황을 크게 악화시킬 것이기 때문에 어떤 상황에서도 이 신호를 무시할 수 없었다. 실제로 9월 15일 뉘른베르크에서 소집된 이른바 제국 당대회에서 '독일인의 피와 독일인의 명예를 보호하는 법'과 '제국 시민법'이라는 두 '인종법'이 통과되었다. 이 법은 공식적으로 반유대주의적 조치와 기준의 급진화를 위한 길을 열었다.

한나 아렌트는 루체른에서 논의된 계획을 서서히 실현해 나갔다. 첫 번째는 홍보였다. 하이파로 떠나는 여정이 이미 어린이·청소년 알리야에서 어느 때보다 상세히 소개되었으며, 이제 돌아오는 여정을 준비할 차례였다. 아렌트와 밀접한 관련이 있는《유대인 신문》은 가장 포괄적인 보고서를 발표했다. 이 기사는 명백한 홍보 의도 외에도 팔레스타인의 구체적인 상황에 대한 통찰력도 제공한다. 기사는 아렌트와 여행에 대해 다음과 같이 설명한다.

팔레스타인 방문과 복귀
《유대인 신문》은 활력과 열정이 넘치는 젊은 박사이자 시온주의 활동가인 한나 아렌트 부인이 파리로 돌아온 것을 발표하게 되어 기쁘게 생각한다.
하이파 인근 에메크의 아름답고 번영하는 정착지 그바트로의 여행은 파리에서 시작되었다. (…) 우리는 리옹역에서 출발하는 그들의 활기찬 모습을 기억한다! 기차가 출발하자마자 작은 집단은 독자적으로 움직이기 시작했다.

이 청년 성인들이 새로운 임무를 수행할 수 있도록 준비시키고 다른 헌신적인 사람들과 함께 수송을 조직하기 위해 몇 달 동안 지칠 줄 모르고 일해온 한나 슈테른은 이렇게 말한다. "이제 쉬고 싶어요. 여러분 스스로 돌보고 시작하세요. 가장 먼저 해야 할 일은 돈을 모으는 것입니다." 어린이들은 놀랄 만큼 조화롭게 그 일을 시작했고 모든 것이 기대한 대로 잘 진행되었다. 한나 슈테른은 하이파 항구에 도착할 때까지 충분한 휴식을 취하고 있다.

그런 다음 일행은 그바트로 이동한다. 러시아계 유대인이 거주지를 설립했다. 이들 중 대부분은 유대인 도시 핀스크 출신이기도 하다. 그들은 상상할 수 있는 모든 따뜻함으로 '파리 사람들'을 환영한다. 당분간 대규모의 '독일 유대인 청소년 알리야'의 마지막 집단인 어린이들은 기술을 배우기 위해 다양한 농업 지역에서 반나절 동안 일할 것이다. 나머지 시간에는 주로 히브리어를 배우게 된다. 그들은 또한 그 나라를 알게 되고 유대인 역사와 성경, 과학과 경제의 기초를 배우게 될 것이다. (…)

파리의 벨빌과 생-폴, 그리고 일부 유대인 종교학교에는 프랑스에서 일할 기회조차 없는 이민자 자녀들이 있다. 그들은 이미 인생의 시작 단계에서 자신들의 이상을 빼앗기고 정상적인 청소년기의 발달 가능성마저 잃었다. 그들 중 일부는 이미 자발적으로 팔레스타인을 향해 창백한 작은 얼굴을 돌렸다. 그들을 격려하는 것은 중요하다! 그들은 생 앙투앙 시장에서 고물을 거래하며 박해받는 대신, 그바트 같은 곳에서 농부가 되어 신체적·물질적·도덕적으로 구원을 받았기 때문이다.

로베르 슈테른 부인이 이끄는 파리의 프랑스 유대인 여성 단체는 알리야에 대해 많은 관심을 가지고 있다(이름은 같지만 한나 슈테른과 관련이 없다). 이 두 슈테른 부인은 젊은이들에게 꼭 필요한 자질이자 불행히도 지금은 유대인들 사이에서 가장 보기 드문 자질인 열정을 갖고 있기에 우리에게 소중하다.

파리로 돌아온 한나 슈테른은 뜻이 맞는 단체 및 개인들과 협력하여 알리야를 위한 활동을 재개했다. 자선가로서뿐만 아니라 동지이자 형제로서 이번 시즌에 참여하는 것은 모든 파리 청소년연합의 의무다! 마지막으로 시온주의대회에서 청소년 알리야와 이스라엘 땅으로의 통합에 관한 가장 인상적인 보고서 가운데 하나가 헨리에타 솔드 — 시온주의에서 가장 위대한 이름 중 하나 — 의 보고서였다는 점을 기억할 필요가 있다.[137]

1934년 11월부터 1936년 3월까지 파리에서 발행된 단명한 《유대인 신문》의 편집자들은 한나 아렌트를 "협력자"라고 묘사했다. 한나 아렌트는 줄리엣 슈테른과 마찬가지로 어린이·청소년 알리야 활동에서 '가치 있는' 인물로 평가받았다. 그녀는 오랫동안 조직의 일원이었고, 결정을 내리는 데 어느 정도 자율성이 있었으며, 주변에 서로를 돕는 여성 단체에 둘러싸여 있었다. 이 사실을 기억하는 것은 중요하다. 수년 후 팔레스타인에 대한 헌신에 관해 논평한 모든 사람이 그 당시의 상황과 아렌트의 헌신에 대해서는 철저히 침묵했기 때문이다.

그녀가 《유대인 신문》에 게재한 세 편의 기사는 모두 강령의 성격을 지니며, 유대인 어린이와 청소년을 훈련하고 구원하기 위해 조직에서 일하며 얻은 성찰이었다.* 동시에 1932년 이후 동화 운동이 완전히 실패로 돌아갔다고 인식한 유럽 유대인의 상황에 대한 평가에 기초한 것이기도 했다. 이는 아마도 막스 브로트, 헤르만 헤세, 슈테판 츠바이크 등의 책을 번역하며 이름을 알리고 소설가로도 활동했던, 줄리아 구르핑켈이라 불리는 줄리엣 파리 덕분일 것이다. 그녀의 보고서는 주간지 《마리안*Marianne*》에 게재되었다. 그녀는 어린이와 청소년의 사회적 상황에 대한 글로 점차 이름을 알리기 시작했다.

줄리엣 파리는 수필가이자 작가인 니나 구르핑켈의 여동생으로 아렌트와도 친분이 있었으며 오늘날에는 언니보다 훨씬 더 알려진 인물이다. 두 사람은 철학과 신학 문제를 다룬 글을 비롯해 니나가 공동 편집한 《유대인 보고서》 등 수많은 유대인 잡지에도 함께 글을 게재했다. 구르핑켈 부부는 많은 위원회 위원과 밀접한 관계를 맺고 있었다. 줄리엣은 1931년 아이작 푸가치와 결혼했

---

* 이 신문에 게재한 기사는 「젊은이들의 직업 재분류」, 「젊은이들을 위한 지도자: 마르틴 부버」 그리고 「귀향하는 젊은이들」이다. 다음 자료를 참조할 것. 『유대인 문제와 정치적 사유』, 231-45쪽.

다. 두 사람은 농업·수공업훈련원에서도 함께 일했다.[138]

1935년 9월 중순 어린이와 청소년 각각 30명으로 구성된 추가 단체가 준비되기 시작했고, 그들과 함께 일상적 삶의 고난이 다시 이어졌다. 준비할 장소를 찾고, 건강 검진을 감독하고, 결과를 전달해야 했다. 아울러 팔레스타인에 머무는 어린이와 청소년들에게 필요한 물품을 확보하고 준비물도 정리해야 했다.

헨리에타 솔드가 1935년 12월 11일 파리에 도착했을 때, 한나 아렌트는 그녀가 런던에서 올지, 암스테르담에서 올지, 실제로는 트리에스테에서 올지를 궁금해했다. 이는 지칠 줄 모르는 활동가 솔드 ─ "전혀 피곤하지 않고 생기 있고 활기찬"[139] ─ 가 중요한 상황이 발생하면 항상 그 자리에 있고자 했음을 보여준다. 솔드의 가장 가까운 동료인 에마 에를리히가 12월 23일 일종의 성과 보고 편지에서 썼듯이, 아렌트와 집중적으로 대화하는 것이 체류의 주된 목적이었다.

그러나 1936년 1월에 밝혀진 것처럼 또 다른 중요한 이유가 있었다. 솔드는 개인적으로 활동을 강화하기 위해 공식적으로 파리를 방문한 것이었다. 예루살렘, 베를린, 런던에 있는 사람들은, 재정적으로 독립적이거나 적어도 더 나은 시설을 갖춘 파리 사무소만이 외부 지원을 받아 과제를 해결할 수 있다는 사실을 점차 깨닫게 되었다. 미국이나 베를린에서의 비슷한 여행에서 알 수 있듯이, 헨리에타 솔드가 다시 파리에 온 이유는 관심과 지원을 끌어내고 무엇보다도 긴급히 필요한 기부금을 모금할 수 있는 사람이 바로 그녀 자신이었기 때문이다.

솔드는 1월 26일부터 30일까지 프랑스 수도 파리에서 빡빡한 일정을 소화했으며, 이번에는 자신의 체류 보고서를 준비한 에바 슈테른과 함께했다. 에바 슈테른의 호평을 받은 아렌트와 줄리엣 슈테른은 세 가지 행사를 준비했다. 첫 번째 행사는 유대인 후원자를 찾을 수 없어 기독교 가정에서 열었다. 그러나 그 가족은 평범한 집안이 아니었다. 1903년 노벨문학상을 수상한 노르웨이 작가 비에른스티에르네 비에른손의 딸 다그니 비에른손 소트로는 파리에서 매우 영향력 있는 인물로, 수많은 파리 유대인 유명 인사를 초대했다. 이 자리에서 솔드의 추가 연설이 이어졌다. 겉으로는 순조롭게 진행되고 있는 것처럼 보였지만, 에바 슈테른은 회의적이었다. "(…) 그런데도 (파리 유대인 공동체에는) 유대인 단체의 현재 과제에 대한 통찰력이 아직 없다는 느낌을 지울 수 없었다." 결국 그녀는 이번 방문을 단지 "진전"이라고 평가했고, 최소한 '분위기'의 긍정적인 변화에 주목하며 다른 '두 명의 슈테른'이 이 기회를 활용하길 바랐다. 에바 슈테른이 반시온주의자들 사이에서도 지속적으로 기부의 분위기가 있음을 감지했기 때문이다.

기금 모금이 그다지 성공적이지 못했기 때문인지, 아니면 이른바 팔레스타인 사무소를 통한 인증서 배포 방식의 재편이 파리 사무소의 임시 폐쇄에 결정적인 역할을 했기 때문인지는 여전히 불분명하다. 아니면 다른 이유가 있었는가?

알리야와의 잠정 이별, 블뤼허와의 만남

1936년 2월 4일 스위스 다보스에서 데이비드 프랑크푸르터는 스위스 나치당 지역 수장인 빌헬름 구스트로프의 집에 침입했다. 프랑크푸르터는 스위스인 구스트로프의 집에 들어가 최근에 구입한 권총으로 그를 사살했다. 오랜 랍비 가문 출신인 프랑크푸르터는 1933년 나치당을 피해 스위스로 도망쳤고 독일에서 유대인에 대한 폭력이 증가하면서 엄청난 고통을 겪었다. 살해된 구스트로프의 시신은 특별 열차로 독일로 이송되었다. 구스트로프는 "피의 증인"의 지위로 격상되었고, "운동의 순교자"로 간주되었다. 히틀러가 직접 장례식 연설을 하는 등 파장은 거세게 몰아쳤다. 가르미슈파르-파르텐키르헨 동계올림픽이 임박했고, 폭력 행위는 제국에 나쁜 영향을 미칠 수 있었기 때문에, 처음에는 독일에 거주하는 유대인에 대해 어떠한 조치도 취하지 않았다. 그런데도 선전기구는 전속력으로 작동하고 있었다.

이민자 사회에서 독일계 유대인들의 충격은 깊었다. 그들은 한편으론 추가 제한이나 징벌적 조치를 예상했지만, 다른 한편 극도로 용기 있는 행동에 박수를 보냈다. 줄곧 단독범이라고 주장했던 프랑크푸르터는 나치당원들에게는 당연히 '세계 유대인 음모'와 자유주의 스위스의 일부로 여겨졌지만, 역사에 대한 지식이 있는 사람들에게는 파리에 자주 머물던 '영웅'을 떠올리게 했다. 그 영웅은 바로 1926년 5월 25일 프랑스 수도에서 우크라이나의 정치가이자 작가인 시몬 페틀류라를 권총으로 근거리에서 사살한 샬롬 슈바르츠바르트이다. 슈바르츠바르트의 생각에 페틀류라는 러시아 내전 당시에 우크라이나에서 유대인 대량 학살을 담당했다. 여기서 페틀류라가 어떤 역할을 했는지는 오늘날에도 여전히 매우 다르게 평가된다. 그러나 대학살에서 최소한 15명의 가족을 잃은 슈바르츠바르트는 페틀류라가 주요 가해자라고 확신했다. 그는 유대계 공산주의자 변호사 헨리 토레스의 지원을 받아 스스로 무죄를 주장했고, 결국 세 명의 판사와 배심원단이 이를 받아들였다. 슈바르츠바르트 재판 이후 지지자 모임이 결성되었다. 이들은 처음에는 프랑크푸르터를 둘러싼 사건을 추적하고 재판 참관인을 스위스로 보냈다.* 수사는 여전히 진행 중이었고, 언론은 눈에 띄게 조용해졌다. 그러나 상황이 바뀌기 시작했다.

어쨌든 한나 아렌트는 1936년 2월 10일 동료들에게 며칠 후 또는 월말에 파리 사무실을 폐쇄할 것이라고 알렸다. 그녀는 몇 주 동안 진행해온 단체 활동을 마무리하고 몇 가지 행정적 지시를 내리는 도중에 이러한 결정을 내렸다. 한스 베이트의 반응은 사실 냉담했다. 그는 아무런 반응도 보이지 않았다.

베이트는 이런 일이 벌어지고 있다는 사실을 알고 있었는가? 아니면 솔드가 개입한 것일까? 어쨌든 아렌트는 솔드와 서신을 주고받았으며, 3월에 2만 3,000프랑을 모금했다고 보고할 수 있

---

* 아렌트는 이때 프랑크푸르터를 법적으로 지원하기 위해 스위스를 방문하여 변론 활동에 참여했고, 재판 참관기를 남겼다. 다음 자료를 참조할 것. 『유대인 문제와 정치적 사유』, 「구스트로프 재판」, 247-52쪽.

었다. 이는 전적으로 솔드의 파리 방문 덕분이었다. 그 사이 아렌트는 유대인, 특히 팔레스타인 공동체를 지원하는 계획에 참여해 왔던 로스차일드 가문과 접촉할 수 있었다. 팔레스타인 공동체에 대한 이 가문의 헌신은 1933년 이후 더욱 강화되었다. 그러나 파리에서 시작된 크고 작은 유대인 구호 단체가 수없이 많았기 때문에 로스차일드 가문은 요청에 신중하게 대응했다. 게다가 그들은 전통적으로 프랑스 유대인 사회에서 중요한 위치를 차지했지만, 시온주의와 팔레스타인에 대한 태도는 가족 내에서 매우 다양했다. 어쨌든 아렌트는 에두아르 알폰스 제임스 드 로스차일드의 아내인 제르맹 할펜을 통해, 로베르 드 로스차일드와 결혼한 가브리엘 넬리 레지네 베르와 접촉할 수 있었다. 1936년 3월 아렌트는 어린이·청소년 알리야의 지원에 관해 로스차일드 가문의 두 여성과 협의했다.

아렌트는 망설임 끝에 헨리에타 솔드에게 편지를 보냈다. 솔드에게 연락하는 것은 공식적인 통로가 아니었기 때문에, 그만큼 중요한 선택이었다. 아렌트는 1936년 3월 2일자 편지에서 다음과 같이 언급했다. "저는 이 기회를 빌려 당신께 '작별 인사'를 드리고자 합니다. 제가 드리는 모든 말이 당신께는 너무 평범하게 들릴지도 모르겠습니다."

솔드에게는 짤막한 표현 하나에도 고심하던 아렌트는 불과 3주 뒤인 3월 27일, 자신감 넘치고 거의 친숙한 어조로 카를 야스퍼스에게 "저는 세계 역사에서 많은 일을 겪었습니다"라는 편지를 보냈다.* 아렌트는 이 편지를 통해 아직 '넘어가지 않은' 사람이라고 밑던 인물에게 연락을 시도한 것이었다.

지금까지 아렌트는 놀랍게도 프랑스계 유대인 잡지에는 기고했지만 파리뿐 아니라 다른 지역에서도 널리 읽히는 다양한 망명 신문과 잡지에는 기사를 게재하지 않았다. 그러나 1936년에는 상황이 달라지려 했다. 《파리 신문*Pariser Tageblatt*》에 '하ha'라는 약어로 표시된 글이 실린 것이다. 이 이름이 한나 아렌트라는 점은 의심의 여지가 없다. 이전에 알려지지 않은 이 글은 청소년 알리야에 관한 기존 글들과 같은 양식이었고, 또한 조직의 내부 사정을 전하고 있으며, 솔드의 파리 방문을 돌아보는 내용으로 읽히기 때문이다. 어떤 면에서는 향후 전망을 포함하여 자신의 행위에 대한 평가와도 같다. 아렌트의 설명에 따르면, 1934년 이후 1,200명 이상의 어린이와 청소년이 출국할 수 있었고, 또 다른 500명이 준비하고 있으며, 2년간의 훈련 계획에는 비용이 많이 들었지만, 절망적인 부모와 자녀들에게는 새로운 전망이 열렸다. 아렌트는 이 모든 과정을 이른바 '어린이 십자군'에 빗대어 설명했다. 글의 끝부분은 당시 상황에 대한 그녀의 평가를 잘 보여준다.

그러나 저쪽(팔레스타인)에 있는 사람들은 구원을 받는다. 그들을 수용한 식민지에서 나중에 그들에게 일자리를 제공하기로 약속했기 때문이다. 유대인 기관이 그들을 돌보고 있다. 2년이

---

* 아렌트는 파리 망명 중에 세 통의 편지를 야스퍼스에게 보냈다. 3월 27일자 편지는 이 가운데 첫 번째이다. 홍원표 옮김, 『한나 아렌트·카를 야스퍼스 서간집 1: 1926~1969년』(서울: 신서원, 2024), 108-10쪽.

지나면, 그들은 준비된 노동자가 되고, 얼마 후에는 가족이 합류할 기회를 갖게 될 수도 있다.[140]

아렌트의 평가는 이보다 더 명확할 수 없었을 것이다. 아렌트 (귄터 슈테른과의 이혼은 곧 공식화될 예정이었다. 귄터 슈데른은 막스 호르크하이머의 도움을 받아 미국으로 이주를 준비 중이었다)가 세상에 알려질 때마다 반복적으로 개입했던 시누이 에바 슈테른은 아마도 이혼과 이주에 대해서는 전혀 몰랐을 것이다. 한편 이 기사는 어느 정도 이민자 사회와 접촉할 수 있는 계기를 마련해주었다.

그 후에도 아렌트는 적어도 두 준비 단체를 행정적으로 감독하라는 요청을 받았기 때문에 어쨌든 계속 진행했지만, 천천히 다시 학문 활동에 전념하기 시작했을 것이다. 그러나 그녀는 베를린과 예루살렘에 보낸 많은 편지에서 자신의 계획에 대해 언급한 적이 없었다. 그녀가 1934년 런던 과학·학문보호협회에 제출한 연구계획인 '현대 반유대주의 분석'에 다시 집중한 것은 갑작스럽게 이루어졌다.

그래서 아렌트는 1936년 5월 말부터 6월 말까지 파리에 있는 독일성인교육센터에서 '독일 반유대주의의 역사'라는 주제로 네 차례 저녁 강연을 진행했다.[141] 언론 발표에 따르면, 처음에는 계몽주의 시대의 근대 반유대주의에 초점을 맞췄고, 그 다음에는 귀족 시대와 1830년경까지의 낭만주의 시대에 초점을 맞췄으며,

이어서 유대인 문제에 대한 카를 마르크스의 저술에서 시작해 자칭 "반유대주의 운동의 아버지"로 불리는 신학자 아돌프 슈테커까지 분석하는 일련의 강의가 이어졌다. 강연은 마침내 동시대의 문제에 이르렀다.

자신을 하인리히 라르젠이라고 불렀던 하인리히 블뤼허도 어느 날 저녁 청중 가운데 한 명이었을 것이다. 그의 가장 잘 알려진 이 두 번째 가명만 보아도 이미 하나의 세계가 드러난다. 진실에 주의하는 법을 일찍부터 배운 남자의 세계다. 블뤼허는 훈련받은 공산주의 간부로서 흔적을 아예 남기지 않거나, 그 흔적을 통제하는 동시에 해석까지 덧붙이는 데 주의를 기울였다.

이때 그는 두 번째 결혼 상태에 있었다. 1899년 1월 10일 베를린에서 태어난 '작가' 하인리히 프리츠 에른스트 블뤼허와 1889년 8월 27일 베를린에서 태어났고 '직업이 없는' 샤를로테 빌헬미네 에밀리에 오스트발트는 1921년 4월 12일 샤를로텐부르크 등기소에서 혼인신고를 했다. 2년 후 이혼이 이어졌다. 그 직후인 1923년 5월 샤를로테는 발터 아돌프 헤르만 호프만과 결혼했지만, 1932년 7월 이혼한 이후 다시 결혼하기 전의 성을 사용했다. 이 시기에 '작가'인 블뤼허가 무엇을 했는지는 오늘날에도 여전히 불분명하다. 그는 교육에 굶주린 프롤레타리아였으며, 일찍부터 "여자에게 인기가 많은 남자"로 불리기도 했다. 그는 1918년부터 결혼할 때까지 독일 공산당원이었을 가능성이 크며, 1924년에 다시 당에 가입했다.

블뤼허의 두 번째 부인의 이름은 나탈리아 예프로이카로, 파리에서는 '나탈리Natalie' 또는 '나탈리Nathalie'로 불렸다. 그녀는 1932년 베를린에서 독일 시민권을 신청했고, 블뤼허와 결혼하면서 독일 국적을 취득했다. 블뤼허와 여성들에 대한 다양한 이야기에서 반복적으로 주장되는 것처럼, 결혼의 이유가 정말 시민권 때문이었는지는 반박하거나 확인할 수 없다. 어쨌든 나탈리아의 가족인 예프로이킨 집안은 가난하지도 않았고 블뤼허와 특별한 접촉도 없었다. 특히 나탈리아가 무국적자가 아니었기 때문에 1932년에는 프랑스 입국이 수월했을 것이다. 어쨌든 순전히 정치적인 이유로 정략결혼을 했다고 볼 수는 없다. 유대인이 아닌 남편과 달리, 나탈리아 예프로이카는 이미 1933년 4월 4일에 프랑스 국경을 넘었다. 그녀는 반유대주의 폭동과 유대인에 대한 조치가 취해진 직후 독일을 떠났다고 당국에 말했다. 그녀는 여동생 민카와 함께 부유한 파리 14구의 다게르가 63번지에 정착했다. 큰 오빠 이스라엘 예프로이킨은 이미 수도에 살고 있었고 적어도 시온주의 집단에서는 매우 영향력 있는 인물이었다. 그녀의 어머니도 이미 파리에 살고 있었다. 그리고 이 두 사람만이 자매가 파리에서 만난 유일한 인맥은 아니었다. 예를 들어, 예프로이카는 프랑스 당국에 제출한 서류에 유명한 영화감독 G. W. 파브스트를 추천인으로 기재했다.[142]

이민 자체는 큰 문제 없이 진행되었지만, 블뤼허가 프랑스 수도로 향하는 길은 결코 순탄치 않았다. 일반적으로 알려진 이야기와 달리 그는 베를린에서 곧장 파리로 도피하지 않았고, 1933년 9월 1일이 출발일이라는 주장도 사실이 아니다. 여러 해 동안 온

갖 음모론적 주의를 익힌 그였지만, 1934년 8월 22일 독일을 떠난 직후, 독일 공산당 내부의 이해하기 어려운 갈등과 관련해 프라하에서 체포되었다. 그의 서재와 편지는 압수되었는데, 그 안에는 주로 공산주의 고전과 간부 교육용 문학 작품이 들어 있었다. 그는 곧 추방당했다.

블뤼허는 프라하에서 하인츠 폴락(폴)과 그의 아내 샤를로테를 다시 만났을 가능성이 높다. 그는 이 부부와 베를린에서 서로 알고 지냈다. 사실 블뤼허는 프라하에서 체포된 이후, 1935년 11월 30일 자신의 지분 9%를 매각하기 전까지 당시 폴이 세 명의 소유주 가운데 한 명이었던 '반파시스트 잡지'《새로운 세계 무대 *Neue Weltbühne*》에 기고했다고 모든 당국에 진술했다.[143] 동시에 블뤼허는 자신이 잘 알려진《세계 무대 *Die Weltbühne*》의 필자라고 주장함으로써 지나친 추궁을 피할 수 있었다. 하지만 실제로는 단 한 줄도 쓰지 않았다. 따라서 하인츠 폴과의 관계는 매우 가까웠을 것이며, 그의 위장이 발각되었다면 폴 부부에게도 영향을 미쳤을 것이다.

어쨌든 블뤼허는 프라하에서 스위스로 이동하여 1934년 9월 22일 취리히의 프랑스 영사관으로 가서 독일 여권의 유효기간을 1937년 3월까지 연장받고 프랑스 입국 허가를 받을 수 있었다. 그러나 이틀 후 파리에 도착한 블뤼허는 거주 허가를 신청하지 않았다. 이 때문에 두 달 후인 1934년 11월 24일에 추방 증명서가 그에게 전달될 예정이었다. 그러나 블뤼허는 예프로이카의 가족과 공식적으로 공유한 아파트에 거주하지 않았다. 그 이후로 블뤼허는 거주 서류는커녕 등록도 하지 않은 채 프랑스에서 살았다. 이는 그가 난민 지위를 갖고 있지 않다는 것을 의미했다. 블뤼허는 여전히 유효한 독일 여권과 자신이 《새로운 세계 무대》의 직원으로서 나치 독일과 싸우는 데 참여하고 있다는 주장에 의존해야 했다. 1935년 2월에야 옛 동료들이 그를 처음 발견했다는 사실은, 그가 파리에 몸을 숨기는 법을 알고 있었음을 암시한다. 누가 그를 도왔는지는 추측만 할 수 있을 뿐이다. 아마도 여전히 그가 회원으로 있던 공산당의 연계망 덕분이었을 것이다. 혹은 예프로이카 외의 다른 여성이 관련되었을까? 이 사실을 언급하는 이들은 늘 날짜와 관련해 매우 신중하기 때문에, 그럴 가능성은 적다. 그러나 동지들이 그를 찾아낸 뒤로는 그에게 접근하기가 한결 수월해졌다.

블뤼허는 1934년 9월 24일 파리에 도착했다. 이미 말했듯이 그는 여성들에게 인기가 많은 타입으로, 오늘은 이곳에 내일은 저곳에 있었다. 그곳에서 블뤼허는 다시 샤를로테 폴을 만났다. 그녀가 1950년대 초에 회고한 바에 따르면, 두 사람은 '6~7년 동안' 관계를 이어갔는데, 그 관계는 아마도 바이마르 공화국 시절에 시작되어 망명 시기까지 이어졌다고 한다. 1907년 니더루사티아에서 샤를로테 아론으로 태어나 베를린에서 자란 이 유대인 여성은 1924년에 언론인 하인츠 폴과 결혼했고 1938년에 이혼했다. 그 뒤 작가 마르틴 베라트와 재혼해 1939년 함께 독일을 탈출할 수 있었다. 미국에서 샤를로테 베라트는 경제적으로 극히 어려운 독립생활을 했으며, 이민자 신문에 낸 광고에서도 보이듯

한동안 머리 염색 전문 미용실을 운영하기도 했다. 1949년 비교적 이른 나이에 남편을 잃은 그녀는 번역으로 생계를 유지했고, 블뤼허와 아렌트의 도움을 받아 나중에 다시 잘 알려진 작가가 되었다.

베라트와의 관계는 늦어도 1952년 블뤼허가 바드대학에 교수로 임용되었을 때 다시 시작되었다. 그때부터 두 사람은 아렌트가 뉴욕에 머무는 동안 엄격한 규칙에 따라 항상 신중하게 만남을 이어갔다. 아렌트의 동료인 로테 쾰러를 비롯한 관련자들은 블뤼허가 목요일 저녁에 베라트를 만나기 위해 바드대학에서 뉴욕으로 이동한 이후 금요일에야 아렌트의 집에 도착했다고 기억했다. 아렌트를 제외한 모든 사람이 이 사실을 알고 있었다. 주장하는 바에 따르면 그렇다.

다시 파리로 화제로 돌린다. 1936년 8월 1일 프랑스 보안 당국이 무심한 듯 헤르베르트 베너가 자기 부인과 함께 불법으로 국경을 넘어 프랑스로 들어왔다고 지적했다. 독일 여권을 소지한 그는 가명이 '푼크'이고 런던의 한 단체와 함께 공산주의 활동을 했다는 사실도 당국에 알려졌다. 전년도에 그는 독일 공산당의 중앙위원회 위원과 소련 공산당 정치국 후보위원으로 선출되었으며 이 두 조직에서 가장 젊은 위원이었다. 베너는 1936년 말 모스크바로 복귀하라는 명령을 받기 전에 하인리히 블뤼허를 비롯한 수많은 당원을 제명하는 데 관여했다.

위에서 설명한 것처럼, 블뤼허는 1936년 11월 10일까지 눈에 띄지 않게 능숙하게 활동하는 간부였다. 독일과 프랑스 비밀정보 기관이 작성한 보고서에 따르면, 블뤼허는 파리에서 감시 대상이었던 관련 카페와 식당에 모습을 드러내지 않았다. 그러나 당에서 배제되면서 공산주의 연계망의 보호가 사라지게 되었고 그의 삶은 더 복잡해졌다. 게다가 블뤼허의 독일 여권은 1937년에 만료되기 때문에 해결책을 찾는 것이 시급했다. 그는 체류를 소급해 신고하고 계속 체류할 수 있도록 노력해야 했다. 1937년 1월 7일 블뤼허는 '독일 난민 인정 신청서'를 작성했다. 독일인은 1936년 9월 17일자 프랑스 정부의 법령에 따라 특히 프랑스에 재등록하고 신분을 명확히 해야 했다. 거주 허가가 승인되면 난민 여권인 '독일 출신 난민 신분증 및 여행 증명서'를 발급받을 수 있었다. 그러나 신청 건수가 많았을 뿐 아니라 국내의 정치 분쟁으로 인해 1937년 12월까지 여권 발급이 지연되었다.

블뤼허는 이 첫 번째 공식 문서에서 자신의 당파를 드러내고 이후 난민으로서의 지위를 정당화해야 했다.[144] 따라서 그는 자신의 마지막 독일 거주지를 베를린-슈테글리츠의 포르스트가 32번지로 기재했고, 아내 나탈리아 예프로이카를 자신과 "같이 프랑스에 온 가까운 사람"으로 지목했다. 유일한 공식 문서로 출생 증명서를 제시했는데, 그의 여권은 이미 1934년에 당국에 등록되어 있었다. 그는 1933년 11월 13일에 독일을 떠났지만, 이듬해 '2월'에야 '최종적으로' 독일을 떠났다. 그 이유는 무엇일까? 우선, 그의 아내는 유대인이었으며 1933년 5월에 위험을 피해 독일을 떠났기 때문이다. 둘째, 그의 반파시즘적이고 평화주의적인 활동 때문이었다. 그는 프라하의 반파시스트 주간지 《세계 무대》 와 '지속적인 관계'를 맺고 있었다. 그는 더 이상 독일 경찰에 등 록되어 있지 않았고, 그로 인해 독일 당국이 자신에 대해 어떤 정 보를 갖고 있는지도 알 수 없었다. 그는 유대인이 아니었지만, 아 내는 유대인이었다. 그가 제출할 수 있는 유일한 프랑스 문서는 나탈리아의 주소가 적힌 거주 증명서뿐이었다. 블뤼허는 그녀의 오빠인 이스라엘, 그리고 파리 교외 이시레물리노에 오래전부터 정착한 상점 주인이자 나중에 골동품 수집가가 된 사람을 보증 인으로 내세웠다.

블뤼허가 그에 대해 정보를 제공할 수 있는 다른 독일 이민자 의 이름을 말해달라는 요청을 받았을 때, 상황은 다시 흥미로워 졌다. 여기서 그는 다시 하인츠 폴을 언급했다. 두 사람의 관계가 이어지고 있었음을 보여준다. 그가 《새로운 세계 무대》에 기고하 고 때때로 배포를 담당했다고 주장한 이야기는 계속 이어졌다. 즉 "나는 언론인으로 일하고 학술 활동을 하며 미술사를 가르친 다." 블뤼허는 1937년 1월 자신의 향후 전망을 밝혔다. 아무것도 그의 의지를 바꿀 수 없으며, 미국에서 목표를 달성할 수 있으리 라 생각했다. 그는 놀라울 정도로 명확하게 내다보았고, 자신이 원하는 것을 똑같이 명확하게 말했다. 한때 공산주의자였던 그는 어떤 면에서 정화되었으며, 이제부터는 부르주아적 삶을 꿈꾸고 있었다. 마지막에 블뤼허는 다음과 같이 '적절해 보이는 설명'을 제공했다.

내가 파리에 머물게 된 이유는 아내가 여기에 있기 때문이다. 오빠인 예프로이킨이 프랑스 시민이고 그녀를 도울 수 있었기 때문에, 그녀는 즉시 프랑스로 도망쳤다. 나는 도착한 이후 법률 기관을 통해 (1934년 10월) 외무부에 문의했으나 답변을 받지 못했다.

블뤼허가 프랑스로 도피한 이유가 실제로 아내의 운명 때문이었는지는 여러 차례 거론됐지만 단정할 수는 없다. 어쨌든 정치적·사적 문제를 설명하고, 파리에 거주하는 서류 미비자가 프랑스에 체류할 수 있도록 당국을 설득하려면 그럴듯하고 이해하기 쉬운 이야기가 필요했다. 블뤼허는 마지막 진술에서 모든 위험을 무릅썼다. 당국은 그를 무시하지는 않았지만 체포할 수도 없었다. 서류를 살펴보면, 보안 당국은 결정을 경찰에 넘겼고 궁극적으로 내무부에 맡겼다. 1937년 3월 블뤼허는 난민 여권을 받았다. 그는 파리에서 아무 일도 하지 않았으며 또한 관심을 끌지도 못한, 영향력이 크지 않은 공산주의자이자 기회주의자로 여겨졌다.

소식통은 블뤼허가 파리에서 오랜 기간 무엇으로 생계를 이어갔는지에 대해서는 침묵하고 있다. 사실 그는 자신을 쉽게 파악할 수 없는 인물로 남기는 데 큰 가치를 두었다. 키가 크고 날씬하며 잘생기고 적응력이 뛰어났던 그는 처음부터 불투명한 삶의 행로를 걸어왔다. 확실히 증명되는 것은 두 곳의 교사 교육기관에 있었다는 사실과 두 번의 결혼뿐이다. 분명히 확인된 친구 중 한 명은 대중가요, 오페레타, 전투 노래 작곡가이자 시인인 다비드 로베르트 빈터펠트인데, 그는 로베르트 길베르트라는 이름으로 세계적으로 유명해졌다.* 길베르트는 블뤼허가 사망할 때까지 그의 가장 친한 친구로 남았다.[145]

아렌트는 블뤼허가 막 주목받기 시작하던 시기에 그와 함께 그 이야기의 일부를 경험하고 있었다. 그녀는 1936년 여름 블뤼허를 만났을 때 사랑에 빠졌고, 그 역시 그녀에게 마음을 주었을 것이다. 블뤼허가 아무 문제 없이 그 절차를 통과할 수 있었던 것은, 이미 언급했듯이 공산주의 이민자 사회에서 그가 큰 비중을 차지하지 않았기 때문일 수도 있다. 그러나 동시에 여러 차례 입증된 아렌트의 관공서 대응 능력 덕분이었을 가능성도 크다. 실제로 그녀는 청소년 알리야 활동을 통해 많은 경험을 쌓았다.

그러나 파리에서 아렌트의 법적 상황은 어땠는가? 그녀는 1933년 10월 7일 이후 프랑스 파리에 체류하고 있었다. 그녀는 1933년 8월 16일 프라하 주재 프랑스 영사가 그 유효 기간을 확인한 독일 여권(1932년 8월 8일 발급)을 가지고 1개월 영사 비자를 발급받아 여정을 이어갔다. 여권의 유효기간은 5년이었다.

아렌트는 1933년 10월 17일 파리에서 '연구'하고 싶다는 내용의 개인 신청서를 경찰청에 제출했다. 당시 유일한 보증인은 1912년부터 콜레주 드 프랑스Collège de France에서 교수로 있던 유

226

명한 의사 장 나게오트였다. 나게오트는 귄터 슈테른의 아버지 빌리엄의 지인이었다. 일주일 뒤인 10월 24일 나게오트의 아내가 슈테른을 위해 나섰고, 몇 년 후에는 아렌트와 그녀의 어머니, 그리고 그녀의 의붓자매를 위해 도움을 주었다. 아렌트는 '연구'라는 일반적인 표현을 사용했지만, 슈테른은 자신의 철학 연구를 계속하고 싶다고 밝혔다.

블뤼허는 당국에 거의 알려지지 않았지만, 아렌트의 경우는 상황이 달랐다. 1937년 5월 14일 그녀는 내무부 소속 경찰서에 모습을 드러냈다. 여러 당국에 반복해 제출한 서류에는 무엇보다도 다음과 같은 내용이 적혀 있었다.

> 슈테른으로 불리는 여성은 프랑스에 도착한 이후 독일로 돌아가지 않고, 네덜란드와 이탈리아, 스위스로 출장을 가기 위해 1934년 9월 11일, 1935년 6월 11일, 1936년 7월 29일에 내 사무실을 찾아와 여러 차례 비자를 신청했다. 이 외국인은 이스라엘 사람들이 직면한 박해 때문에 독일을 떠났다.

아렌트의 남편 귄터 슈테른이 1936년 5월 프랑스에서 뉴욕으로 떠났다는 사실도 알려졌다. 결국, 신청서를 아렌트에게 유리하게 받아들일지는 내무부 이민법 전문가이자 변호사인 자크 모렝이라는 사건 담당관에게 맡겨졌다. 그는 신청서를 마침내 승인했다.

아렌트는 1937년 1월 중순에 난민 여권 신청서를 작성해야 했다. 그녀는 신청서에 자신이 "작가이자 철학박사"라고 기재하고, 베를린-슈테를리츠의 오피츠가 6번지에서 마지막으로 살았다는 사실, 남편 슈테른이 1936년 뉴욕으로 갔다는 사실, 독일 여권이 1937년 8월 8일 만료된다는 사실, 그리고 출생 및 결혼 증명서를 제출했다는 사실을 기재했다. 그런 다음 그녀는 독일 당국이 슈테른 부부 모두에게 여권 발급을 '금지'했다고 보고했다. 남편이 여권을 갱신하려고 했기 때문에, 그녀는 독일 대사관에 가지 않고도 여권 발급 금지 사실을 알게 되었다.

아렌트는 또한 프랑스 개인 인적 기록에서 자신이 유대인 박해 때문에 1933년 7월 독일을 떠났고, 그해 8월부터 해외에서 살았으며 다시는 독일에 가본 적이 없다는 사실을 당국에 알렸다. "당신은 독일 규정에 따른 유대인 혈통입니까? 어느 정도인가요?"라는 질문도 있었다. 아렌트는 "나는 완전한(100%) 유대인입니다"라고 답변했다.

이제, 독일 변호사를 통해 1937년 9월 13일 판결로 몇 달 이후 법적으로 이혼한 슈테른 부부 이야기를 계속 이어가 본다. 슈테른은 미국에서 다른 여성을 만났다고 말했고, 아렌트는 이를 근거로 이혼을 요구할 수 있었다. 이후 독일 당국은 상당히 혼란스러워졌다. 1년 전에 미국으로 이주한 슈테른이 비밀경찰의 주목을 받게 된 것이다. 이전부터 "활동적인 공산주의자로 알려진 유대인 슈테른"은 1933년 이전부터 《붉은 깃발 *Rote Fahne*》과 《저녁의 세계 *Welt am Abend*》 등 관련 신문을 읽고 행사에도 열심히 참여했다. 1938년 1월 8일자 편지에 따르면, 그가 공산주의 서적이나 저술을 남겼는지는 확실하지 않았다. 따라서 생년월일이 1912년 7월 12일인 슈테른의 국적 박탈 신청이 이루어졌다. 이는 명백한 실수로 보이며, 1902년이 맞을 것이다. 슈테른은 1906년 10월 14일 하노버에서 태어난 요한나 아른트(Arndt; 원문대로!)와 결혼했기에, 국적 박탈은 그의 아내에게도 적용되어야 했다. 분명히 당시 행정 당국은 최신 정보를 갖고 있지 않았다.

1938년 1월 초 파리에서 조사가 이루어졌다. 독일 대사관은 슈테른이 1936년 1월 이후 "더 이상 나타나지 않았다"고 보고했지만, 그와 그의 아내가 마르세유에서 셰 셰러Chez Chérer 또는 쉐러 Scherer라는 이름으로 식당을 운영했으며, 자신을 귄터 쉐러라고 부르고 그 식당이 난민들의 만남 장소였다는 소문이 돌았다. 이 정보는 마르세유 영사관에서 확인했지만, 명확한 내용은 알려지지 않았다. 그러나 모든 관계자는 슈테른 부부의 독일 국적 박탈을 지지했다. 1938년 4월 27일자 독일 제국 관보 및 프로이센주 관보의 104호에 목록 번호 43이 게재되면서 "1912년 7월 12일 브레슬라우에서 태어난 슈테른, 귄터 지그문트"(원문대로!)의 독일 국적 취소가 공식적으로 이루어졌다. 아내로 지목된 "1906년 10월 14일 하노버에서 태어난 요한나 아른트"에 대한 국적 박탈 요청도 같은 명단에 포함되었다. 아렌트에 대해서는 별도의 문서가 작성되지 않았기 때문에, 그녀의 국적 박탈은 결국 귄터 슈테른과 연결된 것으로 처리되었다. 그 근거는 그녀가 여전히 그와 비밀스럽게 협력한다는 의혹 때문이었다. 이 오류는 결국 당국이 바랐던 부당한 결과로 이어졌다. 강제 추방을 담당한 인물은 당시 비밀경찰청 제2B부 책임자인 나치 친위대 돌격대 지도자 쿠르트 파울 베르너 리슈카였다. 그는 나중에 파리 드랑시 수용소에서 최소 7만 3,000명의 유대인을 아우슈비츠-비르케나우로 추방하는 데 공동 책임을 맡기도 했다.[146]

블뤼허와 아렌트는 아마도 1936년 여름부터 사귀었던 것으로 추정되며, 아렌트가 제네바로 여행하면서 다시 헤어졌다.

그곳에서 아렌트는 마르타 문트의 집에 머물며 어머니를 만나고, 세계유대인회의 창립 회의에 참석해 이를 보고하기로 되어 있었다. 그녀는 프라하에 있는《새로운 세계 무대》편집장 헤르만 부치슬라브스키에게 편지를 보내 그 회의에 관한 기사를 쓰겠다고 알렸다. 하지만 동시에 자신이 잘 모르는 사람에게까지 연락해 경쟁 잡지인《새 일지 *Das neue Tagebuch*》에 글을 쓰고 싶다는 뜻을 드러냈다. 이 대담한 계획의 추천인은 쿠르트 로젠펠트 박사였다. 그는 의회 의원, 공무원, 이론가로 활동했으며, 특히 수많은 재판의 변호사로서 파란만장한 사회주의 좌파이자 사회민주주의적인 삶을 살다가 1934년부터 무국적자가 된 인물이었다. 가장 두드러진 점은 그가 늦어도 1931년부터 카를 폰 오시에츠키의 변호를 맡았다는 사실이다. 로젠펠트는 부치슬라브스키에게 보낸 답장에서 자신을 "한나 아렌트-슈테른 부인을 수년 동안 알고 있는 사람"이라고 소개하며, "나는 그녀가 모든 면에서 당신을 만족시킬 기사를 쓸 것이라고 확신한다"고 말했다.[147] 로젠펠트 또한 제네바에 있었기에 그녀와 직접 그 문제를 이야기

할 수 있었고, 아렌트가 블뤼허에게 보낸 편지에 따르면 실제로
그녀와 대화를 나누었다. 그러나 궁극적으로 세계유대인회의에
관한 그녀의 기사는 게재되지 않았다.

아렌트는 자신이 《새로운 세계 무대》의 '정규 기고자'로 알려
진 사람과 사랑에 빠졌다는 사실을 알고 있었을까? 아니면 블뤼
허가 자신의 위장이 들통나지 않도록, 또 새 연인이 프라하에서
자신의 이름을 내세웠다가 "블뤼허? 그게 누군가?"라는 역질문
을 받으며 불필요한 위험에 빠지지 않도록 하려 했던 것일까? 혹
은 하인리히 블뤼허, 라르젠 등으로 불린 그의 세계에 이제 막 발
을 들인 아렌트가 이미 그 '게임'에 동참해 애써 그의 이름을 언
급하지 않았던 것일까? 어쩌면 이때가 바로 샤를로테 베라트가
20여 년 뒤 한 친구에게 편지에서 회고했듯, 아렌트가 과연 블뤼
허에 대해 무엇을 알고 있었는지를 스스로 물어보게 된 첫 순간
이었는지도 모른다.

두 사람에 대한 글은 이미 많다. 이는 이 예상치 못한 조합이
지닌 강렬한 매력을 고려하면 놀라운 일이 아니다. 여기서 서로
를 끌어당긴 정반대 요소들의 결합은 흔히 찾아볼 수 없는 것이
었다. 사회적 차이, '혼합 결혼Mischehe'이란 사실, 단순한 의견 차
이가 아니라 그들이 만난 시기부터 미국행 배를 타기 전까지 실
존적으로 갈릴 수 있었던 정치적 견해 등 이 모든 것은 외부에서
판단하기에는 쉽지 않은 문제였다. 특히 여러 차례 준비 과정을
거쳐 공연하는 동안 마치 저절로 작동하는 듯한 '아렌트와 블뤼
허'라는 이름의 연극에서는 더욱 그러했다. 인물 묘사, 뉴욕을 배

경으로 한 그들에 관한 소설, 이해하기 어려운 것을 이해할 수 있게 만들려는 시도들을 읽다 보면, 어떤 것은 너무 가까웠고 어떤 것은 너무 멀었다. 그러나 꼭 이해할 필요는 없다. 파리에서의 시간, 수용소 경험, 리스본으로의 공동 탈출 등 결정적인 순간에 두 사람은 서로를 의지할 수 있었다. 이 정도면 충분하지 않을까?

1970년 10월 31일 블뤼허가 사망할 때까지 그들이 경험한 인생 이야기는 특별하다. 그녀는 일찍부터 다른 사람들에게 그를 지칭할 때 "Monsieur"*라는 호칭을 사용하기 시작했다. 이 호칭에는 프랑스에서 보낸 시간을 반영하는 동시에 역설적인 거리감이 담겨 있다. 또한 뭔가 귀족적인 분위기도 풍겼다. 많은 편지에서 알 수 있듯이, 아렌트는 남성을 매우 잘 판단할 수 있었다. 그녀는 블뤼허를 판단할 수 있는가? 그리고 블뤼허는 그녀를? 이 부부에 대한 수많은 묘사는 모두 최소한 한 가지 지점에 도달한다. 무엇보다도, 두 사람을 '거룩한 부부'로 존경하게 만든 것은 대화를 통해 발전된 특별한 유대와 공생이었다. 이러한 묘사는 사람을 특별한 친구이자 삶 속의 중요한 '상대'로 만들 수 있는 아렌트의 능력 덕분이었다. 쿠르트 블루멘펠트, 카를 야스퍼스 등은 사실상 블뤼허에 대한 그녀의 '사랑'을 확인해주었다. 가

<hr>

* 아렌트는 야스퍼스와 주고받은 편지에서 남편을 "Monsieur"로 표현한다. 한 예로 이와 관련한 내용은 다음과 같다. "… 여기에서 지적으로 '남편(Monsieur)'하고만 살고 있습니다. 즉 제가 알기로 우리는 같은 언어를 사용하는 유일한 사람들입니다."『한나 아렌트·카를 야스퍼스 서간집 1』,「편지 43」, 171쪽.

장 눈에 띄는 사람을 꼽자면 알프레드 카진이었다. 그는 아렌트에 대한 억누를 수 없는 열광에도 불구하고 블뤼허를 받아들일 수 있었을 뿐만 아니라 다양한 회고록에서 그의 새로운 면모를 계속해서 설득력 있게 드러냈다.

동시에 블뤼허는 거의 글을 쓰지 않았으며, 아렌트의 생각과 멀리 떨어져 있다가도 때때로 구별할 수 없을 정도로 가까운 사람이었다.[148] 그는 모든 것을 흡수해 되돌려주는 대화 상대였고, 직관적 지성을 발휘하기도 했다. 예컨대 블뤼허는 1945년 이후에도 야스퍼스와 하이데거가 여전히 과거의 사유 방식에 머물러 있다고 지적했는데, 반대로 아렌트는 끊임없이 개념과 범주를 새롭게 검토해야 한다고 요구했다. 블뤼허의 추정된 또는 실제 '영향력'은, 그것이 실제든 추정이든, 또 그런 말을 적용할 수 있다면, 한편으로는 헤아릴 수 없을 만큼 크고 다른 한편으로는 거의 보잘것없었다. 후자의 의미에서, 그의 성찰은 그가 읽은 것을 바탕으로 발전시킨 미학에 있었는데, 그것은 전적으로 구술과 지시 指示, Deixis, 그림이나 엽서를 보여주는 방식에 의존했다. 『혁명론 Über die Revolution』에는 블뤼허의 초상이 담겨 있는데, 거기에는 바이마르 공화국의 공산주의 전사들을 움직였을지도 모를 자유에 대한 갈망이 응축되어 있다고 여러 차례 주장되어왔다. 사실일 수도 있고 아닐 수도 있다. 만약 사실이라면, 아렌트는 결국 블뤼허를 잘 알지 못했던 것일 수도 있다. 혹은 블뤼허는 아렌트가 세운 기념비를 받은 것인지도 모른다. 그 기념비는 그녀가 어떤 대가나 이해도 바라지 않고 오직 그를 위해 세운 것이었다. 당시 블뤼허는 "군사 전문가"*였으며, '책'을 썼고 일부를 출판했지만 대부분 이해나 인정을 받지 못했다. 이름이 빠져 있었기 때문에 로베르트 길베르트의 가사와 노래에서 자신의 몫을 활용할 수도 없었다. 아렌트가 블뤼허를 대변하는 동안, 그는 전통적인 남성 역할을 맡았고 아마도 기꺼이 그럴 수 있는 사람이었을 것이다.

블뤼허의 말은 언제나 그의 말을 듣고 지켜본 특정 사람들과 관련이 있었기에 항상 정확하고 중요했다. '남아 있는 원고와 녹음본'**은 일부 동시대 사람들이 만들어낸 신화를 더 잘 이해할 수 있는 근거를 제공하지는 못하지만, 그를 비판하는 사람들조차도 자신들의 교만한 행동을 포기해야 한다. 블뤼허는 외부에서 볼 때 모든 면에서 불건전했으나 그래서 오히려 정직했다. 블뤼허는 공산주의자였고, 따라서 반파시스트였다. 그점에서 블뤼허는 아렌트의 편에 서 있었고, 나중에 미국에서도 변절하지 않았으며, 자만하지 않았고, 항상 주변을 주시했다. 그는 술과 안주가 넘쳐나는 큰 모임에는 관심이 없었지만, 좋은 친구 서너 명과 어울려 술과 안주를 즐기는 모임에는 기꺼이 참여했다. 가까운 곳과 먼 곳에서 온 훨씬 더 많은 유대인 지인들은 아렌트 주변에서

---

* 아렌트는 야스퍼스에게 보낸 편지에서 남편을 '군사 전문가'라고 다음과 같이 밝힌다. "그는 군사軍史와 군사 정세에 대한 지식 덕택에 전쟁 기간에 이곳에서 군대와 여러 대학을 위해 근무했고, 방송인으로서 근무했습니다." 『한나 아렌트·카를 야스퍼스 서간집 1』, 「편지 34」, 128쪽.

** 이 자료는 블뤼허 기록보관소에 보관되어 있다. 예컨대, 「공통 교과과정」, 「호메로스」, 「소크라테스」, 「헤라클리투스」, 「부처」, 「예수」 등의 강의록이 보관되어 있다.

이 베를린 사람을 발견하고는 짜증을 냈다. 또 그가 끊임없이 바람을 피우고 있다는 사실, 때로는 직접, 때로는 간접적으로 보도된 것처럼 여성에게 잠자리를 원하는지 묻는 것이 여성과 교제하는 방식이었다는 사실도 알고 있었다. 해변에서 로즈 페이텔슨과 함께 찍은 사진이 있는데, 환상을 거둔다면 사진 속에서 이미 불륜이 진행 중임을 알아차리지 못할 수 없었다. 실제로도 그랬다. 아렌트는 특히 이 불륜에 큰 충격을 받았는데, 페이텔슨은 아렌트가 "이제는 잃어버린 가족의 일부"라고 여겼던 사람이었기 때문이다. 베라트가 말했듯이, 그가 노년기에 "소눈을 가진"* 젊은 연인을 여러 명 만났는지 여부는 전혀 중요하지 않다. 아렌트에게 블뤼허는 인생의 어느 시기든 대화 상대가 필요할 때 언제나 곁에 있던 사람이었다. 그런 점에서 그는 다른 누구와도 비교할 수 없는 존재였다.

구체적인 삶의 경험 같은 본질적인 것을 제외하면, 지적인 부부에 대해 떠올리는 것, 화려하든 파국적이든 완전히 다른 무엇인가가 '있어야 한다'는 생각에서 벗어나기는 어렵다. 두 사람이 주고받은 편지를 읽다 보면, 일반적으로 알려진 두 사람의 모습과는 다른 점을 발견할 수 있다. 그것은 부부에게는 어떤 경우든 받아들여지지만, 제삼자에게는 아무 의미도 없는 일종의 합의다. 아렌트는 이런 어조에 대해 스스로 책임져야 할 이유가 없지만,

---

* 그리스 신화에서 헤라 여신은 소의 눈을 가지고 있는 것으로 묘사된다. 그녀의 큰 눈은 이상적인 아름다움으로 여겨졌다.

『예루살렘의 아이히만』을 쓸 때는 바로 이런 태도 때문에 거센 비난을 받았다. 사적인 자리에서라면 "그게 바로 나야"라고 말할 수 있다. 블뤼허와 단둘이 있을 때는 제삼자에 대해 거리낌 없이 평가하는 것도 정당하며, 다른 사람들이 알 필요도 없는 일이었다. 하지만 공공영역은 다르다. 그곳에서는 다른 방식으로 말하고 행동해야 한다. 그것은 옳고 그름의 문제가 아니라, 단지 사적영역과 공공영역을 구분하는 문제였다. 이것이 아렌트와 블뤼허 사이의 '합의'가 뜻하는 바였다. 두 사람의 편지를 읽으며 마치 '경청하고 있는 듯한' 안정감이 느껴진다면, 그것은 해석학의 위험한 함정일 수 있다. 바로 그 순간, 너무나 자명하게 들리는 말이 오히려 우리가 피하려 했던 가치 판단으로 이어지기 때문이다. 아렌트와 블뤼허는 자신도 모르는 사이에 이 '게임'을 제삼자와 함께 벌이고 있었던 셈이다.

뉴욕에 있던 아렌트의 어머니가 중병에 걸린 채 거리를 옮겼다는 점*, 아렌트가 중립국인 스위스, 그리스, 이탈리아를 제외하고는 거의 항상 혼자 유럽을 여행해야 했다는 점, 독일은 헤르베르트 베너 때문에 또는 여전히 블뤼허의 이름을 더럽히는 많은 사람 때문에 금기시되었다는 점, 이 모든 것이 두 사람의 관계를 특별하게 만든 요소였다. 아렌트는 주도적으로 행동했다. 블뤼허에게 책을 헌정했고, 그가 죽은 후 상을 제정하고 그의 강의록을

---

*　마르타 아렌트의 사망에 관한 내용은 다음 자료를 참조할 것. 엘리자베스 영-브륄 저, 홍원표 옮김, 『한나 아렌트 철학 전기: 세계사랑의 여정』(서울: 신서원, 2022), 481-90쪽.

출판하려 했다. 블뤼허 자신도 옛 친구들을 포함하여 그녀가 자기 주위에 그려놓은 원 안에서 움직였다. 대화와 의견 교환 속에서 순수한 구술口述에 의존하면서도 스스로를 증명할 필요가 없는 지혜는 항상 자신이 겪은 경험을 반영하고 함축했다. 또 자신과 타인에게 고통을 주는 "이해의 필요성"*을 추구하는 곳에서 아렌트의 업적 중 하나가 드러났다. 사적인 것과 공적인 것의 결합은 외부에서 활동하는 사람들에게 어떠한 부가 가치도 창출하지 않기 때문이다. 모든 변명과 준비에도 불구하고 블뤼허가 제공한 안전은 아렌트에게는 적절했던 것 같다.

불뤼허가 사망한 이후 동독을 방문하여 불뤼허 어머니 가족의 고향이자 그가 자란 마을에서 사진을 찍은 사람은 바로 베라트였다. 블뤼허는 최소 두 명의 남겨진 가족이 있었던 셈이다.

파리의 시사평론가

1년 반이 지난 1936년 아렌트의 파리 강연은 그녀가 여전히 할 말이 있다는 것을 이민자 대중에게 알린 첫 번째 신호였다. 이 강연은 1934년에 이미 발표했던 현대 반유대주의에 대한 거의 완

---

* 아렌트는 『전체주의 물결과 정치적 이해』 가운데 「이해와 정치」, 「전체주의의 본성에 관하여: 이해의 에세이」에서 '이해의 필요성'을 언급하고 있다. 아렌트가 말하는 이해는 '인식'과 다르며 사유, 상상력, 공통감, 판단, 이야기와 밀접하게 연계되어 있다.

성 단계에 이른 연구 결과를 제시하고 논쟁에 대해 설명했으며, 어쩌면 다르게 또는 더 나은 연구를 하기 위한 시도였다.

아렌트의 유고에는 분명히 출판할 의도가 있었던 총 159쪽 분량의 타자 원고가 있었다. 5개의 장으로 구성된 이 원고의 마지막 장(「반유대주의로 선회한 귀족」) 제목은 '수기 사본'이고 더 이상 장 번호가 없지만, 원본의 마지막 쪽에서 다음 장을 참조하기 때문에 완전하지 않다. 원고에는 알 수 없는 사람이 쓴 "1937~38"이라는 연도가 적혀 있는데, 이는 강의 내용의 필사본임을 나타내는 것일 수 있다. 그러나 1933년 이후의 문헌은 거의 수록되어 있지 않으므로,[149] 적어도 원고의 상당 부분은 아렌트가 1934년에 이미 언급했던 연구계획에 속하는 것으로 추정된다.

여기서 날짜 문제는 중요한 의미를 지닌다. 이른바 1935년 뉘른베르크법이 제정될 때까지 독일의 상황을 지켜본 상당수의 관찰자들이 나치 독재가 지속될 것인지 판단을 내리지 못하고 있었기 때문이다. 아렌트는 그렇지 않았다.

이러한 비관주의는 또한 원고의 특징이기도 하다.* 그때도 아렌트는 권력을 장악한 반유대주의가 독일에서만 이러한 형태로 존재할 수 있다는 것을 의심하지 않았다. 아렌트는 크리스티안 빌헬름 돔의 1781년 『유대인의 개선에 대하여 Über die Verbesserung der Juden』를 언급하며 시작했고, 같은 쪽에서 요한 안드레아스 아이

---

* 이와 관련한 내용은 다음 에세이에 기반을 두고 있다. 『유대인 문제와 정치적 사유』, 「반유대주의」, 259-371쪽.

젠멘거의『정체 드러난 유대교*Entdecktes Judenthum*』를 언급했다. 이 책은 당시 유대인들에게 매우 위험한 것으로 여겨졌으며, 유대교의 위험에 대한 고대와 중세의 모든 거짓말을 전반적으로 정리한 것이다. 두 책은 서로 반복적으로 비교되는 고전이었지만, 아렌트는 세 번째 저작을 덧붙였다. 카를 빌헬름 프리드리히 그레타나워의『유대인에 반대하여*Wider die Juden*』를 통해 브렌타노, 아르님, 클라이스트 및 영향력 있는 독일기독교원탁결사와 같은 낭만주의 교육 엘리트와 연결시켰다. 마지막으로, 그녀는 벨헬름 마르의『게르만주의에 대한 유대주의의 승리*Sieg des Judentums über das Germanentum*』를 예로 들며, "거의 실현될 뻔했던 꿈"의 산물이었다고 말했다. 국가사회주의자들은 1933년 이래로 "'반유대주의'를 구호로 내건 운동"을 통치했다. '거의'라고 할 수 있을 뿐이다. "유대인 문제의 유일한 해결책은 모든 유대인을 죽이는 것으로 제시된 방안과 항상 같았기" 때문이다.

아렌트는 이렇게 반유대주의에 대한 분석을 시작했다. 이는 유대인 역사에 대한 분석이기도 했다. 그녀는 전자가 후자 없이 불가능하다고 확신했기 때문이다.

아렌트는 자신의 분석을 위해 자신만의 언어, 즉 일어난 일에 대한 왜곡과 폭로의 언어를 선택했다. "보잘것없는 자유의 세월", 게다가 '조건부'의 자유의 세월은 '동유럽 유대인'을 오만과 우월감의 대상으로 만들기에 충분했다. 그러나 1933년 며칠 만에 현실과 맞닥뜨렸다. 독일계 유대인의 우월성은 망명 운동 외에는 아무것도 남지 않았다. 뒤에 남은 사람들은 스스로를 탓했

고, 반면에 '동유럽 유대인'은 독일계 유대인이 "절망적인 열등
감"을 갖고 있다고 단정했다.

따라서 1933년은 "시민 해방과 유대인 해방 시대의 진정한 종
말을 알리는" 해였으며, 이는 서유럽의 안보를 종식시켰고 동시
에 동유럽의 새로운 안보는 '환상'에 불과하다는 신호였다. 만약
독일에서 그런 일이 일어날 수 있다면, 다른 곳에서도 비슷한 일
이 일어나는 것은 시간문제일 뿐이었다. 아렌트에게 독일계 유대
인의 경험은 '전형적인 사례'였으며, 그것은 다른 민족들에게 '절
멸의 전투를 시작하라'는 신호였다. 왜냐하면 상대는 약자이므로
쉽게 제압할 수 있을 것이기 때문이다.

'독일의 재앙', 그리고 독일계 유대인과 '세계 유대인'의 미약
한 반응은 지난 150년, 수십 년의 유대인 해방에 빛을 비춘다. 이
러한 전개는 오직 독일에서만 일어날 수 있었는데, 독일은 역사
적으로 형성된 구조를 지닌 국가로서 언제나 반유대주의를 중심
에 두고 있었고, 배출구도 희생양도 필요로 하지 않았다. 그것을
보지 못했던 것은, 유대인 역사가 항상 희생의 이야기로 여겨졌
기 때문이다. 아렌트에 따르면, 19세기에 서양에는 고통의 짐도
없고 신도 없는 '세계 역사'에 편입되려는 희망이 두 가지 형태로
나타났다. 동유럽에서는 개별 역사 속에서 '유대 민족'의 흔적을
찾아 '적어도' 유대인의 존재를 입증하는 '민족사'를 구축하였지
만, 서유럽에서는 이미 최종 목적을 달성한 후였다. '개혁 유대교
회당'은 더 이상 존재하고 싶지 않은 특수성의 구현체였다.

그러나 아렌트는 이어지는 전체 논의에서 양측 모두 한 가지

사실을 이해하지 못했다고 강조했다. 이러한 모델 안에서 반유대주의는 언제나 개인의 '의견'으로만 여겨졌으며, 그것은 치명적인 오류였다. 그러나 '우리의 역사'—아렌트는 언제나 유대인으로서 말하며 현재까지 이어지는 이러한 분석에 자신을 늘 포함시킨다—는 결국 자신들을 둘러싼 다수 사회의 역사 속으로 흡수되기를 원했다. "유대인은 독일인에 불과했다." 시온주의의 공로는 이 독단적 수면 상태를 끝냈다는 데 있었다. 그러나 시온주의는 실패했다. 동화, 적응, 평등화의 자리에 '주인 민족Host-Volk'과 유대인이라는 두 실체, 모두 영원하고 불변하는 실체라는 개념을 세웠기 때문이다. 따라서 이 두 해석은 모두 위험한 오해로 이어졌는데, 그 까닭은 유대인 역사를 판단할 권한을 비유대인에게 넘겨버렸기 때문이다.

아렌트는 '현재의 분석'의 일환으로 유대인 역사학이 얼마나 극적인 교착 상태에 빠졌는지 보여주기 위해 오토 헬러의 저서 『유대교의 종말: 사회주의를 통한 유대인 문제·비판·해법』[150]을 인용한다. 1897년 브륀에서 태어나 1945년 3월 말 위성 수용소라 불리는 에벤제 강제수용소에서 탈진해 사망한 헬러는, 자신이 선택한 주제에 대한 진정한 이론가나 전문가는 아니었다. 그는 1936년부터 파리에서 살았고, 그의 책은 프랑스어로 번역되었지만, 아렌트가 말한 것처럼 누구에게도 모범이 되지 않았고 더 일반적인 것을 나타내지도 못했다.

이보다 훨씬 더 중요한 것은 아렌트 자신의 '현재의 분석'이었다. 그녀는 독일 다수 사회가 지시하는 각자의 해방 상태가 자신의 행위를 재고할 이유가 아니라 현재 상황에 적응해야 하는 이유로 간주하는 것을 치명적이라고 생각했다. 따라서 독일계 유대인들은 마침내 독일 국민의 '진정한 대표자' 앞에 서게 되었다. 히틀러는 그들에게, 그들이 하나의 '인종'이며 자신이 그들을 대상으로 특별한 규정과 법률을 제정했다고 알렸다.

이 순간에 독일계 유대인의 반응은 완전한 마비, 무력감, 도피뿐이었지만, 시온주의는 테오도르 헤르츨 이후 변화하는 상황에 대처할 다른 전략을 제시했다. 즉 반유대주의에 맞서 실체를 보존하는 것이었다. 그리고 그보다 더 중요한 것은 최선을 다해 싸웠기에 변하지 않는 실체라는 점이었다. 아렌트에 따르면, 이로 인해 국가사회주의와 시온주의 교리가 동일시되는 결과가 되었다. 국가사회주의는 이질성과 근본적인 타자성으로 인해 자신에 속하지 않는 것을 배제하고 '근절'하려고 했지만, 시온주의는 유대교가 그 발전 가능성을 모색해야만 하는 타자라고 주장했다. 그래야만 시온주의는 그 실체를 온전히 인식할 수 있기 때문이다. 헤르츨처럼 경제 분석에서든 마르틴 부버처럼 '유사 철학적 깊이'에서든, 두 사람은 모두 각자의 방식을 회피하려고 했다. 구원해야 할 실체는 각각의 현재, '시대정신'에 맞게 조정되었다.

"팔레스타인의 현실에 직면한 시온주의 운동의 파산은 동시에 자율적이고 고립된 유대인 정치에 대한 환상의 파산"이라는 아렌트의 결론은 쓸쓸하게 들린다.

원고의 첫 번째 장은 틀림없이 어린이·청소년 알리야의 참여 이전에 작성되었다. 그러나 아렌트는 실제로 다음과 같은 사실을 깨달았을 수 있다. 적어도 모든 유대인이 직면한 실존적 위협에 대한 반작용의 형태로 "유대인 정치"*를 추구하는 것이 가능했다는 점이었다. 결국 그녀는, 독일은 새로운 유형의 반유대주의 역사의 첫 번째 단계에 불과하며 전멸의 위험이 있다는 논지를 거듭 강조했다.

첫 번째 장은「고전적인 반유대주의 국가」라는 제목으로 다양한 유대인과 그들의 특정 역사 및 환경이 범유럽적으로 조화를 이루는 계기가 된 독일의 발전을 요약한다. 그러나 히틀러의 이른바 권력 장악은 모든 유대인을 동일하게 만들었고, 그들을 같은 역학 관계에 놓았으며, 그 결과는 서로 다르게 느껴질 수 있다. 독일의 반유대주의는 보편적이며 모든 사람에게 영향을 미치며 모든 사람을 동등하게 적으로 취급한다. 이제 아렌트의 경우 레싱에서 로젠베르크의 『20세기 신화 *Mythus des 20. Jahrhunderts*』에 이르기까지 '고착Klammer'의 길, 추락의 길은 위대한 업적, 가장 위대한 본보기, 가장 깊은 존경의 뒤를 따라 이어진다. 이것들은 결국 '유대인'이 '민족'으로 통합되었다가, 다시 유대인의 인간성이 부정되는 서사로 귀결된다.

그 사이에 결정적인 단계가 있었다. 추상화, 즉 보편적인 것에 대한 자부심은 살아 있는 유대인을 하나의 원칙, 바로 악의 원리로 이끄는 특성의 전달자로 변화시킨다. 유대인과 악의 등식화는

<hr>

*   이 주제와 관련된 평론 기사는 1942년에 발표되었다.『유대인 문제와 정치적 사유』,「유대인 정치」, 549-52쪽을 참조할 것.

처음에는 반유대주의의 성취로 충분했으며, 아직 이 공식의 결과를 겨냥한 것도 아니었다. 그것은 다음 세대를 위해 유보되었다.

처음에 중요했던 것은 이 과정이 가능하고, 사회적으로 받아들여지고, '과학적으로' 성취되었다는 점이다. 두 번째 장 「반유대주의와 유대인 증오」에서는 이 문제를 고려한다. 아렌트는 현대의 반유대주의는 사회적 분화 과정을 역전시키려는 필요성에 기초하고 있다고 주장한다. '유대인'은 동화와 법적 평등을 통해서 '사라질' 위험에 처해 있다.

> 그 역사(근대 반유대주의 역사)는 정체성의 역사, 최소한의 현실 내용만을 지닌 매우 자의적인 정체성의 역사로 다룰 수 있다. 유대인에 관한 한, 당시 투쟁의 관점에서 볼 때 매우 필요한 정체성이다.*[151]

제3장 「고리대금업자·파리아·기생충」에서는 사회학적·경제적 범주를 사용하여 역사적 발전 과정을 재구성한다. 중요한 것은 이 세 가지 명칭이 19세기의 사회 및 경제 발전으로 인해 낡아졌음에도 불구하고 유대인과 연관되어 있다는 점이다. 또 타자, 고리대금업자는 현대적이지 않고, 특성 때문에 구식으로 간주해야 하는 것에 애착을 가지고 있다. 남은 것은 현재의 인물인 "권리도 없고 국가도 없으며 어느 나라에도 속하지 않는 시민"인 파

---

* 『유대인 문제와 정치적 사유』, 「반유대주의」, 299쪽.

리아다. 이처럼 유대인은 다시 기생충이 된다. 난민이라도 어디에서든 살아야 하기에 그들은 "사회 밖의 사회, 바로 '배타적인 사회 계층Kaste'"이 된다. 아렌트는 여기에서, 비록 두 번째 용어인 '파르브뉘parvenu'를 아직 언급하지 않았지만, 나중에 유명해질 명제를 처음 완전한 형태로 제시한다. 유대인 해방에서는 두 가지 유형, 파리아와 파르브뉘만이 나타날 수 있다.

유형, 더 정확하게 이상형은 아렌트가 제4장에서 제시하는 인물이기도 하다. 이 장에서 아렌트는 성공의 가능성으로서의 경제적 우선성, 권리 문제, 궁극적으로 사회 참여 문제에 관심을 갖는다. 이들 사이에 돌파구가 마련될 가능성은 없으며, 법적 상황을 개선하는 것이 가장 중요하다. 소위 궁정 유대인은 단지 그들이 언제든 철회될 수 있는 특권을 누린다는 이유만으로 '그 안에' 속한다고는 할 수 없다. 18세기에 게토가 해체되었다는 사실은 경계가 무너진 것으로 해석될 수도 있지만, 이제 빈곤이 해소되면서 부자들은 과거 운명의 동반자들과 공간적 분리를 시도할 것이다. 장벽이 무너지면서 서유럽 유대인과 동유럽 유대인의 차이는 더욱 분명해졌고, 이제 그 차이는 실제로 악용될 수 있게 되었다.

제5장 「예외적인 유대인」에서는 배제를 근거로 하여 적어도 교육받은 계층 사이에서 때로는 특이함으로, 때로는 호기심이나 매력으로 받아들여지는 공간을 제공할 수 있는 사람들을 조명하고 있다. 아렌트는 이러한 상황을 유대인 살롱 출현의 기초로 본다. 제6장에서 볼 수 있듯이, 기회의 창은 다시 빠르게 닫히고 있다. 귀족과 유대인 사이의 긴밀했지만, 이제 더 이상 그렇지 못한

'순전한' 경제 관계는 새로운 분노를 불러일으킨다.

아렌트에 따르면, 이는 광범위한 결과를 가져왔다. 국가에 반대하는 사람들은 반유대주의가 가장 매력적이라고 생각했고, 그에 따라 반유대주의를 이용했다. 예외적인 유대인과 국가 사이의 연계는 현대 반유대주의자들이 가장 좋아하는 표적이었다. 자국민을 수탈하고 그 상황에서 이득을 취하는 사람들에게 혜택을 주는 '국가'가 어떤 종류의 국가일 수 있는가?

> 반유대주의가 그 시대의 위대한 '역사' 투쟁과 기본적인 연결고리를 형성할 수 없고 적어도 통합된 사회 수준에 의해 지지를 받지 못하는 한, 반유대주의는 정치적 의미를 갖지 못하며 유대인에게 위협으로 제기되지 않는다.[*][152]

그러나 이것이 성공하여 모호함에서 벗어난다면, 반유대주의는 정치 문제, 즉 사회 전체에 영향을 미치는 문제가 된다. 국가는 내부 안정화를 위해 노력하고 특정 이익이 아닌 전체 이익에 집중해야 하는데, 반유대주의는 경계를 넘나들고 연대를 요구하기 때문에 위험하다. 아렌트에 따르면, 동화된 유대교는 마침 그러한 획기적인 시도의 기회를 제공한다. 유대교는 자유를 활용하면서 동시에 완고함을 유지하고 사회의 현대화에 따라 자체의 이익을 위해 변화하기를 원한다. 그러나 동시에 성공과 실패가

---

* 『유대인 문제와 정치적 사유』, 「반유대주의」, 351쪽.

모두 관심을 끄는 것이 되어서는 안 된다. 선망과 악의적인 쾌감은 오래된 반유대적 고정관념과 쉽게 연결될 수 있고 자체의 역동성을 발전시킬 수 있는 두 가지 감정이다. 그러나 아직 그 시점까지 이르지는 않았다. 유대인의 기능과 유대인에 대해 만들어진 이미지는 여러 차례 변화해왔다.

한편 국가는 개혁이 모든 사람에게 이익이 되어야 한다는 사실을 깨닫고 있다. 이에 대한 통찰력이 확산되어야 하며, 따라서 정치적 임무는 신흥 중산층을 강화하는 수단으로 교육과 양육을 활용하는 것이어야 한다. 유대인, 시민, 독일인으로 동시에 존재할 수 있는 것, 이것이 바로 달성해야 할 목표다.

그러나 부르주아지는 점차 등장하고, 모든 새로운 계층이나 계급처럼 이미 존재하는 것을 대체하거나 다른 계급이 자신의 고용 형태와 삶의 방식을 받아들일 만큼 강력해져야 한다. 귀족은 주로 여기에서 다루어진다. 귀족의 관점에서 볼 때 시민과 유대인은 발전의 수혜자로 보인다. 근대성의 두 주체가 하나로 합쳐진다. 현대적 형태의 반유대주의는 반부르주아적이기도 하다.

1936년 7월 한나 아렌트는 사무실을 정리했다. 이미 언급했듯이, 제네바로의 여행은 블뤼허와의 첫 별거를 의미했다. 아렌트가 반유대주의에 관한 원고를 집필했을 가능성이 있지만, 파른하겐 전기를 추진했는지는 알려지지 않았다. 그녀는 확실히 프랑스 역사와 특정한 프랑스 반유대주의에 관심이 있었는데, 두 가지 모두 위에서 논의한 원고에 언급되어 있다. 아렌트가 제네바에서 누구를 만났고, 그곳에서 어떤 정보를 얻었는지는 모두 불분명하다. 그러나 제네바에는 블루멘펠트, 벤구리온, 바이츠만뿐만 아니라 프랑스 시온주의 운동의 중심 인물도 다수 있었다. 그중에는 1920년 키예프에서 파리로 도피한 이후 프랑스 시온주의 활동의 핵심 인물이 된 이스라엘 예프로이킨도 있었다. 한때 블뤼허의 처남이었던 그는 1884년 1월 24일 리투아니아의 비에크슈네이 마을에서 태어났다. 1927년 12월 6일 아내 말카와 러시아 태생의 아들 쥘과 함께 프랑스 시민이 되었고, 이후 국내 및 국제 활동을 활발히 펼쳤다.

한나 아렌트는 늦어도 1936년 가을부터는, 구스트로프 암살자인 데이비드 프랑크푸르터를 지원하기 위해 위원회에서 함께 일했던 사람들을 만나러 제네바로 갈 필요가 없었다. 1887년 알제에서 태어난 조르주 제라파는 오늘날까지 발간되는 철학 잡지 《정신Esprit》의 공동 창립자이자 성공한 은행가, "의식 있는 유대인", 활동가이자 수필가였으며, 프랑크푸르터의 암살 시도 직후 그와 접촉했다. 물론 그의 변호사 중 한 명인 헨리 토레스도 거기에 있었다. 이밖에도 러시아 태생의 조각가 나오움 아론슨, 스위스 태생 은행가 에밀 구트만, 시온주의 운동가이자 성공한 사업가 모리스 우르당, 러시아의 시온주의자이자 프랑스 변호사 엘리 에벌린, 반유대주의 연구가이자 역사가 엘리아스 체리코워, 그리고 마지막으로 에스토니아 바이바라 강제수용소에서 쇠약해져 사망한 언어학자이자 언론인 젤리그 칼마노비치가 있었다.[153] 제라파 외에도 위원회의 제2대 위원장인 샬롬 슈바르츠바르트가 있었다. 그들은 모두 하나의 목표를 가지고 있었다. 프랑크푸르터를 지지하고, 변호사들에게 자료를 제공하며, 언론에 사건의 배경을 알리는 것이었다.

프랑크푸르터 사건에 대한 아렌트의 개입은 위원회 활동을 조정하는 것에만 국한되지 않았다. 그녀는 프랑크푸르터 재판이 시작되기 전에 신문사 기자 및 유대인 단체 구성원들과 대화하기 위해 현장에 있기를 원했다. 예프로이킨은 1936년 11월 말에 약 일주일의 여행 경비에 1,000프랑을 지원했다. 그에 앞서 위원회는 소송 전략을 논의하기 위해 프랑크푸르터의 또 다른 변호사인 파이트 빌러를 파리로 초대하는 데 성공했다. 그들은 프랑크푸르터를 위해 증언할 증인을 찾았지만 성공하지 못했다. 빌러는 도움을 주겠다는 제안에 별다른 반응을 보이지 않았으며, 증인 진술은 스위스 법원에서 극도로 제한적으로 이루어졌다. 1936년 12월 9일부터 14일까지 4일간의 재판 동안 구스트로프의 남겨진 아내만이 증언했다.[154]

데이비드 프랑크푸르터는 최종적으로 18년의 징역형을 선고받았고, 여기서 8개월의 미결 구금 기간이 공제되었다. 사면은 1945년에 이루어졌다. 법원은 살인 사건이 이른바 '제3제국'의 유대인 정책에 기인한다는 피고인의 주장을 기각했다. 비록 아렌트와 다른 많은 지지자가 이 기각을 프랑크푸르터 변호사들의 전략 탓으로 돌렸음에도 불구하고, 판결에서 제3제국에 대한 신랄한 진술이 이루어졌다. 아렌트의 위원회도 참여했을 것으로 추정되는 260쪽 분량의 제3제국에 관한 문서도 특히 판결에 한몫

했을 것이다.[155] 판결 이후에도 활동은 계속되었다. 영국, 미국, 프랑스를 포함한 다른 유대인 조직과의 협력이 모색되었다.

아렌트가 프랑크푸르터 위원회에서 언제까지 활동했는지는 정확히 알 수 없다. 어쨌든 1937년 2월 말 프랑스 신문은 그녀가 "독일 반유대주의의 역사적 원인"에 관한 국제여성시온주의단체 행사의 일환으로 프랑스어 강좌를 이수했다고 보도했다. 그 강의가 공개 강의인지 국제여성시온주의단체를 위한 전용 강의인지는 알 수 없다. 그러나 보고자들은 이번 강연이 국제여성시온주의단체의 독일 지부가 프랑스어로 진행한 첫 번째 강연임을 강조했다.

1937년 남은 기간에 아렌트가 그 이외의 공개 활동을 했는지는 확인되지 않았다. 그녀가 이 시기에 반유대주의 원고에 관심을 갖고 프랑스 반유대주의, 특히 드레퓌스 사건과 이에 관한 반응을 집중적으로 연구했는지는 기껏해야 추측만 할 수 있다. 아렌트 자신은 방대한 에세이 「드레퓌스 사건에서 오늘날의 프랑스까지」에서 사용한 자료가 주로 1937년까지 발표된 것이라고 언급했기 때문에, 이 무렵에 그 주제를 다룬 것으로 추정된다.[156] 어쨌든 아렌트는 1935년 7월 12일 드레퓌스 사망 이후 그의 생애와 재판을 회상하는 출판물을 면밀하게 추적했을 것이다. 거의 85세의 나이로 죽은 이 남자는 반유대주의가 이웃 나라의 국가 교의가 되었기 때문에 자연스럽게 프랑스 국민의 기억 속으로 돌아왔다. 아렌트는 특히 자신이 기고한 신문과 자신의 지인들이 출판한 신문에서 거의 매일 드레퓌스를 접했고, 나중에 자세히 살펴볼 인물인 베르나르 라자르 역시 주목하게 되었다.

아렌트는 1938년에 파른하겐 전기의 집필을 완료했다고 말했다.[157] 그녀가 1952년 카를 야스퍼스에게 회상한 바에 따르면, 아마도 여름, 늦어도 가을에는 완료했을 것이다. 그 당시 그녀는 뉴욕에 있는 '독일 문화의 자유를 위한 미국 조합'이 주최한 대회에 원고를 제출했다. 이 저작의 첫 번째 평론가인 고대 로마 연구자이며 작가인 로베르트 아르놀트 베르만은 이 전기를 '문학적'이라기보다는 문헌학적인 전기라고 평가했다.[158] 놀라운 판단이다. 정확히 어떤 판본인지 확인하는 것은 더 이상 불가능하다. 분실되었지만, 야스퍼스가 보유하고 있는 것과 비교하여 재작업했을 수 있다.

숨가쁜 시간들

그동안 전반적인 상황은 어땠는가? 그리고 아렌트는 무엇을 했는가? 아렌트의 부재 기간에 프랑스의 청소년 알리야는? 내부 보고서, 문서화된 모금 활동, 비망록 및 편지에서 볼 수 있듯이, 프랑스에서는 어떤 의미에서 포기 상태였다. 이제 연락망은 런던, 베를린, 예루살렘 사이에서 이루어졌다. 스칸디나비아, 특히 스톡홀름의 최고 랍비 마르쿠스 에렌프라이스의 활동을 통해 스웨덴에서는 수많은 인사 발령이 있었고 새로운 직원들이 합류했다. 1933년 초에 에렌프라이스는 스웨덴에서 적어도 일시적으로 이민자들에게 우호적인 정책을 수립하는 데 결정적으로 공헌했다. 가장 저명한 망명 인문학자는 바이마르 공화국의 독일 최고 철학자 에른스트 카시러였다. 예테보리 유대인 공동체는 배후의 중요 인물인 에렌프라이스와 함께 5년 동안 카시러의 교수직을 지원했다. 게다가 이 수석 랍비는 테오도르 헤르츨과의 직접적인 연결고리였다.[159]

네덜란드가 어린이·청소년 알리야를 지원할 목적으로 합류했고, 스위스는 점점 더 중요해졌으며, 이탈리아·미국·캐나다도 기금을 모았다.

반면 프랑스는 늘 어려운 곳으로 알려졌다. 아렌트가 학문 연구로 돌아온 후 거의 2년 동안 그녀의 동료들은 다른 조직, 특히 국제여성시온주의단체에서 일했다. 《유대인 신문》은 1931년부터 《토요일 *Samedi*》로 신문 이름을 바꾸었고, 새로운 편집진을 구성해 부분적으로 다른 노선을 추구했다. 《토요일》은 줄리엣 파리, 줄리엣 슈테른, 한나 아렌트를 통해 누렸던 대중적 인기를 더 이상 얻지 못했다.

국경 반대편에서는 1935년 뉘른베르크 당대회 결의안 이후 제3제국이 유대인과 그들의 대표자에 대한 제한을 더욱 강화했다. 11월 14일 유대인들은 마침내 공직에서 제외되었다. 독일은 3주 전에 국제연맹을 탈퇴했다. 연말에 청소년 알리야, 특히 프랑스의 계획에 매우 호의적이었던 제임스 맥도널드 난민 위원은 정치 상황의 변화로 인해 더는 건설적인 난민정책이 불가능하게 되자 사임했다. 1936년 3월 7일 제3제국은 확장 정책을 시작했다. 독일군은 이전에 비무장화된 라인란트를 점령했다.

언뜻 보기에, 사회주의자이자 유대인인 레옹 블룸과 그의 인민전선(통합 좌파)의 프랑스 선거 승리는 이에 대한 반응처럼 보였다. 그러나 실제로는 더 오랜 국내 정치 과정의 결과였다. 블룸은 1936년 6월 4일 총리가 되었고, 며칠 후 포괄적인 노동법 개혁인 '마티뇽 협정'으로 전국을 마비시킨 파업을 종식시킬 수 있었다. 특정한 개혁 분위기 속에서 '난민지원위원회CAR'가 창설되었고, '독일이민중앙협회'를 통해 독일 기관과 단체를 통합하려는 시도는 곧 비참하게 실패로 돌아갔다. 독일의 유대인 상황에 대해 지겹도록 들리는 국제적 결의안이 있는 동안, 블룸 정부에 대한 우파의 압력은 더욱 증가했다.[160] 여기에는 프랑스의 경제 문제도 포함되며, 그 결과는 프랑화 평가절하였다. 국내 정치 상황은 1937년 5월부터 대조 효과를 의도하며 화려하게 개최된 세계박람회로도 감춰질 수 없었다. 11월에 박람회가 종결되었을 때에는 암울한 분위기가 감돌았다. 그보다 앞서 5개월 전인 6월 22일에 레옹 블룸이 사임했기 때문이다. 그 이후로 상황은 극도로 불안정해졌으며, 이는 끊임없이 바뀌는 내각에서 가장 분명하게 드러났다. 프랑스는 카미유 쇼탕 치하에서 점진적이지만 분명하게 오른쪽으로 표류했다. 거의 동시에 일어난 두 사건은 프랑스 사회가 얼마나 분열되었는지를 잘 보여준다. 한편으로 독일 난민을 위한 최초의 특별 여권은 1937년 12월에 발급되었다. 이로 인해 독일 난민이 프랑스 시민권을 획득할 수 없음이 최종적으로 분명해졌다. 그런데도 '독일 난민을 위한 신분증 및 여행 증명서'는 어느 정도 법적 확실성을 제공했다. 반면 1908년 프랑크푸르트에서 태어난 유겐 바이트만은 12월 초에 6명을 잔인하게 살해하는 잔혹한 연쇄살인을 저지른 후에 체포되었다. 우익 언론은 바이트만이 독일 출신이라는 사실을 이민자에 대한 선동에 이용했다. 1939년 6월 17일 그는 프랑스의 베르사유에서 공개 처형된 마지막 인물이었다.[161]

루마니아는 반유대인 조치에 동참한 국가들 가운데 하나였다. 루마니아 정부는 이 나라에 거주하는 최대 80만 명의 유대인 가운데 50만 명을 무국적 상태로 몰아넣겠다는 생각을 적극적으로 고려하고 있었다. 이 소식은 유대인 조직과 신문에 점점 더 많은 경각심을 불러일으켰다. 1938년 초에 루마니아는 새로운 시민권법을 통과시켰는데, 이를 통해 국가에 '범람'하고 있는 것으로 추정되는 유대인들을 유권자 목록에서 제외했다. 루마니아에서 상황이 여전히 극적으로 전개되는 동안 오스트리아에서는 모든 것이 이미 결정되었다. 즉 3월 11일 국가사회주의자들이 말하는 독일 제국으로의 '합병Anschluss'이란 사건이 발생했고, 그 직후 유대인 주민에 대한 잔혹한 만행이 시작되었다. 얼마 지나지 않아 폭력적이고 살인적인 반유대주의의 수문이 열렸다.

그런데도 1938년에 청소년 알리야에는 작은 희망의 빛이 보였다. 1936년 5월 말부터 영국 식민지 장관을 맡아 팔레스타인을 책임지고 있었기 때문에 이스라엘 국가 창설 노력에 근본적으로 개방적 입장이었던 윌리엄 옴스비-고어는 의회에 제출한 서면 성명에서 다음과 같이 말했다. 팔레스타인의 상황이 불안정하고,

아랍인과 유대인 사이에 테러와 폭력 행위가 계속 발생하며, 예루살렘과 텔아비브에서 실업률이 증가함에 따라 식민지 정책은 여전히 제한적으로 유지되어야 한다. 그는 곧 팔레스타인으로 여행할 예정이었다. 마지막으로 내각은 1938년 4월 1일부터 1939년 4월 1일까지 제한적 이민을 유지하고, 1938년 4월 1일부터 10월 1일까지는 8,300명으로 제한한다고 결정했다.[162]

그런데도 이것은 1938년 3/4월호에 배포된 「어린이·청소년 알리야 전담반 정보」가 전파한 희망의 빛이었다. 옴스비-고어는 6개월 규정에 대한 설명에서 다음과 같이 밝혔다. 팔레스타인의 교육기관이나 대학으로부터 확정된 입학허가와 재정 보증을 받은 청소년과 학생은 '제한 없이' 입국할 수 있다. 활동은 이에 따라 조직되어야 한다.

이 소식은 바로 아르투르 루핀의 기고문으로 이어졌다. 그는 평범한 사람이 아니었다. 1876년 당시 독일에 속해 있던 라비츠에서 태어난 루핀은 1903년에 다윈주의와 사회과학에 관한 법학 논문으로 박사학위를 받았으며, 이듬해 거의 300쪽에 달하는 연구서 『현대의 유대인 *Die Juden der Gegenwart*』을 발표했다. 이 '사회과학 연구'는 통계자료에 강한 관심을 보였고, 동시에 역사학적 성격도 지니고 있었으며 「시온주의」에 관한 장으로 끝을 맺었다.[163] 루핀은 곧바로 1904년 '유대인 통계국'의 공동 책임자가 되었고, 1931년까지 발행된 《유대인 인구학 및 통계 잡지》의 공동 창립자이기도 했다. 그는 1908년 통계국의 관리를 포기하고 팔레스타인으로 이주하여 세계시온주의기구WZO의 공식 대표부인 팔레스타인 사무소를 이끌었고 텔아비브 창설자 중 한 명이었다. 루핀은 처음부터 팔레스타인 정착 문제를 담당하는 수많은 주요 직책을 맡았다. 오랫동안 아랍인과 유대인의 공동 국가를 적극적으로 지지해온 루핀에게 67명의 유대인이 살해된 1929년 헤브론 학살 사건도 전환점이 되었다. 소식통에 따르면, 일주일 이상 지속된 충돌로 최소 116명의 아랍인과 133명의 유대인이 사망했다. 그후 높은 수준의 추가 폭동이 발생했다. 양측 모두 사망자가 발생했다.[164] 이때부터 루핀은 팔레스타인에 유대인 독립 국가를 설립하자고 촉구했다. 그는 1933년 조직화된 어린이·청소년 알리야의 가장 강력한 옹호자 중 한 명으로, 1937년에 체결된 국제 모금 및 알리야 지원단체 '케렌 헤이소드'와 헨리에타 솔드가 이끄는 운동 사이에서 기부금 재정 재편에 참여하기도 했다.[165]

1938년 2월 루핀은 강연을 위해 며칠간 독일에 머물렀다. 이 강의 내용 중 하나는 문화협회의 신문에 실렸다. '최고 통계학자'는 다음과 같은 수치를 제시했다. 1933년 이후 4만 5,000명의 독일계 유대인이 팔레스타인으로 이주했다. 어린이·청소년 알리야는 레샤 프라이어가 조직을 창설한 이래로 2,180명을 팔레스타인으로 데려올 수 있었다. 늦어도 1919년부터 국제적으로 시온주의 운동을 전개하고 수많은 단체의 공동 창립에 관여했던 프라이어는 1932년 이후 독일의 정치적 상황을 고려하여 더는 단순한 선언에 그치지 않고 시온주의 사상의 실천을 추진했다. 일반적인 이야기에 따르면, 헨리에타 솔드는 동유럽에서 온 다섯 명의 젊은이와 함께 운동을 시작했고 곧바로 이미 설립된 유대인 기관의 의심을 받았다. 하지만 루핀에 따르면 그녀는 성공적으로 작업을 이어나갔다.

시온주의 건설의 창시자들은 모두 팔레스타인을 건설하는 데 젊은 세대가 필요하다는 사실, 그리고 단순히 초기 유대인의 삶의 방식을 채택하는 것만으로는 이 건설을 달성할 수 없다는 사실을 깨달았다. 따라서 팔레스타인의 목표를 위해 어린이와 청소년들에게 영감을 주려는 시도는 이러한 고려의 논리적 귀결일 뿐이었다. 마침내 1932년 7월 잘로몬 아들러-루델이 이끄는 단체는 이주하려는 사람들의 농업 훈련을 위해 길이가 약 7킬로미터이고 너비가 5킬로미터인 브란덴부르크의 퓌르스텐발데 근처 노이엔도르프 농장을 사들였다.

루핀은 이제 기대해볼 시간이라고 말했다. 2년간의 훈련 기간을 거쳐 입국한 2,180명 중 73퍼센트가 농업에 종사하거나 새로운 키부츠를 열었다. 이런 식으로 '대도시의 유대인'과는 다른 '새로운 유대인'이 성장하고 있었고, 이들은 육체적 고통을 견뎌내고 있었다. 독일에서 온 어린이와 청소년들은 특히 호평을 받았다.

식민지 강대국이었던 영국의 예상치 못한 정치적 의지와 대중에 대한 적극적인 홍보는 효과적으로 활용되어야 했다. 그 결과 더 많은 자금이 어린이·청소년 알리야의 금고에 유입되었다. 특히 시국이 긴박하고 독일 내 유대인에 대한 폭력이 점점 더 조직적이고 체계적으로 이루어지고 있다는 것을 모든 사람이 읽고 볼 수 있었기 때문에 더욱 많은 자금이 유입되었다. 매년 학교를 그만두는 5,000여 명의 유대인 청소년 가운데 1/7이 아닌 1/5 이상을 알리야에 참여시키는 것이 목표였으며, 항상 3,000명이라는 숫자를 염두에 두고 있었다. 1938년 3월 베를린에서 롤라 한-바르부르크와 함께 어린이·청소년 알리야를 이끌었던 에바 슈테른이 팔레스타인으로 이주하여 힘을 합쳤다. 그녀의 자리는, 1903년에 태어나 1930년 파울 엡스타인과 결혼한 사회복지사이자 경험적 형태심리학자인 헤트비히 슈트라우스가 대신했다. 파울은 1933년부터 베를린의 독일계 유대인 '독일 대표부'에서 주요 직책을 맡았으며, 헤트비히는 어린이와 청소년을 위한 일에 헌신했다. 엡스타인 부부는 활동의 일환으로 유럽의 절반과 팔레스타인을 여행했지만 베를린에 머물기로 결정했고, 자신들에게 맡겨진 사람들과 함께 1943년 테레지엔슈타트 강제수용소로 추방당했다. 파울 엡스타인은 1944년 수용소 장로로서 총살당했고, 헤트비히 엡스타인은 마지막 수송차에서 비르케나우로 이송되어 그곳에서 살해당했다.

1938년 8월 말까지 매달 50~130명의 어린이와 청소년이 베를린의 알리야 사무소를 통해 파리에 도착했다. 준비 캠프의 수용 인원이 소규모였다는 점을 고려할 때, 이는 엄청난 도전이었다. 따라서 팔레스타인으로의 이주 준비는 비록 직접적인 계획은 없었지만, 독일 내 박해로부터의 구출 캠프로 기능했다.

블룸은 프랑스에서 1938년 3월에 잠시 총리직에 복귀했으나, 4월 10일 에두아르 달라디에로 교체되었다. 그는 또한 영국에서 제3제국을 향해 전개한 유화 정책의 지지자이기도 하다. 또 다른 좌절은 '유대인 문제'를 해결하기로 되어 있던 국제난민회의, 즉

1938년 7월 6일부터 15일까지 열렸던 에비앙 회의가 다시 한번, 이번에는 결정적으로 실패했다는 점이다. 예를 들어 현재까지 연간 2만 7,370명의 이민자를 수용하고 있던 미국은 할당량 확대를 거부했고, 다른 국가들은 원칙적으로 받아들이지 않았다. 그 대신 회의의 본래 취지였던 유럽 유대인 구출 준비는 뒷전으로 밀려났고, 회의는 자국의 '유대인 문제'를 언급하는 자리로, 다시 말해 단순히 '문제'를 논의하는 쪽으로 바뀌어버렸다.[166]

독일에서는 8월 17일부터 배제를 더욱 명확히 강조하기 위해 '자라Sara' 또는 '이스라엘'이라는 추가 이름을 의무적으로 사용하도록 했고, 불과 2주 뒤에 이탈리아에서도 반유대주의적 인종법이 발효되어 이전에 정착했던 이민자들이 더 이상 그곳에 머물 수 없게 되었다. 또 다른 탈출 운동이 시작되었다.

알다시피 나쁜 소식은 이것이 끝이 아니었다. 모범적인 자유주의자로 알려졌던 에른스트 카시러도 스웨덴 망명 중에 나치 독일에 대한 예방 전쟁을 촉구했다. 1938년 9월 29일 한쪽에서는 히틀러와 무솔리니, 다른 쪽에서는 네빌 체임벌린과 에두아르 달라디에 사이에 '운동의 수도'라는 이름을 딴 '뮌헨 협정'이 체결되었다. 즉각적인 결과는 다음과 같다. 주데텐란트가 독일 제국에 통합되었고, "제국으로 돌아가고 싶다"고 외쳤던 그곳 나치들의 소망에 축복이 내려졌다.

이미 기름에 흠뻑 젖은 통에 불을 붙일 불꽃만 있으면 되었다. 1938년 11월 7일 헤르셸 그린스판은 파리 주재 독일 대사관에서 공사 에른스트 폼 라트에게 총을 쏘았다. 폼 라트는 이틀 후 사망했다. 이 사건이 신호탄이 되었고, 이후의 테러 행위들이 장기적인 계획 아래 이루어진 것이 아닌데도 조직적인 폭도, 당 간부, 경찰과 주민을 움직이게 하는 데는 불과 몇 시간밖에 걸리지 않았다. 11월 8일부터 독일 제국 전역에서 유대교 회당과 기타 유대인 기관이 불탔으며, 전날 헤세에서 이미 최초의 폭력적인 공격이 있었다. 초점은 11월 9일부터 10일까지의 전환기에 맞춰져 있었는데, 이 기간은 나중의 "제국의 대학살의 밤"이라고 불렸다. 11월 10일 유대인 상점과 기관에 대한 추가 파괴를 즉각 중단하라는 명령이 내려졌음에도 불구하고, 대학살은 적어도 11월 13일까지 오스트리아, 단치히(오늘날 그단스크)와 많은 작은 마을에서 계속되었다. 자살과 부상으로 사망한 사람을 포함해 희생자 수는 약 2,000명에 달하는 것으로 추산된다.

알리야로의 복귀

독일에서 아무도 유대인 보호에 개입하지 않은 채 공공연하게 국가 폭력이 자행되던 바로 그 순간, 한나 아렌트는 파리에서 다시 활동했고 특별한 의미를 지닌 방문을 받았다.

독일에서 유대인들이 처한 상황이 견딜 수 없다는 사실은 이미 수년 전부터 누구도 새삼 말해줄 필요가 없었다. 그럼에도 불구하고 독일에 남아 있을 이유는 수천 가지가 있었다. 그러나 1938년 9월, 쾨니히스베르크 부졸트가 6번지에서는 마침내 탈출 준비가 시작되었다. 먼저 계모와 아버지와 함께 살던 에바 베어발트가 베를린으로 가 영국 대사관에 비자를 신청했다. 그녀는 9월 20일자로 발급된 비자를 받았다. 여행 경비는 이미 지불되었고, 파리 경유를 위한 환승 비자도 신청되어 있었다. 한나 아렌트는 쾨니히스베르크 주재 프랑스 영사관에 제출된 경유 비자 신청서에서 확인되듯, 공식적으로 의붓여동생을 5~7일간 초대했다. 비자는 9월 28일 최대 7일간으로 신청되었고, 프랑스 내무부는 즉시 승인을 권고했다. 이틀 뒤 에바 베어발트는 주몽에서 벨기에-프랑스 국경을 넘었고, 며칠 후 영국으로 향했다.

두 의붓자매는 무엇에 관해 토론했는가? (의붓)부모, 친척, 친구들의 신체적·심리적 상황, 즉 쾨니히스베르크의 상황에 대해 논의했을 것이다. 어쨌든 아렌트는 어머니를 독일에서 구출하기 위해 더욱 노력했다. 11월 대학살 이후 상황은 다시 악화되었다. 이는 마르타 베어발트의 건강에 심각한 영향을 미쳤다. 1938년 12월 아렌트는 프랑스 당국에 보낸 편지에서 자신의 비자 신청과 편지를 더 이상 처리하지 않는 독일 당국에 대해 공개적으로 '괴롭힘'을 당하고 있다고 한층 다급한 어조로 호소했다. 파리에서 아렌트는 마르타 베어발트를 구하기 위해 모든 수단을 동원했다. 이런 과정에서 아렌트가 어떻게 급진적인 사회주의 의원인 빅토르 세베르를 알게 되었는지는 전혀 알 수 없다. 어쨌든 마르티니크 출신의 이 저명한 흑인 의원이 개입하여 아렌트와 블뤼허 부부와의 친분을 언급하며 아렌트의 긴급 서한이 내무부 장관실 국장에게 전달되도록 했다. 상황이 달라지기 시작했다.

1938년 12월 19일 마르타 베어발트는 쾨니히스베르크에 있는 프랑스 영사관에 가서 완벽하게 정확한 프랑스어와 예리한 필체로 질문지를 작성했다. 사진과 손글씨로 표현된 탈출 욕구의 대비는 확연하다. 줄리엣 슈테른은 마르타가 추천한 세 명의 여성 중 한 명이었다. 지원서에서 원하는 여행 날짜를 묻는 항목에 그녀는 "가능한 한 빨리le plus tôt possible"라고 명료하게 적었다.

신청서는 12월 24일 파리에서 접수되었다. 1939년 1월 9일 쾨니히스베르크와 파리의 관리들이 전화로 통화한 이후 신청서는 최종 승인되었다. 며칠 후 마르타 베어발트는 파리에 도착했고, 그리하여 일단은 구출될 수 있었다.

한나 아렌트는 파리에서의 새로운 알리야 활동을 위해 이번에는 예루살렘에 있던, 결혼 후 미하엘리스 슈테른이라고 불린 에바 슈테른의 안내를 받았다. 첫 번째 편지부터 모든 것이 예전과 같았고 역할 분담도 완전히 명확했다. 예전 시누이와의 분위기는 여전히 나아지지 않았다.

그래서 게오르크 요제프탈은 한나 아렌트가 선택한 단체에 대해 더 자세히 보고하기 위해 파리로 갔다. 헨리에타 솔드의 가까운 동료이고 쿠르트 블루멘펠트의 친구이며 수년 동안 국제적으로 활동해온 시온주의자 마르틴 로젠블뤼트(라틴어 전문가)는 베를린, 파리, 예루살렘 단체들 사이의 갈등 가능성을 피하기 위해 1939년 4월 7일 런던에서, 당시 뤽셍부르 공원 인근 6구 세르반도니 25번지에 살고 있던 아렌트에게 편지를 보냈다.

로젠블뤼트는 방금 채용된 동료에게 "친애하는 한나 아렌트"
라고 시작했다. 이는 두 사람이 적어도 서로 모르는 사이는 아니
라는 것을 의미했다. 그는 아렌트가 란다우어를 통해 자신이 채
용 되었음을 알린 편지를 언급했고, 이를 즉시 확인한 뒤 협력 조
건을 구체적으로 규정했다. 아렌트의 서신은 런던 사무실로 보내
져야 했으며, 활동 초반에는 그에게도 사본이 전달되어야 했다.
'실제 업무'는 아렌트가 아니라 에바 미하엘리스-슈테른과 다른
직원이 수행할 예정이었다. 미하엘리스-슈테른은 로젠블뤼트
자신, 롤라 한-바르부르크, 잘로몬 아들러-루델, 마르두크 샤트
너와 함께 '실무위원회'에 속해 있었고, 아렌트는 이 위원회의 지
시에 따라 일해야 했다.

아렌트는 처음 한 달 동안은 반일제로 일했다. 만약 해당 업무
에 더 많은 시간이 필요하다고 판단되면 전일제 근무로 전환하
는 방안도 고려하려고 했다. 게다가 아렌트는 일주일에 두 번씩
사무실에서 상담을 진행해야 했다. 이 편지와 동시에, 1887년 바
르샤바에서 태어난 시온주의 운동 전문가이자 파리 주재 유대인
기관 대표였던 마르크 야르블룸은 로젠블뤼트로부터 아렌트를
지원해달라는 요청을 받았다.

로젠블뤼트는 이 편지를 보낸 다음 날, 아렌트의 채용을 확인
하기 위해 솔드에게 다시 편지를 썼다. 그는 비용을 독일 청소년
알리야 부서에서 부담하며, 계약은 6개월간 유효하고, 청소년들
을 이민에 대비시키는 데 목적이 있다고 알렸다. 다만 특이한 점
은, 아렌트가 일반 난민을 담당하지 않고, 독일에서 증명서 배부

를 통해 선발된 어린이와 청소년만을 맡게 되었다는 것이었다. 파리에 도착한 이들은 아렌트의 손을 거쳐 농업·수공업훈련원으로 편입될 예정이었다. 이는 과거에도 때로는 제대로, 때로는 미흡하게 운영되었던 전형적인 업무 분담 방식이었다. 새로운 상황 속에서 아렌트에게는 사실상 아무런 재량권이 주어지지 않았다. 1939년 4월, 그녀는 현장에서 활동하지는 않지만 경험은 풍부한 동료들에게 '둘러싸여' 있었고, 그들 모두가 지시할 권한을 가지고 있었다.

특히 놀라운 점은 아렌트가 이미 에바 미하엘리스-슈테른과 다시 접촉하고 있었다는 사실이다. 그러나 그녀는 어린이·청소년 알리야의 직원으로서가 아니라, 오히려 국제여성시온주의단체의 이름으로 활동하고 있었다. 따라서 아렌트를 다시 활동하게 한 것은 독일 측이 아니었다. 이는 아렌트가 미하엘리스-슈테른에게 보낸 첫 번째 편지에서도 확인할 수 있다. 분명히 프랑스에서 적임자를 찾고 있었고, 결국 그녀와 협력하게 된 것이다. 요제프탈과 아렌트는 어떤 어린이·청소년을 베를린에서 프랑스로 보내야 할지 합의하려고 노력했다. 프랑스에서 초기 훈련을 받은 뒤 팔레스타인에 입국하려면 다시 보증이 필요했기 때문에, 증명서 배부는 완전히 불투명했다. 프랑스 측은 독일계 유대인 조직의 보증만이 아니라, 자신들의 발언권도 행사하려 했다. 또 아렌트는 아무런 권한도 없이 프랑스 당국과 반복적으로 접촉했다. 그러므로 그녀는 허위 진술을 회피하기 위해 특히 요제프탈과 긴밀히 조율하려 했다. 모든 면에서 아슬아슬한 줄타기였다. 이러한 상황은 예루살렘, 런던, 베를린 측에 너무 위험해 보였고, 그래서 아렌트는 1939년 4월에 6개월 임시 계약으로 채용되었다.

그녀의 임무에는 보고도 포함되었다. 1939년 5월 초 그녀는 분석하면 책 한 권 분량이 될 만큼 방대한 당시의 상황과 활동을 8쪽 분량으로 요약해 제출했다. 이 요약본은 아렌트가 극도로 복잡하게 얽힌 세부 사항을 얼마나 면밀하게 관찰했는지, 또 유럽 유대인들의 파국적인 상황 속에서 얼마나 영리하게 행동했는지를 보여준다. 이름과 기능만으로 주어진 단서를 해독하는 것은 연구할 만한 가치가 있다. 그러나 짧은 요약만으로도 그들이 얼마나 절실하게 일하고 있었는지를 충분히 짐작할 수 있다.

아렌트의 보고서는 1939년 5월 7일에 작성되었다. 이는 프랑코 장군이 마드리드를 점령하고 거의 50만 명의 공화정 지지자들과 공화군 일부가 프랑스로 피신한 지 6주 뒤였으며, 알베르 르브룅이 7년 임기의 공화국 대통령으로 두 번째 선출된 지 한 달 남짓 지난 시점이었다. 수령인은 예루살렘의 '독일계 유대인 정착 중앙국'에서 근무했던 게오르크 란다우어였다. 아렌트는 가능한 한 많은 '개척자chaluzim'를 독일에서 프랑스로 데려오는 작업이 체코 비자를 통해 가장 잘 해결될 것이라고 먼저 지적했다. 왜 이것이 프랑스인들에게 가장 쉽게 '받아들여질' 수 있는지에 대한 자세한 설명이 이어진다. 주요 이유는 다음과 같다. 한편으로는 전통적인 체코 노동자 이민운동이 있고, 다른 한편으로는 이러한 이민자들이 '난민'으로 신고되지 않았기 때문이다. 그렇지 않았다면 당국이 즉시 조치를 취했을 것이다. 이것이 아렌트가 당시 난민 문제에 대해 프랑스의 두 중앙 당국과 상의하지 않은 이유이다. 또한 그녀는 변호사이자 '국무원' 위원으로 고위층에 뛰어난 인맥을 가진 난민 문제 전문가 자크 하일브로너와도 접촉하지 않았다. 그는 훗날 독일이 점령한 프랑스에서 이른바 비시 정부를 이끌게 되는 필리프 페탱 장군과 오랜 친구였다. 그러나 하일브로너는 1943년 11월 말 아우슈비츠-비르케나우 수용소에 도착한 직후 가스실에서 살해되었다.

역시 프랑스에서 저명한 인물인 루이즈 와이스 또한 계획된 활동에 대해 아무것도 알아서는 안 되었다. 1893년에 태어난 그녀는 언론인, 작가, 페미니스트, 정치인으로서 이미 살아 있는 전설로 불릴 만큼 명성을 얻고 있었으며, 1938년 12월 파리 주교의 난민 문제 담당관인 베르나르 오프레와 함께 새로 창설된 '난민위원회(중앙)'의 위원장으로 임명되었다. 그녀는 국제여성시온주의단체의 줄리엣 슈테른과 긴밀히 협력하고 있었는데, 독일 측 계획이 프랑스에 불리하다고 받아들일 수 있으므로, 그녀 역시 관여하지 않는 편이 더 나았을 것이다.

아렌트는 프랑스 농무부와 노동부 전문가인 윌리엄 우알리드에게 의지했다. 그는 알제 출신의 법학 교수로 '이스라엘만국연합Alliance Israélite Universelle'에 참여했으며 폭넓은 정치적 인맥을 가지고 있었다. 우알리드는 아렌트에게 상황을 설명하면서, 독일에서 올 미래의 농부와 수공업자들을 위한 숙소를 직접 마련해야 한다고 주장했다. 아렌트는 로젠블뤼트와 함께 우알리드와 협의하여 신청서를 작성했고, 이를 마르셀 파옹에게 보냈다. 파옹은 수많은 독일 이민자들과 잘 알고 지내며 다양한 좌파 집단과 협력한 인물이다. 그는 지난 몇 년 동안 유대인 조직의 농업 계획을 지지했으며, 1926년에는 프랑스 이민에 관한 연구를 발표해 독일에서 호평을 받았다. 그래서 아렌트는 그에게 기대를 걸고자 했다. 목표는 난민 업무를 담당하는 어떤 기관도 이를 알지 못한 채 사람들을 프랑스로 데려오는 것이었다. 저명한 당뇨병 전문의 조제프 바일은 프랑스의 스트라스부르에서 이 계획을 지원했으며, 유대인 난민들을 농장이나 기타 농업 시설에 직접 노동자로 배치하는 일을 반복했다. 그는 이후 음지에서 활동하며 어린이들을 구출하는 데 힘썼고, 귀르스를 비롯한 여러 수용소에서 의사로 일했다. 1946년에 출간된 그의 저서『점령지 프랑스 수용소 역사에 대한 기여 *Contribution à l'histoire des camps d'internement dans l'Anti-France*』는 수용소 연구에 대한 최초의 참고 저서로 평가된다. 아렌트는 운 좋게도 협력 상대자를 만날 수 있었다.

어린이·청소년 알리야 계획에 참여하는 어린이와 청소년의 수용은 복잡한 문제였다. 약 350명의 13~17세 청소년이 이미 '일정한' 자격을 가지고 있었고 대부분 로스차일드 가문으로부터 재정 지원을 받았다. 체코 어린이와 청소년 50명을 포함해 나머지 150명은 프랑스 체류에 대한 별도의 보장을 받았다. 청소년 알리야를 통해 동유럽 어린이와 청소년을 긴급하게 지원해야 하는 상황에서, 발급 가능한 증명서가 무제한으로 제공되지 않고 보증서를 발급할 기관을 찾는 것도 똑같이 어려웠기에 자연스럽게 갈등이 발생했다. 나치가 1939년 9월 1일 폴란드를 침공하기 훨씬 전부터 만들어낸 이러한 상황은 우선순위의 설정, 경쟁, 희생의 서열화 등 심각한 문제로 이어졌다. 아렌트는 이를 염두에 두고 보고서에서 '모든 사람'을 고려하려고 노력했다.

어린이와 청소년을 위한 새로운 방안도 찾아야 했다. 어쨌든 당국은 전체 집단이 국경을 넘어 이동하기 위한 신청을 더 이상 허용하지 않았으며, 아렌트와 그 협력자들은 그녀가 보고서에 기록한 대로 이에 동의했다. 그래서 국제여성시온주의단체의 동료인 줄리엣 슈테른은 메츠와 콜마르 등지의 시온주의 및 비시온주의 여성 단체를 찾아 어린이와 청소년을 직접 가정에 위탁했다. 이와 관련한 비용을 충당하기 위해 기금이 전용되었고, 이로 인해 초기 지원 약속을 추진하던 다른 도시 및 단체와 갈등이 발생했다. 아렌트는 이러한 심의 과정에서 세계이스라엘연합에서 일하며 관리직을 맡고 있던 앙드레 바우어와 이야기를 나눴다. 1943년 12월 17일 그와 아내, 네 자녀는 비르케나우로 이송되어 그곳 가스실에서 살해되었다.

체코 어린이들과 관련해서는 체코슬로바키아에서 이른바 '어린이 수송'이 준비 중이고, 이를 추진하는 위원회가 구성되었다는 정보도 전해졌다. 아렌트는 샤트너 및 로젠블뤼트와 이 문제를 논의했다. 그들 또한 국제여성시온주의단체 청소년 알리야의 일환으로 이 계획을 지원하기로 했다.[167]

마지막으로 아렌트는 자신이 만난 어린이, 청소년, 청년 성인(17~27세)에 대한 상세한 명단을 덧붙였다. 이들은 의학 검사를 받았고, 그중 일부는 이미 농장에 배치되어 있었다.

2주 후 아렌트는 란다우어로부터 접수 확인을 받았다. 그 확인서에서 란다우어는, 아렌트가 "런던과 협력해야" 하기 때문에 자신은 "내용에 관해" 어떠한 입장도 취하지 않는다고 두 차례나 강조했다.

그러나 아렌트가 계속 진행 상황을 문의했음에도, 예루살렘이 다음 몇 주 동안 응답하지 않았던 것처럼 런던도 응답이 없었다. 한편으로 어린이, 청소년, 청년 성인을 수용해야 했지만, 동시에 관할권이 변경되고 담당자가 교체되었으며 비자 및 여행 규정이 새로 조정되었다. 이 상황에서 누구도 책임 있는 발언을 하려 하지 않았다. 1939년 6월부터는 책임 소재가 혼란스러워졌으며 개별 참가자는 서로 다른 정보에 따라 행동했다. 아렌트 자신은 아무런 권한이 없었기 때문에 모든 대화, 문의, 요청을 일일이 확인해야 했다. 교류는 관련된 모든 사람에게 인내심을 요구하는 일이 되었고, 오해는 피할 수 없었다.

따라서 성과를 얻기가 매우 어려웠다. 아렌트의 직접적인 서신 외에도 베를린-예루살렘-런던-파리와는 별개로 오간 편지를 보면, 치밀한 질의응답 체계가 확인된다. 이는 두 장의 사본으로 남겨져 있다. 하지만 혼란스러운 상황이었기 때문에 각국의 어린이와 청소년을 누가 어떻게 팔레스타인으로 데려올 수 있었는지에 대해서는 정확히 집계하기가 어렵다. 긴급 수용이 필요한 약 800명의 체코 어린이와 청소년이 이곳에 모였다. 아렌트는 여기에서 많은 일을 했고, 국제여성시온주의단체와 줄리엣 슈테른을 협력자로 명시했다. 두 사람은 향후 협력 방안과 목적을 구체적으로 기술한 여러 쪽의 '각서'를 작성했다. 아렌트는 또한 조제프 바일을 불러들여 800명을 구출하기 위한 계획을 세웠다. 아렌트에 따르면, 그는 나중에 레지스탕스에 합류하게 될 전직 노동부 장관 필리프 세르를 불러들였다.

아렌트는 계속해서 상사들에게 정보를 제공했다. 그녀는 어린이·청소년 알리야 체코 지부에 직접 편지를 보내 프랑스에 존재하는 기회(예, 수확 작업자)를 언급했고, 도움을 줄 수 있는 다른 단체와도 연락을 취했다. 이 계획과 기타 활동은 1939년 7월 5일 예루살렘의 란다우어와 런던의 로젠블뤼트에게 보낸 보고서에 요약되었다. 그래서 아렌트는 이제 루이즈 와이스와 협력하여 체코슬로바키아 주재 프랑스 대사인 드 라크루아에게 연락했다. 그들은 800명의 어린이와 청소년이 이 나라를 떠날 수 있는 방법을 찾기 위해 함께 내무부를 방문했다. 하지만 막판에 '국제적 상황 악화'로 인해 출국 허가가 취소되었다. 단체는 후속 조치를 취했다. 아렌트는 최소한 50명의 어린이와 청소년이라도 구출해야 한다며 내무부에 다시 개입하기 위해 유명 인사들로 대표단을 구성할 계획이라고 말했다. 아마도 이것이 그녀가 전달받은 수치였을 것이다. 이를 위해 프랑스 가정들이 동원될 것이며 수용 보증을 해야 할 것이다. 이 모든 과정에서 아렌트는 전직 대사가 "아리안계가 아닌 어린이"는 없는 편이 좋다고 말했음을 잊지 않고 적어두었다. 아마도 어린이와 청소년이 함께 지낼 수 있다는 보장은 없었을 것이다. 궁극적으로 '두 명의 슈테른Sterns'은 47명을 보증할 수 있었다.

아렌트가 잊지 않은 다른 750명 정도의 체코 '개척자들'도 있었다. 그녀는 노동력에 관심을 표명한 조직 및 다양한 부처의 구체적인 협력자와 연락 상대자를 지명했다. 변화의 조짐이 보이고 있었다.

농업 분야 훈련생이 절실히 필요했음에도 불구하고 '현지 청소년들의 배치', 즉 이미 프랑스에 있는 청소년들을 위한 정부 부처의 약속을 얻는 일은 오히려 더 어려웠다. 훈련 자리는 남아돌았지만 '행정부의 반유대주의' 때문에 유대인 청소년들은 그 자리에 들어갈 수 없었다.

마지막으로, 투르 지역의 농업 준비 캠프 방문은 성공적이었다. 아렌트는 분명히 여러 곳을 바쁘게 오가고 있었다.

또 다른 각서는 전적으로 줄리엣 슈테른과 아렌트의 주도로 작성되었으며, 특히 어린이·청소년 알리야의 '시온주의' 지향을 제거하는 데 기여했다. 이는 1939년 8월에도 프랑스에서 여전히 문제로 남아 있었다.

영어로 작성된 해당 원본은 처음에 프랑스 국제여성시온주의 단체와 어린이·청소년 알리야가 1938년 2월부터 팔레스타인만을 위해 일하고자 힘을 합쳤다는 설명으로 시작되었지만, 두 단체는 개별적으로 그리고 조정되지 않은 방식으로 일하고 있었다는 점도 덧붙여졌다.

슈테른과 아렌트 외에도, 1934년 아렌트가 강사로 처음 소개한 루바 필더만, 1931년 프리수닉 슈퍼마켓 체인을 공동 설립한 부유한 사업가이자 시온주의 운동가인 모리스 파히 같은 '오랜 지인들'이 위원으로 참여했다. 아렌트는 여기서 처음으로 '사무총장'이란 직함을 사용했다!

프랑스 측은 프라하에서 온 56명의 어린이와 청소년의 입국을 보장했다. 앞으로도 이런 경우뿐만 아니라 루이즈 와이스 및 그 위원회와 힘을 합쳐 구조 계획을 실행할 예정이었다. 앞으로 체코슬로바키아, 폴란드, 오스트리아, 독일에 친척이 있고 출국 보증을 제공하고 싶은 사람은 와이스를 통해 직접 국제여성시온주의단체에 연락할 수 있었다. 어린이와 청소년을 수용하는 런던의 한 독일 기관과도 협력하기로 합의했다. 국제여성시온주의단체 프랑스 지부는 새 기관이 제공하는 보증과 직원에 대한 재정 지원을 이어받게 되었다.

이 가운데 어느 것도 아렌트가 예루살렘, 런던, 베를린에 대해 보고해야 하는 의무를 면제해주지 않았다. 아렌트의 활동 범위를 고려할 때, 문건은 특별한 주의를 요구했다. 물론 그녀는 여전히 취득한 자금, 수입 및 지출, 추가 추진 계획 및 활동 구상에 대한 자세한 목록을 제공해야 했다.

아렌트는 특히 체코 어린이들의 구조에 성공했다는 소식을 전할 수 있었다. 유대인 종교 단체들도 구조 계획에 관심을 보였다. 당시 구조된 56명 외에도 고아나 반半고아 등 더 많은 어린이를 구조할 수 있을 것이라는 전망도 제기되었다. 이를 위해 특별 설문지가 개발되었고, 어린이 개별 서류가 작성되었으며, 광범위한 편지 교환이 시작되었다. 1939년 7월 말에 란다우어와 로젠블뤼트에게 보낸 아렌트의 편지에 따르면, 루이즈 와이스는 이 캠페인이 일회성으로 끝나지 않게 하려고 빈의 고아 100명을 다음 계획으로 삼았다.

물론 늘 돈 문제가 걸려 있었고, 늘 누가 누구와 어떻게 협력하는지가 쟁점이었으며, 그 모든 과정의 끝에는 사람들을 구하는 일이 놓여 있었다. 물론 아무것도 계획대로 되지 않았고, 물론 모두가 열심히 일했으며―아렌트는 파리 외곽에서 잠시 쉬고 싶다면서 월급의 절반을 포기하겠다고 쓴 적도 있었다―그리고 물론 모두가 서로의 대답을 너무 오래 기다렸다.

그러나 런던에서 활동하다가 파리의 아렌트를 방문한 잘로몬 아들러-루델은 그녀와 매우 빠르게 호흡이 맞았다. 어쨌든 아렌트는 1939년 여름에 그와 확실히 잘 지냈다. 몽파르나스에 있는 유명한 스웨덴 바Bar 세 레 바이킹스를 함께 방문한 것이 그 때문이었을까? 적어도 아렌트는 1941년 리스본에서 그것을 기억하고 있었다.

그러나 그 시기 몇 주 동안 임의성이나 단순한 우연으로 인한 계획 실패는 아렌트의 업무에서는 항상 실존적 의미를 지녔다. 예를 들어 줄리엣 슈테른, 루이즈 와이스 및 다른 사람들이 많은 일을 해줬지만 더 이상 구출할 수 없었던 체코 어린이들의 경우가 그러했다. 1939년 8월 25일, 헨리에타 숄드가 처음으로 서신 교환에 참여한 후, 아렌트는 구조 활동이 실패했다고 그녀에게 편지를 보내야 했다.

한 달 뒤(9월 중순에 이미 결정이 내려졌다) 마르틴 로젠블뤼트가 한나 아렌트에게 더 이상 예루살렘으로부터 급여를 받지 못한다고 알렸다. 9월 말에 보낸 편지는 영어로 작성되었다. 로젠블뤼트는 아렌트의 노력에 감사함을 표시했다. 또 그녀가 급여와 비용을 빨리 받아야 한다고 덧붙였다. "앞으로도 상황이 허락하는 한, 이 문제에 관심을 기울여주기를 바라오. 진심으로 감사드리며. 마르틴 로젠 박사."

이로써 거의 5년 전에 시작된 어린이·청소년 알리야를 위한 활동은 끝이 났다.

폭풍의 한가운데서

1939년 9월 26일 로젠블뤼트가 런던에서 편지를 보냈을 때, 리벤트로프와 몰로토프 외무장관이 모스크바에서 비밀 추가의정서를 포함해 독일-소련 국경 및 우호 조약에 서명하기까지는 불과 이틀밖에 남지 않았다. 편지는 아렌트의 집에 막 도착했을 것이고, 새로운 전쟁은 거의 한 달째 진행 중이었다. 바르샤바 폭격으로 약 2만 6,000명의 민간인이 사망한 것으로 알려졌다. 하인리히 힘러의 지휘 아래 보안경찰과 보안국은 독일 국방군과 함께 동부 이웃 국가를 침공했다. 이들은 그해 5월부터 폴란드에 대한 특별 수배 명단을 가지고 있었는데, 여기에는 이른바 폴란드 지식인이라 불리는 약 6만 1,000명의 이름이 포함되어 있었다. 침공 후 명단에 오른 이들에 대한 청산 작업이 즉시 시작되었다.

이 시기에 한나 아렌트에 대한 소식은 없었다. 1939년 3월 그녀는 제네바에 있는 마르타 문트의 집에서 어머니를 만났다.

9월 1일 전쟁이 발발한 지 며칠 후 하인리히 블뤼허도 프랑스 시민권이 없는 모든 독일인과 오스트리아인처럼 투옥되었다. 그는 오랜 지인과 함께 오를레앙 근처 빌말라르로 가게 되었다. 그는 12월 6일 석방되어 파리로 돌아오기까지 힘든 시간을 견뎌야 했다. 그는 심각한 신장 산통을 앓고 있었고, 여러 의사가 이를 확인했다. 그래도 그는 자신의 석방을 요청한 세 사람의 이름을 다음과 같이 밝혔다. 첫째는 '프랑스 이스라엘 총연합UGIF'의 주요 회원이자 작가인 마르셀 스토라였다. 그의 프랑스 점령기와 비시 정부 시절 활동은 저항과 배신 사이 어딘가로 평가된다. 그는 1944년에 부헨발트에서 살해당했다.[168] 그다음에는 경찰 부청장의 아내가 있고, 마지막으로 영향력 있는 언론인이자 저항 투사였던 모리스-프랑수아-마리 루셀로가 사용하던 이름 '프랑수아 크루시'가 있었다. 크루시는 편지에서, 1939년 9월 7일부터 '강제수용소'에 갇혀 있는 블뤼허를 즉시 석방할 것을 당국에 요청했다. 증언과 항의 서한은 결국 결실을 맺었다. 아렌트와 블뤼허의 지인들은 대부분 목숨을 걸고 탈출했다. 하지만 콘-벤디트와 다른 사람들은 훨씬 운이 좋지 않았다.

얼마 후 아렌트와 블뤼허는 결혼을 결심했다. 1940년 1월 12일 두 사람은 파리의 공증인 장 부르델에게 4일 후에 치러질 시민 결혼식을 위한 서류를 준비하게 했다. 블뤼허는 1938년 유대인이 아닌 친구 샤를로테 젬펠이 필요한 서류를 가지고 베를린을 방문했을 때 이미 독일에서 예프로이카와 이혼을 마무리한 상태였다.

그렇다면 아렌트는 어린이·청소년 알리야를 위한 활동을 포기했는가? 아니면 지하단체를 창설한 마르크 야르블룸에게 합류했는가? 그녀 자신의 진술은 불분명했다. 확실히 레지스탕스에는 강제수용소 수감자들의 해방을 보장하는 조직이 있었지만, 관련 문서나 문헌에는 그 흔적이 없다.

1940년 5월 10일 독일이 프랑스를 공격했고, 그 결과 5월 15일 아렌트는 모든 '적국에 속한 독일 여성'과 마찬가지로 거주지에서 벨로드롬 디베르로 이동했다. 여기서 그녀는 청소년 알리야의 전직 타자수이자 친분이 있던 작가 케테 히르쉬를 다시 만났고, 10~14일 후에 처음엔 트럭으로, 다음에 기차로, 그리고 다시 트럭으로 귀르스 수용소로 이송되었다.

벨 디브에서 이미 나타나기 시작한 일이 그곳에서도 계속되었다. 상당수의 여성이 스스로 목숨을 끊었다. 귀르스에 있는 기록보관소에 따르면, 5월 21일에 464명의 독일 여성이 수용소에 입소했는데, 이는 단지 시작에 불과했다. 수용소 역사가들에 따르면, 귀르스의 성격도 그들과 함께 바뀌었다. 이제부터 수용소는 비자발적인 주민들이 완전히 배제되는 잔인하고 억압적인 장소로 특징지어졌다. 이틀 후 1,900명의 여성이 추가로 도착하여 '파리 시민'으로 등록되었다. 수용소 행정부는 6월 1일 마침내 7,112명의 독일 여성을 등록할 때까지 이 작업을 계속했다. 6월 말 기준으로 여성과 어린이는 총 9,771명으로 보고되었다.

그러나 점점 더 끔찍하고 절망적인 상황 속에서 1940년 여름, 갑자기 대규모 석방이 이루어졌다. 휴전과 함께 시작된 석방은,

수용소 규정에 따라 향후 거주지 주소와 최소한의 재정적 수단만 증명하면 아무 문제 없이 가능했다. 그러나 이 시기에 해당하는 귀르스 기록이 고의적으로 파기된 탓에 상당한 공백이 있어, 역사가들은 추정에 의존할 수밖에 없다. 그 2주 동안 약 5,000명의 여성과 어린이가 수용소를 떠난 것으로 추정된다. 한나 아렌트도 이 기간에 수용소를 탈출할 수 있었다. 7월 말에는 원래 수감자 9,771명 중 3,100명 남짓만 남았다. 이것이 적대 행위의 중단으로 더 이상 '국가에 대한 적대 혐의'가 성립하지 않았기 때문인지, 아니면 사실상 '자신의 자유를 발견한' 수용소 지휘관이 여성들을 석방했기 때문인지는 여전히 논쟁거리로 남아 있다.

어쨌든 아렌트는 귀르스 수용소를 벗어날 수 있었다. 몽토방에서 블뤼허를 다시 만났고 어떤 경로를 통해서든 마르세유로 향했다. 길거리에서 우연히 만났든, 친구나 지인 또는 단체의 주선으로 만났든 간에 말이다. 확실한 것은 1941년 마르세유에서의 활동이 끝난 후 프라이가 작성한 명단에서 한나 블뤼허 부인은 128번, 하인리히 블뤼허 씨는 129번을 부여받았다는 사실이다. 이 두 숫자는 곧 생존을 의미했다. 이제 스페인 국경을 넘을 수 있었고, 리스본은 자유세계로 들어가는 좁은 관문이 되었다. 아렌트가 배가 출발할 때까지 자신이 경험하고 보고 기록한 정보를 전달했다는 사실(옛 동료인 아들러-루델에게 보낸 편지 중 일부는 필사본으로 남아 있다)은 그녀가 유럽 유대인 학살의 거대한 수레바퀴에 제동을 걸기 위해 마지막까지 할 수 있는 모든 노력을 다했다는 점을 잘 보여준다.

옛날 옛적 미국에서:『전체주의의 기원』

한나 아렌트의『전체주의의 기원』은 1951년 3월 22일 서점에 나왔다.* 아렌트가 뉴욕에 도착한 지 꼭 9년 10개월이 지난 시점이었다.

신간 저서 출판기념회는 5일 후에 다른 곳이 아닌 이스트 70번가 124번지라는 우아한 주소를 가진 뉴욕의 한 타운하우스에서 열렸다. 맨해튼 어퍼 이스트 사이드 최남단 지역인 레녹스 힐의 '프릭미술관'에서 도보로 5분 거리에 있는 이 현대적인 저택은 1941년에 완공된 이후 빠르게 유명해졌다. 소유주는 뉴욕시 전체에 잘 알려진 사람이었다. 에두아르드 노먼은 월스트리트에서 성공한 은행가였고, 그의 아내 도로시 노먼-스테커는 다재다능한 사람이었다. 1942년부터《뉴욕 이브닝 포스트》의 주간 칼럼「클로즈업」에 기고한 극좌 정치 운동가이자 논평가인 도로시 노

---

* 전체주의의 여파가 한반도에 미친 상황이란 관점에서 당시 한국전쟁의 전개 상황을 잠시 고려할 필요가 있다. 중공군의 한국전쟁 참전으로 1951년 1월 4일 대한민국 국군은 서울에서 퇴각했고, 2월 1일 유엔 총회는 중화인민공화국을 침략자로 선언했다. 3월 14일 대한민국 국군은 함락된 서울을 2개월 만에 수복했다.

먼은 유명 사진작가 알프레드 스티글라츠와 연인 관계였던 예술가였다. 자와할랄 네루, 인디라 간디, 토마스 만, 알베르트 아인슈타인의 사진은 그녀가 살아 있는 동안 이미 상징적인 작품으로 자리잡았다.[169] 그것만으로 부족하다는 듯, 그녀는 예술에 대한 폭넓은 관심과 뛰어난 인맥을 가진 예술 후원자로서 수많은 예술가와 작가를 비롯한 문화계 인사들에게 위탁과 공개 출연 기회를 제공했다. 특히 1938년 가을/겨울호부터 1948년 가을/겨울호까지 발행되어 전설적인 잡지로 자리잡았고, 웅장하고 화려한 마지막 호로 창간 10주년을 맞이한 《연 2회 *Twice a Year*》는 젊은 인재들을 위한 토론의 장이기도 했다. 예를 들어, 노먼은 자신이 지원했던 흑인 작가 리처드 라이트를 초대하여 《연 2회》의 프란츠 카프카 특집호 편집을 맡겼다.

도로시 노먼과 아렌트는 서로 친구와 지인이 많았으며 베르톨트 브레히트를 주의 깊게 읽고 시온주의 운동을 지원했다. 도로시와 에두아르드 노먼(원래 누스바움)은 양쪽 가족 모두 독일에 뿌리를 두고 있다. 그러나 결국 도로시 노먼을 아렌트에게 직접 소개한 사람은 라이트였다. 라이트는 철학적 실존주의를 공부하고 싶다고 후원자에게 말했다. 노먼은 주위를 수소문한 끝에 이 주제에 대해 잘 알고 있는 신학자 폴 틸리히와 아렌트를 초대했다. 1944년 말과 1945년 초까지 그들은 키르케고르, 니체, 하이데거에 대해 라이트와 함께 토론했다. 그때부터 아렌트와 노먼은 느슨하게 연락을 주고받았으며, 노먼은 자신의 타운하우스에서 출판기념회를 개최하자는 의견을 제시했다.

아렌트는 특히 노먼과 장 폴 사르트르 및 알베르 카뮈의 관계에 관심이 있었을 것이다. 사르트르와 카뮈는 미국에서 여행하는 동안 노먼을 만났다. 사르트르는 1945년에 이미 미국으로 건너와 자신의 작품 공연에 동행하고 강연을 하기도 했다. 1946년 3월 초에는 《견해 *View*》라는 소규모 잡지의 편집자인 찰스 앙리 포드의 초대로 카네기홀의 실내악 극장에서 현대 프랑스 연극계에 관한 강연을 하기 위해 뉴욕에 오기도 했다. 뉴욕 전체가 그를 만나고 싶어 했다. 실존주의 영역에서 가장 두드러진 유명 인사였던 그는 식당과 바에서 많은 사람의 관심을 받는 손님이었다. 아렌트의 친구였던 편집자 빌헬름 필립스와 필립 라브가 노먼을 초청한 이유는 좌파 성향의 《파르티잔 리뷰 *Partisan Review*》 측과도 약속을 잡을 수 있었기 때문이다. 그들은 아렌트 외에도 수필가이자 번역가인 라이오넬 아벨도 불렀다. 두 사람 모두 프랑스어를 매우 잘했기 때문이다. 영어는 물론 독일어도 거의 하지 못했던 사르트르는, 관계자들의 기억에 따르면 언제나 활기 넘치고 막힘 없는 대화 상대였다. 아벨은 수년 후 카뮈의 화제작 『이방인』에 '단절'이 존재하는지에 대해 논쟁이 있었다고 회상했다. 아렌트는 자신이 그 논쟁 사실을 확인했다고 믿었다.

3주 후 알베르 카뮈는 뉴욕에 도착해, 전년도부터 교류해오던 도로시 노먼을 곧바로 만났다. 카뮈는 3월 28일 컬럼비아대학교에서 많은 화제를 불러일으킨 「인간의 위기 La crise de l'homme」 강연을 했다. 그는 강연 원고를 이 미국 여성에게 주었고, 그녀는 이를 《연 2회》에 발표했다.[170] 1946년 6월 5일 《이브닝 포스트

Evening Post》에는 노먼이 쓴, 카뮈의 작품 소개와 동시대의 쟁점을 다룬 인물 기사가 실렸다.

아렌트는 이 무렵 카뮈를 처음 만났다. 아렌트가 1949년 첫 유럽 여행을 할 당시, 두 사람은 엽서 한 장으로도 파리에서 다시 연락할 수 있을 만큼 사이가 좋았다. 아렌트는 「인간의 위기」 강연을 통해 프랑스 실존주의의 매우 특이한 표본을 만나게 되었다.

> 이제 나는 "인간은 위기에 처해 있는가?"라는 전통적인 질문에 '예'라는 전통적인 답변과 다르게 대답할 수 있기에, 이 이야기를 선택한다. 이제 나는 내가 말한 사람들처럼 대답할 수 있다. 그렇다. 우리 세계에서 인간의 죽음이나 고문을 무관심하게, 과학적 호기심으로, 심지어 전혀 반응하지 않고 바라보기 때문에, 인간은 위기에 처해 있다. 그렇다. 인간을 죽이는 일은 그것이 불러일으키는 혐오감과 수치심이 아닌 다른 방식으로 비춰질 수 있기에, 인간은 위기에 처해 있다. 슬픔은 마치 식료품을 사기 위해 줄을 서서 기다려야 하는 것처럼 고통스러운 의무로 느껴지기 때문에, 인간은 위기에 처하게 된다.[171]

피해자들은 제2차 세계대전 중에 '끔찍한 일'이 일어났을 뿐만 아니라 그 공포에 이름이 있었다는 사실, 즉 그것이 실재한다는 사실을 명확히 설명할 수 없었다. 카뮈는 이미 1946년 추방에 영향을 받지 않은 많은 사람이 여전히 적응할 준비가 되지 않은 것에 대해서 말했다. 그는 자신의 세대에 책임을 묻고, 글을 전개하

는 과정에서 사유와 행위가 어떻게 상호 의존적인지, 그리고 전
례 없는 수준의 폭력에 대한 자연스러운 반응이 어떻게 무력하
게 나타나는지 분석했다.

카뮈의 에세이 끝부분도 마찬가지로 놀랍다. 여기서 그는 역
사로의 회귀에 반대하고 그 대신 현재성을 요구했다.

> 우리의 제안은 역사에 속하지 않는 인간의 일부를 역사로부터
> 구하기 위해 역사 안에서 싸우는 것뿐이다. 우리는 인간이 더는
> 역사에 등을 돌리거나 역사의 노예가 되지 않고, 모든 사람이
> 서로에게 빚진 의무와 그 자신에게 마땅히 주어져야 할 성찰과
> 여가, 행복에의 참여가 균형을 이루는 문명으로 나아가는 길을
> 찾고자 한다.

> 오늘날 프랑스와 유럽에는 인간 조건을 믿는 사람을 미친 사람
> 으로 선언하고, 상황에 절망하는 사람을 겁쟁이라고 선언하는
> 세대가 살고 있다. 이 세대는 절대적인 선언과 정치 이념의 지
> 배를 거부하지만, 자유를 추구하는 살아 있는 인간을 긍정한다.
> 이 세대는 일반적인 행복의 실현을 믿지 않지만, 인간의 고통을
> 완화할 가능성을 믿는다. 바로 세상이 실제로 불행하기에, 이
> 세대는 우리가 그 안에서 약간의 행복을 창조해야 한다고 믿는
> 다. 세상이 불공평하기에, 우리는 정의를 위해 일해야 한다. 세
> 상이 궁극적으로 부조리하기에, 우리는 그것에 의미를 부여해
> 야 한다.[172]

피난처로서의 역사는 누가 어떻게 행동했는지 이해할 수 있도록 합리성과 목적성, 계획과 의도를 이해할 수 없는 일에 전가해야 하는 설명의 전형으로서의 역사이다. 우선 우연한 행위가 이른바 '역사 과정'을 바꿀 가능성을 촉구한다는 사실에 대해 생각한 사람은 거의 없었다. 살해당한 사람들의 죽음이 지닌 부조리, 즉 가장 참되고 암울한 의미에서의 무의미함이 명백해졌을 것이기 때문에, 그 생각은 터무니없는 것처럼 보였다. 그러나 바로 여기에 카뮈의 성찰이 지닌 터무니없는 언동이 있다. 그는 희생자들과 생존자들이 이렇게 말을 할 수 없고 또 그렇게 말하지 않을 것임을 알고 있다. 그 통찰은 '역사 과정'이 존재하는 듯이 행동하는 사람들에게 강요되었고, 카뮈는 역사 과정을 받아들이고 싶지 않았다. 아렌트는 그 점이 마음에 들었을 것이다.

뉴욕시 한가운데서

1951년 3월 25일은 『전체주의의 기원』 출간일일 뿐만 아니라 아렌트와 블뤼허 부부가 새로운 '집'에 도착했다는 사실을 기록한 날이기도 하다.

당시 두 사람은 이미 새 아파트인 모닝사이드 드라이브 130번지에 살고 있었다. 이 집은 1930년대 초부터 모닝사이드 하이츠와 웨스트 할렘 사이의 경계에 자리잡고 있었다. 흑인이 주로 거주하는 지역을 점진적으로 매입하려는 컬럼비아대학교의 욕구는

1950년대 후반에 현저하게 증가했으며, 다양한 부동산 회사에서
도 나타났다. 당시 집의 개조가 필요하다는 보도가 나왔고, 이후
이 집은 대학교 소유가 되었다. 현재 이 집의 이름이 된 활동가 마
리 M. 러니언을 비롯한 다른 거주자들과 달리, 아렌트와 블뤼허
는 법적 분쟁을 원하지 않았다.[173]

그래서 아렌트와 블뤼허는 1959년 12월 중순에 맨해튼 ― 리
버사이드 드라이브 370번지 아파트 a, 12층 ― 으로 이사했다. 이
주소가 그들의 마지막 주소다. 그들은 이 아파트를 매입했다. 그
들은 로버트 G. 톰슨과 함께 공산주의 활동으로 투옥된 스페인
내전의 참전용사를 '동거인'으로 두었다.[174] 방이 5~6개 있었고
당시로서는 드물게 전기 시설이 갖춰져 있었다.

아렌트와 블뤼허 부부는 확고히 자리를 잡았고, 사회적으로
인정받았으며, 재정적으로도 어느 정도 안정된 생활을 할 수 있
었다. 뉴욕의 지식인들은 인위적으로 또는 실제로 분개하게 하는
수많은 논쟁거리들이 생기면 언제나 그 한가운데 있었다. 블뤼허
는 1951년부터 뉴스쿨에서 정기적으로 강의를 했으나 1959년에
그만두었다. 1952년에는 바드대학 총장으로부터 직접 초청을 받
아 허드슨강 인근 애넌데일에 있는 바드대학의 객원교수로 재직
했다. 그의 강의 상당수는 당시로는 드물지 않게 녹음되어 보관
되었다.* 학생들에게 큰 인기를 끌었던 블뤼허는 1968년 명예박

---

*　이와 관련한 자료는 https://www.bard.edu/bluecher/trans_inv.php 또는
google의 Bard College, Blücher Archive에서 확인할 수 있다.

사 학위를 받았다.

아렌트가 겪어온 경험은 이해되고 개념화되어 이야기로 전달되어야 했다. 1951년 아렌트의 사상 전개를 되돌아보면,『아우구스티누스의 사랑 개념』은 하이데거의 철학과 불트만에게서 배운 신학 내용을 성찰한 것이고,『라헬 파른하겐』은 19세기 시민사회에서의 유대인 해방과 그 실패에 관한 역사적·사회학적 연구였다.『6편의 에세이 *Sechs Essays*』는 아렌트가 미국 망명 생활에서 고민했던 질문과 주제를 담은 일종의 파노라마였다.[175] 이러한 관점에서 볼 때, 뉴욕에서 초판이 출간된 직후 런던에서『우리 시대의 부담 *Burden of Our Time*』으로 출간된『전체주의의 기원』은 모든 것을 종합한 동시에 그에 대한 해설이자 완전한 개정판이며 무엇보다도 완전히 다른 새로운 것이었다.

477쪽에 달하는 초판은 빽빽하게 인쇄되어 있었다. "하인리히 블뤼허에게"라는 헌사로 남편에게 헌정한 이 책의 시작 부분을 살펴보기 전에, 뉴욕에 도착한 때부터 출판까지의 시간을 살펴볼 필요가 있다.

전체주의 연구의 원초적 기반 형성

1941년 5월 말에 아렌트가 뉴욕에 도착한 지 며칠 후 모든 일이 시작되었다. 타자기와 뉴욕 공립도서관 이용증을 갖춘 아렌트는 다시 글쓰기에 나섰다. 그녀는 1941년 12월 발데마르 구리안에게 보낸 첫 번째 편지에서 자신이 8년 동안 아무 글도 쓰지 않았다고 말했다.[176] 구리안은 러시아계 유대인으로 1902년 상트페테르부르크에서 태어나 13세 때 베를린에서 어머니와 함께 가톨릭 세례를 받았다. 19세에 막스 셸러에게서 박사학위를 받았으며 심오한 연구에 몰두한 믿을 수 없을 만큼 생산적인 언론인이었다. 그는 18~19세기 프랑스 사상사와 볼셰비즘에 대한 심도 있는 연구를 수행했으며, 1934년 룀폭동 이후 스위스로 이주하여 곧바로 다양한 저항 출판물에 참여했다. 가장 유명한 출판물은 그가 공동 편집한 잡지 《독일 편지*Deutschen Briefe*》였다. 이 잡지는 제3제국 내부 사정에 정통한 기고자들이 익명으로 보낸 보고서를 실었다. 그중에는 아렌트의 하이델베르크 동급생이자 구리안의 절친한 여자친구이며 오랜 연인인 클라라 멘크도 있었다. 구리안은 1937년부터 미국 가톨릭계 노트르담대학교에서 강의했고, 그곳에서 창간한 잡지 《정치평론*Review of Politics*》은 빠르게 자리잡았다. 그러나 아렌트는 프라이부르크대학교 시절에 알게 된 ‘클라리시마’ 멘크 덕분에 이 정치학자를 알게 된 것이 아니라 1930년대 초 이미 그를 베를린에서 알고 있었다.

1932년 이후 독일에 살지 않았던 정치학자 한스 모겐소는 절친한 친구인 아렌트의 죽음을 계기로 다음과 같이 쓴 바 있다. 그녀의 구리안에 대한 초상만 남더라도 우리는 여전히 중요한 작가를 이야기하고 있을 것이다. 아렌트는 1954년에 사망한 구리안의 부고 기사에서, 다른 어떤 글에서도 찾아보기 힘들 만큼 그의 인격과 사상을 경험으로부터 사유했다. 아렌트는 그의 전기적인 초상―거대한 체구, 큰 머리, 소년다움, 엄청난 식욕, 만족할 줄 모르는 호기심―을 쓰기 위해 아주 가까이 다가갔다.* 동시에 아렌트는 자신과 타인, 사물 세계에 대한 구리안의 접근방식을 통해 낯선 것과는 대조적이면서도 이상하게 현대적이고 겉으로는 자유주의적인 사고와 연결되는 기회를 얻었다. 그러나 그것은 외부에서 본 모습이다. 아렌트의 다른 유사한 시도와 이 텍스트를 구별하는 것은, 단순한 성격 묘사나 입장 규정에 그치지 않고, 일반적인 것과 묘사된 인물을 연결하는 관점의 변화이다. 오히려 그녀는 구리안과 함께할 수 있었던 경험을 비유적으로 표현하고, 이를 집중적인 성찰로 이용했다.

진정한 위대성은, 천재의 위대성과 그보다 더 위대한 인간의 위대성 사이의 갈등이 가장 극심한 예술작품 속에서도 드러난다. 그것은 우리가 구체적이고 파악하기 쉬운 작품 뒤에서 더 위대하고 더 신비로운 존재를 느낄 때만 드러난다. 작품 자체가 작품 뒤에 있는 인간을 가리키며, 그의 존재는 자신이 할 수 있는 일로는 다 설명할 수도 완전히 드러낼 수도 없기 때문이다.

그는 인간만이 지닌 위대함의 특성, 그 수준·강도·깊이와 존재 자체의 열정을 비상한 정도로 알고 있었다. 그는 자기 자신을

* 이에 관한 내용은 구리안의 독특한 외모와 고결한 품성에 대해 언급한 아렌트의 전기에 기반을 두고 있다.『어두운 시대의 사람들』, 414-21쪽.

세계에서 가장 자연스러운 것으로 소유하려 했기에, 어떤 지위나 업적과 관계없이 그것을 다른 사람들에게서 발견하는 데 능숙했다.[177]

이 글은 이후 아렌트의 자화상이 되었다.

그에게는 도발하는 것 못지않게 도발당하는 것 역시, 본질적으로는 우리가 사회에서 아주 조심스럽게 억누르려는 현실적이고 연관된 갈등을 공개하는 수단이며, 우리의 표현대로 '누구의 감정도 다치지 않는다'는 명목적인 의사 표시, 즉 무의미한 예의바름으로 은폐하는 수단이다. 구리안은 이른바 문명사회의 이러한 장벽을 타파할 수 있을 때 기뻐했다. 그는 이러한 장벽에서 인간의 영혼들 사이의 장벽을 보았기 때문이다. 이러한 기쁨의 근원에는 순수함과 용기가 있었다. 그는 자기 본래의 순수함을 지속시키고 손상하지 않기 위해 세상의 이치를 아주 훌륭하게 깨닫고, 그 순수함이 그러한 용기가 필요했던 사람들에게서 드러났을 때 더욱더 마음을 사로잡는 것이 되었다. 구리안은 매우 용감한 사람이었다.[178]

만약 '구리안'을 '아렌트'로 바꾸면, 우리는 그녀가 미국에 도착한 이후 수많은 지인과 친구들에게 어떻게 비춰졌는지 정확하게 설명할 수 있을 것이다. 그들은 아렌트가 매우 용감할 수 있다는 것과 도발을 지식의 수단으로 여긴다는 사실을 알았지만, 그녀는 그 안에서 지속적인 수단을 찾지 못했다. 진실을 찾는 과정은 고통스러울 수밖에 없었다. 누구든 탐색 자체와 진실을 찾는 과정에서 항상 자신의 경험이 개입됨을 간과할 수 없기 때문이다. 공식적인 '함께 있음'에 대한 모든 열정에도 불구하고, 사유하는 것은 무엇보다도 고통스러운 과정이다.

아렌트가 1941년에 접촉한 사람은 구리안뿐만이 아니었는데, 구리안은 아렌트의 이후 삶에 헤아릴 수 없을 만큼 큰 영향을 끼쳤다. 아렌트는 1932년 유대인 해방의 역사에 관한 자신의 논문을 감수했던 랍비이자 베를린 유대교 고등사범대학 전례학 교수였던 이스마르 엘보겐을 통해 역사학자인 잘로 비트마이어 바론(1895~1989)에게 접근했다. 1895년 오스트리아-헝가리 타르노프에서 태어나 빈에서 정치학 및 법학 박사학위를 받고 그곳 신학교에서 랍비 안수를 받은 바론은 1927년부터 미국에 살았으며 3년 후 컬럼비아대학교에서 역사학 교수로 재직하면서 당대 최고의 국제적 연계망을 갖춘 유대인 학자로 자리매김했다.

1941년 10월 28일 아렌트는 잘로 바론에게 보낸 첫 번째 편지에서 자신을 후설·하이데거·야스퍼스의 제자라고 소개하며, '역사 문제와 유대인 문제'에 관한 자신의 글을 언급했다. 그런 다음 그녀는 자신의 연구계획에 대해 이렇게 말했다. "파리에서 보낸 지난 몇 년 동안 저는 주로 현대 유럽 반유대주의의 역사를 위한 자료를 수집하고 분석하는 데 관심이 있었습니다." 당연히 이것은 바론의 관심을 끌었고, 그는 11월 초에 아렌트를 만났다. 우리는 구리안에게 보낸 아렌트의 편지를 통해 『전체주의의 기원』을 더 잘 이해할 수 있다. 말하자면, 아렌트가 구리안에게 보낸 편지들은 이 연구의 정치이론적 측면을 보여주지만, 바론과의 교류에서는 먼저 역사사회학적 측면을 포괄하고 그다음에 구체적인 행위를 포괄한다.

아렌트는 또한 자신이 활동했던 학계가 독일은 아니더라도 유럽의 영향을 강하게 받았다는 것을 일찍 깨달았다. 자격증이 없으면 활동하기 어려웠다. 게다가 재능이 뛰어나고 교육 수준이 높으며 때로는 경험이 풍부한 망명 학자들이 많았기 때문에 대학교와 단과대학의 몇 안 되는 자리를 차지하기 위한 경쟁에서 가능한 한 자신을 무장할 필요가 있었다. 그래서 바론은 엘보겐의 글 외에도 구리안의 추천을 받았다. 또한 늘 뒤에서 조용히 움직이던 아렌트의 친구로, 하이데거와 지적 배경을 공유했고, 이후 컬럼비아대학교에서 20세기 가장 중요한 르네상스 연구자 가운데 한 사람이 된 폴 오스카 크리스텔러의 추천을 받기도 했다.

아렌트는 자신이 원했던 대로, 구리안과의 만남을 계기로 '다시' 글쓰기를 시작했다. 그것은 그녀의 바이마르 시절 활동과 주제로 연결되는 프리드리히 겐츠의 단행본을 열정적으로 읽고 게재한 서평으로 시작되었다. 그러나 아렌트가 유대인 잡지에 전념했기 때문에, 구리안은 1944년까지 아렌트가 자신의 《정치평론》에 독립적으로 글을 기고할 기회를 기다려야 했다.* 아렌트에게

---

*   아렌트는 유대인 문제와 관련하여 《메노라》, 《유대인 사회 연구》 등 다양

이 잡지들은 반유대주의에 대해 사유하기에 가장 자연스러운 공간이었다. 독일의 정복과 절멸 전쟁에도 불구하고 학계와 유대인 지성계에서 이 주제가 마지못해 논의되었기 때문이다. 동시에 그녀는 프랑스에서 시작했던 작업을 계속하여 실천에서 이론으로 옮겨갔고, 결과적으로 '유대인 문제'라는 동전의 다른 면에 서게 되었다. 아렌트가 구리안과의 대화를 통해 발전시킨 사유는 한편 프랑스에서 겪은 경험에 대한 평가였고, 다른 한편 나치즘 및 그 '이념'과 관련하여 표명했던 태도에 대한 이해였다. 이 대화 내용은 비시 정부, 작가 루이 페르디낭 셀린의 성공, 그리고 전쟁으로 인한 프랑스인의 피로감에 관한 것이었다.

아렌트는 미국에 이주한 초기에는 반유대주의의 구체적인 성격을 탐구한 텍스트들을 발표했다. 독일의 반유대주의는 기독교적 반유대주의를 이용했는가? 예수회가 '아리안 조항'(아렌트)을 도입한 유일한 종교단체였다는 것은 무엇을 의미할까? 동등한 권리를 약속하면서 동시에 조건을 붙인 것은 무엇을 뜻하는가? 이른바 일반 유대인과 다른 권리를 가진 특권층('궁정 유대인')에 익숙했던 유대인 사회는 어떻게 반응했을까? 그리고 프랑스는 프랑스계 유대인과 비유대인 사이의 관계에서 취약성을 드러낸 드레퓌스 사건에 어떻게 반응했을까? 아렌트는 독일 문제에 대한 파리 망명 시절의 성찰을 바탕으로, 19세기 해방과 근대성의

한 유대인 잡지에 글을 기고했지만, 반유대주의와 관련한 글을 1944년 구리안의 잡지에 게재했다. "Race-Thinking before Racism," *Review of Politics* 6/1 (January 1944), 36-73.

전성기에 유대인 존재의 두 가지 가능성인 '파리아'와 '파르브뉘' 패러다임을 유형화하고 이를 더욱 선명하게 드러내려 했다.

이 시점에서 잘로 바론과의 새로운 접촉이 처음으로 중요해졌다. 그는 1942년 초 아렌트가 역사 분석에서 정치이론의 가능성을 재발견하고 있다는 사실을 인식했다. 그리고 이 역사학자는 아렌트에게 자신의 학술지《유대인 사회 연구*Jewish Social Studies*》에 글을 게재하라고 권유했다. 그녀는 이를 통해 드레퓌스 사건에 관해 파리에서 수집한 자료를 분석에 활용할 수 있었으며, 이 분석은 1942년 7월에 발표되자마자 큰 반향을 일으켰다. 언론인 사무엘 그래프턴은 불과 3개월 후《뉴욕 포스트*New York Post*》에「드레퓌스 사건에서 오늘날의 프랑스까지」를 언급하며, 이 글이 프랑스계 유대인에 대한 비시 정부의 조치와 드레퓌스 사건을 연결함으로써 새로운 상황을 더 쉽게 이해할 수 있게 해준다고 평했다. 그래프턴은 미국에서 아렌트의 초기 독자 가운데 한 명으로 수많은 기사에서 아렌트의 저서를 반복적으로 언급했다.

'반유대주의'에 관한 논문집은 이미 1942년 유대인 관계 회의의 제안으로《유대인 사회 연구》에 실렸고, 4년 후에는 드레퓌스 사건에 대한 아렌트의 성찰과 구리안의「현대 독일에서 반유대주의의 역사」가 추가되었다.

이로써 파리에서 정교해진 성찰과 함께 현대 반유대주의에 관한 책이 이미 모습을 드러내고 있었다.

《유대인 사회 연구》에 게재된 다음 논문도 주목을 받았다. 젊은 사회학자 다니엘 벨은 1944년 7월 19일 친구 드와이트 맥도널드에게 다음과 같은 편지를 보냈다.

> 나는 《유대인 사회 연구》에 게재된 한나 아렌트의 주목할 만한 논문 「파리아로서 유대인」*을 별도의 우편으로 보내오. 이 논문은 하이네·라자르·채플린(물론 유대인이 움직이고 행동하는 방식을 의미함)·카프카의 글에서 볼 수 있듯이 세계에서 자리를 찾으려는 유대인의 노력에 관한 연구라오. 이것은 매우 잘 수행되었다오. 아마도 당신은 한나 아렌트(시온주의자이자 유대인 역사 연구의 저자)에게 정치에 관한 몇 편의 글을 요청할 수 있을 것이오.[179]

아렌트가 미국 학계와 그 영역 너머로 진출하는 승차권이 된 이 에세이는 『전체주의의 기원』의 제1부 「반유대주의」에서 결론을 형성할 것이다.

1942년 2월 아렌트가 평생 포기하지 않을 주제가 나타났다. 바로 현대 국민국가와 "대중"(아렌트)을 민주화하려는 시도였다.

> 사실 당신의 설명[180]에 대한 유일한 반대는, 당신이 목욕물과 함께 아기를 버린다는 점입니다. 이는 1917~1920년의 혼란스러운 시기에 미래에 대한 긍정적인 가능성을 보여준 접근방식이

---

* 이 논문은 다음 자료에 수록되어 있다. 『유대인 문제와 정치적 사유』, 「파리아로서 유대인: 숨겨진 전통」, 601-35쪽.

있었다는 사실을 간과하고 있다는 점을 의미하지요. 특히 막스 베버도 매우 호의적으로 보았던 독일의 노동자 평의회와 병사 평의회, 그리고 러시아 혁명 초기의 평의회 원칙은 아마도 같을 것입니다.[181]

아렌트가 이 추정을 입증하기까지는 20년이 더 걸렸다. 1963년에 나온 그녀의 중요한 저서 『혁명론*On Revolution*』은, 2년 후에 그녀가 직접 번역하고 대폭 보완하여 독일에서 『혁명론*Über die Revolution*』으로 출간되었다. 이런 방식은 아렌트에게서 자주 발견된다. 그녀에게 '탐색'한다는 것은, 연관짓고 영감을 받고 서신 속에서 생각을 시험하는 것을 뜻한다. 그리고 이것은 그녀의 많은 후기 해석자들에게는 문제였지만 동시대인들에게는 거의 문제가 되지 않았다. 아렌트는 단순하게 어떤 사건을 주장하기도 했다. 매우 자주 어떤 모순도 용납하지 않는 독단적인 진술 뒤에 얼마나 많은 '실체'가 있는지는 항상 확신할 수 없지만, 일반적으로 이러한 진술은—확실히 항상 성공적인 것은 아니지만—반론을 제시하라는 요청이다. 완전히 허공에 떠서 "어때요? 당신도 동의합니까?"라고 외치는 이 문장도 마찬가지다. 응답이 없을 때, 아렌트는 종종 생각을 공식화하는 작업에 나섰다.

구리안의 「마르크스주의」 분석은 아렌트에게 나치즘과 공산주의/볼셰비즘이라는 두 전체주의에 관한 저서 『전체주의의 기원』 제3부를 형성할 테제의 첫 번째 발전 단계를 제공했다. 미국판이 출간되기 9년 전인 1942년 2월의 한 편지에 다음과 같은 내용이 있다.

나는 총체적 정치화를 시민 의식―한 사람의 일이 모두의 일이
라는 의식―이 실종된 사람들의 완전한 탈정치화라고 생각합
니다. 완전히 고립된 개인은 아무도 신경쓰지 않는다는 것을 잘
알고 있으며, 독재정치가 개인 문제를 규제하기를 바라면서 공
공 문제에는 무관심한 사람입니다. 히틀러나 스탈린은 모든 것
을 더 잘 알고 있습니다. 전체주의 국가의 거대한 조직에서 사람
들은 경제적으로 안전하고 모든 책임에서 면제됩니다.[182]

아렌트는 전체주의 정권의 행태Verhalten를 더는 간결하고 정
확하게 공식화하지 않았다. 여기에서 '폭민'과 '책임'에 대한 성
찰과 경제 문제를 독특하고 독창적으로 포함하는 방식이 전개된
다. 아렌트에 따르면, 경제 문제는 이른바 사회 문제에 대한 마르
크스주의적 해석에서 진정한 정치적 의미를 잃는다. 경제의 우위
에 대한 가정은 사회적 복잡성의 단순화, 즉 아렌트가 '다르게 행
위할 수 있는 근본적 가능성'으로 이해했던 것을 평준화하는 결
과로 이어졌다. 아렌트에게 인간 행태의 환원 불가능성은 사실로
존재했으며, 그 안에 자유의 잠재력이 있었다. 동시에 이를 급진
적으로 외면하는 것이 전체주의 체제의 새로운 특징이었다. 물론
선택에는 대가가 따른다. 다른 사람에 맞서 공통적이고 필요한
투쟁을 수행하는 사람들에게 보상을 제공하는 대가다. 또한 중요
한 것은, 지도자들이 내세운 상하 간의 '협력'이 위계적으로 조직

되어 있었고, 그 안에서 사람들은 한편으로는 '언젠가 올라갈 수 있다'는 승진의 가능성을, 다른 한편으로는 '지금 이 자리가 나에게 맞다'는 안정감을 동시에 믿을 수 있었다는 점이다. 따라서 경제에 대한 이러한 이해는 '일반적인 번영'이라는 목표가 아니라, 오히려 영구적인 내부 및 외부 폭력의 결과인 균형이라는 개념에 기반을 두고 있었다. 이러한 선택의 형태는 역사적·경제적 굴욕을 극복하고 이를 세계 지배의 이데올로기로 전환하는 것을 가능하게 한다. 이데올로기들은 '아리아인'과 '프롤레타리아'라는 이름 아래 사람들을 전쟁으로 이끌었다. 이런 식으로 경제는 이데올로기의 도구로 전락했다.

이로 인해 고전적 엘리트와 함께 이데올로기적 목표 및 그 실천적 구현을 공유하는 일종의 하층 엘리트, 즉 폭민이 탄생했다. 그 결과 1602년에 이미 "항상 불안정하고 어떤 변화라도 가져올 준비가 되어 있는 것"으로 정확하게 정의되고, 동시에 항상 거칠게 우선하는 사회학적 범주가 제기되었다.[183] 폭력과 그것을 행사하는 '폭력 기구'를 단순히 명령과 실행이라는 의미로만 엄격하게 상상해서는 안 된다. 나치가 자신들을 '운동'이라고 불렀던 것은 우연이 아니었다. 그것은 이데올로기가 문자 그대로 폭민 속에서 작동할 때 관계에 대한 거의 학문적으로 정확하게 측정된 정의, 그리고 그에 따른 사유와 행위의 경계가 무너진다는 사실을 드러내는 것이었다. 아렌트가 이후『전체주의의 기원』에서 공식화했듯이, "끊임없이 작동하는 운동"은 두 가지 사실을 망각하지 않는다. 운동은 '폭민'에게 항상 자신의 정체성을 형성하는 일부로 인식될 수 있으며, 이는 '지도자'에게도 해당한다. 동시에 이러한 역동성은 모든 사람이 맨 위까지 올라갈 수 있다는 기본 강령으로 과장된다. 아렌트에 따르면, 그 이면에는 "국민국가와 전통적 계급사회의 붕괴"와 관련된 경험이 있었다. 전체주의 운동은 가해자와 피해자가 너무 악질적이어서 책임이 더는 기준이 되지 않는 것처럼 보일 만큼 극도로 잔인해졌다. 권력자들은 진리와 거짓의 대립을 해체했고, 행위는 근본적으로 각 이데올로기의 목표에 부합하는가의 여부에 따라 평가되었다. 사람들은 더 높은 목적에 봉사한다는 이유로 살해당했고, 유대인으로 태어났거나 공산주의자가 아니라는 이유로 죽임을 당했다. 모든 더 높은 목적에는 유사 종교적인 것도 초월성이나 형이상학적 의미도 없었고, 모두 인간이 만든 것이었으며, 바로 이 때문에 폭력은 근본적인 것, 즉 '불안하게 하는 것'을 촉발했다. 폭민과 엘리트의 일시적 통합은 우연이 아니라 의식적으로 이루어졌다. 히틀러 자신은 "이론적으로 표현된 형식"으로 "사유와 행위의 차이, 통치와 피지배의 차이"가 무효라고 선언했다. 그가 원하는 '민족 공동체'는 오직 그에게만 책임이 있었다. 총통은 곧 법이었다.

아렌트와 구리안은 이에 동의했다. 이후 책의 구상에서, 분석의 토대를 안정적으로 확립하기 위해서는 근대 반유대주의와 현대 반유대주의 사이에 하나의 중간 연결고리가 필요하다는 결론에 이른다. 그래야만 1942년 초의 시점에서 전체주의 체제에 이르는 역학과 자율성을 가시화하고 이해할 수 있었다. 이 연결고리 자체는 반유대주의에 반영된 근대성의 이중적 성격과 어떤 식으로도 연결되지 않는 발전을 거쳤을 것이며, 두 가지 의미에서 여전히 주변적인 문제였기에 파악 가능한 문제였을 것이다. 아렌트에 따르면, 반유대주의의 발전에 결정적인 영향을 미친 것은 광범위하고 폭력적인 제국주의 역사였다.

위에서 인용한 구절에 분명하게 드러나듯, 한나 아렌트는 의견 교환에 열중했고 다른 사람의 주장을 자신의 문제에 적용하려고 했다. 그녀는 구리안의 사례에서 여러 방식으로 배웠다. 첫째는 마르크스주의·공산주의·볼셰비즘 문헌에 대한 구리안의 깊은 지식,[184] 둘째는 그가 제3제국에서 가톨릭교회의 저항운동을 연구했다는 점이다(그러나 아렌트는 '인종 문제'의 '해결책'에 대한 항의가 부족한 점은 '성사聖事 교리'를 위반한 것이라고 꽤 정확하게 지적했다). 마지막으로 그의 독창적인 질문에서 배웠다.

반면에 아렌트의 경우 나치의 중심이자 이전 형태와 비교했을 때 새로운 것이기도 했던 '인종적 반유대주의'는 분석해야 할 대상이었다. 기독교인들은 반유대주의의 역사에서 자신들의 역할이 무엇인지 스스로 인식해야 했다. 아렌트가 그것을 대신해줄 수는 없었다. 그녀가 직접 겪은 반유대주의는 유대인의 대응을 직접 요구했기 때문에, 그녀는 그들에게서 이것을 받아들일 수 없었다. 그러나 이것은 기독교 반유대주의를 통해 형성될 수 없었다. 아렌트는 1933년 이후 몇 년의 상황을 고려할 때 이것이 외부적인 요인이라고 생각했기 때문이다. 이러한 '책임'의 구분은 아렌트에게 매우 중요한 문제였기에 그녀는 명확한 입장을 취해야 했다. 아렌트는 이를 개인적인 차원으로 받아들였다. 그녀는 인간 본성을 연구하는 학생이 아니었고, '나치와 싸우는 것'보다 더 중요한 것은 없으며, 따라서 '세계를 비판하는 것'은 내 소관이 아니고 내게 타당한 것은 오직 '유대인의 대의'임을 의미했다. 그녀가 생각하고 쓴 글의 윤리적 핵심을 '정신' 또는 '본질'이라고 부른다면, 그녀가 생각하고 말한 것은 다른 유대인들에게 정당화될 수 있어야 한다. 그리고 이 윤리적 핵심은 살해당한 사람과 살아 있는 사람 앞에서 생각과 말이 정당해야 한다는 것을 의미했다. 아렌트는 자신이 직접 경험한 것뿐만 아니라, 유럽에서 독일의 대학살 전쟁이 모든 유대인에게 동등하게 영향을 미쳤다는 사실을 깨닫고, 자신들을 구분한 다른 것이 무엇이었든 유대인 집단과의 외형적 거리를 포기해야 했다. 이것은 시온주의 등으로 분류될 수 있지만, 중요한 것은 이와 관련된 태도였다. 여기에는 분쟁이나 다툼이 있더라도 진실이 무엇인가에 대한 질문에 대답해야 하기에 논쟁이 포함되었다. 이것이 바로 아렌트가 망명 이후 취했던 입장이고, 그녀가 어린이·청소년 알리야에서 활동하게 된 이유이기도 하다.

1942년에 그런 단호함이 가능했던 이유를 기억해야 한다. 1945년 이후의 그녀의 글을 보면 관심이 넓어진 것을 발견할 수 있다. 이는 홀로코스트와 이에 대한 지식이 점차 확대되면서 아렌트가 반복해서 언급한 "심연"이 열렸기 때문이다. 그녀는 이를 "이런 일이 일어나서는 안 되었다"*라고 완곡하게 표현했다.

* 『전체주의 물결과 정치적 이해』, 118쪽.

그러나 1942년에도 전쟁 종식은 아직 보이지 않았다. 아렌트는 구리안과의 '대화'에서 아직 집필하지 못한 반유대주의 분석의 추가 요소를 정리하려고 시도했다. 제국주의·나치즘·공산주의/볼셰비즘이 점점 더 하나의 현상으로 연결된다는 사실은, 아렌트가 오랜 기간에 걸쳐 지속된 역사 과정을 이해할 수 있게 해주는 맥락과 행위자를 찾고 있었기 때문이기도 했다.

드레퓌스라는 인물 다음으로 아렌트에게 관심의 초점이 된 인물은 바로 벤저민 디즈레일리였다. 그는 세파르디계 유대인 출신으로 1817년 성공회에서 세례를 받았고, 경력 덕택에 1868~1869년, 1874~1880년 두 차례 영국 총리가 되었다. 그가 아렌트에게 흥미로웠던 이유는 무엇일까? 1942년 4월 그녀는 구리안에게 다음과 같이 말했다.

나는 지금 매우 엇갈린 감정으로 디즈레일리에 몰두하고 있습니다. 그는 뚜렷한 인종 이데올로기를 지닌 최초의 정치가 중 한 명이자 진정한 제국주의자입니다. 그러나 그는 땀이 아닌 매력으로 성공한 우리의 파르브뉘 가운데 유일한 사람이에요. 그는 행운의 썰매에 앉아 동화 속에서처럼 인도의 황후에게 다가가 낭만주의의 푸른 꽃인 앵초를 선물했어요. 그의 인종 개념에는 제국주의, 선민(물론 유대인), 그리고 도달할 수 없는 귀족을 위해 가장 오래된 인종이라는 말도 안 되는 소리를 내놓은 야심찬 소시민 계급까지 모든 것이 혼재하기 때문에 나에게 특히 중요합니다.[185]

‘혼란’은 그녀가 추정되거나 실제로 존재하는 ‘위대한’ 인물들을 주시할 수 있게 해준 지점이었다. 아렌트에게 그 지점은 국가의 모든 행위가 그들에게 귀속된다는 허구적인 전능全能이 아니었다. 오히려 그녀는 이른바 전능이 어떻게 구성되었는지, 어떤 영향력이 작용했는지, 어떤 동기가 그 행위를 결정했는지, 그리고 그것이 행위에 대해 어떤 근거를 제공했는지 이해하고 싶었다.

아렌트는 디즈레일리에 관심을 가진 이후에 같은 이유로 종교철학자이자 언론인인 바실리 바실리예비치 로자노프에 관심을 가졌다. 그의 “선택된 민족에 대한 부러움”은 강박관념이 되었다. 이것이 아렌트에게는 결정적인 요인이었다. 유대 민족의 우월성과 위험성을 증명하려는 이러한 강박관념은 ‘물리적 수준’까지 확대되었다. 아렌트는 1942년 4월 26일 구리안에게 보낸 편지에서 “이것이 모든 인종적 반유대주의의 진정한 기반”이라고 밝혔다. 아렌트는 “예를 들어 시온 장로 의정서를 진지하게 믿고 이를 모방하려고 시도했던” 히틀러에게서 로자노프와 구조적으로 유사한 점을 인식했다. 더욱이 현대의 인종적 반유대주의는 유대인성의 본질을 설명하려는 이러한 유사-합리적인 시도를 통해 과거의 반유대주의와 결별하게 된다. 아렌트에 따르면, 과거의 반유대주의는 유대인과 재화(화폐)의 결합에서 ‘유대인의 세계 지배’에 대한 증거를 주로 끌어냈다.

이후에 출간된 책에 또 다른 중심 주제가 추가되었다. 그것은 과거의 반유대주의를 설명하려는 과학적 시도였다. 베르너 좀바르트가 이를 대표했다. 그는 27세에 브레슬라우대학교 교수가 되었고, 1918년 신학자이자 철학자인 에른스트 트룈치의 중재 덕분에 베를린대학교로 자리를 옮겼다. 좀바르트는 방대한 분량의 역사적 자료를 사회학적으로 유형화하여 정리하고, 이를 다시 이해하기 쉬운 언어로 번역하여 유쾌한 이야기로 풀어내는 데 탁월한 학식을 갖춘 인물이다. 그의 모든 저작은 양면성이 있었다. 2,400쪽 분량의 기념비적 근대 자본주의 역사는 문화비판으로 가득 차 있다. 그는 마르크스를 분석했고 이로 인해 사회주의자로 여겨졌다. 좀바르트의 연구 저서인 『유대인과 경제생활*Die Juden und das Wirtschaftsleben*』(1911)은 '반유대적'이며 또한 '친유대적'이라는 비난을 동시에 받았다. 좀바르트는 당시의 반유대주의에 맞서 싸우는 단체에도 참가했다.

아렌트는 '유대인 고리대금'에 대한 전체적인 구성과 그것이 경제생활에 미치는 영향에 대한 가정을 '터무니없는' 것으로 여겼으며, 막스 베버를 연상시키는 것에 대해서도 마찬가지였다. 좀바르트는 기존의 편견을 과학적으로 조사하고 그 합리적 핵심을 드러내는 기회로 삼은 과학자 유형에 속한다는 점에서 중요했지만, 합리적이고 깨끗한 방식으로 연구하지도 않았고 편견의 구체적 전달 형태에 대한 통찰력도 없었다. 좀바르트는 '유대인'과 '경제' 사이의 역사적 연관성에 대해 전혀 알지 못했다. 그러나 주제 자체는 마치 훨씬 높은 수준에서 중대한 문제로 설정되고 확립된 듯 보였다.

아렌트가 자신의 통찰력을 체계화하고 차츰 논문을 통해 대중에게 논의를 제시했기 때문에, 이후 전체주의 정권의 '새로움'에 대한 물음은 한층 심화되었다. 예를 들어 아렌트는 경찰 기구, 특히 비밀정보기관이 중요하다고 생각했다. 그녀는 플라톤과 아리스토텔레스가 발전시킨 고대 국가 형태 이론에서는 예측하지 못한 '새로운' 국가 형태를 히틀러의 나치 사상에서 보았다. "히틀러가 원한 것은 실제로 독재, 아시아적 독재이다." 아렌트가 추정할 수 있었듯이, 구리안은 제정 러시아를 묘사하기 위해 카를 마르크스와 프리드리히 엥겔스의 "아시아적 독재"라는 묘사를 사용했다. 그러나 구리안은 이 문제를 언급하지 않은 듯하며, 따라서 이 지적은 이어지지 않았다. 그러나 전체주의의 새로운 측면이 독일과 소련의 발전 과정에서만 발견될 수 있다는 확신은 여전히 유효했다.

아렌트와 구리안 역시 전체주의라는 새로운 개념이 '폭력의 발전'의 역사를 수반해야 한다는 데 동의했을 것이다. 그런데도 그녀는 자신의 서신 상대자와 달리 과학적 출처의 경계를 넘어 살펴보았다. 구리안이 도스토옙스키의 작품에서 이데올로기적 흔적을 간신히 읽어낼 수 있었던 반면, 아렌트는 항상 문학을 지식의 원천으로 읽었다. 문학은 역사학 자체가 거부해야 할 특성을 분명히 지니고 있었다. 시대와 가능성을 초월하는 인물을 창조하고 예측하는 능력이다.

아렌트는 '철학, 문학, 역사학 또는 사회학이 단지 '순수하게' 나타나야 하는가?'라는 문제에 대해 결코 독단적인 태도를 취하지 않았다. 특히 철학자들은 경계 초병을 세웠다. 철학은 항상 제일 철학이었고, 다른 모든 인지적 관심은 이 자연스러운 주장에서 파생되었거나, 기껏해야 철학적 통찰력과는 '다른' 것에서 파생되었다. 이러한 통찰력은 하이데거와 야스퍼스에게도 똑같이 명확했으나 아렌트에게는 시대에 뒤떨어진 것이었다. 이러한 전제 아래 철학은 결코 자기 자신에 대해 진술할 수 없었고 스스로 부과한 과잉에 갇히게 되었다. 그러나 아렌트의 입장에서 볼 때, 정치화된 철학이 전체 가운데 일부가 되었고, 똑같이 의심스러울 뿐만 아니라 중요했고, 그 의미가 역사의 흐름에 따라 변했다. 1940년대 초반, 문제는 정치적인 것과 철학적인 것을 구분하는 것이 아니었다. 오히려 아렌트는 사유 기피가 학문적 경계로 표시된다면 전체주의라는 새로운 현상을 설명하거나 인식하거나 분석할 수 없다는 점을 중요하다고 생각한 듯하다. 역사는 이야기로 구성되어 있지만 스스로 미래의 방향을 결정할 수 없기에, 다른 지식의 주체(제공자)가 그 역할을 맡아야 한다.

아렌트는 조셉 콘래드의 1899년 소설『어둠의 심장*Heart of Darkness*』을 읽고 주인공들이 아직 스스로는 알 수 없었던 무엇인가를 발견했다. 그것은 그들이 언젠가 현실 속의 인물이 될 것이라는 점이었다. 그래서 아렌트는 이미 1942년 구리안에게 이 소설을 강력히 추천했다. 1943년 봄 아렌트는 왜 그 소설이 자신에게 그렇게 중요했는지 설명했다.

　　『어둠의 심장』으로 돌아가서 말하자면, 내가 아는 한, 이 소설에서 커츠가 진짜로 처음이자 마지막으로 "나치"로 묘사된다는 점이에요. 더욱이 이것은 "어둠의 대륙"에서 홀로 어떤 존재가 될 수 있는가를 보여주는 훌륭한 증거입니다.[186]

여기서 아렌트는 자신이 훗날 현대 인종주의를 설명하기 위해 역사서가 아니라 서사를 중심으로 사용한 이유를 밝힌다. 문학은 역사적 재구성 속에서는 단지 인과 관계의 필연적 결과로만 제시될 수 있는 것을 미리 드러내기 때문이다. 따라서 대안이 없었고, 궁극적으로 인간의 자유도, 달리 행동할 가능성도 없는 상황이었다. 콘래드는 아렌트가 활용할 수 있는 나치의 모델을 고안해냈다. 서사는 『전체주의의 기원』에서 바로 이 기능으로 사용되었다. 그러나 그보다 훨씬 중요한 것은 다음과 같다. 즉 콘래드의 '어조', 태도, 서사 전개 방식, 나아가 논증과 개념의 전체적 도구들은 역사적 흐름 속에서 인물의 중요성을 부각시키는 데 사용되었다. 아렌트는 여기서 엄청난 위험을 무릅쓴다. 재구성된 내용 속에서 작가가 자신을 대변하지 않는 것처럼 보이기 때문에, 이 부분만 읽는 독자는 작가를 인종 차별주의자로 볼 수도 있다. 그러나 이렇게 주장하는 사람은 분명히 이전의 수백 쪽 분량의 자료를 객관적인 역사적 산문으로 오해하고 있는 것이다. 그렇다면 『전체주의의 기원』뿐만 아니라 더 나아가 독일어판 *Elemente und Ursprünge totaler Herrschaft*은 나치 문학으로 분류되어야 할 것이다. 아렌트가 나치 문헌을 광범위하게, 그리고 명백히 찬성하는 듯 인용했기 때문이다.

1943년 8월 아렌트는 제국주의에 관한 계획된 책의 첫 번째 부분을 완성했고, 두 번째 부분에서는 "1880년대 이후 아프리카 식민지화의 전반적인 열풍"에 전념할 예정이었다. 이 시기에 "모든 이데올로기가 완전히 형성되었다." 콘래드의 이야기와 '커츠Kurtz'*라는 인물은 '아프리카 분할'을 설명하기 위해 사용되었다.

아렌트가 구리안과 함께 1944년에 출간된 유대인 토마스주의자 모티머 아들러의 『전쟁과 평화에 대해 생각하는 방법』**에 관해 토론할 때, 이 논쟁은 콘래드의 이야기와 연결된다. 이 소설은 백인이 흑인보다 우월하다는 내용을 담고 있는데, 저자는 이를 복잡한 이야기 구조로 전개한다. 그러나 아들러의 이상세계―아렌트는 명확히 "유토피아적 메시아주의"라고 부른다―에서는 백인과 흑인의 귀속은 단지 통일된 국가의 틀 안에서 극복될 수 있는 '문화적 차이'일 뿐이다. 이와 관련한 아렌트의 입장은 명확하다. 인종적 동기에 의한 폭력의 역사를 설명하고 해결하기 위해서는 이른바 문화적 차이에서 시작해서도 안 되고, 그 안에서 끝나서도 안 된다.

일단 누군가가 '문화적 차이'를 유토피아적 세계 평화의 장애물

---

*   영어 단어 'cut'가 '절단'을 의미한 점에서 허구적 인물인 'Kurtz'에 분할의 의미를 담았을 것이다.

**   서지사항은 다음과 같다. Mortimer J. Adler, *How to think about war and peace*(New York: Simon and Schuster, 1944). 이 책은 서론에 이어 제1부 평화 문제, 제2부 평화의 가능성, 제3부 평화의 개연성, 그리고 제4부 평화의 실천 가능성으로 구성되어 있다. 서론에서 다음과 같이 밝히고 있다. "전쟁과 평화에 대해 생각할 때, 다른 기본적이고 실질적인 문제에 대해 생각할 때와 마찬가지로, 일반적인 이념과 원칙을 특정 문제와 공식화에 적용하는 사람은 독특한 이점을 얻는다…"

로 여기기 시작한다면, 내 생각에 그는 필연적으로 인간 전체를 그러한 평화의 주요 장애물로 여기게 될 것입니다. 그리고 그것은 전적으로 옳아요. 사람들은 노예나 일하는 동물로 전락한 뒤에야 이 지구에서 영원한 평화를 보장받을 수 있습니다. 그리고 이것은 모든 면에서 '인간의 운명'에 반하는 일이지요. 그러나 정치적으로 보면 전쟁의 내용이나 평화의 내용은 그렇게 중요하지 않아요. 아들러의 관점에서 보면, 이런 내용은 아마도 '문화적 차이'처럼 표면적인 것에 불과할 것입니다.*[187]

여기서 아렌트는 당시의 전형적인 사유 방식—즉 평화로운 동질성을 마땅히 창출하고, 인간 본성의 규범에 부합하는 규칙을 준수하는 '세계국가Weltstaat'**로 획일적인 전체주의에 대응하는 것이 제2차 세계대전과 냉전의 시작을 모두 막는 탈출구였다—을 명백히 거부한다. 이러한 사고방식은 구체적인 유토피아는 아니지만, 오히려 기뻐할 만한 것, 일종의 순진한 보편주의다. '내용'의 임의성에 대한 비판은 이 시대에 대한 그녀의 성찰을 이해하는 데 중요하다. 당시 아들러를 비롯한 다른 많은 지식인은 제2차 세계대전의 모범적 교훈 속으로 안전하게 대피했으

*   여기에 수록된 서지사항은 다음과 같다. Waldemar Gurian, "Perpetual Peace?: Critical Remarks on Mortimer J. Adler's Book."

**   세계국가 또는 세계정부(Weltregierung)는 지구 전체에 대한 포괄적인 정통성을 갖춘 하나의 국가 또는 정부를 지칭한다. 나치가 이른바 세계제국(즉 제3제국)을 위해 총체전을 정당화했지만, 이러한 정치체는 이전에 존재한 적이 없다.

며, 이러한 방식으로 두 전체주의 체제의 엄연한 소멸 논리를 회피했다. 그 논리는 한편으로는 유대인의 절멸과 아리아 인종의 승리, 다른 한편으로는 더 이상 적이 존재할 권리를 인정하지 않는 무계급 사회인 '붉은' 세계의 수립이었다.

그러나 아렌트에게 문제가 된 것은 '세계국가'라는 목표만이 아니었다. 만인에 대한 만인의 전쟁을 옹호하지 않으면서도, 갈등 상황을 '문화적 차이'라는 순진하면서도 음험한 공식으로 축소하는 것은 현실과의 괴리를 의미한다. 사람들에게 구체적 위협을 가하는 영토적 주장과 이데올로기적·인종적 우월성에 대한 환상은 이 용어에 포함되지 않는다. '문화적 차이'는 실체로서도 기능적 개념으로서도 적합하지 않았다. 아렌트는 그것을 경험적 사실의 서술적 맥락으로 받아들이고 싶어 하지 않았다. 그것은 예를 들어 아들러에 의해 이데올로기적으로 덧씌워진 것이었기 때문이다. 한 '문화' 안에서 '차이'를 극복할 수 있다는 그럴듯한 제안처럼 말이다.

이 분석은 아렌트가 평생 사용했고, 이 시기에 점점 더 자주 등장하는 문구에 기초하고 있다. 그것은 단 두 단어로 구성되어 있다. 그러나 아렌트는 이 분석에서 감탄할 만큼 논리 정연하다. 이 분석은 관점의 변화 또는 해명이 이제 일어나고 있으며, 화자의 입장이 모호하지 않다는 것을 예고한다. 범주적 결정, 즉 "정치적으로 말하기"가 나타나기 때문이다. 이것은 무엇을 의미하는가? 그것은 유토피아, 그러니까 평화를 통한 전쟁의 극복에는 대가가 따름을 의미한다. 그러나 평화가 절대적인 가치, 즉 세속적인 것과 분리된 가치가 아니라는 점을 인식해야 하므로, 그 대가에 대해서는 논의하지 않는다. 정치 영역에서 결정은 국가가 내리고, 국민에 의해 정당화되고 합법화되며 국가기관을 통해 시행된다.

아렌트는 1943년 11월 5일자 편지에서 다음과 같이 밝혔다.

> 세계국가의 내용에 관한 한, 이것은 아들러의 의미에서는 평화이고, 내가 말하는 의미에서는 노예제입니다. 평화는 정치의 내용이 아니라 수단이기 때문입니다. 누구든 사람과 국가의 갈등이 실제로는 아무 의미 없는 어리석은 다툼에 불과하다고 할 때만, 평화는 내용입니다. 그러나 나는 이러한 비관론에 동의하지 않아요. 반면에 나는 모든 사람이 실제로 같은 것을 원하지만 그것을 모르며, 따라서 '교육'을 받아야 한다는 낙관론에 동의하지 않습니다. 이것은 물론 아들러의 의견이에요. 나쁜 점은 정치적 경험이 전혀 없는 사람들이 정치에 대해 글을 쓴다는 것입니다. 그렇지 않으면 아들러는 자신이 정치에서 임의적인 옳고 그름의 주장이 아니라 다른 사람들의 의지에 직면한다는 것을 알게 될 것입니다.[188]

이는 『전체주의의 기원』뿐만 아니라 『전체주의의 요소와 기원』의 이론적 틀을 제공한다. 전체주의 체제는 여기에 제시된 의미로 이 상황을 '정치적으로' 이해한다. 새로운 인종적 반유대주의/제국주의를 낳을 반유대주의 및 이와 연관된 제국주의는 이미 아렌트가 공화주의적 민주주의자의 관점에서 정립한 통찰에 기초하고 있다. 정치적인 것의 영역은 행위하는 인간의 영역이며, 행위하는 인간의 영역은 정치적인 것이다. 이러한 상호 관계는 이론에 나타나는 창립 행위로 실현될 수도 없고 세계에서 실현되기 위해 실천이 필요하지도 않다. 그것은 두 가지 모두에 선행하기 때문에 관조적 삶을 활동적 삶보다 먼저 배치하는 정치철학의 고전적 위계로 포착할 수 없다. 단순한 위계 반전도 다른 통찰력을 드러낼 수 있으나 이러한 정치적인 것을 형성하지는 못한다. 정치적인 것은 사람들이 이야기하고 갈등하고 서로 죽이거나 사랑할 때 발생하는 것이다. 그러면 질문은 이러하다. 정치적인 것을 어떻게 이해하고, 이 인간학적 상수에 얼마나 많은 공간을 부여하며, 자연스러운 것이기에 이 상수를 어떻게 합의하는가? 말하자면 우선 어떻게 의식화하는가?

아렌트가 가능한 전후 사회와 전쟁에 대한 추상적 고찰의 공허함을 똑같이 날카롭게 거부한 것은 아들러가 고려한 이면에 있는 교육학적 발상이었다. 사실, 이 고려 사항은 일종의 교육 프로그램을 목표로 했다. '문화적 차이'를 극복하는 보편주의가 사람을 더 나은 존재로 만든다는 것이다. 그러나 아렌트의 입장에서 볼 때 인간적인 비갈등이라는 추상적인 개념―전적으로 비정치적인 것―을 실제 갈등이 발생하는 곳에 설정하는 것은 인간 조건을 성찰하는 경험을 포기함을 의미했다.

이제 정치적인 것에는 형식이 필요하다. 근대에 이르러 국민국가는 국경을 인식하고 방어하며 법을 통해 귀속을 규제하고 동시에 다른 국가들과의 상호작용 속에서 자신을 독립적인 일부로 이해하는 주권자들의 법적 공동체라는 형태로 자리를 잡았다. 이러한 상상의 공동체는 자신을 구성하고 안정화하는 서사에서 정통성을 추구하며 가능한 한 멀리까지 거슬러 올라가서 자신의 의식을 명백하게 형성한다. 이러한 서사는 내부적 결합제로 작용하여 신화, 적대 이미지, 이웃 국가들과 초래한 오랜 갈등의 재개와 같은 이데올로기적 요소를 통해 국가적 이해의 필수적인 부분을 재생산한다.

아렌트는 구리안에게 보낸 편지에서 바로 이 점을 강조했다. 그녀는 19세기 국가에서 팽창주의적 외교정책이 최우선이었다는 점을 지적했다. 다른 영토에 대한 제국의 주장, 우수한 민족과 '인종'이 존재하고 '국가' 수준에 속하지 못하는 다른 민족이 존재한다는 '자연적 위계' 개념의 복귀는 국민국가에 대한 새로운 이해로 이어졌다. 그 결과는 아렌트에게 명확했다. 즉 국민국가 이익의 구체적인 변화가 나타난 것이다. 권력이 내부적으로 공고화되고 다른 국가들과 경제적으로 경쟁해야 하는 순간에, 국가는 외부로 확장해야 할 필요성이 생기지만 다른 국가들이 설정한 한계에 부딪히게 된다. 이러한 국경 설정은 이후 유럽 대륙의 균형을 깨뜨리고 서로를 압도하게 되었다. 아프리카에서 일어나는 착취와 살인 문제로 인식되는 현상이 라인강을 따라 반복될 수 있었다.

1945년 4~5월에 아렌트가 국민국가라는 구성을 미래지향적 개념으로 얼마나 신뢰하기 어려운 것으로 보았는지는 그녀가 구리안에게 한 다음 발언에서 알 수 있다. "독일이 가까운 미래에도 국제적으로 중요해질 수 있다면, 그것은 기껏해야 볼셰비키와 비볼셰비키 통치의 경계선이 바로 독일의 중심부를 관통하고 있기 때문일 것입니다."[189] 이런 일이 일어난다면 그것은 "우리가 엘베 강이나 아드리아해에서 러시아를 막을 수 있을" 때일 뿐이라고 했다. 이 예측은 실제로 들어맞았다. 독일의 새로운 국민국가 건설은 미국의 시각에서 더 큰 전체, 곧 '서방'의 일부로 간주되었고, 그 새로운 동쪽 국경은 바로 훗날 '냉전'이라 불릴 일이 벌어질 장소가 되었다. 이 점은 당시 상황 평가에서 나온 주목할 만한 결론이었다. 이후에 아렌트는 이러한 주장으로부터 다음과 같은 결론을 도출하여 일반화했다. 모형으로서 국민국가는 더는 유용하지 않다. 역사 과정에서 입증되는 건설의 확장 지향성, 아울러 이 확장 지향성을 전체주의 체제에서 다른 사람들의 학살로 고조시킬 필요성은 전체에 내재해 있다.

유대인의 대의 수행

마치 이 모든 것만으로도 충분하지 않다는 듯이, 이후 3부로 구성된 저술인 『전체주의의 기원 *The Origins of Totalitarianism*』 또는 『전체주의의 요소와 기원 *Elemente und Ursprünge totaler Herrschaft*』*으로 알

---

* 마이어는 원본인 영어판과 독일어판 사이 부분적 차이를 드러내고자 제목을 함께 표기한다. 독일어판은 1955년 프랑크푸르트의 유럽출판사에서 출간됐다. 여기에는 야스퍼스의 서문이 수록되었다. 아렌트는 이 서문에서 다

려진「인종적 제국주의」에 대한 연구를 점진적으로 정교화해 가면서, 아렌트는 남은 생애 동안 자신을 사로잡을 또 다른 과제를 병행하여 수행했다.

> 현재 나는《재건Aufbau》을 중심으로 새로운 유대인 단체를 설립하는 일에 매진하고 있습니다.[190] 무슨 일이 일어날지, 혹은 무슨 결과가 나올지 아직은 모르겠어요. 여기서 유대인 정치를 위한 새롭고 원칙적인 토대를 개발하고자 노력하고 있습니다. 이 과정에서 무슨 일이 발생하면, 우리는 의사록을 발행할 것이고, 그때그때 당신에게도 의사록을 보낼 것입니다.[191]

언뜻 보기에는 자기 과시처럼 보일 수 있다. 그러나 나치 독일과 독일군의 끊임없는 전쟁 승리 속에서 유럽 유대인의 미래를 정치적으로 어떻게 가능하게 만들 수 있을지를 고민한 이는 아렌트만이 아니었다.

아렌트는 1941년 10월 말부터 1945년 4월 20일까지 정치평론가였다. 그녀가 인용문에서 언급한 신문인《재건》은 1939년 만프레드 게오르게의 지휘 아래 독일어권 이민자들의 신문이 되었고, 점차 성공을 거두면서 격주 발행에서 주간 발행으로 전환했

음과 같이 밝혔다. "영어 원문의 모든 단어를 충실히 번역한 것은 아니다. 나는 몇몇 장을 독일어로 직접 썼고 나중에 영어로 번역했다. (…) 그러나 독일어로 번역하는 동안 여기저기에 다른 변경 사항, 삭제 및 추가 사항도 있지만, 여기서 자세히 나열할 가치는 없다."(13쪽).

다. 아렌트는 이 신문에서 당시 유대인 사건들에 대해 논평하며 많은 독자에게 자신의 견해를 밝힐 수 있었다.[*][192] 진술에 따르면, 아렌트는 별로 수입을 올리지 못했지만, 정기적인 칼럼 게재와 독자들의 반응 덕분에 좋은 평판을 얻었고 궁극적으로 자신이 좋아하는 것에 대해 자유롭게 쓸 수 있게 되었다. 아렌트는 게오르게를 통해 라이프치히에서 태어나 헤겔의 칸트 비판으로 미국에서 박사학위를 받은 요제프 마이어를 만났다. 그녀는 마이어를 비롯한 다른 동지들과 함께 '유대인 청년 단체'를 창립했다.[193] 아렌트와 마이어는 1942년 2월 20일《재건》에 실린 강령 기사에서 이 단체를 소개했다. 두 사람은 "진지하게 유대인에 관심 있는 사람들" 사이에서 유대 민족의 상황과 미래 유대인 정치에 대해 논의할 '필요성'이 있다고 보았다. 이 글은 말 그대로 나중에 『전체주의의 기원』 또는 『전체주의의 요소와 기원』에서 찾아볼 수 있는 아렌트의 성찰 정신으로 쓰였다.

원칙적인 유대인 정치의 시작은 19세기 이데올로기와 함께 사라질 위기에 처해 있다. 이러한 위기의 한 가지 결과는 대규모 조직의 관료적 경직성이다. 유대 민족 운동의 원칙과 유대인 정치의 '현실 정치적real-politisch 필요성에 대한 새로운 논의는 가장 작은 규모에서만 시도될 수 있다.

[*]   이 저작의 내용은 모두 『유대인 문제와 정치적 사유 *The Jewish Writings*』에 수록되어 있다.

유대 민족이 계속 존재하기를 원하지 않고, 자신의 유대인성에서 벗어나려고 하는 유대인들은 논리적으로 우리 모임에서 목소리를 낼 수 없다.

우리는 이론적 토론을 목표로 하고 있으므로 토론을 쓸데없는 수다로 여기지 않고 자신이 옳다고 인정한 것을 어떤 형태로든 구현할 의향이 있는 모든 사람의 의견을 소중히 여긴다.[194]

일주일 후에 아렌트와 마이어는 《재건》에 '유대인 청년 단체'의 창립을 자세히 홍보하고 강령을 공포할 수 있었다.

유대인 청년 단체는 3월 11일 수요일 오후 8시 30분 웨스트 44로 67번지 401호에서 개최되는 첫 번째 모임에 여러분을 초대한다.

그들은 단지 재앙적인 사건의 우연한 희생자가 아니라 유대인의 미래에 대한 책임을 공유하는 사람들이다.

현재 이데올로기의 파산을 확신하는 사람들은 유대인 정치의 이론적 구축을 위해 고민할 준비가 되어 있다.

그 사람들은 유명 인사나 세계 혁명가가 아니라 오직 자기 민족을 위해 자유를 실현하고자 하는 사람들, 그리고 자신이 옳다고 인정한 것을 진정으로 옹호하는 사람들만이 자유를 위한 투쟁을 주도할 수 있다는 것을 아는 사람들이다.

대부분의 이민자 단체가 오늘날 사람들을 움직여야 하는

것에 관해 이야기하지 않는다는 점을 우리가 경험으로 알지 못했다면, 우리는 이미 존재하는 수백 개의 이민자 단체에 또 다른 단체를 추가하는 무례함을 범하지는 않았을 것이다. 반면 우리는 상업적이든 지적이든 이른바 엘리트들이 유대 민족의 문제를 결정할 수 있다고 믿을 만큼 순진하지 않다. 그리고 우리의 생각이 민주적인 토대에서 논의되지 않는다면, 그것이 아무런 의미가 없다고 생각할 만큼 오만하지도 않다.

참가자들의 구체적인 희망을 예상하지 않은 채, 현재의 정치적 관점에서 다음 주제들을 논의할 것이다.

1. 현대 유대인 역사, 2. 유대인 조직, 3. 반유대주의, 4. 유대인 문제를 해결하려는 시도, 5. 팔레스타인과 디아스포라, 6. 자기 해방.

두 가지 발제에서 단체의 기본 의도에 대한 자세한 정보를 제공할 것이다.[195]

남아 있는 의사록에 따르면, 이 문제는 실제로 매우 논란이 많고 근본적인 문제, 즉 '삶과 죽음'이 걸린 문제였다. 알려진 바와 같이, 청중은 '유대인 문제'에 관심이 있고 수십 년 동안 이 문제에 관여해온 여성과 남성으로 구성되었으며, 그중에는 유명한 사회주의 경제학자, 여성권 운동가이자 전직 내무부 관리 힐데 오펜하이머-블룸[196]과 그녀의 남편인 정신분석가 킬리안 블룸 등 팔레스타인에 살던 사람들도 있었다. 두 사람은 바이마르 공화국 당시 보수적·엘리트적이고 정치적·시온주의적인 '유대인협회연합’의 일원으로서 이 연합의 부활에도 관심을 보였다.

아렌트와 마이어의 목표는 주요 시온주의 운동과 동화—다시 말해 유대인임을 ‘불식하고’ 싶어 하는 사람들—사이에서 제3의 길을 구축하는 것이었다. 3월 26일 아렌트와 토론에 참여한 쿠르트 블루멘펠트는 이에 대해 매우 분명하게 밝혔다.

시온주의 조직은 좋은 면도 있고 나쁜 면도 있지만, 개혁이 필요하다. 시온주의 조직은 그러한 세계관을 포기했다. 그것이 바로 개혁이 필요한 이유이다. 그러나 혁명은 팔레스타인에서만 일어날 수 있다. 다른 곳에서는 유대인이 원하는 대로 무엇이든 생각할 수 있지만, 그것은 아무런 구속력이 없다.—세계 조직이라는 생각은 새로운 것이 아니지만, 항상 실패했다. 과거에는 종교가 유대인들의 세계 조직이자 ‘휴대용portavier’ 국가였다. 이는 대체될 수 없다. 바로 이 종교가 붕괴되었기 때문에, 시온주의가 가능하고 필요했다.—단일 의견은 정치적 쟁점이 아니다. 정치에는 권력이 포함된다. 권력이 없는 의견은 정치적으로 의미가 없다.[197]

블루멘펠트는 이 입장에서 더는 변하지 않았다. 이러한 사건과 다른 수많은 사건에서 그는 망명 생활에서 나온 어떤 계획에도 전혀 감명받지 못했다. 게다가 그는 근본적으로 정치 문제를 권력 문제로 이해했다. 그는 시온주의 활동이 집중되고 결정이 내려지는 곳에서 그 활동을 알리기 위해 팔레스타인에서 미국으로 파견되었다. 그 카리스마 넘치는 남자는 쉬지 않으면서도 항상 정치 상황을 정확하게 분석하는 사람이었다. 그는 1904년 법학을 공부하기 시작하면서 20세의 나이에 정치적으로 조직된 시온주의에 가담하고 '유대인학생협회'에 가입했다. 그는 모든 좌절과 진전을 겪으면서도 유대 국가라는 하나의 목표를 굳건히 지켰다. 이러한 맥락에서 생화학자 하임 바이츠만이라는 떠오르는 인물을 제대로 알아본 블루멘펠트에게 1917년 11월 2일의 발푸어 선언은 결정적인 사건이었다. 이 선언에서 제국주의 강대국 영국은 팔레스타인에 '조국'을 건설하려는 시온주의의 열망에 '동정'을 표시했다. 그것은 1939년 사실상 철회되었음에도 불구하고 원하는 목표를 추구하라는 끝없는 신호였다. 제16차 시온주의대회에서 유대인협회가 창립된 것은 1922년 7월 24일에 비준된 팔레스타인 국제연맹 위임통치령의 결과였다. 이로써 '이스라엘'이라는 목표에 더욱 가까이 다가갈 수 있는 법적 틀이 마련되었다. 블루멘펠트는 이러한 역사의 논리와 반유대주의의 양면적 성격을 고수했다. 물론 반유대주의는 모든 유대인의 투쟁 대상이 되어야 하지만 동시에 국가적 자립을 요구하는 것이기도 하다.

블루멘펠트는 자신에게 맡겨진 조직들이 실제로 주장을 관철할 의지가 있는지 조금이라도 의심이 드는 순간마다 끊임없이 자기비판을 했으며, 자신의 적이 될 수 있는 상대방도 가차없이 비판했다. 극심한 감정 기복을 보였던 블루멘펠트는 격렬한 갈등에 휘말렸고, 이는 매우 날카로운 대립으로 이어졌다.

아렌트도 이 점에서 예외는 아니었다. 아렌트와 블루멘펠트는 1920년대 중반 한스 요나스의 주선으로 하이델베르크대학교에서 만났다. 이후 블루멘펠트가 1963년 5월 예루살렘의 하다사 병원에서 사망할 때까지 두 사람은 매우 가까운 관계였다. 당시 아렌트는 블루멘펠트를 다시 만나기 위해 서둘러 병원으로 갔다. 이들의 우정은 긴장감 넘치면서도 깊었다. 블루멘펠트의 친구들조차도 그가 임종 직전에 그녀와 화해했는지, 아니면 아이히만에 관한 책 때문에 사이가 멀어졌는지 감히 판단하지 못했다. 블루멘펠트는 이 책으로 인해 아렌트와 갈등이 생겼지만, 그 자신과 주변 사람들은 이 갈등을 치유할 수 없었다. 아렌트로부터 이를 회복할 만한 말이 나오지 않았기 때문이다.

"생사를 건 투쟁"은 블루멘펠트가 1942년 아렌트와 토론하면서 표현한 문구이다. 블루멘펠트는 그 일에 대해 매우 진지했으며, 20년이 지난 후에도 그 일을 기억하고 있었다. 아렌트가 팔레스타인에서 국가 건설 계획을 수정하려는 또 다른 선도 활동에 참여했을 때, 그리고 이즈음 미국인 랍비 유다 마그네스, 개혁 유대교 대표, 정치학자 한스 콘과 다른 많은 이들의 지지자로 참여했을 때, 그것은 이미 무력한 행위였다. 그 사이에 1945년 「시온주의를 재고하자!Zionism Reconsidered」*라는 제목의 에세이가 발표되었다. 이 기본 에세이에서 아렌트는 시온주의 역사를 재구성하

---

*　이 에세이는 1944년 타자 원고 형태로, 1945년 잡지《메노라(*Menorah*, 촛대)》에 수록된 형태로 두 가지가 존재한다. 용어 표현에서 약간의 차이가 있다.

고 여기에 포함된 정치적 선택 사항, 반유대주의와의 관계, 국민 국가의 모형, 아랍인과의 관계, 유대 국가가 계속해서 제국에 의 존하는 데 따른 결과 등을 검토했다. 아렌트의 성찰은 명확하다. 그녀는 '좋은' 사회주의 경향을 하나의 유형으로 제시했다. 이 유 형 체계는 자신의 사회문화적 실험을 통하여 공감을 불러일으키 는 담지자이지만, 아랍인-유대인 갈등에 대해서는 놀라울 정도 로 단순하고, 그들의 혁명적 실천에서는 아무런 해결 가능성도 제공하지 못한다. 이것은 다수-소수 관계의 유사 제국주의적 강 령을 정치적 국가 건설 과정으로 해석한 '수정주의자들'에게는 개입의 여지를 제공한 순간이었다. 반유대주의가 근절되지 않는 한, '유대인과 비유대인'의 대립 관계는 여전히 근본적으로 남는 다. 아울러 아렌트가 계속 논쟁적으로 주장하듯이, 유대인은 국 민국가 출현의 역사에서 아무런 역할을 하지 않았기 때문에 비 유대인과 함께 살기를 기대할 수 없으며, 팔레스타인이라는 분쟁 지역에서 유대인 제국주의의 꿈을 실현하려는 시도도 당연히 불 가능하다. "그런 일이 발생한다면 하늘이 우리를 돕기를 바랄 뿐 이다."*[198]

이 에세이는 형식—모두 신앙의 조항처럼 보이는 10개 절로 구성됨—에서도 시온주의 친구들에게 도전이었다.** 이 에세이

---

* 이 인용문은 「시온주의를 재고하자!」에서 가져온 것이다. 다음 자료를 참조
할 것. 『유대인 문제와 정치적 사유』, 748쪽.

** 「시온주의를 재고하자!」 원문은 숫자 표시의 10절로 구성되어 있지만, 번역
본 『유대인 문제와 정치적 사유』에서는 각 절에 소제목을 달았다. 1. 시온주

가 미국에서 널리 읽히고 높은 평가를 받는 잡지《메노라*Menorah*》
에 실렸다는 사실은 그들 중 누구에게도 만족스럽지 않았을 것
이다. 그들은 결국 그곳에서 더 많은 영향력을 얻고자 노력하고
있었기 때문이다. 아렌트는 정교하게 구성한 에세이의 시작 부
분에서,《재건》에 기고한 자신의 기사를 통해 특히 블루멘펠트를
놀라게 했던 동기를 뒤집었다. 이것 역시 그녀에게는 고통스러운
일이었다. 아렌트는 1942년《재건》 기사에서 뉴욕의 빌트모어
호텔에서 열린 특별 시온주의회의의 결정에 대해 논평했으나 핵
심 정치인인 하임 바이츠만과 벤구리온에 대해서는 언급하지 않
았다. 하지만 그들은 이제 신화의 창조자로 묘사된 테오도로 헤
르츨을 중심으로 바뀐 위치에 배치되었고, 헤르츨의 환상을 극적
으로 오해했다. 잘못된 대안—지중해 제국이나 다른 국가(아마
도 미국)에 의존하는 다수 국가 또는 스스로에게 줄 수 있는 국가
적 보장과 보호—은 다른 '정치적' 가능성에 봉착했을 것이기 때
문이다. '소수 민족'은 그 자체로 생존할 수 있어야 한다. 아렌트
의 관점에서 볼 때, 옛 갈등의 노선으로 자의적이고 무리하게 되
돌아가는 것은 무책임한 시도였다.

　팔레스타인에 있는 그녀의 친구들은 깜짝 놀랐고, 블루멘펠

의 정치의 당면 과제, 2. 수정주의와 일반시온주의: 공통점과 차이점, 3. 시
온주의 운동의 이념적 원조, 4. 동화주의와 시온주의, 5. 서유럽과 동유럽 시
온주의의 차이, 6. 반유대주의에 대한 시온주의의 태도, 7. 시온주의 분파들
의 국제정치: '무익한 외교', 8. 미국 시온주의의 위상, 9. 정치적 조직화의 대
안: 연방의 구상, 10. 시온주의 문제의 해결 원칙: 정치적 감각과 책임감.

트는 원칙을 지켜 친구들에게 자신이 아렌트의 시온주의를 전혀 믿지 않았다고 밝혔다. 게르숌 숄렘은 예루살렘에서 그 에세이를 전달한 사람이었고, 아렌트는 그 에세이를 많은 오랜 친구들에게 전달하기도 했다. 그녀는 자신이 얼마나 큰 위험을 감수하고 있는지 알고 있었다. 거의 20년 후에 아이히만 책에서도 비슷한 표현을 사용하게 된다. "나는 시온주의 친구들이 두렵다. 그 위험은 진실일 뿐 용기의 문제가 아니다. 그러나 그들은 내가 정말 상처를 주고 싶지 않은 사람들이다." 블루멘펠트와 그의 친구들은 아렌트가 이미 1944년에 팔레스타인의 정치적·경제적 상황에 대한 자세한 분석을 제출했다는 사실을 알지 못했다. 따라서 「시온주의를 재고하자!」라는 에세이는 고립된 분석이 아니라 장기간에 걸쳐 신중하게 고려한 분석의 결과물이었다.

아렌트는 아돌프 S. 오코와 짧은 기간 신뢰에 기반한 협업을 했는데, 그에 대해서는 나중에 더 자세히 소개하겠다. 오코는 《현대 유대인 기록*Contemporary Jewish Record*》이라는 잡지를 인수한 뒤에 아렌트에게 편지를 보냈다.* 오코는 그녀의 경력을 추적했으며, 《재건》과 《메노라》에 게재한 글을 읽었다. 오코는 그녀의 명확한 입장 표명과 미국 정부·상원·하원의 저명인사, 시온주의 임원들의 결정을 두려움 없이 비판하고 대개 반대 제안을 내놓는 모습에 깊은 인상을 받았다.

---

*　　오코에 관한 기사는 다음 자료를 참조할 것. 『유대인 문제와 정치적 사유』, 「아돌프 오코를 추모하며」(1944년 10월 13일), 531-32쪽.

따라서 1944년 2월 1일에 두 영향력 있는 상원의원인 로버트 A. 태프트와 리처드 F. 와그너가 발의한 결의안 247호, 「팔레스타인 유대인을 위한 민족 고향」이 추진되지 않았다는 사실이 알려진 이후, 오크가 아렌트를 찾은 것은 전혀 놀라운 일이 아니었다. 봄에 마침내 결의안이 시행될 가능성이 없다는 사실은 분명해졌다. 이 결의안은 전문가 위원회에 상정되기는 했지만, 군부의 우려와 아랍 국가 및 조직의 격렬한 항의로 인해 결국 '보류'되고 궁극적으로 무산되었다. 미국 대통령 프랭클린 D. 루스벨트와 양당의 영향력 있는 외교정책 입안자들이 심각한 우려를 품고 있었다는 사실은 다양한 토론을 통해 드러났다. 결의안의 마지막 중요한 부분은 다음과 같다.

> 미국은 주선을 통해 적절한 조치를 강구해 팔레스타인의 문을 열고 유대인이 자유롭게 입국할 수 있도록 한다. 또한 유대인이 궁극적으로 팔레스타인을 자유롭고 민주적인 유대인 공동체로 건설할 수 있도록 이주와 정착을 허용한다.[199]

오코는 이 순간에 대해 논의하고 싶어 했다. 아렌트 외에도 미국의 대표적인 시온주의자 엠마누엘 노이만이 소환되었다. 그는 리바우에서 태어났으나 어릴 때 미국으로 이주했으며, 1910년대 이래로 수많은 시온주의 조직에서 지도자 역할을 맡았고, 두 차례 미국시온주의기구ZOA 회장을 맡기도 했다. 1943년 노이만은 요르단 계곡의 관개 시설에 약 2억 달러 규모의 투자 계획을 마런했다.

《메노라》에 게재된 노이만의 글은, 영향력 있는 외교정책위원회가 미국 유대인위원회에 제출한 각서의 외교적 입장과 전적으로 일치했다. 각서의 중요한 지점에서는 다음과 같이 언급했다.

> 전쟁 상황과 팔레스타인의 궁극적인 정치 구조에 대한 의견 차이로 인해 유대인 공동체 수립을 촉구하는 결의안 조항은 국제연합의 통제 아래 있는 국제적 신탁통치를 요구하는 조항으로 대체되었다.[200]

1944년 5월 5일 아렌트와 노이만은 자신들의 자료를 제출했다. 아렌트의 에세이에는 폭발적인 내용이 포함되어 있었다. 첫 문장은 유대인 단체의 노선에 반하는 내용이었다. 그녀는 "유대 민족에 가한 심각한 타격"에 대해 말했는데, 이 타격은 또한 "소규모 국가들의 안보와 자유라는 대의를 걱정하는 모든 미국 시민들"을 향한 것이기도 했다.[201] 이 자료는 신랄한 내용으로 인해 결국 발표되지 못했다. 그러나 아렌트가 이미 「시온주의를 재고하자!」에서 밝힌 주장은 이 자료에 담겨 있다. 그것이 전부가 아니다. 그녀는 독일어로 쓴 논문을 직접 번역한 후 두 차례나 철저히 수정했다. 오코는 《메노라》가 유대인 조직에 대한 모든 의존성에도 불구하고 토론을 위한 공개 포럼으로 기능했다고 여겼다. 이는 아렌트가 얼마나 집중적으로 유대인 측의 국가 건설 문제를 다루었는지 보여준다.

아렌트는 1944년 기사에서 근본적인 문제를 다루었다.* 이번 결정으로 사우디아라비아의 석유 공급을 위태롭게 하지 않는 것이 미국 정부의 임무였지만, 유럽 유대인의 삶을 걱정하는 미국 내 500만 명 이상의 '유대인 후손들'과의 연대를 보여주는 것도 그 못지않게 중요한 일이었다. 아렌트는 수세기 동안 유럽에서 민족의 의지를 억압해온 '현실주의적인' 전문가 정치Expertokratie의 광기가 미국에 자리잡을 것을 우려했다.

아렌트에 따르면, 이 결의안은 실제로 자유와 평등에 대한 위협이 있을 때 다른 국가에 영향력을 행사하는, 가장 모범적인 미국적 전통을 따른 것이다. '모든 양보'에도 불구하고 폭동이 일어나 결국 석유가 공급되지 않거나 '합성' 공정으로 대체할 수는 있지만, 이 결정은 돌이킬 수 없는 재앙을 초래할 수 있었다.

아렌트가 미국 역사에서 얼마나 많은 내용을 인용하고, 이를 통해 정치적 원칙을 도출해냈는가는 놀라운 일이다. 전 세계 각지에서 '물결처럼' 모여드는 이민자 공동체는 이러한 다양성을 외부 세계에 전달해야 한다. 따라서 외교정책은 해당 국가의 내부 헌법을 반영해야 한다. 이에 반해 국무부는 이제 이민자 공동체의 개별 이익을 미국 이익을 방해하는 것으로 간주하고, 미국 전체를 대표한다는 명분 아래 점점 더 획일적으로 행동하고 있다. 그러나 이 특정 사례에서는 미국의 이익과 특정 이익이 대립

* 이와 관련한 기사는 다음 자료를 참조할 것. 『유대인 문제와 정치적 사유』, 「미국·석유·팔레스타인」(1944년 5월 5일), 491-94쪽.

한다고 볼 수 없다. 유대인 공동체를 수립하는 데 군사적 갈등이 불가피하다는 결정에는, 석유 수송을 보호하고 필요할 경우 강화하기 위한 군사적 고려가 전혀 반영되지 않았기 때문이다.

이는 아렌트가 영국에서 발견한 정책 모델을 미국이 구현한 것이었다. 아랍인이나 유대인 모두 영국인에게는 그저 그렇게 대우받아야 하는 '식민지 민족'에 불과했다. 결국 이는 정치적 이익보다는 경제적 이익이 우선한다는 것을 의미한다. 이러할 경우 경제적 이익은 한 단어, '석유'로 집약될 것이다. 아랍인들은 이 사실을 잘 활용했다. 해당 지역에 식민지 전통이 있고 이를 그대로 답습하고 있는 영국은 미국에 교훈을 줄 수 있다. 새로 등장한 미국은 국민들 사이에 신뢰를 쌓고, 이를 통해 진정한 동반자가 될 수 있다. 친석유정책이 우선시되었다는 사실은 송유관 건설을 통해서도 정당화되었으며, 그 성공은 위태로워서는 안 된다. "정책 백서에 대한 결의안이 미래 송유관의 이익을 위해 희생된 지 몇 주 후, 송유관 건설은 완전히 의심스러워졌다." 따라서 미국의 이익이 "특정하고 일시적이며" 국가 전체에 도움이 되지 않는다는 것이 아렌트에게는 분명해졌다.

아렌트는 여기서 결정적인 한 걸음을 더 내딛는다. 고전적인 분할통치 원칙의 현대적 형태는 고정되어 있지 않다. 권력을 가진 사람이 분할한다. 오늘날 아랍인이 우선권을 받았다면, 내일은 팔레스타인계 유대인이 받을 수도 있다. 이 지역은 강대국의 권력 영역과 권력 게임으로 빠져들게 될 것이며, 한 민족은 다른 민족의 이익을 위한 대리인이 되고, 자신의 이익 실현은 다른 민족의 안녕에 달려 있거나 일정한 대가를 치러야 할 것이다. 그러나 이렇게 하면 갈등이 확대될 것이다. 국제사회에서 각각의 '보장 국가Garantiemächte'가 항상 '자신들' 편을 지지한다는 주장이 제기될 것이기 때문이다. 현재 진행 중인 유대인-아랍인 갈등은 이 사건에서 예상할 수 있는 것과 비교하면 아무것도 아니다. 아렌트는 다른 강대국의 간섭 대신에 지중해 국가들 사이의 '협력'을 권고했다.

한마디로 요약하면, 이 글에는 아렌트의 후기 주장이 담겨 있다. 아렌트는 자신의 지지자와 비판자들이 잘못 주장하듯, 이스라엘 국가의 건국에 근본적으로 반대한 적이 없다. 다만 구체적인 역사적 상황에서 미래의 모든 일이 보장 국가의 지속적인 관심과 연대에 좌우되는 조건 아래에서만 성립할 수 있는 건국 방식에는 반대했다.

그 모든 것은 여전히 추상적으로 들렸다. 아렌트는, 노트르담 대학교와 시카고의 여러 대학교에서 가르쳤으며 자신의 친구이자 철학자이고 활동가인 프랜시스 E. 맥마흔과 대화하면서 더 구체적으로 이야기했다. 1946년 8월 24일 맥마흔은 그녀와의 대담을 《뉴욕 포스트》에서 다음과 같이 표명했다.

팔레스타인 문제는 현대의 모든 문제 가운데 가장 비극적이다. 그들은 최근 수십 년 동안 다른 어떤 집단보다도 많은 고통을 겪어온 민족이다. 나는 이 문제에 관해 가능한 한 명확히 밝히려는 일련의 노력으로, 최근 이 나라에서 가장 유능한 유대인 문제 학자 가운데 한 사람과 긴 대화를 나누었다.

그녀의 이름은 한나 아렌트이다. (…) 그녀는 1930년대 초 나치의 손아귀에서 탈출했다. 그녀는 이 나라에 도착한 이래로 자유를 위해 헌신해왔다. 진지한 철학자로서 그녀가 게재한 정치 문제에 관한 기사들은 주목과 존중을 받는다. 그녀는 두려움이 없고, 지적이며, 지식이 풍부하다.

한나 아렌트는 당연히 유대인 동족에 대해 깊은 감정을 품고 있다. 그러나 그녀의 모든 동정에도 불구하고 이 문제를 그녀보다 더 차분하고 이성적으로 논의할 수 있는 사람을 알지 못한다.

예를 들어, 그녀는 현재 팔레스타인에 대한 영국의 정책에 반대하는 사람이다. 그럼에도 영국이 이 불행한 땅에서 극단적인 조치를 취하는 이유는 이해할 수 있다고 밝혔다.

"영국이 현재와 같은 행동을 보이는 것은 석유나 제국주의의 오랜 관습 때문만이 아니며, 무엇보다도 중동에서의 러시아의 의도를 두려워하기 때문이다." 그리고 "영국은 아랍권 내의 반유럽 집단을 지원한다."

그리고 영국은 강제수용소를 다시 열면서 유대인을 소외시키고 있다. "강제수용소의 논리적인 연속성도 있다. 최근 역사가 보여주듯이, 다음 단계는 파괴다. 결국 '골칫거리'는 이 세상에 설 자리가 없다는 결론에 이르기란 너무 쉽다."

해결책은 무엇일까?

"먼저 강제수용소를 없애야 한다. 그런 다음 트루먼 대통령이 요구한 대로 10만 명의 유대인을 즉시 팔레스타인으로 이주시켜야 한다."

그녀는 팔레스타인이 언젠가 더 많은 유대인과 아랍인을 돌볼 수 있음을 믿고 있다. "이 땅을 개발하기 위해 요르단계곡 관리당국을 설립해야 한다. 그러면 팔레스타인은 원하는 만큼의 유대인과 아랍인을 받아들일 수 있을 것이다. 이 두 민족의 지역 평의회는 새로운 정치 구조 기반을 형성할 수 있다."

한나 아렌트는 모든 형태의 테러에 반대한다. "'이르군'과 '슈테른 단체'가 자행한 테러는 과격한 조치를 취할 구실을 찾고 있던 영국 반동 세력의 손에 직접 이용당했다."

아렌트는 유대 국가의 시온주의 강령에 반대한다. 민족주의 냄새가 너무 강하다고 생각하기 때문이다. 더욱이 시온주의적 해결책은 유대인이 주로 거주하는 국가에서 소수민족의 권리 문제를 그대로 둔다.

아렌트가 오랫동안 주장해온 것은 민족주의적 유대 국가가 아니라, 공동의 문제를 함께 해결하려는 지중해 지역 모든 민족의 연합이었다. 모든 소수 집단은 그러한 연합을 통해 대표권을 가질 수 있을 것이다.[202]

그들의 고려 사항이 아무리 '현실적'이었다고 하더라도, 양측 모두 아렌트의 구상, 결단력, 계획이 그녀 생전에는 실현될 가능성이 전혀 없었다는 사실을 유감스럽게 인정해야 할 것이다. 이와 관련된 논의조차도 작은 집단에 국한되었다. 1967년과 1973

년 이스라엘이 두 차례의 전쟁을 치러야 했을 때, 한나 아렌트는 감정적으로뿐만 아니라 정치적으로도 반대편에 섰다. 그녀는 평생 소련계 유대인들이 이스라엘로 이주하도록 도왔다.

아렌트는 1942년 7월 초 구리안에게 보낸 편지에서 이후로 팔레스타인 상황에 대한 자신의 관심사가 무엇이었는지에 대해 이야기했다.

> 아름다운 꿈이 될 수 있었던 모든 시온주의의 꿈은, 우리의 잘못으로 유토피아적 허튼소리와 영국적인 아첨이 혼합되어버렸고 몇 주 안에 끝날 수도 있습니다. 나는 그곳에서 시작될 학살에 대해 말할 수 없는 공포를 느끼고 있으며, 우리가 그 학살을 그럴듯한 연설로 포장하게 될 일에 대해서도 똑같이 큰 혐오감을 느낍니다.[203]

블루멘펠트와 숄렘의 등장으로 상황은 어떻게든 정상 궤도에 올랐지만, 여러 차례 자신을 입증한 친구인 아렌트가 언론 활동을 통해 팔레스타인의 정치적 열망을 배신했다는 생각은 양측 모두에게 잊지 못할 힘든 시험이었다. 블루멘펠트와 숄렘 같은 사람들은 '예전의' 시온주의자 아렌트가 어떻게 변했는지, 그녀가 자신들에게 여전히 신뢰할 만한 사람인지를 스스로 물었을 것이다. 그녀는 빌트모어 호텔에서 있었던 균형 잡힌 연설과 그에 따른 논의가 실제로는 팔레스타인 정책의 변화 시도를 목표로 했음을 이해하지 못했는가? 영국에서 벗어나 미국으로, 식민

지배의 틀에서 벗어나 진정한 건국을 향해 나아가려 했던 것이 아니었는가? 그것이 정말로 히틀러의 독일에 맞선 투쟁에서 유대인의 이익에 대한 인식을 가시적으로 보여주는, 이른바 '유대인 군대' 문제에 국한된 것이었는가?* 오히려 빌트모어 회의가 스스로 과제로 삼았던 것이 바로 전후 질서, 즉 이스라엘이 미래 국가에 대한 매우 구체적인 구상으로 새로운 열강들을 설득하는 것이 아니었는가? 반면에 팔레스타인 측은 나치의 파괴 대상과의 동맹이 자신들에게 꿈에도 생각지 못한 기회를 만들어주리라고 분명히 믿고 있었던 것이 아니었을까?

그러나 잠깐, 아렌트가 말할 수 있었던 것이 있지 않았을까?

블루멘펠트와 숄렘이 어린이·청소년 알리야의 활동에 대해 알고 있었음은 의심의 여지가 없다. 아렌트는 1935년 여름 팔레스타인에 체류하는 동안 두 사람을 모두 방문했고, 1938년에도 두 사람은 파리에 있었으며 '극중 인물Dramatis Personae'인 그녀를 잘 알고 있었다. 블루멘펠트는 구스타프 란다우어와 매우 가까운 친구였으며, 헨리에타 솔드와 서신을 주고받았고, 조직의 발전에 대해 포괄적으로 알고 있었을 뿐만 아니라 조직의 재정 및 인사 문제가 의제에 오를 때마다 의사 결정에 관여하곤 했다.

그러나 어린이·청소년 알리야에서의 아렌트의 활동에 대해서는 어디에서도 언급된 적이 없다. 1942년부터 1945년까지 새로

* 유대인 군대의 창설과 관련한 아렌트의 정치평론 기사는 다음과 같다. 『유대인 문제와 정치적 사유』, 「이른바 유대인 군대」(1942년 5월 22일), 426-31쪽.

설립된 알리야 단체를 이끌었던 블루멘펠트를 비롯해 숄렘 등 누구도 아렌트의 파리 시절에 관심을 기울이지 않았다. 말 그대로 백지 상태였다. 모든 사람은 아렌트가 무엇을 했는지, 그리고 그녀가 어떤 위험에 노출되었는지를 알고 있었다. 그러나 그녀의 비판자들 사이에서는 다른 이야기가 나왔다. 즉 그녀는 강제수용소는커녕 절멸수용소에서 죽음을 맞을 상황에 놓여본 적이 없었다는 것이다. 그녀는 자신의 자유의지에 따라 어느 정도 떠날 수 있었던 귀르스 수용소에 있었다.

아렌트는 현대 반유대주의, 팽창 지향적 제국주의, 전체주의 정권의 새로운 현상에 관한 자신의 저서를 숙고하고 있었다. 이때 그녀는 '유대인 청년 단체'와 함께 유대 민족의 미래에 대한 권력정치적 논쟁에 참여했다. 또 《재건》을 통해 앞서 언급한 주제들에 대한 시사의 동향을 파악하려 애쓰고 뉴욕 사람들, 그리고 오랜 친구 및 지인들과 활발한 사회생활을 어어갔으며, 미국 영어를 계속 배웠고, 심지어 집안일도 했다. 이런 와중에 또 다른 과제가 추가되었다.

1944년 7월 30일 유대인문화재건위원회를 구성한 사람들은 아돌프 S. 오코의 집에서 만났다. 오코는 러시아 하르키우 출신으로 독일에서 공부했으며 일찍이 스피노자를 전공했다. 그는 또 미국과 유럽에서 잘 알려진 사서였다. 특히 미국에서 가장 중요한 자유주의 랍비 신학교인 신시내티의 히브리 유니언 대학에서 사서로서 여러 특별 장서를 구축하고 관리했다. 그는 여러 다른 활동 외에도《메노라》에 정기적으로 글을 게재했으며, 생애 마지막 2년 동안은《현대 유대인 기록》의 편집자로 활동했다. 모임에는 집행위원회 의장을 역임한 잘로 바론, 역시 러시아 출신의 역사학자 코펠 S. 핀슨[204], 종교사회학자이자 성서학자인 테오도르 R. 가스터도 참석했다. 마지막 세 사람은 조슈아 스타와 함께《유대인 사회 연구》의 지도부에 속해 있었으며, 아렌트는 사망할 때까지 이 잡지의 편집위원이었다.

이 단체는 각 개인이 감당하기에는 어려운 과제를 해결해야 했다. 누가 그리고 어떻게 유럽에서 파괴된 유대 문화에 관해 연구할 것인가? 국방군의 패배, 그리고 히틀러의 독일과 그 동맹국의 패배는 이미 명백해지고 있었다. 특히 동유럽과 서방 연합국으로부터 계속 전해지는 유대인 공동체 학살 규모에 관한 소식에도 불구하고, 누가 아직 살아 있고 어떤 상황에 놓여 있는지조차 확실히 알기에는 정보가 너무 부족했다. 그러나 그들은 유럽이 해방되는 날을 맞아 생존자들과 유대교 회당, 종교적 유물, 그리고 유대인의 삶을 보여주는 문서들을 보존할 준비를 하고자 했다. 참석자들이 모두 잘 알고 있던 한나 아렌트를 포함해 세 사람이 대응 계획을 마련할 책임자로 선정되었다.

1944년 7월 오코의 집에서 열린 회의에는 다른 몇몇 인물도 참여했다. 그 역사는 1933년, 즉 나치당이 집권한 해로 거슬러 올라간다. 유대인관계회의CJR가 창립되면서 주로 현대 반유대주의에 관심을 가지며 유대인 학자들을 구출하는 데 주력하는 조직이 만들어졌다.

유대인관계회의는 유일한 조직이 아니었다. 역사학자 세실 로트는 1943년 초에 영국에서 유대인관계회의 회장 잘로 바론에게 연락하여 유대인 재산을 미래에 보존하기 위해 두 나라에서 시작된 선도 계획을 함께 추진해야 할지 물었다. 뛰어난 인맥 관리자이자 조직가이기도 한 바론도 동의했다. 그 후 모든 일이 매우 빠르게 진행되었다. 바론은 실무에 전문성을 갖춘 수많은 사람과 조직에 연락했다. '영적 유대 민족'이 제2차 세계대전에서 어떻게 살아남을 수 있을지에 대한 집중적인 논의 이후, 이제는 유대인 재산, 미래의 교육 기회와 생존 조건에 점점 더 관심이 커졌다. 절멸수용소가 동유럽에 있었고, 유대인 문화 전체가 이미 완전히 파괴되었으며, 사람들이 살해되었다는 두려움이 있었기 때문에, 발트 3국과 폴란드, 소련과 다른 해당 국가에서 온 기관과 직원들은 그곳에 보관된 소유물을 보존할 준비를 해야 했다. 이들 중 일부는 이 지역과의 연락망을 여전히 유지하고 있었다. 각종 비망록과 초안이 1944년 9월까지 계속 오가던 중에 다음과 같은 내용이 담긴 가스터의 문서가 유포되었다.

유대인관계회의는 최근 이 나라의 주요 학자와 교육자로 구성된 위원회를 설립하여 전쟁 이후 유럽 유대인의 문화적 재구축을 위해 노력할 예정이다. (…) 위원회는 이 분야의 모든 활동을 위한 중앙조정기관의 역할을 해야 한다.[205]

이때 조직의 미래 이름도 처음으로 언급되었다. 아렌트가 일하게 될 곳은 유럽유대인문화재건위원회(CEJCR, 이후 JCR)이다. 팔레스타인에 있는 기관들도 포함해야 한다는 것은 처음부터 분명했는데, 특히 예루살렘 국립도서관과 그곳의 히브리대학교가 포함되었다. 1944년 가스터의 계획은 여러 간접적인 경로를 거쳐 구체화되었고, 3년 후에는 조직의 업무가 주인이 없는 유대인 '문화' 재산을 반환하거나 분배하는 일에 전념하는 방향으로 발전했다. 아렌트는 고용되자마자 활동을 시작했다. 그녀는 이전에는 동료 운동가들과 함께 어린이와 청소년을 구하려고 노력했지만, 이제는 유대인 문화에 남아 있는 것을 구하는 일에만 전념하게 되었다.

전쟁이 끝난 직후, 오펜바흐Offenbach am Main에 유대인 문화유산을 모아두는 보관소가 세워졌다. 1946년 3월 중순에 박물관, 도서관, 유대교 회당 및 대규모 개인 소장품에 관한 자료를 기록한 수많은 목록 가운데 하나가 완성되었다. 아렌트는 목록과 그 안에 담긴 정보 요약본을 유대인문화재건위원회에서 국제 협력을 담당하고 있는 뉴스쿨의 호레이스 칼렌에게 보냈다. 아렌트와 친분이 있었던 칼렌은 이를 수많은 기관 및 관련 단체에 전달했다. 이 목록에는 20개국에 있는 433개의 유대인 박물관, 기록보관소, 도서관이 포함되었고, 비유대인 기관에 보관된 282개의 도서 및 문서 수집품도 함께 기록되었다. 이 수치는 전쟁 이전 자료나 1939년까지 이루어진 몰수에 따른 것이다. 262개 도서관, 102개 기록보관소, 69개 미술관에 보관된 약 350만 권의 도서,

약 5,000개의 사본, 약 260개의 고판본이 목록에 올랐다. 부록에는 비유대인 도서관, 기록보관소, 미술 수집품이 항상 독일 소장품부터 기재되어 있었다. 직원들이 아렌트와 임시 협력자였던 헤르베르트 슈트라우스[206]의 도움으로 방대한 목록을 신속하게 작성할 수 있었던 것은, 나치에 귀속된 유대인 문화재와 예술품을 소장하고 있던 15곳의 수집 장소를 파악하고 있었기 때문이기도 하다. 슈트라우스는 1941~42년에 독일에서 랍비이자 역사가로 성직을 받았으며, 아렌트의 친구인 에른스트 그루마흐가 살았던 베를린-샤를로텐부르크의 슐뤼터가 53번지 집에서 극적으로 탈출했다.[207]

아렌트의 보고서는 포괄적이고 상세하지만, 브레슬라우에 있는 보수적인 유대인 신학교의 소장품(4만 권의 책, 433권의 필사본과 수많은 고판본)에 대한 사실상 절망적인 언급으로 끝을 맺었다. 그럼에도 보고서에는 로마·리보르노·만토바의 소장품은 물론 빌뉴스의 유대인연구소YIVO[208]가 소장하고 있는 8만 5,000권의 책, 약 7만 5,000개의 필사본과 문서, 10만여 점의 예술작품도 포함되었다.[209] 반면 아렌트는 파리에 있는 '이스라엘만국연합'의 5만 권의 책, 300개의 필사본 및 소위 '게니자Geniza'* 문서가 발견될 수 있을지에 대해서는 회의적이었다.

오펜바흐 출신인 코펠 핀슨의 첫 번째 회신은 약간의 희망을

---

*   게니자는 유대인들이 신성한 언어인 히브리어로 쓰인 모든 종류의 글을 보관하는 은신처 또는 보관소이다.

불러일으켰다. 사실 이 목록은 소장품에 대한 초기 안내에 불과했지만, 매우 유용한 것으로 판명되었다. 이는 '후임자들'이 유럽 전역에서 재고품을 검토할 수 있는 기반이 되었다. 독일 내 미국 관할 구역의 모든 랍비와 수많은 미국 기관들도 같은 검토 과정을 거쳤는데, 이는 등록 작업이 반복되지 않도록 하기 위함이었다. 오펜바흐와 빌뉴스 및 기타 여러 장소에서 재고품을 조사·분류·등록하고 종종 수색하는 동안, 아렌트와 다른 사람들이 1945년 이미 제기했던 질문도 있었다. 이 모든 것은 누구의 소유인가? 예를 들어, 오펜바흐에 보관되어 있던 것들은 옛 독일계 유대인 공동체의 소유일까? 미국으로 망명한 유대인연구소나 히브리 국립도서관 같은 다른 국가와 기관이 권리를 주장한다면 어떻게 될까? 그러나 독일 제국 영토에 점차 형성되기 시작한 공동체는 여전히 '홀로코스트Shoah' 이전의 공동체였을까? 곧 시작된 암시장 거래를 어떻게 억제할 수 있을까? 어느 것도 어두운 통로로 사라지지 않도록 어떻게 보장할 수 있을까?

결국 유대인문화재건위원회와 다른 많은 기관 및 조직이 직면한 과제는 두 가지였다. 이해관계가 상충한다는 사실을 모르지 않았지만 가능한 한 많은 것을 구하고 가능한 한 많은 정의를 실현하기 위해 노력하는 것이다. 무엇보다도 시온주의 관리들 가운데 법률가들은 문명의 파괴를 법으로 표현되어야 할 무엇인가로 보았다. 즉 그러한 파괴 이후로는 '계승'이란 있을 수 없고, 물려받을 만한 것은 아무것도 없다. 바로 그렇기 때문에 분쟁이나 전쟁이 끝난 후 흔히 볼 수 있는 자연스러운 복원은 더욱 불가능해 보였다. 적어도 유대 민족의 미래를 위해 어린이와 청소년들을 팔레스타인과 영국 또는 미국으로 보내기 위해 할 수 있는 모든 일을 수행했던 사람들에게는 말이다.

동시에 1946년과 1947년에는 서방 연합군이 통치하는 독일 일부 지역에서 정치적 삶이 변화하고 있었으며, 점차로 자결권의 범위, 권리 및 의무를 법과 규정으로 바꿔야 하는지, 그리고 법적 계승과 그에 따른 새로운 독일의 '유산'이 어떤 모습이어야 하는지를 두고 논의가 이루어졌다. 이 '잠재 상태'[210] 시기에는 네 '승전국' 내부와 상호간의 논의가 수반되었으며, 옛 독일 영토의 난민수용소에서 자립하는 유대인 공동체의 미래 역할에 대한 문제도 포함되었다. 토론에 참여한 인물들만 보아도 알 수 있듯, 사안이 이미 근본적인 차원에 이르렀음을 보여준다. 즉 이 '유대 민족'을 법적 주체로서 대표하거나 대표할 수 있는 국가나 기관이 없더라도, 문서에서 항상 그렇게 불렸던 '유대 민족'의 주장은 어느 정도까지 공식화될 수 있었는가? 과거에 이미 국가 기관과 국제 기관을 상대로 이러한 대표자 역할을 하는 공인된 조직이 있었다. 그러나 문제는 바로 거기에 있었다. 먼저 다양한 집단이 구속력 있는 발언을 할 대표자 선정에 합의해야 했기 때문이다. 그러한 유대인 조직과 그 대표자들이 늦어도 1897년 8월 말 바젤에서 열린 첫 번째 시온주의회의에서 등장했으며, 이러한 임시 조치가 수십 년 동안 일반적인 관행이었다는 것은 분명한 사실이었다. 또한 팔레스타인을 점령했던 영국이나 미국 같은 국가의 실무에서도 항상 이와 유사한 관행이 있었다. 그러나 제2차 세계대전 종전과 더불어 유대인 조직이 다양한 임무를 수행하게 되고, 팔레스타인에서 아랍인과 유대인 간의 전쟁이 벌어지며, 세계 정치의 재편이 시도되는 동시에 '서양'과 '동양' 간의 체제 및 권력 경쟁이 출현하면서 대규모 정치적 결정이 빠르게 진행되는 국면이 형성되었다.

이런 점에서 확보된 문화재의 보호, 등록 및 배포를 책임질 권한을 미국 정부로부터 부여받았다는 사실은 유대인문화재건위원회에게는 중요했다. 직원들은 1948년부터 유럽으로 파견되었는데, 파견의 중심지는 오펜바흐의 보관소였으며 1949년 6월 말 폐쇄되었다. 중앙 보관소는 자료가 풍부할 뿐만 아니라 서부 3개 지역과 서베를린에 새로 구성된 유대인 공동체를 지원했고, 책·필사본·예술품·종교적 문화재·고판본에 대해 권리를 주장하는 다양한 단체의 요구에 적극 대응했다.

사서이며 편집자이고 역사가인 조슈아 스타는 오펜바흐를 방문한 첫 번째 유대인문화재건위원회 대표였다. 1949년 초 그는 이전 계약서에 서명하기 위해 다시 마인으로 돌아왔다. 유대인문화재건위원회에 대한 연구를 주로 담당한 역사학자 엘리자베스 갈라스에 따르면, 이 조직은 오펜바흐에서만 900개가 넘는 토라 두루마리와 약 25만 권의 책을 반환했다.[211] 조슈아 스타의 오펜바흐 방문은 1949년 중반에 조직을 떠난 사무총장의 마지막 여행이었다. 1949년 12월 6일 스타는 42세의 나이로 자살했고,[212] 한나 아렌트가 그의 후임으로 임명되었다.

경영진은 사장으로 잘로 바론과 4명의 부회장으로 구성되었는데 레오 백과 게르숌 숄렘이 가장 잘 알려졌다. 뉴욕에 자리를 잡고 브루클린에 두 개의 대형 창고를 임대하여 일시적으로 물품을 보관할 수 있었던 유대인문화재건위원회의 '사무국장'은 아렌트가 1930년대부터 알고 지내던 랍비 막스 그뤼네발트였다. 아렌트는 1952~53년까지 유대인문화재건위원회 '사무총장'으로 일했다. 그녀는 1949년 12월부터 1950년 4월까지 독일에서 나눈 대화에 관한 5편의 보고서를 썼다. 그녀는 다양한 직책을 맡아 8년간 활동한 끝에야 유럽 유대인 학살이 얼마나 심각했는지를 완전히 이해하기 시작했다.

아렌트가 유대인문화재건위원회에서 활동했다는 것은 그녀가 다른 분야에서 함께 일했던 수많은 지인을 다시 만났다는 것을 의미했다. 그녀는 잘로 바론과 유대인 역사에 대한 문제를 논의했고, 바론이 편집한 《유대인 사회 연구》에 글을 게재했다. 다른 인물들과 함께 위임통치령 팔레스타인의 미래 국가를 위해 다양한 헌법 초안을 작성했던 유다 마그네스는 팔레스타인 '유대 민족'의 미래에 관심을 가졌다. 조슈아 스타는 아렌트가 1946년부터 편집자로 일했던 쇼켄출판사와 인연이 있었다. 위원회 사람들 중 역사가인 필립 프리드먼과 코펠 핀슨은 아렌트의 반유대주의와 강제수용소 연구에 중요한 영향을 미쳤다.

여기서 이름이 언급되지 않은 유대인문화재건위위회 동료 가운데 다수는 어떤 식으로든 아렌트의 뉴욕 환경과 연결되어 있었다. 그러나 단체 구성을 자세히 살펴보면, 아렌트의 여러 서신에서 볼 수 있듯, 한 가지 사실을 확인할 수 있다. 그녀의 학문적 문제 설정과 실천 활동이 분리될 수 없다는 것이다. 경험 세계는 아렌트가 생각하던 것에 더해지지 않았고, 그녀가 좋아했던 것 처럼 그녀의 '시선을 날카롭게' 하지도 않았으며, 유럽 유대인 학살에 '강박적으로' 몰두하게 하지도 않았다. 그녀는 재앙이 발생한 후의 아주 구체적인 세상, 동시에 그 이후의 세상에서 살았다. 그녀가 뉴욕에 살았다고 해서 그 세상이 달라진 것은 아니었다. 아렌트의 미국인 친구와 지인들이 어떻게든 세상을 있는 그대로 받아들일 수 있었던 것과 달리, 그녀에게는 그런 가능성이 존재하지 않았다. 표면적으로 보면, 이는 유대인들이 겪은 이민·탈출·수용소 생활과 여전히 존재하는 무국적 상태와 관련이 있었다. 물론 그것은 동유럽과 서유럽 유대인들의 삶이 돌이킬 수 없을 정도로 파괴되었다는 것을 의미했다. 그러나 이 모든 것은 경험된 사실이었으며, 미래를 계획할 때 사유의 중심에 두어야 할 사실이었다.

유대 민족의 미래가 어떻게 될지 모르지만, 상황을 정치적으로 이해하려면 아렌트는 두 가지 일을 수행해야 했다. 첫째, 책임을 지기 위해 어떤 식으로든 유대인의 대의에 봉사하고, 둘째로 앞으로 그런 일이 일어나지 않도록 방법을 찾아야 했다. 이는 주어진 조건을 고려하여 국가·민족·망명 상태·시민권 등의 문제에 대해 생각하는 것을 의미했다.

만약 누군가 이러한 가정과 경험을 개념적으로 연결하고 공식화하려면, 지금까지 역사의 시험대에 있던 것을 모두 시험해보아야 한다. 모든 희망, 꿈과 소원, 그리고 단순히 주어진 사실을 받아들이는 현실주의도 마찬가지다. 따라서 과거의 틀에 빠지지 않는, 그래서 사실을 고려한 가능성의 공간을 열어줄 수 있는 '사이 공간(틈새; Zwischenraum)'을 차지하는 것이 필요했다.

아렌트는 1949~50년과 1952년에 유대인문화재건위원회를 대표하여 독일을 두 차례 방문하면서 자신의 접근방식과 태도가 타당하다는 것을 확인할 수 있었다. 전체주의가 한 사회를 핵심까지 '오염시켰다'는 것, 12년간의 '전체주의 통치' 이후 '점령'을 통한 도덕적 고양이 가해자와 방관자를 올바른 길로 인도할 수 있다는 것, 학살자와 강제수용소에 대한 공격적인 침묵이 세계 질서와 그 안에 반영된 도덕적 신념의 파괴를 바로잡을 수 있다는 것은 모두 아렌트에게 분명해 보였다.

유대인문화재건위원회의 맥락에서 일어나는 거의 모든 일에서 아렌트의 '대응자'는 게르숌 숄렘이었다. 아렌트는 1935년 예루살렘에서 숄렘을 처음 만났고, 3년 후 숄렘이 파리에 있는 친구 발터 벤야민을 방문했을 때 다시 만났다. 처음에는 파른하겐 원고가 관심사였다. 1940년 10월 21일 아렌트는 벤야민의 자살을 숄렘에게 전하며 앞에서 언급한 말을 인용했다. "유럽에서 유대인들이 죽어가고 있습니다. 그리고 그들은 개처럼 묻히고 있습니다."[213] 적어도 이 순간부터 두 사람은 특별한 방식으로 연결된다. 고인이 된 벤야민의 사후 삶에 대한 공통된 관심, 서로를 돕기 위한 시도―숄렘은 아렌트가 공적을 남길 기회를 찾을 수 있도록, 아렌트는 숄렘이 벤야민의 죽음에 대처할 수 있도록―그리고 글을 읽고 논평하는 과정, 이 모든 것이 무겁지 않고 호기심과 상호 존중 속에서 자연스럽게 이루어졌다. 파른하겐 원고에서 해방 시대의 종교적 맥락에 전혀 영향을 받지 않은 매우 특이한 해석을 확인한 숄렘은 초기에 가장 좋은 의미에서 선교적으로 활동했다. 즉 그는 자신의 연구를 제공했으며, 아렌트는 완전히 사라지지 않는 무엇인가를 스스로 발견할 수 있었다. 그것은 바로 유대인 역사와 신학에 대한 관심이었다. 아렌트는 카발라의 역사와 그 '주요 흐름'에 관한 숄렘의 첫 번째 주요 저작을 완전히 알려지지 않은, 실제로는 미래에 "숄렘 행성"으로 알려진 '미지의 땅'을 발견하고 지도화한 것으로 여겼다. 전쟁의 종식은 환멸로 받아들여졌고, 두 사람은 편지를 주고받으며 개인적으로도 주제 면에서도 더욱 가까워진다.

서로의 우정을 표현하고 학문적 입장을 자세히 설명하던 중, 1945년 예루살렘에 있던 숄렘에게 별쇄본과 함께 한 통의 편지가 도착했다. 「시온주의를 재고하자!」라는 에세이는 숄렘에게 처음이자 깊은 도전이 되었다. 숄렘에게도 생사의 문제가 걸려 있었기에 그는 조심스럽게 반응했다. 숄렘은 아렌트가 자신에게 얼마나 중요한지 이미 알고 있었지만, 동시에 논문 원고 때문에 그들 사이에 앞으로 어떤 갈등이 생길지도 알고 있었다. 아렌트는 많은 사람뿐만 아니라 숄렘에게 삶을 바꾸는 사건인 시온주의가 그 자체의 주장과 그 대변자들 때문에 분석적·정치적으로 실패했다고 보았지만, 숄렘은 자신의 '신앙'—그 자신은 '종파'라고 비꼬아 말한다—이 공격받고 있다고 여겼다. 그러나 적어도 자기 민족의 역사가인 숄렘은 롬멜이 독일 국방군과 함께 예루살렘 앞에 서 있을지도 모른다는 현실적인 위험, 즉 공포에 직면해 어떠한 냉소적인 말도 용납하지 않았다. 그는 이 문제에 대한 아렌트의 견해를 날카롭게 거부했다.

아렌트와 숄렘은 1946년 5월부터 공식 편지지를 사용하여 여러 차례 편지를 주고받았다. 이제 유대인 역사의 중심 시대에 거의 침묵했던 증인들을 조사하고 분류하는 것이 중요하며, 이를 통해 생존자들이 새롭고 다른 삶을 살 수 있도록 도와야 한다. 아렌트와 숄렘은 공식적이든 비공식적이든 서로에 대해 무조건적인 신뢰를 보내며 한 팀이 되었다. 숄렘은 먼저 유럽으로, 파리로, 거대한 보관소가 있는 오펜바흐로 향하며 선봉대를 구성했다. 아렌트는 숄렘의 도움으로 1941년 5월 리스본에서 탈출한 이후 벌어진 일들에 대한 윤곽을 그리기 시작했다. 그리고 숄렘이 독일에 머물며 구할 수 있는 것에 매달리고 살아남은 사람들과 이야기를 나누는 동안, 뉴욕의 아렌트에게는 그동안 일어났던 일이 심연처럼 점점 더 크게 다가왔다.

숄렘과의 우정은 아이히만 책 때문에 단절되었다. 즉 '유대인 평의회'와 희생자들이 수백만 명의 살해된 사람들에 대해 공동 책임이 있다는 인상을 풍기는 '어조', 유대인에 대한 그녀의 사랑이 부족하다는 비난 때문이었다. 그 이전까지 두 사람의 우정은 아렌트에게 특히 소중한 것이었다. 그 반대의 경우도 마찬가지였다. 그러나 이 우정은 아이히만 때문에 '실패했을' 뿐만 아니라, 적어도 발터 벤야민의 사상과 그의 '사후 세계'에 대해 완전히 다른 생각을 가졌기 때문에 '실패한' 것이나 마찬가지였다. 해석의 차이는 존재의 문제이자 궁극적으로는 벤야민을 구하기 위해 과연 모든 노력을 기울였는가에 대한 문제로 드러났다.

이 3자 구도에는 벤야민에 대한 주장과 그에 대한 기억을 불러일으키는 네 번째 당사자도 있었다. 특히, 프랑크푸르트 시절부터 아렌트의 적이었던 테오도르 W. 아도르노가 여기서 결정적 역할을 했다. 아렌트와 숄렘은 벤야민의 자살 이후 그의 유산이 처리되는 방식—논문, 출판 정책, 다른 사람을 배제하면서 그 인격을 전유하는 방식—에 똑같이 분노했지만, 이러한 연대는 벤야민이 전유의 대상이 되자 적대감으로 바뀌었다. 아렌트, 숄렘, 아도르노가 벤야민에게 부여한 역할들, 철학자이자 유대교 신비주의자, 마르크스주의자, 문학 학자이자 비평가로서의 역할은 그들 스스로도 거의 인식하지 못했던 동일시의 대상이 되었다. 아렌트가 미국에서 자신이 직접 선별한 판본을 출판했을 뿐만 아니라 뉴욕의 '괴테하우스'와 《수성*Merkur*》에 기고한 일련의 긴 서문에서 벤야민 구출 실패에 대한 사회조사연구소의 책임을 때론 직접적으로, 때론 완곡하게 제기했다는 사실은 오래된 상처를 다시 헤집었다. 두 권의 판본과 한 권의 서간집을 편집한 숄렘과 아도르노는 아렌트의 '벤야민 정책'에 분노했다. 문제는 더 이상, 아니 애초부터 해석의 문제가 아니었다. 그것은 아마도 벤야민이라면 가장 이해하지 못했을 듯한 질투였으며, 더 중요하게는 그들이 벤야민과 맺고 있던 관계와 긴밀히 얽혀 있던, 홀로코스트를 다루는 태도의 문제였다.

사각지대의 아틀라스

아렌트가 구리안과 이론적으로 논쟁하고, 유대인문화재건위원회에서 활동하며 추진했던 중요한 저술 계획은 다양하지만 겉보기에만 유사한 세계들Parallelwelten 속에서 어떻게 계속되었을까?

1945년 4월 19일 아렌트는《메노라》잡지의 편집자인 헨리 허비츠에게 한동안 작업 중이던 책의 초고를 보냈다. 1886년 리투아니아에서 태어난 허비츠는 1910년대 이후 유대인 논쟁에 대한 심도 있는 지식과 수십 년간 세심한 편집자로서 일한 경험을 지닌 인물이었다. 이를 바탕으로 아렌트의 논문 「시온주의를 재고하자!」와 「난민인 우리들」*을 대중에게 알렸다. 아렌트가 미국에 도착한 이후 작업해온 내용을 읽어본 허비츠는 자기 앞에 숨겨진 보석이 있다는 것을 알았다. 그는 아렌트를 옹호하고 서평을 쓰며 그녀를 출판사에 추천했고, 오코가 그랬듯이 인정받으려 곁눈질하지 말고 미국식 영어를 계속 연마하라고 격려했다. 아렌트는 편집자들을 잘 만난 편이었다.

첨부한 원고에는 「증오의 세 기둥: 반유대주의-제국주의-인종주의」라는 제목이 붙어 있었다. 이는 당시 아렌트가 제시한 여러 제목 중 하나였다. 다른 하나는 같은 부제가 붙은 「수치심의 요소」였다. 이때 아렌트는 이미 자신이 책에서 무엇을 의도하는

---

*   1943년《메노라》에 게재된 이 에세이는 다음 자료를 참조할 것.『유대인 문제와 정치적 사유』, 「난민인 우리들」, 583-99쪽.

지 정확하게 밝힐 수 있었고, 책의 구성이 복잡하다는 것은 분명했지만 다른 방법이 없다는 것도 알고 있었다. 1941년 이후로 작성된 수많은 예비 연구에서는 아직 뚜렷하지 않았지만, 나치의 절멸 전쟁과 유럽 유대인 학살을 고려했을 때 분석 역시 기존의 관례를 깨야 했다. 아렌트는 단순히 역사적·사회학적 설명 모델이나 심지어 철학적 설명 모델로 되돌아갈 수 없었다. 실제 역사의 폐허 속에서 모범적이고 상세한 방식으로 또 다른 역사를 끌어내야 했다. 이것은 그녀가 고전적 역사 기술에서 강조하는 보존-정당화-찬사를 근본적으로 거부함으로써 해결하려 했던 과제였다. 이 세 요소를 해체하고 진정으로 비역사적인 방법을 적용해야 했다. 즉 "서양 전통과 사상에서 제거해야 할 요소들은 역사적 단면의 형태로 제시된다."

그로부터 몇 년 후인 1957년에 아렌트는 이 방법을 네 가지 사례 연구에 적용한 책『현대 정치사상의 의심스러운 전통』을 출판했다.* 1945년 4월, 한편 전쟁이 곧 끝날 것이라는 사실, 다른 한편 나치의 절멸 정책이 정확히 어느 정도인지에 대한 극심한 두

---

*   서지사항은 다음과 같다. Hannah Arendt, Fragwürdige Traditionsbestände im politischen Denken der Gegenwart: Vier Essays, trans., Beradt(Frankfurt/Main, 1957). 아렌트는 이 책의 출간과 관련하여 야스퍼스에게 보낸 편지에서 다음과 같이 밝히고 있다. "책 제목은 '현대 정치사상의 의심스러운 전통'입니다. 수록된 글은 모두 잠정적인 에세이입니다. 이것들은 전적으로 부정적이고 파괴적이며, 긍정적인 측면이 거의 분명하게 보이지 않기 때문에, 저는 당신이 이것들을 좋아하지 않을까 걱정됩니다."『한나 아렌트·카를 야스퍼스 서간집 1』,「편지 214」(1957년 11월 4일), 593쪽.

려움 속에서, 초기 목표는 지금까지 유효했던 것으로부터 가능한 한 급진적으로 돌아서는 것이었다. 그것은 지금은 무의미해 보이는 "삶의 교사로서의 역사historia magistrata vitae"*라는 문구로 요약할 수 있었다.

아렌트는 반유대주의·제국주의·인종주의를 인종적 제국주의라고 불렀다. 이는 완전히 새로운 것, 역사적으로 새로운 유형, 바로 나치즘을 지칭한다. 이 자체는 하나의 융합체이다. "이 융합체가 실제로 파괴될 경우 어떤 원소로 분해될 것인가를 기술하고 설명함으로써 이 융합체의 파괴를 예상할 수 있다."

아렌트의 방법론적 고려 사항은 분명히 중요했고, 자료와 자체의 주장을 통해 길을 찾는 데에도 도움이 되었다. 그러나 동시에 그것들은 언제나 순간 촬영에 불과했다. 말하자면 아렌트는 열린 마음으로 역사를 연구했다. 한편, 그녀는 현대의 새로운 반유대주의와 나치의 반유대주의 급진화를 분석하는 책을 쓰고 싶었다. 유럽 제국주의의 팽창주의적이고 폭력적인 과잉이 나치즘과 공산주의/볼셰비즘을 통해 사람들을 조작하고 말살하며 새로운 대중 현상을 형성했다. 아렌트는 이 두 체제를 연결하는 상호 보완적인 역사가 필요하다는 것을 인식했다. 다른 한편, 바로 이

---

* 이 문구는 키케로가 『연설가론De Oratore』에서 역사를 의인화하여 사용한 것이다. 이는 과거에 관한 연구가 미래에 대한 교훈이 되어야 한다는 생각을 담고 있다. 전문은 이러하다. "역사, 즉 시간의 증인, 진실의 빛, 기억의 삶이자 삶의 지시이자, 고대의 전령이 불멸을 향해 헌신하는 목소리는 연설가의 목소리가 아닌 다른 어떤 목소리일까?" Cicero, *De Oratore*, II, 36.

역사는 멈추지 않고 계속해서 새로운 현실을 만들어냈다. 그래서 아렌트는 언젠가는 끝내야 했다. 또 '문답법Dialektik'을 다루기 위해 그녀는 1947년 7월 쿠르트 블루멘펠트에게 보낸 편지에서 다음과 같이 설명했다.

보세요. 저는 학살 공장을 극복할 수 없고, 더 정확히 말해서 이 최신의 제조 방법이 유대인이나 독일인과 더는 아무런 상관이 없는 잔혹한 현실 속에서 살고 있습니다. 자신의 생명력을 거스르는 일은 절대 할 수 없고, 신이 창조한 방식이 매우 마음에 들기 때문에 저는 꽤 쾌활합니다. 그러나 어떤 의사소통도 엄청나게 어려워집니다. 특히 세상에 친구만큼 중요한 것은 없다는 점을 알고 있을 때 더욱 그렇습니다. 요컨대, 저는 생각해야만 빠져나올 수 있는 저만의 우울함이 있습니다.[214]

이 '성찰'은 3개월 후 카를 야스퍼스에게 보낸 편지에서 기본적인 명확성을 제공했다.

그리고 저는 이것으로 인해 제가 무엇을 집필하고 있는가라는 당신의 질문을 언급합니다. 제목은 달지 않았기에 단지 개략적인 생각만 당신에게 제시할 수 있습니다. 완성된 제1부는 18세기 중반 이후 유대인의 정치사와 사회사입니다. 관점은 전적으로 20세기 중요한 정치 이데올로기로 결정화結晶化되는 데 어떤 역할을 했는가에 한정됩니다. 제가 지금 집필하고 있는 제2부는 제국주의(저의 용어에서는 1880년대 시작된 순수한 팽창 정책)와 국민국가 붕괴 사이의 연계성을 분석하고 있습니다. 모든 일이 제대로 된다면, 연말에 제2부를 완결할 수 있습니다. 제3부와 결론은 전체주의 국가에 대한 분석에 할애할 것입니다. 저는 이것을 완전히 다시 집필해야 합니다. 최근에 제3부에서 특별히 러시아와 관련하여 몇 가지 중요한 부분을 알게 되었기 때문입니다.[215]

아렌트에 따르면, 1951년 3월 22일에 『전체주의의 기원』이 출판되었다. 이 책에는 1942년 이후에 출판된 최소 13개의 원고 가운데 "여기저기에 산재한 관련 부분들"이 포함되어 있었다. 드레퓌스 사건과 '인종주의 이전의 인종적 사유'를 기술한 두 장도 다시 게재되었지만, 모든 내용은 아렌트가 친구 로즈 파이텔슨, 알프레드 카진, 남편 하인리히 블뤼허와 오랜 시간 논의하면서 언어·문체·문법에서 훨씬 더 '미국풍'으로 다듬은 것이었다.

제1부 「반유대주의」에서는 근대 국민국가에서 '궁정 유대인'과 은행가와 같은 '예외적인 유대인'에 대항하여 반유대주의가 어떻게 발전했는지, 그리고 여전히 특정 유대인과 연관된 것처럼 보이는 초기 반유대주의의 요소를 하나도 잃지 않고 어떻게 안정과 법적 합의에 따라 안전이 확립되었는지 등 반유대주의의 연대기적 역사를 살펴볼 수 있다. 이것은 '좌파'와 '우파' 반유대주의 모두에게 적용된다. 그다음에는 범주의 변화가 이루어진다. 즉 공개적이고 자유주의적인 근대 사회에서 가장 명백하게 나타

나는 두 가지 상호작용과 삶의 형태, 바로 국민국가로부터 사회와 시민사회로의 동화Verbürgerlichung, 유대인 유형 — 파리아와 파르브뉘 — 의 형성으로 옮겨간다.

세기말 분위기의 한가운데서 상황이 유대인 공동체에 '유리하게' 돌아가는지, '비우호적으로' 돌아가는지 불분명해지는 엇갈린 상황이 발생했다. 모두가 한 방향으로만 움직이는 듯해 모호함이 사라지고 지나치게 명확해지려는 순간에, 인물 묘사·구체화·예외 현상이 뒤따른다. 즉 디즈레일리·드레퓌스·프루스트는 권력과 폭력, 경력과 희생, 자기 성찰과 자기 상실을 상징한다. 그들은 구체적인 역사적 상황 속의 개인으로서 이상형을 형성하며, 흥망성쇠와 그 분석을 드러내는 사회적 모델은 그들의 독특성으로 인해 가시화된다. 왜 독일계 유대인이나 독일 반유대주의자들이 아닌가? 이 질문에 대한 대답은 간단하다. 독일에는 이러한 인물이 존재하지 않았기 때문이다. 비스마르크를 위해 활동했던 은행가 게르손 폰 블라이흐뢰더, 철학자 헤르만 코헨, 작가이자 정치평론가 막시밀리안 하르덴은 어떤 면에서도 독일 사회의 예외나 거울상Spiegelbilder이 아니었기 때문이다.

그러나 이 사회는 드레퓌스 사건에서 분명한 특징, 조직 원리로서의 반유대주의를 드러낸다. "반유대주의를 상식에 대한 위반"으로 순진하게 해석할 수 있는 이 말은 실제로 시간의 화살을 급진적으로 뒤집어 1951년의 인식에 모든 것을 종속시키며 더는 연대기에 대한 의문을 제기하지 않는다. "많은 사람은 여전히 반유대주의가 나치 이데올로기의 중심에 있었고, 나치 정책이 일관되고 타협하지 않으며 유대인 박해와 궁극적인 절멸을 목표로 삼았다는 점이 우연의 일치라고 생각한다."[216] 이 장은 다음과 같은 말로 마무리된다. "다음 세 장은 물론 국민국가의 붕괴와 제국주의 발전으로 정치 현장의 전면에 등장한 예비적 요소에 불과하다."[217]

독자는 처음부터 이 점에 익숙해져야 한다. 연대기는 한나 아렌트에게 역사 기술의 기준이 아니다. 아렌트는 '원인에 관한 연구'의 시작 부분에 '절멸'을 배치하여 애초에 전체 연구를 수행한 이유를 명확하게 하였다. 이른바 유대인 문제는 나치가 철학적·정치적·경제적 보장 체제를 포함한 구질서를 단지 파괴된 기억의 더미로 바꾸기에는 너무 '우스꽝스럽고' 영향을 받은 사람이 너무 적었다. 그렇기 때문에 한편으로는 아무것도 지적하지 않은 그 점이 바로 터무니없음을 드러내는 것이다. 그러나 그렇다고 해서 앞으로 다가올 미래가 이 출발점을 향해 달려가야 한다는 뜻은 아니었다. 아렌트는 뚜렷한 목표 지향성을 주장하거나 구조를 분석하지 않고, 오히려 사람들과 그들의 영향력·가능성·행위, 그리고 선택권에 대한 그들의 인식 또는 거부를 이용해서 무대를 보여주고자 했다.

제2부 「제국주의」는 하나의 팽창을 설명하지만, 그 역사는 복잡하다. 언제나 더 크고, 더 아름답고, 더 강력해질 수 있다고 자신을 설득하는 제국주의는 나머지 세계를 제한된 행복의 꿈에서 깨워야만 했다. 제국주의가 불러일으키는 폭력의 소용돌이는 누구도 가만두지 않았다. 팽창에 대한 열망이 확산하고 있으며 점

점 더 많은 사람이 이 운동에 참여하기를 원했다. 그러나 그들은 오랫동안 어떤 종류의 생산과도 분리되는 데 익숙해져 자신들보다 열등한 더 많은 사람을 차례로 만났다. 이유가 바뀌고, 등장인물도 바뀌고, 사건이 일어나는 장소는 중심에서 점점 더 멀어졌다. 제2부에서 아렌트는 렌즈를 더 날카롭게 조정했다.

이제 아렌트는 조셉 콘래드의 소설 『어둠의 심장』이 아무리 미묘하더라도 단순한 식민지적 판타지가 아니라, 억압받는 사람들을 더는 인간으로 보지 않고 '그림자'로만 보는 경계의 완전한 해체에 관한 이야기라는 점을 구리안에게 증명해야 했다. 아렌트의 책은 근대성이 스스로를 한정함으로써 진보성을 확보하기 위해 모든 기제를 포함시킨다는 점에서 엄청나다. 관료와 경찰은 책상 앞과 뒤에 있는 사람들을 모두 변화시키는 규율을 만들어내며, 그런 까닭에 법을 보존하고 보호하는 사람들은 더욱 엄격하게 팽창 활동의 역학을 실행한다. 시행되는 조치의 긴급성과 정확성으로도 원하는 폭력 영역의 팽창이 성공할지를 결정하기 때문이다. 이 과정에서 기본적으로 모호한 개념들이 만들어지는데, 그것은 사람을 포함하거나 배제하기 위한 도구로 사용된다. 특히 '인종'이라는 범주는, 이미 모든 틀이 무너진 대중사회 속에서 신분과 계급을 넘어 누가 '속한 자'이고 누가 아닌지를 다시 구분하기 위해 작동한다. 이는 실존적 방식으로 적응 비용을 증가시킨다. 정체성 포기, 개종, 가시성 포기, 공공성 상실 및 의사 결정에 참여할 기회의 상실, 관료와 경찰이 원하는 대로 통제할 수 있는 과정이 바로 그것이다. 이는 '완화'와 자유주의적 추진을 포함하여 잔인하게 또는 은밀하게 수행될 수 있다. 예를 들어, 팽창 패러다임을 유지하기 위해 특정 집단이 필요하다는 이유로 배제 기준을 변경하는 것이다. 모든 일이 예측 가능한 것은 아니다. 따라서 식민지에서 법이란 무엇이고 어떻게 시행해야 하는가에 대한 자신들만의 형태와 생각을 발전시켰으며, 식민지 강대국의 통치자들은 병 속에서 어떤 영혼을 꺼냈는지 자국민에게 숨겨야 했다. 이렇게 하면 내부와 외부가 분리되어 자기 입장을 온건한 것으로 제시할 수 있게 된다. 그러면 '그들'이 아프리카에서 하는 일은 그들의 문제로 치부되고, '그들'은 이것을 일종의 면죄부로 받아들인다.

19세기 이래 존재해온 범민족 운동의 주체들은 자신들을 배제 전문가이자 국가 수호자로 내세우며 이러한 발전에 영향을 미쳤다. 따라서 권력과 폭력의 결합에 전적으로 초점을 맞춘 제국주의자들의 인종 이론과의 경쟁은 특히 프랑스와 영국에서 시작되었고, 독일과 러시아에서 더 강력하게 전개되었다. 범민족 운동은 특히 자신들이 선택한 것의 (유사) 종교적 내용을 자기 민족의 기원 이야기에 주입함으로써 이러한 열망을 활성화하고 급진화시켰다. 역사적으로 입증된 한 민족의 사명인 '선택받음'은 역사적 정의와 단순히 받아들여졌던 상황의 반전을 요구했다. 선택받았다는 것은 누구든 개성을 포기하고 하나의 목소리로 말할수록 다른 사람들과의 경계가 더 명확해진다는 것을 의미한다. 정치적 범주로서의 '대중'은 사회의 통제를 완전히 벗어날 때 '폭민'이 될 수 있다. 소외되고 구애를 받는 '폭민'은 이제 도구화될 필요가 없는, 예측할 수 없는 불굴의 공격 덩어리가 되며, 자신들을 완성된 도구화 과정의 구현체, 즉 임무와 하나가 되는 존재로 간주한다. 아렌트가 범민족 운동을 재구성할 때, 나치즘과 볼셰비즘이 범민족 운동으로부터 중요한 교훈을 얻었다는 사실을 언급하면서 시작하는 것은 놀라운 일이 아니다.

그러나 우리는 아직 두 유형의 전체주의 자체를 살펴볼 단계에 이르지 못했다. 이를 위해서는 결정적인 단계, 즉 고전적 국민국가의 해체와 소수민족의 권리 박탈이 필요하다, 아렌트 자신도 자신의 참정권 박탈을 통해 후자의 사실을 알게 되었다. 아렌트는 1938년 4월 27일부터 1951년 12월 9일까지 무국적자였다. 팽창은 경쟁으로 이어지고, 경쟁은 전쟁으로 이어졌다. 물론 그녀는 제1차 세계대전을 이런 식으로 묘사하지는 않았을 것이다. 그러나 그것(제1차 세계대전)은 전체 인류 종족, '인종', 다른 국가의 집단을 배제함으로써 '국가 국민Staatsvolk'을 위한 법적 보장을 유지하는 국민국가의 종말을 확정짓고 무국적자에게 권리를 박탈하는 보조 기구를 동시에 확립하였다. 이로써 민주국가들이 더 이상 배제 이후에 말살에 이르는 조치를 취할 수 없게 하는 법적 위계가 확립되었다. 국민국가는 자신을 과도하게 확장하고 항상 팽창 세력이자 보호 세력이 되기를 원하며, 근본적으로 다른 나라들도 같은 종류와 성향을 지녔다고 가정하며, 동시에 정치적으로 국제적 상호의존성 경쟁에 참여했다. 비용-편익 계산은 경제적인 측면일 뿐만 아니라 국가학의 요소이기도 하다. 제1차 세계대전 이후 내부와 외부의 양면성을 억제하기 위해 국민국가 모델이 다양한 형태로 강제로 바뀌면서 붕괴가 일어났다. 극단주의 시대는 민주주의 경계선을 넘어서 다른 방식으로 해답을 찾으려는 세력을 등장시켰고, 그 세력은 특히 독일과 소련에서 민주주의 경계선을 넘어섰다.

제3부는 이러한 일이 '민족 공동체' 또는 '계급 없는 사회'의 형성에서 어떻게 일어났는지에 대한 분석에 초점을 맞춘다.

삶과 죽음의 경계 바깥에 서 있는 사람들은 믿지 못할 것이다. 이 경계 밖의 경험이 수백만 번 반복되는 곳에서 살아남으려면, 초월적이고 형이상학적인 특성이 필요하다. 이는 성취된 저주나 예언, 신이 내린 심판의 집행처럼 표현할 수도 상상할 수도 없기에 아무 말도 할 수 없는 것이다. 사람들이 생각하고 집행한 것이지만 그런데도 어떤 방식으로든 인도된 사건이다. 그러나 그 계기와 명령은 이 세상에 속한 것이 아니었다.

강제수용소와 절멸수용소에 대한 분석을 과장하기는 쉬웠을 것이다. 그럼에도 아렌트는 '본질적인 것'이 무엇인지에 대해서도 말했다.[218] 게다가 죽음에서 부활하여 기적적으로 변하지 않은 채 같은 몸으로 발견된 나자로를 언급한다. 그렇다면 나중에 살해되어 더는 육체나 내면의 자아, 영혼에 접근할 수 없는 단순한 '반응의 덩어리'가 된 사람들에 대한 대우는 얼마나 다를까? 그것에 대한 성찰도 없고, 다른 사람들이 실제로 견뎌야 했던 '공포'에 도달할 수 있는 상상력도 없다. 아렌트는 강제수용소와 절멸수용소에서 만들어진 '비현실적인 현실'을 설명하기 위해 실제로는 전혀 믿을 수 없는 것을 보여주기 위한 유형을 추가한다. 황천(하데스), 연옥, 지옥은 다음과 같이 구분할 수 있다. 비전체주의 국가에서도 사용된 황천은 '자신들의' 사회에서 환영받지 못하는 사람들, 즉 '난민·무국적자·반사회적 인사·실업자'를 수용하는 데 사용되었다. 소련에 존재했던 연옥은 '강제노동'과 '황폐화(무관심)'가 합쳐져 치명적인 혼합물을 만들어낸 '강제노동수용소'로 표현되었다. 지옥은 여전히 남아 있었다. "진정한 의미의 지옥은 나치가 완성한 수용소 유형으로 구체화되었다. 그곳에서는 최대한 큰 고통을 주기 위해 삶 전체를 철저하게 체계적으로 조직하였다."[219]

이러한 세 유형의 공통점은 그곳의 사람들이 마치 존재하지 않았던 것처럼, 마치 이전의 삶이 전혀 없었던 것처럼, 그리고 그들의 실종에 대해 아무도 신경쓰지 않는 것처럼 괴롭힘을 당했다는 점이었다.* 마치 그들이 이미 시체가 되어 수용소에 들어왔고, 그들이 '영원한 평화'에 들어가기 전에 악령이 인위적으로 삶과 죽음 사이에 가두어둔 것 같았다. 강제수용소와 절멸수용소에서 전체주의 통치가 낳은 가장 논리적인 결과는, 기독교의 구원 약속조차 왜곡되었을 뿐만 아니라 '영원한 평화'에 대한 갈망만큼이나 끝없는 고통 속에서만 그 약속이 표현될 수 있었다는 사실이다. 그러나 이것이 결론이 아니다. 마치 '시체 제조'에 대한 설명이 마지막 말이 되어서는 안 되는 것처럼, 앞서 말한 내용에 바로 더 긴 '결론'이 이어진다. 아렌트는 '결론'을 다음과 같이 썼다.

* 이 부분은 『전체주의의 기원』 가운데 「총체적 지배」를 참조할 것.

그러나 비극은 이러한 무의미함과 어리석음이 비전체주의 세계
가 현상 유지를 위해 기울이는 선의의 노력보다 세기의 위기와
더 깊이 연결되어 있으며, 그 위기의 진정한 불일치를 더 잘 보
여준다는 것이다. 망각의 동굴과 죽어가는 세계를 우리 정치의
중심 문제로 이해해야 하는 것은 인간의 연대 때문만이 아니라
전체주의가 그토록 끔찍한 방식으로 문제를 해결했기 때문이
다. 세기의 저주가 되었다는 사실을 인식하지 않으면 우리 시대
의 진정한 문제를 해결하기는커녕 이해할 수도 없다.*[220]

'인종 정치'를 실현하기 위해 사람들을 잉여적인 존재로 만들
고, 착취와 이윤이라는 자본주의적 동기를 무시하고, 그 결과 세
상을 '정신병원'처럼 보이게 만드는 것은 서막에 불과했다. 그러
나 여기서 사람들은 이미 '그림자'가 되었다. 자신의 존재를 박탈
당하고 자신의 그림자에 불과한 존재가 되는 것은 인간을 인간
답게 만드는 요소를 제거하는 일이다. 투키디데스와 헤로도토스
이후 역사학에서 입증되었듯이, 이것은 피에 굶주린 광란이나 무
절제를 통해서가 아니라 의식적이고 의도적인 엄격한 규칙을 통
해 발생한다. 피해자가 사건을 예측할 수 없게 만드는 것도 규율
이 지닌 의도의 경계에 속한다. 피해자는 선택받음에 대한 환상

---

* 이 자료는 드레스덴공과대학교 한나아렌트연구소가 공개했다. 정확한 서
지사항은 다음과 같다. *Über den Totalitarismus: Text Hannah Arendts aus den
Jahren 1951 und 1953 Aus dem Englischen übertragen von Ursula Ludz*(Dres-
den: Hannah-Arendt-Institut, 1998).

에 빠지거나 착취가 자기 죽음을 의미하더라도 상관하지 않을 수 있지만, 가해자는 동기를 중요하게 생각한다. 그에게 더 높은 임무는 살인에 다른 형태의 존엄성을 부여하는 것이다. 어떤 사람은 자신을 무세계적 목적을 실현하는 도구로 보고, 계명을 이행하고 약속을 지키는 사람으로 여긴다. 그 행위 자체는 지상에서 겪는 고된 노동과 고통에 대한 정신적 정화가 된다.

너무나 평범하고 너무나 사소하며 너무나 저렴하고 너무나 대중적이며 너무나 명백하고 너무나 이해하기 쉽다. 제국주의와 식민주의가 만들어낸 현실은 문명에 균열을 만들고 도덕적 원칙을 심각하게 흔들었다. 이는 엄격한 실행 속에서 기계화되고 계획된 학살의 출발점이 되었다.

그러나 인간을 '그림자'로 전락시킨다 해도 폭력이 종식되지는 않는다. 가해자들은 학살 가능성을 통해 자신들의 이데올로기적 목표를 방해하는 사람들을 완전히 없애고 '변형'을 시작할 수 있다는 것을 깨닫게 된다. 그 결과 인간의 형상은 더 이상 선과 악으로 구분될 수 없고, 자연적이거나 인위적인 투쟁이라는 단순한 구분도 없어지고, 오히려 불필요한 것은 마치 처음부터 존재하지 않았던 것처럼 제거되었다. 이것은 여러 세대에 걸쳐 일어난 일을 분류하고 부분적으로 잊고 부분적으로 용서하며, 역사를 실용적으로 다루는 것이 항상 가능하다는 사실에 기반을 둔 '서양의' 전통을 파괴했다. 아렌트는 이것을 더는 당연한 것으로 보지 않았다. 그녀의 경우에 인간의 '변형'은 여러 세대를 뛰어넘는 경험을 정치적 결정에 따라 성공적으로 전환함으로써 고착화된 사슬을 끊는 것이다. 이것을 '전통'이라고 부를 수도 있다. 이는 언제든 접근할 수 있는, 공유된 과거로 구성된 안전장치이다. 그 안에 하얀 종이weiß Blätter가 없다는 사실, 세계사가 최후의 심판이었다는 사실은 상호 이해가 더 강하고 적어도 의사소통이 가능했다는 사실을 숨길 수 없었다.

아렌트는 6년이 채 지나지 않아 이러한 사슬의 끊어짐에 대응하여 보편적 연대를 촉구했다.

> 인류와 인류 역사에서 배제되어 인간 존재의 기본 조건을 박탈당한 사람들이 '계속되는 인류의 연대기'에서 정당한 위치를 확보하기 위해서는 모든 사람의 연대가 필요하다. 적어도 우리는 절망에 빠진 사람들에게 "우리 모두 여기 있으니 네 몸을 상하게 하지 말라"고 외칠 수 있다.[221]

아렌트는 사도행전(16장 28절)*의 한 구절로 위로를 전하며 책을 마무리했다. 아직 살아 있는 생존자들은 희생자들에게 전통과의 단절 이전에 존재했던 공동체로의 복귀를 보장한다. 그러나 마지막 말을 어떻게 읽든 아렌트는 삶이 존재한다는 것을 상기시켜준다. 역사적 맥락에서 벗어나 무슨 일이 일어났든, 아무리 손상된 상태일지라도. 이런 파토스는 주제와 논제 때문에 비

---

* 27~28절은 다음과 같다. "간수가 자다가 깨어 옥문들이 열린 것을 보고 죄수들이 도망한 줄로 생각하고 검을 빼어 자결하려 하거늘/바울이 크게 소리 질러 가로되 네 몸을 상하지 말라 우리가 다 여기 있느라 하니."

난받기 쉽다. 그런데도 이것은 이후 판본, 특히『전체주의의 요소
와 기원』보다 미국 초판에 더 많이 숨겨져 있었던 것을 표현하고
있다. 즉 그것이 인간의 '변형'에 관한 것일 때, 역사 서술의 형식
도 반드시 바뀌어야 한다. 과거와 같은 고전적인 보도는 이제 방
법론적 지침이 될 수 없고, 대신 공감과 함께 자아를 묘사하는 것
이 분명해져야 한다. 이는 사건을 조종하는 편향된 역사 서술과
는 다른 것이었다. 마지막의 감탄사는 과분한 행복, 의도된 운명
에 대한 승리의 표현이었다. 이로 인해 책임이 생겨났다. 아렌트
는 위로의 원천을 찾으려 한 것이 아니라 파괴된 경험 영역의 폐
허를 자신의 짐 속에 담아, 인류의 자연스러운 다원성이 표현되
는 정치적 현상 공간을 창조하고 싶어 했다.

한나 아렌트의『전체주의의 기원』은 우리 앞을 가로막는 거목
이다. 독자는 이 책이 묘사하는 심연을 다음과 같이 상상하게 된
다. 즉 20세기의 전체주의가 내려다 보이는 곳으로 곧장 갈 수 있
는 길은 없다. 또 제시된 이야기가 사실이라는 확신도 없다. 다만
전체주의의 기원에 관한 이야기가 시작 부분에 제시되고, 반면에
전체주의는 끝에 있다는 것만 확실할 뿐이다.

누구든 다르게 상상할 수도 있다. 즉 이 책은 잘못된 제목이 붙
었고, 애초에 독일어 또는 프랑스어로 구상되었기에 매우 미국적
이지 않은 영어로 쓰였다. 그것은 형식에서 벗어나고자 하는 강
제적인 무엇인가이다. 그 안에 담긴 이야기들은 저자와, 결과적
으로 독자에게 계속해서 스스로를 중단하게 만든다. 익숙한 것
에 관한 이야기를 단지 그 어느 때보다 더 잔혹하게 전개한 것 같

은 인상이 생기지 않도록 하기 때문이다. 이 책은 인간 조건에 대한 새로운 질문을 제기한다는 의미에서 강요이며, 어떤 의미에서는 카뮈의 '인간의 위기' 정신에 따른 부정적인 인간학이다. 그러나 한 가지 중요한 차이점이 있다. 즉 경험, 동시대성, 기존 서사의 분석적 극복, 역사 연구의 기존 지침과 독자의 기대에 대한 무시 등 아렌트에게는 이 모든 것이 정당화될 필요가 없었다.『전체주의의 기원』은 이 세기를 이해하려는 시도였다. 이 책의 집필은 반유대주의·제국주의·전체주의에 대해 집필하겠다는 필연적 의지와는 별개로, 언제나 열려 있는 거대한 과정이었다.

누구든『전체주의의 기원』을 아주 다르게 읽을 수 있다. 이 책은 현대 반유대주의를 다루고 프랑스의 드레퓌스 사건에 대해 자세히 논의함으로써 아렌트가 프랑스에서 보낸 시간과의 연결 고리를 가장 먼저 확립한다. 이는 현대의 반유대주의가 독일인과 유대인 사이의 관계에 완전히 새로운 것을 도입하여 양쪽 모두 자신과 다른 사람에 대한 인식을 영구적으로 변화시켰다는 의미로 이해할 수 있다.『전체주의의 기원』에서 이야기하는 반유대주의 역사는 제2차 세계대전에 일어난 사건들과 함께 변화한다. 특히 홀로코스트는 반유대주의 자체가 고립된 현상이 아니라 다양한 동기로 구성되어 있고, 각 동기는 서로 다른 시간의 층위와 연결되어 있기에 넓은 시야를 필요로 한다. 가장 먼저 조사해야 할 것은 폭력의 구체적인 형태와 그 내재적 확장 의지이다. 따라서 19세기와 20세기의 폭력의 역사를 이해하려면, 식민주의자들의 제국주의적·경제적 이해관계와 비교해볼 필요가 있다.

이제 전체주의는 단순히 반유대주의와 제국주의의 결과물이 아니다. 양자 사이에는 연관성이 있었지만, 해석자에게는 새로운 방식의 도전을 과제로 던진다. 이 연관성은 홀로코스트, 소련 강제노동수용소, 나치즘과 공산주의 통치하에 있는 사람들의 예속 이유도 원인도 아니며, 오히려 근본적으로 새로운 것이 수행될 수 있는 무대를 제공한다. 따라서 제1부 반유대주의와 제2부 제국주의 사이의 단절은 불가피하며, 이후의 나치즘과 공산주의/볼셰비즘 전체주의는 다른 부와 관련이 없는 부록이 아니다. 그러나 제1부와 제2부는 아직 전사前史일 뿐이다. 특히 3부와의 연결은 즉시 명확하게 드러나지 않기 때문에, 이를 정확히 어떻게 이해해야 할지는 아직 알 수 없다.

그리고 마지막으로 이 책은 학계와 유대인 사회를 넘어 아렌트를 널리 알려지게 했다. 그녀는 『전체주의의 기원』을 통해 완벽하지는 않지만 누구나 읽을 수 있는, 사각지대를 정확하게 지적한 지도책을 제공했다. 계몽주의 이후 근대에 독일·프랑스·영국, 아프리카 식민지, 소련 및 기타 여러 나라에서 일어난 일들을 수많은 지도에 기록했다. 이 지도들은 모두 아렌트가 만든 것으로, 이전에는 이런 방식으로 지도화한 풍경이 거의 없었다. 기껏해야 이름과 장소를 사용해 방향에 대한 범례凡例를 만들 수 있었지만, 아렌트는 이제 범례를 제공하지 않았다. 방향 감각은 글쓰기로 이루어져야 했다. 독자들은 능숙하게 안내를 받았다. 아렌트는 앞의 제1부와 제2부에서 인물과 인물 묘사를 다루면서 인간이 역사를 만든다는 생각을 수용했지만, 제3부에서는 이러한 표현 원칙이 사라졌다. '좋은' 또는 '나쁜' 주인공과 동일시하는 순간은 구조와 대중의 분노를 위해 해체되었다. 동시에 사람들을 대신하면서도 사람들을 위해 만들어진 일반적이고 추상적인 실체, 바로 법이 존재했다.

이 책은 분명히 변화를 목표로 했다. 그 좌우명은 카를 야스퍼스의 저작에서 백 번이 넘게 반복되는 문장으로, 그녀의 사유를 잘 요약한다. "과거에 굴복하거나 미래에 굴복하지 말고 현재에 머물라."* 이 '바로 현재'는 책의 중추였으며, 항상 확장된 현재에서 볼 수 있는 가장 오래된 것과 가장 새로운 것을 제공했지만, 무엇보다도 끝이 없었다. 가장 오래된 것과 가장 새로운 것은 역사를 통해 지양되었고, 제3부는 독자로 하여금 여전히 존재하는 가능성 속에서 현재에 도착할 수 있게 했다. 이러한 인상을 주기 위해 클렘린학이나 나치의 공포스러운 이미지는 필요하지 않았다. 오히려 종 자체에 의문을 제기하는 인공적 조건의 유형론이 설계되었다. 이는 현실이 되었고 그 자체로 항상 가능해졌다.

여기에 극히 간략하게 요약한 내용은 회고적 인식의 욕구가 아니다. 완전히 다른 환경에서, 무엇보다도 완전히 다른 경험을 하며 살아야 했던 동시대 사람들에게 아렌트의 책은 걸림돌이었고, 그들의 발걸음을 멈추게 하는 무엇이었다. 물론 일반적으로나 세부적으로 모두 비판이 없지 않았고, 비판이 적지도 않았다.

---

* 아렌트는 이 문구를 『전체주의의 기원』 초판 서문의 제사로 사용했다.

그러나 유대인문화재건위원회나 다른 기회에 그녀와 긴밀히 일했던 사람들의 반응은 달랐다. 항상 충동적이고 직설적이었던 블루멘펠트는 아렌트를 시온주의자로서 믿을 수 없다고 생각했고, 숄렘은 잠시 그녀의 의도를 의심했지만, 뉴욕 사람들은 그녀를 전적으로 자신들 편에서 행동하는 인물로 여겼다.

"얼마 전 당신은 나치 치하의 유대인 재앙에 관한 연구계획에 참여하고 싶다는 의사를 나에게 밝혔습니다. 나는 항상 특별히 관심을 두고 있던 이 연구 분야에 당신이 참여하게 되기를 바랐습니다."

이 편지는 1955년 10월 뉴욕의 유대인문화재건위원회에서 근무하던 역사학자 필립 프리드먼이 쓴 것이다. 그는 이 편지에서 자신과 코펠 핀슨, 사무엘 그린가우츠, 그리고 가능하다면 이자크 레윈과 함께 대규모 연구계획―나치의 유대인 박해와 살해에 대한 유대인 반응을 다룬 여러 권 분량의 역사서 작업―에 아렌트를 상근 조정자로 참여시켜도 되는지 물었다. 게토의 경제적·사회적 조건, 유대인평의회, 강제수용소 내 유대인 생활의 사회학적 분석, 나치의 박해가 유대인 주민의 도덕과 문화에 미친 영향, 그리고 이 시기 유대인의 종교적 삶도 고려해야 했다. 프리드먼은 가능한 주제 목록 끝에 '등'을 추가했다. 자료 수집과 출처 검토, 집필과 편집, 마지막으로 책 출판까지 이 모든 과정을 3년 안에 끝내야 했다. 이 기간 동안 자금을 모을 수 있었기 때문이다.

아렌트는 유감스럽게도 제안을 거절했다. 그녀는 오랫동안

『전체주의의 기원』을 재구성하는 작업을 해왔다. 특히 1955년 독일어판을 출간할 때 서사를 재정립하는 데 관심을 기울였다. 그녀는 프리드먼과 그의 동료들이 하는 일을 결코 무시하지 않았다. 그들은 아렌트와 마찬가지로 잘로 바론의 시도를 통해 유대인 역사를 더는 단순한 고통과 희생의 이야기, 적응의 이야기가 아니라 유대인이 수행한 일과 하지 않은 일에 대한 역사적 힘과 책임이 있는 이야기로 들려줄 수 있다고 확신했다. 그리고 바론은 나치의 조치와 새롭게 확립된 규범이 중세로의 퇴보가 아니라 이전 역사에서는 전혀 없었던 법적 지위를 만들어낸 것이라는 점을 아주 일찍부터 인식했다. 나중에 홀로코스트 또는 '쇼아'라고 불린 사건의 독특성은 다른 국가와 민족의 역사적 경험과 무관하지 않았다.

반대로 이러한 연구자들 — 한나 아렌트는『전체주의의 기원』에 대한 성찰과 실제 작업을 통해 프리드먼, 코펠 핀슨, 바론 등 다른 연구자들에 합류했다. — 은 역사적 발전에 대한 분석을 통해 설명할 수 없는 것을 명확히 밝히는 것을 과제로 삼았다.

바론은 발데마르 구리안과 함께 1940년대 아렌트의 지적 발전에 가장 큰 영향을 미친 인물이었다. 직접적으로는 아니었지만, 바론이 가진 기회와 그녀에 대한 그의 평가를 통해 알 수 있었다. 바론은 이 평가에서 흔들리지 않았다. 그는 1942년부터 1975년까지 아렌트를 한 번도 의심한 적이 없었다. 바론은 유대인문화재건위원회에서 그녀가 거대한 문제를 파악하는 데 필요한 공간을 제공했다. 그 문제들은 초기에는 멀게만 느껴졌지만 그녀가 더 많이 배울수록 점점 더 가까워졌다. 결국에는 오직 자기 확신만이 그녀로 하여금 적어도 일어난 일을 받아들이게 했다.

바론은 다른 많은 사람들과 마찬가지로 아렌트를 신뢰했고, 그녀가 독일 방문을 잘 마치고 건설적인 제안을 가지고 돌아올 것이라 믿었다. 유대인문화재건위원회 시기에는 또 다른 시도가 있었다. 아렌트는 『전체주의의 기원』에서 얻은 통찰을 더욱 발전시켰다. 행위의 경험과 사유의 가능성을 인류의 미래를 위한 규제적 이념으로 동등하게 이해하는 정치사의 재구성을 통해 '어두운' 측면에 맞서려 한 것이다.

그렇게 아렌트의 작업은 계속되었다. 『전체주의의 기원』(1951년) 및 『전체주의의 요소와 기원』(1955년)은 특히 아렌트가 유대인문화재건위원회를 위해 쓴 보고서를 바탕으로 한 것이었다. 이 보고서들은 유대인 삶의 파괴 정도를 기록했고, 이를 토대로 나치 정권의 새로운 모습을 강조하는 분석의 기초를 마련했다. 바론은 이 정치이론가가 자신의 경험을 역사적·사회학적 분석으로 전환할 수 있다는 것을 알고 있었다. 이를 통해 유대인은 역사의 객체가 아닌 주체로 남을 수 있었다. 따라서 잘로 바론과 그의 아내가 아렌트의 임종 때 함께 있었다는 사실은 전기적으로 엄청날 뿐만 아니라 적절한 일이었다.

독일인에게 보내는 편지

미국 평론가들은 『전체주의의 기원』이 여러 면에서 '독일' 책이라는 사실에 주목하지 않을 수 없었다. 서투르고 정확하지 않은 미국식 영어 때문만은 아니었다. 아렌트는 많은 부분을 독일어로 썼다. 시간이 흐르면서 점점 더 미국식 영어로 수월하게 글을 썼다. 그녀는 부분적으로는 많은 강의를 통해 자연스레 익숙해지고 자신감을 얻었기 때문에 어휘력이 늘었고, 관용 표현과 언어적 특이성도 더 자신 있게 다룰 수 있게 되었다. 그런데도 그녀가 무시할 수 없는 문제들은 여전히 남아 있었다. 개념, 맥락, '서사' 자체 등 이 모든 것은 어떤 종류의 '번역'이나 '전달'이 아닌 직접적인 접근이 필요했다.

그랬기 때문에, 일어난 사건Tatsache은 결정적인 '실재 사실 Faktum'을 나타냈다. 즉 『전체주의의 기원』은 독일인과 유대인의 역사를 주제로 삼았고, 시작과 끝을 형성했다. 동시에 권력과 폭력의 상호작용이 새롭게 드러났다. 특히 첫 번째 '기원'인 독일계 유대인 해방의 역사와 근대 반유대주의(영국 식민주의와 프랑스 반유대주의)가 구조적·기능적으로 연결되어 있다는 점에서 『전체주의의 기원』은 다른 역사적 사건의 일부였다. 아렌트는 영국 식민주의를 폭력의 확장적 경계 해체로 이해했으며, 프랑스의 반유대주의를 봉쇄의 역사로 보았다. 프랑스의 반유대주의는 프랑스 시민사회의 특정 조건 아래에서는 '제거적eliminatorisch' 요소를 지니지 않았고 그렇게 될 수도 없었지만, 이 점에서는 독일의 조건을 참조했다. 그러나 동시에 1940년 이후 점령국 나치 독일의 경우처럼 해당 강대국이 정치의 우위를 폭력의 우위로 대체할 때, 이는 '연결될 수 있는' 것이기도 하다. 따라서 이 책은 독일어판이 필요했다.

그러나 그것을 단순히 번역할 수는 없었다. 냉전 시대 미국과 소련, 분단된 유럽이 직면한 진영 대결의 공고화 등 국제정치의 전개와 아렌트의 사상적 발전을 모두 고려해야 했기 때문이다. 개정판 계획을 확정하기 전에 먼저 출판사를 찾아야 했다. 적절한 출판사를 찾는 일은 쉽지 않았다. 1952년에는 취리히 인근의 엘렌바흐에 위치한 유겐 렌취 출판사가 요약본을 출간했다. 아렌트는 결국 이에 동의하고 요약본과 독일어로 제공되지 않은 부분의 번역에 대해 생각하기 시작했다. 신판은 약 250쪽으로 구성될 예정이었고, 그 가운데 7개 장과 약 30쪽 분량의 서론이 포함되었는데, 아렌트는 이를 다시 쓰고 싶어 했다. '반유대주의' 부분은 완전히 생략하기로 했는데, 뮌헨의 가톨릭 쾨젤출판사가 이 주제에 관심이 있었기 때문에 쉽게 제안할 수 있었다. 무엇보다도 이 출판사는 아렌트가 높이 평가한 잡지 《고원 지대 *Hochland*》를 발행했기 때문에 그녀에게 익숙했다. 여기서도 그녀는 원본, 특히 주석에 대한 실용적인 접근을 약속했다. 그러나 아렌트가 1953년 4월 29일자 편지에서 쓴 것처럼 언어 문제는 여전히 남아 있었다.

나는 영어를 직접 번역하는 것을 좋아하지 않습니다. 그러니

대략적인 번역을 부탁하고 나중에 그것을 수정하겠습니다. 이렇게 하면 내 작업이 훨씬 수월해집니다. 내가 대부분 영어로 글을 쓰기에(써야 했기에) 영어 원본이 있을 때는 독일어로 글을 쓰는 데 어려움을 겪습니다. 이 책의 많은 부분은 독일어로 되어 있습니다.[222]

이번에는 책의 분량이 200쪽 정도 될 것으로 예상했다. 그러나 곧 렌취출판사와의 계약은 무산되었다. 1954년 유럽출판사EVA가 난데없이 나타나서 약간의 요약본과 함께 책 전체를 독일어로 출판하겠다고 제안했을 때, 쾨젤과의 협상도 이미 결렬된 상태였다. 프랑크푸르트의 이 출판사는 아렌트가 출판할 곳을 찾는 데 어려움을 겪고 있다는 사실을 알고 있었으며, 이 책이 유대인 저자들의 저작과 제3제국을 다룬 자신들의 출판 계획에 유용한 추가 자료가 될 것으로 판단했다는 소문이 있었다.

유럽출판사는 1946년에 설립되었지만 1949년 4월에 첫 출판물을 내놓으며 서점 시장에 등장했고, 이듬해 로자 룩셈부르크의 편지 모음집을 통해 처음으로 인정을 받았다. 유럽출판사는 처음에는 한스 (오토) 리플이 운영하는 확실히 좌파적인 출판사였다. 리플은 처음에는 편집자로 일하다가 1967년 사망할 때까지 출판사 책임자로 일했다. 아렌트와 서신을 주고받은 리플은 사회주의자로 바이마르 공화국 시절 말릭출판사에서 일했고, 1933년까지 공산주의청년인터내셔널의 대표를 지낸 후 런던으로 망명했다가 독일로 돌아와 출판업에 종사했다.[223] 그는 처음부터 1924년 설립된 구텐베르크 도서조합과 긴밀한 협력이 있었는데, 이 조합은 이른바 나치의 권력 장악 이후 스위스로 옮겨 망명 활동을 이어가다가 전쟁 직후 독일로 돌아와 다시 활동했다.

유럽출판사는 아렌트의 이름이 독일에서 점점 더 유명해지고 있으며, 따라서 책 전체를 출판하는 일이 상당한 위험을 무릅쓰는 선택임을 알았다. 주제 면에서 보면『전체주의의 기원』은 경쟁작이 없었다. 유럽출판사도 대략적인 번역 작업을 진행하고 있었다. 1954년 7월 아렌트는 자신에게 전달된 마지막 원고만으로도 충분히 작업할 수 있다고 밝혔고, 그때부터 본격적으로 작업을 시작했다. 그러나 책으로 이어지는 길은 양측이 생각했던 것보다 더 길었다. 원래 출판 예정일은 1955년 봄이었다. 하지만 스탠퍼드대학교에서 활동하고 있던 아렌트는 도서관에서 발견한 나치 저술을 포함시키고 싶었다. 그러자 출판사 측은 아렌트가 가을에 독일을 방문하고 싶어 한다는 소식을 듣고 계획을 변경했다. 그 사이에 제목에 대한 논의가 있었다. '전체주의의 기원과 본질'과 '전체주의의 재앙'은 많은 변형된 제목 중 일부에 불과했다. 동시에 최종적으로 867쪽 분량의 타자 원고를 수정하고 조판하는 작업을 거쳤다.

1955년 8월 8일《프랑크푸르트 알게마이네 차이퉁》은 독일 출판업계와 독일 독자들에게 이미 없어서는 안 될 기사가 된「독일 출판사의 가을 출간에 대하여」라는 개요의 두 번째 부분을 실었다. 그중 인접한 유럽출판사 출간 목록에 다음과 같은 정보가 실렸다. "한나 아렌트,『전체주의의 기원과 본질』, 832쪽, 19.50마

르크." 이는 제목과 범위에 대한 논의가 확정되지 않았음을 나타
낸다. 테오도르 W. 아도르노와 발터 디르크스가 편집한 『사회
학에 대한 프랑크푸르트의 기여*Frankfurter Beiträge zur Soziologie*』 총
서 첫 3권, 막스 호르크하이머의 60세 생일을 기념한 『기념 논문
집*Festschrift*』, 그리고 레오 벡의 『이 민족: 유대인의 존재*Dieses Volk:
Jüdische Existenz*』를 포함해 아렌트의 저작은 확실히 출판사 측에서
볼 때 성수기의 주요 출간 목록 중 하나였다. 책은 잘 읽혔고, 아
렌트는 그것으로 끝내고 싶었다. 그녀는 이미 몇 달 전부터 독일
시장을 위한 어떤 '홍보'나 특별한 '소개' 또는 '서문'도 원하지 않
았고, 다른 사람의 도움을 받기는커녕 매우 방어적인 태도를 취
하고 있었다. 그러나 출판사는 끈질기게 설득하며 먼저 사회학자
르네 쾨니히를 서문 작성자로 제안했다. 그는 1955년 12월 아렌
트를 쾰른으로 초청해 「권위」라는 주제로 강연을 하게 한 인물이
었다. 그러나 유럽출판사는 마침내 성공했다. 이제 카를 야스퍼
스가 아렌트를 독일에 알리는 데 적합한 인물로 보였다. 그의 원
고는 이미 9월에 프랑크푸르트에서 출판되었다. 출판사는 결국
독일어권에서 책이 많이 팔리는 철학자이자 아렌트의 가장 가까
운 지적 동반자인 야스퍼스를 얻었다. 당분간 이보다 더 많은 관
심을 끌 수는 없을 것이었다.

이 책은 실제로 10월 8일부터 13일까지 열린 제7회 프랑크푸
르트 도서전에 맞춰 출간될 예정이었다. 그때쯤이면 제목·참고
문헌·인물 목록이 확정되고, 수정사항도 반영되어야 했다. 여름
이후 아렌트와 출판사는 시간 압박에 시달렸고, 정보 전달에서

가끔 오해와 어려움도 있었다. 11월 초에 마침내 아렌트와 야스퍼스에게 초고가 전달되었을 때 마지막으로 해결해야 할 문제가 하나 남아 있었다. 아렌트는 인쇄된 전기에 오류가 너무 많다는 사실을 발견했다. 표지를 교체해야 했다.

『전체주의의 요소와 기원』은 마침내 1955년 11월 중순에 세 차례에 걸쳐 출판되었다. 초판은 유럽출판사에서 양장본과 보급판으로 출판되었고, 재판은 나중에 구텐베르크 도서조합에서 더 큰 판형으로 나왔다.[224] 판본에 따라 어떤 것은 거의 800쪽, 어떤 것은 731쪽에 달했다. 초판은 약 7,500부였고, 이 가운데 도서조합이 5,000부 인쇄로 가장 많이 발행했다. 전통적으로, 독일 연방공화국의 미국 기관과 단체는 유럽출판사로부터 수많은 책을 구매하여 독일의 도서관, 정치재단, 협회 또는 자체 기관에 기증했다. 이제 책이 읽히기 시작했다.

그리고 어떻게 시작되었는가? 모든 주요 일간지와 많은 지역 일간지, 라디오 방송국과 전문 잡지에 논평이 게재되었으며, 그중 일부는 상세하고 철저했다. 아렌트는 서로 다른 평가에도 불구하고 거의 모든 서평자가 확신했듯이 '뉴욕'에 사는 '독일계 유대인', 즉 '아렌트 부인'의 위대한 작품이라는 공감대가 있었기 때문에 매우 기뻤고 그럴 만도 했을 것이다. 이 책이 얼마나 통찰력 있게 받아들여졌는지를 보면 놀랍다. 제3부에서 나치즘과 공산주의/볼셰비즘의 비교가 '정점'으로 인식되었다는 사실은 당시의 전형적인 반응으로 이해할 수 있다. 그러나 이 책의 의도 중 하나는 국민국가의 붕괴가 어떻게 낡은 질서의 침식으로 이어지고, 여러 차례에 걸쳐 다양한 지역에서 발생하여 완전히 새로운 전체주의로 이어지는가를 폭력 발전 단계의 현대사 속에서 회피하지 않고 보여주는 것이었다. 사람들은 아렌트가 이념형 패턴을 개발하고 있다는 것, 역사적·사회학적·현상학적·철학적 접근방식을 결합하여 논증했다는 것을 깨달았다. 그리고 이 책이 유대인의 힘에 대한 소문을 살리려는 분노한 반유대주의의 분위기에서 출발해, 제국주의·식민주의적 팽창이 어떻게 아프리카에서 유럽 국가들의 유사類似 자연적인 주장으로 자리잡아 이른바 유대인의 영향력을 약화시켰는지에 대한 장대한 서사를 제공했다는 사실을 바로 깨달았다. 아렌트가 미국과 독일에서 많은 논문을 통해 '요소들Elemente; elements'과 '기원들Ursprünge; origins'이라는 복수형을 설명했을 때, 이러한 분류는 더욱 이해하기 쉬워졌다. 이 복수형은 당시 두덴 사전에조차 없던 것이었다. 아렌트의 책은 '거대한 몸통'으로 감사히 받아들여졌고, 사람들은 저자가 그것을 재구성하고 확장하는 것을 흥분하며 지켜보았다.

독일어판 출간 기념회는 서점 겸 출판사인 '뷔허슈투베Bücher-stube'에서 열릴 예정이었다. 출판사는 마침내 프랑크푸르트의 역사적인 장소에 약 100명의 손님을 초대했다. 아렌트는 서점 주인 중 한 명인 하인리히 코베트를 하이델베르크에서 직접 만났거나 나중에 프랑크푸르트에서 만났을 수도 있다. 그 서점 주인은 카를 만하임의 박사과정 학생이었기 때문이다. 그리고 코베트가 아니었다면, 아렌트는 뷔허슈투베 설립자인 발터 샤츠키를 알고 있었을지도 모른다. 이 서점은 1920년대 설립 직후 주요 서점들이

밀집해 있던 프랑크푸르트에서 가장 유명한 서점 중 하나였다. 또한 샤츠키는 카를 호브레커, 아서 뤼만, 발터 벤야민과 함께 독일에서 가장 중요한 아동도서 수집가 중 한 명이기도 했다. 그는 뉴욕으로 망명한 이후에도 그 명성을 유지할 수 있었다.

손님 중에는 젊은 철학 박사이자 《프랑크푸르트 알게마이네 차이퉁》의 새로 임용된 편집자 한스-야콥 슈테흘레도 있었다. 1955년 11월 24일자에 실린 그의 자세한 보도는 아렌트가 독일에서 실제로 환영받기 시작했음을 보여준다. 그러나 아렌트는 그 행사에서 책에 대해서는 전혀 이야기하지 않았다. 다만 앞으로 생각해야 할 문제들을 제시했다. 즉 '권위'의 상실, 전통의 구속력에 대한 질문, 자체적으로 정당성을 정당화할 수 없는 지배 형태에 봉사하는 사유의 기능화에 대한 철학의 기여였다. 철인왕은 하나의 해결책인 것 같았다. 철인왕은 자신이 해석한 사상을 삶으로 구현하는 지혜로운 사람이다. 중세 이후 권위는 끊임없이 해체되었다. 즉 권위는 단지 철학적 구성물에 불과하기에 자유와 독립을 위한 사람들의 노력에 반대하는 존재가 되었다. 출판 기념회 참석자들은 권위의 상실에 관한 이야기를 『전체주의의 요소와 기원』―자신들이 구입할 수 있었던 책―의 경위經緯에 관한 이야기로 읽을 수 있었다. 이 책은 아렌트가 독일인들에게 보내는 '편지'였다.

제목은 아렌트의 의도에 부합했다. 이것만으로도 논쟁을 불러일으키기에 충분할 것이다. '전체주의'의 '요소'와 '기원' 사이의 관계가 완전히 불분명하기 때문이다. 나치즘과 '볼셰비키 정권'에서 전체주의 지배의 새로운 형태가 국민국가의 쇠퇴와 대중의 부상에서 비롯되었다는 「서론」의 설명은 이미 두 가지 현상에 대한 두 가지 기원을 보여준다. 또한 『전체주의의 요소와 기원』의 '역사적 기원'은 '역으로 추적되며', 앞에서 가정한 '붕괴 과정'을 통해 분출된다. 마지막으로, 제3부에서는 '요소'를 '전체주의적 결정화結晶化 형태'로 분석한다. 바로 나치즘과 공산주의/볼셰비즘에 관한 부분이다. 아렌트가 「서문」에서 밝혔듯이, 구성은 전적으로 제3부에 집중되어 있으며, 총체적 지배의 두 가지 유형을 설명하는 데 도움이 되는 한에서만 '전개 과정'을 추적하고 분석한다. 그녀는 변경 사항을 나열하지 않으며 '그럴 가치 있는' 것이 아니다. 한 가지 주의할 점이 있다. 「결론」은 「이데올로기와 테러: 새로운 국가 형태」에 대한 분석으로 대체되었다. 이 에세이는 이미 1953년 야스퍼스의 『기념 논문집』에 실린 적이 있다.*
사실 9개의 장 또는 하위 장이 이미 출판되었으며, 그중 일부는 물론 다시 집필하거나 완전히 변경하였다. 두 번째 미국판은 독일어판에 따라 재구성되었지만 완전하지는 않았다. 거대한 몸통은 완성되지 않았고, 완성되어서도 안 되며, 재구성 및 확장 작업은 끝까지 총체적 지배의 성격이 그 서술 속에서도 보존되어야

---

* Hannah Arendt, "Ideologie und Terror," *Offener Horizont: Festschrift für Karl Jaspers*(München: Piper, 1953), 229-54. 야스퍼스는 이와 관련하여 아렌트에게 보낸 1953년 4월 3일자 편지에서 다음과 같이 밝히고 있다. "내가 당신에게 얼마나 감사해야 하는지! 당신의 친절한 편지, 『기념 논문집』에 실은 훌륭한 기고문 「이데올로기와 테러」 (…) 그리고 마지막으로 넥타이를 보내준 당신에게 감사하오." 『한나 아렌트·카를 야스퍼스 서간집 1』, 415쪽.

한다는 인상을 주었다.

독일인에게 보낸 편지에는 미국판 분석에 포함된 모든 내용과 '인권'에 대한 분석이 추가되어 있다. 그러나 연방공화국에서 아렌트가 설정한 함정에 빠지고 싶지 않다면 주의가 필요했다. 즉 '요소'와 '기원'의 관계가 이상하게 배열되어 있어 두 용어가 의미하는 바가 나치즘과 볼셰비즘의 비교로 이어진다고 해석할 위험이 있었다. 한편으로는 독일인들에게 면죄부를 주는—결국 다른 나라도 더 나을 것이 없음—동시에, 다른 한편으로는 우리는 그것을 극복했지만 '러시아인'은 그저 "소련인"(클라우스 메너르트의 표현)으로 살았다는 식으로 그들에게 격려를 보내는 결과가 될 것이기 때문이다. 그러나 그때 독자들은 무엇을 읽었을까? 결국, '함정'이든 아니든 기술된 것은 야스퍼스가 「서문」에서 약속했던 것처럼 '위대한 것'은 말할 것도 없고 '역사 기술'도 아니었다. 야스퍼스 특유의 모든 날카로움을 걷어낸 문체로 쓰인 서문에는 제3부부터 읽기 시작하라는 독서 지침도 포함되어 있었다.* 그러나 그때 그들은 그 요소와 기원이 무엇인지 이해했을까? 그런 독자들이 1951년 4월 『사유 일기*Denktagebuch*』에 실린 아렌트의 글을 알았다면 이 책에 대해 더 큰 확신을 가졌을까?

---

* 야스퍼스는 유럽출판사가 1955년 출간한 독일어판 서문에서 다음과 같이 밝히고 있다. "거의 모든 장이 즉시 흥미를 유발하기 때문에 어렵지 않다. 그러나 전체를 염두에 두지 않으면, 이러한 역사적 분석이 과장되어 이미 문제 자체를 포함하고 있다는 오해에 빠질 수 있으며, 특히 발표의 강도가 그렇게 하도록 유혹하기 때문이다. 아마도 제3부를 먼저 읽어보는 것이 좋을 것 같다. 결과를 알고 있으면 발생 과정을 더 잘 이해할 수 있기 때문이다."(7-8쪽)

전체주의는 정치의 한계 현상(근본적 악)으로서 단순히 그 원인을 깔끔하게 연구할 수 있는 역사로만 치부할 수 없다. 따라서 『전체주의의 기원』은 연대기적이지 않다.[225]

이것은 아렌트에게 또한 기존 정치철학을 단순히 사건 위에 덧씌워 원하는 분석 결과를 얻을 수 없음을 의미하기도 했다. 따라서 '기원'과 '요소'를 서로 분리하거나 서로 대립시키려는 모든 해석은 명백히 잘못된 것이다. '비연속적인' 것 뒤에는 역사가 지시하는 비체계적인 것, 즉 우연성과 무작위성이 이어지고, 비체계적인 것 뒤에는 이데올로기와 그 결과의 억제되지 않는 것이 이어진다.

타키투스가 자신의 『연대기 *Annales*』 서두에서 쓴 "sine ira et studio(분노와 열정)"라는 문구가 무엇을 의미했든, 한나 아렌트는 전체주의의 요소와 기원에 관한 저서에서 '분노와 열정'으로 사유하고 글을 쓰는 것이 실제로 가능하다는 점을 증명했다. 그러나 이런 사유와 글쓰기는 아렌트에게 실제로 새로운 것이 아니었다. 아렌트에게는 어떻게든 '적절한' 표현, 즉 약간의 역사적 낙관주의나 위안을 가미한 학문적 균형이 중요한 문제가 아니었다. 그런 태도는 4년 전에나 가능했던 일이었다.

아렌트의 동기는 이러한 생각과는 완전히 달랐다. 그녀는 시간의 흐름이 영원한 철학에 아무런 영향을 미칠 수 없다는 스토아적 주장만큼이나 역사적 경험과 사람·사건·주장의 연속성을 의심했다. 따라서 그녀는 처음에는 아무런 역할도 하지 않았다.

독일 독자들은 이 책을 읽으면서 처음에는 지식의 상실을 느꼈다. 아렌트 자신이 말했듯이, 반유대주의의 기록되지 않은 역사는 전체 책을 관통한다. 즉 반유대주의는 독일에서 시작되었고, 프랑스와 러시아에서도 있었으나 독일로 돌아왔을 뿐이다. 역할과 강도가 달랐고, 나치즘의 유일한 목표로서 새로운 모습으로 등장했으며, 인종 말살 운동과 함께 새로운 유형의 피해자와 가해자를 낳았다. 국가의 역사는 항상 독일로 거슬러 올라가는 초국적 역사로 대체되었다.

외형적인 구조의 엄격함에도 불구하고 ─ 장의 순서는 연대기 순서를 따르고 있음을 시사함 ─ 앞뒤로 오가는 전개 방식은 연대기 순서에서 '틈새'를 쉽게 식별할 수 있게 해준다. 토머스 홉스의 국가철학이 '부르주아지'의 부상을 설명해야 하는 이유는 무엇일까(물론 저자가 부재자에 대하여 글을 쓰고 있다는 점도 주목해야 한다)? 그것은 프랑스 계몽주의를 통해 이루어졌다! 홉스는 아렌트에게 외교정책의 우선권을 의미하는 모든 현실 정치의 선조로서, 이 외교정책의 우선권이 자유롭지 못한 팽창주의 열망의 정당화를 위해 내부에서 작동하지만, 그것은 이미 충분히 우회적인 설명이었다. 그러나 아렌트는 여기에 만족하지 않고 또 다른 장치를 추가했다. 이 홉스는 미국에서 큰 영향력을 발휘한 레오 스트라우스의 해석에 대한 대항 모델이 아니라 로자 룩셈부르크와 함께 읽힌 홉스였다. 분류가 맞지 않는 것 같았고, 이전 지식과도 어긋나는 것처럼 보였다.

독일인에게 보낸 이 방대한 분량의 편지는 이해하기가 쉽지 않았다.

한나 아렌트는 과도하게 혼합하고 과장하고 설득하고 번역한다. 개념·형상·은유는 독특한 방식으로 뒤틀리고, 다른 관점에서 보았기에 이전 방식으로는 볼 수 없었던 연결이 이루어진다. 아렌트가 설계한 파노라마는 끊김과 소용돌이, 사건에 매우 가까이 다가갔다가 다시 조감도로 멀어지는 다양한 기법들을 구사하며, 문학과 가해자의 사유, 신학 언어를 번갈아 끼워넣는다. 약간 왜곡되어 있고 인용이나 분류는 신뢰할 수 없는 것처럼 보인다. 이 모든 것은 우연이 아니다.

사람에 대한 살인 자체가 '영원한 평화'에 대한 갈망을 전유하고, 이데올로기에서 비롯된 테러가 완전히 새롭고 완전히 다른 국가와 인간 유형을 만들어냄으로써 고대 2,000년 동안 존재해온 국가 형태 이론을 무너뜨릴 때, 이것은 더 이상 차분하게 서술될 수 없다. 아렌트가 '대중'에서 나온 '폭민'처럼 완전히 새로운 사회학적 범주를 도입하고, 그것을 문화 비평의 관점에서가 아니라 정치 행위자로 인식했을 때, 우리는 공개적으로 움직여야 한다.

아렌트의 독일어판 『전체주의의 요소와 기원』은 영어판 『전체주의의 기원』보다 더 충격적이다. 다양한 개념과 질서의 원칙에 익숙해진 사람들은 흔들리기 시작하는데, 이는 아렌트의 잠재적 독자를 붙잡기 위해 사건의 전개를 임의로 상상해야 했던 많은 서평에서 분명히 드러난다.

이 책은 그 자체로 무슨 일이 일어났는지 밝힌다. 또한 역사가 바로 이 지점에서 다른 방향으로 나아갈 수 있었다는 전례 없고 받아들이기 어려운 사실을 정확하게 기록한다. 그녀는 그렇게 하지 않았으나 총체적 지배를 향해 나아가고 있었기 때문에, 그 과정에서 잃어버린 것을 기억할 필요가 있었다.

이런 점에서 『전체주의의 기원』은 자전적 요소를 담고 있다. 이 책은 상실을 면밀히 살피고, 심연을 깊이 들여다보며, 거기서 어떤 교훈도 얻지 못하도록 막았다. 아렌트는 『전체주의의 기원』과 『전체주의의 요소와 기원』을 통해 20년간의 사유와 행위, 실천과 이론을 책이라는 형태로 만들어냈다. 책을 계속 쓴다는 것은 현재 자신의 경험을 인식하고 그 경험의 핵심에 도달하고 싶다는 의미이기도 했다. 이런 점에서 이 책은 그녀의 첫 번째이자 마지막 작품이었다.

문학: 경험과 이해의 원천

하이델베르크대학교의 한나 '슈테른-아렌트(Stern-Ahrendt; 원문대로!)' 박사는 예니 빈터 부인이 주재한 쾨니히스베르크 유대인 여성연맹에서 라헬 파른하겐의 유대인성에 대해 강연하며 무엇보다도 다음과 같이 설명했다. 즉 라헬은 자신의 조상을 그저 우연으로 여기고 낯선 문화 세계에 들어왔다. 그녀는 외부 환경과 명백히 단절된 채 살아왔다. 그녀의 진정한 자아는 단지 자신의 개인적인 삶이었을 뿐 자신이 주변에서 만들어낸 삶이 아니었다.*226

세계를 향한 변화된 길

쾨니히스베르크의 트라그하임 가르텐로 4번지에 있는 집은 도시에서는 잘 알려져 있었다. 유대인 공동체에 여러 가지로 봉사했던 차 상인 사무엘 마그누스가 이 건물을 지었다. 한나 아렌트의

---

* 이 글이 실린 《이스라엘 공동 보고서》는 1921년에서 1938년 사이에 발행된 월간 정기 간행물이다.

할아버지 막스와 마그누스는 서로 잘 알았을 것이다. 두 사람은 동시에 여러 기관에서 대표를 맡았고, 한번은 막스 아렌트가 연장자 동료의 직계 후임자가 되었기 때문이다. 여러 차례 소유권이 변경된 이후 이 집은 '칸트 지부Kant-Loge'의 소유가 되었는데, 창립 회원 중 한 명이 막스 아렌트였다. 한나 아렌트의 고모인 클라라는 쾨니히스베르크 여성연맹의 창립자 중 한 명이었다. 아렌트는 1930년 2월 5일 오후 5시 유대인여성연맹에서 라헬 파른하겐과 그녀의 유대인성에 대해 강연했을 때 어떤 면에서 편안함을 느꼈을 것이다. 익명의 기자가 요약한 내용은 아렌트의 공개 강연 중에서 전해지는 유일한 기록이다. 이는 파른하겐에 관한 이후의 내용에서 발견되는 것과 일치한다.

당시 아렌트는 라헬 파른하겐 전기를 집필하기 위해 독일 학술비상대책재단에 2년 연구비를 신청했고, 결정을 기다리고 있었다. 심사위원들은 모든 면에서 이 주제에 익숙하지 않았음에도 불구하고 신청자에 대해 확신했다.* 카를 야스퍼스는 다음과 같이 인정했다. 한나 아렌트를 아는 사람이라면 누구나 이 주제가 그녀에게 어울린다는 것을 알고 있다. 어쨌든 그녀는 알다시피 연구비를 받았다.

이 연구계획은 처음부터 유대인을 대상으로 진행되었는데, 낭

---

*　아렌트의 요청을 받은 야스퍼스는 추천서를 보냈을 뿐만 아니라 하이데거와 디벨리우스에게도 추천서를 요청하였다. 이와 관련한 내용은 『한나 아렌트·카를 야스퍼스 서간집 1』, 「편지 9」(1929년 8월 2일)와 「편지 11」(1929년 8월 9일)에서 확인할 수 있다.

만주의 또는 파른하겐의 동시대인들에 관한 것이 아니라 완전히 혼란스러운 이념에 관한 것이다. 즉 파른하겐은 유대인 개체로서, 자신이 선택할 수 없었던 출신 때문에 사회를 헤쳐 나가야만 했다. 그녀는 외부로부터 결정되지 않으며 외부를 통해 풍요롭고 해방된 다른 존재가 되는 게 아니라, 전적으로 자신에게 속하는 자아에 도달해야만 했다. 발달 과정도 없고, 점진적인 형성도 없으며, 성숙 과정도 없다는 뜻이다. 나중에 책에 나타나지만, 문제는 주체-객체 관계나, 세계를 둘러싸고 있는 의식, 또는 '공존재 Mitsein'를 인식하는 '현존재Dasein'까지, 이 모든 것을 분명히 넘어서는 이 특별한 자아가 어떻게 개인으로 변하지 않고도 의사소통을 기반으로 초월성을 발전시키는가 하는 점이다. 인간학·생철학·현상학은 방법론적 접근 방법을 제공할 수 있지만, 누구든 이러한 틀 안에서도 이른바 외부의 영향에 제약이나 강요를 받지 않고 내면에 집중한다는 사실에 혼란을 느꼈을 것이다. 이것이 바로 철학이 제시한 해석이었다. 그러나 전기작가는 분명히 자신의 길을 가고 싶어 했다.

이 내용은 아렌트가 《프랑크푸르트 차이퉁》과 《쾰른 차이퉁》에 기고한 초기 글에서도 찾아볼 수 있다. 그녀는 두 신문에 두 편의 글을 게재했다. 첫 번째는 아우구스티누스 사후 1500년이 지난 1930년 개신교와 교부에 관한 글이고, 두 번째는 2년 후 키르케고르 서거 75주년에 즈음하여 철학과 기독교의 미해결 관계에 출발점을 둔 현대의 위기를 분석한 글이다.* 두 글 모두에서 아렌트는 세속화된 무신론적 세계에서 어떻게 종교적 존재가 가능하며, 이로 인해 어떤 왜곡이 발생할 수 있는가라는 질문을 출발점으로 삼았다.《쾰른 차이퉁》에 게재한 글도 야심적이었는데, 모두 지적인 인물인 아담 뮐러, 프리드리히 겐츠, 라헬 파른하겐에 관한 글이었다. 세 사람 모두 당대의 현실과 관련해서 읽혔다. 아렌트는 뮐러를 분석하면서, 국가사회주의자들이 그를 정신적 지주로 삼으려는 시도에서 벗어나게 하려 했다. 아렌트는 영리하게도 자신이 라인란트 자유주의 신문에 글을 쓰고 있다는 것을 잘 알고 있었고, 당시 가장 중요한 가톨릭 신학자였던 예수회 신부 에리히 프르지와라를 언급하기도 했다.** 이로써 뮐러는 정치적으로나 종교적으로 '전체주의 운동'***에서 분리되었다. 이렇

---

* 「아우구스티누스와 개신교」와 「쇠렌 키르케고르」는 『전체주의 물결과 정치적 이해』에 재수록되었다.

** 이 부분을 이해하기 위해 다음 내용을 첨가한다. "국가사회주의자들이 아담 뮐러에게 의지하는 것은 무엇보다도 공동체 내의 인간에 대한 그의 이론을 목표로 한다. 물론, 아담의 공동체 개념—부문적으로 생물학적, 역사적, 종교적으로—은 이해하기 어렵다. 그러나 그의 마지막 저술에서 프르지와라가 올바르게 강조했듯이, 그것은 구원의 정치적 표현을 분명히 나타낸다. 개인은 구원받지 못했으며 오직 다른 사람들 가운데에서 구원받는다. 그러나 역사의 자궁 속으로, 공유 공간이나 동지, 그리고 교회의 덕망 속으로의 이러한 구원은 기독교적 의미에서 구원을 향한 첫걸음일 뿐이다. 국가사회주의는 아담이 의도한 가톨릭적 의미를 이교도적인 것으로, 그리고 프르지와라의 말 그대로의 의미로 바꾸는 데 성공했다. 가장 낮은 공약수로 남는 것은 순전히 형식적인 공통점인데, 이는 아담을 현재 운동의 대표자로 만들기에는 부족하다." Hannah Arendt, *Reflections on Literature and Culture, ed., Susannah Young-Ah Gottlieb*(Standford: Standford University Press, 2007), "Adam Müller: Renaissance?" 45.

*** 『전체주의의 기원』은 전체주의 '운동'이 전체주의 '국가'로 전환하는 과정을

듯, 한 유대인 여성은 국가사회주의자들이 전통을 도용하고 전유할 가능성을 막을 방법을 가톨릭계에 보여주었다.

특히 1932년 9월 중순에 그러한 입장을 취하려면 여러 면에서 용기가 필요했지만 아렌트에게는 중요하지 않았다. 그녀는, 명확한 진술을 전혀 하지 않았던 보수적인 작가가 전기적 독해를 통해 어떻게 그 시대와 그 지적 세계로 되돌려질 수 있는지를 명확하고 냉정하며 유능한 방식으로 보여주었다.

3개월 전 아렌트는 비슷한 방식으로 겐츠를 역사화했다.[*] 상세한 뮐러 에세이와는 대조적으로, 19세기의 또 다른 위대한 보수적 사상가는 문학적 인물이 되었으며, 이는 특히 1933년 3월에 사회적으로 버림받은 여성인 라헬 파른하겐에게도 반영되었다.

물론 강연이나 신문 기사가 아렌트가 문학과 관계를 갖기 시작했음을 알리는 것은 아니었다. 그러나 앞으로 어떤 일이 일어나든, 강연과 신문 기사 모두 아렌트가 분야를 바꿨다는 사실을 가리킨다. 학문 분야뿐만 아니라 세계에 대한 접근방식에서도 그렇다. 철학이 있던 자리에 이제는 해방기 유대인 여성의 진술과 상황을 드러내는 문학과 역사적·사회학적 분석이 중심이 되었다. 만약 이것을 변화로 읽지 않고, 오히려 아렌트가 항상 관심을 가졌던 것의 변주로 읽는다면, 그녀의 전기에서도 다른 모습이

조명했다.

* 『전체주의 물결과 정치적 이해』, 「프리드리히 폰 겐츠: 1932년 6월 9일 서거 100주년을 맞이하여」, 169–78쪽.

나타날 수 있다.

사실 아렌트의 삶과 저작은 그녀가 문학과 어떤 관계를 맺었는지를 보면 쉽게 알 수 있다. 이 경우에도 경험이라는 개념은 인식을 드러내며, 아렌트가 말한 "이해의 필요성"은 이야기에 결정적인 영향을 미친다. 아렌트의 문학 전기를 쓰고 싶다면, 언제 시작하고 싶은지 질문하고 그에 따라 설명 용어를 선택하기만 하면 된다. 아렌트의 어머니는 놀고 읽기 좋아하는 예민한 학생에 관한 이야기를 들려주고, 그 이야기들은 실제 모습으로 이어진다. 1920년 집에서 찍은 것으로 보이는 사진에서 한 소녀가 책을 앞에 두고 있고, 배경에는 가죽 제본 책이 있는 서재가 보인다.

아니면 더 일찍 시작해야 할까?

아마도 그 '이전'은 멀리 떨어져 있기 때문에 완전히 역사적이며 이미 지나간 것, 즉 쾨니히스베르크와 연결되어 있을 것이다. 비록 확실한 사료에 의해 확인된 맥락이 아니라 추정에 불과하더라도, 아렌트가 어린 시절부터 '책의 집'에 드나들었으리라는 것은 과도한 추측이 아니다. 1920년대 중반에는 20만 권이 넘는 도서가 재고로 있었고, 그중 최소 6,000권의 도서가 총 6개 층에 있는 우아한 나무 선반에 진열되어 있었으며, 층마다 편안한 독서 공간과 카페가 있는 넓은 방을 갖추고 있었다. 서점에는 대형 백화점에서나 볼 수 있는 시설이 완비된 지하실도 있었다. 이 지하에는 '교재 부서'가 있었는데, 교과서를 제공할 뿐만 아니라 사진에서 볼 수 있듯이 화학과 물리 실험을 위한 실험실과 기술 장비까지 갖춰져 있었다. 이 웅장한 건물 앞에는 인상적인 열병식

광장이 자리하고 있다. 건물은 서점과 대학을 나누는 역할을 했는데, 쾨니히스베르크의 여행 안내서마다 소개되는 관광 명소였다. 한나 아렌트는 이 인상적인 건물 사진이 담긴 엽서를 친구들에게 보내곤 했다. 책으로 가득한 이 '성전'은 어린 시절, 청소년 시절, 젊은 여성 시절의 아렌트의 마음을 사로잡았을 것이다. 내부를 보면 각 층이 넓은 계단으로 연결되어 있었고, 중이층中二層은 난간으로 둘러싸여 있었으며, 고급스러운 엘리베이터도 있었다. 숨바꼭질을 싫어하는 어린이들을 위해 그들만의 독서 공간도 마련되어 있었다. 서점 내 박물관을 방문하거나, 1768년 서점 주인의 의뢰로 그린 칸트의 가장 오래된 초상화 앞에 경건하게 서볼 수도 있었다. 넓은 '과학 부서'도 같은 층에 있었다. 사람들이 자랑스럽게 말하고 싶어 했던 것은 유럽에서, 어쩌면 세계에서 가장 큰 종합 서점이 베를린이 아니라 쾨니히스베르크에 있으며, 그 역사가 1772년으로 거슬러 올라간다는 점이었다. 서점과 함께 그해에 설립된 출판사 '그레페·운처Gräfe und Unzer'는 본사를 "책의 집"이라고 부르며 오랜 역사를 강조했다.

몇 집 떨어진 곳에는 1860년에 설립된 부르노 마이어 출판사가 있었는데, 음악 분야에서 높은 평가를 받았다. 서점을 둘러본 후에는 바우어 카페에서 특히 유명한 핫초코를 즐길 수 있었다. 쾨니히스베르크에는 그레페·운처출판사와 마이어 출판사뿐만 아니라 독일 전역에 알려진 유명한 중고 서점도 많았다. 또 다른 서점은 아렌트의 친구인 에른스트 그루마흐의 어머니가 운영했는데, 후에 그녀는 1920년대 초반에 자신이 아렌트에게 프란츠 카프카의 저작을 소개했다고 주장하기도 했다.

서점은 문학에 대한 관심 그 자체와 아무런 상관이 없지만, 가정 내 독서 문화의 '자연스러운' 연장선에 있다. 아렌트 집안과 콘 집안이 속했던 부르주아 계층에서는 경험을 글로 옮기는 것이 매우 자연스러운 일이었다. 마르타 아렌트는 어린 한나와 관련된 한 사건을 이야기했고, 그 즉시 한 친척이 인기 잡지에 그 사건을 기고해보라고 권했다. 당시 새롭게 등장한 사진은 글을 대체하는 것이 아니라 기껏해야 글을 보완하고 설명하는 데 그쳤다. 아렌트의 부모 역시 일기에 딸의 사진을 단 한 장도 담지 않았다.

한나 아렌트가 다닌 인문계 고등학교에서는 고대 그리스어, 라틴어, 독일어, 프랑스어, 영어로 된 방대한 분량의 독서 목록을 읽어야 했다. 물론 그녀는 많은 책을 읽었고, 칸트와 야스퍼스를 어떻게 발견했는지 이야기했으며, 고대 고전도 읽었다. 아렌트의 동시대인들의 자서전적 기록을 보면, 그들의 경험이 얼마나 특정 세대에 국한되어 있었는지, 그리고 동시에 아렌트와 그녀의 친구들이 얼마나 전통 속에 서 있었는지 또는 회고적으로 전통을 구성했는지를 알 수 있다. 아렌트는 쾨니히스베르크 출신으로, 1964년 귄터 가우스와의 텔레비전 대담에서 자신의 가족을 "전통의 맥락"(율리우스 구트만)에 놓인 "오랜 전통을 가진 가족"으로 묘사했다. 아렌트의 할아버지 막스는 딸 헨리에테에 따르면 독서량이 많은 사람이었다. 막스는 한때 '유대인 역사·문학협회' 회장을 지낸 것으로 알려져 있다. 아렌트의 아버지 바울이 고대와 현대 문학 그리고 철학에 관심이 있었다는 사실도 이미 언급한 바 있다. 바울은 1904년 '고대근동학회Vorderaisatische Gesellschaft'의 회원이었는데, 이 기관은 특히 1899년부터 '고대 동양'의 역사에 대한 일반 대중용 저술을 출판해왔다. 그리고 마르타 아렌트는 적어도 딸의 관심사를 알았을 것이다.

학자와 지식인의 특징 중 하나는, 궁극적으로 자신이 전문으로 삼은 주제에 대해 가능한 한 오랫동안 관심의 역사를 구축하는 것이다. 아렌트의 경우, 독서는 하나의 열정이었고 동시에 극단과도 연결되어 있었다. 그녀가 귄터 가우스에게 말했듯이, 그것은 "철학 또는 물속으로 들어가는 것"이었다. 전기의 일관성은 자율성과 독립성, 그리고 자신이 원하는 것을 행했다는 증거에 기초한다. 아렌트의 경우도 마찬가지였다.

그녀를 둘러싼 주변 환경도 다르지 않았다. 알려진 바에 따르면, 친척과 친구들은 모두 자연스럽게 교양을 쌓은 중산층으로, 특히 철학과 고전문헌학 사이에서 격렬하게 흔들렸던 그루마흐 동아리 출신이었다. 예를 들어, 오랜 동료였던 레오폴디네 바이츠만의 기록과 아렌트가 친구 에르빈 뢰벤슨에게 남긴 언급을 믿는다면, 쾨니히스베르크·마르부르크·하이델베르크에서 만났거나 바덴바덴으로 여행할 때 만난, 같은 생각을 지닌 젊은 남녀들은 문학과 정치에 대해 토론했다. 이때 카리스마 넘치는 중심인물이 바로 아렌트였다.

물론 사람들은 시를 썼다. 그 형식이 내면화되고 학습되고 사랑받았기 때문이다. 그루마흐와 뢰벤슨은 시를 썼고, 많은 유명한 시인들과 교류했다. 하이데거도 시를 썼는데, 심지어 '사유'를 위해 철학을 포기했을 때 자신이 맞닥뜨린 진퇴양난에서 벗어나기 위해 한 시인 프리드리히 횔덜린에게서 구원의 모습을 찾기도 했다. 아렌트 또한 시를 썼다. 그리고 이 '또한'은 '다른 이들처럼'이 아니라 다른 이들과 마찬가지로 그녀만의 언어 세계를 만들어냈다는 의미였다. 때로는 자신에게 향했고, 때로는 다른 사람을 위한 것이었으며, 때로는 어떤 느낌을 간직하기 위해, 그리고 때로는 그것을 이성적으로 정리하기 위해서였다. 아렌트와 그녀의 친구들은 시 속에서 하나의 완전한 세계, 즉 시의 세계 전체를 발견했고 그것에 관해 이야기했다. 그녀와 다른 사람들이 시를 통해 나눈 친밀함은 다른 시인들과 다른 사람들에게로 나아가는 길을 열어주었다.

이것은 아렌트에게 쉽지 않은 일이었다. 그녀는 가장 좋아하는 시들이 있었고, 그것들을 기억에서 인용하며, 노년이 되어서도 낭송했다. 그러나 그 시들에 대해 글을 쓸 수 있을까? 아렌트가 속속들이 알고 있는 브레히트의 경우, 그에 대한 분석은 그녀가 그토록 존경했던 그가 20세기 시의 도전에 어떻게 맞섰는가를 살펴보는 일이 될 것이다. 아렌트는 브레히트에게 헌정한 에세이에서 브레히트처럼 정치와 시의 대립 구도를 형성한 다음 이를 결합시켜 시학의 본질적 가치를 시험했다.* 아렌트는 이를 통해 브레히트 자신의 진술에서 완전히 자유롭게 그의 독창성에

---

* 브레히트에 관한 에세이는 『어두운 시대의 사람들』, 347-409쪽을 참조할 것.

대한 최상급 표현과 증거를 찾아내며, 별다른 증거 없이도 그를 옹호했다. 여기서 아렌트는 자신의 역량만을 고집하는 유능하면서도 일반적인 예술평론가가 된다. 그녀는 아무런 주저 없이 판단을 내리기로 했다. 브레히트는 그녀에게 문제가 되지 않았고, 항상 이미 해결된 문제였다. 시와 시인에 저항이 없다면, 그녀가 시인과 너무 가깝다면, 그 텍스트는 곧바로 힘을 잃을 것이다. 그녀는 친구인 W. H. 오든과 로베르트 길베르트에 대해서는 할 말이 떠오르지 않았을 것이다. 그러나 작가와의 친근감이 독서 경험에서 비롯되고 직접적인 만남을 통해 확인되는 경우에는 상황이 아주 다르다. 나탈리 사로트에 관한 아렌트의 에세이가 대표적이다. 분명 그녀의 중심적인 에세이라고 하기는 어렵지만, 앞서 언급한 두 편의 경우와 달리 이 작품 해석에서는 사로트의 텍스트를 자유롭게 수용한 모습을 보여준다.* 아렌트는 자연스럽게 정리하고 유형화하면서 '메리 매카시에 대한 공허한 언급과 함께'** 사로트의 텍스트를 친구들의 세계와 다시 연결했다. 하지만 그외에는 사로트의 작품을 짧고 정확하게 소개하는 글에 지나지 않았다.

1925년 아렌트는 하이데거와 함께 토마스 만의 『마의 산*Zau-*

---

* 사로트에 관한 에세이는 『어두운 시대의 사람들』, 467-81쪽을 참조할 것.

** 관련 내용은 다음과 같다. "다른 측면에서도 마찬가지로 이 측면에서 그녀는 생존해 있는 어느 다른 작가들보다 메리 매카시와 더 많은 공통점을 가지고 있다." 『어두운 시대의 사람들』, 471-72쪽.

berberg』을 읽었고*, 친구인 안네리제 멘델손으로부터 라헬 파른하겐의 서간집을 받았다. 아렌트가 1926년 할아버지 막스의 이웃인 아서 바르다와 연락을 주고받았다면, 그녀는 임마누엘 칸트 이후 쾨니히스베르크의 가장 중요한 철학자 카를 로젠크란츠와 파른하겐 폰 엔제가 주고받은 서간집을 직접 받았을 수도 있었다. 이러한 경험들은 의도적으로 선택된 교양 형성의 한 단계들로, 처음에는 특별할 것이 없어 보이지만, 나중에 되돌아보면 비로소 하나의 일관된 질서가 드러난다.

문학자인 베노 폰 비제와 수필가이자 시인인 에르빈 뢰벤슨과의 관계, 그리고 프리드리히 군돌프의 '클롭슈톡'** 강의는 모두 1926년에서 1929년 사이 하이델베르크에서 진행되었다. 아렌트는 뢰벤슨에게 릴케의 『두이노의 비가』에 대해 이야기하고 자신이 잘 지내고 있다는 것을 확신시켜주었다. 클롭슈톡은 학교 친구들 사이에서 화제가 되었다. 그녀는 폰 비제와 함께 슐레겔―그의 교수자격 논문 주제―에 관해 이야기를 나누었을까? 폰 비제의 친구 중에는 로망스어 학자인 후고 프리드리히가 있었

---

 * 하이데거가 아렌트에게 보낸 1925년 7월 9일자, 7월 17일자 편지에 관련 내용이 나타난다. 두 번째 편지에는 다음과 같이 밝히고 있다. "올 때, 『마의 산』 제2권을 꼭 가지고 오기 바라오. 작업하지 않는 날에 제1권을 처음부터 끝까지 읽었다오." *Letters 1925~1975: Hannah Arendt and Martin Heidegger*(Orlando, Austin, New York, etc.: Harcourt, Inc., 2004), 29.

** 프리드리히 고트리프 클롭슈톡(Friedrich Gottlieb Klopstock, 1724~1803)은 독일 서정 시인이다. 시적 재능이 가장 잘 발휘된 『송가*Oden*』(1771년)는 조국·사랑·우정·신앙을 노래하여 젊은 괴테를 포함해 횔덜린이나 릴케에게 영향을 주었다.

다. 두 사람과 한나 아렌트가 함께 찍은 사진이 남아 있다. 제2차 세계대전 이후 몽테뉴에 관한 중요한 책을 쓰고 자신의 나치 과거를 솔직하게 밝힌 프리드리히는 여기서 언급된 사람들 가운데 카프카에 대해 글을 쓴 최초의 인물이었다. 1930년 4월 초, 막스 리히너가 편집한 글이《새 스위스 평론》에 게재되었다.[227] 7개월 후, 아렌트와 귄터 슈테른은《새 스위스 평론》에 두 사람의 유일한 공동 저작인「『두이노의 비가』에 대한 고찰」을 발표했다. 그녀가 일찍이 카를 야스퍼스에게 언급한 후고 폰 호프만슈탈에 대한 글은, 만약 실제로 작성한 적이 있다면, 이미 분실된 것으로 간주해야 한다.

아렌트의 1929년「아우구스티누스의 사랑 개념」이란 주제의 박사학위 논문은 문학적 야망을 완전히 접어둔 엄격한 시도이다. 이 논문은 방법론적 성찰을 제시한 뒤 라틴어와 독일어로 촘촘하게 엮은 구조를 제시하는데, 때로는 논평적이고 때로는 해석적인 면모를 보인다. 이 논문은 언어적 과잉을 스스로 포기하는 듯한 인상적인 구성으로 아렌트가 자신의 양식을 주제에 맞춰 조율하는 능력을 보여주는 시험대이다.

이것이 어느 정도 사실인지는 이후의 글들을 통해 입증된다. 언론계와 학술 평론은 모두 처음부터 판단에 있어서 자유롭다. 아렌트는 구조에 대한 명확한 통찰력과 자신이 주장하는 요점을 가지고 있다.

그러나 슈테른과 함께 쓴『두이노의 비가』에 대한 에세이의 위상을 단정하기는 어렵다. 한편으로 철학적 전통에 대한 시적 반어법이 여기에 구성된다. 두 저자는 아우구스티누스에서 시작하여 막스 셸러로 끝맺는다. 다른 한편으로 『두이노의 비가』는 전적으로 현재로 그려지며, 세계의 무신론과 이 시의 무신론에 대해 언급한다. 에세이의 마지막 부분에서는 일종의 변증법적 격변을 다음과 같이 밝히고 있다.

> 따라서 허무주의는 자신의 무신론을 신에 대한 포기로 절박하게 이해하기 때문에 '긍정적 허무주의'가 된다. 이때 절망은 고해성사로 정의되는 시대처럼 이단의 시작이자 고통이 되지 않는다. 비가는 종교적 문서의 마지막 문학적 형태, 상실 그 자체의 표현이 되며, 상실된 것에 대한 애도가 아니다.[228]

이 에세이는 하이데거와 야스퍼스의 어휘에 의존하지 않고도 실존주의적으로 『두이노의 비가』를 읽어내려는 시도였다. 만약 의존이 있었다면, 부정적 맥락에서였다. 예를 들어, 두 저자는 릴케에게서 '의사소통'을 거부하고 완전히 다른 형태의 '초월'을 통해 사람들을 세상에 두지 않고 오히려 '무관한 존재'로 만드는 것을 보았다. 게다가 위의 인용문에서 보듯이 당시 아렌트의 사유에는 전혀 어울리지 않는 대립 구도가 끊임없이 나타난다. 그러한 해석의 동기가 무엇인지 정확히 말하기는 어렵다. 두 사람 모두 다시는 이와 유사한 글을 쓰지 않았다. 아렌트는 후기 저작에서 릴케의 시를 거듭 인용했지만, 이 글이 『두이노의 비가』에 부과했던 부담을 릴케나 다른 시인에게 다시는 지우지 않았다.

아렌트는 1933년 독일을 떠날 때 라헬 파른하겐 전기의 원고 사본을 박사학위 지도교수인 카를 야스퍼스에게 보냈다. 여러 사람이 서로 다르게 정리한 타자 원고는 1959년『라헬 파른하겐: 낭만주의 시대 독일계 유대인 여성의 삶』이라는 제목으로 출간된 책과는 모든 면에서 큰 차이가 있었다. 이 책은 라헬의 편지와 현대적 삽화가 어우러져 품격 있는 풍요로움이 느껴진다.[229]

프랑스의 상황

1930년대 파리는 오랫동안 유행의 중심지였으며, 문학에서도 그랬다. 특히 앙드레 지드와 같은 완전히 다른 세대가 여전히 분위기를 주도하고 있었고, 폴 발레리와 폴 클로델도 아직 생존해 있었다. 아렌트는 떠오르는 저명 작가들의 저작을 읽었을까? 어쩌면 그랬을 것이다. 그러나 아렌트는 이 잘 확립된 환경에서 어떤 위치에 있었을까? 그녀는 자신만의 중요한 발견을 해냈다. 그중 한 사람이 1914년 제1차 세계대전이 시작될 무렵 41세의 나이로 사망한 샤를 페기이다. 독실한 가톨릭 신자였던 페기는 아렌트에게 깊은 인상을 준 베르나르 라자르에 관한 글을 썼다. 이 글은 아렌트가 프랑스 시온주의 작품에서 엄선한 에세이의 「서문」이 되기도 했다.[230]

페기에 대한 언급은 이제 마침내 발터 벤야민을 등장시킨다. 1919~20년에 벤야민은 페기의 에세이 선집을 기획하고 페기에 대한 편지를 게르숌 숄렘에게 보냈다. 이 편지는 훗날 아렌트가 에세이 「벤야민 초상」에서 인용하기도 했다. 동시에 페기는 벤야민의 분석 대상이기도 했다. 아렌트가 친구 벤야민에게 프랑스 문학에 대해 물었다면, 벤야민은 페기가 중요한 역할을 하고 루이 페르디낭 셀린도 비판적으로 다룬 자신의 연구 『프랑스 작가의 현재 사회적 지위에 관하여』[231]의 새로 인쇄된 특별판을 그녀에게 주었을지도 모른다. 그리고 그것만으로 충분하지 않았다면, 벤야민은 1929년에 출판한 3부작 텍스트를 언급할 수 있었을 것이다. 이 텍스트는 그가 《문학세계*Literatische Welt*》에 발표한 것으로, 지침서처럼 읽히기도 했다. 바로 「초현실주의: 유럽 지식인들의 최근 스냅 사진」*이다. 물론 이러한 문제에 대해 매우 자신감이 넘쳤던 벤야민은 프랑스 지성계에서 아직 발견되지 않은 중요한 것과 불필요한 것을 모두 알고 있었다.

아렌트의 관심을 끌었던 사람 중에는 앞서 언급한 루이 페르디낭 셀린도 있었다. 그는 1932년 쿠데타 이후 큰 호평을 받은 『밤 끝으로의 여행*Voyage au bout de la nuit*』, 그리고 4년 후 『부채에 의한 죽음*Mort à crédit*』을 발표하였다. 아렌트의 친구인 니나 구르핑켈도 새로운 분위기에 주목하여 이 책들을 동시대 논쟁의 흐름에 따라 분류하였다.[232] 아렌트가 파리에서 망명 생활을 하는 동안 셀린은 아렌트가 보기에 낯설지 않게 보였을 만한 발전을 겪었다.

---

* 이 에세이의 국내 번역본은 다음 자료를 참조할 것. 발터 벤야민 지음, 최성만 옮김, 『역사의 개념에 대하여…』(서울: 도서출판 길, 2012), 143-67쪽.

즉 전통주의자들에게 도전하고, 부르주아의 자기 확신의 경계를 넓히고, 문체적으로나 지적으로 폭력적이었으며, "룸펜프롤레타리아"(벤야민)를 비난하면서 아직 문학에서 다뤄지지 않았던 소재를 주제로 삼은, 매우 뛰어난 작가였다. 1938년 아렌트는 셀린의 두 번째 반유대주의 소책자인 『시체의 학교*L'école des cadavres*』를 구입했다. 아렌트는 자신이 자주 들렀던 프랑스인 동아리에서 이에 대한 논쟁을 지켜보았을 가능성이 크다. 그녀는 또한 1938년 11월 대학살 이후 금지된 《유대인 평론》의 후신인 《유대인 세계 평론*Jüdische Weltrundschau*》의 구독자이기도 했다. 1939년 3월 《유대인 세계 평론》은 프랑스의 정치적 반유대주의에 대한 두 편의 상세한 기사를 실었다. 저자 'K'는 글에서 문학적 형식을 모색하며 셀린을 강조하기도 했다. 아렌트는 반유대주의자들이 절멸에 집착하던 그 시기에, 셀린의 소책자가 매우 높은 발행 부수를 기록하면서도 금지되었고, 심지어 반유대주의 선전지인 《돌격대*Stürmer*》에서까지 상세히 다루어졌다는 사실을 알게 되었을 것이다. 셀린의 소책자는 그녀에게 단순한 책이 아니라 하나의 '사건'이 되었던 셈이다.

아렌트는 유형과 전형적인 것에 대해 일반화를 위한 모델을 사용하며, 독창적인 분석으로 그 정당성을 입증한다. 그러나 이 방식은 경우에 따라 불공정할 수 있는데, 왜냐하면 텍스트 자체를 캐리커처로 만들어버릴 수 있기 때문이다. 동시에 일반화를 위해 의미를 제거하는 이러한 방식은 궁극적으로 자료를 다루는 특정한 방식일 뿐이다. 예를 들어 아렌트가 1943년에 집필해

1948년에 발표한, 미국에서 쓰인 슈테판 츠바이크의 『어제의 세계 *Die Welt von Gestern*』에 대한 에세이*에서 아렌트는 이 자서전이 이상적이고 전형적인 보고서로서 동화된 유대인의 모습을 드러낸다고 썼다. 그들은 정치적으로 사유할 수 없었고, 공포의 순간에도 그저 몸서리치며 자신의 규범과 가치, 궁극적으로 소중한 전통을 지키고자 했을 뿐이라는 것이다.

비옥한 들판: 쇼켄출판사 편집자

아렌트는 예컨대 야누스처럼 행동했던 몇 년이 있었다. 그러나 시작은 몹시 충격적이었다. "나는 이 주제가 우리의 첫 두 연례 출판 목록의 범위에 속한다고 생각하지 않는다." 오랫동안 전설적인 출판사의 사장인 살만 쇼켄은 이 간결한 말로 총서 98번 계획 도서인 '한나 아렌트의 라헬 전기'를 거부했다. 그는 1946년 3월 28일 예루살렘에서 뉴욕에 있는 아들 테오도르(테드)에게 이렇게 편지를 보냈는데, 당시 테드는 '쇼켄출판사'라는 이름으로 독립 출판사 설립을 준비 중이었다. 하지만 쇼켄의 말이 최종 결정은 아니었다. 쇼켄은 직설적이고 종종 퉁명스러운 태도로 유명했지만, 아렌트와의 관계를 끝내지는 않았다. 불과 몇 달 후 한나

---

* 아렌트의 에세이 「슈테판 츠바이크: 어제 세계의 유대인」은 『유대인 문제와 정치적 사유』, 667-83쪽에 수록되어 있다.

아렌트는 쇼켄의 편집자가 되었다. 무슨 일이 있었던 것일까? 그들은 아렌트를 원했지만 그녀의 책은 원하지 않았던 것일까? 이후 프라하 작가에 관한 출판 계획과 함께 1945년에 출간된 카프카 에세이를 읽고 태도를 바꾼 것일까? 기록보관소에는 아렌트에 관한 많은 문서가 보존되어 있지만, 출간이 거부된 이유는 분명하지 않다.[233] 어쨌든 봄에 몇 차례의 회의 끝에 아렌트만이 카프카를 미국인들에게 소개할 적임자라는 데 의견이 모아진 것 같았다.

아렌트는 늘 그랬듯이 즉시 이 일을 맡아 큰 열정을 기울였다. 그녀는 첫 두 연례 출판 목록을 위한 구상을 세우고, 서랍 속에 묻혀 있거나 유고로 남은 원고들에 대해 친구나 지인들과 이야기를 나누며 자료를 찾았고, 향후 몇 년의 계획을 세웠으며, 출판사에 뚜렷한 성격을 부여하는 데 힘썼다. 처음부터 유대학자이자 종교철학자인 나훔 글라처와는 출판사가 얼마나 '유대적'이어야 하는지, 또 어떤 총서와 책이 이를 대표해야 하는지를 두고 큰 견해 차이가 있었음이 분명하다.

1946년 8월 중순 아렌트는 구체적인 계획을 제시했는데, 이는 쇼켄출판사에서 엇갈린 관심을 불러일으켰다. 그것은 1933년 11월부터 유대인 가정의 필수 도서로 자리잡은 전설적인 '쇼켄출판사 총서'를 부활시키는 것이었다. 이 총서는 1933년 11월, 마르틴 부버와 프란츠 로젠츠바이크의 독일어 번역본 『이스라엘의 위안: 이사야 40~55장 *Die Tröstung Israels: Aus Jeschajahu, Kapitel 40 bis 55*』에서 시작하여, 1939년 초 베르타와 브루노 슈트라우스가 선정하여 편집한 제92권 『헤르만 코헨: 편지*Hermann Cohen: Briefe*』로 막을 내렸다.

따라서 아렌트는 이미 익숙한 상황에 놓여 있었다. 그녀는 한편 항상 강조했던 현대 독일계 유대인의 짧지만 복잡하고도 난해한 전통을 분석하고 그 종말을 고찰하며, 다른 한편 현재를 분석하는 데 적합한 요소를 찾아야 했다. 쇼켄 총서는 그녀에게 삶의 일부이기도 했기 때문에, 그녀는 이 작업에서 자신의 경험을 바탕으로 일할 수 있었다.

아렌트는 쇼켄출판사를 위한 큰 계획을 세웠다. 출판사의 모토에 따라 "이야기, 종교, 역사, 기억, '기억에 남는' 민속, 그리고 마지막으로 유대교 이단자와 변절자에 관한 책"을 다루는 것이었다. 계획은 1947년 봄에 5권으로 시작해, 1939년까지 출간한 독일어판 번역본과 새로운 출판물을 혼합하여 매달 한 권씩 추가하는 것이었다. 아렌트는 숄렘 알예헴의 『성악가 페이세의 아들 모틀*Motl, Sohn des Kantors Pejße*』로 시작하고 싶었다. 1907년부터 1915년 사이에 쓰인 이 책은, 어린아이의 관점에서 미국으로의 이민과 삶을 이야기한다. 그다음에는 나훔 글라처가 거의 완성해둔 『유월절 하가다*Pessach Haggadah*』를 내고, 이어 아렌트가 특히 마음을 쓰던 기획이 뒤따를 예정이었다. 1940년 7월 언론인이자 사서이며 시온주의 운동가인 베를 카츠넬슨이 이른바 청소년 알리야 지도자들에게 한 연설이 그것이다. 당시 큰 반향을 불러일으킨 일종의 선언문으로, 1945년 그의 사후에 발췌본이 인쇄되었다. 아렌트는, 쇼켄에게 큰 영향을 미쳤고 카츠넬슨을 잘 알고 있던 게르숌 숄렘의 도움을 받아 이 선언문 출판에 성공했다. 그러나 아렌트도 자신만의 논리와 주장이 있었다. 즉 이 책이 출판사와 팔레스타인과의 긴밀한 관계를 기록할 것이고, 실제로 가장 중요한 시온주의 노조 지도자 중 한 명인 위대한 인물을 기릴 것이며, 마지막으로 청소년에게 시온주의 사상에 대한 열정을 품게 하는 계기가 될 것이라고 보았다.

또한 첫 번째 출판분에는 두 가지가 포함되었다. 하나는 유명한 동양학자 슐로모 도브 (프리츠) 고이테인이 맡기로 한 예멘계 유대인의 역사였고, 다른 하나는 잘로몬 마이몬의 자서전 발췌본이었다. 마이몬은 아마도 칸트의 가장 중요한 동시대 비평가였을 뿐 아니라 계몽주의 시대의 독자적인 유대 이단 사상가이기도 했다.

아렌트는 또한 독일어판에서 이미 빠르게 명성을 얻은 책들을 기획했다. 프리츠 이츠하크 베어의 연구 저서인 『망명*Galuth*』과 엘리야스 비커만의 마카베오Mackabäer*에 관한 것이 그것이다. 고이테인, 베어, 비커만은 숄렘과 함께 매우 다른 방식으로 '유대교 연구'**와 연결되어 있었다. 유대인의 전통과 현재에 대한 이런 독특한 연구 방식이 없었다면, 아렌트는 유대인 해방 시기와

---

* 마카베오는 반유대주의 정책을 실시한 안티오코스 4세 이피파네스 치하에서 독립전쟁을 일으켜 3대에 걸쳐 독립을 유지했던 고대 이스라엘의 마지막 왕조의 이름이다.

** 'Wissenschaft der Judentums'는 직역하면 '유대교 과학(학문)'으로 표기해야 하지만, 이를 '유대교 연구(Jewish Studies)'로 옮긴다.

반유대주의에 대한 자신의 성찰을 펼칠 수 없었을 것이다. 독립적인 문헌학·철학·사회학, 그리고 무엇보다도 유대 민족의 자기 성찰 방식인 '유대교 연구'는 적어도 5세대에 걸쳐 다양한 형태로 독일계 유대인의 복잡한 현상을 진정한 의미에서 구현해왔다.

동시에 아렌트는 이 기본 구상에 관한 메모에 미국 독립혁명에 중요한 역할을 했던 유대계 미국인 외교관 마누엘 모르데카이 노아의 저서를 포함시켰다. 이때가 바로 혁명이라는 역사적 전환점에 대한 아렌트의 진정한 관심이 처음으로 모습을 드러낸 순간이었다. 이후 그녀는 이 주제를 『혁명론』(1963/65)에서 본격적으로 다루었고, 그것은 생의 마지막까지 그녀를 사로잡는 문제로 남았다.

아렌트는 '쇼켄'*에게 보낸 수많은 추가 '제안서' 중 첫 번째로 카프카를 언급했다. 그녀는 첫해에 카프카를 출판 계획에 포함하고 싶지는 않았지만, 여러 출판물 중에서 카프카를 눈에 띄게 자리매김하고 싶었다. 이 시기의 아렌트의 성찰을 읽어보면, 누구든 다른 일을 전혀 해본 적 없는 '나이 든' 숙련된 편집자를 상대하고 있다는 인상을 준다. 아렌트는 좌절하지 않았다. 쇼켄이 그녀의 출판 계획을 거부했고, 그녀가 수많은 저작을 제안했지만 실패했다는 사실 ─ 알예헴은 분명히 거절당했고, 카츠넬슨도 통과하지 못했으며, 베어의 『망명』은 번역되지 않았다 ─ 은 처음에 아렌트에게 큰 상처가 되지 않았다. 무엇보다도 그녀는

---

*   쇼켄출판사는 아버지와 아들이 함께 운영했다. 여기서는 아버지를 지칭한다.

자신의 작업이 신념을 실현할 기회임을 깨달았기 때문이다.

그녀가 지닌 지적 개방성과 환경에 대한 친숙함의 또 다른 예는 1947년 여름에 작성된 '초빙 계획'에 관한 그녀의 보고서에서 볼 수 있다. 그녀는 아돌프 S. 오코의 부인을 비롯한 주변 사람들과 연락을 주고받았다. 이들은 초창기에 그녀에게 여러 출판 기회를 열어주었다. 잘로 W. 바론은 그녀에게 자신의 연락처 목록을 활용해 문의할 수 있도록 해주었고, 쇼켄 가족의 '친구 모임'에 참여할 수 있는 기회도 제공했다. 쇼켄과의 장기적인 친분을 유지하기 위해 심사자로 참여했던 폴 틸리히는 부버의 대화 철학에 관한 인기작인 『나와 너*Ich und Du*』를 번역해 예일대학교 신학자인 H. 리처드 니버의 서문과 함께 출판할 것을 제안했다.

아렌트와 다른 편집자들이 작업하던 책 목록이 지금까지 남아 있다. 그녀는 초기에 편집자뿐만 아니라 관리자 역할도 맡았다. 그녀는 쇼켄 부자의 "아니오!"라는 말에 굴복하지 않고 출판 계획을 추진했다. 때때로 거부당한 책을 목록에 다시 포함시키고 그 구상이 얼마나 중요한지, 그리고 독자들이 익숙한 자료와 새로운 자료를 모두 살펴볼 기회를 얼마나 '갈망'하는지를 분명히 보여주려고 했다. 앞서 언급한 역사가 페르디난트 그레고로비우스의 저서 『로마 유대인과 게토*Das Ghetto und die Juden von Rom*』는 쇼켄 총서에 포함되어 있던 것으로, 아렌트가 특별히 관심을 기울였을 것이다. 그녀가 출판사에 근무하는 동안 이룬 가장 중요한, 그리고 확실히 가장 큰 개인적 승리는 카프카와 더불어 베르나르 라자르의 유대인 저작을 출간한 것이었다. 이 책은 1948년 아렌트가 쓴 서문 및 각주를 붙여 출판되었다.

1947년 12월 초 아렌트는 또 다른 출판 기획인 『시간과 영원 속의 유대인 독자*A Jewish Reader in Time and Eternity*』에 자신의 흔적을 남기기로 했다. 나훔 글라처가 편집한 이 책은 '쇼켄 총서'의 부활 못지않게 이 출판사의 독일 역사와 긴밀하게 연결되어 있었다. 사무엘 아그논의 저작 모음집을 제외하면, 1931년에 출간된 『사명과 운명*Sendung und Schicksal*』은 1933년 이전 쇼켄출판사의 유일한 간행물이었다. 이 책은 나훔 글라처, 마르틴 부버의 사위이자 문학자인 루트비히 슈트라우스가 편집을 맡았으며, 유대인과 비유대인, 전문가와 관심 있는 일반 독자를 아우르는 선집으로 기획되었다. 쇼아Shoah 이후 유대교, 즉 '그들 자신의 유대교'나 '그' 유대교에 관심 있는 모든 사람이 접근할 수 있는 무엇인가가 필요하다는 인식이 널리 공유되었다.

아렌트는 홍보를 위한 3쪽 분량의 초안을 제시했다. 더 정확히 말하면, 책의 형식은 어떻게 할 것인가, 어떤 독자들에게 어떻게 다가갈 것인가, 무엇을 포함해야 하고 무엇을 빼야 하는가에 대한 구상이었다. 여기에서 중요한 것은 구체적 세부 사항이 아니라 그녀가 이런 문제들을 얼마나 자연스럽게 다루었는가 하는 점이었다. 아렌트는 이 영역에서 존경받았을 뿐만 아니라 진정한 의미에서 동등한 동료였다. 그녀와 다른 사람들이 때론 "비스마르크", 때론 "나폴레옹", 때론 "출판을 원하지 않는 출판인"이라고 불렀던 살만 쇼켄이 더는 아렌트에게 말도 걸지 않았고 응답하지도 않았다는 사실은 그저 그런 일이었다. 아렌트는 그것에 전혀 주눅 들지 않았다. 그녀는 입장 차이와 간극을 직시할 수 있었다. 심지어 아렌트는 글라처가 『시간과 영원 속의 유대인 독자』 제2판에서 아렌트의 '흔적'을 일부 지워내고 자신의 스타일을 더 드러냈다는 사실도 문제삼지 않았다. 아렌트의 '유대인 독자'는, 아마도 쇼켄출판사에 있는 동안 제국주의, 반유대주의, 전체주의에 관한 그녀의 곧 출간될 책에서도 표현하고자 했던 신념에 기반한 것이었다. 그녀가 '유대인 독자'에 대한 개요에서 표현한 것처럼, 그것은 '자기 해석'을 위한 지침서였다. 그러나 홀로코스트로 파괴된 현재의 깨진 렌즈를 통해서만 가능했던 전통의 수용은 굴절과 예상치 못한 관점을 통해 옛것의 일면이 드러났다. 그러한 해석은 여러 세대에 걸쳐 기만을 드러내고, 유대인성을 재습득해야 한다고 믿음으로써 현대에 이르러 자기 망각의 오만으로 치닫는 듯 보였다. 따라서 그것은 무슨 일이 일어났는지에 대한 책임의 관점에서 이해되어야 한다. 유대인성이 특정 시기에 처해 있던 해석학적 상황은 문학과 철학, 그리고 모든 형태의 지적·사회적 활동의 표현 속에서 드러났다. 그러나 누구도 더는 이 전통과 오래된 구속력에 참여할 수는 없었다. 이 전통은 우연적인 시간과 소망하는 영원 사이에서 파괴되어버렸기 때문이다. 따라서 '유대인 독자'의 제목은 『시간과 영원*Zeit und Ewigkeit*』이 되었다. 하지만 남은 것이 있었다. 그것은 무엇보다도 새로운 것을 구성하는 요소였고, 재구성이 가능했다. 이러한 일이 어떻게 일어났는지는 전적으로 사람들이 단절을 어떻게 경험했는가에 달려 있었다.

이미 1946년 말에 '테드'*는 사업 및 인력 개발에 대한 개요를 통해 다음과 같은 사실을 살만 쇼켄에게 보고할 수 있었다. 즉 아렌트는 매우 열심히 일하고 있고, 자신의 계획에만 국한하지 않으며, 제국주의에 관한 책을 이미 2/3 정도 쓰고 있고, 브루클린 대학교 강의는 곧 그만둘 예정이지만 여러 제안에도 불구하고 출판사에 남겠다고 결심했다고 썼다. 테드는 아버지가 빨간 펜으로 이 부분에 표시하리라는 것을 알고 있었기 때문에, 아렌트가 출판 계획에 참여하면서 일상적인 편집 문제에 '잠식'당하지 않고 독립심을 갖게 되었다고 말했다.

아렌트는 카프카의 일기 2권을 출판했을 뿐만 아니라 이전에는 거의 알려지지 않았던 카프카의 우화를 모아 한 권의 책을 편집하기도 했다. 하지만 그 이상의 계획은 실패로 돌아갔다. 발터 벤야민과 관련해서는 진정한 드라마가 전개되었다. 그녀가 게르숌 숄렘과 베르톨트 브레히트에게 요청했던 한 권의 책은 수년간의 지연 끝에 결국 출판되지 못했다. 벤야민의 글을 모아 '에세이집'을 펴낸다는 구상은 단순한 우정의 표시 이상이었다. 따라서 아렌트와 숄렘의 긴밀한 관계는 두 사람이 "같은 광산에서 일하고 있다"(아르놀트 메츠거)는 또 다른 중요한 확인이 되었을 것이다. 그 무렵 발터 벤야민에 관한 것은 1942년 등사판으로 제작된 회고록 외에는 아무것도 없었다. 이 책에는 「역사 개념에 대한

---

*　쇼켄 테드(테오도르)는 가족이 일찍이 독일을 떠날 때도 출판사를 운영했으나 1939년 독일을 탈출하여 가족에 합류했다.

테제」가 포함되어 있었고,《재건》에 실린 비망록 외에는 거의 주목받지 못했다. 이 책은 아렌트의 '적수'였던 테오도르 아도르노와 호르크하이머가 편집했다. 1947년에는 피에르 미삭의 「역사 개념에 관한 테제」 번역본이 사르트르의 잡지《현대 *Les temps modernes*》에 게재되었다. 아렌트가 구상했던 책은 거의 전적으로 친구들의 기억 속에서만 살았던 한 작가를 세상에 환기시키는 계기가 되었을 것이다.

그리고 아렌트는 벤야민에 대해 더 많은 계획을 세웠다. 그녀는 숄렘과 브레히트가 각각 서문과 맺음말을 써야 한다고 생각했다. 이 책에는 벤야민의 삶과 작품에 영향을 끼친 두 사람뿐만 아니라 벤야민의 저술과 인격에 대한 두 가지 해석이 포함될 것이다. '철학자'와 '마르크스주의자'는 화해할 수 없는 대립 관계였을 것이다. 숄렘과 브레히트가 아렌트에게 자신들이 벤야민에 대해 글을 쓸 수 있는 상황이 아니었다거나, 그에 대해 글로 옮기는 데 실패했다고 밝힌 사실은 많은 것을 시사한다.

심지어 번역 문제, 즉 아렌트가 매일 고민했던 문제에 대한 다양한 텍스트가 담긴 소책자조차 예루살렘에서는 거부당했다. 벤야민, 헤르만 브로흐(아렌트가 이에 대해 쓴 글), 그리고 프란츠 로젠츠바이크가 '성경의 독일어화'와 관련해 쓴 루터에 관한 에세이를 함께 묶은 조합은 출판사를 설득하는 데 실패했다. 아렌트가 그런 상황에서 여러 번 썼듯이, 그 기획이 쇼켄에게는 '유대적 *jüdische*'이지 않다고 여겨졌던 것일까? 아니면 쇼켄이, 부버와 긴밀한 관계를 맺으며 때론 더 높이 평가하고 때론 훨씬 덜 평가했던 로젠츠바이크에 대해 진저리를 냈던 것일까?

1948년의 마지막 사례에서 알 수 있듯, 아렌트가 쇼켄출판사에서 일하는 것은 그녀의 사유와 이해 과정에서 중요한 부분이었다. 12월 중순 살만 쇼켄은 아들 조지로부터 '미국—꿈과 악몽'이라는 제목의 책에 관한 2쪽 분량의 기획안을 받았다. 이 구상은 엘리엇 E. 코헨이라는 언론인이 정리한 것이다. 코헨은 원래 잡지 《메노라》의 공동 책임자였고, 1945년에는 《논평 _Commentary_》의 창립자 중 한 명이었으며, 1959년 자살할 때까지 《논평》을 이끌었다. 철저한 자유주의자였던 코헨은 유럽 이민자들이 미국에 대해 가지고 있는 다양한 생각을 수집할 계획을 세웠는데, 그의 예상대로 그 내용은 꿈에서 악몽에 이르기까지 다양했다. 엘리엇의 수많은 업무로 인해 출판 계획은 중단되었지만, 1948년 5월 조지 쇼켄이 이상적인 편집자처럼 보이는 아렌트에게 연락했다. 아렌트는 즉시 열의를 보이며 예정된 광범위한 서문을 직접 쓰고 싶어 했다. 그러나 처음에는 자료 수집만 다루는 계약만 체결하고, 서문의 저자가 누구일지는 미정으로 남겨졌다. 자료는 쇼켄의 소유로 귀속되기로 했다. 아렌트는 아직 마무리되지 않은 텍스트에 대한 계약 합의가 이루어질 때까지 더 이상 어떠한 주장도 할 수 없었다. 그러나 이 계획은 무산되고 말았다. 아렌트는 자료를 제출했고(현재는 분실됨) 쇼켄으로부터 1,375달러를 받은 후, 서문 비용으로 2,000달러를 추가로 요구했다. 쇼켄은 비용을 지불할 수 없다고 했고, 아렌트도 쇼켄이 그럴 것을 알고 있었다.

그렇게 이야기는 끝났다. 이 출판 기획뿐 아니라 편집자로서 아렌트의 경력도, 나아가 쇼켄과의 관계도 마무리되었다. 적어도 겉보기에는 그렇다. 이 경우처럼 아렌트의 삶에서는 6년 이상 이어지는 비슷한 우회와 지연의 이야기들을 많이 찾아볼 수 있다. 아렌트는 늘 계획과 구상이 있었고, 타자기 앞에 앉아 서너 쪽 이상을 빠르게 타자로 쳤다. 신중하고 일관성 있고 영리하고 고집스럽고 독립적이었지만 결국 아무 결과도 얻지 못하기도 했다. 그러나 아렌트는 시간이 있었기에 일단 무엇인가를 생각하면 언젠가는 그 순간이 오리라는 점을 알고 있었다. 그리고 확신이 빗나가는 일은 드물었다. 유럽과 미국의 관계를 "꿈과 악몽" 형식으로 서술하려는 그녀의 구상은 프린스턴대학교 방문 교수로서 1954년 1월 28일에 발표한, 핵심을 겨냥한 짧은 에세이에서 기회가 생겼다.* 토크빌의 명언을 영리하게 엮은 일종의 연습 작품이었다. 한 줄만 보아서는 몇 달의 노력이 들어갔다는 사실을 알 수 없다. 테오도르(테드) 쇼켄은 옳았다. 아렌트는 항상 '열심히 일하는' 사람이었다.

아렌트는 1946년 5월부터 1951년 5월 헤르만 브로흐가 사망할 때까지 그를 알고 지냈으며 많은 문제를 함께 논의했다. 특히 인권에 관한 유익한 편지 교환뿐만 아니라 문학·철학·역사에 대

---

* 이 에세이는 다음 자료에 수록되어 있다. 한나 아렌트 저, 홍원표 옮김, 『전체주의 물결과 정치적 이해: 한나 아렌트 에세이 모음집, 1930~1954』(서울: 신서원, 2024), 635-44쪽.

해 활발한 교류가 이루어지면서 브로흐에 대한 분석은 한층 복잡해진다. 브로흐는 당시의 요구에 맞춰 다양한 방식으로 응답하며 작업했기 때문이다. 아렌트의 『베르길리우스의 죽음 *Tod der Vergil*』 서평과 「헤르만 브로흐와 현대 소설」 에세이는 브로흐의 작품 속에서, 죽음을 행위로서 연출하는 과정에서 드러나는 "더 이상 아님과 아직 아님, 아직 아님과 그러나 이미" 사이의 계산되고 치밀하게 전개된 흔들림을 포착한다.* 가장 무력한 순간에도 삶의 상실을 슬퍼하지 않고, 삶이 본래 죽음을 향하고 있음을 장엄하게 받아들이지도 않는다. 브로흐는 죽음을 있는 그대로 포착함으로써 사람들에게 자신의 마지막에 대한 힘을 되찾아준다.

여기서 문학은 철학과 거리를 두며, 인간 행위에 대해 정치적·윤리적 책임을 지는 영역이 된다. 문학은 아직 철학적으로 이해되지 않은 것을 나타낸다. 아렌트가 전집 중 에세이 모음집 1권을 위해 고인을 기리는 기념비처럼 쓴 주요 에세이에서, 이 이념은 단순히 구현된 이후 점차 확인되는 것이 아니다. 오히려 아렌트는 죽음 속에서도 자신을 주장할 수 있는 인간의 자기 강화를, 다원성에 대한 사유를 향한 첫걸음으로 본 사상가 브로흐를 재

---

* 『베르길리우스의 죽음』 서평은 다음 자료에 수록되어 있다. "No Longer Not Yet," *Nation*, 14(September 1946), 300-302; 『전체주의 물결과 정치적 이해』, 319-25쪽. 이 에세이의 약간 다른 독일어본은 「헤르만 브로흐와 현대 소설」로 다음 잡지에 수록되어 있다. "Hermann Broch and Modern Novel," *Der Monat* 1(1948~49), 147-51. 이 에세이는 다른 이름으로 수록되어 있다. "The Achievement of Herman Broch," *Keynon Review*, 11/3(Summer 1949), 476-83.

구성한다. 브로흐에게 그것은 행위 철학, 그리고 흔들리지 않는 인간의 '현대적' 능력, 바로 실험적이고 자유로운 능력과 연결된다. 아렌트는 여기에서 다원성에 대한 사유를 인식할 수 있으며, 이렇게 잉태된 인간성은 타자를 통한 자기 확신을 통해서만 가능하다고 믿는다. 이런 점에서 브로흐는 츠바이크나 다른 사람들과 달리 특정 유형의 사람이 아니다. 아렌트에게 브로흐는 그 자체로 특정 유형의 사람을 형성하는 종합적 성취를 상징한다. 여기서 문학과 철학이 서로 섞여 소설 세계와 일상 세계에서 상호 의존적인 인식 수단임을 증명하면서 일반성에 대한 견인력이 형성된다. 아렌트는 "더는 아님과 아직은 아님" 사이의 '사이'를 매우 주의 깊게 기억하고 자신의 역사철학의 기초로 삼았다.*

전통의 흔적을 건너서: 새로운 세계의 다리

아렌트는 미국에 오기 전에 베르톨트 브레히트와 아르놀트 츠바이크와 같은 작가들을 만났지만, 한두 가지 예외를 제외하면 현대 산문이나 시에 관해 글을 쓰지 않았다. 그녀는 뉴욕에서 자신과 다른 사람들에 대해 끊임없이 성찰하며 글을 썼고, 모든 소문

---

*　아렌트에 따르면, "브로흐의 작품은… 우리가 회복할 수 없게 잃어버린 과거와 아직 다가오지 않은 미래 사이의 잃어버린 고리와 같은 것이 되었다." 이때 더는 아님은 '과거'이고 아직은 아님은 '미래'이며, 따라서 심연인 '사이'는 '현재'이다.『전체주의 물결과 정치적 이해』, 321쪽을 참조할 것.

을 알았으며, 자연스럽게 밀과 쭉정이를 구별할 수 있는 작가·후원자·지식인들 무리에 속하게 되었다. 예를 들어, X는 인간적으로는 재앙이지만 왜 좋은 책을 쓰는지, 그리고 Y는 왜 그 반대인지 알았다. 물론 그들은 아렌트에게 영감과 자극을 주었다.

이 시기에 아렌트와 자주 연관되어 그녀 주위에서 다소 친근하고 충성스럽고 지적이며 비판적이거나 이단적인 무리가 된 사람들 가운데 상당수는 비평가들이었다. 알프레드 카진, 라이오넬 트릴링, 드와이트 맥도널드, 엘리자베스 하드윅, 어빙 크리스톨, 클레멘트 그린버그, 그리고 그린버그와 적대 관계에 있던 해롤드 로젠버그 등이 그들이다. 그리고 이들 대부분은 글을 쓰는 (때로 바뀌기도 하는) 배우자나 동반자를 두고 있었다. 물론 수잔 타우브스와 마찬가지로 초기에는 관심을 가졌던 수전 손택과 같은 작가들도 당연히 아렌트에게 접근했으나 곧 외면당했다. 아렌트는 손택의 첫 소설에 대한 추천사를 소개했을 뿐이다.* 그들은 인정받기 위해 싸울 필요조차 없었다.

아렌트가 다른 모든 사람들과 아무리 가까웠다고 하더라도, 이 모든 관계에는 예외가 하나 있다. 메리 매카시였다. 그녀는 평론을 쓸 때 날카로운 문체를 구사했다. 자신만의 영역을 주장했고 누가 그 영역에 들어오고 싶어 하는지에 대해 매우 세심한 주의를 기울였다. 여섯 살 때 고아가 된 매카시는 전국에서 가장 우

---

*　수전 손택의 첫 번째 소설은 『후원자 *The Benefactor*』이다.

수한 가톨릭계 교육기관에 다녔고, 젊은 여성 비평가로서 이름을 빠르게 알렸으며, 점차 단편소설과 중편소설을 쓰기 시작했다. 1942년에 발표한 『그녀와 함께하는 사람들 *The Company She Keeps*』은 상당한 성공을 거두었고, 이후 매카시는 작가와 비평가라는 두 역할을 맡았다. 그것은 그녀에게 아무런 문제가 되지 않는 듯했다. 그녀는 어떤 경우에도 단호하게 의견과 판단을 드러냈고, 남자들을 대하는 데 자유로웠으며, 아주 어릴 때부터 경제적으로 독립했고, 동시에 역할 선택에서도 완전히 독립적이었다. 그녀의 외모는 종종 세련되었다고 묘사되는데, 아마도 부러움에서 비롯된 경우가 적지 않았을 것이다.

매카시는 고대 언어를 구사하는 한나 아렌트에 감탄했으나, 자신은 능통하지 못했다. 그래서 친구가 있는 것 아닐까? 매카시는 1939년에 출간된 시몬 베유의 에세이 「일리아스 또는 힘의 시」[*][234]를 6년 후에 드와이트 맥도널드와 함께 영어로 번역했다. 호메로스의 인용문은 드와이트가 예술적으로 번역했으며, 이 작업을 통해 매카시는 이 분야에서 권위를 인정받았다. 이 모든 것은 뉴욕 지식인들, 특히 다른 사람들이 하는 일에 주목하는 지식인들에게 보내는 분명한 신호였다. 사람들이 파리로 열심히 여행하거나 최신 유행을 따라잡기 위해 파리를 바라보던 시기에 프랑스어 저작을 번역하는 것은 자신의 미학적 관점과 상관없이

전위적인 행위였다.[235]

　그 이후 매카시는 다수의 소설을 썼고, 자신의 서평과 연극 비평을 모아 출판했으며, 베네치아와 특히 피렌체에 관한 인상적인 책을 남겼다. 베트남 여행을 두려워하지 않았고 그 경험을 바탕으로 세 권의 얇은 책을 펴내 전쟁에 비판적인 대중을 사로잡았다. 『베트남*Vietnam*』, 『하노이*Hanoi—1968*』, 『메디나: 마이라이 학살 재판*Medina: die My Lai-Prozesse*』의 공통된 특징이자 그녀의 글쓰기와 직접 연결되는 것은, 바로 이 책들에서 전면에 드러나는 '나'이다. 『베트남』의 경우처럼 책 첫머리에 '나'를 내세움으로써, 이어지는 모든 내용이 이 '나'로부터 비롯된다는 것을 분명히 알 수 있다. 여행은 단지 그녀가 알고 있는 것을 확인하는 역할을 할 뿐이었다.

　매카시의 산문은 교양과 때로는 성性에 초점을 두었으며, 때로는 심리적이고 때로는 거칠고 때로는 방탕하고 때로는 사려 깊은 '상류층 딸'의 산문에 가까웠다. 그래서인지 그녀와 아렌트의 절친한 친구 드와이트 맥도널드가 만든 "중간 문화Midcult"*라는 용어는 그녀를 위해 만들어진 것처럼 보인다. 그녀의 소설 속 인물들은 실제 인물과 너무도 쉽게 혼동될 정도였고, 관련 분야에서 잘 알려진 사람들이었으며, 단순히 캐리커처로만 그려진 것이

---

*　맥도널드는 미국의 선의의 문화적 위조에 얼마나 취약한가를 끊임없이 비판한 비평가였다. 훌륭하고 뛰어나며 수상 경력이 있는 예술작품이 "좋고 건강에 좋다"고 하지만 사실은 그렇지 않다는 것이다. 그는 이 현상을 "중간 문화"라고 불렀고, 미학적인 측면뿐 아니라 정치적인 측면에서도 공격했다.

아니었다. 이로 인해 상처와 공격이 오갔고, 드라이 마티니를 곁들인 수많은 저녁 연회에서 화제가 되었다. 그럼에도 매카시는 아렌트에 대해서는 절대적으로 충성스러웠다. 전투적이고 타협을 모르는 그녀는 자신의 영향력을 기꺼이 이용했고 필요할 때면 누구보다 앞장섰다.

매카시는 자신을 '사실'과 완전히 동일시하며 그것을 언어로 표현하는 판단의 중심에 서게 된다. 어빙 스톡부터 고든 오버턴 테일러에 이르기까지 세심한 동시대 매카시 독자들은 그녀가 글에서 사실과 자전적 요소를 얼마나 긴밀히 융합했는지 지적해왔다. 그리고 소설에 대한 그녀의 분석 텍스트에서 알 수 있듯, 이 과정은 문체적 장치만큼이나 인식의 수단이기도 했다. 이러한 사실들은 '순수한' 것은 아니다. 그러나 그것 없이는 인간관계가 성립되지 않으며, 또한 매카시 사유의 핵심에 놓인 우연성에 접근할 수 없다. 바로 이러한 배열이 아렌트에게 매혹적이었고, 또한 역사가 발전이나 직선적 과정, 구원으로 향하는 것이 아니라 의도와 행위, 불확실성과 '도 아니면 모'—결국 다시 우연—가 얽힌 복합적 혼합물이라는 점을 확인시켜준 것이기도 했다. 이러한 혼합물은 이데올로기에 의해 파괴될 수 있다. 이러한 배열 자체가 취약하고 역동적이기 때문이다. 여기서 하나의 전환이 드러난다. 이데올로기와 그 결과는 정치이론만으로 이해될 수 있는 것도, 분석 대상이 될 수 있는 것도 아니다. 아렌트는 평생에 걸쳐 미래의 역사적 사건에 대한 예측, 특정한 인물 유형의 출현, 폭력의 결과를 드러내는 사례를 문학에서 찾아냈다. 요컨대, 인간 활동의 전체 범위는 시와 서정시에서 정확하게 포착될 수 있다. 이 것은 그녀의 경우 문학 원문에 묘사된 현상이 어떻게 미래의 사 건에 대한 예상을 구성하는지, 그리고 이것이 분석과 진실성에 어떤 의미를 갖는지 자신에게 질문하기 위해 사건의 연대기에서 벗어나는 것을 의미했다.

따라서 아렌트의 저작에서 특히 프란츠 카프카, 마르셀 프루 스트, 조셉 콘래드, 러디어드 키플링, 허먼 멜빌이 결정적인 시점 에 역사적 조사, 사회학적 분석, 정치이론적 사유를 각각 고유한 방식으로 대신하는 이유를 이해할 수 있다. 이들은 아렌트가 정 리한 사실, 역사적인 인물의 행위 선택, 그리고 앞으로 일어날 일 사이에 다리를 놓았지만, 이야기 자체에서 과잉으로 존재하며 기 존의 분석 도구로는 파악할 수 없다. 문학은 인간의 행동 방식에 대한 지식과 아직 실현되지 않은 인간적 가능성에 대한 지식을 응축한 것이지 신비롭거나 불가사의한 것은 아니다.

아렌트가 『전체주의의 기원』에서 '제국주의 시대'의 두 가지 새로운 '통치와 질서의 원칙'인 '인종과 관료제'를 소개했을 때, 두 개념에 대한 직접적인 분석은 없으나 그 이유를 정당화하는 내용이 있다. 즉 그녀는 문학적인 출처에 의존해야 했다.

이론적으로든 정치적으로든 인종적 광기를 정당화할 만한 근 거는 전혀 없다. 따라서 우리가 그 광기가 발생한 공포를 이해 하려면 정보를 얻으려 해서는 안 된다. 연구를 시작하기 위해 공포에서 벗어나야 했던 인종학 학자들로부터도, 공포 위에 있는 척하는 인종 광신자들에게서도, 마지막으로 모든 종류의 인종적 사유와 정당하게 싸우면서도, 이해할 만한 일이긴 하지만, 그 사고에 어떤 실제적·경험적 근거조차 전혀 없다고 부정하는 이들에게서도 마찬가지다. 오히려 조셉 콘래드의 소설『어둠의 심장』은 어떤 경우든 관련 역사, 정치 또는 민족학 문헌보다 경험의 배경을 밝히는 데 더 적합하다.*[236]

'공포'라는 단어는 아프리카 식민지 개척자들이 겪은 도덕적 파산을 상징한다. 여기서 말하는 것은 '놀라움'이 아니다. 반성과 윤리의 시작이자 무엇이 사람을 놀라게 하는지 이해하려는 욕구가 아니다. 그것은 통제력 상실이며, 그로 인해 행위 자체의 공포가 가해자의 언어로 번역되는 과정이다. 그들이 맞섰던 것은 인간이 아니라 "단순한 그림자들의 놀음"이었다.[237] 이 시점에서 콘래드는 아렌트에게 가해자의 관점으로 설명을 제공할 뿐만 아니라 그들의 행동을 정당화하기도 했다. 그들은 스스로 방어해야 했고, 전통에서 벗어났다. 그들은 자신들이 직면한 위험에 반응해야 했고, 아울러 '공포', 즉 자신 밖에 있다는 느낌, 질서와 도덕에 대한 기존 관념의 상실, 원주민 살해 이후 정당화되어야 하는 '단순한 그림자'와의 싸움을 '단지' 따랐을 뿐이다. 아렌트는 이러한 행위 과정이 "나는 더 이상 '버림받은 사람pariah'이 되고 싶

* 이 인용문은 1951년 초판에는 없는 내용이며, 독일어판에서 첨가되었다. Frauensteiner Kreise E-Book에서는 491-92쪽에서 확인할 수 있다.

지 않았다”는 자기 향상, 즉 문제의 제거, 더 큰 무엇인가에 대한 참여를 의미한다는 사실을 명시적으로 강조한다. 역사적 분석은 사실적 수준에서 심리적 양태에 의존해야 하며, 콘래드는 출처에서 제시하지 않은 설명을 즉시 제공한다. 관료제는 인종이라는 개념을 사용하여 합리적 맥락에서 제거된 모든 ‘그림자’를 절차로 전환한 다음, 더는 자체적인 정당성이 없지만 구현할 수 있는 행위에 대한 정의, 속성과 지침을 만들어낸다.

프루스트는 다른 기능을 한다. 그는 『잃어버린 시간을 찾아서 *Suche nach der verloren Zeit*』에서 ‘증인이자 고발자’로서 프랑스 유대인들이 겪고 있는 ‘변태 과정’을 대변한다. 그러나 아렌트가 묘사하는 프루스트는 그 이상이다. 그는 유대인과 동성애자라는 이중적 국외자 역할을 과도하게 확장하여 이 이중성만을 존재의 가능성으로, 따라서 원형으로만 보는 사람이기 때문이다. 이러한 ‘변태’는 모든 유대인을 대표하는 ‘예외적인 유대인’과 관련된 또 다른 변태를 고려하지 않았다. 유대인임은 반유대주의자나 친유대주의자 누구도 용납하지 않을 ‘범죄’이자 ‘악덕’이었다. 종교와 삶의 중심을 잃고 다른 모든 사람이나 민족처럼 되기 위해 사회에서 자리를 찾고 있던 가난한 세속적 유대인에 대한 이해의 형태로 나타난 유대인 혐오는, 아렌트에 따르면 나치 친위대로 곧장 이어졌다. 아렌트는 나치 친위대의 “완전히 정상적인 사람들”(크리스토퍼 브라우닝)* 외에도 프루스트식 자기 관찰의 우주 안에서

---

* 이 개념과 관련한 브라우닝의 저서는 다음과 같다. Christopher R. Brown-

사회 발전에 대한 정확한 지식 덕분에 오랫동안 엘리트를 주시해왔다.

이와 대조적으로 사람들을 처형하는 새로운 방식과 그 규정과 근거를 강조한 것은 콘래드의 이야기였다. 이 새로운 유형은 나치의 절멸과 조직화 장치의 구조와 기능을 명확하게 해줄 것이다. 문이 열렸고, 이제 남은 것은 누군가가 그 문을 통과하는 것뿐이었다.

아렌트가 강제수용소와 절멸수용소를 분석할 때, 즉 『전체주의의 기원』이나 그 이후 유럽 유대인의 조직적 학살에 관한 글을 썼을 때, 문학은 사라지고 목격자의 증언이 중심이 된다. 이는 공산주의-볼셰비키 통치와 절멸 체제의 특성에도 적용된다. 그러면 문학이 예상하거나 유형 형성의 근거로 삼을 수 있는 것은 아무것도 남지 않는다. 1949년 아도르노의 격언은 다음과 같다. "문학 비평은 '문화와 야만' 변증법의 마지막 단계에 직면하게 된다. 즉 아우슈비츠 이후 시를 쓰는 것은 야만적이며, 오늘날 시를 쓰는 것이 왜 불가능해졌는지를 말해주는 인식마저 잠식한다."* 아렌트는 평생 아도르노의 말이 말도 안 되는 것으로 간

ing, *Ordinary Men: Reserve Police Battalion 101 and the Final Solution in Poland*(London: Harper Collins, 1993). 이 책은 나치 살인 기계의 단일 부대에 관한 자세한 연구이다. 그는 1960년대 초에 제안된 전쟁 범죄 재판을 위한 광범위한 자료를 활용하여 예비경찰 대대 101을 구성한 사람들이 "평범한 사람들"이라는 것을 밝혔다. 즉 그는 자신의 대상들이 "사악하지" 않다고 결론을 내렸다.

*　　이 인용문의 출처는 다음과 같다. Theodor W. Adorno, *Kulturkritik und*

주했는데, 이는 그 자체가 역사가 없고 작가와 자신을 절대적인 위치에 놓았기 때문이다. 동시에 그녀 자신은 이른바 회고록이나 생존자 문학과는 거리를 두었다. 그녀는 피터 바이스의 오라토리오 『수사*Die Ermittlung*』(1965)*에 대해서도 사소한 취향의 판단만 내렸는데, 사실 훨씬 더 많은 것을 말할 수 있었을 것이다.

철학적 성찰과 역사의식이 독특한 작품을 만들어낸 곳에서도, 그리고 아마도 하이데거가 그 작품을 선물로 받은 후 메아리를 기대하며 자기 것으로 삼았기 때문에, 파울 첼란의 경우에도 아렌트는 침묵했다. 일부 작품을 영어로 번역한 것 외에는 아렌트의 서재에서 그의 이름은 찾아볼 수 없다. 첼란의 시와 에세이, 연설과 번역을 바탕으로 해석학을 연구하며, 전통이란 단순히 호출되거나 그대로 편입될 수 있는 맥락이 아님을 입증하려 했던 사람들과도 아렌트는 연결되지 않았다.

말 그대로 분석적 맥락에서 문헌을 '기입'하는 것은 활용의 한 형태라고 할 수 있다. 또 다른 형태는 아렌트가 인물 초상에서 보여준 삶의 흔적 추적이다. 그녀의 모든 주인공은 경험과 작품 사이의 상호작용을 통해 파악할 수 있으며, 근원적인 문제가 해결될 때까지 한 영역에서 다른 영역으로의 번역과 재전송을 진행

Gesellschaft. In Gesammelte Schriften, Band 10.1: Kulturkritik und Gesellschaft I, "Prismen. Ohne Leitbild"(Suhrkamp, Frankfurt am Main, 1977).

* 바이스(Peter Ulrich Weiss, 1916~1982)는 극작가로서 1963년부터 1965년까지 열린 프랑크푸르트 아우슈비츠 재판을 다큐멘터리 연극이라는 수단을 이용해 이 희곡을 집필했다.

한다.

아렌트는 종종 작품이나 전기의 표면이 솟아오른 지점만을 필요로 했고, 그 지점에서 이야기를 전개하곤 했다. 「숨겨진 전통」의 경우도 마찬가지다.

> 첫 번째 유형은 하인리히 하이네의 '슐레밀'과 '꿈의 세계의 주인'이다. 두 번째는 베르나르 라자르의 '의식적인 파리아'이고, 세 번째는 찰리 채플린의 혐의자에 대한 기묘한 묘사다. 네 번째는 선의를 지닌 사람의 운명에 대한 프란츠 카프카의 시적 상상이다. 네 가지 유형 사이에는 상당한 연관성이 있다. 그것은 모든 진정한 구상과 중요한 사상이 일단 역사의 빛을 보게 되면 공통적으로 지니는 성격이다.*238

유대인 역사와 그 해석을 바로잡을 뿐만 아니라 바로잡힌 역사, 즉 자신의 현재와 일치하는 역사를 창조하기 위해 문학 형식이 이토록 광범위하게 활용되는 것은 놀라운 일이다. 따라서 하이네는 헤르만 코헨(철학)과 벤저민 디즈레일리(정치)에 반대할 뿐 아니라 유대교의 윤리적 전통을 옹호했다. 아렌트는 단 몇 쪽 만에 통일적이지도 않고 논리 정연하지도 않은 서사를 만들어냈지만, 유대교 전통의 고전적 서사를 대체하려는 놀라운 시도에 성공한다.

---

* 이와 관련한 국내 번역본 자료는 다음과 같다. 『유대인 문제와 정치적 사유』, 604쪽.

이것은 많은 텍스트에서 마찬가지다. 특히 아렌트의 글은 연속적인 명제들을 통해 독자를 점차 열린 사유의 바다로 끌어들이며, 그녀가 인도하는 도착 지점에 어떻게 이르렀는지를 기꺼이 잊게 만든다. 이것은 어떤 식으로든 조작적이 아니라 선택된 형식을 통해 이루어진다. 에세이는 그녀가 선호하는 장르였다. 여기서 그녀는 경로를 완전히 간과하고 눈에 띄지 않는 샛길, 일탈, 외론外論을 구축한다. 그것들은 통합되었고, 신호어의 사용이 누락되었고, 요약과 자체 부과 도식은 의도적으로 무시되었다. 이는 일반적인 편견처럼 아렌트가 체계적으로 생각하지 않았다는 것을 의미하지는 않는다. 오히려 그녀는 텍스트의 진행 과정에서 거의 아무것도 놓치지 않으며, 열린 결말이 마지막에 가서야 묶이는 경우가 드물지 않았다. 그러나 그녀는 일반적으로 사상사적 설명의 엄격성, 체계론의 일관성, 그리고 역사의 연대기가 약간의 자극만으로도 리듬을 잃을 것 같은 타당성을 만들어낸다는 것을 알고 있었다. 그녀는 기대를 깨뜨리는 것을 누구보다 즐겼다. 플라톤의 '국가'에 대한 대화에서 '동굴의 우화'나 소크라테스, 레싱, 하이데거 등의 인물과 같은 고전적 구절을 해석할 때조차도 그렇다. 그녀의 구상은 때로는 더 설득력 있고, 때로는 덜 성공적이지만, 언제나 독창적이고 우회적이며, 때로는 주관적이거나 과장되어 본래 의미를 일그러뜨리기까지 한다. 이는 곧 "아무것도 예전과 같지 않다, 돌아갈 길은 막혀 있고, 미래는 누구도 내다볼 수 없다"는 사실에 대한 반응이었다. 현재에는 새로운 포장의 낡은 것이 필요한 것이 아니라 낡은 것에 대한 지식이 담긴 새로운 것이 필요하다. 그외의 모든 것은 사유와 경험, 그리고 무엇보다도 이해하려는 필요성에 달려 있다. 아렌트의 길은 인적이 드문 곳에서 갑자기 끝나지 않는다. 그녀는 항상 전통이 닦은 길을 따라 달린다. 그 점에서 명확하게 정의된 형태의 철학보다는 다양한 표현의 문학에 확실히 더 가깝다.

3화음의 차원: 미디어 지식인이자 전문가

한나 아렌트의 글은, 이제 더 이상 그녀의 모습을 눈앞에서 보지 않고는, 무엇보다도 그녀의 목소리를 듣지 않고는 더 이상 읽을 수 없게 되었다. 그래서 문예학자 지그리트 바이겔은 아렌트의 저작을 읽을 때 듣는다고 여겨지는 아렌트의 '목소리'에 대해 올바르게 말한다. 아렌트도 이 점을 의식하고 있었던 듯하다, 바이겔은 아렌트의 주요 철학 저서인 『인간의 조건』의 다음 구절을 언급한다.

> 사람들은 자신의 행위와 말을 통해 자신이 누구인지 드러내고, 자기 존재의 인격적 독특성을 능동적으로 보여주어 인간 세계에 모습을 드러내지만, 자신의 신체적 정체성은 신체 자체의 활동 없이도 신체의 독특한 모양과 목소리를 통해 나타난다.[*][239]

이 인용문은 누구나 자신과 다른 사람에 대해 할 수 있는 관찰을 현상학적이고 인간학적으로 분석하고 있다. 동시에, 한나 아

---

[*] 이진우·태정호 옮김, 『인간의 조건』(파주: 한길사, 1996), 239-40쪽.

렌트를 이야기할 때 귄터 가우스와의 대담을 통해 드러나는 현상을 마치 미리 예견한 것처럼 읽힌다. 그런데도 아렌트와 그녀의 미디어적 (자기) 활용을 추적하는 사람들이 작성했던 일종의 시나리오가 이미 담겨 있는 것 같다. 오랫동안 아렌트는 독자들에게 거의 알려지지 않은 인물이었다. 저작과 잡지 표지, 심지어 《뉴욕 타임스》에 실린 사진, 그녀에 관한 이야기는 1940년대에도 여전히 그녀를 익명으로 보이게 만들었다. 무엇보다도 아렌트는 특정한 입장과 관련된 이름이었다. 그런 다음 라디오에서 목소리가 들렸다. 아렌트라는 인물은 공개된 모습을 얻게 되었고, 점점 더 구체적으로 그려질 수 있게 되었다. 1958년은 중요한 전환점이었다. 바로 위에서 인용된 구절이 『인간의 조건』에 처음 게재된 해이기도 했다.

2월 중순 아렌트는 여러 바쁜 일정에도 불구하고 이틀 동안 토론토를 방문했다. 경험이 풍부한 언론인인 그녀는 캐나다에서 처음으로 겪게 될 경험에 분명 호기심을 느끼고 기대에 부풀었다. 진행자인 나탄 코헨은 자신의 인기 텔레비전 대담 프로그램 〈파이팅 워즈Fighting Words〉에 그녀를 초대했다. 코헨은 이 프로그램에서 유명한 학자와 지식인을 초대해 당시의 쟁점에 대해 토론했는데, 당시에는 여성 출연자의 비율이 놀라울 정도로 높았다. 그는 아렌트 외에도 여러 저명인사들을 스튜디오에 초대했다. 예를 들어 당시 주요 경제학자이자 사회과학자 중 한 명인 칼 폴라니가 참석했다. 폴라니는 빈에서 태어나 1933년에 영국으로 이주했다가 7년 후 미국으로 건너왔다.[240] 또 사회주의자이자 잡지

창립자이며, 수필가이자 뛰어난 연설가인 어빙 하우도 초대되었다. 그는 아렌트 동아리에 속해 있었다. 빈에서 태어난 정치학자 존 마이젤도 토론자로 참여했다. 그는 체코슬로바키아에서 가족과 함께 나치를 피해 카사블랑카와 아이티를 거쳐 캐나다로 이주했다. 코헨은 초청 토론자들의 이력을 잘 알고 있었다. 그 자신도 시드니의 유대인 가정에서 태어났다.

남아 있는 녹취록에 따르면, 이 방송의 주제는 조지 오웰의 소설 『1984』였다. 토론은 미래가 정치적으로 어느 정도까지 규정될 수 있는지, 그리고 눈부신 유토피아의 창조를 특징으로 삼았던 현대 전체주의를 어떻게 정의할 수 있는지의 문제로 이어졌다. 토론토에서 아렌트는 이론으로 가득 찬 논쟁에도 불구하고 '역사학자'로서 자신을 분명히 드러냈다. 히틀러나 스탈린이라는 특정 개인과 그들의 이름으로 자행된 행위를 결코 잊어서는 안 된다고 주장했다. 아렌트는 현대 서양 사회의 문제를 오웰이 『1984』에서 생생하게 묘사한 것과 너무 손쉽고 성급하게 동일시하려는 경향에 대해 경고했다.

아렌트는 존경하는 동료들과 자신의 관점에서 '자유 세계'가 전체주의의 길로 가고 있는지에 대한 피상적인 성찰보다는, 자신을 깊이 사로잡았고 언젠가 책 한 권으로 다루고자 했던 문제에 훨씬 더 관심이 많았다. 현대 국가는 이러한 제도가 원래의 감독 및 보안 업무를 끊임없이 배우고 수정하도록 의무화해야만 제도적으로 안전할 수 있는가? 규정된 역동성은 현재에 기반을 둔 것이 아니라 미국 혁명이 한때 내놓았던 약속에 기반을 두었다. 아렌트도 인정하듯이, 이 약속은 잃어버릴 수 있는 '보배'였고 실제로 잃어버렸다. 아렌트 자신은 이를 통해 미래를 내다보았는데, 그것은 다름 아닌 그녀 자신의 미래였다. 그녀는 1963년 이 문제를 주제로 『혁명론 *On Revolution*』을 집필했고, 2년 후에는 독일어판 『혁명론 *Über die Revolution*』 개정 증보판을 출간했다.

코헨은 아렌트가 방송에서 논점을 제시하고 다른 토론자들이 그녀와 함께 생각하도록 이끈 방식을 높이 평가했다. 그래서 코헨과 그의 동료들은 그녀를 계속 초대하고, 심지어 그녀에 대한 영화를 기획하기도 했다. 그 영화는 전체주의를 분석한 『전체주의의 기원』과 철학적 대작인 『인간의 조건』에 초점을 맞출 예정이었다. 그러나 우발적인 사건, 건강상의 불편, 일정상의 문제로 인해 더 이상의 협력은 이루어지지 못했다. 코헨은 1971년 사망했고, 그 이후로는 그도 그의 후계자들도 아렌트와 더는 함께 일하지 못했다.

토론토는 새로운 경험이었지만, 그에 따른 결과도 따르기 마련이었다. 코헨의 팀만이 아렌트가 매체를 빠르게 이해하고 명확하고 정확하게 말할 수 있는 능력이 있음을 알아차린 것은 아니었기 때문이다. 그녀가 다시 텔레비전에 출연한 것은 1964년이었는데, 그렇게 늦어진 것은 그 사이에 들어온 여러 요청이 예상치 못한 사정들 때문에 실현되지 못했기 때문이었다.

두 번째 방송 출연 유명 인사

1964년 텔레비전 대담은 토론토 토론과는 매우 달랐다. 이번에는 전적으로 아렌트 자신이 주제였다. 이유는 그녀의 책『예루살렘의 아이히만』과 이를 둘러싼 논쟁 때문이었다. 이 책은 출판되기도 전에 이미 독일에서 큰 반향을 일으켰다.

1964년 9월 16일 한나 아렌트는 뮌헨의 텔레비전 방송실에서 언론인 귄터 가우스와 마주 앉았다. 2주 전에 그녀는 뉴욕발 비행기로 취리히에 도착한 다음 바젤로 이동하여 카를 야스퍼스와 그의 아내 게르트루트를 만났다. 이렇게 아렌트는 무덥고 습한 뉴욕에서 벗어났을 뿐 아니라, 전년도에 《뉴요커 *New Yorker*》에 실린 「예루살렘의 아이히만」 5부작 기사가 불러일으킨 폭풍과, 이어 「악의 평범성에 대한 보고서 A Report on the Banality of Evil」라는 부제가 붙은 책이 미국과 영국에서 출간되면서 더욱 거세진 논란도 잠시 뒤로할 수 있었다.

논쟁과 그 여파로 자주 중단되기는 했지만, 아렌트는 조용한 나날을 보내며 야스퍼스와 친근한 대화를 나눈 뒤 9월 14일 뮌헨으로 향했다. 그곳에서 아렌트 저작을 담당하는 출판인 클라우스 피페르와 편집자 한스 뢰스너는『예루살렘의 아이히만』독일어판을 최대한 돋보이게 출간하기 위해 노력하고 있었다. 독일에서 이미 오래전부터 치열하게 전개되고 있는 논쟁을 고려하여, 출판사와 저자 모두에게 긍정적인 결과를 보장하고자 두 사람은 6월부터 저자와 집중적으로 서신을 주고받았다. 피페르출판사 경영진은 주요 언론의 서평자 선정에 최소한이라도 영향력을 행사하기 위해 어느 때보다 적극적으로 노력했다.

그런데 《쥐트도이체 차이퉁*Süddeutsche Zeitung*》에서 3년 동안 편집팀 일원으로 일하며 빠르게 명성을 쌓은 가우스가 눈에 들어왔다. 특히 그가 맡고 있던 텔레비전 프로그램 〈인물 소개*Zur Person*〉 연재 방송이 주목받고 있었다. 피페르출판사는 아렌트와 그녀의 책에 대한 편견을 없애려고 이 젊은 언론인과 접촉했다. 가우스는 아렌트가 전날 아내 에리카 가우스와 함께 오찬을 했을 뿐만 아니라, 이후 책으로도 출판될 예정이던 대담 원고를 미리 읽었기에 만반의 준비를 하고 방송실에서 아렌트를 만났다.

1963년 4월 10일 첫 방송에서 기민당의 루트비히 에르하르트 부총리 겸 경제부 장관을 대담자로 초청한 가우스의 독일 제2텔레비전 시리즈 〈인물 소개〉는 치밀한 준비와 무엇보다 진행자의 정확한 대담 진행 덕분에 성공을 거두었다. 가우스는 최대 80분 동안 대담 상대가 개인적이고 근본적으로 진술하도록 미묘하게 설득하고, 전혀 무례하지 않았으며, 무엇보다도 상대가 자신의 이야기를 충분히 전달하고 있다고 느낄 수 있도록 항상 신경을 썼다. 실제로 가우스는 상대방이 지나가는 말로만 언급하거나 중요하지 않다고 여기는 주제와 쟁점에 대해서도 매우 세심하고 용감하게 대화를 이끌었다.

아렌트는 70분간의 대화에서 지금까지 한 번도 공개하지 않았던 자신의 삶과 생각을 드러내 보였다. 가우스와 그의 팀이 다듬은 대화의 서면 원고를 읽은 후, 아렌트는 확실히 만족스러워했다. 그녀는 나중에 자신이 존경하는 진행자에게 "말하고 싶지 않은 말은 한 번도 하지 않았다"고 전했다. 그러나 그녀는 기사와 함께 인쇄된 사진을 "끔찍하다"고 평가했으며, "신사분들도 더 좋아 보이지는 않는다"고 말했다.[241]

녹화를 마치고 정확히 6주 후에 독일 제2텔레비전은 대담 내용을 방송했고, 10월 28일에 가우스는 아렌트에게 편지를 보냈다. 가우스는 편지에서 이 의견 교환을 이상적인 것으로 묘사하며, 이것이 바로 그가 항상 꿈꾸던 대화였다고 밝혔다.[242] 아렌트는 가우스가 "정말로 매우 영리한 질문"을 했고, 무엇보다도 자신이 "편안함을 느낄 수 있는 분위기"를 조성해주었다고 답했다.[243] 간단히 말해서 성공은 주로 가우스의 공로였다. 그러나 텔레비전 출연과 서면 대담이 언론은 물론 지인과 친구들 사이에서도 중요한 사건으로 반복해서 언급된 이유는 끝내 그녀에게 수수께끼였다.

아마도 대담과 관련한 성공과 궁극적으로 자신에게 쏟아진 명성이 그녀에게 불분명했던 것은 바로 반응의 양상, 즉 엄청난 열광의 물결 때문일 것이다. 무엇보다도 찬사를 받은 것은 그녀가 말한 내용보다는 말한 방식이었다. 아렌트가 1926년부터 알고 지냈고 전부터 언론의 '소란'에 거부감을 보였던 야스퍼스조차도 그녀의 자기 표현에 대해 감탄을 숨기지 않았다.

대담에서 드러난 자네의 모습은 분명하고 설득력이 있소. 이 대담을 보고 들은 사람이라면 누구도 자네를 외면할 수 없을 것이오. 심지어 자네의 적대자도 새로운 반대 논거를 떠올릴지언정 충격을 받게 될 것이오. 누가 그대처럼 감히 거리낌 없이 드러낼 수 있겠는가? 누구도 자네의 자발성 — 미묘한 뉘앙스와 즉흥적인 관찰 — 이 전적으로 진실하지 않다고는 말할 수 없을 것이오. 오늘날 자네가 여기서 한 것처럼 자신을 신뢰할 수 있는 사람이 누가 있겠는가! (…) 어디를 가든 청중은 자네의 주장과 언어에 사로잡히지 않을 수 없을 것이오.*[244]

이런 여러 설명과 특징 묘사는, 예를 들어 1958년《쥐트도이체 차이퉁》이 한 단어로 요약하여 매력과 특별한 사회적 지위를 약속한 것처럼, 아렌트가 '스타'였다는 사실을 확정짓는 것이 아니었을까? 그녀는 고귀한 존재이자 존경의 대상이었을까? 대담 이후 그녀에게 부여된 특징에 따르면, 그녀는 명확하고, 자신감 넘치고, 진지하며, 생각하는 모습을 지켜볼 수 있는 사상가였다. 야스퍼스는 단순히 그녀의 '주장과 언어'가 아니라 '주장과 언어의 인상'을 강조했다. 그 누구도 하이델베르크의 연로한 노교수만큼 그녀의 논지를 잘 알고 지지하지는 못했다. 그는 '독립적인 사유'라는 연구계획을 위한 모범적인 인물로 아렌트를 전면에 내세운 '한나 아렌트 책'을 집필하고 있었다.**

---

*　　『한나 아렌트·카를 야스퍼스 서간집 2』, 366쪽.

**　아렌트의 '독립적인 사유'에 관한 저서를 집필하겠다는 야스퍼스의 입장은 다음 편지에 나타난다. 『한나 아렌트·카를 야스퍼스 서간집 2』, 「편지 416」 (1967년 3월 24일), 529쪽.

아렌트는 귄터 가우스와 텔레비전 대담을 진행하며 이전과 마
찬가지로 강렬하고 완전한 공정성을 갖춘 인격체로서 세계 앞에
섰다. 여기서 그녀는 객관적으로 타당한 통찰을 내놓기 위한 개
인적인 전제 조건으로 자기 삶의 의미를 암시하는 정보를 제공
했다.[245]

이 모습이나 인상은 귄터 가우스가 1965년 '마를Marl' 시에서
아돌프 그리메상을 두 번이나 수상했다는 사실에 의해 더욱 확
증되었다. 아렌트는 텔레비전 대담과 세부 사항에 특별히 관심을
두지 않고 고도로 양식화된 필사본의 출판을 통해 마침내 미디
어의 '스타'가 되었다. 적어도 1933년 독일계 유대인으로서 생명
의 위협을 받아 두려워하며 떠났던 나라에서 말이다.

아이히만 논쟁은 독일에서 별다른 반향을 일으키지 못했다.
독일어판이 출판되기 전에 나온 선집에는 아렌트와 그녀의 저작
에 대한 매우 가혹한 비난이 담겨 있었지만, 전혀 영향력을 발휘
하지 못했다. 명확한 입장과 신속한 반응으로 언론에서 높이 평
가받던 역사학자 골로 만의 날카로운 비판도 여러 차례 실렸으
나 결국 공허하게 사라졌다.[246] 야스퍼스는 이 비판 때문에 제자
인 골로 만과 결별하게 되었다. 아렌트는 1941년 마르세유에서
바리안 프라이가 작성한 구출자 명단에 자신이 골로 만과 함께
포함되었다는 사실을 알았지만, 깊이 생각할 수도, 생각하고 싶
지도 않았다.

남은 것은 이미지뿐이었다. 아렌트는 가우스와의 대담에서 '효
과'에는 관심이 없다고 얼마든지 주장할 수 있었다. 그러나 "나

는 이해해야 한다"거나 "이해하고 싶다"*와 같은 해석학적 요구가 필요한 진술은, 이후 단지 숭고한 것으로 치켜세워졌을 뿐 실제로는 사소하게 여겨졌다. 그래서 그것들은 그녀의 지적 노력의 시작점과 종착점으로 간단히 사용되었다. 물론 아렌트는 이런 식으로 단순화하는 것이 위험하다는 것을 알고 있었다. 그녀 자신도 1930년대 초반부터 신문, 잡지, 라디오에서 기자로 일한 경험이 있었기 때문이다. 그러나 아렌트와 가우스는 의식적으로 위험을 감수했다. 그녀의 말을 들은 사람은 누구나 그녀가 책과 기사에서 한 말의 타당성을 확인할 수 있었고, 심지어 다시 읽을 수도 있었다. 그녀는 아무도 더는 관심을 두지 않았던 파리 시절에 대해 길게 이야기했으며, 정치적인 것과 철학으로부터의 이탈에 대해서도 말했다. 그것은 단지 개인적 결정이 아니라, 철학에 머무른다는 것이 곧 절대적 결정을 의미했기 때문이었고, 그녀에게 그것은 20세기 유대인의 역사와 그 역사에 대한 그녀의 책임감에 등을 돌리는 결정이었기 때문이다. 그녀는 누구나 이해할 수 있는 방식으로 쾨니히스베르크와 그곳에 뿌리를 둔 역사에 관해 이야기했다. 특히 조국 상실을 공개적으로 애도하는 서독 사람들에게는 더욱 깊이 와닿았다. 그녀는 '도시와 친구들'을 잃었을 뿐만 아니라 자신의 기원을 다시 발견해야 했다.

전체 대화는 항상 그녀의 경험을 배경으로, 현재와 아이히만

_* 아렌트는 가우스와의 대담에서 이와 관련한 표현을 세 차례 하였다. 『전체주의 물결과 정치적 이해』, 102, 111, 116쪽. 아렌트는 '사유의 필요성'과 더불어 '이해의 필요성'이 정신의 삶과 정치적 삶에 중요한 점을 강조했다.

책에 대한 공개적인 논쟁이었다. 그녀는 자신의 삶과 그에 대한 자신의 성찰을 담은 글을 설명했다. 그녀는 공공영역에서 구조적 변화가 어떻게 일어나고 작동하는지를 충분히 알고 있었으며, 가우스와의 대화에서도 그것에 대해 성찰했다. 다만 대담 기사의 독자들은 그 점을 전혀 눈치채지 못했고, 오늘날까지도 그렇다. 아렌트는 무엇보다도 한 가지 결정적인 지점에서 이해하려는 욕망을 보완하고 동시에 제한했는데, 그것은 "자신의 카드를 스스로 들여다보아서는 안 된다"는 것이었다. 수많은 필사본 가운데 어느 것도 이러한 '완전한 자기 해명에 대한 단념'을 담고 있지 않았다. 그것은 사람들이 확고히 그리려 했던 한나 아렌트의 모습과 어울리지 않아 보였기 때문이다.[247]

그러나 그녀가 텔레비전 카메라 앞에서 귄터 가우스 맞은편에 앉아 있는 동안 공개적으로 보지 않기로 한 '카드'에는 무엇이 들어 있었을까?

물론 아렌트는 자신의 궁극적인 동기, 즉 당시 무엇을 느꼈는가라는 질문에는 답하지 않았다. 그녀는 자신의 경험을 고백하지도 않았고, 또 그것을 독일인—군인도 아니고 나치당원도 아니었던, 따라서 아렌트의 이해에 따르면 1933년과 1945년 사이의 행위에 책임이 없는 독일인—앞에서 내세우지도 않았다. 오히려 그녀는 가우스와 함께 말한 내용이 단지 개인적 차원에 머물지 않도록 하는 분위기를 조성했다. 그것은 근본적으로 다른 관점에서 경험한 시대에 대한 공동의 성찰로 전환될 수 있었다. 아렌트는 양쪽 모두가 '속내를 털어놓는 것'을 막았다. 그렇게 되어버리면 경험을 말로 표현하고, 그것을 세상에 내놓을 가능성 자체가 사라지기 때문이다. 아렌트에게서 공공성과 정치는 언제나 타인과의 관계, 바로 둘 사이에서만 존재했다. 바로 여기에서, 익숙한 대담의 핵심어들을 떠올리게 하는 그 주장은 그녀의 모국어, 곧 남아 있는 것으로서 검증될 수 있었다.*

아렌트가 유럽 유대인의 '대량 학살'에 대해 이야기하기 시작한 순간이, 그녀가 "여기서 더 이상 말할 필요가 없다"는 말을 사용한 유일한 순간이다. 아무도 그 이야기를 잊을 수 없을 것이기 때문에 계속할 필요가 없었다. 이 시점에 아렌트는 카드를 한쪽으로 치우고 더 이상 보지 않았다. 그녀는 물러섰다. 말하자면 그녀는 매체로 돌아와서 자신과 가우스를 자신이 마음대로 말할 가능성과 한계를 지닌 현실로 데려온다. 대화는 심연의 언저리에서 멈춘다.

한나 아렌트와 귄터 가우스의 대담은 오랫동안 인기를 끌었다. 10월 28일 늦은 저녁에 방영된 〈인물 소개: 한나 아렌트, 이번 달의 대화〉라는 녹화 프로그램은 동시대 사람들에게 그 중요성을 인정받았다. 같은 해에 가우스가 편집한 첫 번째 책은 아렌트

---

* 이 부분은 귄터 가우스와 아렌트의 텔레비전 대담과 관련된 내용을 응축하여 표현한 것이다. "아렌트: …무엇이 남아 있는가? 언어가 남았죠./가우스: 언어가 당신에게 상당한 의미인가요?/아렌트: 상당하죠. 저는 항상 모국어를 잃어버리지 않으려고 의식적으로 노력했습니다."『전체주의 물결과 정치적 이해』, 117쪽.

와의 대화를 포함하여 엄선된 대화의 수정·축약판으로 출판되었다. 1965년 1월 독일 제2텔레비전은 이 방송프로그램으로 권위 있는 ‘1964년 아돌프 그리메 은상’과 ‘언론 심사위원단의 특별 표창’을 받았다. 그리고 1965년 6월 18일 베를린 국제 텔레비전 경연대회가 열렸을 때, 독일 제2텔레비전은 그곳 의회 홀에서《제2 독일 텔레비전 총서》창간호를 화려하게 공개했다. 이 책에는 아렌트 사진 2장과 아렌트의 대담 편집본이 실려 있었다. 이어 긴 저녁의 마지막 순서로, 세 명의 인사말과 명쾌한 연설에 이어 대담 전체(72분 13초)가 상영되었다. 한나 아렌트는 이 행사에 거의 참여할 뻔했다. 베를린시가 그녀를 귀빈으로 초청했고, 학생들과의 토론도 계획되어 있었으며, 독일 제2텔레비전도 참여할 예정이었지만, 아렌트는 일정상 참석하지 못했다.

이것은 시작에 불과했다. 신문, 잡지, 학술 논문들은 아렌트와 가우스의 대담을 마치 아렌트 저작의 일부처럼, 개별 문장을 마치 계시처럼 인용했다. 인쇄본의 제목으로 사용된 “남아 있는 것은 모국어다”라는 아렌트의 말은 곧 명언으로 자리잡았다. 아렌트의 글을 읽는 독자들에게는 낯선 표현이 아니었지만, 그것이 중요한 것은 아니었다. 블레일 양복을 입고 담배를 피우는 대가다운 모습으로, 독일에서 태어난 유대인으로 지금은 먼 뉴욕에 거주하며, 그곳에서 명저를 집필하여 텔레비전까지 나오게 된 유대인 여성을 보는 것은 하나의 사건이었다. 그렇다. 이 여성은 이런 모습으로 등장한 첫 번째 인물이었으며, 그 자체로 사건이었다. 아렌트는 가우스와 함께 연기를 했고, 가우스는 그녀를 친근함의 끝까지 끌고 갔을 때조차 그 지점까지만 갔다. 그녀는 언제든 다시 돌아올 수 있었고, 한순간도 자신의 이야기에 대한 통제력을 잃지 않았다. 그녀는 다른 이들을 위해 증언했고, 동시에 온전히 현재에 있었고 기억에 남았다. 자신과 자기 민족의 역사를 너무나 확고하게 통제했기에 모국어를 공유하는 독일인들을 건널 수 없을 만큼 깊어진 심연 가까이까지 데려갈 수 있었고, 동시에 그들을 강요된 기억의 공동체로 끌어들였다. 아렌트는 유럽 유대인 학살 사건에 대해 자신이 고안한 공식적 주장, "우리 중 누구도 극복할 수 없는 일"이라는 표현을 썼다. 이 '극복할 수 없음'이 대화 상대방에게 의견을 강요하는 안정적인 기반이었기 때문에, 그녀는 이것을 설명하기 위해 '특이성'이라는 인위적인 단어를 사용할 필요조차 없었다. 독일에서 이를 깨달은 사람은 극소수에 불과했다. 가우스도 그중 한 사람이었다. 더 영리한 사람이라면 자신을 보호하기 위해 그 주제에 대해 아예 언급조차 하지 않았을 것이다. 대담 방송을 본 사람이라면 누구나 아렌트가 그 주제에 대해 단호한 의견을 가지고 있음을 분명히 알게 되었기 때문이다. 마르틴 하이데거 역시 이에 대해 한마디도 언급하지 않았다.

거의 모든 평론가는 아렌트와 가우스 사이에 실제적인 교류가 이루어지고 있음을 지적했으며, 아렌트가 자신과 '독일계 유대인 역사'를 다루는 방식을 높이 평가했다. 한 언론인이 이후 평가했듯이, 가우스와 그의 일련의 대담이 신화적인 지위로 올라갈 자격이 있다면, 그런 자만심은 오직 사상가 한나 아렌트와의 대담을 통해서만 정당화될 수 있다.

1975년 12월 4일 뉴욕에서 갑작스럽게 심장마비로 사망한 아렌트의 소식은 다음 날 독일 뉴스 시간에 보도되었고, 얼마 지나지 않아 독일 제2텔레비전은 그녀를 추모하는 1시간 분량의 대담을 방송했으며, 1980년 사망 5주기에 다시 방영했다. 그 후 이 프로그램은 처음에는 기록보관소로 사라졌지만, 인쇄본은 꾸준히 팔리는 책으로 남았다.

그 이후 한나 아렌트는 전 세계적으로 재조명되었다. 2005년에 이 프로그램은 DVD로 출시되었고 점차 아렌트의 지적 전기에 대한 핵심 자료 중 하나로 자리잡았다. 물론 사람들은 기술 혁신의 혜택을 받아 수년 동안 인터넷에서 다양한 판본으로 이 대담을 수없이 시청했다. 독일 제2텔레비전은 약 30만 시간 분량의 방송이 담긴 40만 개의 테이프 중에서 기록보관소의 자료를 대부분 온라인에 공개했다. 그리고 2022년 6월 30일 〈오늘의 저널 heute-journal〉 뉴스 프로그램에서 이를 자세히 홍보했을 때, 가우스의 〈인물 소개〉 시리즈가 선택된 것은 놀라운 일이 아니었다. "영원한 디지털," 이것이 그들의 구호였다.

이 시점에서 아렌트의 시작점으로 돌아갈 필요가 있다. 미디어 지식인으로서의 아렌트의 역사를 살펴볼 차례다.

모든 사안에 사용된 평문平文

한나 아렌트는 비교적 늦게야 '눈에 띄었지만', 그녀의 목소리는 오래전부터 들려왔다. 이미 언급했듯이, 라헬 파른하겐에 대한 그녀의 첫 번째 라디오 방송은 1933년 초에 이루어질 예정이었다. 실제 첫 방송은 1946년 미국에서였다. 당시 미국에서 가장 중요한 문화 및 정치 라디오 방송국 중 하나였던 뉴욕공영방송 WNYC에서 '히틀러 전설'을 주제로 한 토론에 참여한 것이다. 3년 후 아렌트는 보수적인 성향의 뉴욕 유대교 신학대학JTS의 한 프로그램에도 참여하게 되었다. 아렌트는 1940년대 초에 숄렘이 그녀를 그곳에 소개한 이래로, JTS와 상호 존중에 기반한 편안한 관계를 유지했다. 그녀는 이미 번개처럼 빠르고 영리하며 노련한 팔방미인으로 명성을 떨치고 있었다. 적어도 유명한 교육기관인 유대교 신학대학은 그렇게 믿었다. 공지문에서도 "존경받는 저자이자 강사"로 소개하면서 보편주의자 아렌트와는 가장 어울리지 않을 법한 주제, 즉 에제키엘의 예언서에 대한 강의를 맡겼다. 분명히 아렌트는 당시 이미 공공 지식인, 더 정확히 말하면 유대인 대중 지식인으로 여겨졌기 때문에 동시대 세계에 대한 성경의 영향을 탐구하는 연속 프로그램에도 출연하게 되었다.

독일에서는 베를린 공영 라디오 방송국RIAS이 아렌트를 처음으로 청취자들에게 소개했다. 1953년 봄에 「인간과 테러」*와 「헤

---

*　다음 모음집에 수록되어 있다. 『전체주의 물결과 정치적 이해』, 「인간과 테

겔과 마르크스」라는 두 편의 에세이가 방송되었다. 2년 후 독일 어판『전체주의의 요소와 기원』이 출간되자 모든 주요 라디오 방송국에서 점차 그녀와 접촉하기 시작했다. 특히 바이에른 라디오 BR의 〈저녁 스튜디오〉 편집진은 그녀를 반복해서 초대했다. 당시 아렌트는 "사회적으로 자유롭게 떠도는 지식인"(카를 만하임)이었고, 자유 기고 작가의 지위는 텍스트의 다양한 활용을 통해서만 유지될 수 있다는 것을 일찍이 깨달았다. 생산자와 수용자 양측이 더 자세한 에세이, 학술 논문, 교수와 지식인의 강연과 토론을 열망했기 때문에, 아렌트는 이를 기꺼이 수용했다. 물론 아렌트가 지금까지 그런 일을 한 유일한 사람은 아니었다. 이 시기에 자유 기고 작가라는 지위를 확립하고 이를 통해 생계를 유지할 수 있었던 작가들은 적지 않았다. 그러나 특히 1955년 이후 독일 라디오 출연 빈도로 보았을 때 아렌트와 어깨를 나란히 할 수 있었던 이는 단 한 사람, 바로 테오도르 W. 아도르노뿐이었다.

아렌트는 게재된 원문, 라디오, 텔레비전이라는 3화음이 메시지의 지속 가능성을 보장한다는 것을 알고 있었다. 그래서 이를 적극 활용했을 뿐 아니라, 동시에 자신의 생각을 변주할 기회로 삼았다. 언론은 그녀에게 다양한 관점을 받아들이고 관점을 바꿀 기회를 제공했다. 책이나 논문에 문자 그대로 담기지 못한 내용이라도 라디오 방송국에서는 감사히 받아들였고, 그 반대의 경우도 마찬가지였다. 아렌트는『전체주의의 기원』에 대한 성찰의 연

러」, 499-510쪽.

장선에서 바이에른 라디오를 위해 스탈린주의 이후의 소련에 관한 3편의 에세이를 구상했다. 그녀는 미국에서 같은 주제로 장편의 에세이를 썼으며, 이는 라디오 에세이와도 연결되어 1956년 헝가리 혁명에 관한 짧지만 한 권 분량의 저작으로 이어졌다.

공개 발언이 수입원이기도 했다는 점을 언급해야 한다. 다른 사람들과 마찬가지로 아렌트에게도 자금이 필요했다. 그것은 자명하고 일상적인 문제였기 때문에 굳이 말할 필요가 없었다. 그녀는 《재건》의 기자이자 쇼켄출판사 편집자로 일한 사실과, 이후 파리의 청소년 알리야에서 홍보 활동을 한 사실을 거의 아무에게도 말하지 않았다. 때로는 그녀가 선택한 주제를 두드러지게 하려는 것도 공개 활동의 목적이었다. 발터 벤야민의 경우가 그렇다. 벤야민은 매체와, 선택된 매체가 사유 방식을 어떻게 변화시키는지에 대해 깊이 생각했다. 아렌트는 벤야민의 작품 몇 편에서 장문의 서문을 썼고, 뉴욕의 괴테하우스에서 '벤야민'이라는 주제로 강연했다. 이 강연은 라디오와 텔레비전으로 방송되었고, 그녀는 《수성》*이란 잡지에 이러한 성찰 내용 중 일부를 게재했다. 그녀는 자신의 언론 활동이 면밀하게 주목받고 있다는 사실을 오래전부터 알고 있었다.

이제 이러한 해석이 거의 당연하게 떠오르기 때문에 미디어 이론을 아렌트의 저술 및 출판 활동에 적용하고 공공성에 대한

---

* 에세이 「발테 벤야민」은 《수성》에 제1부 곱사등이(2월), 제2부 어두운 시대(3월), 제3부 진주조개잡이 어부(4월) 순으로 연재되었다. 이것들은 모두 『어두운 시대의 사람들』에 재수록되었다.

그녀의 개념과 연결하는 것은 그리 어렵지 않다. 지그리트 바이겔이 지적했듯이, 여기서 아렌트의 사유와 그 통찰 사이의 연관성을 드러낼 수 있다는 점에서도 그렇다. 아렌트는 이런 식으로 자신의 글과 목소리, 그리고 텔레비전에서의 존재감을 통해 재조명될 것이고, 실제로 많은 사람이 보아온 '아이콘'이 될 것이다. 그러나 동시에 그녀를 반복적으로 불러내는 집요함을 불편하게 여기는 이들로부터 비판을 받기도 한다. 이러한 수용의 역사는 억압의 역사이자 단순화의 역사이다. 결국 이것은 이 전기가 전제하는 사유, 곧 아렌트의 경험이 그녀 안에서 그리고 그녀를 통해 다양한 방식으로 구체화되고 표현되며 문자 그대로 언어가 되어 드러났다는 사실을 입증하는 강력한 증거가 될 것이다.

이 모든 것은 사실이지만, 만하임의 문장에서 이미 언급된 사회적 차원을 항상 함께 고려해야 한다. 아렌트는 미디어 지식인일 뿐 아니라 수익에 민감한 미디어 전문가이기도 했다. 자유 기고 작가이자 편집자로 활동한 아렌트는 여러 가지 이중적 정체성을 지니고 있었기에 종종 양쪽 입장을 모두 대변하기도 했다. 아렌트의 유고와 출판사 기록보관소에 있는 수많은 편지가 증명하듯, 그녀는 항상 강인한 협상가였고, 후속 조치를 하고, 계산서를 꼼꼼하게 확인했으며, 의심되는 경우에는 합의된 인세의 10% 또는 12% 지분이 어떻게 나뉘는지, 수표에 기재된 금액이 왜 맞지 않는지 상대방에게 설명했다.* 아렌트는 또한 출판사, 방송사,

---

* 아렌트는 야스퍼스와 주고받은 여러 편지에서 출판사와 인세 비율을 조정

편집자의 한계와 가능성도 주시했다. 결국 그녀는 불이익을 당한다고 느끼는 작가들이 자신의 맞은편에 앉아 있는 것을 충분히 오래 보아왔다. 그녀는 협상에서 세심하고 성급한 면도 있었지만, 자신의 몫에 긍정적인 변화가 있을 때만 양보했다. 많은 출판사들이 이를 뼈저리게 경험했다. 그녀와 뜻을 같이하지 않거나, 미국-독일 간 거리를 핑계로 문제를 더 복잡하게 만들거나, 혹은 여성인 이 작가가 사안을 제대로 파악하지 못할 것이라고 믿었던 경우가 그랬다.

아렌트와 미디어에 대해 생각하는 사람이라면 그녀가 매우 열정적인 기획자였다는 점을 기억해야 한다. 거의 모든 글에서 느껴지는 에너지는 단순히 그 자체의 힘 때문만이 아니라, 해당 매체에 대한 그녀의 신뢰에서 상당 부분 비롯된다. 아렌트는 책임 있는 편집자였고, 이는 양측의 협력으로 이루어졌다. 품질을 주문하면 품질을 제공했다. 그녀는 계약 조건을 어떻게 해석하는지, 이 출판을 통해 누가 이익을 얻을 수 있는지, 자금 흐름이 어떻게 이어지는지에 대해 한 치의 의심도 남기지 않았다. 이것은 바로 그녀가 계약 상대자에게 요구한 것이기도 했다. 게다가 아렌트는 자신과 함께 그리고 자신을 대신하여 시장을 탐색할 수 있는 친구와 지인 연계망을 보유하고 있었다. 여기에는 원고료를

하는 사항에 대해 야스퍼스와 상의하였고, 출판사와의 협상 내용을 밝히고 있다. 예컨대,「편지 69」,「편지 80」,「편지 187」,「편지 191」,「편지 218」,「편지 269」 등에서 이와 관련한 내용을 확인할 수 있다. 홍원표 옮김,『한나 아렌트·카를 야스퍼스 서간집 1/2』을 참조할 것.

자신에게 유리하게 조정하기 위해 작품의 수용 상황을 지속적으로 파악하는 것도 포함되었다. 아렌트는 누가 어디서 어떤 글을 썼는지 주의 깊게 살폈다. 전문가인 아렌트는 항상 자신의 성공을 출판사와 편집자의 성공으로 포장했다. 그녀는 비판을 받아들이고 대응하는 방식에서도 철학 스승인 야스퍼스와 하이데거보다 훨씬 더 세련되고 자신감 있는 태도를 보였다.

아렌트는 1960년대 초반에 이미 책의 추천사를 써주는 작가가 되었고, 1940년대 후반부터 출판사의 전단지와 광고를 장식하는 권위자로 활동했다. 그녀의 서평에는 언제나 광고 문구를 쓰는 사람들이 활용할 만한 문장이 최소 한 문장 이상 포함되어 있었고 항상 명쾌해서 인기를 끌었다. 그녀는 요점을 정확히 파악해낼 수 있었다. 종종 단 한 문장으로 압축되는 이러한 정확성은 '아렌트'라는 이름과 결합해 일종의 브랜드처럼 확장될 수 있었다. 그녀와 함께 일하는 것은 미디어 측에도 이익이 되었다. 그녀는 자신을 너무 싸게 팔지 않도록 조심했다. 예를 들어, 뮌헨의 철학자 에르네스토 그라시가 밀리언셀러로 만든 라인벡의 베스트셀러 시리즈인 『로볼트의 독일 백과사전*Rowohlts deutscher Enzyk-lopädie*』에 그녀의 책이 포함되는 것은 상상조차 할 수 없었다.[248] 이런 차원에서 아렌트가 돈을 벌 수 없었던 것은 사실이지만, 이는 그녀가 애초부터 베스트셀러 작가가 아니었다는 점과 모순되지 않는다. 그러나 그녀는 언제나 관심을 불러일으켰고, 관심을 가진 사람들은 기꺼이 그녀를 다시 찾았다. 속도는 그녀가 활용할 수 있는 또 다른 장점이었다. 아렌트는 보통 연락하기 쉬웠고 전화번호부에 이름이 등재되어 있었으며 연락처를 기꺼이 알려주었다. 사람들은 그녀가 쉽게 인용할 수 있는 답변을 내놓았기 때문에 그녀와 대담하기를 좋아했다. 아렌트는 명쾌하고 사려 깊은 태도로 말했고, 대담 요청이 오면 일정까지 조정하며 기꺼이 응했다. 망명 여성 중 거의 유일하게 독일인 대화 상대자와 분명한 거리를 유지하며 양측 모두를 논쟁과 대화에 집중할 수 있도록 이끌었고, 그래서 기대했던 결과를 가져왔다는 점에서 높이 평가받았다. 아렌트는 자신이 누구인지, 어떤 위치에서 말하는지 매우 분명했기 때문에 나중에 읽거나 보거나 들을 때 아무런 혼란이 없었다. 그녀는 무해한 것에는 전혀 관심이 없었고, 궁극적으로 자신을 훼손시킬 수 있는 일에는 더더욱 관심이 없었다.

한 가지 예만 들어도 충분하다. 아렌트가 특히 소중히 여겼던 바이에른 방송국의 편집자 레온하르트 라이니쉬는 1960년 2월 24일 아렌트에게 자신이 계획하고 있던 주요 연속 강연인 '유럽 문화에 대한 유대교의 기여'에 참여할 의향이 있는지 물었다. 그는 아렌트에게 모제스 멘델손 이후의 유대인 역사에 관한 글을 써달라고 부탁했다. 이미 확보된 참여자 목록은 인상적이었다. 이민자 헬무트 플레스너는 사회학, 한스-게오르크 가다머는 철학, 카를 프리드리히 폰 바이츠제커는 물리학과 화학, 발터 옌스는 문학, 테오도르 에셴부르크는 정치와 경제, 그리고 한스 하인리히 슈투켄슈미트는 음악에 대해 강연하기로 예정되어 있었다.

아렌트의 대답은 단호한 "아니오"였다. 그녀는 라이니쉬에게 직접 만나서 말할 수 없는 점을 미안해했고, 왜 단호히 거절했는지 설명해야 했다. 그 설명 방식은 곧 그녀가 일관되게 지녀온 태도이자, 그녀의 미디어적 행위 방식 자체를 드러내는 것이었다. 아렌트가 말한 "자신의 카드를 들여다보지 않는다"는 태도가 무엇을 뜻하는지를 정확히 담은 이 편지는 반드시 기록할 만한 가치가 있다. 선의, 이해하려는 노력, 그리고 잘하려는 의도에는 언제나 한계가 있었다. 잘하려는 의도 자체보다, 그 의도 때문에 잘못된 결과로 이어지는 것을 아렌트는 결코 받아들이지 않았다. 그녀는 비유대인들이 서로를 불신하고, 종종 부끄러워하며, 결국에는 자신들이 겪은 일을 설명해줄 수 있는 태도를 찾으려 한다는 사실을 잘 알고 있었다. 그 당시 한 가지 방법은 유대교를 설명하는 선의의 접근방식이었다. 그러나 그것은 어디까지나 과거의 유대교에 국한된 것이었고, 현재의 살아 있는 유대교는 기껏해야 일요일 설교에서나 언급될 뿐이었다. 이 "반전된 반유대주의"는 아렌트가 독일의 상황에 발을 들일 때마다 항상 염두에 두었던 문제였다. 그녀는 자신의 발언이 도구화되어 다양한 이익에 악용될 수 있다는 사실을 잘 알고 있었다. 이 문제에 대해서는 아무것도 할 수 없었다. 그러나 그녀의 이름이 거론되고 사람들이 그녀를 인용할 때, 글을 곰곰이 다시 읽거나 방송을 주의 깊게 다시 들은 사람이라면 누구든 분명히 알 수 있었다. 그것은 아렌트 자신의 목소리였고, 그녀의 발언을 자기 이데올로기에 맞게 이용하는 것은 결국 '도둑질'에 불과하다는 것을. 아렌트는 1945년 이후 독일에서 항상 유대인으로서, 항상 외부에서, 완전히 다른 쪽에서 말했다. 그녀는 그 점에 대해 의심의 여지를 남기지 않았다.

그녀는 자신이 한 말이 어떻게 수용되고 채택되며 동일시되는지 그 기제를 충분히 알고 있었다. 대중 앞에서 연설하는 사람이라면 누구도 이를 회피할 수 없었고, 이것이 바로 그녀가 항상 언급했던 '공공영역의 위험'이었다.

아렌트는 오히려 이를 회피하고 싶지 않았다. 위에서 설명한 상황을 인식한 아렌트는 적지 않은 반유대주의와 친유대주의를 감수해야 했다. 아렌트는 '논쟁'을 통해 이 중 일부가 해소되거나 완화되기를 바랐을 수 있다. 그러나 만약 그렇게 된다 해도 그것은 마음의 정화나 교육적 목적 때문이 아니었다. 다른 한편, 그녀는 유럽 유대인 학살이라는 주제가 독일인들에게 되돌려져야 한다는 점을 잘 알고 있었다. 그것은 제삼자를 거론하는 방식 — 예컨대 유대인의 역사나 유대인들의 '업적'을 언급하는 것 — 으로는 결코 회피할 수 없는 사안이었다. 아렌트는 '과거사 청산'을 믿지 않았으며, 오히려 자신의 공적 개입은 이중적 결핍에 대한 교훈으로 읽힐 수 있다고 보았다. 하나는 체계적인 학살 자체이고, 다른 하나는 이 학살에 대한 무지가 철학, 정치, 언어, 그리고 궁극적으로 인간 상호 관계에 미친 결과였다.

이러한 관점에서 아렌트와 독일 언론의 관계를 돌이켜보면, 그녀의 발언을 다루는 위험을 기꺼이 감수한 편집자들이 항상 있었다는 사실이 오히려 놀랍다. 1950년대 초부터 아렌트의 입장에 대한 이해가 깊어지면서 방송사들은 아렌트의 텔레비전 출연을 다소 수월하게 준비할 수 있었다. 이 방송 프로그램들은 문화 저널리즘의 가장 대표적 형식으로 자리잡으며 황금 시간대에 정기적으로 방송되었다.

《변화*Wandlung*》,《고원 지대》,《수성》,《모나트*Monat*》는 1945년 이후 독일 지성계에서 성과, 명성, 품격 면에서 최고 수준에 속하는 잡지들이었다. 아렌트의 친구 돌프 슈테른베르거가 발간했던 단명한《현재*Gegenwart*》와 좌파 가톨릭 계열의《프랑크푸르트 헤프트*Frankfurter Hefte*》, 기껏해야《노이에 도이체 헤프테*Neue Deutsche Hefte*》정도만이 그 옆에 놓일 수 있었다. 라디오와 텔레비전에서 들리던 아렌트의 '목소리'를 잠시 벗어나면, 누구든 곧바로 잡지 기사에서 그녀를 다시 보게 될 것이다. 야스퍼스와 슈테른베르거의《변화》는 아렌트를 다시 독일 지성계로 불러들였다. 1949/50년부터《수성》은 아렌트에게 자연스러운 거점이 되었는데, 공동 편집자 한스 패쉬케는 많은 경우 단순한 편집자의 역할을 넘어, 아렌트가 관심을 가진 수많은 문제, 인물, 입장에 대한 정보를 제공하는 창구 역할을 했다. 잡지에 실린 에세이들은 생각의 형식과 표현 방식을 실험하는 장이 되었다. 분명한 것은, 언급한 출판물과 다른 많은 출판물에서 독일의 고전적 지성사의 시대가 이미 저물고 있었다는 점이었다. 그 누구도 이 지성사가 정확히 무엇을 성취했고, 무엇이 더는 현대적이지 않은지를 정확히 말할 수 없었지만, 적어도 그것과 관련된 상투적인 표현에 대한 거부감은 분명히 있었다. 즉 현상을 위에서 내려다보며, 저자의 권위를 당연시하고, 판단에 대한 의심 없이 수세기를 영웅과 그 업적으로 꿰어맞추는 교수식 어조였다. 거기에 전기적 서술, 고전 인용, 심지어 '어두운 시대'에도 자신들이 언제나 옳았다는 뚜렷한 자기 확신이 곁들여지곤 했다.

아렌트는 다른 어조를 제시한 사람 중 한 명이다. 자신감도 확신도 부족하지 않았으며, 흩어진 실타래를 모아 힘차게 묶어서 흔히 '테제'라고 불리는 튼튼한 밧줄로 만드는 능력도 충분했다. 이런 변화가 처음부터 있었던 것은 아니었고, 기고문 전체에 걸쳐서 또는 대부분의 기고문에서 그런 변화가 있었던 것도 아니지만, 그런 변화는 눈에 띄게 나타났다. 1900년대 무렵에도 모든 것이 여전히 불안정했지만 1914년에 처음으로 붕괴하기 시작했고, 그로부터 거의 20년 후인 1938/39년부터는 유럽 유대인 학살이 중심이 되면서 상황이 다시 재앙으로 치달았다. 언급된 잡지들이 반드시 이런 평가를 반영한 것은 아니지만, 이러한 경험이 단순한 관찰이 아니었던 목소리가 있었다.

《수성》에 게재한 '14편의 에세이'*를 읽고,《변화》와《고원 지대》의 에세이를 더하면, 누구든 그녀의 목소리와 그 울림에서 익숙한 '느낌'을 바로 알아차릴 수 있을 것이다. '에세이'라는 단어

---

* 《수성》에 수록된 14편의 에세이는 다음과 같다. 「문화와 정치」(1958년, 제130집), 「인간과 노동」(1960년, 제150집), 「아돌프 아이히만」(1963년, 제186집), 「나탈리 사로트」(1964년, 제198집), 「전쟁과 혁명」(1965년, 제202집), 「정치와 범죄: 서신」(1965년, 제205집), 「가톨릭 교황」(1966년, 제217집), 「발터 벤야민」(1968년 제238-240집), 「발터 벤야민과 사회조사연구소」(1968년 246집), 「베르톨트 브레히트」(1969년, 254-255집), 「팔순의 마르틴 하이데거」(1969년, 258집), 「브레히트는 스탈린에 대해 어떻게 생각했는가?」(1969년, 259집), 「폭력에 대한 성찰」(1970년, 제261집), 「오든을 생각하며」(1989년, 제485집). 이 에세이들은 아렌트의 저작 또는 유고 모음집에 재수록되어 있다. 이 사이트(merkur-zeitschrift.de/autoren/hannah-arendt)에서 확인할 수 있다.

자체에서 찾을 수 있는 실험적 성격은 이 글들의 특징이지만, 동시대의 다른 글과 마찬가지로 그것을 지나치게 확대해석해서는 안 된다. 아렌트는 종종 엄격하지만 항상 일관적이지는 않았다. 그녀의 구성상의 필치는 사유 계획에 따른 것이 아니며, 학문적인 훈련의 흔적은 찾아볼 수 없고, 일관성은 그녀의 주된 관심사가 아니다. 아렌트가 한 번에 글을 썼다가 추가하고 바꾸고 다시 썼다는 사실은 곧 드러난다. 텍스트를 절별로 읽으면 그녀가 어디서 멈췄고 다시 시작했는지 바로 알 수 있기 때문이다. 글머리 부분에서의 수정은 극히 드물다. 그래서 바로 그 지점에서, 아렌트가 흔히 자명한 것들을 거리낌 없이 말해버리기 때문에 그녀의 글은 종종 강한 충격을 준다. '나도 알아', '나와 비슷해', '그게 바로 그거야'라는 인상은 의도적으로 만들어낸 것이다. 얼마 지나지 않아 아렌트는 고대 문학과 철학을 자연스러운 근거로 삼아 속도를 높였다. 전기 연구는 해석 논문으로 바뀌고, 독자가 거기에 몰입하려는 순간, 그에 못지않게 강렬하지만 드러나지 않은 개인적 경험이 뒤따른다. 아렌트의 글은 야스퍼스처럼 깊은 통찰과 날카로운 판단의 수준에는 이르지 않는다. 야스퍼스의 '포월성' 개념은 무엇보다도 자신만의 원칙에 따른 일종의 분류 체계였다. 반면 아렌트의 글은 그런 체계적 선별보다는 자신의 사유와 독서 경험을 전달하는 데 초점을 맞추고 있다.

위에 언급한 잡지들은 아렌트의 글쓰기의 발전에 중요한 역할을 했다. 이 잡지들은 아렌트가 글을 쓰는 동안 생각을 발전시킬 수 있는 공간이 되어주었고, 동시에 언제든 더 확장할 수 있는 여지를 제공했다. 아렌트가 얻은 명성은 글이 실린 매체에도 영향을 미쳤다. 아렌트는 특히 《수성》에서 논쟁적인 인물이 되기도 했다. 이것은 위르겐 하버마스의 서평, 한스 마그누스 엔젠스베르거와의 교류, 브레히트 에세이에 대한 반응, 그리고 무엇보다도 발터 벤야민에 대한 그녀의 해석을 중심으로 벌인 날카로운 논쟁에서 드러났다. 이 논쟁은 그녀와 테오도르 아도르노 및 '프랑크푸르트 학파'에 속한 다른 사람들 사이의 균열을 공개적으로 인증하고 확정해버렸다.

아렌트 텍스트의 특징은 폐쇄성과 개방성이 혼합되어 있다는 점이다. 그녀는 어떤 질문도 하지 않았고, 질문하더라도 그저 수사학적 질문만 했다. 따라서 과거를 탐구하는 사람이라면 누구나 과거가 여전히 유효한지, 그리고 무엇이 여전히 유효한지 말할 수 있어야 했다. 그녀는 항상 단호하게 설명하고 지적하며 추론했다. 의심은 그녀의 문체적 요소는 아니었지만, 그녀가 쓴 글은 절망에 관한 내용이 많았다. 글은 문체적으로 '폐쇄적인' 것처럼 보였으나 내용 면에서는 개방적이었다. 그 간극이 너무 커서 오히려 독자를 사유의 장으로 이끄는 '초대'로 읽힐 수 있었다.

독일 언론에 나타난 아렌트, 언론과의 관계, 그에 대한 반응과 평가, 그리고 그녀의 공개적 발언 등을 살펴보면,『예루살렘의 아이히만』을 빼놓고는 말할 수 없다. 아렌트가 이 책에서 받은 관심은 가우스와의 대담으로 끝나지 않았다. 출간 직후 프랑크푸르트 도서전에서는 뉘른베르크 재판의 부검사장 로베르트 켐프너를 비롯한 비평가들이 특별히 참석하는 기자회견이 열렸다. 그러나 켐프너가 유일한 사람은 아니었다. 아렌트는 그 이유에 따라 엄청나게 앞뒤로 요동치는 논란의 중심에 서 있었다. 한편으로는 유대인 피해자 이야기, 가해자 역할로의 반전, 현장에 없었던 사람의 비난, 그리고 자신들이 여전히 나치 역사 한가운데 있다고 확신할 만한 이유를 가진 독일 다수 사회에 미칠 영향에 대한 우려가 있었다. 이런 비판은 생존자, 공무원, 학자, 목격자, 언론인, 여론 전문가 등 다양한 이들로부터 나왔다. 반면에 앞선 집단과 분명히 구분되지는 않지만, 독일인이 더는 알 권리가 없는 진실을 말한 사람이 유대인 여성이라는 사실에 만족해하는 반응도 있었다. 아렌트는 이 모든 상황과 더 많은 감정적이고 논쟁적인 상황에 날카롭게 맞섰고, 그로 인해 공공영역에서 주목받게 되었고, 언론은 그 과정에서 파괴적인 힘을 발휘했다. 결국 한나 아렌트라는 인물이 최후의 순간에 어떤 모습이 될지는 오랫동안 불분명했다.

아렌트의 주장에 대한 관심은 독일에서 책 판매량이나 학문적 연구로 직접 이어지지는 않았고, 대부분의 개인적 관계 역시 이 책을 둘러싼 논란의 영향을 거의 받지 않았다. 아렌트가 의도하지 않았더라도, 홀로코스트(또는 쇼아)로 불리는 유럽 유대인 학살 문제는 여전히 의제로 남아 있었다. 아렌트라는 인물과 책을 둘러싼 논란은 바로 가라앉았지만, 제기된 질문은 여전히 존재했다.

이러한 상황은 아렌트가 뉴욕과 동부 해안에서 '파문당했다'는 아모스 엘론의 터무니없는 표현과는 정반대의 현실을 보여준다. 미국 내 전반적인 상황을 이보다 더 사실과 동떨어지게 평가한 사례는 없을 것이다. 어쨌든 아렌트와 거리를 두었거나 그녀가 거리를 두었던 사람들 가운데 상당수는 공유하는 사회적·담론적 공간을 떠났다. 일부는 다시 돌아왔고, 또 다른 일부는 그녀와 더욱 가까운 우정을 쌓았다. 후자 중에는 마르부르크와 하이델베르크 대학 시절의 친구이자 나중에 뉴욕의 뉴스쿨에서 가장 가까운 동료가 된 한스 요나스도 있었다.

그러나 미국은 전반적으로 상황이 달랐기 때문에 미디어 지식인 아렌트의 이야기도 다른 양상을 보였다. 뉴욕에서 그녀는 안정적인 미디어 경력을 쌓을 수 있었는데, 이는 그다지 특별한 일이 아니었다. 수십 년 동안 이 나라는 관리할 수 없을 만큼 수많은 잡지, 일간지, 라디오 채널, 출판사, 대학교와 단과대학을 거느리며 발전의 기회를 제공해왔다. 그러나 여기에는 오랫동안 명확한 구분, 배제와 포용의 규칙이 작동했다. 흑인은 말할 것도 없고 유대인들도 일반적으로 배제되었다. 각 집단에서 점차 연대감이 형성되었고, 고립된 사람들은 개별적으로 두각을 나타내거나 재정적인 지원을 받으면서, 점차 기존 미디어에 진출하여 읽고 듣고 볼 수 있는 기회를 확대해 나갔다.

아렌트가 1941년 미국에 도착했을 때, 유대인 지식인들의 투쟁은 상당 부분 이미 끝났고, 어떤 의미에서는 성과를 거둔 상태였다. 미국에서도 '가시성'은 권력과 연결되었으며, 반유대주의와 친유대주의라는 오래된 구도가 여기에서도 작동했지만, 그다지 은밀하거나 폭력적이지는 않았다. 어쨌든 아렌트는 친구들이 만들어준 인맥 덕분에 잘 준비된 상태로 즉시 여러 매체에 접근할 수 있었다. 그녀 역시 그 집단에 속했다. 어떻게 보면 다소 좌파적이었고, 분명 유대인이었으며, 초기에는 명확히 시온주의적이었다. 그러나 언론계에서 그녀가 만난 이들 가운데 망명과 수용, 난민 생활을 직접 경험한 이는 그녀뿐이었다.

아렌트가 미국 지성계에서 주목받을 수 있었던 것은 자신에게 닥친 상황을 포착하고, 우연과 기회를 인식하고 활용하는 능력과 관련이 있다. 그녀가 《메노라》, 《파르티잔 리뷰》, 《논평》 등의 잡지에서 시작해 《뉴요커》와 《뉴욕 서평 *New York Review of Books*》 같은 저명한 출판물에 이르기까지의 과정은 어찌 보면 당연한 일이었다. 아렌트에 대한 대중적 인지도는 그녀에 관한 논문과 책, 문장 하나하나가 늘어갈수록 함께 높아졌다. 그렇게 보면 독일과 미국에서도 상승세가 거의 평행선을 달렸다는 점이 놀랍게 느껴질 수도 있다. 그러나 다시 생각해보면 그다지 놀라운 일이 아니다. 독일에서든 미국에서든, 아렌트는 분명 어떤 것도, 누구도 회피하지 않는 글을 썼기 때문이다.

아렌트는 처음부터 엄청난 권위를 지닌 어조로 글을 썼다. 영어 문장은 처음에는 다소 거칠었고 강한 어투의 모국어 또는 유창한 라틴어처럼 들렸지만, 독일어에서처럼 의심할 여지 없이 단호했다. 그래서 그것은 방향 제시, 도발, 질책, 재해석으로 읽힐 수 있었다. 아렌트의 글을 읽어본 사람이라면 누구나 각주와 2차 문헌, 그리고 전문적으로 습득한 숙고로 무장한, 천천히 전개되는 식의 논증을 발견하지 못했을 것이다. 아렌트의 텍스트는 독자를 향해 직격탄을 날렸고, 찬성이든 반대든 선택은 독자의 몫이었다. 초기에 아렌트의 수사학적·실질적 수단을 알아본 사람들은 두 갈래로 나뉘었다. 하나는 아렌트의 문체를 날카롭게 거부한 사람들이었는데, 그 이유가 무엇이든 간에 그녀가 피상적으로 보일 위험을 감수하면서까지 이해받고자 한다는 점을 문제삼았다. 다른 하나는 그것을 인정하고 지지하며 그녀의 이름을 널리 알리는 사람들이었다. 양쪽 모두 이유와 동기는 제각각이었다. 1975년까지만 해도 아렌트가 아렌트 자신이 될 수 있었던 것은, 자신이 타인에게 어떻게 받아들여지는지를 스스로 다루는 방식에 달려 있었다. 두 경우 모두 그녀는 자기 결정권을 유지했다. '아이히만' 책은 이 모든 것을 근본적으로 바꾸지는 못했으나 한층 명확하게 해주었다. 그 후의 시기는 통합과 정상화의 시기였다.

한나 아렌트가 1945년 이후 미디어 지식인의 역사에 한 번도 언급되지 않는다는 사실은 놀라운 일이다. 그리고 여기서 설명한 맥락을 감안하면 더욱 놀랍다. 사실 그녀는 포괄적인 의미에서 최초의 미디어 지식인이었다. 그녀가 다룬 주제는 미디어가 만들어내고 형성했다고 주장하는 바로 그것, 즉 경험적 실재였기 때문이다.

폭풍우를 견딘 사람과 경고하는 사람: 하이데거와 야스퍼스

우리 옛 하이데거 제자들 가운데 사회적·역사적 삶의 문제로 눈을 돌린 사람이 과연 그리 많은지 나는 잘 모르겠다?

　　레오폴디네 바이츠만

마르틴 하이데거

한나 아렌트는 바이에른 방송국이 1969년 9월 26일 마르틴 하이데거의 80세 생일을 기념하여 그녀의 긴 라디오 에세이를 기획하고 있다는 소식을 그해 1월 듣고, 오랫동안 그 제안을 수락하는 데 주저했다. 담당 편집자 레온하르트 라이니쉬는 포기하지 않았지만, 4월에 이 문제가 여전히 '미정의 난제'라는 사실을 받아들여야 했다. 바이에른 방송국이 정말 관심을 보였다면, 아렌트가 높이 평가하던 월간지《수성》측이 곧 요청을 했을 것이다. 《수성》과 바이에른 방송국은 20년 동안 긴밀히 협력해왔기 때문이다. 그리고 아렌트는 이 잡지에서 가장 존경받는 저자 중 한 명이었다.*

아렌트는 대개 요청을 거부할 때 다른 의무, 강의나 연구 등을 언급했지만, 이번만큼은 통하지 않는다는 것을 잘 알고 있었다. 그녀의 이름은 하이데거의 이름과 연관이 있었기 때문이다. 다른 제자들이 학문적 영향력과 명성을 얻었을지 모르지만, 아렌트는 유일하게 널리 알려진 여성이었고, 무엇보다도 사상가의 다양한 학생 집단에서 배출된 유일한 공공 지식인이었으며, 1945년 이후 자신의 '출신'을 비밀로 하지 않았다. "하이데거와 함께 연구했다"는 말은 그녀가 공개한 이력서와 책의 모든 서문에 어떤 형식으로든 적혀 있었다. 그녀가 하이데거 외에도 카를 야스퍼스를 언급했다는 사실, 즉 그녀가 독일 철학, 특히 실존철학 계보에 속한다는 사실은 단순히 사실에 부합했기 때문이다. 그러나 이 사실은 아렌트 자신이나 아렌트의 '출신'을 아는 사람들, 궁극적으로 독일 연방공화국의 전체 이민자 사회와 철학자 및 지식인들에게도 결코 존재하지 않는 명확성을 시사했다.

아렌트의 삶과 사유의 역사에 대한 충실성에 의심이 생긴 데에는 심각한 이유가 있었다. 아렌트가 자신을 "하이데거로부터 교육을 받은" 사람으로 소개하기도 전에 그녀는 《파르티잔 리뷰》의 의뢰를 받아 실존철학을 다루기로 했기 때문이다. 그녀는 이번에는 장 폴 사르트르와 알베르 카뮈의 실존철학, 즉 파리에서 변형된 '실존철학'을 자세히 좀 더 살펴보려고 했다. 그리고

* 이는 이 책의 452쪽 옮긴이 주에 있는 14편의 에세이에 잘 드러나고 있다.

1945년 가을 그녀는 '실존'철학에 관해 독일어로 글을 쓰기 시작했다. 두 프랑스 철학자는 주변부에 머물렀고, 글의 중심에는 그녀의 스승들이 놓였다. 야스퍼스와는 다시 연락이 닿은 상태였고, 이 글은 제2차 세계대전이 끝난 뒤 하이데거에게 보내는 일종의 '편지' 역할을 했다. 1933년 이후 연락이 끊긴 지 12년 만이었다. 하이데거의 저작과 인물에 대한 첫 번째 공개적인 '해후'는 가혹했다. 하이데거의 '초월적 사유', 지적 아버지인 키르케고르와 니체로부터의 완전한 이탈 과정은 그를 결국 철학적 기반의 상실로 이끌었다. 아렌트는 하이데거가 자신의 '사유'를 지속할 토대를 전혀 마련하지 못했다고 보았다. 동시에 그는 "민족과 땅"과 같은 신화적이고 비개념적인 표현에 철학적 존엄성을 부여하려는 유혹에 굴복했다. 결론적으로, 그녀가 내린 평가는 옛 스승에게 몹시 참담한 것이었다.

> 그러한 개념은 우리의 철학에서 벗어나 일종의 자연 지향적인 미신으로 인도할 뿐이라는 것은 분명하다. 만약 인간이라는 개념 속에 '자신과 같은 다른 이들과 함께 지구에 거주한다'는 점이 포함되지 않는다면, 남는 것은 원자화된 자아들에게 본질적으로 이질적인 토대를 강제로 부여하는 기계적 조화일 뿐이다. 이는 단호하게 받아들인 근본적인 죄책감을 어떻게든 실천으로 옮기기 위해, 자신을 '초자아Überselbst'로 만들고 싶어 하는 자아를 조직하는 데 도움이 될 뿐이다.[*249]

철학적 결론에 이어 긴 각주로 개인적인 결론이 이어졌다.** 하이데거가 1933년에 나치당에 가입했다는 것은 잘 알려진 사실이다. 하이데거의 정치 행태는, 그가 매우 중대한 주제들을 다루었다 하더라도, 그를 너무 심각하게 받아들이지 말라는 경고로 이해될 수 있는 행위이다. 유대인 스승 후설에 대한 하이데거의 배신, 특히 후설의 대학 출입을 금지시킨 일, 1945년 이후 독일인 재교육을 위해 프랑스 당국에 봉사했다는 소문은 아렌트로 하여금 하이데거에 대한 작별 노래를 쓰게 만들었다.

> 이러한 전개가 본질적으로 희극적이라는 점과 독일 대학의 정치적 사유 수준이 매우 낮다는 점을 고려하면, 사람들은 자연스럽게 전체 이야기에 관심을 두지 않으려는 경향이 있다. 다른 한편 이러한 모든 행위는 독일 낭만주의와 정확히 일치하기 때문에 우연의 일치라고 믿기 어렵다. 하이데거는 말하자면 엄청난 재능을 지닌 프리드리히 슐레겔이나 아담 뮐러와 같은 마지막 (우리가 바라는) 낭만주의자이며, 그의 완전한 무책임은 부분적으로는 천재의 광기, 다른 한편으로는 절망에서 기인한 것이다.

---

* 『전체주의 물결과 정치적 이해』, 「실존철학이란 무엇인가?」, 349-50쪽.

** 아렌트는 「실존철학이란 무엇인가?」라는 제목의 에세이 가운데 '존재와 무로서의 자아: 하이데거'에서 이와 관련한 내용을 지적하며 이어지는 내용을 첨가하였다. 『전체주의 물결과 정치적 이해』, 343쪽 각주 6을 참조할 것.

독일어 원본이 2년 후『6편의 에세이』*에 수록되었을 때 각주는 빠져 있었다.** '아마도' 하이데거가 후설의 프라이부르크대학 도서관 출입을 금지시켰다는 일화의 정확성에 대해 야스퍼스가 의문을 제기했기 때문일 것이다. 아렌트는 그 출입 금지 사실을 전해 들었을 뿐이었지만, 야스퍼스에게 보낸 답장에서 처음에는 여전히 자신의 주장을 고수했다. 하이데거는 후설에게서 연대를 거둔 것 자체가 이미 도덕적 파산 선언이라는 점을 인식했어야 한다는 것이었다.

하이데거가 1948년에 아렌트의 책을 읽었거나 적어도 이에 대한 자세한 보고를 받았을 가능성은 매우 크다. 그의 가장 가까운 제자 중 한 명, 수필가이자 작가인 에곤 비에타는 1948년 5월 15일 카를스루에의《바디셰 노이에스테 나흐리히텐*Badische Neueste nachrichten: BNN*》신문 오순절판에 이 모음집에 대한 포괄적인 서평을 발표했다. 이 서평에서 그는 카프카 분석에 집중하고 아렌트가 인용한 발터 벤야민의「역사의 천사」로 글의 서두를 장식했다.[250] 1949년 1월에는 라디오에서 비에타의 글과 함께 아렌트의「카를 야스퍼스에게 헌정하며」***에서 가져온 아주 짧은 발췌문

---

* 여기에 수록된 에세이 6편은 야스퍼스에 대한 헌사에 이어「제국주의에 대하여」,「조직화된 범죄」,「실존철학이란 무엇인가?」,「숨겨진 전통」,「어제 세계의 유대인」, 그리고「프란츠 카프카」이다.

** 수록된 원본에는 각주가 실제로 하나도 없다.

*** 원제는「Zueignung an Karl Jaspers」이다. 이 헌사의 출처는 다음과 같다.『전체주의 물결과 정치적 이해』, 389-94쪽.

을 낭독했다. 이「헌사」는『6편의 에세이』앞부분에 게재되었다. 따라서 하이데거가 이 책에 대해 전해 들을 수 있었던 기회는 두 차례나 있었다.

아렌트는 1950년 하이데거와의 재회 이후 하이데거에 대한 자신의 분석을 실수라고 생각했지만, 자신과 야스퍼스만이 그의 사상에 의문을 제기할 수 있는 특권을 가지고 있다고 확신했다. 두 사람은 아렌트의 표현을 빌리자면 "유일한 친구"였던 하이데거를 "꿰뚫어 보았다"고 믿었다. 그 후 그녀는 하이데거에 대해 글을 쓰는 것을 항상 거부했고, 공개적으로는 침묵을 지켰다. 다만 편지를 통해서만 의견을 표현했다. 특히, 하이델베르크와 프랑크푸르트 시절부터 아렌트와 절친한 친구였던 돌프 슈테른베르거는 전후《변화》를 통해 다시 긴밀히 교류했고, 그녀가 세상을 떠날 때까지 우정을 이어갔다. 그러나 1975년까지 우정이 깊어졌음에도 불구하고, 하이데거와 야스퍼스 사이에는 한계가 존재했다.

아렌트는 하이데거에 대한 슈테른베르거의 전문성을 잘 알고 있었다. 슈테른베르거는 1929년부터 하이데거를 주제로 글을 써왔고, 1932년에는 프랑크푸르트에서 폴 틸리히의 지도를 받으며 특히『존재와 시간』에 나타난 죽음 개념을 다룬 자신의 논문을 발표했을 뿐 아니라 2년 후 이 논문을『이해받은 죽음: 마르틴 하이데거의 실존적 존재론에 관한 연구』라는 제목으로 출판했다.[251] 그러나 슈테른베르거는 1933년 6월 말 하이델베르크대학교에서 있었던 하이데거의 연설을 비판하며, 자신의 우상이었던 사상가의 입장이 어디에 있는지를 분명히 드러냈다.

철학사에서 『존재와 시간』의 저자 마르틴 하이데거보다 온갖 종류의 일상적인 말, 속담, 일상적인 위로, 싱겁고 즐거운 습관에 대해 더 엄격하고 열정적으로 비판한 이는 없었다. '일상성'과 '잡담'에 대한 끊임없는 투쟁인 그의 힘은 이제 정치적으로 활용되고 있다. 하이데거는 나치 당원이자 프라이부르크대학교 총장이다.[252]

이것은 《프랑크푸르트 차이퉁》의 독자들에게만 무슨 일이 일어났는지 깨닫게 한 것이 아니다. 물론 슈테른베르거의 글이나 하이데거의 총장 취임 연설문은 파리, 런던, 모스크바, 뉴욕 등 전 세계로 보도되어 큰 영향력을 발휘했다.

1936년 하이데거가 프랑크푸르트 독일문학재단에서 「예술작품의 근원」*에 관한 강연을 했을 때, 슈테른베르거는 하이데거의 큰 성공을 망쳐버렸다. 이미 하이데거에게 적대적이었던 《프랑크푸르트 차이퉁》의 기자가 조롱 섞인 논평을 썼고, 사상가는 이로 인해 강연 내용을 출판하지 않기로 했다.[253]

아렌트는 하이데거의 대규모 연구계획 ― 전통적 형이상학의 파괴, 실패의 역사로서 존재의 역사, 마침내 '사유'의 '다른 시작'을 가능하게 하려는 그의 시도 ― 이 자신이 보기에 나치와의 단기적 연루와 결부되는 것을 참을 수 없었다. 무엇보다도 그녀는

---

* 　이 저작은 『숲길 *Holzwege*』에 수록되어 있다. 「예술작품의 근원」은 '사물과 작품', '작품과 진리', '진리와 예술', '나중말', '보탬말'로 구성되어 있다. 마르틴 하이데거 지음, 신상희 옮김, 『숲길』(파주: 나남, 2008).

하이데거의 사유 작업에서 자기 자신의 관심사를 해결할 수 있는지, 그렇다면 어떻게 얻을 수 있는지 알아보고 싶었다. 첫 번째 단계에서 모든 것은 이 과제에 종속되어야 했고, 아렌트의 박사 학위 논문 이후 죽을 때까지 바뀌지 않았다. 아렌트의 관점에서 보면, 이러한 되묻는 과정을 거치지 않는 사람은 사유와 사유하는 사람에 대한 책임의 영역을 포기한 것이나 다름없다.

아렌트에 따르면 카를 뢰비트의 하이데거 비판은 적절하지 않았다. 하이데거의 제자였던 뢰비트는 1928년에 제출한 교수자격 논문「동료 인간의 역할에 있어서 개인」에서 스승을 비판했는데, 아렌트는 이 논문을 높이 평가해 자신의 박사 논문인『아우구스티누스의 사랑 개념』에도 활용했다. 그러나 이후 뢰비트가『하이데거: 필요한 시대의 사상가*Heidegger: Denker in dürftiger Zeit*』(1953)라는 한 권짜리 비판서를 내놓은 것에 대해서는 스승에 대한 불충으로 보았다. 이 책은 큰 반향을 불러일으켰으며, 독일로 귀환해 대학에서 가르치던 옛 제자가 스승과 결별한 첫 본격적 사례로 받아들여졌다. 하이데거는 뢰비트가 하이델베르크에서 또 다른 오랜 친구 한스-게오르크 가다머와 함께 가르친 사실에 대해 아무런 언급을 하지 않았다. 가다머는 처음에는 하이데거에게 변함없이 충실했지만,『진리와 방법*Wahrheit und Methode*』을 통해 스승의 그림자에서 벗어나 자신만의 길을 가려 했다. 그가 발전시킨 해석학은 하이데거의 존재철학과의 명백하고 은연중의 논쟁을 담고 있었으나, 동시에 성공적인 해방 행위였고, 이를 통해 가다머는 독자적 업적을 지닌 철학자로서 다시 하이데거와 관계를 맺을 수 있었다.[254] 슈테른베르거와 달리, 뢰비트와 하이데거는 나중에 화해했고, 이 관계는 뢰비트가 1973년 사망할 때까지 계속되었다.

그러나 가다머, 뢰비트, 슈테른베르거 등에게서 드러난 모습은, 아렌트가 보기에 진정한 '제자됨'이라 할 수 없었다(그녀가 이런 전개를 실제로 주의 깊게 지켜봤다고 해도). 이들은 자신들이 제대로 이해하지 못한 어떤 것을 떨쳐내거나 다루려 애썼을 뿐이다. 아렌트는 '결별'이나 '새로운 시작', 혹은 '전혀 다른 것'을 추구하는 대신, 번역이야말로 하이데거 철학에 가장 잘 들어맞는 진정한 대화의 방식이라고 여겼다. 위르겐 하버마스가 말한, "하이데거에 맞서 그와 함께 사유해야 한다"는 비판적 공식은 정확히 그 지점을 건드린다. 그러나 그뿐이다. 아렌트에게 번역이란, 하이데거에게서 배운 것을 분명히 한 뒤 그것을 자기 사유의 전개에 비추어 새로운 현재 속에 옮기는 것을 의미했다. "고유한 과제를 가진 역사 문헌학의 방법과 달리, 사유의 대화는 다른 법칙의 적용을 받는다." 이 문장은 하이데거가 자신의 책 『칸트와 형이상학의 문제*Kant und das Problem der Metaphysik*』 신판 출간을 기념하여 쓴 것이다. 하이데거는 아렌트를 다시 만났을 때 이 책을 건네주었다. 초판은 하이데거가 제2차 다보스 대학주간(학술대회)에서 에른스트 카시러와 심도 있는 토론을 한 지 몇 달 후인 1929년에 출간되었다. 이 토론은 '청년들'(에곤 비에타)을 놀라게 했다. 아렌트가 가끔 인용했던 이 문장은 그녀의 '번역 작업'을 이해하는 핵심 열쇠가 되었다.

하이데거와의 관계를 설명하거나 명확히 하려고 했던 사람은 아렌트와 앞서 언급한 사람들만이 아니었다. 늦어도 1945년에는 친구, 학생, 반대자들 사이에 "하이데거는 무엇을 하고 있는가?"라는 질문에 대한 광범위한 서신이 오가기 시작했다. 이 점에서, 아렌트와 일정한 거리를 두고 있었음에도 그녀와 놀라울 정도의 유사성을 보여주는 인물은 레오폴디네 바이츠만이었다. 바이츠만은 1947년 12월 3일, 옛 학우 헤르베르트 마르쿠제에게 보낸 편지에서 이를 가장 분명하게 드러냈다.

우리 옛 하이데거 제자들이 사회적·역사적 삶의 문제에 관심을 두는 경우가 얼마나 되는지 잘 모르겠다. 나는 1933~34년부터 거의 전적으로 이 분야에 집중해왔고, 특히 체계적인 연구를 위해 이 시기를 활용했다. 불안정한 생활 속에서도 비교적 수월하게 해낼 수 있었다. 내가 철학적 질문에 대해 쓴 유일한 두 작품(하나는 후설, 다른 하나는 하이데거에 관한 것)은 모두 원고로 남아 있었는데, 파리 아파트에 있던 나머지 물건들과 함께 분실되었다. (…)

하이데거 문제? 그의 사례는 위대한 철학적 업적만으로는 세상의 방향을 잡는 데 얼마나 충분하지 않으며, 그것이 개인의 독립성을 얼마나 보장하지 못하는가를 특히 생생하게 보여준다. 나는 후설과 콘에 대해 그가 나에게 한 발언을 통해 그의 반유대주의적 공모를 잘 알고 있었다. 그가 나치가 되었다는 사실은 물론 재앙이다. (…) 그렇다고 내가 그를 단호하게 비난할 수는 없다. 그리고 그렇게 하는 사람들 가운데 일부는 그럴 자격이 없다. 결국, 그들은 인간적 권위의 포기와 그에 못지않게 비인간적인 정책에 대해서도 똑같은 불관용을 보여주지 않으니까. 결국, 나치의 독일 민족주의에 굴복하는 것과 스탈린주의에 굴복하는 것이 무슨 차이가 있겠는가? 프랑스 실존주의자 메를로-퐁티와 같은 똑똑한 사람조차 "토레즈는 말했다!"는 식으로 논증하지 않는가.[255] "철학자는 말했다." 뭐라고요?[256] ― 나는 하이데거가 그동안 자신의 철학 분야에서 어떤 긍정적인 업적을 이루었는지 알고 싶다. 그런 다음에야 판단을 내리고 싶다. ― 무엇보다도 먼저 그의 향후 교육 활동이 가치 있고 허용될 만한지 여부를 판단하고 싶다.[257]

레오폴디네 바이츠만은, 아렌트가 하이데거를 대하면서 자신과 타인에게 오랫동안 질문하고 그 결과로 실천해왔지만 명시적으로 글로 남기지는 않았던 질문들을 여기서 표현했다. 그 핵심에는 다름 아닌 하이데거 제자들의 행위에 대한 진지한 질문이 있었다. 그들은 철학에 머물렀을까, 아니면 다른 '공동 세계'를 알게 되었을까? 심지어 바이츠만과 아렌트처럼 그것을 찾았는가? 새로운 세계관은 무엇을 의미했을까? 새로운 경험세계는 세상과 궁극적으로 인간에 이르는 접근 문제에 의해 어느 정도 영향을 받을까? 바이츠만은 이러한 질문의 배경을 통해 하이데거의 실패를 찾거나 철학적으로 '긍정적인 것'을 찾을 수 있게 되었다. 마르쿠제는 여기서 무엇이 문제인지 알고 있었을 것이다. 마르쿠제는 하이데거가 가르친 철학에 근거해 그의 사상이 나치로 이어질 수밖에 없다고 회고적인 분석을 제시했는데, 이것 역시 충분히 이해할 만한 대답이었다. 그러나 바이츠만은 이에 만족하지 않고 하이데거 현상을 직접 연구하고 싶었다.

아렌트가 파리에서 시간을 보내고 유대인문화재건위원회에서 활동한 이후, '철학'은 다시 한번 완전히 다른 주제가 되었다. 아렌트는 야스퍼스의 지도로 박사학위를 받은 후 이미 역사적·사회학적 연구를 수행했다. 반면 두 스승은 자연스러운 제1철학이란 개념을 아주 당연하게 고수했고, 다른 사람들이 오래전부터 문화 개념으로 정립한 중재자 역할조차 인정하지 않았다. 아렌트는 두 스승의 좁은 세계관의 경계에서 벗어나 이제는 철학 자체로부터 관찰자로서의 거리를 두게 되었다. 아렌트는 자신이 단호하게 공격적으로 채택한 한 가지 관점, 즉 정치적 관점에서 질문을 공식화했다. 이 문제는 전통적인 철학 개념에 속하지 않았기 때문에, 그녀는 이것이 하이데거와 야스퍼스가 완전히 과소평가했던 문제임을 잘 알고 있었다. 하이데거의 경우, 자신의 철학적 도피주의Eskapismus를 통해 정치적으로 사유하는 사람들이 진지하게 보지 못하는 것을 볼 수 있었다고 주장했기 때문이다. 그리고 야스퍼스 자신의 진술에 따르면, 그는 3권으로 구성된 『철학 *Philosophie*』에서 "현재의 정신적 상황"에 대한—충격적으로 순진한—의견을 분리하여 별도로 제시했는데, 제2차 세계대전 이후에야 정치적 현재를 다루기 시작했다.

아렌트는 한 걸음 더 나아갔다. 1940년대 후반부터 그녀는 고전 고대 철학을 다시 읽으며, 그 철학의 두 가지 실패를 드러낼 준비를 했다. 하나는 폴리스의 고유한 본질이었던 정치적인 것의 배제였고, 다른 하나는 내부와 외부에서 동시에 일어난 전통 상실 앞에서의 무력감과 방향 감각의 상실이었다. 마르크스, 키르케고르, 니체가 철학에서 성취한 업적, 즉 철학을 종말로 이끈 일이 유럽 유대인 학살이라는 '역사적' 사건 속에서 드러난 것이다. 전통의 해답은 이미 소진되었고, 이해하려는 시도는 도덕적인 것으로 옮겨갔으며, 자기 수정을 위한 용기는 '인간'을 이해할 수 있다는 '실존주의'의 오만함으로 변질되었다. 아렌트는 이러한 경험을 통해 또 다른 사실을 발견했다.

바이츠만은 1947년 하이데거의 저작을 읽으며 비슷한 결론을 내렸다.

나는 그사이에 하이데거가 보프레에게 보낸 편지(《근원*Fontaines*》에 게재되었고 동시에 동굴의 우화에 대한 해석을 덧붙여 빌헬름 실라시가 스위스에서 에르네스토 그라시와 함께 출판한 모음집 『전통과 사명*Überlieferung und Auftrag*』에 실려 있다)를 읽었다. H.가 겪은 발전은 그가 이전에 성취한 것을 무너뜨리는 거대한 격변이었다. 그는 자기 자신을 넘어서, 심지어 자기 자신에 맞서서라도, 초기의 집요하고 엄격한 작업 속에 담긴 긍정적인 성과를 다시 끌어낼 해석자가 필요했다. (그가 한탄하듯) 시대의 '기술성'과 대중의 평준화에 맞서 윤리를 정립해야 한다는 그의 '염려'와 필요성은 외부의 초현세적인 공간에 새로 생긴 불규칙한 바윗덩어리(에른스트, *TM*)처럼 놓여 있다. 이 공간에서 자아와 공존재로서 "가장 본질적인 존재 능력을 위한 존재"의 현존재 구조는 이제는 "존재 자체를 위한 존재"로 격상되었지만, 실제로는 비어 있다. 이로써 기본 개념에 대한 학문은 세계관적 사변에 자리를 내주게 된다.[258]

아렌트는 바이츠만이 앞의 인용문에서 정확하게 묘사한 내용을 『인간의 조건』에서 비판적으로 살펴보려 했다. 즉 아렌트는 이 저작에서 하이데거와 같이 시대를 초월한 '철학자', 즉 "존재 그 자체를 위한 존재"를 사유하는 사람을 동굴에서 꺼내 세계로 다시 데려온다. 그는 이제 철학자가 될 수 없지만, 대신에 사유의 전제 조건인 다원성을 경험할 수 있다.

이론과 실천 자체는 철학적 전통에서 비교적 늦게 발전했고 아렌트가 기준으로서 특별히 관심을 두지 않았다. 여기서 문제는 이론과 실천의 구분이 아니라, 오히려 철학이나 세계에서 예견되지 않은 경험의 관점에서 현재와 관련하여 철학의 세계 의미와 의미 세계가 문제였다. 철학과 아렌트의 관계는 하이데거의 인용문에서 "대화"라는 한 단어만을 포함했지만, 그에 상응하는 것이 있었다. 아렌트는 실제로 하이데거와 대화를 나누었다. 이런 식으로 그녀는 하이데거를 직접 필요로 하지 않고도 예전에 유지했던 관계 형태의 다원성을 유지했다.

그러나 아렌트가 하이데거와 처음 재회한 1950년까지 그와 관계를 계속할지는 확실하지 않았다. 그녀가 프랑스와 미국으로 이주하는 동안 출판한 글에서 하이데거와 그의 사상은 아무런 역할을 하지 않았고, 그녀의 활동은 하이데거의 관심사와는 거리가 멀었다. 하이데거는 철학에 관한 것이 아니라면 아렌트가 무엇을 하고 있는지 한 번도 묻지 않았다. 그녀는 반대편에 있었고 그들 사이의 분열을 다룰 방식이 필요했기 때문에 침묵만이 텍스트가 말할 수 있는 유일한 방법인 것처럼 보였다. 그래서 그녀는 하이데거를 다시 읽었다.

그러면 하이데거는 아렌트를 '놓쳤을까?' 이에 대한 증거는 없다. 하이데거는 1940년대 초부터 장 폴 사르트르와 다양한 기독교 실존주의자들 덕분에 이미 프랑스에서 본격적으로 시작된 자신의 재발견이 독일로 이어지기를 기다리며 '다른 시작'을 찾고 있었고, 교수직 배제에도 전혀 동요하지 않았다.

1950년 아렌트와 하이데거가 다시 만났을 때, 두 사람은 이를 해명으로 받아들였을 것이다. 당연히 결론은 서로 달랐다. 아렌트의 경우 하이데거의 철학을 꾸밈없이 직접 볼 수 있었다는 사실이 중요한 역할을 했다. 그러나 아렌트가 편지로 설명했듯이, 그녀는 재회를 기뻐하면서도 거리를 유지했다. 아렌트는 그를 믿지 않았고, 그의 철학과 사상을 자신의 몫으로 지키기 위해 그 사람을 포기해야 할지도 모른다고 일찍부터 결심했다.

예상치 못한 재회는 하이데거에게 특별한 시간, 그러니까 회상할 기회를 제공했다. 결국 아렌트와의 관계는 모든 사람, 무엇보다도 아렌트 자신이 기다리고 기대했던 미완성 저서인 『존재

와 시간』과 불가분의 관계에 놓여 있었다. 게다가 아렌트는 1945
년 이후 그와 접촉한 유일한 유대인 망명자는 아니었지만, 궁극
적으로 철학적으로나 전기적으로 볼 때 가장 중요한 인물이었다.

어쨌든 아렌트는 1950년 하이데거의 책과 미공개 원고를 잔뜩
들고 미국으로 돌아왔다. 그녀는 독일에서 이미 하이데거의 새로
운 저작들의 완성도가 제각각이라는 이야기를 하인리히 블뤼허
와 나누었다. 이 일은 아렌트가 하이데거의 사상 발전을 좀 더 면
밀하게 살펴보게 된 계기가 되었다.

아렌트가 하이데거에게서 받은 풍부한 자료를 살펴보면, 그는
분명히 그녀를 신뢰했다. 그는 1930년대 중반 '사건'에 대한 주요
논문을 쓰기 시작한 이래로 자신의 '사유'를 더 잘 이해해야만 분
류할 수 있는 원문들을 그녀에게 주었기 때문이다. 하이데거에
따르면, 아렌트가 가장 어렵게 느꼈을 글의 제목은 1939년 3월에
집필한 「근대의 완성」이며, 다음과 같이 시작된다.

> 근대의 완성은 동시에 말로 표현되지 않은 형이상학과 말로 표
> 현된 형이상학을 통해 잉태된 서양 형이상학 역사의 완성을 의
> 미한다. 더 정확하게 말하면, 형이상학의 완성은 근대의 완성의
> 시작을 결정하고 뒷받침한다.[259]

하이데거는 다음 쪽에서 자신이 수년간 집중적으로 읽었던 두
권의 책을 바탕으로 "사유 속에서 시간을 포착하려는" 시도를 검
토했다. 1932년에 출간된 에른스트 윙거의 주요 에세이집 『노동

자*Der Arbeiter*』와 1919~20년에 출간되어 큰 반향을 일으킨 오스발트 슈펭글러의 『서양의 몰락*Der Untergang des Abendlandes*』이었다. 하이데거는 두 권의 책에 대한 세미나와 강연을 하면서 그 내용을 모두 숙지하고 있었다. 그는 1939년 9월 1일 독일군이 폴란드를 침공하기 6개월 전에, 야스퍼스가 말했듯이 '상황'에 대해 부분적으로 이름 없는 다른 경쟁적 해석과 자신의 어휘를 대조했는데, 말하자면 그 용어들이 파악할 수 있는 '사건'을 준비하고 기다리는 듯한 모습이었다. 따라서 모든 것을 포괄하고 실제로 통제하는 '계략', 즉 형이상학의 완성에 관해 이야기했는데, 이는 '예술'에서도 나타났다. 그것은 궁극적으로 새로운 것이 무엇을 가져올지에 대한 확신이 없더라도 오래된 것이 완전히 제거될 수 있는 전환점이었다. 그렇다면 여기에 담긴 것은, 하이데거가 1933년에 그토록 매달렸던 '다른 시작'이 결국 아무런 결실도 맺지 못했고, 당 간부들의 말처럼 그의 '사적 국가사회주의'가 총장직 이후에는 전혀 받아들여지지 않았다는 사실에서 비롯된 체념의 기운이 아니었을까? 아니면 자신만의 거울의 전당을 설계하고 그 안에서 움직일 수 있는 유일한 사람이었던 한 사상가의 또 다른 예언적 환상이었을까?

가장 기이한 일이며 존재의 심연을 드러내는 징조는 이 과정에서 존재의 존재자가 스스로 회피하고, 그럴수록 더욱 저항할 수 없게 된다는 것이다. 문화와 그 이상을 추구하는 것이 단지 탈출구이자 무감각이며, 공허한 저항의 무력한 수단으로 남을 수밖에 없다. 따라서 존재가 더 이상 공허한 꿈의 희미한 그림자가 증발하는 것처럼 보이지 않는 역사적 상황이 발생한다. 존재는 단순한 말의 희미해지는 마지막 메아리에 불과하며, 그것에 대한 질문은 실수도 아니고 그저 무관심에 불과하다.[260]

여기서 '성찰'이라는 말로 명시적으로 제시된 것은 이미 철학의 외부, 즉 '사유'에서 나온 것이다. 그러나 이 '사유'는 어디로 이어져야 할까? 하이데거는 1943년과 1944년 여름 강의에서 논의한 소크라테스 이전의 헤라클레이토스, 즉 고대인으로 거슬러 올라간다. 하이데거에 따르면, "사유에 대한 사유"인 논리의 우위는 당시의 "존재의 망각"에 상당한 영향을 미쳤다. 그것은 계산과 같은 기계적이고 합리적인 철학의 핵심이며, 점차 자연과학과 구별할 수 없게 되어 사람들을 더 이상 벗어날 수 없는 '틀'에 가두는 데 성공했다. 하이데거를 전후 독일에서 유명인사로 만든 에른스트와 프리드리히 게오르크 윙거 형제와 함께 기술 비판을 발표하게 된 것은 바로 이러한 진단에서 비롯된 것이다. "존재의 망각"은 "세계의 서양 시대"를 사라지게 하는 '힘'에 영향을 미칠 것이다.

하이데거는 아렌트에게 사본 하나를 주었는데, 다른 모든 사본과 마찬가지로 방대한 색상 체계를 사용하여 소위 핵심 개념을 표시해둔 것이었다. 다른 원고들은 이 두 텍스트를 중심으로 구성되었다. 그것은 '희미한' 소크라테스 이전 시대 헤라클레이토스에서 시작하여 근대의 '관조'에 이르기까지, 궁극적으로 현재에 이르기까지 모든 것에 관한 것이었다. 하이데거는 아렌트가 이미 1930년대 중반에 뉴욕에서 하이데거의 마지막 유대인 제자이자 박사과정 학생이었던 알프레드 자이데만으로부터 받은 니체 강의록을 적어도 한 편 이상 소장하고 있었다는 사실을 알 수 없었을 것이다. 자이데만은 1936~37년 겨울학기에 하이데거가 니체의 『힘에의 의지 *Wille zur Macht*』를 주제로 한 강의를 들은 적이 있다.[261] 이 강의가 아렌트에게 중요했던 것은 하이데거가 니체에 대한 야스퍼스의 해석, 『니체: 그의 철학 이해 입문 *Nietzsche: Einführung in das Verständnis seines Philosophierens*』을 1936년 집중적으로 다루었기 때문이다. 아렌트는 1946년 1월 초에 이 책을 "멋지다"*고 평가했고, 1949년 말에 하이데거의 성찰과 관련하여 하이데거가 "완전히 끔찍하고 수다스러운 니체 강의"**를 했다고 야스퍼스에게 말했다. 이러한 맥락에서만 우리는 아렌트가 남편 블뤼허에게 하이데거가 점차 철학과 사유로 돌아왔다는 편지를 쓸 수 있었던 이유를 이해할 수 있다. 이제 우리는 그녀가 실존철학에 관한 에세이에서 처음으로 그를 날카롭게 거부했던 이유도 이해할 수 있다. 강의록을 통해 하이데거의 글을 다시 읽으면서 그의 정

---

* 관련 문구는 다음과 같다. "당신이 다시 강의한다는 것은 뒤틀린 세상에 질서감을 가져옵니다. 제가 니체에 관한 당신의 저서가 얼마나 멋있는가를 말한 적이 있지요?" 『한나 아렌트·카를 야스퍼스 서간집 1』, 「편지 34」(1946년 1월 29일), 134쪽.

** 관련 문구는 다음과 같다. "저는 그의 횔덜린 강의록을 읽었고 니체에 관한 아주 놀랍고 재잘거리는 강의 내용을 읽었습니다." 『한나 아렌트·카를 야스퍼스 서간집 1』, 「편지 93」(1949년 9월 29일), 306쪽.

치 참여가 그의 사유와 함께 발전해왔고, 그 반대의 경우도 마찬가지였다는 의혹을 확인할 수 있었다.

니체 콤플렉스는 아렌트의 사상을 이해하는 데 중요한 다른 측면을 가지고 있다. 아렌트가 최소한 자신보다 한 세대 이전, 그리고 자신보다 한 세대 이후 사람들과 마찬가지로 젊은 시절에 니체를 이미 탐독했다는 사실, 그리고 어린 시절 친구가 회상했듯이 체계적인 아포리즘을 구사하는 니체에 대한 지식을 우정의 전제 조건으로 삼을 수 있었던 것은 한 측면에 불과하다. 그러나 그것이 그녀를 니체의 해석자가 되게 하지는 못했다. 아렌트는 당시 유행했던, 니체가 전통 철학을 종식시킨 마지막 인물이라는 생각을 받아들였다. 키르케고르에 의해 준비된 해설자 니체는 전통적인 것을 붕괴시켰다. 1935년 3월 말 그로닝겐에서 열린 키르케고르와 니체에 관한 강연에서 이미 두 사람이 현재를 이해하는 데 필수 불가결하다고 강조한 바 있는 야스퍼스는 니체가 주요 주제가 되어야 한다는 것을 잘 알고 있었다.[262]

반면에 하이데거는 오랫동안 니체를 다루지 않았고, 니체 비평판의 연구계획에 참여하면서 홍수와 같은 수많은 이데올로기적 해석에 직면했다. 그래서 사람들은 그가 니체에 대해 말하기를 오래전부터 기대해왔다. 1950년대 초반, 아렌트가 고민했던 것은 근대성의 종말과 그것을 뒷받침하는 철학의 종말이었다. 더 정확하게 말하면 마르크스, 키르케고르, 니체가 각자의 방식으로 형성했던 사상이었다. 아렌트에 따르면, 세 저자의 공통점은 전통에 대한 비판, 더 나아가 전통의 권위에 대한 부정이다. 아렌트의 해석에 따르면, 마르크스는 인간이라 불리는 노동하는 피조물, 즉 '노동하는 동물animal laborans'의 발명자가 되었다. 비록 '전통'이 이런 식으로 존재에 대한 정의를 공식화하지는 않았지만, 인간의 삶에서 '노동'이 중심이라는 사실은 항상 알려져왔고 성찰되어왔다. 그러나 마르크스는 '생산력'과 이에 기초한 사회 전반의 분석을 낡은 가정과 새로운 통찰을 측정하는 새로운 '철학'으로 전환하지 않고 '이데올로기'로 전환했다. '노동하는 동물'은 이러한 식으로 정치적으로 해석되었고, 이후 공산주의와 볼셰비즘에서도 정치적으로 구현되었다. 인간 존재의 기초가 재구성되었다는 사실은 새로운 인간상이 정치 공동체의 유토피아, 즉 공산주의 공동체로 설정되는 정도까지만 고려되었다.

니체는 이 성좌에서 근대적 삶의 범주를 관념과 초월에 대항하는 동시에 근대적 삶 자체의 허무주의와 공허함에 맞서 싸우면서 플라톤과 그의 가르침을 종식시킨 사람으로 자리했다. 키르케고르는 무엇보다도 영감의 원천이었다.

이 모든 것은 매우 인위적으로 들렸다. 특히 니체의 경우 아렌트가 하이데거를 증인으로 소환했을 때는 더욱 그러했다. 그녀가 세미나, 강연, 에세이에서 여러 차례 시도했음에도 불구하고, 그 글들은 주로 '전통'의 권위 상실이라는 중요한 주제에 맞춰져 있었다. 자주 언급되는 '근대성의 도전'이 한때 구속력이 있던 과거의 사유를 인식하고 동시에 급변하는 삶의 조건 속에서 그것으로부터 완전히 벗어나려는 시도로 드러난다는 점을 증명하려 했던 것이다. "모든 가치의 재평가"라는 대담한 표현은 아렌트의 해석에서 분명히 이질적인 의미를 지녔다. 이것은 특히 마르크스와 니체가 실제로 원했던 것이었고, 두 사람은 그렇게 함으로써 자신들의 의도가 아니었던 전통 철학의 종말을 가져왔다. '노동하는 동물'과 방향 감각 상실로 밝혀진 고조된 허무주의는 전통 파괴자들의 원래 목표는 아니었지만, 결과적으로 그렇게 되어버렸다.

아렌트는 하이데거를 통해 전체주의의 출현과 그 결과에 집중하던 자신의 시선을 철학 쪽으로 전환했을 때, 19세기에 철학적·이데올로기적 지형이 어떻게 변화했는지를 더 명확히 볼 수 있었다. 그만큼 그녀는 스승이 자신에게 건네준 원고에서 자신의 저작 『6편의 에세이』에 대한 스승의 견해를 읽어낼 수 있었다. 야스퍼스의 니체 책에 대한 비판은 아렌트의 「야스퍼스에게 헌정하며」에 반응한 것이었다.* 두 에세이 「제국주의」와 「조직화된

---

* 이 부분은 독자의 이해에서 오해를 야기할 수 있기에, 다음과 같이 내용을 보완한다. 아렌트는 야스퍼스에게 보낸 1946년 1월 29일자 편지에서 "니체에 관한 당신의 저서가 얼마나 멋있는지 말한 적이 있지요"라고 밝혔다. 이 책의 서지사항은 다음과 같다. Karl Jaspers, *Einführung in das Verständnis seines Philosophierens*(Berlin/Leipzig, 1936). 그러나 「카를 야스퍼스에게 헌정하며」(1948)는 『6편의 에세이』에 수록되어 있다. 이를 전제할 때 이 문장은 모순적이기에, 그 해답을 찾고자 했다. 니체는 하이데거와 그의 제자들에게 영감을 주었지만, 야스퍼스는 이에 맞서다가 교수직에서 해임되었다. 1949년 『니체』 제3판 서문에서 다음과 같이 밝히고 있다. "원래 계획은 니체의 잘못된 자연주의적이고 극단적인 선언에서 발췌한 인용문으로 구성된 장을 요구했는데, 이는 그 변칙성에 대한 증거로 수집되었다. (…) 니체는 실제로 나치의 철학자가 될 수 없었기에, 그들은 결국 더 이상 소용이 없는 그를 버렸다." 아렌트의 다음 입장을 고려할 필요가 있다. "제가 당신에게서 배운

480

범죄」는 하이데거의 '계략Machenschaft'에 관한 개념에서 '설명'을 찾았다. 그런 다음 중간에 하이데거 철학을 날카롭게 거부하는 분석이 자리했고, 원고 전체도 이런 맥락에서 읽을 수 있었다. 마지막으로 「숨겨진 전통」과 슈테판 츠바이크의 『어제의 세계』에 대한 서평*, 그리고 마지막으로 카프카에 대한 에세이가 실려 있다. 이 모든 것은 '예술' 분석으로 연결될 수 있었다.

물론 전문가가 쉽게 추측할 수 있는 유일한 가정은 하이데거가 어떻게든 아렌트의 환심을 사거나 호감을 얻기 위해 계획을 추진했다는 점이다. 특히 1950년에 그의 성과를 긍정적으로 보여준 『숲길Holzwege』**이 출판된 이후로 더욱 그랬다. 여기서 우리는 하이데거가 총장으로 재임한 이후 얼마나 강렬하게 사유의 길을 찾았는지를 확인할 수 있다. 또한 「예술작품의 근원Ursprung des Kunstwerks」을 추적하고 니체에서 헤겔을 거쳐 아낙시만드로스로 거슬러 올라가는 역계보가 펼쳐졌으며, 비록 일부는 원전의 급진적 성격을 은폐하는 재작업이었지만 「세계상의 시대Zeitalter des Weltbides」도 점검할 수 있었다. 평생 '시인' 하이데거를 높이 평가했던 '시인' 아렌트도 "왜 시인인가?"를 높이 평가했을 것이다.

것과 그 후 몇 년 동안 사람들이 이전 시대에 악마에게 영혼을 팔았던 것처럼 제 영혼을 현실에 팔지 않고 현실에서 제 길을 찾는 데 도움이 된 것은 이러합니다."『전체주의 물결과 정치적 이해』, 391쪽.

*   서지사항은 다음과 같다. 『유대인 문제와 정치적 사유』, 「슈테판 츠바이크: 어제 세계의 유대인」, 667-83쪽.

**   국내 번역본의 서지사항은 다음과 같다. 하이데거 저, 신상희 옮김, 『숲길』 (파주: 나남, 2008).

장 파울의 책을 흔히 말하는 것처럼 "친구에게 보내는 두꺼운 편지"라고 한다면, 『6편의 에세이』와 『숲길』도 그런 책이다. 그러나 그 편지를 상대방에게 제대로 전달한 것이, 그토록 많이 거론되는 '운명'인지 아니면 그저 다시 만난 전기적 우연인지는 전혀 알 수 없다.

아렌트에게 더 중요한 것은, 하이데거의 프리드리히 횔덜린 분석, 진리 문제에 대한 논의, 특히 플라톤의 '동굴의 우화'와의 연관 속에서 『존재와 시간』의 저자가 책 한 권 분량의 원고를 직접 쓰지 않고도 어떻게 계속 사유했는지를 원고를 통해 이해하는 일이었다. 그렇다면 아렌트는 무엇을 했는가? 그녀는 하이데거의 개념을 자신의 목적에 맞게 다룰 수 있도록 스스로 '번역하려고' 노력했다. 그녀는 한편 철학자의 역할을 확인하였고, 다른 한편 1951년 예일대학교에서 열린 '하이데거와 야스퍼스 세미나'에서 두 철학자의 용어와 저서의 기본 문장을 사용하여 두 사람의 사상을 소개하는 방식으로 강의를 진행했다.[263]

이때부터 아렌트와 야스퍼스는 3자 구도를 형성하게 되었다. 그녀는 프라이부르크를 방문하는 동안 "함정에 빠졌으나 잡히지는 않았다"는 사실을 돌아보았다. 이것이 차이를 만들어냈다. 다른 어떤 방식도 가능하지 않다. 하이데거가 그곳에 앉아 있고, 그와 대화하고 싶은 사람은 누구든지 그 안에 들어가야 하기 때문이다. 이제 그는 다시 거기 혼자 앉아 있다. 9개월 후 그녀는 이 평가를 다시 떠올리며 그의 전략을 이해하려고 시도하는 「여우 하이데거 우화」*를 썼다. 이 글에서 그녀는 "평생 덫에 걸린 사람보다 덫의 삶을 잘 아는 사람은 없다”고 했다. 그러나 이 우화는 1950년 재회 이후 본격적으로 시작된 그의 작품에 대한 집중적 탐구가 함께 고려되지 않는다면, 단지 흥미로운 심리학적 단편으로만 남을 것이다.

단 하나의 연구계획에만 집중한 적이 없는 아렌트는 1954년 5월 8일 하이데거에게 자신의 생각을 정리한 일종의 중간 보고서를 보냈다.

1. “모든 국가에는 지배자와 피지배자가 있다”는 지배 개념이 정치 영역에 들어온 시점과 각 경우에 정치 공간이 어떻게 다르게 구성되는지 알아보기 위해 몽테스키외부터 시작하여 정부 형태를 분석합니다. 2. 아마도 한편 마르크스, 다른 한편 홉스에서 출발하여 관조적 삶의 관점에서 볼 때 일반적으로 활동적 삶에 함께 묶여 있던 근본적으로 다른 활동, 즉 노동·작업·행위를 분석합니다. 여기서 노동과 행위는 제작 모델로 이해됩니다.** 노동은 ‘생산적’이게 되었고, 행위는 수단-목적 맥락에서 해석됩니다. (제가 젊은 시절 당신에게 배운 것이 없었다면 이 일을 할 수 없었을 것입니다.) 그리고 3. 동굴의 우화와 당신의 해석을 바탕으로 철학과 정치 사이의 전통적 관계를 표현하며, 실제로는 모

---

* 이 우화는 원래 『사유 일기』 403쪽에 수록되지만, 제롬 콘이 편집한 모음집 『전체주의 물결과 정치적 이해』 575-76쪽에 다시 수록되었다.

** 여기서 ‘행위’를 제작 모델과 연관시켜 언급하고 있지만, 『인간의 조건』에서는 이런 입장이 바뀌었다.

든 정치이론의 기초로서 폴리스에 대한 플라톤과 아리스토텔레스의 입장을 설명합니다.[264]

그것은 "그래서, 요즘은 무엇을 하고 있나요?"라는 질문에 대한 대답 그 이상이었다. 아렌트의 성찰에 대한 하이데거의 호기심은 이미 주목할 만했지만, 그녀가 대답에서 드러낸 세밀함과 정확성은 훨씬 더 놀라웠다. 그러나 이것은 언뜻 보기에 그럴 뿐이었다. 아렌트의 경우 편지 장르는 그녀 자신이『사유 일기』나 책과의 대화에서 생각한 바를 훨씬 더 정확하게 표현할 수 있는 형식이었기 때문이다. 또는 그녀는 편지로 실험했고 편지 내에서 실험했다.

이 편지 역시 갑작스럽게 나온 것이 아니다. 아렌트는 하이데거와 야스퍼스를 집중적으로 읽는 단계를 거쳤다. 그녀의『사유 일기』를 고찰하고 1951년 이후 쓰인 텍스트를 살펴보면, 누구든 그녀가 플라톤과 아리스토텔레스도 읽었다고 덧붙여야 할 것이다. 아렌트는 이런 식으로 한편 철학적 사유의 시작, 다른 한편 자신에게 결정적 영향을 준 두 명의 동시대 철학자를 연결하는 다리를 놓고, 그들의 '도움'으로 자신의 사유 방향을 정할 수 있었다.

그녀가 그 편지에 이어 이를 정확히 어떻게 실행하고 싶었고, 어떤 의미에서 수행해야 하는지 명확히 설명하려는 시도가 이어졌다. 하이데거의 경우 사건의 역사가 아니라 철학적 개념으로서의 역사와 그 자신의 관계가 어떻게 발전했는지를 알아내는 것이 아렌트의 목표였다. 그녀는 역사를 인간 행위의 총합으로서 철학적으로 파악할 방법을 찾고자 했기 때문에, 이 점은 중요했다. 그 배경에는 철학이 고대부터 사상가들의 개별 논리에 전적으로 복종해야 하는 추상적인 일반성으로 여겨져왔다는 의구심이 깔려 있었다. 경험이 사유에 영향을 미칠 수 있다는 통찰도 역사 대신에 사유의 역사를 분석하려는 철학자들의 전통에 대한 믿음 속에서 사라졌다. 아렌트는 하이데거의 원고를 읽으면서 두 가지 발전 방향을 발견했다고 믿었다. 한편으로 하이데거는 『존재와 시간』에서 필수적인 역할을 하는 역사성 개념에 관한 연구를 계속했다. 그리고 여기에서 요구되는 "역사의 실존론적 구성"은 흔히 있는 '통속적' 역사 이해에 맞서기 위해 의도된 것이었다.[265] 우리는 '통속적'을 '관습적'으로 읽을 수 있다.

하이데거는 자기 세대의 많은 철학자, 특히 자신의 세미나에 참석한 제1차 세계대전 참가자들과 함께 역사에 대한 모든 '역사주의적' 관점, 즉 궁극적으로 역사를 역사 자체로부터 이해하려는 모든 시도에 대한 혐오감, 심지어 적대감을 공유했다. 하이데거에게 '역사성'은 역사적 중독의 손아귀에서 벗어나려는 결정적인 시도의 열쇠였다. 그러나 '역사성'은 개념적 영역에만 홀로 남을 수 없었기 때문에, 하이데거는 우울함을 유익하게 활용하는 단어들의 전체적인 앙상블을 선택했고, 그것은 시대정신이 탐할 만한 먹잇감이 되었다. 이론적 측면에서 그것은 우리 자신이라는 '현존재'와 19세기 이래 '세계 역사'로 인식되어온 더 큰 역사 전체 사이에 다리를 놓으려는 시도였다. 그는 특히 "유산상속", "운명”, 마지막으로 “자기 자신에 대한 실존의 성실함”이란 세 가지 사례를 선택했다.*²⁶⁶ 마지막 개념은 반역사적 비판의 방향에도 불구하고 과거의 관념으로의 회귀이다. 왜냐하면 단순한 과거에 불과했던 것의 ‘반복’이 전통에 대한 충실성으로 쉽게 이해될 수 있었기 때문이다.

하이데거는 그 모든 일에도 불구하고 여전히 어느 정도 용인될 수 있었다. 그러나 문제는『존재와 시간』이 마지막에 이를수록 점점 더 난해해졌다는 점, 긍정적으로 말하면 다른 새로운 것에 대한 호기심이 점점 더 커졌다는 점이다. 마지막 부분에서는 “역사성의 숨겨진 근거”가 언급되었는데, 이는 “죽음을 향한 본래적 존재”, 즉 “시간의 유한성”에서 찾아야 한다고 했다.** 결말부에는 마치 누군가 엄격한 외형적 구조(결국 이 책은 단락으로 나뉘어 있음)가 내용에도 반영되기를 원했던 것처럼 용어 모음집이 눈에 띄게 쌓여 있다.

아렌트는 다른 하이데거 독자와 마찬가지로 그 철학자가 자신을 역사적이라고 이해하는 “운동”(나치가 자신들을 묘사한 것처럼) 안에서 자신의 참여를『존재와 시간』의 약속된 사유의 연장과 어떻게 연관시킬지 궁금해했다. 하이데거가 고려조차 하지 않았던

---

* 『존재와 시간』제74절 역사성의 근본 구성 틀에서 유산상속과 운명을, 제75절 현존재의 역사성과 세계 역사에서 자기 자신에 대한 실존의 성실함을 지적한다.

** 『존재와 시간』제74절에서 언급한 내용이다. “죽음을 향한 본래적 존재, 다시 말해서 시간성의 유한성은 현존재의 역사성의 숨겨진(은폐된) 근거이다.”

이 도전의 핵심 개념은 바로 '전회Kehre'다. 전회란, 자신의 사유 경로에 대한 분석을 뜻하지만, 프라이부르크대학교 총장으로서 자신을 역사적 과정에 위치시킨 결정 같은 사건의 역사는 완전히 배제되었다. 하이데거가 '전회'의 시점을 여러 방식으로 언급하긴 했지만, 기본적으로 『존재와 시간』에 대한 그 자신의 고찰과 관련되어 있으며, 따라서 1927년 이후부터 시작된 '전회'는 이런 점에서 과거를 폐기하는 역할을 했고, 독자들에게 그의 사유를 그의 저작에 전적으로 내재해 있는 것으로 이해하도록 요구했다. 외부 경험이나 외부에서 들어온 어떤 것도 그의 사유에 영향을 미치지 않았다.

아렌트는 하이데거에게 편지를 보낼 당시, 1954년 9월 시카고에서 개최된 미국 정치학회 학술대회에 초대를 받았다. 그녀는 이를 위해 「최근 유럽의 철학사상과 정치에 대한 관심」*이란 제목의 강연에서 하이데거에 대해 언급했다. 그녀는 강연에서 '전회'라는 용어를 사용하지 않았지만, 하이데거가 최근 몇 년 동안 '역사'를 재정의하려고 시도했다는 사실에 대해 언급했다. 특히 하이데거는 헤겔과 달리 "우리는 모든 '무제약자das Unbedingte'의 오만함을 뒤로하였다"**는 점을 분명히 했다. 아렌트는 하이데거의 이 진술에서 「사물」[267]이라는 제목의 텍스트를 통해 광범위

---

   *   이 에세이는 『전체주의 물결과 정치적 이해』 마지막 부분에 수록되어 있다.

  **   이에 해당하는 문장은 다음과 같다. "Wir jedwede Anmaßung des Unbedingten hinter uns gelassen haben." 다음 자료를 참조할 것. 마르틴 하이데거 저, 이기상·신상희·박찬국 옮김, 『강연과 논문』(서울: 이학사, 2008), 234쪽.

한 결론을 도출하고 향후 연구계획을 공식화했다.

이것은 우리의 맥락에서 철학자가 순전히 인간의 영역을 넘어서며, 따라서 타당할 수 있는 기준, 즉 규칙과 척도를 마음대로 사용할 수 있기 때문에 인간사에 무엇이 좋은지 아는 "현명한 사람"이라는 주장을 남겼음을 의미한다. 철학자와 정치 영역의 관계가 어떠하든, 현명한 사람이 인간사로부터 자신을 멀리하고, 자신이 어떤 의미에서는 속하지 않는 인간 공동체를 위해 탁월한 지혜로 규칙을 정하는 방식일 수는 없다. 이러한 태도의 순전히 부정적인 결과, 즉 철학자가 스스로 현명한 사람의 지위를 폐기하는 것은 두 가지 측면에서 중요하다. 첫째, 정치라는 영역을 삶의 전혀 다른 영역에 뿌리를 둔 개념들로 배제하지 않고, 인간 경험을 바탕으로 정치 분야를 철학적으로 재검토할 수 있게 한다. 둘째, 그것은 왜 역사성 개념으로부터 실제 정치철학이 아직도 발전되지 못했는지를 설명한다.[*][268]

아렌트는 오랫동안 이러한 성찰을 준비했다. 그녀는 자신의 『사유 일기』에서 하이데거 텍스트에서 언급된 "오만함Anmaßung"에 관한 구절을 두 번이나 언급하면서,[**] 이것을 스승의 진정한

[*] 이 인용문은 「최근 유럽의 철학사상과 정치에 대한 관심」 초안 A에서 가져왔다.

[**] 『사유 일기』에 기록한 부분은 다음과 같다. 1952년 3월 「28」(원문 195쪽), 53년 1월 [16](원문 303쪽). Hannah Arendt, *Denktagebuch 1950~1970*

"전회"라고 선언했다. 그리고 여기서 공식화한 단계를 이미 밟아, 하이데거를 사유 방식의 혁명을 위한 주요 증인이라고 주장했다. 아렌트가 한 일은 어떤 의미에서 전례 없는 것이었다. 하이데거가 전통 철학을 자신의 사유에 녹여내어 철학을 비정치적 성격에서 끌어내고 특정한 정치적 기반 위에 정치철학을 세우려 했던 것과 달리, 아렌트는 하이데거를 비판하는 데 그치지 않고 오히려 해체해버린 것이다.

아렌트가 '현명한 자'라는 철학자의 모습을 뒤로하고 경험의 정치철학 형태로 철학을 계속할 수 있다고 믿었다고 해서, 그녀가 역사적 경험에서만 곧바로 발생하는 철학을 옹호한다는 의미는 아니었다. 따라서 그녀는 1950년대에 특히 영향력이 컸던 가톨릭 철학의 시도를 거부했다. 대표적으로 에티엔 질송과 자크 마리탱을 언급할 가치가 있다. 시대의 위기에 대한 그들의 대답은 신앙이 하나로 뭉칠 수 있다는 것이다. 아렌트는 제2차 세계대전 이후 파괴된 세계를 복원한다는 이 구상을, 사람들에게 방향 감각을 부여하는 인간 주관성과 초세계적 객관성이라는 개념으로의 비역사적 퇴보로 여겼다. 아렌트는 독일 실존주의의 프랑스적 변형에 대해 훨씬 더 날카롭게 거부했다. 아렌트에 따르면, 프랑스의 실존주의는 철학 문제, 즉 현재의 문제와 이를 결정하는 정치 문제가 철학 용어로 적절하게 설명되고 해결될 수 있음을 근본적으로 거부했다. 아렌트는 사르트르에 전혀 관심이 없었

(München/Zürich: Piper, 2002).

지만, 사르트르가 이러한 통찰력을 이용해 문학에 뛰어드는 것을 받아들이지 않았다. 아렌트의 관점에서 볼 때, 문학에는 애초에 그녀를 철학으로 이끌었던 하이데거와 야스퍼스에게로 돌아갈 길이 없었기 때문이다.

1950년대 중반의 상황에서 하이데거는 아렌트가 '발견한' 것을 수정하는 데 원동력이 되었다. 하이데거가 아렌트에게 그렇게 '매력적'이었다는 사실은 과거와 현재에서 비롯된 매력과 반감이 뒤섞인 감정 때문이 아니었다. 오히려 하이데거는 그 시대의 가장 일관된 사상가였다. 아렌트는 하이데거의 성찰이 내면적으로 발전해 나가는 과정을 통해 철학이 정치에서 얼마나 멀리 벗어났는지 알 수 있었다. 아렌트의 하이데거는 철학이 최고의 사유를 할 수 있다는 약속을 믿지도 않았고, 종합을 신뢰하지도 않았다. 여기서 '헤겔'을 대표적 인물로 지정하는 입장은 어떻게든 역사 과정의 주인이 되고 싶어 한다. 아렌트는 때때로 야스퍼스에 대해서도 비슷한 비판을 가했다. 즉 야스퍼스는 모든 현상에서 역사 과정을 절대자로 환원할 가능성을 찾았다. 그런데 이 절대자는 문자 그대로 사건의 역사와 그 안에 담긴 인간 경험으로부터 완전히 분리되고, 이런 역사와 경험은 부차적인 것으로 격하된다.

반면에 하이데거가 헤라클레이토스와 아낙시만드로스 같은 소크라테스 이전 철학자로 복귀한 것은 세계로부터의 도피가 아니라 오히려 시작을 재확인하고 현재의 완전한 확산에 대비하는 필수적인 단계였다고 할 수 있다.* 이것은 주변에 있는 것을 짜 맞춰 문제를 잘못 묘사하고 새로운 나침반으로 그 문제에서 벗어나는 방법을 찾으려는 종합 형태에 대한 해독제였다. 특히 종교적·신학적 용어와 정치적 용어를 섞어 20세기의 소멸 이데올로기를, 구체적인 실재를 직면하지 않은 채 새로운 형태의 신앙으로 과거와 다시 묶으려는 시도는 그녀에게 완전히 잘못된 것처럼 보였다. 아렌트가 이데올로기 시대의 설명 경향을 거부했다면, 그것은 아무리 위장되어 있더라도 "정치 종교"나 더 나쁘게는 "정치 신학"과 같은 개념을 지칭하는 경향들이었다.** 이것은 발데마르 구리안 및 에릭 푀겔린을 비롯한 다른 사람들과 한나 아렌트 사이를 뚜렷하게 구분하는 선이다.

아렌트는 현대의 전체주의와 그 기원을 분석하면서 한 가지 결과를 제시했다. 플라톤에서 니체에 이르는 서양 사상의 전통을 역사적 사건과 연관지어 설명해야 한다는 것이었다. 그러나 이 역사는 나치즘과 공산주의/볼셰비즘에서 발생한 사상적 오류나 원인 관계의 역사라기보다는 일종의 생산적인 오해의 역사로 이해해야 한다. 그녀는 이를 위해 정치철학의 역사에서 결정

---

* 『강연과 논문』에 수록된 「로고스(헤라클레이토스 단편 제50)」와 「알레테이아(헤라클레이토스 단편 제16)」는 각기 1951년 블레멘의 한 클럽에서 진행한 강의록, 1943년 프라이부르크대학교 강의록이고, 『숲길』에 수록된 「아낙시만드로스의 잠언」은 1946년 작성된 논고에서 발췌한 것이다.

** 전체주의와 정치 종교를 분석한 내용은 『전체주의 물결과 정치적 이해』에 수록된 에세이, 즉 「에릭 푀겔린의 서평에 대한 반론」, 「종교와 정치」를 참조할 것.

적인 개념적·실질적 전환점을 찾았다. 플라톤과 아리스토텔레스가 '정치'라는 개념과, 이성적·언어적 존재로서의 인간에 대한 규정을 제시하고, 국가이론과 사회적 공존을 가장 세밀한 차원까지 분석한 최초의 사상가들이라는 데에는 이견이 없었다. 그러나 우리는 더 이상 폴리스라 불리는 도시국가에서 유래하지 않았으며, 더 이상 노예를 소유하는 사회도 아니다. 그렇다면 이러한 근대의 결정적인 변화를 무시하고 계속 거기에 머물러 있어야 하는 것일까?

아렌트가 편지로 전달한 내용은 하이데거의 명백한 지향성에도 불구하고 그에게 잠시 생각할 시간을 주었음이 틀림없다. 하이데거에게서 영감을 받았으나 그의 어떤 성찰에도 기반을 두지 않은 채 이런 방식으로 서양 철학을 연구하는 것이 가능했을까? 그가 '존재의 역사'로 밀어넣었던 것들을 정치적으로 분석하는 방식만으로 사유를 이어갈 수 있는가? 하이데거에게는 이것이 지나친 도구화였다. 그래서 그는 아렌트가 자신의 생각을 전용하고 왜곡한 것에 대해, 1954년에 책 한 권을 보내며 몇 마디 사소한 말을 덧붙인 것을 제외하면, 무려 5년 동안 침묵으로 대응했다.*

아렌트가 1960년에 『인간의 조건』을 하이데거에게 보냈을 당시에, 그는 이미 이 책에 대한 몇 가지 중요한 통찰력을 전해 들었다. 이때 아렌트는 개인적인 내용과 철학적 내용을 인상적으로

---

* 이 책은 하이데거의 『강연과 논문』이다. 아렌트는 1954년 5월 8일 보고서를 동봉한 편지를 보낸 이후 만 5년이 지난 1960년 10월 28일 편지와 함께 자신의 책 『인간의 조건』을 보냈다. *Letters 1925~1975*, 119-24.

결합한 편지를 함께 보냈다.

> 당신은 이 책에 헌정이 없다는 것을 알게 될 것입니다. 만약 우리 사이, 즉 당신과 저 사이에 문제가 없었다면, 이 책을 당신에게 헌정할 수 있는지 물어봤을 것입니다. 이 책은 프라이부르크에서 보낸 첫 며칠 동안에 쓰기 시작했고 모든 면에서 거의 모든 것을 당신에게 빚지고 있습니다. 상황이 이렇다 보니 저에게는 불가능해 보였지만 어떤 면에서는 적어도 사실 그대로 말씀드리고자 합니다.[269]

1964년 9월 말 아렌트가 하이데거의 75세 생일에 선물을 보냈고, 하이데거가 카드에 손글씨로 적은 감사 편지를 보낸 것을 제외하고는 5년간의 침묵은 이미 예견된 것이었다.*

1965년 4월 13일 하이데거는 아렌트에게 직접 편지를 보냈다. 그 편지에는 눈에 띄게 공격적인 매우 날카로운 비난이 담겨 있었다. "가다머가 독일 언어·문학아카데미 연감을 통해 자네의 주소를 제공했소. 자네는 다른 관점을 가진 많은 출판물에도 불구하고 철학을 계속 고수하기를 바라오."** 마지막으로 하이데거는 철학이 "사회학·의미론·심리학의 승리에 자리를 내주어야 하는" 상황에 대해 불평했고, "그러나 철학의 끝은 다른 사유 방식

---

*   이 편지에 이어 1965년 4월 13일에 다시 편지를 보냈다. 하이데거는 1960년 편지 이후 역시 거의 5년 만에 아렌트에게 편지를 보냈다.

**   여기서는 간접 인용을 직접 인용으로 바꾼 것이다.

의 시작이 될 수 있었다오"라는 말로 편지를 마무리했다.* 이 마지막 언급은 다른 사유 방식에 대한 그의 의도를 언급하기 위한 것일 뿐이다.

아렌트는 친구인 돌프 슈테른베르거 덕분에 인정을 받아 시인 아카데미에 입회했다. 하이데거는 인정을 받지 못했다. 이로 인해 깊은 균열이 있었지만, 아렌트는 감수할 수 있었다. 하이데거와의 토론이 『인간의 조건』을 둘러싸고 진행되었기 때문이다. 그 후에 일어난 일은 그녀에게 해석학적으로 흥미롭고 중요했으며, 항상 그녀를 개인적으로도 강하게 그에게로 이끌었다. 이는 그녀가 최고의 초연함으로 이어지는 자유를 얻었기 때문이다. 반면에 하이데거는 그녀의 저작에는 관심이 없었고 철학에 대한 충실성을 묻는 경멸하는 듯한 질문으로 그녀의 저작을 폄훼했다. 이는 특히 『인간의 조건』이 하이데거에게 얼마나 깊은 영향을 미쳤는지를 보여준다. 하이데거가 "현대 정치사상의 의심스러운 전통"이 미래 정치철학에 대한 개념적 시험을 담고 있다는 것을 알아차리지 못했다고 상상하기는 어렵다. 또한 『예루살렘의 아이히만』이 그를 얼마나 사로잡았는지 판단하기 어렵다. 여기서 그는 침묵이라는 안전함을 택했다. 그가 미국 혁명이나 프랑스 혁명 그리고 공화주의 문제에도 관심이 없었다는 것은 더 이상 말할 필요도 없다. 이 모든 것을 단순히 현실 도피주의나 편협함 등의 값싼 동기로 돌리지 않으려면, 그 편지를 좀 더 주의 깊게 읽어야

* *Letters 1925~1975*, 124. 이 문장에서도 직접 인용 형식을 취하였다.

한다.

그 뛰어난 학생은 철학을 계속 공부했는가? 정말 놀라운 질문이다! 그는 분명 스스로도 제대로 이해하지 못하는 존재철학의 프로크루스테스 침대에 갇힌 철학의 극복과, '존재-신학'이라는 용어로 응축된 신학의 치명적인 혼합을 다루고 싶지 않았다. 그러나 여전히 철학이지! 그리고 아렌트가『인간의 조건』에서 정확히 이 용어와 그 형성에 대해 비판한 것에 대해서는? 단 한마디 언급조차 없었다. 하이데거는 '철학자'의 역할에 대해 아무 말도 하고 싶지 않았는가? 인간 활동의 세 가지 기본 형태인 노동·작업·행위는 그에게 아무 의미가 없었을까? 그것들은『존재와 시간』에서 그가 범주로 확립한 '실존'이 아니었던가? 플라톤과 아리스토텔레스에 관한 구절에 대해서는 아무 말도 할 수 없었거나 말하지 않으려 했을까? 아니면 그는 아렌트가 1954년에 제시한 독서 지침과 그 책 자체를 받아들이는 게 불가능했을까? 자신이 제자들에게 적용했던 것과는 다른 기준이 적용되었던 것일까?

우리는 하이데거의 교활한 침묵 속에서, 사후에 출판된『블랙노트북*Schwartze Hefte*』에 기록된 내용을 지겨울 정도로 읽을 수도 있다. 사유는 사람을 외롭게 만들고, 아무도 따르지 않으며, 혼자 남겨졌을 때 내면의 일관성에 의존할 수밖에 없다는 것이다. 존재 자체가 자신과 비슷한 방식으로 버려진 상황에서 문화비판과 고전 부흥, 현재에 대한 집요한 강조를 혼합한 것이 무슨 의미가 있는가? 개인적·세속적 재앙은 둘 다 피할 수 없는 것이었다.

그러나 아렌트는 무슨 대답을 할 수 있었을까?

이후 두 사람의 관계가 편안해진 것은 아렌트가 선한 정신으로 행동했기 때문이다. 그녀는 하이데거에게 재정 문제에·관해 조언했고, 이전의 저작 『숲길』과 마찬가지로 그의 사상 발전을 보여주는 『이정표*Wegmarken*』(1967)에 대해서도 자세히 응대하며 답장을 보냈다. 그들은 1961년 뇌출혈로 간신히 죽음을 모면하고 이후로 계속 병을 앓은 하인리히 블뤼허에 대해 함께 걱정하면서 다시 가까워졌다. 블뤼허는 다시 우울증을 앓았고 몇 차례의 가벼운 심장마비도 겪었다. 하이데거 역시 건강이 예전 같지 않았다.

하이데거는 아렌트의 60세 생일을 맞아 횔덜린과 자신의 시를 보내기도 했다.* 시는 1920년대부터 중요한 의사소통 수단이었고, 아렌트에게는 언제나 친근감을 표현하는 수단이었다. 아렌트는 자신의 첫 번째 남자친구인 에른스트 그루마흐에게 이제는 그의 초기 시를 갖고 있지 않으니 그것들을 다시 보내달라고 부탁하기도 했다. 하이데거와도 시를 '교환'했는데, '인간'이 시적으로 살았든 그렇지 않았든 시는 단순한 소통이나 철학적 '대화'로는 말할 수 없는 것을 전할 수 있었다.

이 모든 것은 아렌트와 하이데거의 '사이*zwischen*'에 속한 일이

---

* 하이데거가 1966년 10월 6일 아렌트에게 보낸 편지에 동봉한 횔덜린의 시 일부는 다음과 같다. "자연의 빛은 더 높은 표정이다/그토록 신나는 분위기로 하루가 끝나는 곳;/올해의 장엄한 정점이다,/과일이 빛나는 광채로 결합된 곳." 횔덜린이 사망하기 일 년 전에 쓴 시라고 밝혔다. 출처는 다음과 같다. *Letters 1925~1975*, 128.

었다. 이것은 더 확장될 수도 있다. '하이데거'는 여전히 그녀가 부분적으로 책임을 느낄 수 있는 세계임을 의미했기 때문이다. 아도르노와 같은 다른 사람들이 하이데거를 "특이한 성향의 전문용어"로 진단하거나, 제3제국 시절 그의 진술을 개인적으로 편집해 모음집을 낸 일이 있지만(귀도 쉬네베르거*), 이 중 어느 것도 그녀의 경험과는 일치하지 않았다. 하이데거가 1932~33년 겨울 아렌트의 편지에 대응해 자신을 반유대주의자로 몰아붙이는 불쾌한 소문이라고 답장을 한 이후**, 그녀는 그에게 무슨 일이 있었는지 전혀 이해하지 못했거나 거짓말을 하고 있다는 것을 분명히 알았다. 이는 아렌트가 추가적인 질문을 하거나 접촉할 수 있는 실질적인 대안이 없음을 의미했다. 그러나 자신이 경험한 것을 폭력적으로 되돌리고 싶지 않았고 되돌릴 수도 없었기 때문에, 그리고 쇼아 이후의 가능한 사유 방식은 철학의 가능 여부에 달려 있었기 때문에, 그녀는 하이데거에게 접근해야 한다고 믿었다. 아렌트의 확고한 신념에 따르면, 사유의 힘은 하이데거에게서 비롯되었다. 반면 야스퍼스로부터는―적어도 이런 관점에서

---

*　귀도 쉬네베르거(Guido Schneeberber, 1927~2002)는 1952년 카를 야스퍼스의 추천으로 바젤대학교에서 박사학위를 받았으며, 1960년과 1962년 마르틴 하이데거에 관한 두 권의 서지학 출판물을 출판했다.

**　편지 내용은 다음과 같다. "자네를 화나게 하는 소문은 내가 몇 년 동안 겪었던 다른 경험과 완벽하게 일치하는 중상모략이라오. 유대인을 세미나 초대에서 제외할 수 없다오. (…) 내가 유대인에게 인사하지 않았다는 소문은 악의적인 소문이라서 어쨌든 앞으로는 주의해야 할 것이오." *Letters 1925~1975*, 52.

볼 때―근본적인 '현재성'과 타인과의 소통이 철학적으로 어떻게 전달될 수 있는지를 배웠다.

하이데거의 경우 개인적이든 지적이든 근접성과 거리감은 변증법적으로 매개될 수 없다. 중간적 입장이나 심지어 종합은 과거에 일어난 일의 외부에 있었으며, 제3자가 매개할 수 있는 성질의 것도 아니었다. 동시에 아렌트는 『인간의 조건』을 통해 하이데거로부터 자유로웠다. 아렌트는 하이델베르크대학교로 간 순간부터 이미 하이데거의 사상으로부터 '독립해' 있었고 그 이후에도 하이데거의 사상에 대해 논평해왔다. 따라서 이 책은 그의 철학과 후기 사상으로부터의 새로운 '독립'을 의미하지는 않았다. 아렌트가 그에게서 '배웠다'는 이유로 그와 교류했다는 사실은 평생 함께하기로 한 결정의 당연한 결과였다. 사람들이 어떻게 부르든 불륜이나 관계는 하이데거와의 관계에서 단지 한 부분에 불과했을 뿐이다. 『인간의 조건』은 부분적으로 하이데거주의를 다른 '언어'로 번역한 것이다. 직접적인 표현은 두 개의 각주에서만 찾아볼 수 있었다.[270] 사실 이 책은 하이데거의 철학과 시대 진단에 대한 응답으로 읽힐 수 있으며, 완전히 다른 관점에서 쓰였다.

태고로 되돌아감*: 팔순의 하이데거에 바치는 헌사

앞서 언급한 1969년 라디오 방송 이야기에서 완전히 벗어난 듯 보인다. 그러나 단지 겉보기에만 그럴 뿐이다. 아렌트가 요청을 받았을 당시 모든 것이 이미 논의 중이었는데, 하이데거의 이름을 거론하지 않고도 그에 대한 응답이 이미 그녀의 사유에 짜여 있었기 때문이다. 그렇다면 그녀는 어떻게 해야 했을까? 그녀는 지금까지 해왔던 것처럼 하이데거의 사상에 대한 공적 참여의 길을 모색하되 개인적인 관계는 제쳐두어야 하지 않았을까? 바이에른 방송국BR의 요청을 거부할 수 있는 유일한 방법은 조건을 붙이는 것이었다. 하이데거가 동의하지 않으면, 그녀도 응할 수 없다는 것이다. 하지만 그 사상가, 하이데거는 동의했다. 이제 그녀의 차례였다.

아렌트는 마침내 바이에른 방송국 출연에 동의하고 자신의 2차 출판 공간인《수성》에 텍스트를 실을 수 있는 허가도 받았다. 이후 관계자들과의 논의에서 그녀는 극도의 정확성을 기했다. 주의 깊게 읽어보면, 그 정확성은 '하이데거'라는 현상 전체의 역사를 포함하는 것이었음을 알 수 있다.

아렌트는 바이에른 방송국과의 대담에서 "이름과 저작이 이

---

* 후술하지만, 여기서 이 문구와 관련된 릴케의 「오르페우스에게 바치는 소네트」 XIX를 소개한다. "Wandelt sich rasch auch die Welt/wie Wolkengestalten,/alles Vollendete fällt/heim zum Uralten(세상은 빠르게 변하지만/마치 구름 모습처럼,/완벽한 것은 모두/태고로 되돌아간다)."

세기에 어떤 의미를 지니고 있는가에 대한 숙고Besinnung"이지 "찬사"가 되어서는 안 된다고 말했다. '숙고'는 아우구스티누스의 저서 이후로 그녀의 저작에서 중요한 역할을 해왔는데, 무엇보다도 철학에 내재한 반성Reflexion의 자기 인식이면서도 종교 공동체에서 벗어나게 하는 것이기도 했다. 아렌트에게 '숙고'란 항상 기억을 되새기고 재고하는 것이며, 경험을 반성으로 옮긴다는 것은 개인과 일반이 만나는 지점을 찾는 명상을 의미하기도 했다. '숙고'는 하이데거가 1950년에 아렌트에게 통찰력을 제공했던 『사건-역사적 논고』의 책 제목이었다. 그녀는 이제 하이데거의 '근대'에 대한 해석을 현재 상황에 대한 자신의 '숙고'인 『인간의 조건』과 비교할 수 있었다.

바이에른 방송국 편집자에게 보낸 편지에서 '숙고'만이 유일한 용어는 아니었으나 대조적인 표현이 나왔다. 즉 작품 해석은 제자들이 맡는 편이 더 낫다는 것이다. 숙고란 작품을 인물과 연결지어, 그것이 서로에게 미치는 영향을 성찰하는 것이다. 아렌트는 저작과 그 영향에 관해 이야기하고 싶었다. 바이에른 방송국 측은 아렌트가 "카프카에 대한 최초의 완전히 그럴듯한 해석"으로 높이 평가했던 발터 비멜을 선택했다. 1969년 아렌트는 10년 전에 이미 만나 그때부터 관심을 가지고 그의 글을 주목해왔다.

마르틴 하이데거 생일 전날인 1969년 9월 25일, 바이에른 방송국은 뉴욕에서 녹음한 한나 아렌트의 「마르틴 하이데거가 80세가 되었습니다」*라는 기념 방송을 내보냈다. 약 35분 동안 진행된 이 강연은 홍보 영상에서 말한 '숙고'를 제공하기도 했지만, 무엇보다도 하이데거 자신의 매혹의 역사를 시각화하여 보여주었다.

"마르틴 하이데거는 80세 생일과 함께, 교수로서 대중에게 영향을 미친 지 50주년이 되는 해입니다." 이로써 분위기가 조성되었고, 내용 면에서도 '숙고'가 하이데거의 자기 이해와 완전히 일치한다는 것은 이미 명백했다.

하이데거의 자기 이해에 따르면, 대학은 그가 자기 생각에 따라 활동할 수 있는 유일한 공공영역이다. 따라서 1919년 다시 프라이부르크대학교에서, 5년 후 마르부르크대학교에서, 그리고 1928년 다시 프라이부르크대학교에서 진행된 강의는 언제나 이 공간과 소통할 기회였다. 격정적으로 표현하자면, 이곳에서 진리가 선언되었다. 하이데거는 이러한 자기 인식 속에서 대학이 내부와 외부로부터 똑같이 위협받고 있다고 보았다. 한편으로 전통을 반복하고 부활시키는 데 몰두하며 햄스터 바퀴를 규칙적이고 만족스럽게 돌리는 대학 철학에 의해, 다른 한편 교육 목표를 공식화하고 학생들에게 역할 모델을 제시하는 국가에 의해 위협을 받고 있었다. 제1차 세계대전이 끝나자 하이데거는 대학 문제에 대해서도 전투 태세에 돌입했다. 철학은 무엇보다도 사명이었다. 하이데거의 급진화와 정치화는 분명히 관찰자들에게 인정을 받았다. 『존재와 시간』 출간 이후 몇 년 동안 그에 대한 전문가 보고서에서는 그가 처한 '위기'를 언급했다. 학생들은 종종 그를 이

---

*　이 방송 원고는 다음 자료에 수록되어 있다. 한나 아렌트 지음, 신충식 옮김, 『난간 없이 사유하기: 한나 아렌트의 정치 에세이』(서울: 문예출판사, 2023), 593-609쪽.

해하지 못했으며, 철학을 근본적으로 쇄신하려는 그의 노력과 목표에 맞는 언어는 많은 사람의 의심을 불러일으켰다. 베를린대학이 1923년 2월 1일 세상을 떠난 에른스트 트뢸취의 후임 자리를 채우려 했을 때, 하이데거는 처음에 제안받지 못했다. 에른스트 카시러가 그 제안을 거절하고 몇 년 후, 독일 민주주의의 첫 번째 수도가 내민 제안을 하이데거가 거부하는 일이 벌어졌다. "단호하게 거절한다!"

그러므로 『존재와 시간』이 1927년 논쟁적인 주제로 시작된 것은 놀라운 일이 아니다. 플라톤의 대화편 『소피스트』 이래로, 철학은 존재와 존재자의 차이·관계·내용을 고려하지 않았으며, 현존재가 위치한 공간인 '사이 공간', 즉 틈새를 정의하는 것도 잊었다. 이렇게 존재의 망각을 진단한 이 책은 전통적인 개념과 그 내용을 끊임없이 변형하며 발전시킨 견고한 독립성 때문에 세기의 저작이 되었다.

1933년 총장으로 취임한 하이데거는 취임 연설에서 대학과 그 미래 과제, 특히 제3제국에서 부상하는 '민족 공동체'에서의 교육에 대해 역설하였다. 이는 12년 동안 그대로 유지되었다. 그러므로 1945년 이후로 이곳을 자신의 장소로 인정할 수 없게 된 것보다 더 큰 충격은 없었다. 그는 강의를 금지당했고, 대학은 진리를 위한 투사를 잃었다. 금지령이 해제된 후 명예교수, 즉 자유로운 철학자의 삶이 시작되었다. 하이데거는 80세가 되었을 때 물 위에 떠다니는 고독한 인물로 전 세계적인 존경과 찬사를 받았지만 동시에 자기 분야의 발전과는 단절된 상태였다.

아렌트는 이 모든 것을 알고 있었다. 아렌트는 『존재와 시간』을 자서전으로, 심지어 자신과 당대 사람들에게 보내는 편지로 읽을 수도 있었다. 그러나 훗날 하이델베르크로 이주하게 된 그녀와 하이데거의 인연은 아직 언급되지 않았다.

라디오 연설의 첫 문장으로 돌아가보자. "마르틴 하이데거는 80세 생일과 함께, 교수로서 대중에게 영향을 미친 지 50주년이 되는 해입니다." 아렌트는 여기서 한 걸음 더 나아갔다. 그녀는 '스승'을 자신의 철학적 '영웅'이자 실제로 모든 철학적 '스승'의 조상인 소크라테스와 연결지었다. 그녀는 플라톤의 『법률』의 한 구절로 시작했다. 그녀의 새롭고 고도로 양식화된 번역에 따르면, "시작은 신이다. 신이 사람들 사이에 거주하는 한, 신은 모든 것을 구원한다."* 그녀가 몇 년 전 번역했을 때는 단지 '만물'만을 '구원한다'고 했다. 녹음본에서 들리는 다소 어색한 고대 그리스어 발음(출간된 텍스트판에서는 삭제됨)은, 마치 그녀가 고풍스러움을 강조하고 싶어 하는 듯하며, 대중적인 문장을 돌에 새긴 것 같은 인상을 준다. 아렌트의 의도는 그것을 텍스트 문맥에서 떼어내어 하나의 거석으로 만드는 것이다. 어느 날 들판에 우뚝 서서 아무도 지나갈 수 없고, 모두가 부딪히는 바위처럼 말이다. 그러나 이 구절은 신과 시작, 궁극적으로 개인과 국가의 안정성을 보장하는 수많은 다른 구절과 쉽게 연결될 수 있었다. 이미

---

*　이 문장은 『법률』 775e에서 인용한 것이다. 이와 관련한 문장은 753e에도 나타난다. "실상 속담 중에는 시작이 모든 일의 반이라는 말이 있거니와, 어쨌든 시작을 훌륭하게 하는 걸 모두가 그때마다 칭찬하죠."

『법률』의 첫 문장에서 신이 언급되었다.* 즉 시작의 시작이다!
그러나 아렌트가 선택한 문장은 하이데거식 해석을 따르지 않았
기 때문에 눈길을 끈다. 하이데거 세대는 『법률』에 대해 매우 조
심스러워했고, 그의 제자 발터 브뢰커는 널리 읽힌 플라톤에 관
한 책에서 『법률』이 위작이라고까지 선언했다. 아렌트는 하이데
거의 나이와 교직 경력 같은 전기적 사실을 언급한 뒤, 곧장 수수
께끼 같은 물음을 던진다. "그렇다면 이 신은 누구인가?" 그녀는
하이데거가 자신의 죽음 이후에야 공개하라고 요구했던 《슈피
겔》 대담에 대해 알고 있었을까? 그는 거기서 신탁을 열심히 경
청하고 있는 기자들에게 "신만이 우리를 구원할 수 있다!"고 선
언한다.

아렌트는 하이데거를 직접 겨냥해 「오르페우스에게 바치는 소
네트」** 제19의 마지막 두 행 "완벽한 것은 모두 태고로 되돌아
간다"를 인용하며, "그 바람은 태고에 기인한다. 그 바람이 남긴
부분은 완벽한 무엇, 즉 완벽한 모든 것처럼 그 바람이 기인한 곳
으로 되돌아간다"***로 강연을 마무리한다. 거장의 궤적이 그려

<hr>

* 제1권 서두는 다음의 대화로 시작된다. "아테네인: 선생들이시여! 선생네의
법률을 정함에 있어 그 공을 인정받고 있는 쪽은 신인가요 아니면 어떤 한
인간인가요?/클레이니아스: 신입니다. 선생이시여! 가장 옳게 말하자면, 신
이지요." 플라톤 저, 박종현 역주, 『법률』(파주: 서광사, 2009), 57쪽.

** 이 소네트의 전문은 다음 자료를 참조할 것. 라이너 마리아 릴케 저, 손재준
옮김, 『두이노의 비가』(파주: 열린책들, 2014), 348쪽.

*** 앞에서 언급한 「80세를 맞은 하이데거」 강연의 마지막 문장이다. 『난간 없
이 사유하기』, 609쪽.

졌다. 하이데거는 대중의 눈에 띈 지 50년 만에 자신이 태어난 시작(원초)으로, 아무도 도달할 수 없는 곳으로 돌아간다. 다음의 재구성된 각 문장은, 전적으로 당시 아렌트 자신의 경험을 바탕으로 삼고 있다. '숙고'는 무엇보다도 경험에 대한 자서전적인 설명이었다. 그리고 그것은 난해하면서도 매혹적이었고, 오직 화자이자 저자인 아렌트만이 이 시작과 '태고'로의 회귀를 연결할 수 있었다. 그것은 재빨리 사라지는 무대 위 안개가 아니라 그녀가 경험한 또 다른 시작의 주문呪文이다.

> 사유 영역에 있는 비밀의 왕. 분명히 이 세계에 속하지만, 세계 속에 너무 숨겨져 있어서 존재 여부는 확실히 알 수 없다. 그러나 그 안에 사는 사람은 생각보다 훨씬 많다. 그렇지 않고는 하이데거의 사유와 사유 읽기의 독특하고 종종 은밀한 영향을, 그의 제자들의 범위를 넘어 철학에서 일반적으로 이해되는 것 이상으로 확장되는 것을 어떻게 설명할 수 있겠는가?[271]

"비밀의 왕"은 노발리스의 단편소설 「하인리히 폰 오프터딩엔 Heinrich von Ofterdingen」에 실린 유명한 시에서 나온 표현이다. "나는 튼튼한 성을 알고 있다/그 안에 조용한 왕이 살고 있다." 그리고 "이상한 일행"도 있다. 아렌트는 《파르티잔 리뷰》에서 하이데거를 낭만주의자로 분류하며 매우 비판적이지 않았던가? 그러나 이제 거의 25년이 지난 지금, 그 맥락은 하이데거가 가장 좋아하는 단어 중 하나인 "숨겨진"이란 단어로 더욱 마법 같은 무엇인가로 변한다! 하이데거의 '발견'은 존재를 빛으로 끌어내기 위해 배치되기를 기다리고 있지 않은가? 반면에 "사유 영역"은 '지성 세계mundus intelligibilis'와 '사유 우주kósmos noetós'의 독일어 번역 중 하나였으며, 시간적 지표 없이 사유함을 의미한다. 언뜻 보면, 반은 동정적이고 반은 경건한 설명처럼 들리지만, 사실은 철학적·부르주아적 요소를 담고 있어 1969년 시점에서는 이미 먼 이야기처럼 들린다. 하이데거를 그의 시작점으로 되돌려놓고 즉시 거기에서 멀어진 것처럼 보이게 하는 것은 그가 상승을 시작하던 시기의 특징을 잘 반영하는 것일 수 있다. 아렌트의 '숙고'는 그러한 공식화에 의문을 제기하지 않을 뿐만 아니라 오히려 그것을 '인증한다.'

아렌트가 완전히 자신을 망각한 채 하이데거를 카프카, 브라크, 피카소의 명성과 비교할 때, 그것은 더욱 이상하고 왜곡된다. 이들 역시 대중에게 나타나기 훨씬 전에 소수의 입문자만이 알고 있던 사람들이다. 아렌트에 따르면, 이들은 "일반적으로 대중적이라고 이해되는" 사람들이다. 하이데거의 경우 더욱 주목할 만한 점은 『존재와 시간』이 1927년에야 출판되었다는 것이다. 그때까지 그는 이미 8년 동안 '선생님'으로 불리며, 전해지는 강의 노트를 통해서만 알려졌다. 요컨대 거의 낭만적인 현상이라 할 만했다. 어둠 속에 있는 '알려진 미지의 인물'이자, 위대한 일이 준비될 때 그곳에 있던 소수의 아는 이들만이 알아볼 수 있는 존재였다.

아렌트는 평생 야스퍼스의 '밝은 빛'을 칭찬했다. 아렌트를 포함한 많은 사람이 이 주제를 칸트와 연관시켰다. 칸트가 '계몽주의'를 대표하기 때문이다. 하이데거의 경우 모든 것이 과잉으로 채워져 있었고, 알려지지 않은 관련 사항은 더 많고 눈부시다.

그러한 인식이 아렌트의 주변 사람들 가운데 일부에게는 옳았을지도 모르지만, 하이데거를 플라톤의 후계자로 보는 것은 역사적 왜곡이다. 아렌트에게 플라톤은 하이데거 사유의 척도일 뿐 아니라 정치적 오류의 본보기이기도 했다. 1933년 총장 취임 연설은 곧잘 잘못된 선택으로 인식되었다. 놀랍게도, 아렌트는 기념방송 원고 「숙고」에서 하이데거라는 인물과 저작에 대한 모든 지식을 무시하고, 암시나 행간을 통해서조차 전혀 비판을 드러내지 않았다. 그러나 이를 '회피했다'거나 '자제했다'고 표현하는 것은 부적절하다. 그녀는 문자 그대로 그것에 대해 생각조차 하지 않았다. 사실, 그녀의 「숙고」는 하이데거가 언론인 수준으로 내려와 자기 자신에 대해 썼더라면 나올 법한 텍스트이다. 그 여성 사상가는 이 대목에서 하이데거의 서사를 따라가는 탁월한 학생이 된다. 하이데거는 최초로 강의와 세미나에서 오직 한 명의 저자, 한 권의 책으로만 진행했다. 이는 당시로서는 새로운 시도였다. 전체적으로 초점은 『존재와 시간』 출간보다 훨씬 전부터 활동했던 '선생님' 하이데거에게 맞춰진다.

아렌트는 이런 질문들에 전혀 신경쓰지 않았다. 오히려 그 반대였다. 1945년 이후에는 유럽 유대인 절멸이 누구도 극복할 수 없는 전환점이라는 사실을 깨닫고 그 인식을 확고히 하는 데 전념했다는 점이 그녀의 저작을 해석하는 한 가지 가능성이다. 이후에는 정치적인 것의 중요성을 되살리는 데 힘을 기울였는데, 그것은 고전 철학이 정치적인 것을 배제하고 철학자를 초월적 권위자로 만든 잘못을 처음부터 인식하고 바로잡을 때만 가능한 과제였다. 그녀는 만년에 '정신의 삶'*이란 제목으로 '관조의 삶'에 관한 연구를 덧붙여, '활동적 삶'에 관한 연구를 보완하려 했다. 이 연구는 행위를 진정한 정치적 인간의 활동으로 우선시하여 정치철학을 정당한 위치에 놓으려는 시도였다. 이러한 노력에는 존재론, 형이상학, 현대 인식론과 같은 오래된 학문이 들어설 자리가 없었다. 아렌트는 마르크스, 키르케고르, 니체와 함께 근대 사상이 종말을 고하는 것을 보았지만 존재와 그 역사에는 관심이 없었다. 그러나 아렌트의 유작에는 하이데거 저작에 대한 집중적인 주석이 달려 있고, 『사유 일기』에서는 그리스적 개념 세계와 자신이 창조한 개념 세계를 분석하며 계속 엮어갔지만, 그녀의 작품 자체는 이 모든 것과 거의 차단되어 있었다. 그런데도 아렌트가 하이데거와의 대화를 모색했다면, 그것은 앞서 말한 의미에서 비판적이었다. 아렌트는 『존재와 시간』에서 시작하여 다양한 이름으로 이어간 하이데거의 형이상학 해체를 근본적인 오류라고 지적하며 반박했다.

여기서 완전히 다른 모습이 드러난다. 하이데거의 고정관념은 '계략'이 되고, 극복해야 할 형이상학 내부에서 진화하고 맹위

---

*   정신의 삶에 관한 아렌트의 3부작은 다음과 같다. 홍원표 옮김, 『정신의 삶: 사유와 의지』(파주: 푸른숲, 2019); 김선욱 옮김, 『칸트 정치철학』(파주: 한길사, 2024)이다.

를 떨치는 괴물이 된다. 제2차 세계대전에서 독일인이라는 형이상학적 민족이 승리할 기회를 놓쳤고, 이후부터는 '평정'이라는 치료적 수단으로 그 괴물을 진정시켜야 했다. 반면 아렌트는 반유대주의, 식민주의, 제국주의, 나치즘, 공산주의/볼셰비즘의 재앙을 전적으로 인간 행위의 영역으로 옮긴다. 이런 면에서 아렌트는, 하이데거가 새로운 개념적 외관을 가진 역사 목적론자로서 잃어버린 우연의 요소, 궁극적으로 어떤 방식으로든 행위할 수 있는 자유를 유지한다. 그녀는 책임 개념을 생각할 수 있으며, 제도이론 또는 민주주의 이론의 기반이 없더라도 개인과 국가를 모두 동등하게 염두에 두고 있다.

이러한 내용은 준공식적인 「숙고」에는 나타나지 않는다. 1969년 그녀가 하이데거에게 괴상한 평판을 안겨주었을 뿐만 아니라 자신이 속한 집단이 올바른 결론과 결정을 내린 것처럼 가장했다는 것은 놀라운 일이다. 아렌트는 자신이 하이데거에게서 사유하는 법을 배웠듯이, 다른 이들도 하이데거에게서 사유하는 법을 배웠다고 주장한다. 그녀는 이전에 자신이 부분적으로 구축했던 모든 거리 두기를 지워버린다. 아렌트가 지적했듯이, 야스퍼스는 한때 하이데거의 친구였지만, 이후 왜 그렇지 않은가에 대해서는 아무 설명이 없다. 그는 하이데거 주변에 남아 있던 유일한 철학자였다. 야스퍼스를 매료시킨 것은 강단 철학에 대한 하이데거의 '반항적 태도'였던 것 같다. 아렌트는 하이데거와 야스퍼스가 합의한 '돌파구를 모색하던 투쟁 공동체'라는 자아상을 수용하고 이를 진리로 구현한다.

아니, 그녀는 하이데거 주변의 다양한 집단에는 '비의적인eso-terisches' 요소가 전혀 없다고 확신했다. 얼마 후에 진리를 찾는 데 전적으로 헌신하고 열정적인 굶주린 영혼으로서 이해할 수 없는 세계로 순례를 떠난 '소수'에 대해 이야기했을 뿐이다. 프라이부르크에서, 마르부르크에서, 그리고 다시 프라이부르크에서 그들은 사유가 어떻게 나타나고 표현되며 변형되어 자신들에게 도달하는지를 지켜볼 수 있었다. 적어도 전 세대의 깨어 있는 사람들을 대변하는 것처럼 보이는 아렌트에게는 그런 인상이 남아 있었다.

그 뒤에 역사는 사유의 영원한 흐름을 끊어버렸다. 아렌트가 믿었던 것처럼, 하이데거는 '잠시' 나치즘의 희생양이 되었는가? 아니, 그는 "유혹에 굴복했다." 그는 철학에 '열정'을 불어넣은 사람, '놀라움'을 자신의 자연스러운 '거처'로 삼은 사람, '형이상학'이 명예롭게 죽도록 내버려 둔 사람, 칸트가 시작했다고 하는 이 과업을 완수한 유일한 사람이었다. 전통과 그 해석, 실제로 '존재와 시간' 자체에 성공적으로 대항한 사람, '맹공격'과 '폭풍우'를 알았던 사람, 그리고 위대한 '나', 즉 근대성의 자기 권한을 왕좌에서 끌어내리는 영예를 얻은 사람이었다.

하이데거가 말했듯이, 분노하는 폭풍우 속에 서 있으며, 문자 그대로 시간이 멈춰 선 사유하는 나는 나이를 먹지 않을 뿐만 아니라 항상 구체적으로 다르기는 하지만 특징들이 없다. 사유하는 나는 결코 의식하는 자기 자신이 아니다.*

아렌트가 거리낌 없이 받아들인 것은 처음에는 철학적 정리定
理의 무해한 교정처럼 읽힌다. 사실 그것은 데카르트가 더 이상
근대의 아버지가 아니고, 칸트의 '나'가 더 이상 기준이 될 수 없
고, "나는 생각한다. 나의 모든 생각을 동반할 수 있어야 한다"는
명제가 의식에서 비롯된 독일 관념론의 자기 권한 부여 프로그
램과 함께 폐기되었음을 뜻한다. 아렌트는 이미『인간의 조건』에
서, 데카르트로부터 시작된 철학이 더 이상 세계를 설명하는 역
할을 하지 못하는 쇠퇴의 역사에 대해 말한 바 있다. 그 결과 인
식론과 과학사만이 철학의 활동 영역으로 남아 있었다. '과학의
여왕'은 인간 내면에 자리한 자기 확신을 방법적 회의로 다루다
가 스스로 곁길로 빠져버렸기 때문이다.[272]

아렌트가 기념방송을 위해 이 이야기를 요약했는데, 이 이야
기에서 하이데거는 수천 년 된 전통에 종지부를 찍었다. 아렌트
에 따르면, 철학에 가장 깊은 '애착'을 가졌던 하이데거는 마땅
히 해야 할 일을 완성할 수 있었다. '사유 문제' 자체는 사람도 전
기傳記도 없이 일어난다. 그녀는 하이데거가 아리스토텔레스에
대해 "그는 태어났고 일하고 죽었다"고 말했다는 일화를 인용한
다.** 여기서 사유 자체는 행위이며, 아렌트다운 의미에서 열정

---

* 「80세를 맞은 하이데거」,『난간 없이 사유하기』, 601쪽. 다음 내용을 참조할
것. "사유하는 나는 순수한 활동이며, 그래서 나이도 없고 성별도 없으며 특
성도 없고 삶의 이야기도 지니고 있지 않다."『정신의 삶: 사유와 의지』, 98쪽.

** 아렌트는 자서전을 집필하라고 요청받은 질송의 응답을 소개하며 하이데거
의 말을 언급했다.『정신의 삶: 사유와 의지』, 98쪽.

이지만, 어떤 경험도 없다. 하이데거는 사유하기 위해 '고요함'의 장소로 간다. 그곳에서도 폭풍우가 칠 수 있으나 실제 삶과는 다르다. 아렌트는 사유의 '거처'를, 사유가 고독한 일이라는 헤겔의 통찰과 연결한다. 이는 하이데거가 인간적 맥락으로부터 완전히 역사주의적이고 감정적으로 거리를 둔 도피주의의 '토포스들'이다. 그의 "세계 속의 존재"는 보통 사람들의 것과는 다르다. 하이데거는 아무도 살지 않는 곳에서만 자신의 '사유의 길'을 떠나 영구적으로 걸어갈 수 있었다. 그는 항상 타인·세계·사물과의 관계 속에서 사유가 놓이는 근접성과 거리감 사이의 긴장감을 유지하며 이 일을 했다.

아렌트가 『휴머니즘에 관한 서간*Brief über den Humanismus*』에서 "존재의 진리 안에 황홀한 내재함"을 언급하면서 그것을 '폭풍우'와 연결한 것은 언뜻 보기에 순진하거나 철학적으로 품위 없는 일이다. 하이데거는 플라톤을 매우 자유롭게 번역하면서 1933년 악명 높은 총장 연설의 마지막 부분에서 모든 "위대한" 것이 존재하는 "폭풍우"에 대해 말했다.* 아니면 결국 다른 폭풍우였을까? 아렌트는 여기서 모호한 태도를 보이며, 자신이 하이데거에게 아무런 이유 없이 제시했던 내용을 삭제한 것일까?

＊　이 내용은 다음 문장 다음에 오는 마지막 부분이다. "그러나 우리가 이 출발의 영광과 위대함을 온전히 이해할 수 있는 것은 우리 안에 고대 그리스의 지혜가 말한 그 깊고도 폭넓은 신중함을 지니고 있을 때만 가능하다. 커다란 모든 것은 폭풍우 속에 있다(Alles Große steht in Sturm)." 마지막 문장은 플라톤의 『국가』 497d, 9에서 가져온 것이다. 다른 번역본에서는 "모든 위대한 시도는 위험과 함께한다"로 번역된다.

아렌트는 1967년 7월 26일 프라이부르크대학교에서 하이데거가 참석한 가운데 벤야민에 관한 강연을 했다.* 그 "폭풍우"는 낙원에서 불어왔지만, 아렌트는 이를 단순히 역사철학적 고찰로만 보지 않았고, 나중에 너무나 쉽게 믿어지는 것처럼 정치신학적 또는 메시아적 고찰로도 이해하지 않았다. 오히려 "산책자의 최종적 변용"으로 보았다. 초기 프랑스 실존주의의 수집가이자 감정가였던 이 산책자는 아렌트가 말하는 "전통과의 단절", 즉 전통의 비구속적 성격과 나치 치하에서의 사건-역사적 증명에 관심을 가졌다. 벤야민은 이러한 요소들을 함께 생각하기 위해 하이데거가 먼저 생각했던 고려 사항으로 되돌아갔다.

특히 비교적 전통이 없는 미국에서 1940년대부터 가장 두드러지게 나타난 이 놀라운 고대의 부활은 1920년대 유럽에서 시작되었다. 그리고 전통과의 단절이 치유 불가능하다는 것(원문대로!)을 가장 분명히 알고 있던 사람들이 재생을 시도했으며, 독일에서 시작되었으나 독일뿐만 아니라 무엇보다도 마르틴 하

---

* 이에 관한 사항은 다음 자료에서 확인할 수 있다. 『편지들*Letters 1925~1975: Hannah Arendt and Martin Heidegger*』, 「하이데거가 아렌트에게 보낸 편지」(1967년 8월 10일), 129쪽. 아렌트의 강의에 대한 닉슨의 해석은 흥미롭다. "대학의 주요 강의실에서 저명한 대중 지식인이 강의한 것은 그들이 처음 만났을 때의 상황과 반대였다. 그때 젊은 아렌트는 연단에 선 유명한 철학자의 관심을 끌었다. 이제 나이든 하이데거는 강의에서 아렌트의 관심을 끌 뿐만 아니라 아렌트가 직접 말을 걸었다." Jon Nixon, *Hannah Arendt and the Politics of Friendship*(London, New York: Bloomsbury, 2015), 81.

이데거가 이를 시작했다. 벤야민은 살아 있는 눈과 뼈가 진주와 산호로 변한 것, 따라서 '해석'의 폭력, 즉 새로운 사유의 '치명적인 힘'을 통해서만 구출되어 현재로 들어올릴 수 있는 것에 특별한 감각을 지니고 있었다. 그는 자신도 모르는 사이에 기본적으로 마르크스주의적인 친구들의 변증법적 섬세함보다 훨씬 더 많은 공통점을 하이데거와 공유하고 있었다.[*273]

이 문장들은 테오도르 아도르노와 베르톨트 브레히트에 명백히 반대하는 논쟁, 또는 벤야민이 하이데거와 가깝다는 주장 때문이라기보다 가장 첨예한 정반대의 융합 때문에 나중에 훨씬 더 자주 인용된다. 한편으로 셰익스피어의 『템페스트 *Sturm*』에 나오는 공기 요정 에어리얼의 노래와 하이데거의 결합이 있었고, 다른 한편으로는 막스 코머렐의 책 『독일 고전주의의 지도자로서 시인 *Der Dichter als Führer in der deutschen Klassik*』[**]에서 따온 "치명적인 추동력"에 대한 벤야민의 이야기는 해석된 혼합물의 두 번째 부분이다. 벤야민은 '오늘'에 도달하기 위해 다음과 같이 요구했다. "모든 비판에는 전투적인 것이 있어야 하며 악마도 알고 있어야 한다. (…) 비판이 무엇인가를 성취하기 위해서는 반드시 스

---

[*] 이 에세이 원문은 다음 자료에 재수록되어 있으며, 앞의 인용문 내용과 부분적으로 표현상의 차이가 있다. 『어두운 시대의 사람들』, 338-39쪽.

[**] 막스 코머렐(Max Kommerell, 1902~1944)은 1927년에 출간된 이 책에서 시인 클롭슈톡·괴테·실러·장 파울·횔덜린에 대한 연구를 담고 있다. 그는 바이마르 공화국의 보수혁명운동의 저명한 문학평론가였으며, 이후 나치 독일의 주요 지식인이자 나치당 일원이었다.

스로 긍정해야 한다는 사실을 잊지 말아야 한다."[274] 아렌트는 더 이상 후자(코머렐)를 마음에 두지 않았고, 대신 자신의 이론을 정립하는 결정적인 순간에 하이데거와 벤야민, 그리고 반쯤은 의식적으로 자신까지 이어지는 계보를 세우는 데 관심을 기울였다. 따라서 '전통과의 단절'이라는 진단에는 개념의 양면을 결정하고 그녀에 의해서만 결합된 두 명의 아버지가 있었다. 하이데거는 전통을 파괴함으로써 어차피 일어날 단절을 보장했지만, 그 덕분에 그 단절은 진지하게 이루어졌다. 그런 다음 벤야민은 단절 속의 단절, 즉 죽은 자 앞에서도 멈추지 않을 유대인 재앙의 돌이킬 수 없는 측면에 주목했다. 이렇게 해서 두 차례의 '폭풍우'가 있었다. 하나는 하이데거의 총장 연설에서 분출된 폭풍우였고, 다른 하나는 낙원에서 온 것으로 「역사 개념에 대하여」*라는 벤야민의 에세이에서 찾아볼 수 있다. 이 에세이는 벤야민이 1940년 스페인 국경에서 박해자들로부터 필사적으로 죽음을 피하던 중 아렌트가 벤야민에게서 받아 미국으로 가져온 것이다.

그렇다면 '현재'를 이해하기 위해 두 '폭풍우'를 연결해야 할까? 혹은 이제 하이데거의 경우에, 이전과는 반대로 벤야민이 개입하게 되었는가? 대답은 '아니오'이다. 아렌트의 폭풍우 은유는 텍스트 속에서 마지막으로 한 번 더 증명되어야 했기 때문이다. 특히 아직 명확히 밝혀지지 않은 역사적 맥락에서 벤야민만으로

---

* 이 에세이의 국내판은 다음 자료를 참조할 것. 발터 벤야민 저, 최성만 옮김, 『역사의 개념에 대하여…』(서울: 도서출판 길, 2008), 353-84쪽.

는 큰 진전을 이룰 수 없을 것이다. 물론 그것은 하이데거가 제3 제국 시절에 보인 행위, 더 정확히는 그의 총장 시절, 1934년 봄까지의 행위에 관한 것이다. 아렌트는 상황을 명확히 하기 위해 전체주의 체제에 대한 철학의 취약한 방어를 설명하는 데 반복적으로 사용되어온 '토포스'를 취한다. 철학은 결국 급진적이어서 플라톤 이래 민주주의로는 아무것도 할 수 없었다. 철학이 자기 자신에 일관되려면 가장 깊고 가장 높으며 절대적인 것에 부응해야 하고, 필멸의 존재인 인간에 맞서는 대신 더 높은 것, 아직 사유되지 않은 것을 향해야 한다. 아렌트는 다음과 같이 썼을 때 아마도 그런 생각을 했을 것이다.

> 폭정 경향은 이론적으로 거의 모든 위대한 사상가에게서 입증될 수 있다(칸트는 큰 예외다). 그리고 그들이 행한 일에서 이러한 경향이 명백히 드러나지 않는다면, 그것은 그들 중에서도 '단순함에 놀라는 능력'을 넘어서 '놀라움을 자신의 거처로 삼을' 준비가 되어 있는 사람이 매우 적었기 때문일 뿐이다.[*][275]

물론 칸트는 위대한 예외이다. 이 말은 말년의 아렌트가 귄터 가우스와 나눈 대담에서 했던 위대한 고백이다. 그것은 전체 철학 전통이 폭군들과 밀접한 관계를 유지해온 평등 논증에 대한 그녀의 저항이다. 특히 이 논제는 수년 전에 소크라테스를 해석

*　『난간 없이 사유하기: 한나 아렌트의 정치 에세이』, 608쪽.

의 관습에 반하여 철학적 사유의 현대적 적합성에 대한 진정한 증거로 설득력 있게 양식화했던 해석자로부터 나온 것이었기 때문에 더욱 그렇다. 그러나 아렌트의 관계 전도는 한층 더 나아간다. 이 문장은, 철학자들이 옛날부터 전해 내려오는 '경이thauma-zein'를 생각하고 지시하는 것을 회피했기 때문에 폭정 경향이 분명해졌다는 의미로 이해될 수 있을까? 그렇다면 남는 이는 극소수일 것이며, 실제로 그렇다. 이 대목은 다시 인용할 만한 가치가 있다.

> 이 소수에게는 자기 세기의 폭풍우가 어디로 그들을 몰아갔는지는 궁극적으로 중요하지 않다. 하이데거의 사유를 휩쓸고 지나간 폭풍은 플라톤의 작업 이후 수천 년이 지난 지금도 여전히 우리에게 불어오는 폭풍우와 같으며, 그 폭풍우는 세기로부터 비롯된 것이 아니다. 그것은 고대로부터 왔고, 그것이 남긴 것은 완벽한 것인데, 모든 완벽한 것과 마찬가지로 그 역시 고대로 되돌아간다.[276]

여기서 아렌트는 이 비유의 두 끝을 연결한다. 즉 어떤 대가를 치르더라도 철학을 추구해야 한다는 데 동의하는, '폭풍우를 겪은' 두 사람이다. 그리고 아렌트의 손을 거쳐 ─ 여기서 세 번째 '폭풍우'가 필요하다 ─ 그들은 함께 모였다. 하이데거가 플라톤을 극도로 의심했다는 사실(결국, 그는 소크라테스 이전 학자들이 마련한 길에서 잘못된 방향으로 나아갔다는 사실)은 중요하지 않았다.

하이데거가『정치가』및『법률』과 함께 폭정 문제를 자세히 논의하는『국가』에 대해 전혀 몰랐다는 사실도 중요하지 않다. 그리고 하이데거가『국가』에 호의적이었다면, 그것은 그가 제2차 세계대전 이후 자신에게 유리하게 해석한 '동굴의 비유' 덕분이었다. 큰 생각을 하는 사람은 큰 실수를 저지른다.

아렌트의 분석에 따르면,『인간의 조건』과 달리 여기서는 저항이 없다. 오히려 그녀의 일기예보에서 폭풍우의 방향은 벤야민의 그것과 정반대다. 그것은 낙원에서 불어와 폐허를 쌓아 올리고 있으며, 진보의 결과는 분명하다. 아렌트에게 시간의 화살은 결국 '태고'로 되돌아간다. 비록 '폭풍우'가 그곳에서 촉발되었을지라도, 하이데거는 그것을 다른 방향으로 돌려 그 기원으로 돌아갈 수 있다. 세계와 현재로부터의 철수, 순수한 결백, 모든 역사와 비극이 사라진 곳으로의 귀환은 우리가 보았듯 릴케의 축복과 함께한다. 아렌트는 하이데거와 그의 사상을 모든 책임에서 제거하고 동시에 그를 철학자들의 준quasi자연적인 폭정의 단순한 사례로 넘겨버렸다. 그녀는 80세의 하이데거가 시대를 초월하는 길을 가는 모습을 본다.

항상 그래왔듯이, 그녀의 찬사가 라디오 원고와 약간 다른 판본으로《수성》에 게재되었고,《쥐트도이체 차이퉁》의 주말 부록에 부분적으로 게재되면서 널리 퍼지게 되었다. 라디오 기자, 잡지 편집자, 그리고 아렌트를 일찍 '발굴'했다고 자화자찬하는《쥐트도이체 차이퉁》의 문예란 담당자 등 모두가 만족했다. 무엇보다도 아렌트의 모든 출판물을 받은 하이데거는 특히 기뻐했다. 그는 자신이 구원받았다고 생각했고 그럴 만한 이유가 충분했다. 이제 그는 감사 편지에서 1924~25년 마르부르크대학교 겨울 학기의 『소피스트』 강의를 아무런 방해 없이 되돌아볼 수 있었다.* 하이데거는 그 강의에서 아렌트와 처음 만났다. 하이데거는 공개적인 축하를 받은 지 정확히 두 달 후, 마치 통치자처럼 이 사실을 알렸다. 그의 편지들에서 흔히 볼 수 있는 친절한 말투가 거기에 덧붙어 있었고, 블뤼허 역시 그 온기를 조금은 나누어 받았다.

아렌트는 이전에 휠덜린과 함께 기념되는 인물의 이름을 딴 '축하 목록tabula gratulatoria'에 「에게해 군도Archipelagus」의 마지막 시구를 기재했다. 이 시구는 강연의 주제인 하이데거의 '사유'를 다루고 있다. 아렌트는 자신을 위해 이 시구를 떼어 다음과 같이 소개한다. "시간이 촉박할 때/내 머리를 격렬하게 사로잡고/필멸자들 사이에서 고통과 광기가 내 필멸의 삶을 흔들 때,/그때 **당신**의 깊은 곳의 **침묵**이 나를 기억하게 해주오."** 아렌트가 강조한

---

* 하이데거가 11월 27일 아렌트에게 보낸 편지에서 다음과 같이 적고 있다. "내 80세 생일을 여러모로 기억해주어 진심으로 감사하오. (…) 내 작은 감사의 표시는 별도로 다루겠소." Hannah Arendt und Martin Heidegger, *Letters 1925~1975*, 163-64. 시의 첫 구절, "학이 당신에게 돌아오고, 배들이 당신의 해안으로 향하는 길을 찾습니까?"라는 마지막 구절은 "당신의 깊은 곳의 침묵"과 연결된다.

** 원문의 시구를 우리말로 정확하게 옮기는 데 어려움이 있다. 이 시는 6보격의 시로 296행으로 구성되어 있으며, 관련 시구는 다음과 같다. "… und wenn die reβende Zeit mir/Zu gewaltig das Haupt ergreift und die Not und das Irrsal/ Unter Sterblichen mir mein sterblich Leben erschüttert,/ Laβ der

부분은 개인적인 관계에 대한 모든 것을 말해준다.

만약 누구든 텍스트(「마르틴 하이데거에게」)를 마지막 단락부터 다시 읽는다면*, 아렌트가 하이데거를 '태고'로 안내하기 위해 얼마나 강력하게 개입했는지 점차 분명해진다. 예를 들어 아렌트는 잘 알고 있었음에도 불구하고, 다양한 하이데거 모임에는 '게오르게 동아리Georgisch'와 같은 것은 전혀 없고, 이른바 스승에 의한 성적性的 이용을 포함하여 비의적 중심을 가진 '동아리' 신비주의도 없었다는 식으로 서술한다. 사실은 그렇게 덧붙여야 옳을 것이다. 이것은 분리 과정, 숭배의 표시, 죽음 및 나머지 모든 것의 범위가 아니더라도, 이미 동시대 사람들에게 잘 알려져 있었다. 아렌트가 1924년부터 1926년까지 마르부르크대학교에서 하이데거와 함께 지낸 몇 년, 1929년 아우구스티누스의 사랑 개념에 관한 논문, 1933년의 단절, 미국과 독일에서 출간된 에세이 「실존철학이란 무엇인가?」에서의 비판적 진술, 1950년의 재회, 『사유 일기』에서의 사상적 재대결, 1960년에 출간한 『인간의 조건』에서의 날카로운 비판, 대화의 개인적이고 간접적인 거

Stille mich dann in deiner Tiefe gedenken." 이와 관련한 내용은 『난간 없이 사유하기』, 「마르틴 하이데거에게」, 611-12쪽을 참조할 것. 굵은 글자는 아렌트가 강조한 부분이다.

*   마지막 단락은 다음과 같다. "후대인이 우리 세기와 그 시대의 사람들을 기억하고 우리와의 신의를 지키고자 한다면, 저마다의 방식으로 모두를 휩쓸고 지나간 지극히 파괴적인 모래폭풍을 잊지 말기를 바란다. 그런 폭풍 속에서도 이런 사람이 존재할 수 있고 그가 했던 것과 같은 작업은 여전히 가능하다." 『난간 없이 사유하기』, 612쪽.

부에 대한 그녀의 격렬한 분노, 화해, 생일 축하 및 그에 대한 우정의 새로운 강화, 이 모든 과정이 일방적으로 지워진 듯하다. 아렌트가 미완의 저서인 『정신의 삶 *The Life of the Mind*』에서 다시 한번 하이데거를 집중적으로 분석한다는 사실,* 하이데거가 교수자격 논문에서 검토했던 텍스트의 (추정) 저자인 둔스 스코투스**를 처음으로 주석에서 완전히 자유롭게 다룬다는 사실은, 그녀가 1969년에 보였던 존경심의 표현과 관련이 있을지도 모른다. 물론 알 수는 없다.

두 사람의 관계는 1975년 아렌트의 죽음으로 마침내 끝났다. 노년의 하이데거는 한스 요나스가 보낸 편지에서 이 일이 자세히 기술되어 있는 것을 보았는데, 이 편지에는 고인을 위한 카디쉬 기도문에 대한 언급도 포함되어 있었다.***

---

* 아렌트는 『정신의 삶』 제2권 결론 부분에서 「하이데거: 의지하지 않을 의지」(552-81쪽)를 집중적으로 조명하였다.

** 아렌트는 『정신의 삶』 제2권에서 지성에 대해 의지의 우위를 주장한 둔스 스코투스의 의지이론을 다루고 있다. 『정신의 삶』. 「둔스 스코투스와 의지의 우위」, 490-520쪽을 참조할 것.

*** 하이데거는 1975년 12월 27일 한스 요나스에게 보낸 편지 서두에서 다음과 같이 밝혔다. "한나 아렌트의 죽음과 장례식, 그리고 당신의 추도사에 관한 상세한 편지에 대단히 감사하오. (…) 자비로운 죽음이오. 물론 인간의 관점에서 보면, 그것은 너무 이르게 왔다오." *Letters 1925~1975*, 217.

카를 야스퍼스

1958년 9월 28일 아렌트는 프랑크푸르트 바울교회에서 독일 출판서적상협회의 시상식을 기념하여 카를 야스퍼스에게 찬사를 보내는 연설을 했다. 그 연설을 보거나 들은 사람이라면 누구나 절대적인 개인적·학문적 권위를 의심할 여지 없는 수사학과 결합시키는 그녀의 탁월한 능력을 볼 수 있을 것이다. 사진에서 보는 것처럼, 사람들은 그녀의 말을 경청했다. 여성이 신생 연방공화국에서 이미 중요한 상을 받은 적은 있었다. 그러나 유대인 난민이며 이제는 미국 시민인 여성이 스위스에 사는 독일 철학자를 소개하고 칭찬하며 그를 공인으로 소개한 적은 없었다. 여성인 게지네 슈반이 프랑크푸르트에서 다시 영예를 얻기까지는 20년이 걸렸는데, 그 사이에 넬리 작스(1965년), 알바 미르달(1970년), 마리온 그레핀 된호프(1971년) 등 세 명의 여성이 영예를 얻었다.

아렌트가 출연한 텔레비전 영상이나 사진을 보면, 이런 자리에 참석한 청중들이 평소보다 더 놀라고 있는 모습을 볼 수 있다. 넓은 강당에서 주목을 끄는 데 익숙하고 전혀 긴장하지 않은 한 여성을 보며 사람들은 매우 명확한 발음으로 모든 사람을 집중시키려는 목소리를 들었다. 아렌트는 전날 호텔 방에서 자신의 보석이 모두 도난당했다는 사실을 전혀 눈치채지 못했다.

연방 대통령이자 프랑크푸르트 평화상의 단골손님인 테오도르 호이스 — 야스퍼스와 마찬가지로 막스 베버를 알고 지내던 인물—와의 서신에서도 망설임의 기미는 전혀 찾아볼 수 없었다. 그녀는 야스퍼스를 당시 독일인들이 가장 좋아했고 앞으로도 더욱 그렇게 될 '경고하는 사람Leviten-leser'*인 인격자와 사상가로 소개하는 임무를 훌륭하게 수행했다. 청중의 박수와, 과거에 대해 아무것도 듣지 않아도 된다는 사실에 대한 안도감이 이를 증명한다. 일부 기자들은 교육받은 중산층의 '문학적 상투 문구To-poi'가 불러일으키는 밀도에 짜증을 내거나 지루함을 느꼈다. 청중은 이 연설이 문자 그대로 찬사였다는 사실을 두고 엇갈린 의견을 드러냈다. 동시에 이 반응은 아렌트의 위상을 보여주었다. 《쥐트도이체 차이퉁》이 밝혔듯이, 어쨌든 그녀는 '스타'였다.

당시 야스퍼스는 대중에게 엄청난 존재감을 지니고 있었다. 그는 유명했을 뿐만 아니라 아렌트가 말한 바와 같은 정신으로 수십 년을 조망하며 전혀 타락하지 않은 공공 지식인이었고, 철학적 지혜와 단호한 선의로 인간을 바라볼 줄 아는 사람이었다. 어쨌든 그것은 야스퍼스를 둘러싼 광범위한 공감대였고, 그는 그것을 자신의 발언 속에서 분명히 표현했다.

아렌트의 찬사는 야스퍼스의 수상 수락 연설과 함께 베스트셀러가 되었고,** 프랑크푸르트에 본사를 둔 AEG 전기제조회사

---

*   'die Levien lesen'는 문자 그대로 '(누군가에게) 레위기를 읽어주다'는 뜻인데, 이 안에는 엄중한 처벌의 의미가 담겨 있다. 또는 '질책하다', '심각한 비난을 하다'라는 의미를 담고 있다. 다른 곳에서는 이에 관한 언급이 없다. 따라서 이 용어를 '경고하는 사람'으로 의역한다.

**   두 연설문은 함께 출간되었다. Karl Jaspers, "Wahrheit, Freiheit und Friede"; Hannah Arendt, "Karl Jaspers," *Reden zur Verleihung des Friedenspreises des*

AEG-Elotherm 경영진의 이목까지 끌었다. 직원과 사업 동반자를 위한 특별 인쇄본이 제작되었다. 경영진은 두 사람 모두 사회의 중심을 향해 연설하고 있으므로 취지를 가능한 한 널리 알려야 한다고 생각했기 때문이다. 다음 글은 인용할 만한 가치가 있다.

경영진은 우리 시대의 가장 중요한 철학자가 독일 출판서적 상협회의 평화상을 수여하는 것을 기념하여 그분의 연설을 재현하여 감상을 담은 작품을 여러분에게 선보입니다.

이는 모든 계층에 특별한 반향을 일으켰는데, 야스퍼스가 대중에게 한(원문대로!) 답변은 철학자에게서 나왔다는 점에서 독특하기 때문입니다.

이 작은 책자는 조용하고 사색적인 크리스마스에 매우 적합한 듯합니다. 우리를 성찰로 이끌고, 우리 자신과 우리 주변 세계를 비추는 거울이 되며, 삶 속에서 우리의 위치를 명확히 하는 데 도움을 줄 것입니다. 물질이 과대평가되고 자유 시간이 점점 더 없어지는 시대에도 진리와 자유 속에서 삶을 살아가는 방식은 우리 각자가 자신과 국민 그리고 세계에 대해 지닌 책임을 보여줍니다.

이 작은 책자가 여러분에게 한 시간의 성찰과 기쁨을 선사하기를 바랍니다.

즐거운 성탄절 보내시길 바랍니다.

Deutschen Buchhandels 1958(München, 1958).

아렌트는 연설에서 저작과 인격을 능숙하게 통합하여 주관성과 객관성의 대립을 깨뜨렸다.* 작품을 보증함으로써 "공공영역으로의 모험"을 감수하는 것은 바로 인간이며, 작품은 공공영역에 자신을 전달할 뿐만 아니라 스스로를 개입으로 이해한다. 이런 식으로 공공영역에 놓이게 되면 철학자의 저작은 정치적인 것이 된다. 즉 철학과 정치는 하나가 되는 것은 아니지만 같은 공간에서 작동한다. 철학과 정치는 똑같이 공공영역을 생성하는 힘으로, 그 '바깥' 어딘가에 있지 않으며, 누군가에 의해 '만들어지지' 않고, 모든 개인과 모든 주체의 공동체가 항상 스스로 주장하는 일부이다. 즉 개별적으로, 그리고 함께 나타날 수 있고 그 안에서 선택할 수 있다.** 아렌트가 인상적으로 묘사한 고독한 인물 야스퍼스는 모든 전체주의적 유혹에 저항하고 자신의 사유에 전적으로 의지하지만, 동시에 아렌트가 그를 이성과 자유 개념에 묶어두어 근거로 삼는 존재이기도 하다. 이 개념은 결코 단독으로 성립할 수 없고 그 자체로 보편적인 주장을 할 수 없다. 야스퍼스는 '밝은 빛'을 구현한다. 이 점에서 아렌트는 일반적으로 고

* 아렌트는 야스퍼스의 인격(personality; das Persönliche)이 사적인 것이 아님을 지적하고자 했다. "달리 말하면 전적으로 주관적 상태에 있는 인물은 완전한 결실을 이루기 위해 공중에 모습을 드러내야 합니다. (…) 우리는 견해를 바꾸어 주관적인 것과 인격적인 것, 객관적인 것과 사실적이거나 비인격적인 것을 똑같이 취급하는 습관을 포기해야 합니다. 이러한 등식화는 과학 분야에서 유래했으며 이 분야에서 의미를 지니며, 정치에서는 분명 무의미합니다."『어두운 시대의 사람들』,「제4장 카를 야스퍼스: 찬사」, 159쪽.

** "철학과 정치가 공공영역에 속해 있다"는 이유는『어두운 시대의 사람들』,「제4장 카를 야스퍼스: 찬사」, 162쪽을 참조할 것.

전 수사학에 중점을 두고 있었기에 고대의 문학적 문구를 반복한다. 아렌트는 야스퍼스와 함께 인물과 작품 간의 연결을 재구축하는 과정에서 자신의 연구계획도 확인했다. 공적 인물인 한나 아렌트는 야스퍼스가 자신에게 '통행증'을 발급했기에 다시 독일 땅을 밟을 수 있었지만, 자신의 출생 국가와 관련된 연구계획을 세우지는 않았다. 이 점에서 그녀는 자신의 스승과 근본적으로 달랐다. 그러나 그녀는 야스퍼스의 사유 방식과 인격에서 자신도 헌신할 수 있는 모범을 발견할 수 있었다.

아렌트는 야스퍼스의 평화상 수상 이후에는 그의 인물과 저작에 대해 더는 공개적 지지를 시도하지 않았다.

피페르출판사는 1년 후인 1959년 아렌트의 첫 번째 저서를 출판했다. 이 출판사는 1945년 이후 야스퍼스의 주요 출판사이기도 했다. 아렌트의 첫 책은 라헬 파른하겐의 전기이며, 이미 전년도에 영어 번역본으로 출판되었다. 이후 몇 년 동안 아렌트는 야스퍼스의 저작을 번역하고, 그의 베스트셀러 『연방공화국은 어디로 나아가는가? *Wohin bewegt die Bundesrepublik?*』*의 일부 번역본에 서문(1967)을 썼다. 두 사람 모두의 출판사가 이 철학자를 노벨평화상 후보로 추천하는 계획을 추진할 때 아렌트는 적극 참여했다. 마지막으로, 1949년 말부터 수년 동안 아렌트가 바젤의 야스퍼스를 방문하는 일은 그녀에게 유럽 여행의 중심이었을 뿐만

---

* 영역본 서지사항은 다음과 같다. Karl Jaspers, *The Future of Germany*, trans., E. B. Ashton, with a Foreword by Hannah Arendt(Chicago and London: The University of Chicago Press, 1967).

아니라, 두 사람의 친구와 지인들 사이에서도 잘 알려진 사실이다. 양측 모두 이러한 만남을 자신들의 삶에서 결정적인 순간으로 여겼다. 아렌트는 또한 1969년 3월 4일 바젤대학교에서 열린 공개 추모식에서 추도사를 낭독했으며,* 야스퍼스의 유산 관리인으로 임명되어 마르바흐 문서기록보관소에서 야스퍼스의 서류를 정리했다.

야스퍼스 자신은 어땠을까? 그는 풍부한 경험을 바탕으로 아렌트가 박사학위를 받을 수 있도록 지도했다. 처음에는 그녀에게 품었던 기대가 충족되지 않았다고 여겼지만, 아우구스티누스의 사랑 개념과 그 철학적 해석에 관한 연구에는 만족했다. 이후 야스퍼스는 아렌트의 학문적 발전에 관심을 보였는데, 아렌트는 18세기 후반과 19세기 초반의 유대인 해방 문제에 점점 더 관심을 가졌고, 그 중심에는 라헬 파른하겐이 있었다.

아렌트는 야스퍼스의 『현대의 정신적 상황Die Geistige Situation der Zeit』(1931년)에 대한 논평을 그에게 보냈다.** 이 글은 지금은 분

---

* 이 추도사는 『한나 아렌트·카를 야스퍼스 서간집 2』에 수록되어 있다. 아렌트는 야스퍼스를 다음과 같이 조명했다. "야스퍼스는 사실상 단일한 방식으로 자유·이성·소통의 융합을 스스로 보여주었습니다. 그분은 일생을 통해 그 융합을 모범적인 형태로 표현했습니다."

** 이에 관한 내용은 아렌트가 1931년 11월 2일 야스퍼스에게 보낸 편지에서 확인할 수 있다. 『한나 아렌트·카를 야스퍼스 서간집 1』, 98쪽. 이 책의 영역본 서지사항은 다음과 같다. Karl Jaspers, *Man in the Modern Age*(London: Routledge & Kegan Paul Ltd., 2010).

실되었으나 그의 답변을 통해 다음과 같이 부분적으로 재구성할 수 있다. 야스퍼스는 아렌트가 크게 관심을 가졌던 헤르더의 역사철학에 대한 언급을 받아들였지만, '대중'과 '프롤레타리아트의 역사적 의미'에 대한 그녀의 진술을 거부했다.* 아렌트에게서 이전에 관찰되지 않았던 확고한 '좌파적' 입장이 어디에서 비롯된 것인지는 정확히 알 수 없다. 남편 귄터 슈테른이나 아렌트 자신의 인맥 때문인지도 분명하지 않다. 그리고 야스퍼스를 충격에 빠뜨린 또 다른 점이 있었다. 아렌트는 어떻게 하이데거가 능숙하게 다루었던 존재의 잊힌 '무無', 즉 적나라한 '그것'을 그에게 제시할 수 있었을까?

반면 아렌트는 3부작인 『철학』(1932년)에 대해서는 아무 말도 하지 않았는데, 이는 당시 철학자들 사이에서 흔히 볼 수 있는 태도였다. 야스퍼스의 지적 상황에 대한 성찰은 엄청난 주목을 받았지만, 그의 주요 저작들은 상대적으로 관심을 끌지 못했다. 완전히 시대에 뒤떨어진 제목을 달고 등장한데다 개별 권의 제목(제I권 철학적 세계정위, 제II권 실존조명, 제III권 형이상학)**으로 인해 더욱 도발적으로 보였는데, 야스퍼스가 다른 누구도 표현하지 못했던 근본적인 주장을 펼쳤기 때문이다. 에른스트 카시러는 3권으로 구성된 『상징 형식의 철학*Philosophie der symbolischen Formen*』(1923~1929)을 출간했고, 하이데거는 철학의 두 기본 개념에 관

* 이것은 야스퍼스가 아렌트에게 보낸 11월 16일 답장에 포함된 내용이다. 앞의 서간집, 100쪽을 참조할 것.
** 『철학』 3부작 한국어판은 아카넷출판사에 의해 2016~2019년 출간되었다.

한 '부분 저서Teilband'인 『존재와 시간』(1927)에 만족했다. 그러나 니콜라이 하르트만은 마르부르크식의 신칸트주의 인식론에서 형이상학으로 되돌아가기 위해 수많은 방대한 저작들을 단계적으로 내놓았다. 최소한 야스퍼스와 대등한 위치에 있던 철학자들은 그의 저작에 대해 침묵을 지켰다.

야스퍼스는 하이델베르크대학교에서 하이데거의 커다란 그림자를 눈여겨보고 싶어 하지 않은 다소 이상한 동료였다. 게다가 그는 산문을 썼는데, 산문의 과장된 감정과 거리감의 부재는 시대에 어울리지 않는 것처럼 보였다. 동료들을 불안하게 한 또 다른 점은 그의 제자가 없었다는 점이다. 또 그의 '철학', 즉 새로 출판된 저작과 그의 사유 방식에 대해 언급하는 사람도 거의 없었다. 반면 에세이 『현대의 정신적 상황』에 대한 서평들에서 그의 '철학'이 언급되었다는 사실은, 생명에 지장은 없으나 불치병을 앓고 있던 예민한 야스퍼스에게 상처가 되었을 것이다. 1930년대 초반부터 그의 서신은 점점 더 예민해졌고, 종종 공격적으로 변했다. 야스퍼스는 하이델베르크대학교 내에서 대체로 고립되어 있었다. 아니, 더 정확한 표현을 사용하자면, 철학과에서는 누구와도 대화를 나누지 않았고, 다른 학부에서 협력할 만한 동료를 찾아야 했다. 예를 들어, 니콜라스 폰 쿠에스와 마이스터 에크하르트의 저작을 제자 레이몬트 클리반스키와 함께 편집한 저명한 철학사학자 에른스트 호프만은 야스퍼스를 무시했고, 그 반대도 마찬가지였다. 1915년부터 하이델베르크대학교에서 가르치면서 이른바 남서독일 신칸트주의 학파의 수장으로 독일 밖에서도 높은 명성을 얻었던 하인리히 리케르트와는 리케르트가 죽을 때까지 지속적으로 적대 관계를 유지했다. 목록은 계속 늘어날 수 있다. 반면에 야스퍼스는 정신과 의사 한스 발터 그륄레와 쿠르트 슈나이더와 긴밀한 관계를 맺었다. 사회학자 알프레트 베버, 역사학자 에버하르트 고타인, 변호사이자 법학자인 구스타프 라드브루흐와도 친분이 있었다.

아렌트의 마르부르크대학교 동료 학생이었던 한스-게오르크 가다머, 게르하르트 크뤼거, 카를 뢰비트 등 일부 젊은 철학자들도 야스퍼스와 대화를 나누려 했지만, 그의 철학이나 다른 저작에 대해서는 조금도 긍정적으로 언급하지 않았다. 뢰비트의 경우는 상황이 복잡했다. 즉 그는 『현대의 정신적 상황』을 교묘하게 혹평했고, 1936년에 출간된 야스퍼스의 니체 연구서가 나치의 사상가 전유에 아무런 도움이 되지 않는다며 일본 망명지에서 분노를 터뜨렸다. 반면에 야스퍼스는 뢰비트를 확실히 높이 평가했지만, 하이데거의 제자였던 그를 철학적으로는 신뢰하지 않았다. 제2차 세계대전 이후 관계가 정상화된 사실—잘 알려진 바와 같이, 야스퍼스가 떠난 이후 가다머가 뢰비트를 하이델베르크대학교로 데려왔다—은 두 사람 모두가 의견 차이에 대해 좀 더 여유로운 시각을 가졌기 때문이기도 하다. 그런데도 두 사람은 동료 간의 친분 이상의 관계가 되지는 못했다.

실제로 정신병리학자이자 의사였던 야스퍼스는 본래는 철학 분야의 전통적인 학문적 저작으로는 크게 두각을 나타내지 못했지만, 이제는 상황이 달라졌다. 3부작 『철학』이 탄생한 것이다.

이 책은 자체의 고유한 개념을 갖추고 있었고, 인간 존재를 포괄적으로 탐구하고 전적으로 자신이 책임을 지고 집필한 저작이었다. 그러나 반향은 기대에 훨씬 못 미쳤다. 그는 이 3부작에 대한 몇 안 되는 서평에 격앙된 반응을 보였고, 무엇보다 자신이 오해받았다고 생각했다. 마르부르크대학교에서 하이데거의 후계자였던 에리히 프랑크가 능숙하게 찬사의 편지를 써 보냈을 때조차도 그의 답신에서는 상처받은 기색이 드러났다. 아무도 야스퍼스를 정말 '위대한' 사람이라고 부르고 싶어 하지 않았다. 그리고 오랫동안 알고 지낸 제자 아렌트에 대해서는 한마디도 언급하지 않았다. 아렌트는 더 이상 그의 학생이 아니었지만, 확실히 자신의 길을 가고 있었다.

더 근본적인 것은 1932년 야스퍼스가 고향 올덴부르크에 소재한 극우 성향의 스톨링출판사에서 출간한 소책자『막스 베버: 정치사상, 연구 및 철학에서의 독일적 성격』에 대한 아렌트의 비판이었다. 이 책에서 야스퍼스는 1871년 승리와 제국 통일의 열광 속에서 독일의 세계사적 역할을 자각한 사회학자를「국민에 보내는 글」총서의 우익 독자들에게 소개했다. 그는 베버의 "물리적 상황에서의 확실한 장악력", "정치적 상황에서의 사유가 반드시 해야 할 일과 할 수 있는 일을 파악한다"*277는 평가를 인용해

---

* 야스퍼스는 서론 끝부분에서 막스 베버를 다음과 평가했다. "막스 베버는 정치가·연구자·철학자였다. 그러나 둘 중 하나가 아니라 온전한 인간인 그는 자신의 존재 깊은 곳에서 표현할 수 없을 만큼 자세하게 세상을 파악했으며, 이는 분리할 수 없이 하나이면서 실제로 인간이 인간으로서 될 수 있

그러한 점을 강조했다. 야스퍼스는 극우와 한데 묶이지 않기 위해 『현대의 정신적 상황』에서도 적절한 순간에 방향을 틀었다. 예를 들어, 그는 "조상을 반드시 인종과 혈통의 의미"가 아니라 "우리 존재의 배경이 된 그리스인들을 알고 있는 것처럼" 기억해야 한다고 경고했다. 그러나 뢰비트와 돌프 슈테른베르거의 예에서 알 수 있듯, 우익 문화비평에 대한 동시대인들의 관심은 정확하게 기록되었다. 그들은 야스퍼스 앞에 매우 뚜렷한 경고 표지판을 세워 그가 곧 독극물이 있는 지역에 들어갈 것이라는 신호를 보냈다. 그러나 그 소책자가 증명하듯, 그런 경고는 소용없었다. 야스퍼스가 분명히 알아차리지 못한, 모순과 같은 공허한 공식들로 가득한 책에서 베버는 '정치가'에서 '연구자'로, 마침내 '철학자'로, '인간'으로 변했기 때문이다. 그러나 니체가 아니라 막스 베버야말로 이 영예를 누릴 자격이 있었다. 즉 그 '인간'은 아무나가 아니라 '호메로스'와 '유대인 예언자'가 형성한 세계에 살았던 마지막 인간, 막스 베버였다.

슈테른베르거는 1933년 6월 30일 하이데거의 하이델베르크 연설에 대한 비평을 출간했고, 하루 뒤 야스퍼스의 베버에 관한 소책자를 비판했다. 타자로 정리한 원고의 한 면을 가득 채운 이 비평은 사실 하나의 사유 방식에 대한 고찰이다. 야스퍼스는 베버를 과장된 방식으로 묘사하고 싶었으나 그 과정에서 '실패'에

는 바를 나타낸다. 즉 진리를 추구하는 사람이다. 그는 철학자로서 정치인이고, 철학자로서 연구자이다." 책의 분량은 80쪽 정도이다.

대해 이야기했다. 슈테른베르거는 "그는 횃불을 전달하는 데 실패했다"라는 야스퍼스의 말을 인용했다.* "실패 자체가 최종적(실존적) 진리여야 하며, 또 그렇게 남아 있어야 하기 때문이다." 그러나 서평자에 따르면, 이런 극적 어투는 제대로 해석될 수 없었는데, 저자에게는 그것을 다룰 균형감이 부족했기 때문이다.

> 그로 인해 묘사자는 자신이 그리는 인물과 기묘한 거리를 유지하게 된다. 그는 식별 가능한 문제와 작업에서 자신의 길을 공유할 만큼 그 대상과 가깝지도 않고, 자신의 판단과 작업에 대한 철학적 비판을 제시할 힘과 의지를 가질 만큼 멀리 떨어져 있지도 않다.[278]

이 텍스트가 출판사에서 '국민적 삶의 의지'를 내세우며 새로운 시작을 원했던 일련의 총서로 출판되었다는 점을 고려하면, 그토록 소심한 태도는 오히려 의아하다. 슈테른베르거에 따르면, 야스퍼스는 단지 '유리잔'만을 제공할 뿐, 경험과 태도, '저작과 업적'을 갖춘 사람이 아니었고, 동의나 '구별'을 제안할 수 있는 사람도 아니었다. 심지어 스스로 그러한 역할에 적합하지도 않았다. 야스퍼스는 저작에서 "실질적으로 필요성과 과제에 의해 구

---

* 앞의 책에서 인용한 것이다. "진리를 완성된 것으로 읽고 감탄하며 받아들이는 것이 아니라 시간을 통해 발전하는 소통 속에서 스스로 진리를 추구하고 찾는 것이야말로 반박할 수 없는 주장이다. 그는 자유의 자유, 즉 촛불을 전달하는 데 실패했다."

속되는 역사적 지식"에 대한 정의를 내리기 위해 아무것도 하지 않았다. 그렇다면 대체 왜 이 소책자를 쓴 것일까?

야스퍼스가 독일 민족주의 집단과 순진하게 어울리려 한 데 대한 아렌트의 반응, 그리고 그가 모든 것과 모든 사람을 이해하려는 의지—무조건적이고 자신이 분명히 인식한 의지—는 작은 책자 속에서 막스 베버라는 인물과 그의 저작에 대한 심도 있는 지식과 불행한 동맹을 형성했다. 야스퍼스가 사실상 어깨를 으쓱하며 아렌트에게 '나는 그런 사람이라오!'라고 말하는 듯한 태도는, 실제로 시대의 징후를 인식하는 철학자의 능력을 엿볼 수 있게 해주었다. 그러나 이 에피소드는, 수년 동안 계속해서 벌어지고 30년 동안 다시 깊어진 균열을 드러냈다는 점에서 그 이상의 의미가 있다. 아렌트의 독일인성이 순수한 본질이라는 야스퍼스의 주장, 이에 대해 자신의 유대인성을 근거로 경계를 그은 아렌트의 태도는 첨예한 갈등으로 이어지지는 않았으나 토론의 주제로 남았다. 1933년 1월 1일 그녀는 처음에 양보했고, 야스퍼스의 발언들을 좀 더 중립적으로 이해할 수 있는 분야, 즉 문화 비평의 영역으로 돌려놓았다. 그녀는 "독일의 세계 강국에 대한 감각"과 "미래의 문화에 대한 과제"에 대해 '동일시'하지는 않더라도 굳이 '거리'를 둘 필요는 없다고 했다.* 그녀에게 '모국어·철학·문학'은 곧 '독일'이었기에 평생 이를 고수할 것이다. 그다음

* 이와 관련한 언급은 다음 자료를 참조할 것.『한나 아렌트·카를 야스퍼스 서간집 1』,「편지 22」(1933년 1월 1일), 102쪽.

에는 '독일인'과 '유대인'이 정치적으로 분리되는 미래의 상황에 대해 명확히 알림과 동시에 다음과 같은 언급이 이어진다. 정치적으로 외부와 완전히 분리되는 미래의 상황에 대한 언급이기도 하다. "당신은 제가 유대인으로서 이것에 대해 '예'나 '아니오'라고 말할 수 없다는 것을 이해할 것이며, 제가 동의하는 것이 반대하는 것만큼이나 부적절하다는 것을 이해하게 될 것입니다." 그녀의 태도는 분명하면서도 온건했지만, 스승에게는 그렇지 않았다. 야스퍼스는 답했다. "독일인에게는 이것이 얼마나 치명적인 일인가! 유대인인 당신이 독일인과 자신을 구별하고 싶어 한다는 게 이상하군요." 야스퍼스는 자신의 입장을 이해시키고 그녀의 동의를 얻기 위해 이 문제를 논의해야 한다고 덧붙였다. 그리고 그는 1960년대에 이르기까지 계속 이 구별을 거론했지만, 끝내 그 의미를 이해하지 못했다.

두 사람은 나치의 '권력 장악' 이후에도 계속 연락을 유지했다. 친구인 안네 멘델손 바일의 어머니는 여러 사람이 급하게 타자로 정리한 라헬 파른하겐 전기 원고를 야스퍼스에게 보내주었다. 이 원고는 아렌트가 교수자격 논문으로 준비하던 것이었다. 그 결과 이 전기는 보존되었다. 두 사람은 1938년 마지막으로 전화 통화를 했다. 당시 아렌트는 프랑스에 있었고, 야스퍼스는 룩셈부르크에 있었다. 아렌트는 적어도 파리 언론을 통해 야스퍼스가 1937년에 이미 강의가 금지되었다는 사실을 알았을 것이다. 이른바 '특별한 혼합 결혼'에 관한 언급도 신문과 그녀 주변 사람들 사이에서 화제가 되고 있었다. 그로닝언에서 열린 「이성과 존재」에 관한 다섯 차례의 야스퍼스 강의는 베버 소책자와 마찬가지로 저자가 아렌트에게 헌정한 것이었다. 따라서 그는 그녀에게 다가갈 방법을 알고 있었을 것이다. 그녀가 니체 연구(1936)를 열정적으로 읽고, 2년 후 니체와의 논쟁인 『니체와 기독교*Nietzsche und das Christentum*』(1937)를 구입했으며, 야스퍼스의 데카르트에 대한 프랑스어 번역본(1937)을 두 권이나 소장한 것은 박사 지도교수에 대한 충성심 때문이기도 했지만, 독일에 남아 있던 사람들의 생각과 그들의 처지에 대한 호기심 때문이기도 했다. 아렌트는 야스퍼스를 통해서 그가 어떻게 살아가는가를 볼 수 있었다. 그녀의 관점에서 보면, 야스퍼스는 자신의 철학을 고수했기 때문에 자신의 충실성을 매우 훌륭하게 유지했다.

아렌트는 시카고대학교에서 강의하는 데 데카르트 책이 필요했기 때문에 1956년이 되어서야 데카르트의 책을 철저히 읽었다고 주장했다. 이 강의는 바로 『인간의 조건』 영어판*The Human Condition*과 독일어판*Vita activa oder Vom tätigen Leben*의 기초가 된 월그린 강의Walgreen Lectures였다. 이 저작은 모두 데카르트에 대한 비판과 밀접한 관련이 있다. 하이데거와 야스퍼스는 데카르트의 '나Ich'와 모든 형태의 의식철학에 대해 맹렬히 반대했다. 전쟁 중에도 하이데거에게 화환을 엮어 바칠 정도로 일찍부터 찬미하던 프랑스에서는 『존재와 시간』과 그 안에 담긴 데카르트와의 논쟁에 몹시 경악했다. 이 어조는 제1차 세계대전 당시 독일 철학자들의 우월감에 대한 환상을 연상시켰고, 프랑스 철학사학자들은 '해체'를 전투성을 지닌 방법론적 도구로 해석했다. 따라서 『존재와 시간』에서 선포된 '형이상학의 해체'가 데카르트에 대한 직접적인 공격으로 간주된 것은 당연한 일이었다. 라인강 건너편에서는 모두가 거부 입장을 드러냈다.

데카르트에 대한 야스퍼스의 거부는 덜 직접적이었지만 그렇다고 덜 급진적인 것은 아니었다. 야스퍼스는 항상 철학자들과 그들의 철학을 '시대의 상황'과 비교하여 평가했고, 그들의 '현재성'을 발견하고자 했다. 이 기준에서 그는 데카르트의 철학과 철학자 데카르트 자체를 모두 거부했다. 야스퍼스가 본 데카르트의 '근본적인 오류'는 특정한 입장이나 문장에서 분명히 드러나는 것이 아니라, 전체의 본질을 관통하는 사유의 태도였다. 그것은 처음에는 견고하고 명확해 보이는 사유의 구조를 흔들어버리는 숨은 파괴력과도 같았다.

야스퍼스의 저서 『데카르트와 철학*Descartes und die Philosophie*』이 1937년 거의 동시에 프랑스어로 번역되어 출판되었을 때, 예테보리 망명지에 있던 에른스트 카시러는 1939년 종합적이고 날카로운 비평을 파리에서 발표했다.[279] 특히 다음 문장들이 그의 분노를 불러일으켰다.

> 누구든 이 초상화를 기억하면 데카르트라는 사상가를 그의 사유 속에서 인식하게 된다고 믿는 철학적 저작의 일종의 외형적 인상에 자신을 맡길 수 있다. 마치 어두운 도깨비가 지성의 밝음 속에 서 있는 듯하다. 이러한 사유 ― 역사와 무관하게 보편성을 지향하는 의지 ― 는 인간의 존엄성을 열정적으로 추구

하지만 공허한 지성의 사유 속에서 길을 잃는, 마치 '끔찍한 것 Unterirdisches'처럼 보일 수 있다.[280]

데카르트에 대한 날카로운 비판에서 '양자택일'의 가능성을 인정한 야스퍼스에게 카시러가 감사를 표시했다는 사실은 적어도 역설적으로 읽어야 한다. 카시러에게는 야스퍼스가 주장하는 '실존주의'와 데카르트 사이에 실질적인 선택의 여지가 없었기 때문이다.

여기서 우리는 아렌트가 무엇을 무시하려고 했는지를 알 수 있다. 그녀는 야스퍼스가 자신의 외모와 외형적 측면에 이르기까지 인격과 사유를 결합하려는 고집에 거의 이의를 제기하지 않았다. 그녀는 언제나 야스퍼스 진술의 본질을 파악할 수 있다고 굳게 확신했기 때문에 그 내용을 건너뛰었다. 동시에 그녀는 1958년 프랑크푸르트에서 야스퍼스를 특징짓는 '밝은 빛'에 대해 이야기했다.* 따라서 여기에는 그림자가 없다. 반면 데카르트는 수세기에 걸친 진단을 받았다. 말하자면, 그는 마치 아무것도 떠오르지 않아 실제 상황을 표현할 수 없는 '도깨비'와 같다.

물론 야스퍼스의 상황은 카시러가 예상했던 것보다 훨씬 더 복

---

* 아렌트는 1958년 야스퍼스에게 수여되는 평화상 시상식에서 다음과 같이 밝혔다. "공공영역에 대한 그의 주장은 궁극적으로 그가 빛과 명확함을 사랑하고 있는 결과일 뿐입니다. (…) 야스퍼스의 저작 속에서 그러한 은유는 '조명(밝은 빛; Helle)'입니다. 실존은 이성에 의해 조명됩니다." 『어두운 시대의 사람들』, 「카를 야스퍼스: 찬사」, 163쪽.

잡하고, 그와 유대인 부인 게르트루트에게 더 위험했다. 1937년 7월 9일 스위스에서 발데마르 구리안이 발행하고 '제국'에 촘촘한 정보망을 가지고 있던 잡지《독일 편지*Deutschen Briefe*》는 야스퍼스의 당시 친구이자 동료였던 에른스트 로베르트 쿠르티우스의 책『위험에 처한 독일 정신*Deutscher Geist in Gefahr*』*에 관한 기사를 보도했다. "가장 중요한 독일 철학자 중 한 사람인 야스퍼스가 (…) 우뚝 서게 되었다." 7월 4일자《프랑크푸르트 차이퉁》에 따르면, "그는 글쓰기를 계속하기 위해 풀려났다."《독일 편지》에는 다음과 같은 내용이 적혀 있었다.

> 야스퍼스는 비록 완전히 비정치적이지만 모든 대중 정권에 대한 혐오로 잘 알려져 있다. 정직하고 내면적인 정신성을 옹호해 왔음에도 불구하고 여전히 강의가 허용되었다는 사실은, 제3제국에 여전히 상대적인 관용이 존재한다는 증거로 반복해서 인용되었다. 이제 야스퍼스는 대학교수로서의 활동은 막혔지만, 출판은 여전히 허용되고 있다. 이 기회가 그에게 계속 열려 있기를 바란다!** [281]

* 에른스트 로베르트 쿠르티우스(Ernst Robert Curtius, 1886~1956)는 중세 로망스 문헌학자로서 제1차 세계대전 이후 독일과 프랑스 인간주의 세계 사이에 교량을 놓으려고 노력했으며, 1932년 나치가 권력을 잡을 기회가 분명해지자 이 책을 출판했다. 그는 1948년에 출간한『유럽 문학과 라틴 중세 *European Literature and the Latin Middle Ages*』에서 "전통이 없는 문화는 역사가 없는 운명이다"라는 입장을 잘 드러내고 있다.

** 편집자 가운데 한 사람인 발데마르 구리안은 아렌트의 친구이며 독일에서

상황은 다르게 전개되었다. 상황은 악화되었지만 야스퍼스 부부는 살아남았다.

> "우리는 아직 그것을 이해하지 못했으나 구원을 받았다. 미국군이 하이델베르크를 점령했다. 몇 주만 더 늦었더라면 우리는 강제로 갈라져 이 광기를 끝까지 겪어야 했을 것이다."*

철학자의 유대인 아내였던 게르트루트 야스퍼스는 1945년 3월 31일 런던에서 망명 생활을 하고 있던 역사학자이자 프리드리히 엥겔스의 전기작가인 동생 구스타프 마이어에게 이 편지를 보냈다. 게르트루트 야스퍼스의 여섯 형제가 모두 탈출할 수 있었다는 사실은 1933년 세 자매 중 유일하게 살아남은 그녀에게 엄청난 행운이자 기적과도 같은 일로 여겨졌다. 그녀는 하이델베르크에서 '특별한 혼합 결혼'을 한 사람들의 추방이 시작된 1945년 2월 25일 오빠들에게 작별 편지를 보냈다.[282]

1945년 3월 31일 미국 육군 중위 멜빈 라스키는 카이저슬라우테른에서 뉴욕 친구이자 사회학자인 다니엘 벨에게 만하임이 항복했으며 미국 육군이 하이델베르크에 "도착했다"고 알렸다.

망명한 이후 미국 노트르담대학교 교수로 재직하면서 아렌트를 초청하여 강연을 개최했다. 구리안에 관한 짤막한 전기는 『어두운 시대의 사람들』에 수록되어 있다.

* 이 인용문은 게르트루트 야스퍼스가 1945년 3월 31일 구스타프와 플로라 마이어에게 보낸 편지 첫 부분에서 가져온 것이다.

며칠 후 한나 아렌트는 뉴욕에서 "믿을 수 있는 스위스 소식통"을 통해 게르트루트와 카를 야스퍼스가 아직 살아 있으며, 하이델베르크의 옛 주소인 플뢰크 거리 66번지에 살고 있다는 사실을 알게 되었다. 아렌트는 이 사실을 가까운 친구들에게 즉시 알렸다. 그러나 그것은 단지 전언傳言에 불과했다. 아렌트는 라스키를 통해 야스퍼스 부부와 직접 접촉하게 된 8월에야 축하의 말을 할 수 있었다. 그녀가 발데마르 구리안에게 보낸 편지에는 "물론 매우 행복합니다. J는 책을 보내달라고 합니다"라고 적혀 있었다. 그렇다면 아렌트와 야스퍼스를 이어주었던 그 남자는 그 몇 달 동안 무엇을 했을까? 하이데거의 실존 방식이 바로 그것이었으니, 당시 그는 무엇을 '생각'하고 있었을까?

1889년 메스키르히에서 태어난 하이데거는 1945년 초여름 자신을 위해 특별히 제본한 「논평 I」이라는 제목이 붙은 검은색 공책에 "수치와 고통의 나날들에 고향에 머물 수 있도록 허락받았다"는 내용을 적었다. 얼마 지나지 않아 사람들이 '미국인, 러시아인, 영국인, 프랑스인'에 대해서만 이야기하고 있고 '독일인'의 상황은 아무도 묻지 않는다는 내용이 이어진다.

1945년 7월 9일 프라이부르크 시장은 하이데거가 '당원'이었기 때문에 그와 아내(베흐마트에서 복무했던 두 아들은 당시 실종된 것으로 추정됨)가 집을 비워야 한다는 통보를 보냈다. 하이데거는 7월 20일자 답장으로 이를 막을 수 있었지만, 자신이 사소한 일이나 저지르지 않은 불의로 인해 전체 독일 국민과 마찬가지로 부당한 대우를 받았다는 인상은 깊이 각인되었다. 이는 며칠 후

튀빙겐대학교에서 가르치던 제자인 역사가 루돌프 슈타델만에게 보낸 편지에도 잘 드러난다. "모두가 이제 파멸을 생각하고 있다네. 우리 독일인은 가라앉을 수 없어. 우리는 아직 일어나지 않았고 먼저 밤을 헤쳐나가야 한다네." 1933~34학년도에 프라이부르크대학교 총장직을 맡게 된 동기, 총장직 수락 연설과 조기 사임에 대한 자세한 설명과 함께 가능한 임용 후보자들에 대한 초기 정보가 이어졌다. 그는 또한 이탈리아와 일본을 거쳐 미국으로 이주한 자신의 제자 카를 뢰비트가 여전히 독일을 사랑하고 야스퍼스의 제자들을 지원한 점도 강조했다.

하이데거는 1945년 9월 26일 56세 생일을 맞아 자신의 공책 「논평 I」에 다음과 같이 기록했다.

> 1945년 생일: 길 위에 비치는 밤의 밝음: 만약 어떤 의문도 진실의 영역에 근접하지 못한다면—/대답으로 돌아가라/고요, 물결에 잠겨/즐거운 감사 속에 기뻐하며,/휴식을 취하는 자들만이/우리가 주민이듯이,/은총의 집에 거주하고 있다.

다시 한번 '밝은 빛'이 나타나는데, 이번에는 역설적인 이미지로 표현된다. 그 빛은 '철학'에서 벗어나 '사유'로, 마르틴 하이데거의 사적인 언어로 빛난다. 그 언어 속에는 자신 외에는 아무도 거주하지 않는다.

이 시는 하이데거가 당시 '사유'에 헌신했던 분위기를 반영하고 있지만, 다른 측면에서는 독일의 항복 이후 전개된 지적·정치적 상황에 대한 엄청난 분노가 그를 평범한 비평과 목적 없는 반동적 문화비판으로 몰아넣었다. 그는 모든 곳에서 '배신'이 작동하는 것을 보았다.

하이델베르크에서 미군이 게르트루트 야스퍼스를 추방에서 구해주는 동안, 하이데거는 독일인의 운명에 대한 성찰이 부재하다고 느꼈다. 야스퍼스는 얼마 지나지 않아 하이데거에 대한 보고서를 작성해야 했고, 이로 인해 하이데거는 프라이부르크대학교에서 정직 처분을 받게 되었다. 1920년대에 형성되었던 '투쟁 공동체'는 돌이킬 수 없이 분리되었다. 그리고 1950년, '명예교수'의 권리와 연금 수혜 자격이 부여된 복직은 다시 야스퍼스의 결정적인 개입으로 이루어졌다. 그러나 그것 또한 더 이상 아무것도 바꾸지 못했다.

연계된 진실: 전쟁 이후 3인조

그 사이 야스퍼스와 아렌트 사이의 논쟁은 본격적으로 전개되었다. 두 사람은 편지, 원고, 논문, 책을 주고받으며 가능한 모든 방식으로 소통했다. 게르트루트 야스퍼스도 처음부터 그 과정에 함께하고 있었다.

이 교류는 거기서 멈추지 않았다. 야스퍼스는 아렌트를 독일에서 읽히게 하고 싶었다. 그녀의 '목소리'가 들려야 한다고 생각했다. 그녀는 잡지《변화》에 글을 발표했다.

아렌트가 출판인 램버트 슈나이더, 야스퍼스와 슈테른베르거의 제안으로 집필한 모음집『6편의 에세이』서두에 붙인「헌사」*는, 야스퍼스라는 인물과 그가 진정으로 구현한 바에 대한 깊은 유대감의 표현일 뿐만 아니라 이후 그녀의 텍스트 서두에 넣을 수 있는 자기 고백이기도 했다.

친애하고 존경하는 분께**

이 작은 책자를 당신께 바칠 수 있도록 허락해주신 데에 감사드립니다. 그리고 또 이 책을 독일에서 출판할 때 제가 당신께 꼭 해야 할 말들을 할 수 있도록 기회를 주신 것도 감사드립니다.

비록 독일어를 사용하는 유대인이라 할지라도, 오늘날 그 유대인이 독일에서 책을 출판하는 것은 쉬운 일이 아니기 때문입니다. 일어난 일을 고려하면, 자신의 언어를 다시 쓸 수

---

*　　우리말 번역본은 다음 자료를 참조할 것.『전체주의 물결과 정치적 이해』,「카를 야스퍼스에게 헌정하며」, 389-94쪽.

**　　'친애하고 존경하는 분께(Lieber Verehrtester)'는 1946년부터 1969년 야스퍼스가 사망할 때까지 아렌트가 야스퍼스에게 보낸 모든 편지에 사용한 인사말이다. 비록 영어에서는 문구가 이상하고 딱딱할지라도, 독일어에서는 자연스러운 표현이다. '매우 존경하는(Sehr Verehrter)'은 보통의 인사말이다. 아렌트에게 야스퍼스는 "친애하며" 동시에 "가장 존경하는" 사람이었다. 그리고 이 인사말은 아렌트가 야스퍼스에게 품었던 애정과 깊은 존경심의 신중한 반영이다. 이와 관련하여 다음 자료를 참조할 것. Hannah Arendt Karl *Jaspers: Briefwechsel 1926~1969*(München und Zürich: Piper, 1985); 홍원표 옮김,『한나 아렌트·카를 야스퍼스 서간집, 1926~1969』(서울: 신서원, 2024).

있다는 유혹은 실제로 중요하지 않습니다. 비록 이것이 자신의 꿈에서 완전히 추방될 수 없는, 유일한 망명 생활의 귀환일지라도 말입니다. 그러나 우리 유대인은 이제는 망명자가 아니며 그런 꿈을 꿀 권리도 거의 없습니다. 우리의 추방이 독일이나 유럽 역사의 맥락에서 어떻게 나타나고 이해되더라도, 우리 유대인은 추방이라는 사실 때문에 우리의 역사를 회고해야 합니다. 우리의 역사에서 추방은 특이하고 예외적인 현상이 아니라 친숙하며 반복되는 현상으로 나타납니다.

다음 에세이 중 어느 것도 우리 시대의 사실에 대한 인식 없이, 그리고 우리 세기의 유대인 운명에 대한 인식 없이 집필되지 않았기를 바랍니다.* 그러나 저는 이들 에세이 어디에서도 이러한 사실의 토대 위에 저를 세우지 않았고, 이러한 사실에 의해 창조된 세계를 필연적이고 파괴할 수 없는 것으로 받아들이지 않았다고 희망하며 믿습니다. 그것이 아무리 유혹적이라 할지라도, 결과적으로 모든 의미에서 고립의 위협이 아무리 두려울지라도, 당신의 철학과 존재가 없었다면 저는 결코 그러한 의도적인 공정한 판단과 모든 광신주의로부터 의식적인 거리 두기를 유지할 수 없었을 것입니다. 수년 동안 잔혹한 상황이 저를 당신에게서 완전히 멀어지게 했을 때, 오히려 이전보다 훨씬 더 분명하게 다가온 것은 바로 당

*   서론에 해당하는 이「헌사」다음에 수록한 6편의 에세이는 다음과 같다.「제국주의에 대하여」,「조직화된 범죄」,「실존철학이란 무엇인가?」,「숨겨진 전통」,「어제 세계의 유대인」,「프란츠 카프카」이다.

신이 존재한다는 사실이었습니다.

제가 '당신에게서'* 배운 것과 그 후 몇 년 동안 사람들이 이전 시대에 악마에게 영혼을 팔았던 것처럼 제 영혼을 현실에 팔지 않고 현실에서 제 길을 찾는 데 도움이 된 것은 이러합니다. 오로지 중요한 것은 철학이 아닌 진리이며, 누구든 아무리 그럴듯한 가구가 갖춰져 있더라도 자신의 작은 껍질 속이 아닌 열린 곳에서 살고 사유해야 하며, 모든 형태의 필연성은 인간이 되려고 노력하는 대신에 역할을 연기하도록 우리를 유혹하는 도깨비일 뿐입니다. 제가 개인적으로 결코 잊을 수 없는 것은 설명하기 어려울 정도로 경청하는 태도, 언제나 비판을 받아들일 준비가 되어 있는 관용, 회의주의와 광신과는 거리가 먼, 궁극적으로 모든 인간은 이성을 가지고 있으며 어떤 인간의 이성도 무오류가 아니라는 깨달음에 대한 당신의 태도입니다.[283]

이 긴 인용문은 선언문으로 읽어야 한다. 아렌트는 친구 야스퍼스와 더 나아가 세계를, 글쓰기와 사유를, 그리고 학살된 사람들에 대한 유대인으로서의 책임을 어떻게 사유하려 했는지를 그

---

* 여기에서 '당신에게서(Ihnen)'는 존칭 주격 당신(Sie)의 목적격이다. 아렌트는 스승인 야스퍼스에게 보낸 편지에서 항상 이 존칭을 사용하고 있다. 물론 이 존칭의 변화와 관련하여 『한나 아렌트·카를 야스퍼스 서간집 1926~1969』에 수록한 옮긴이 해제 「두 거목의 '대화'에서 삶과 사상의 단면을 보다」를 참조할 것.

어느 때보다 분명하게 드러냈다. 이것은 아렌트에게 언제나 분명한 사실이었지만, 종종 그녀에게만 분명했다.

카를 야스퍼스와 아렌트의 왕래 서신 편집자는 아렌트와 게르트루트 야스퍼스가 주고받은 서신*을 추가했다. 1946년 12월 17일자 편지에는 다음과 같은 추신이 첨부되어 있다.**

저는 방금 제가 독일인인지 유대인인지에 관한 당신의 질문을 다시 보았습니다. 솔직하게 말하자면, 이 문제는 적어도 개인적으로는 저에게 중요하지 않습니다. 유감스럽게도, 하이네의 해법은 더 이상 유효하지 않습니다. 그것은 '꿈의 세계 지배자'가 택했던 해법이었으니까요. 그러나 반대되는 모든 외적 증거에도 불구하고 이 문제는 더 이상 그렇게 중요하지 않습니다. 저는 이렇게 말하고 싶습니다. 정치적으로, 상황이 제게 국적을 제시하라고 강요할 때마다 저는 언제나 유대인의 이름으로만 말할 것입니다. 이것은 당신 아내보다 제게는 더 쉬운 일입니다. 저는 이 모든 것에서 더 멀리 떨어져 있고, 자발적으로든 제 주장대로든 '독일인'임을 전혀 느끼지 못했기 때문입니다. 결국 남아 있는 것은 언어뿐이며, 언어는

---

*   아렌트가 게르트루트에게 보낸 편지는 1946년 4월 22일, 5월 30일, 10월 5일 편지가 수록되어 있고, 게르트루트가 아렌트에게 보낸 편지는 서간집에 수록되어 있지 않다.

** 이 문장 다음에 이어지는 다음 문장은 삭제했다. "Zwischen den beiden Frauen trägt er kein Datum, ist aber identisch."

어쩔 수 없이 다른 언어를 말하고 쓸 때에야 비로소 그것이 얼마나 중요한가를 알게 될 것입니다. 그 정도면 충분하지 않은지요?*[284]

야스퍼스는 쉴 수 없었다. 전쟁이 끝나고, 그와 특히 아내가 위험에서 벗어났으며, '죄책감'에 대한 그의 성찰을 대중에게 첫 번째 길잡이로 내놓았지만,** 그녀가 독일인인지 유대인인지에 대한 질문이 다시 야스퍼스를 괴롭혔다. 그는 다른 유대인들에게도 이 문제에 관해서 이야기했는가? 그는 이미 아렌트를 두고 자신이 "독립적 사유"라고 부른 것의 전형을 만들고 싶어 했던 것일까? 당시 기획했다가 아렌트의 요청으로 중단하고, 그러나 비밀리에 계속 집필했던 책 속에서? 야스퍼스의 가장 큰 의문은 어떻게 하면 이런 특별한 사유 방식을 구현할 수 있을까 하는 것이었다. 야스퍼스는 한나 아렌트와 아이히만 논쟁에서 '별자리'를 발견했다고 믿었다. 야스퍼스는 이미 '진리'에 관한 자신의 방대한 책***에서 그랬던 것처럼 '독립적 사유'에 관해 많은 부분을 다루

---

*　『한나 아렌트·카를 야스퍼스 서간집 1』, 194쪽.

**　책임 문제에 대한 야스퍼스의 저작은 다음과 같다. Karl Jaspers, *Die Schuld-frage*(Heidelberg, 1946); 이재승 옮김, 『죄의 문제: 시민의 정치적 책임』(서울: 앨피, 2004). 책임 문제는 『한나 아렌트·카를 야스퍼스 서간집 1』에서 지속적인 쟁점으로 언급되고 있다.

***　서지사항은 다음과 같다. Karl Jasper, *Von der Wahrheit*(München: Piper, 1947). '서론, 철학적 논리학에 관한 고찰' 이후 3부로 구성된 이 책은 1000여 쪽이 넘는다. 제1부 포괄자의 존재, 제2부 기원의 사유에 대한 접근, 제3

었다. 그는 독립에 대한 완전한 설명이나 정의, 유토피아를 제시하기보다는 오히려 '독립'을 인간 자유의 목표로 삼는 과제를 공식화했다. 그러나 『예루살렘의 아이히만』에 대한 논쟁에서 분명하게 드러난 것은 무엇인가가 빠져 있었다는 것이다. 철학은 또한 논쟁적이어야 한다. 우리가 추구하는 '독립'으로 가는 길은 현실과 비교되어야 한다. 자신만의 철학을 찾는 것과 원하는 '독립성'을 달성하는 것, 두 가지 모두 놓칠 수 있다. 진리를 위해서는 두 가지를 모두 시도해야 한다. 그러나 아렌트의 논쟁적이고 독립적인 사유에 이르는 '길'이 처음에는 독일인으로, 그다음에는 유대인으로 규정하는 그녀의 기괴한 사유에서 시작되지 않았을 수도 있지 않았을까?

아렌트는 왜 이 문제에 관해 야스퍼스에게 그의 아내를 굳이 언급해야만 했을까? 야스퍼스의 부인은 분명히 그가 받아들인 공생 관계를 영위하는 데 동의했다. 반면에 아렌트는 항상 그랬고 평생 그러했듯이 언어를 독일어에 대한 애착으로 언급한다. 그것은 사람과 분리할 수 없고, 전적으로 그 사람에게 속하며, 어떤 종류의 정체성이나 외부로부터 오는 것이 아니라 오히려 무작위적이고 유동적인 유산으로서의 언어다. 그녀에게 그것은 독일어였다.

아렌트는 게르트루트 야스퍼스에게 보낸 1946년 5월 30일자 편지에서 자신의 생존 경험, 자기 포기로 이어질 수 있는 조건, 상

부 진리로 구성되어 있다.

황에 완전히 압도당할 수 있는 위험에 대해 공유했다. 아렌트는 발터 벤야민의 자살을 어떻게 인식했는지 생생한 말로 밝혔다.

아니면 그는 그냥 피곤해서 다시 나아가고 싶지 않았으며, 전적으로 생소한 세계, 전적으로 생소한 언어, 그리고 불가피한 빈곤을 대면하고 싶지 않았을지도 모릅니다. 이런 빈곤은 너무 자주, 특히 처음에는 비참하게도 완전한 극빈에 가까웠습니다. 종종 큰 소란을 피우고, 단지 이 약간의 생존을 유지하고자 그렇게 많은 집중력을 쏟아야 한다는 사실이 불만과 피로를 불러왔습니다. 바로 이것이 우리 모두가 직면한 가장 심각한 위험이었습니다. 그리고 그것은 파리에서 가장 친했던 우리 친구 발터 벤야민*의 죽음입니다. 그는 주머니에 미국 비자를 휴대한 채 스페인 국경에서 1940년 10월 자살했습니다. 그 당시 이런 패주 분위기는 끔찍했으며, 고귀하게 죽고자 한다면 자살이 유일한 행동이었습니다. 우리 시대에는 자살의 유혹에 넘어가지 않으려면 살인을 극도로 증오해야 했습니다.**[285]

---

*　　발터 벤야민(Walter Benjamin, 1892~1940)은 망명 기간에 아렌트의 친구였다. 아렌트는 벤야민의 이민을 돕고 싶었다. 다음 서간집에 벤야민이 게르하르트 숄렘에게 보낸 1939년 4월 8일자 편지를 참조할 것. Walter Benjamin, *Briefe*, ed. G. Scholem and T. W. Adorno, 2 vols.(Frankfurt am Main, 1966): 810.

**　　『한나 아렌트·카를 야스퍼스 서간집 1』, 147-48쪽.

아렌트는 나중에 자신의 에세이 「난민인 우리들」*에서 바로 이 문제를 다룬다. 그것은 고립을 부추기는 공포의 힘, 다른 사람에게는 보이지 않고 비겁함과 배신으로 인식될 것이라는 점을 알면서도 (여전히) 자신이 가진 유일한 것으로 방향을 제시하도록 강요하는 힘, 오직 사람을 더 많은 파토스로, 아마도 영웅적인 행위로 이끌 뿐인 힘, 바로 저 "할 수 있다면 자신을 구하라"라는 문제이다. 수많은 자살과, 실제로 상황에 대한 실존적 항의로 여겨지는 자살 행위에서 나타나는 무관심, 이 모든 것은 벤야민이 죽은 사람조차도 더는 괴물 같은 재앙으로부터 보호받을 수 없다고 쓸 수 있었던 이유를 이해하게 해준다.

아렌트는 자신과 게르트루트 야스퍼스, 그리고 다른 유대인들을 희생자 자체로 또는 전형적인 피해자로 만들고 싶어 하지 않았다. 유대 민족이 세속적 역사를 지닌다는 사실, 즉 외부적으로나 내부적으로 하나의 공동체이자 민족이라는 사실―또는 어떤 집합적 단수형으로 사용하든―은 그들이 동시대 세계 속에서 행위자로 살아가고, 선택하거나 선택하지 않을 수 있으며, 따라서 역사의 일부가 되고 역사와 이야기에 적용되는 기준에 따라야 한다는 것을 의미한다.

당신이 '우리 문제'와 관련하여 쓴 편지는 저를 매우 감동시

* 다음 자료를 참조할 것. 『유대인 문제와 정치적 사유』, 583-99쪽. 아렌트는 이 에세이에서 새로운 부류의 난민, 현실로부터의 도피, 유랑하는 난민의 국적 문제, 난민의 정체성 혼란을 밝히고 있다.

켰습니다. 물론 우리는 흠잡을 데 없는 존재가 아닙니다. 하느님 찬미, 북 치고 피리 불며 말하건대 (…) 저는 당신이 "나는 독일이다"라는 남편의 주장을 거부해서 매우 기뻤습니다. (저는 그분이 제 말을 오해하지 않기를 바랍니다. 저의 경우, 독일에서 더 이상 살아 있는 어떤 것도 기억하고 싶지 않았습니다. 그분만 빼고 말입니다. 그를 독일처럼 여기고 싶은 유혹은 저에게 매우 현실적이고 가까웠으며, 지금도 그렇습니다.) 그러나 제 생각에 그분은 독일이 아닙니다. 인간이 되는 것이 훨씬 더 크기 때문입니다. 독일은 단일한 인격이 아닙니다. 독일 국민을 뜻하는 용어이거나 지리적·역사적 개념입니다. 우리 뒤에 올 사람들에게는 그것을 위한 충분한 시간과 기회가 있을 것입니다. 그러나 저는 '우리' 문제―오늘날 그것은 우리의 죽음을 의미합니다―를 말하려 하지 않는 사회에서 유대인으로서 산다는 것이 어떻게 가능한지는 저도 알 수 없습니다. 다만 그것을 할 수 있다면 좋을 것이라는 점만은 알고 있습니다.*[286]

야스퍼스가 독일인성과 유대인성에 관한 아렌트와의 논쟁에서 어떤 결론을 내렸는지는 주목할 만하다. 야스퍼스의 저작 전반에 걸쳐 드러나는 무엇인가를 궁극적인 결론으로 이끌고 그것을 구체화하려는 무조건적인 의지는 여기에서도 드러난다. 만약 야스퍼스가 나치의 이른바 권력 장악 이전에 이미 독일의 '본질'

* 『한나 아렌트·카를 야스퍼스 서간집 1』, 148쪽.

을 비참하게 여겼다면, 지금은 어떤 모습이었을까? 이런 맥락에서 "나는 독일이다"*라는 주장은 최후의 절박하면서도 엄청나게 과장된 행위로 비쳤을 것이다. 동시에 그의 자기 비난에는 최악의 상황이 닥치면 아내와 함께 죽음을 선택하려 했던 행동이 어떤 면에서는 미래 독일인의 행동에 대한 본보기가 될 수 있다는 오만함이 담겨 있었다. 그것은 야스퍼스 본인에게도 미친 짓으로 보였을 것이다. 만약 독일인이 아닌 누군가가 폴란드를 침공하고 제2차 세계대전을 일으켜 홀로코스트를 저질렀다고 믿었다면, 그리고 그가 '독일적인 것'이 자신과 같은 사람들 속에서 보존되었다고 믿었다면, 상황은 훨씬 더 나빴을 일이다. 철학자 야스퍼스는 자신이 (물론 아렌트가 즉시 개입한 것처럼) 한 '인간'이라는 것을 생각하지 못하고, 그런 다음 자기 귀속을 선택했지만 '화신Verkörperung'의 형태로 그렇게 하지는 않았다. 이런 점은 당연히 당혹스럽다.

게르트루트 야스퍼스와 아렌트의 대화가 항상 이런 식으로 진행된 것은 아니었다. 1974년 게르트루트가 세상을 떠날 때까지, 두 사람은 야스퍼스와 뉴욕 친구에 관해서만 이야기한 것이 아니었다. 그들은 읽은 책들을 논의하고, 만남들을 분석했으며, 이스라엘의 국가 건설 과정에 대한 절망을 나누고, 1967년과 1973년 전쟁 동안 이스라엘의 지속적인 존립에 대한 우려를 공유했다.

---

*   아렌트가 게르트루트에게 보낸 편지에서 관련된 내용을 확인할 수 있다. "당신이 '나는 독일이다'라는 남편의 주장을 거부하시니, 저는 매우 기뻤습니다."『한나 아렌트·카를 야스퍼스 서간집 1』, 「편지 39」, 148쪽.

그들은 1969년 야스퍼스의 죽음과 이듬해 블뤼허의 죽음도 함께 애도했다. 아렌트가 야스퍼스를 이상화했다는 점을 설명하려면, 적어도 그녀가 두 노인에게서 독일인과 유대인이라는 정체성으로 분리된 두 사람의 살아 있는 결합을 보았다는 점을 언급해야 한다. 아렌트는 자신과 야스퍼스를 갈라놓았던 그 문제를 다른 형태의 관계 속에서 직접 경험했다. 아렌트는 사랑하는 조카딸 에드나 퓌르스트가 독일인 유대교도 미하엘 브로케를 만났을 때, 두 사람을 바젤로 보내 게르트루트와 카를 야스퍼스와 함께 있도록 했다.*

그렇다면 야스퍼스는 어떠했을까? 많은 해석자는 아렌트와 야스퍼스가 주고받은 수백 쪽 분량의 왕래 서신을 20세기 가장 중요한 서간집 가운데 하나로 꼽는다. 서신 교환은 스무 살의 아렌트가 하이델베르크에서 공부를 계속하던 초기인 1926년에 '역사' 개념에 대해 질문하면서 시작되었고, 1968년 10월 남편 하인리히 블뤼허가 중병에서 서서히 회복된 후 바젤의 야스퍼스 부부를 방문하겠다는 아렌트의 편지로 끝난다. "친애하는 교수님"에서 "친애하는 친구분", "자네"로 발전한 이 관계**는 아렌트에게 결혼을 제외하고는 가장 중요한 인간관계로 여겨졌다. 아마도

* 에드나 퓌르스트, 즉 에드나 브로케는 엘리자베스 영-브륄의 아렌트 전기 재판에 「나의 고모 '거목 한나'」를 수록했다. 『유대인 문제와 정치적 사유』, 951-63쪽을 참조할 것.

** '당신(Sie)'과 '자네(Du)'로 표현되는 두 사람의 평생 도타운 우정에 관한 설명에 대해서는 다음 자료를 참조할 것. 홍원표, 「두 거목의 '대화'에서 삶과 사상의 단면을 보다」(해제), 『한나 아렌트·카를 야스퍼스 서간집 1』, 20-24쪽.

이 관계가 세 사람의 존재 전체를 아우르며, 편지와 대화에서 거의 모든 것을 나눌 수 있었기 때문일 것이다.

아렌트가 야스퍼스의 사상에 직접 기여했는지는 확실하지 않다. 그녀가 분석적으로 새롭게 밝혀낸 것은 거의 없었다. 다만 그녀는 야스퍼스를 철학자이자 인간으로 남을 수 있는 가능성의 구현으로 보았다. 그러면서도 철학을 자기 집착에서 끌어내어 정치적인 것, 궁극적으로 인간적인 것으로 이끌어야 한다고 강조했다. 야스퍼스는 아렌트에게 소통, 공공성, 진리, 세계시민주의를 상징한다. 아렌트는 1958년 평화상 찬사에서 야스퍼스를 칸트와 연계하였고, 야스퍼스는 아렌트의 저작에서 칸트의 유일한 '후계자'가 되었다.* 아렌트가 야스퍼스와 게르트루트의 평등한 결혼 생활을 이상향으로 삼은 것은 아마도 청중들이 자신들의 과거와 대면하지 않도록 하기 위해서였을 것이다. 아렌트는 또 야스퍼스의 출신을 북부의 독립 농민 세계로 돌려놓으며, 그로부터 그가 참된 자유를 길어 올렸다고 보았다. 1933년 이후 그는 독일인으로서 독일 앞에서가 아니라, 언제든 모든 인류에게 자신을 정당화할 수 있는 방식으로 글을 썼다. 이는 그가 잠시 내세웠던 "내가 독일이다"라는 과장된 자기 동일화에 대한 응답이기도 했다. 예를 들어, 아렌트는 『현대의 정신적 상황』과 당시 새로 발표된

---

* 관련 내용은 다음과 같다. "다른 점에서도 마찬가지이지만 이 점에서도 칸트의 유일한 후계자인 야스퍼스는 칸트와 마찬가지로 일반 대중 독자에게 글을 쓰기 위해 학문 영역과 그 개념적 언어를 한 번 이상 벗어났다." 『어두운 시대의 사람들』, 「카를 야스퍼스: 찬사」, 162쪽.

『원자폭탄과 인류의 미래』, 3부작 『철학』(1932)과 『진리에 대하여』(1947) 사이에 연속성을 확립했다. 야스퍼스는 모든 상황에서 옳은 일을 한 사람의 모습이었다. 그는 '후마니타스의 영역'*에서 자신을 확립할 수 있었기 때문이다. 그 공간의 건축가이자 거주자는 '위대한 철학자들'이었다. 아렌트에 따르면, 이 사유의 공간은 하나의 책처럼 현재를 위해 쓰였고 현재를 겨냥한 것이다. 전년도에 아렌트는 야스퍼스의 저작을 다룬 '살아 있는 철학자' 시리즈에서 '세계시민'에 대해 성찰한 바 있다.

> 야스퍼스는 오늘날의 정치적·지적 현실에 대해 남달리 예민한 인식을 지니고 있었으며, 이는 그의 새로운 인간 개념과 철학 제안의 배경이 되었다.**[287]

아렌트는 야스퍼스의 철학적 성찰인 『역사의 기원과 목표*Vom Ursprung und Ziel der Geschichte*』(1949)에서 세계국가에 관한 그의 사유 한가운데서 출발했다. 이 저작과 다른 모든 저작은 칸트에게 단순한 의도로만 남았던 성찰, 즉 "세계시민적 의도를 가진" 성찰을 공식화한 것이다. 그는 이미 이러한 정신으로 『세계관의 심리학*Die Psychologie der Weltanschauungen*』(1919)을 저술했으며, 이후의 저술도 이러한 야망을 따랐다. 출발점은 전통과 그것을 권위주의적

---

*   앞의 책.

**   앞의 책, 「카를 야스퍼스: 세계시민」.

으로 관리하는 방식의 해체였다. 1919년 야스퍼스에 의해 철학은 자유로워졌고, 그는 주장과 사상을 소통의 관계 속으로 옮겨놓았다. 이 대화는 계속 이어진다.

> 진리 자체는 소통적이며, 소통 영역 밖에서는 소멸되고 고려될 수 없다. '실존' 영역에서 진리와 소통은 동일한 것이다. "진리는 우리를 서로 결합시키는 것이다." 동시대인들 사이의 소통뿐만 아니라 산 자와 죽은 자 사이의 소통에서도 진리는 저절로 나타난다.* [288]

이 양식은 의심할 여지 없이 야스퍼스에게 적용되었다. 그러나 그것이 타당한 이유를 가질 수 있었던 것은, 예컨대 아렌트가 교정자로 곁에 있을 때뿐이었다. 야스퍼스의 정치적 저술에서 드러나듯, 공격받는 이들에 대한 배려가 전혀 보이지 않는 그의 엄격함은 아렌트에게도 문제였다.

아렌트와 야스퍼스는 특별한 우정 속에서, 더 이상 불가능하다고 여겨졌던 강렬한 교류를 경험했고, 사고와 이해의 차원에서 독일인과 그토록 가까워질 수 있었다는 사실을 인정했다. 그러나 동시에 무엇이 그들을 갈라놓았는지 말해야 한다는 필요성도 인식했다. 야스퍼스는 독일 연방공화국을 비판할 수 있었고, 제2차

---

*   이 인용문 가운데 "진리는 우리를 서로 결합시키는 것이다"라는 문구는 야스퍼스의 다음 저작에서 인용한 것이다. 「대학의 생생한 정신에 관하여」, 『해명과 조망 *Rundschaft und Ausblick*』(1951), 185쪽.

세계대전과 유럽 유대인 학살의 결과가 어떻게 성찰되고 다루어
져야 하는지 분명히 말할 수 있었으며, 그것들이 인간 존재와 진
리의 일부가 되어야 한다고 강력히 주장했다.

그러나 내면의 저항, 즉 보편에 대한 갈망도 야스퍼스에게서
나타났다. 여기서 철학은 역사적으로 독특한 것의 평등화 장치로
등장한다. 야스퍼스는 항상 재연결의 힘을 강화하고, 자신의 중
요성이 사라지지 않도록 옛것의 통찰력에서 비롯된 의무를 새것
으로 부담시키기를 원했다. 그는 자신의 업적과 철학자로서의 자
각 앞에서 겸손하기보다는, 철학적 자서전을 선호했다. 아렌트는
블뤼허에게 한 말에서 이런 점을 모두 지적하면서도, 하이데거의
경우와 마찬가지로 자신이 충실하고자 한 대상은 야스퍼스라는
것을 완전히 확신했다.

대화는 정말 훌륭했어요. 열흘간 한 번도 거르지 않고 대화를
나누었지요. 지난 3일 동안은 야스퍼스를 '하이데거'에게서 떼
어놓을 수가 없었답니다. 그는 늘 같은 방식이에요. 끝없는 비
교와 합리적인 설명을 통해 모든 개별적 사건들을 상대화하지
요. 지금은 가스실 같은 것도 그렇게 다루면서, 결국 변치 않는
것, 늘 같은 무조건적인 것, 파괴할 수 없는 실체에 다가가려는
겁니다. 그것은 마치 하나의 게임 같아요. 그에게 언제나 유효
하고 기준이 되는 것은 전통, 흔히 고전주의적 형태로 나타나는
전통이었습니다. 이를테면, 야스퍼스와 릴케에 대해 이야기하
는 것은 거의 불가능합니다. 그는 곧바로 릴케를 횔덜린과 비교

해버리고, 결국 어떻게든 릴케를 '정리'해버리니까요. (하이데거
도 마찬가지로 니체와 비교해 '정리'합니다. 비록 제가 먼저 하이데거
의 최근 작업이 모든 '합리적인 사람들'이 말하는 것처럼 단순한 '헛소
리'가 아니라는 점을 설명해야 했지만요.) 그가 진정으로 의도하는
바는, 그렇게 횔덜린을 통해 릴케를 정리한 후 불쑥 호프만슈탈
을 꺼내들 때에야 드러납니다. 다시 말해, 그는 사실상 모더니
즘에서 의식적으로 모방적인 것만 인정하는 셈이지요.[*][289]

그러나 다양한 요소의 조합이 아렌트를 두렵게 하지는 않았
다. 그녀는 분명히 대화의 힘을 전적으로 신뢰했다.

> 내가 도착할 날, 야스퍼스의 합리화와 도덕적 설교가 너무 심해
> 져서 나는 거의 절망의 끝에 다다랐어요. 그러나 내가 그를 다
> 시 만난 이유는 그가 정말 훌륭한 사람이기 때문이며, 그와 같
> 은 사람은 아무도 없기 때문입니다.[**][290]

---

[*] 이 인용문은 1952년 아렌트가 유럽을 방문했을 때 파리에서 남편인 블뤼허
에게 보낸 편지 내용의 일부이다. *Within Four Walls: The Correspondence be-
tween Hannah Arendt and Heinrich Blücher 1936~1968, ed. Lotte Kohler, trans.,
Constantine*(New York, San Diego, London: Harcourt, Inc., 1996), 154.

[**] 이 인용문은 아렌트가 1952년 4월 11일 파리에서 블뤼허에게 보낸 편지에
있는 것이다. 앞의 책.

사유하기와 글쓰기: 아렌트의 저작

한나 아렌트의 저작에 관한 가장 포괄적이고 정확한 참고문헌에는 70여 쪽에 걸쳐 331개의 개별 출판물이 나열되어 있다. 저자 우르줄라 루츠는 개별 출판물에 대한 설명에서 훨씬 더 많은 정보를 제공하지만, 이 목록만으로도 이미 아렌트 평생의 업적에 대한 독립적인 해석이 가능하다. 2013년 마지막으로 보완된 참고문헌을 최신 상태로 갱신하려면 더 많은 추가 작업이 필요하다. 여기에 마리 루이스 크노트가 피페르출판사에서 편집한 텍스트를 포함하면 총 430편에 이른다.* 이는 출판된 텍스트만 집계한 것으로, 재판본 및 부분 인쇄본은 포함되지 않는다.

그밖에도 무엇이 있을까! 책, 에세이 및 강의 원고, 라디오 에세이 원고, 주석 달린 교정본, 비망록, 1950~1970년대에 기록한 『사유 일기』 등이 있다. 집계 방식에 따라서는 『예루살렘의 아이

---

* 피페르출판사가 편집한 독일어판의 서지사항은 다음과 같다. Hannah Arendt, *Vor Antisemitismus ist man nur noch auf dem Monde sicher*(München: Piper, 2019); *Wir Juden Schriften 1932 bis 1966*(München: Piper, 2019). 영어판과 한국어판의 서지사항은 다음과 같다. *Jewish Writinngs*, ed., Jerome Kohn(New York: Schocken Books, 2007); 『유대인 문제와 정치적 사유』(파주: 한길사, 2022).

히만』 완역본 9권, 『전체주의의 기원』의 엄청난 단편들 및 다른 단행본, 수백 명의 개인 및 기관과 주고받은 서신 등이 있다. 그 밖에 뭔가 잊은 게 있을까? 게다가 아직도 여러 기록보관소가 남아 있어, 이 전기가 보여주듯 앞으로 수년간 공백을 메우고 근본적으로 중요한 새로운 발견들을 내놓을 수 있을 것이다.

한나 아렌트의 텍스트 생산은 그녀의 텍스트에서 다루는 주제의 범위만큼이나 광범위하다. 아렌트가 철학자·정치이론가·역사가·사회학자인지 아니면 완전히 다른 사람, 즉 유대인·사회주의자·보수주의자·반동주의자, 아니면 페미니스트·인종주의자·자기혐오 유대인인지, 아니면 심지어 시온주의자·생존자인지에 대한 질문조차 수십만 가지의 해석 가운데 조금도 일치하는 것이 없다. 이는 각각의 규정과 범주에 대한 분류에서도 다르지 않다. 오히려 중복된 규정이 허용될 뿐 아니라 바람직한 것으로까지 여겨진다.

방대한 저작과 특유한 반향

이것은 단지 시작일 뿐이다. 거의 불명료한 해석 가능성을 지닌 방대한 자료를 해석하기 전에, 몇 가지 추가적인 매개변수를 먼저 고려할 필요가 있다. 예를 들어 '형식' 문제이다. 아렌트는 에세이를 선호했고, 자료를 자유롭게 다루었으며, 대부분 논쟁적으로 불규칙하게 주장했다. 동시에 자신의 텍스트가 정확히 어떻게 구성되어 있는지, 어떤 것이 자서전적이고 무엇이 아닌지, 어떤 것이 주요 저작이고 무엇이 보조 저작인지, 종종 그에 대한 반박이 무엇인지 알고 있었을 것이다. 자신이 기록한 것이 모두 중요한 의미를 지니거나, 반대로 잘못되었고 피상적이고 왜곡되어 있으며 유지할 수 없다는 식의 반박이 따른다는 점 역시 인식했을 것이다. 아렌트는 체계적이고 단편적으로 생각했는가? 아니면 자신의 독특한 표현법을 가지고 있었는가? 동시에 2차 문헌과 같은 것에는 전혀 관심이 없었는가? 그녀는 경험을 자신의 재구성에 포함시킬 수 없다는 이유로 지성사와 이념사를 거부했다. 이러한 거부는 방법론적 문제에 대한 독창적 통찰이라기보다는 세대 귀속감 문제에서 비롯되었다. 당시 통념에 따르면, 옛 세대는 플라톤에서 니체에 이르기까지의 개별 항목을 마치 블록처럼 이리저리 옮기며 '정신'과 '이념'을 만지작거린다는 것이다.

반면에 아렌트는 '존재', '절대자', '초월성' 같은 중요한 개념을 사용하지 않은 채 현상학에서 무엇인가를 얻을 수 있었다. 그리고 만약 그랬다면 상당한 거리를 두고 있었겠지만, 하이데거나 야스퍼스가 이 개념들을 사용하지 않았다면 이것들은 어차피 쓸모가 없었을 것이다. 아렌트는 다른 사상가들의 사유를 앞서 예감하고 선취하는 경향이 뚜렷했는데, 그 과정은 섬세한 조정이라기보다 거칠게 도끼질을 하는 듯한 것이었다. 예를 들어, 미국의 실용주의는 그녀에게 아무 가치도 없었고, 반드시 칸트여야 했다. 다만 그것도 그녀가 의도적으로 거꾸로 비틀어 읽은 칸트였다. 아렌트는 미국과 미국 헌법, 심지어 그 '정신'을 칭찬했지만,

미국의 철학 발전에는 등을 돌리고 시선을 옛 유럽에 고정했다.

그러나 더 흥미로운 것은 아렌트가 텍스트에서 문제로, 다시 문제에서 텍스트로 어떻게 오갔는가 하는 점이다. 그녀는 고대 이래의 다양한 전통을 짊어진 채 사유했는데, 그것들은 모두 자연스러운 대화 상대처럼 다루어졌다. 이들은 마치 선의이지만 길을 잘못 든 영혼처럼 방향을 제시하려 했으나, 시대의 흐름 앞에서 지나치게 자신만만했기에 반드시 수정되어야 했다.

아렌트는 밤낮으로 글을 쓰고 읽고 가르쳤으며, 끊임없이 사람들을 만나고 여행을 다녔다. 동시에 그녀는 친구들에게 '그곳에' 있다는 느낌만 준 것이 아니라 실제로 그곳에 있었다. 이 사실은 이미 동시대인들을 당황하게 했다. 아렌트가 자신의 주요 대화 상대였던 하인리히 블뤼허, 협력자 로테 쾰러, 자주 드나들던 다양한 모임, 알고 있거나 만난 수많은 사람으로부터 끊임없이 영감을 받고 그들과 생각을 논의했다는 사실 자체만으로는 강연이나 기사, 책 한 권이 곧바로 나오는 것은 아니었다. 특히 아렌트는 1960년대까지 재정적으로 전혀 안정되지 않았다. 수십 년 동안 자유로운 삶을 살아온 지식인은 때때로 엄청난 불안감을 감수하면서도 의식적으로 그런 삶을 영위했다. 그녀는 미국 대학의 안정적인 직책을 거듭 거부하고 대신 다양한 방식으로 생계를 꾸렸다. 유대인 단체에서의 활동, 쇼켄출판사의 편집자, 연구기금, 방문교수직, 서적·논문·강의를 통한 수입 등이 그것이다. 그녀는 1963년 가을에 시카고대학교의 권위 있는 사회사상위원회에 5년간 초대되고, 나아가 영구적으로 맡아달라는 강력한 요청을 받은 후에야 재정적 걱정에서 벗어날 수 있었다. 그녀는 1955년부터 자신의 저작 수입, 그리고 구겐하임재단이나 록펠러재단과 대학 등의 기부금 수입에 전적으로 의존하고 있었다. 그래서 방문교수직이 추가될 때면 "다시 부자가 되었다"고 농담하곤 했다. 블뤼허가 바드대학에서 받은 급여는 리버사이드 드라이브 370번지의 아파트 매입에 상당히 기여했지만, 생활비까지는 충당할 수 없었다. 실제 세금 신고서를 보면 재정 상태는 매우 소박했다. 그래서 아렌트는 1972년에 "난간 없이 사유하기"에 관해 말했을 때*, 그것은 니체 이후 반복적으로 공식화되어온 해석학적 진술일 뿐만 아니라, 그녀가 겪어야 했거나 겪기를 원했던 개인적 경험에 대한 성찰이기도 했다.

아렌트는 다양한 연계망과 개인들이 배후에서 자신의 저작을 알리고 보급하려고 노력했다는 사실을 늘 인지하고 있었다. 그러나 선택한 길을 꾸준히 걸어갈 수 있었던 데에는 행운과 우연도 적지 않게 작용했다. 아렌트는 어느 때에도 불평하지 않았다. 사회적 문제와 시대의 흐름에 따른 경제적 설명의 중요성 등이 모두 그녀를 사로잡았지만, 마치 접촉을 꺼리는 듯 언제나 일정한

---

* 캐나다의 요크대학교와 예술위원회의 후원으로 토론토 사회정치사상연구회가 주관한 「한나 아렌트 저술」에 관한 학술회의가 1972년 11월 열렸다. 이때 아렌트는 참석자로 초대받고 참여자와 나눈 일련의 대화에서 "난간 없이 사유하기"를 언급했다. 다음 자료를 참조할 것. Melvin A. Hill, ed., *Hannah Arendt: The Recovery of the Public World*(New York: St. Martin's Press, 1979), 336. 다음 모음집에 재수록했다. 『난간 없이 사유하기: 한나 아렌트의 정치 에세이』(서울: 문예출판사, 2023).

거리를 두었다.

아렌트가 사유와 글쓰기에서 독일인과 미국인이라는 이중적 존재로 살아갔다는 사실은, 겉보기에는 평범한 이중 언어 사용처럼 보였지만 실상은 '모국어'에 대한 강한 애착을 지니고 있었음을 보여준다. 그녀는 독일어에서는 결코 영어로는 시도하지 못할 표현까지 가능하다고 여겼으며, 이러한 사실은 잡지《변화》에 글이 게재되면서 대중에게 알려졌다. 아렌트가 자신의 성찰에 필요한 미국식 영어에 대해 자신감을 갖기까지는 오랜 시간이 걸렸다. 그녀가 배워야 했던 것은 단순히 어휘와 문법만이 아니었다. 어떤 문제를 어떻게 다루어야 하는지를 정확하고 명확하게 표현해야 하는 의사소통용 텍스트 작성법을 이미 파리에서 익힌 적이 있었지만, 이제는 자신이 '사유'라고 부르는 정신 활동 자체를 언어로 옮겨야 했다. 텍스트를 번역한 다음에 편집해야 할 뿐만 아니라 미국 독자들이 미국 텍스트로 인식할 수 있도록 전체 또는 일부를 다시 써야 한다는 사실을 그녀는 알고 있었다. 그럼에도 아렌트가 처음부터 출판 기회를 제공받았다는 사실은 그녀가 마주한 행운과 우연의 일부였다. 사람들은 그녀의 글을 읽고 그녀가 하고자 하는 말을 듣고 싶어 했다.

동시성이 한나 아렌트의 저술 방식이라는 점은 지금까지의 이야기를 통해 분명해졌을 것이다. 따라서 단순한 연대기적 나열은 그녀의 사상 발전을 설명하는 데 신뢰할 만한 척도가 될 수 없다. 아렌트가 모든 생각을 즉시 실행에 옮기고 바로 공론화하지 않았다는 사실은 미국 생활 시절의 행적을 복원하려는 시도를 더욱 어렵게 만든다. 독서 내용은 먼저 『사유 일기』에 종종 기록되었다. 고대 고전 작품은 대부분 원문 그대로 옮겨 적었다는 점이 눈에 띈다. 이러한 텍스트 구역Textblöcke은 일반적으로 이정표 기능을 한다. 한편, 이것은 아렌트가 질문이나 답변을 찾는 방향을 나타낸다. 다른 한편, 인용문은 이미 선택된 인용문에 담긴 사유의 흐름을 응축한 것이며, 이 사유의 흐름은 텍스트에 다시 녹아들어야 한다. 그러나 텍스트에서도 인용문은 종종 '여러 곳에 널려' 있으므로, 이것들로 무엇인가를 '파악하는' 것은 독자의 몫이다.

독서 자료에는 설명, 암시, 핵심어가 포함되어 있으며, 이를 초안, 강연, 에세이, 논문, 책 등과 함께 해석할 수 있다. 참고문헌을 살펴보면 수많은 항목들 때문에 삶 자체가 보이지 않을 정도다. 그러나 계획은 어떨까? 체계는?

놀라운 것은 이런 배경 이야기들이 텍스트 속에서는 한편으로는 사라지고, 다른 한편으로는 오히려 뚜렷하게 드러난다는 점이다. 어떻게 그럴까? 아렌트는 형식의 중요성을 잘 알고 있었으며, 책의 구성에는 매우 엄격했다. 그녀가 도입부에서 불러내는 첫 이미지들은 매우 정확하다. 『혁명론』은 이렇게 시작한다.

레닌은 약 50년 전에 전쟁과 혁명이 20세기의 흐름을 결정할 것이라고 믿었다. 그 이후로 이 예측을 확인하는 것만큼 시급한 사건은 없었던 것 같다.[*291]

아렌트는 『인간의 조건』에서는 이러한 접근방식을 선택했다.

> 이 책에서는 인간, 세계, 지구, 우주 등에 대해 명시적으로 언급하지 않는다. 또 인간이 만든 세계가 어떻게 지구에서 하늘로 뻗어 나가고, 하늘에서 우주로, 태양과 달, 별 주변으로 뻗어 나가는가에 대해서도 언급하지 않는다. 인간이 만든 최초의 인공물이 우주로 날아가 중력에 의해 결정된 동일한 궤도를 한동안 이동하며 천체의 경로와 진동 경로를 영원히 표시한 이래, 우리가 끊임없이 생각해왔던 이 문제에 대해 누가 감히 말할 수 있겠는가? 그 이후로 인공위성이 차례로 우주로 올라갔고 달의 궤도를 돌았으며, 불과 10년 전만 해도 접근할 수 없었던 신비의 조용한 영역에 무한히 숭고하게 머물러 있던 우주 공간은, 이제 지구를 둘러싼 하늘 너머에서 지상의 인간이 만든 사물들이 함께 존재하는 공간이 되었다.**[292]

누구든 그 정도는 감당할 수 있어야 한다. 아렌트는 장대한 몸짓으로 당시 사람들이 몰두하고 있던 문제, 즉 우주 패권을 둘러

---

* 영어 원본의 내용은 다음과 같다. "마치 사건들이 레닌의 초기 예측을 실현시키려고 서두르기나 한 듯, 전쟁과 지금까지의 혁명은 20세기의 흐름을 결정했다." 표현상 약간의 차이가 있다.

** 영어 원본에서는 다음 문장으로 시작되어 약간의 차이가 있으나 맥락의 일관성은 있다. "1957년 인간이 만든 지구 태생의 한 물체가 우주로 발사되었다. (…) 마치 일시적으로 웅대한 천체의 일원으로 허용된 것처럼 무수한 천체들 속에서 거주하며 움직였던 것이다."

싼 동서 간의 이름 없는 경쟁 한가운데로 들어간다. 사람들은 그녀가 이런 문제에 대해 언급하지 않으려 했기 때문에 책에서는 다루지 않을 것이라고 생각했다. 그러나 그것이 사실이 아니라는 점은 『혁명론』 「서론: 전쟁과 혁명」이 오래된 저술 계획에서 비롯되었다는 사실만큼이나 그녀에게 중요하지 않았다. 이러한 이유로 불가피하게도 제1장은 혁명에 대해서만 다루고 서론에서 자세히 다루었던 전쟁 문제는 더 이상 언급하지 않는다고 먼저 밝혔다.*

그러나 첫 번째 장애물을 극복하고 나면 이 모든 것이 착각이었음이 드러난다. 처음에는 모든 것이 너무 쉬워 보였지만 점차 복잡성이 더해진다. 아렌트의 목소리에 익숙해지는 순간, 읽은 내용을 간결하게 요약하는 일이 엄청나게 어려움을 깨닫게 될 것이다. 많은 강의를 '표제어' 체계로 안내할 수 있는 하이데거와 달리, 아렌트의 책에는 내부적 질서가 없다. 그러나 이러한 결점은 장점이 되기도 한다. 아렌트는 독자가 깊은 물에서 자유롭게 헤엄치는 것을 좋아하기 때문에, 독자는 재구성하는 동안에도 종종 아렌트를 대신해 역할을 맡아야 한다. 예를 들어 『인간의 조건』에서는 노동, 작업, 행위라는 세 범주를 통해 '관조의 삶'에 집착하는 전통 철학의 개념을 제시하려 한다. 그러나 이 책은 자본주의 노동 세계에 대한 비판, 데카르트의 신체-영혼 이원론의 형

---

* 제1장 「혁명의 의미」의 첫 문장은 다음과 같다. "여기서 우리는 전쟁 문제에는 관심을 갖지 않는다."

성에 대한 비판, 행위하지 않는 현명한 철학자의 모습에 대한 비판으로 빠르게 정체를 드러낸다. 실제로 이러한 범주는 자유로운 인간의 행위가 마지막에 해독제로 권장되는 발전, 즉 소외의 역사를 추적해야 한다. 이와 함께 아렌트는 아무리 미묘한 철학적 탐구도 '탄생'이라는 '기적'을 완전히 소유할 수 없다는 것을 상기시킨다. 아렌트는 사람들이 서로 마주하고 새로운 것, 다른 것, 익숙한 것, 위험한 것 또는 무관심한 것을 볼 수 있는 많은 공적 공간을 알고 있기 때문에, 그것에 대해 '경탄하는' 것은 모든 성찰을 멈추고 '현상 공간'을 열어주는 것이다. 이러한 구절에서 활동적 삶은 인간이 내면에 지니는 자유의 현상학이 되며, 인간에게는 이를 인식하기 위한 두 번째가 필요하다. 이 자유의 현상학은 전적으로 일상적인 경험에서 비롯되기 때문에 노동, 작업, 행위는 지나가는 말로만 언급된다. 그것은 성공적인 만남과 실패한 만남 모두에서 드러난다. 아렌트는 이 점에 대해 큰 의문을 제기한다. 그녀가 『혁명론』에서 설명했듯, 이 자유의 현상학은 혁명적 힘을 발전시킬 수 있다.

18세기의 혁명 참가자들이 이러한 것들을 서로 혼동한 데에는 충분한 이유가 있었다. 이들은 해방을 성취하는 바로 그 행위 속에서만 자신들의 능력과, 존 제이John Jay가 한때 언급했던 표현인 "자유의 매력"을 향한 열망을 발견했다. 결국 그 권리는 그들 자신이 행한 모험적 활동의 본질에 속했다. 혁명 참가자들은 해방을 성취하는 데 필요한 행위와 실행으로 공공 업무에 참여하게 되었기 때문이다. 혁명 참가자들은 공공 업무를 수행하는 과정에서 의도적이거나 종종 예기치 않게, 자유가 출현할 공간을 구성하기 시작했다. 이 공간에서 자유는 자신의 매력을 드러낼 수 있으며 가시적이고 유형적인 실재가 될 수 있다. 혁명 참가자들은 이러한 매력에 전혀 대비하지 않았기 때문에, 새로운 현상을 완전히 자각할 수 없었다.*[293]

이것이 마술이나 설명 불가능한 황홀경이 아니라는 점은 『혁명론』의 전개 과정에서 증명된다. 이 '현상 공간'**은 그리스와 로마에서 유래되었다. 현상 공간은 헌법과 일상적 실천에서 검증된다. 그러나 고대로의 소급에서도, 아렌트가 필수적이라고 여긴 기원 서사에서도, 인간의 공존을 사유하는 데 필요한 어떤 보장도 생겨나지 않는다. 아렌트에게 고대는 공명 공간이었다. 그곳에서 개념과 그 내용은 정치적 실천과의 대조 속에서 발전했으며, 정치적 실천의 전통과 관습, 그리고 2,000년이 넘는 변화는 한때 배운 것을 편안하게 반복하는 것 이상의 의미를 지닌다. 공

---

* 홍원표 옮김, 『혁명론』(파주: 한길사, 2004), 106쪽.

** 역사적 실체인 아테네 폴리스(Polis)에서 도출된 개념적 공간, 즉 폴리스는 공공영역의 아이콘이다. 폴리스의 대체 개념인 현상 공간에 관한 고찰은 1956년 헝가리 혁명에 대한 에세이에 잘 드러난다. 아렌트는 혁명 과정에 존재했던 평의회의 중요성을 언급하였다. 역사적 사례로서 1871년의 파리 코뮌, 1917년 러시아 혁명 당시의 소비에트, 1918~1919년 독일과 오스트리아의 평의회, 스위스 칸톤, 미국의 공회당 회합(town hall meeting)과 같은 평의회 체제를 들고 있다.

명 공간과 그 구조, 건축가의 의도와 경쟁 모델에 대한 정확한 지식만이 근대 후기의 후예들을 다시금 알 수 있게 해준다. 인간 공동체의 실패한 질서가 걸어온 길을 다시 배우고, 동시에 상황이 어떻게 달라질 수 있었는지에 대한 인상을 얻을 수 있게 하는 것이다. 이러한 재건 작업은 이미 노동, 작업, 행위의 세 범주에 모두 포함되어 있다. 이것들은 모두 철학을 위한 철학 속에서 중단된 활동들이다. 그 지식은 정치의 실패로 이어졌고, 마침내 미국 혁명의 현상 공간에서야 비로소 자기 인식의 가능성과 한계를 드러낼 수 있었다.『혁명론』이 철학자가 아니라 극작가, 곧 소포클레스와 그의『콜로노스의 오이디푸스*Ödipus auf Kolonos*』로 끝나는 것은 이것이 유일한 이유는 아니다.

> 태어나지 않는 것은 말로 표현할 수 있는
> 모든 개념을 능가한다. 그러나 일단 태어나면,
> 차선책은 온 곳으로 가능한 한 신속히 가는 것이다.

그곳에서 소포클레스는 또한 전설적인 건국자이자 당시 아테네 도시의 대변자인 테세우스의 입을 통해, 사람들이 산 자의 슬픔에 압도되지 않고 피조물의 어둠에서 빛으로 나오기 위해 고수했던 것을 선포한다. 자유로운 행위의 울타리가 쳐진 공간이자 "삶을 빛나게 하는*τὸν βίον λαμπρὸν ποιεῖσθαι*" 살아 있는 말씀인 폴리스였다.[294]

따라서 『인간의 조건』이 소포클레스처럼 수세기에 걸쳐 이어져온 교육 전통의 일부인 카토의 인용문으로 끝나는 것은 놀라운 일일까?*

> 만약 우리가 활동적 삶의 다양한 활동을, 가장 '활동적'이고 활동적인 경험이 가장 순수하게 표현되는 활동이라는 관점에서만 고려했다면, 순수한 사유는 순수한 활동이라는 측면에서 모든 활동을 능가하는 것으로 드러났을 것이다. 사유의 경험에 익숙한 사람이라면 카토의 말에 동의하지 않을 수 없을 것이다. "아무것도 하지 않는 것처럼 보일 때만큼 활동적인 적이 없고, 외로이 혼자 있을 때만큼 외롭지 않은 적은 없다(numquam se plus agere quam nihil cum ageret, numquam minus solum esse quam cum solus esset)."** [295]

1951년 『전체주의의 기원』이 출간되기 전까지 파리에서는 존재하지 않았던 이런 확장과 기원 이야기가 다시 가능해진 데에는 두 가지 이유가 있었다. 첫째, 『전체주의의 기원』은 아렌트에게 유럽 역사에서 나치즘과 공산주의/볼셰비즘이라는 두 전체주의 체제의 등장으로 이어진 인과 관계와 그 이름으로 저질러진 범죄에 대한 설명을 제공했다. 이러한 관점에서 플라톤과 아

---

* 저자인 토마스 마이어는 『혁명론』 마지막 문장에서 소포클레스(그리스인)를 인용하고, 『인간의 조건』 마지막 문장에서 카토(로마인)를 인용하고 있다는 점을 강조한다.

** 영어판의 경우는 325쪽이며, 한국어판의 경우는 394쪽이다.

리스토텔레스 이후 철학에 무슨 일이 일어났는지 이해하는 것이 필요했다. 즉 아렌트가 말했듯이 가장 강력한 동시대의 철학자 하이데거조차도 여전히 진리에 대한 특권적 접근을 주장했고, 그 관점에서 자신을 다른 모든 사람보다 우월하다고 여겼다. 둘째, 아렌트는 일어난 일에 대한 책임이 설명을 통해 끝나지 않는다는 것을 발견했다. 그것은 이른바 중대한 정치를 포함한 일상적 현실에서 완전한 지배가 존재하지 않았거나 더 이상 존재하지 않는 것처럼 가장할 수 있는 현재에 도달하는 문제였다. 아렌트는 진정한 의미에서의 현실적인 사상가로서 이러한 인상에 대한 자신의 견해를 제시하거나 심지어 반대할 수 있을 만큼 충분히 현실적인 사람이었다.

따라서 고대는 두 방향에서 다시 주목을 받게 된다. 시작에 마법이 없더라도 그리스와 로마의 사상은 모두 정치의 시작을 알리는 약속을 담고 있었기 때문이다.

아렌트는 이 테제와 그 결과에 관해 방대한 분량의 글을 썼다. 이는 『전통에 대한 현대적 도전 *The Modern Challenge of Tradition*』이라는 제목으로 적절하게 요약되었다. 이를 대폭 축약한 모음집이 『현대 정치사상의 의심스러운 전통』이다.

그늘에 가려진 모음집: 『현대 정치사상의 의심스러운 전통』

1950년대 중반부터 구상되었던 수많은 책 기획 중 하나는, 한나 아렌트가 1954년 4월에 쓴 다음과 같은 내용이었다.

> 책: 아마도 세 편의 에세이 —「정부 형태」,「활동적 삶」,「철학과 정치」.
>
> 1. 폴리스, 로마 공화정 등, 몽테스키외와 통치 개념의 파생, 그리고「이데올로기와 테러」를 포함.
>
> 2. 노동, 노동하는 동물, 작업, 제작인, 행위. 노동(생산이 아닌) 사회로서 현대 사회.
>
> 3. 철학과 정치. '상식'(홉스)과, 폴리스의 '대체물'로서 역사를 포함.[296]

『사유 일기』에 적힌 '기록Notate'은 종종 실험, 인용문, 착상 모음이었지만 장기 계획을 위한 시작점이기도 했다. 이 기록에는 방대한 자료를 어떻게 체계화할 수 있을까에 대한 계획이 담겨 있었다. 그 당시「이데올로기와 테러」는 이미 2년 전에 출판되었으며『전체주의의 기원』의 결론이 될 예정이었다.*『인간의 조건 *The Human Condition*』은 1958년 독자적인 책으로 출간되었고, 이미 예고된 제목의 독일어판『활동적 삶*Vita activa*』은 2년 후에 출간되었다. '국가와 정부 형태'와 홉스에 대한 성찰은 초기 단계에 머물렀거나 체계적으로 다루어지지 않은 채 여담으로 처리되었다.

---

* 이 에세이는 1953년에 학술지에 게재되었고,『전체주의의 기원』1958년 재판에 포함되었다.

그러나 역사 문제만큼은 아렌트를 놓아주지 않았다.

『전체주의의 기원』이 성공적인 반응을 얻은 후, 그녀는 수년간 강의, 세미나, 논문을 통해 다루어온 가장 광범위한 의미의 역사 문제에 대한 성찰을 책으로 출판할 때가 왔음을 분명히 깨달았다. 아렌트는 1957년 2월 17일자로 '유럽출판사'*에 보낸 편지에서 다음과 같이 더 구체적으로 말했다.

> 나는 아직도 역사책을 구성할 생각을 하고 있지만, 아직 확신이 서지 않습니다. 먼저 『인간의 조건』을 끝내야 하고, 역사 개념에 대한 논의의 일부가 필요하지 않은지 확인해야 합니다. 그러면 할 수 없겠죠. 또 다른 고려 사항도 있습니다. 지난 몇 년 동안 전통, 권위, 종교, 정치에 관한 여러 편의 분량 있는 에세이를 썼는데, 어쩌면 에세이 모음집 출판을 결정할 수도 있습니다. 어떻게 생각하시는지요?[297]

출판사의 대답은 "아주 좋습니다"였다. 12월에 출간된 『현대 정치사상의 의심스러운 전통』은 수많은 서평에도 불구하고 65년 동안 재출간되지 않았다.** 그 주된 이유는 4년 후에 출간된, 휠

---

*　유럽출판사(Europäische Verlagsanstalt)는 1946년 영국 군사정부로부터 허가를 받아 함부르크에 설립한 유한회사(GmbH)이며 1960년대 프랑크푸르트 암마인으로 이전했다.

**　『현대 정치사상의 의심스러운 전통: 네 편의 에세이 *Fragwürdige Traditionsbestände im politischen Denken der Gegenwart: Vier Essays*』는 1957년 유럽출판사에서 출간되었고, 2021년 피페르출판사에서 재판되었다. 토마스 마이어의 서

씬 더 포괄적인 에세이 모음집 『과거와 미래 사이』가 독일에서 출간된 이전 저작의 가치를 즉시 빼앗아 버렸기 때문이다. 특히 「서문」이 더는 주목받지 못했기 때문이다. 게다가 『전체주의의 기원』의 성공에도 불구하고, 아렌트는 미국 작가로 여겨졌다. 거의 바로크 양식의 제목으로 묶인 4편의 논문은 모호한 전망과 함께 '방대한' 책에 대한 후속적 정당화처럼 보였다. 간단히 말해, 최근의 과거와 그 연속성을 해석한 이후에는 이제 유럽 사상의 시작, 연속성, 단절로 초점을 옮겼다.

따라서 이 선집은 지금까지 가장 덜 알려진 아렌트의 책으로 남아 있다. 무슨 내용인가? 아렌트가 함께 작성한 간략한 소개글이 초기 정보를 제공한다.

> 이 책에 수록된 네 편의 글, 「전통과 현대」, 「자연과 역사」, 「역사와 정치」, 「권위란 무엇인가?」는 한나 아렌트 박사가 1953년부터 1956년까지 독일과 미국 대학에서 진행한 강의에서 발췌한 것이다. 책 제목은 이 에세이들에 공통으로 나타나는 비판적 성찰의 지도적 의지를 드러내려 했다. 이러한 성찰은 에세이 제목에 나타난 개념을 객관적으로 다루며, 이러한 개념이 등장한 정치적·역사적 경험을 추적하고, 이 개념이 적절하다고 주장하는 현대의 경험과 대립시킴으로써 비판을 수행한다.

문이 수록되어 있다.

한나 아렌트는 "인간의 모든 활동을 노동으로 축소하고 모든 정치적 관계를 지배 관계로 축소하는 것은 역사적으로 정당화될 수 없을 뿐만 아니라, 치명적인 방식으로 공공영역을 훼손하고, 정치에 적합한 존재로서 인간의 가능성을 불구화하고 왜곡한다"는 견해를 가지고 있다.

사실 네 편의 에세이는 기본적인 정보를 제공했다. '그리고(과/와)'로 연결되는 제목은 항상 명확한 논문을 약속했지만, '그리고(과/와)'가 어떻게 읽히든 그러했다. 『현대 정치사상의 의심스러운 전통』의 세 에세이 외에, 아렌트는 「이해와 정치」, 「자유와 정치」, 「문화와 정치」, 「종교와 정치」, 「진리와 정치」, 「권력과 폭력」과 같은 글도 썼다. 이 모든 에세이는 서로 연관되어 있으며, 다양한 방식으로 하나의 목표를 지향한다. 즉 두 관계의 재측정이다. '그리고(과/와)'는 방법론적인 '그리고(과/와)'이다. 이는 결합이 상식적으로 정당하다는 것을 의미한다. 그러나 연구가 시작되면 이러한 관계는 다시 해체된다. 각각의 맥락에 비추어 볼 때, 이 모든 상태는 부분적으로 매우 의심스러운 전통이며, 오래된 의미에 집착하는 것은 분명히 정치이론과 철학 모두에 해로운 영향을 미친다. 고대인들이 생각했던 것을 반복하고 재구성하기만 하면 되는 것처럼, 그리고 완전히 변화된 현재에서 전통이 온전한 것처럼 가장하는 것은 치명적이었다. 이런 식의 사유는 현재로부터 멀어졌고, 동시에 과거는 가끔 흥미로운 저작이 대중에게 공개되는 증거 보관실로 밀려났다.

그러나 이 전통의 쇠퇴를 선언하고 이를 '다른 시작'으로 대체하고자 했던 하이데거의 존재 역사의 경로도 그녀를 만족시킬 수 없었다. 두 연구과제 모두 자연스러운 권위가 부족했고, 그 구속력은 지속적인 도전으로서 스스로를 뛰어넘는다는 모호한 의사 표시로 대체되었다. 어떤 사람은 이렇게 말한다. "우리는 고대인보다 더 잘 알고 있다. 우리는 고전을 다시 읽고 먼지를 털어내고 있기 때문이다." 반면 하이데거는 존재가 사유의 시작이자 목표라고 주장했다.

「발터 벤야민을 추모하며」라는 아렌트의 헌사는 텍스트에서 확인할 수 있다.* 한 번도 인용되지 않지만, 네 편의 에세이와 궁극적으로 단편으로 남은 저작『정신의 삶』에 이르는 전체 연구계획은 벤야민의 '구제 비평rettende Kritik'이라는 연구계획을 관점화하려는 시도로 읽을 수 있다.『현대 정치사상의 의심스러운 전통』의 첫 번째 단계는 벤야민의 '현대의 원사原史; Urgeschete'를 '배후'에 두고, 제목에 언급된 근본 개념이 여전히 현대의 경험을 포괄하는지, 아니면 그 내용이 침식되었는지를 검토하는 것이었다.

아렌트는 이를 위해 서로 다른 맥락에서 네 차례에 걸친 탐구를 수행한다. 이에 따르면, 사람들의 사유, 행위, 의지의 중요성은 근대가 가려버린 약속을 혁명적 행위를 통해 다시 회복하는 데 있다. 억압받는 자(벤야민)의 경험을 통한 이러한 '사유 방식의

---

*   이 에세이는 다음 저작에 수록되어 있다. Walter Benjamin, *Illuminations*, ed. and intr. Hannah Arendt(New York: Schocken Books, 1968);『어두운 시대의 사람들』(파주: 한길사, 2019).

혁명'은 개인의 자유에 대한 약속으로서의 권위를 반영하려는 노력과 결합되어 있으며, 이것이 바로 아렌트의 관심사다. 『현대 정치사상의 의심스러운 전통』은 한편 개념적·역사적으로, 다른 한편 계보학적으로 두 접근법 사이의 연관성을 증언한다. 아렌트는 『전통에 대한 현대의 도전』*이란 선집과 마찬가지로 『현대 정치사상의 의심스러운 전통』에서도 모든 혁명 사상이 끝날 때마다 그 안에 담긴 행위가 '새로운 옛것'으로 되돌아가는 방식으로 발전을 재구성하는 것 외에는 아무것도 수행하지 않았다.

마키아벨리가 어떤 것의 조상이 된다면, 그는 프랑스 혁명에 대한 마르크스의 말이 적용되는 모든 것, 즉 로마 의상을 입고 역사의 무대에 등장한 현대 혁명의 아버지라 할 수 있을 것이다. 의상보다 더 결정적인 것은, 이들이 모두 주춧돌을 놓는 로마의 파토스, 즉 새로운 정치체를 세우려는 로마의 열정에 사로잡혀 있었다는 점이다. 이것을 보지 못한다면 지난 180년 동안의 서양 혁명의 위대함이나 비극을 이해할 수 없을 것이다. 내가 믿고 싶은 것처럼, 근대성의 위기 또는 유명한 『서양의 몰락』은

---

* 서지사항과 구성 내용은 다음과 같다. Hannah Arendt, *The Modern Challenge to Tradition: Fragmente eines Buchs*, eds. Barbara Hahn and James McFarland(Göttingen: Wallstein Verlag, 2018). 제1부 「위대한 전통(1952년 5월~1953년 7월)」, 「제2부 전통에 대한 현대의 도전(1953년 7월~12월)」, 「제3부 책의 한 종류: 쓸 수 없는 책(1954년 1월~9월)」, 「부록」으로 구성되어 있다. 이 선집은 이미 다양한 형태로 발표된 에세이로 구성되어 있으며, '전통'이란 주제로 편집한 것이다.

근본적으로 근대에 권위·전통·종교라는 로마의 삼위일체가 붕
괴함으로써 서양 정치의 로마적 기반이 흔들리기 시작했기 때
문이다. 그렇다면 지난 몇 세기의 혁명은 전통 자체의 수단을
이용해 전통의 끊어진 실을 다시 연결하려는 시도로 볼 수 있
다. 새로운 기초를 놓음으로써 수세기 동안 전체 정치 영역에
독특한 파토스와 진정한 위대함을 부여했던 것을 반복하려는
거대한 시도였던 것이다.[298]

이러한 운동은 『정신의 삶』을 구성하는 두 권의 단편적인 저
술 『사유』와 『의지』에서 재발견되는데, 이번에는 한층 성숙한 단
계에서 나타난다.* 형이상학의 고전적 문제에 대한 직접적인 접
근을 아렌트가 평생 싸워온 공허한 철학적 전통으로의 회귀로
이해하고 이것을 '은둔적인' 것으로 비난하고 싶지 않다면, 먼저
'사유'와 '의지' 사이의 연관성을 확립할 가능성이 생긴다. 이것
은 우리에게 두 용어와 관련된 다양한 개념에 대해 매우 전통적
인 개요를 제공할 뿐만 아니라 사유의 방향 전환에 대한 급진적
인 관점을 제공한다. 아렌트의 해석에서는 두 개의 동일성이 필
요하지만, 『정신의 삶』에서는 사유하고자 하는 모든 사람의 경

---

* 아렌트는 『정신의 삶』 제2권 결론 가운데 「자유의 심연과 시대의 새로운 질
서」에서 베르길리우스의 일종의 '새로운 로마'를 이야기한 다음에 다음과 같
이 언급한다. "확실히, 미래 세계의 전반적인 구조 변화와 새로운 질서의 창
조를 유일한 의도와 목적으로 삼았던 행위자들이 고대의 먼 과거로 가야 한
다는 사실에 당혹스러운 점이 있다." 『정신의 삶: 사유와 의지』, 606-7쪽.

험이 흘러 들어갈 수 있는 일종의 집단적 단수, 즉 '하나 속의 다수'*가 존재한다. 벤야민의 '현대의 원사'가 자본주의의 붕괴에 관한 이야기와 항상 대립각을 세웠던 것과 같은 맥락이다.

더 견고한 기반 다지기: 사례 연구

초기부터 실행하거나 실패한 연구계획에 대한 몇 가지 예는 아렌트가 사유, 글쓰기, 출판을 통해 불안정한 전통과 파괴된 경험 공간을 극복하기 위해 추구한 접근방식을 설명하기 위한 것이다.

《재건》에서의 시작

뉴욕에 도착한 지 거의 6개월이 지난 1941년 10월 24일, 미국 작가 한나 아렌트가 탄생할 때가 왔다. 철자가 틀린 독일어 이름인 "Ahrendt"로 발표된 신문 기사에 불과했지만, 이것이 마지막이 될 수는 없었다. 그러나 이중 언어로 된 이민자 신문 《재건》은 그저 일시적인 기고문이 아니라 훗날 전 세계에서 '작품'으로 읽히고 해석될 무엇인가의 서막을 알리는 것이었다.

세 편의 칼럼은 아렌트의 글이 어떤 내용인지, 그리고 그녀의

---

*   사유와 의지는 기본적으로 하나 속의 둘이며, 판단은 상상 속의 다수와 나누는 대화일 뿐만 아니라, 정신 영역은 사유·의지·판단이라는 세 행위자로 구성된다는 점에서 정신 영역은 하나 속의 다수로 구성된다.

사유가 무엇을 목표로 하는지 보여준다.*[299] 첫 번째 텍스트는 프랑스 작가이자 수필가이며 영향력 있는 문학적 기능주의자인 쥘 로맹을 상대로 쓴 「공개서한」이다. 1939년 10월까지 프랑스-독일 우호관계의 확고한 지지자였으나 이후 나치 정권을 비판하기 시작했고 얼마 지나지 않아 미국으로 이주한 로맹은 5년 전에 독일에서 '독일인성'과 '라틴인성'에 대해 강연하여 호평을 받은 바 있다. 1941년 로맹은 이민 비자를 받은 유대인들의 배은망덕함에 대해 점점 더 자주 불평하기 시작했고, 이로 인해 런던의 국제작가협회PEN 회장직에서 해임당하기도 했다.

최종적으로 27권으로 구성된 장편소설 『선의를 가진 사람들 *Die guten Willens sind*』의 저자는 처음에 아렌트에게 교훈을 얻었다. 그러면 구원을 받은 유대인들도 감사해야 하는가? 허영심이 강하기로 유명했던 로맹은 당시의 표현법을 유지하면서 일반적인 용어로 말하는 것을 좋아했다. 예를 들어, 그는 구체적인 박해와 학살을 이야기하기보다 일반적인 반유대주의에 대해 말했고, 상황 자체를 직접 명명하는 대신 굴욕당한 사람들의 개별적이고 두드러진 예를 강조하는 것을 선호했다. 아렌트에 따르면, 로맹은 적들의 "공공연한 반유대주의"보다 "보호자가 보이는 친절한 몸짓과 거만한 감사의 표시"가 더 뼈아프게 다가올 수 있다는

---

*　아렌트가 《재건》에 게재한 칼럼은 다음 자료에 모두 수록되어 있다. 『유대인 문제와 정치적 사유』. 《재건》에 처음 게재한 세 편의 칼럼은 「유대 집안의 고마움은?」(1941년 10월 24일), 「유대인 군대: 유대인 정치의 시작?」(1941년 11월 14일), 「적극적인 인내」(1941년 11월 28일)이다.

사실을 깨닫지 못했다. 아렌트의 판단으로는, 드레퓌스 사건 당시 새로운 유형의 반유대주의에 깊이 빠져 있던 그의 프랑스 측근들과 마찬가지였다. 결론적으로 아렌트는 로맹과 독자들에게 "정당한 명분을 위해 투쟁하는 사람들은 억압자들에 대한 증오뿐 아니라 피억압자들의 무지와 나약함, 너무나 빈번히 드러나는 비겁한 마음과 투쟁해야 하기에 궁색한 상황에 처하게 된다"는 클레망소의 말을 인용하며 글을 마무리했다.*

아렌트는 이 글을 통해 미국 시장에 자신을 소개했다. 자신의 경험을 바탕으로 자기 입장을 확립하고, 역사적·사회학적 지식에 기반을 둔 '깨어 있는 동시대인'으로 말이다. 그녀는 당면한 문제에 집중했지만, 이는 기존의 위계질서를 무시하고 정상에 오르기 위해 싸우는 것을 의미했다. 토론, 심지어 날카롭고 치열한 논쟁조차도 아직 아무도 알 수 없는 해결책의 한 부분일 수 있었다.

이제 독자들은 그녀가 여기서 단지 언급만 한 주제들에 대해, 대략 2주 간격으로 훨씬 더 많은 이야기를 읽을 수 있었다. 그 이후로 아렌트는 당시 거의 모든 논쟁에 개입했다. 아렌트가 이 주제에 대한 첫 칼럼을 1면에 실었을 당시 유대인 군대에 대한 논쟁이 이미 격렬하게 벌어지고 있었다. 그녀는 팔레스타인에 군대를 창설하는 계획을 자기 강화 행위로 여겼다. 그리고 이 글에서 자신의 평생에 걸쳐 반복하게 될 통찰을 공식화했으며, 훗날 그것은 다른 이들의 행위를 평가하는 데 가장 논란이 많은 기준으

* 『유대인 문제와 정치적 사유』, 「유대 집안의 고마움은?」, 393쪽.

로 작용하게 되었다.

유대 민족에게는, 아직 낯설지만 이제 막 배우기 시작한 한 가
지 진리가 있다. 그것은 사람이 공격받은 바로 그 존재로서만
자신을 방어할 수 있다는 것이다. 유대인으로 공격받은 사람은
영국인이나 프랑스인으로 자신을 방어할 수 없다.[*300]

아렌트의 관점에서 보면, "유대인들은 (…) 자신들의 무의미함
에 대한 고정관념에 사로잡혀 있었다." 1942년 3월 초, 프랑스와
동유럽에서 강제수용소와 신설된 절멸수용소에 대한 보도가 더
늘어나자, 아렌트는 자신의 어조를 더욱 날카롭게 다듬었다.

유대인이 실제로 다른 모든 민족과 마찬가지로 하나의 민족이
라는 것은 참이다. 만약 우리가 이런 진리에 관한 그 이상의 증
거가 필요했다면, 시온주의라 불리는 유대인 해방 운동의 진가
를 왜곡시키는 데 그토록 열렬히 매달린 파시스트 운동이 우리
에게 그 증거를 제공했을 것이다.[**301]

《재건》 독자들은 그녀가 얼마나 거침없이 글을 쓸 수 있는지

---

*   Hannah Arendt, *Jewish Writings*(New York: Schocken Books, 2007), 137; 『유
대인 문제와 정치적 사유』, 「유대인 군대와 유대인 정치의 시작?」(1941년 11
월 14일), 395쪽.

**   *Jewish Writings*, 146; 앞의 책, 409쪽.

를 이미 알고 있었다. 그러나 이제 여기에 신랄한 조롱이 더해졌다. 글의 첫 문장은 마치 하느님이 항복한 것처럼 읽힐 수 있었다. 이스라엘 백성들이 "우리도 모든 민족과 같이 되어 우리 왕이 우리를 심판하고 우리 앞에 나아가서 전쟁을 치르게 해달라"(사무엘 상 8: 20)고 요구했기 때문이다. 그러나 '왕'은 결코 존재하지 않았고, 국가도 민족도 제도도 없었다. 다만 아렌트가 끔찍하게 깨달은 것처럼 역할의 본보기는 있었다.

그 이후 1931년 아랍의 공격에 대응하여 설립된 우익 준군사 조직 '이르군Irgun'은 1937년부터 잠재적인 암살자들을 상대로 공세적 행위를 취하기 시작했다. 1940년 레히Lehi, 일명 '슈테른'이라는 단체는 독자적인 활동을 시작하면서 (새롭게) 분열되었고, 많은 희생자를 낸 테러 공격으로 빠르게 악명을 떨쳤다. 어휘가 정치적으로 올바르든 아니든, 단어 선택이 적절했든 아니든 아렌트는 일찍부터 자신의 말을 직설적으로 표현하지 않기로 결심했다.

아렌트의 논평은 항상 관념이 아니라 현실이 스스로를 대변하도록 주장하는 과장으로 가득 차 있다. 그녀는 《재건》에서 팔레스타인의 상황, 시온주의 조직 내부의 논의, 난민 문제, 전쟁 종식 이후 독일의 미래에 대한 논쟁 등 이 모든 것을 유럽 유대인에 대한 나치의 절멸 전쟁과 그에 필요한 내부 통합이라는 이중적 관점에서 바라보았다. 그녀에게 생존 문제는 유럽과 팔레스타인의 미래에 결정적 영향을 미치는 정치 문제였다. 따라서 상황을 평가하는 기준은 척도나 중심이 아니라 사실에 근거한 냉철한 분석이어야 한다.

「헝가리 혁명」

한나 아렌트는 1958년 1월 28일 바이에른 라디오에서 '13일 간'*의 극심한 폭력 끝에 1956년 11월 4일 진압된 헝가리 혁명과 그 결과가 '소비에트 블록'에 미친 영향에 대한 3부작 분석을 시작하면서 청취자에게 다음과 같이 주장했다. "모든 정치와 이론, 그리고 가능성과 불가능성에 대한 모든 예측은 혁명적 발전 앞에서 항상 검토되어야 한다. 우리는 스스로 알고 있다고 생각하는 총체적 지배의 본질과 전체주의적 제국주의 방식을 무엇이든 최종적인 관점에서 면밀하게 검토하고 수정해야 한다."**

라디오 에세이와 여러 차례 수정을 거친 잡지 기사[302]는 1958년 출판된 『헝가리 혁명과 전체주의적 제국주의 *Die ungarische Revolution und der totalitäre Imperialismus*』라는 연구서로 이어졌다. 60쪽의 본문과 4쪽의 각주로 구성된 이 책은 사상가의 가장 짧은 책이었다. 그것은 곧 잊혔고, 후년에 그녀 자신도 그 분석이 시대에 뒤떨어진 것이라고 생각했다. 그녀의 대표작인 『전체주의의 기원』

---

* 아렌트는 이 에세이에서 헝가리 혁명을 '12일간의 혁명'이라고 표현하며 다음과 같이 밝혔다. "12일간의 혁명은 붉은 군대가 조국을 나치 지배에서 '해방시킨' 이후의 12년보다 더 많은 역사를 담고 있다." 『난간 없이 사유하기: 한나 아렌트의 정치 에세이』, 176쪽.

** 『난간 없이 사유하기: 한나 아렌트의 정치 에세이』, 181쪽.

의 한 편집본*에 이 글을 포함하는 것조차도 더는 면밀한 검토를 거치지 못했고, 다음 기회에서도 다시 제외되었다. 1950년대 후반의 몇몇 호의적인 논평을 제외하면, 수많은 아렌트 해석자도 이 연구에 냉담한 반응을 보였다. 그녀가 냉전 자유주의자라는 평판을 굳혔기 때문일까? 아니면 사람들이 아렌트의 지나치게 희망적인 견해가 현대 역사가이자 사상가인 그녀의 명성에 나쁜 영향을 미칠 것을 걱정했기 때문이었을까? 위대성, 비극성, 민중, 역사성 같은 용어는 모두 첫 쪽에 나왔다.** 이 사건(헝가리 혁명)에서 '메타-역사적인 것'의 의미를 읽어내는 높은 역사철학적 어조는, 모든 것이 함께함에서 시작한다고 생각하고, 실제로 전례 없는 것의 기원을 자연스러운 탄생 과정에 두며, 그 안에 새로운 시작의 가능성을 부여하는 다원주의 사상가 아렌트의 이미지와는 조화되기 어렵다.

아렌트가 『헝가리 혁명과 전체주의적 제국주의』에서 대의 민주주의의 정당 체계와 동시에 등장했으며 여러 측면에서 정당 체계보다 우월하다고 생각한 평의회 체계를 면밀히 옹호하고 있

---

* 다음 개정판에는 이 논문이 결론 부분에 수록되어 있다. Hannah Arendt, *The Origins of Totalitarianism*(Cleveland and New York: Meridian Books, 1958).

** 『헝가리 혁명과 전체주의적 제국주의』는 다음과 같은 말로 시작된다. "헝가리 혁명의 화염이 전후 전체주의의 거대한 지형을 밝힌 지 근 2년이 지났다. 이 사건을 승리나 패배로 저울질할 수 없다. 사건의 위대성은 그 비극성에 바탕을 두며 이로써 공고해진다. (⋯) 그리고 정복과 공포에 짓눌린 헝가리 민중은 혁명에 실패하고 (⋯) 기억만이 이들의 행위에 영속성을 부여하며 궁극적으로 역사에서 자기 위상을 확고히 할 수 있다." 『난간 없이 사유하기: 한나 아렌트의 정치 에세이』, 175-76쪽.

다는 사실은 거의 주목받지 못했다. 그녀를 매료시킨 것은 평의 회 체계의 특징들이었다. '아래로부터의' 선거, 정당 내부에서 발전한 관료적이고 이데올로기적인 구조로부터의 독립성, 특정한 기간에 매우 구체적인 문제를 중심으로 개인과 긴밀히 연결되는 평의회의 유연성 등이 그것이다. 이 요소들은 대중 민주주의에서 풀뿌리 민주주의 요소를 보존할 가능성을 보여주었다. 아렌트의 평의회 체계에 관한 사상은 로자 룩셈부르크 등이 주장한 혁명 사상과는 거의 관련이 없었다. 오히려 단번에 드러나는 것은, 아렌트가 정보에 입각한 평의회 이론가가 아니라는 점, 단명한 이념에 대한 그녀의 견해가 아테네 폴리스의 많은 부분을 포함하고 있다는 점, 그리고 그녀가 직접적이고 투명하게 결정을 내릴 수 있는 소규모 자체 조직화 단위라는 이념을 통합했다는 점이다. 그러나 훨씬 더 중요한 사실은 아렌트의 정치 분석이 항상 역사 그 자체에 있는 것이 아니라 현재의 관점에서 과거(이 경우 소련의 발전과 이른바 동유럽 블록의 확립)와 미래(정당 체계의 대안을 상상할 수 있는가의 여부)를 살펴보았다는 점이다.

회고해보면, 이 에세이는 프랑스 혁명과 미국 혁명의 연구를 위한 시발점이 되었다. 1963년 영어판 『혁명론*On Revolution*』이, 2년 후에 독일어판 『혁명론*Über die Revolution*』이 출간되었다. 아렌트는 공산주의 정권 내의 역사적 순간을 조사하면서—그녀는 동독의 봉기나 1956년 폴란드 노동자 봉기를 그런 역사적 순간으로 보지 않았다—현대 전체주의에 대한 자신의 마지막 주요 분석을 제공했다. 아렌트에게 1968년 프라하의 '봄'은 헝가리에서 일어난 사건과 같은 차원이 아니었다. 나중에 그녀는 소련에서 유대인이 받는 처우에 대한 항의와 호소, 예를 들어 소련을 떠날 수 있게 해달라는 서한에 서명하기도 했다. 헝가리 혁명의 의미를 이해하려는 시도가 냉전 자유주의자들의 전형적인 노력이었는지 여부는 확실하지 않다. 아렌트는 장벽과 철의 장막 너머의 상황이 배신을 정당화할 만한 어떠한 이유도 제공하지 못한다고 보았다. 다만 이전 입장이 진실하고 타당한 것이라면 말이다. 더욱이 많은 사람이 주장하듯 지극히 개인적인 고려의 영역인 '좌파도 우파도 아닌' 또는 '좌파도 자유주의도 보수주의도 아닌' 입장이지만, 그녀는 현대 사상사를 너무 피상적으로 범주화하려는 시도에 매몰되지 않는 진정한 사상을 가지고 있었다.

한나 아렌트는 이 책을 로자 룩셈부르크에게 헌정하고 싶었다.* 1919년 1월 15일에 잔혹하게 살해된 룩셈부르크에 대해 그녀의 어머니가 보여준 동정심이나 아렌트의 개인적 동정심에서 비롯된 것이 아니라, 룩셈부르크의 '자발적인 혁명'** 이론이 실현되었다고 확신했기 때문이다. 출판사, 더 정확히는 발행인 클라우스 피페르와 편집자 한스 뢰스너가 반대하는 것은 예상할 수 있는 일이었다. 룩셈부르크라는 이름은 궁극적으로 혁명적 마

---

* 실제로는 『혁명론』 서두에 "게르트루트와 카를 야스퍼스께: 존경과 우정과 사랑으로"라는 헌사를 남겼다.

** 이와 관련한 내용은 다음과 같다. "혁명은 누구에 의해 '만들어지는' 것이 아니라 '자발적으로' 발생하며, '행위를 위한 압력'은 항상 '밑으로부터' 나온다." 『어두운 시대의 사람들』, 「로자 룩셈부르크」, 134쪽.

르크스주의를 상징했다. 『헝가리 혁명』의 한나 아렌트는 거의 완전히 잊혔는데, 그 이유는 이 한나 아렌트가 아직 제대로 알려지지도 않았기 때문이다. 이 책은 물방울도 튀지 않은 채 물속으로 떨어진 돌멩이처럼 파문을 일으키지 못했다.

「리틀록 사건에 대한 성찰」

아렌트의 「리틀록 사건에 대한 성찰」은 잡지 《논평》에서 거부당한 이후 편집진의 집중적인 논의와 거리두기 의견을 거쳐 불과 1년 전에 창간된 잡지 《의견 차이*Dissent*》에 1959년 게재되었다. 이 잡지는 이후 1년 동안만 발행되었다.

아렌트는 다양한 신문과 잡지의 보도와 사진을 바탕으로 아칸소의 주도인 리틀록에서 발생한 사건에 대해 성찰했다. 1957년 9월 초 입학한 흑인 학생 9명이 리틀록의 센트럴고등학교에 등교하려 했으나 아칸소 주방위군에 의해 저지당했다. 명분은 공공의 평화를 해치지 않기 위함이라고 했다. 이에 아이젠하워 대통령은 등교하는 학생들을 보호하기 위해 주방위군을 자신의 지휘 아래 두는 행정명령을 내렸다. 그러다 9월 23일에 학생들이 등교했으나, 그 과정에서 백인 폭도들과 싸워야 했다. 아렌트는 시민권 운동에 대한 논의에서 그 전이나 그 후에도 개입하거나 두드러지게 언급하지도 않았고, 학교나 교육 문제는 기본적 또는 정치적 인권의 영역에 속하지 않는다고 생각했다. 여기서 필요한 것은 국가의 개입이 아니라 상황의 변화를 끌어내는 사회적 책임이며, 국가 개입은 자칫 아동과 청소년의 교육 방식에 대해서까지 지침을 내리려 할 수 있기 때문이다. 아렌트는 이로 인해 발생한 불안을 진정시키는 방안으로 혼합 학교를 지지한다는 입장을 밝혔다.

초점을 올바르게 설정하기 위해서 나중에 이 논문을 두고 벌어진 '전투'가 있었다고 회자된 사실부터 짚을 필요가 있다. 실제로 이 논문은 미국 시민권 운동의 역사나 흑인 지식인의 역사에서 1950년대에서 1970년대까지 아무런 역할도 하지 못했다. 랄프 왈도 엘리슨의 비판과 아렌트의 반응뿐이었다. 아렌트의 답신이 실제로 전송되었는지는 명확하지 않지만, 그녀는 이 글에서 자신이 틀렸다고 인정했다(하지만 그녀의 '자유주의적 친구들'도 똑같이 틀렸다고 자기방어를 했다). 그게 전부였다. 제임스 볼드윈은 아렌트를 완전히 무시했다. 아렌트는 두 작가와 다른 흑인 지식인 사이의 서신에도 전혀 언급되지 않는다. 그도 그럴 것이, 이 논문은 그들에게 아무런 생산적 의미도 주지 못했고, 분석이나 비판에서도 크게 반박할 만한 내용을 다루지 않았기 때문이다. 엘리슨은 한 에세이에서 아렌트를 언급했고, 심층 대담에서 그녀를 거론한 뒤 그녀의 편지를 받게 되었다.

관대한 관점에서 보면, 아렌트의 논문은 그녀가 특정 형태의 반유대주의와 구조적 유사성이 있다고 믿는 문제에 그녀의 이론 중 하나를 적용하려는 완전히 실패한 시도였다. 그러나 그러한 시도는 그녀가 흑인 시민권 운동의 중요한 순간에 개입할 수 있는 유일한 정당화 방법이었다. 다른 '파리아(pariah; 버림받은 사람들)'에게 무슨 일이 일어나고 있는지 이해하고 자신의 경험으로 상황에 대응하고자 했던 '버림받은 사람'으로서 말이다. 아렌트는 흑인 공동체와 그들의 평등권 투쟁에 대한 연대를 확고히 지지했다. 미국 국가가 보장하는 공적 개입의 권리, 그리고 이를 통해 자신의 판단을 공개적으로 입증할 수 있는 실천은 그녀에게 매우 소중한 가치였다.

아마도 그녀는 자신이 구하려 했던 어린이와 청소년들을 떠올렸고, 그들의 '도구화'는 그녀에게 중요한 문제였을 것이다. 그러나 동시대 사람들이 보기에 문제를 고민하는 사람은 아렌트뿐이었고, 아무도 그 문제를 대신 짊어지려 하지 않았다.

물론 아렌트는 '리틀록' 사건에 우연히 관여한 것이 아니었다. 그녀는 1941년 5월부터 미국에 있었고, 이른바 '흑인 문제'는 남부 주에서뿐만 아니라 그녀가 살고 있던 뉴욕에서도 발생한 일이었다. 흑인과의 상호작용은 일상에 너무나 흔한 일이어서 그중 하나만 예로 드는 것은 실제보다 인위적으로 줄여버리는 결과가 된다. 아렌트 자신도, 그녀의 지인과 친구들도 '흑인 문제Negro problem/question'에 직접 부딪치지 않았고, 그 문제를 마주하려 하지도 않았으며, 정치적인 문제로 여기지도 않았다. 이는 특별한 일도, 선택한 일도 아니었다. 단지 그렇게 살아간다는 사실 자체가 윤리적·도덕적 문제가 아니었다. 이 점에서 아렌트는 미국 지식인의 평균에 속했다. 평균적이라는 것이 보통 그녀에게 잘 따라붙는 표현은 아니지만 말이다.

그녀는 1949~50년 좋은 친구인 도로시 노먼을 통해 대표적인 흑인 작가이자 지식인 중 한 명인 리처드 라이트를 만났다. 아렌트가 기고했던 잡지뿐만 아니라 미국의 거의 모든 주요 잡지가 흑인 지식인들의 에세이를 게재하고 있었다. 그녀가 접촉했던 제임스 볼드윈과 랄프 왈도 엘리슨의 소설, 단편 및 기타 텍스트는 미국 전역에서 읽히며 치열하게 논의되었다. 그 이유는 그러한 작품들이 점차 기득권의 호의에 덜 의존하게 되었기 때문이다. 사울 벨로우는 엘리슨의 대작 『투명인간 *The Invisible Man*』을 위해 집중적으로 홍보 활동을 벌였다. 엘리슨이 여러 상을 받고 흑인 작가의 선두에 설 수 있도록 도운 사람도 사울 벨로우였다. 아렌트는 이 책을 둘러싼 논쟁을 간과하거나 무시할 수 없었을 것이다.

그러나 엘리슨만 있었던 것은 아니다. 늦어도 1959년 6월 초에 아렌트와 볼드윈은 《다이달로스 *Daedalus*》 잡지와 타미먼트 연구소가 공동으로 주최한 「대중문화의 문제」에 관한 학술회의에서 만났다. 35명의 참가자 중 아렌트는 유일한 여성이었고, 볼드윈은 유일한 흑인이었다. 볼드윈은 아렌트의 생각에 관심이 있었을까? 어쨌든 대화는 이루어지지 않았다. 볼드윈의 에세이 「내 마음속의 한 영역에서 온 편지 Letter From A Region Of My Mind」가 1962년 11월 17일자 《뉴요커》의 59~144쪽에 실렸을 때, 아렌트는 즉시 그것을 읽고 감격했다. 그녀는 편집자 윌리엄 숀뿐만 아니라 볼드윈에게도 편지를 보냈다. 최소한 그녀의 유고에는 사본이 남아 있다.

친애하는 볼드윈 씨에게,

귀하의 기사는 가장 중요한 정치적 사건입니다. 어떤 경우든, 저에게 이 글은 흑인 문제가 무엇인지 이해하는 데 하나의 사건이 되었습니다. 그리고 이것은 우리 모두와 관련된 문제이기에, 저는 이에 이의를 제기할 권리가 있다고 생각합니다.

당신의 글에서 제가 가장 충격을 받은 부분은 글의 마지막에 나오는 사랑의 찬가입니다. 정치에서 사랑이란 낯선 존재이며, 사랑이 침투하면 위선만이 드러날 뿐입니다. 당신이 흑인에게서 강조하는 아름다움, 인간성, 기쁨에 대한 능력은 억압받는 사람들의 특징으로 널리 알려져 있습니다. 이러한 특성은 공통의 고통에서 생겨났으며 모든 버림받은 사람들의 가장 자랑스러운 소유물입니다. 안타깝게도 그들은 해방의 순간을 5분도 버티지 못했습니다. 증오와 사랑은 함께 존재하며 둘 다 파괴적이므로 개인적으로만, 민족 전체로서는 자유롭지 않을 때에만 감당할 수 있습니다.[303]

볼드윈은 답변하지 않았다. 아렌트의 평가가 아무리 현실적이었더라도, 볼드윈이 직면한 문제는 그녀가 생각하는 것과 달랐다. 아렌트는 이미 자신의 박사학위 논문에서 사랑을 담론의 범주에 포함시키려 하지 않았고, 이 점에서는 변함이 없었다. 그녀는 자신이 전혀 모르는 맥락에서 말하고 있다는 것을 알고 있었을까? 그녀는 볼드윈이 사용한 용어와 그 의미, '사랑Liebe'이 단순히 '사랑'이 아니었다는 것을 이해하지 못한 것은 아니었을까?

아니면 엘리슨이 설명한 것처럼, 그녀가 말한 것은 '올림포스산의 높이'였을까?[304] 아니면 그녀의 이론 수준과 그것에 대한 자신감 때문이었을까? 그녀의 성찰이 '올림포스산의 높이'로 인식될 수 있다는 것은 놀라운 일이 아니다. 아렌트는 본문 서문에서 자신이 유대인이며 자신이 근본적으로 반대하는 상황을 이해하는 데 어려움을 겪는 '외부인'으로서 글을 쓴다고 밝히면서도 각 쪽에서는 반박하듯 판단을 내린다. 그녀는 자신이 "흑인과 모든 억압받고 불우한 사람들의 대의에 동조하는 것이 당연하다"고 썼다. 이러한 자기 정체성은 악의를 가진 사람들에게는 '오용'될 수 있고, 선의를 가진 사람들에게는 충격을 줄 수도 있음을 감수하겠다는 의미였다. 이는 정당화라기보다는 경고에 가까웠다. 그녀는 이어서 독자들 역시 소외된 사람들과의 연대를 선언해주면 고맙겠다고 덧붙였다.

아렌트의 「리틀록에 대한 성찰」은 분노로 시작된다. 그녀는 담론과 그 기원에 질서를 회복하고자 했다. 미국의 "흑인 인구에 대한 태도"는 "전적으로 미국의 전통에 뿌리를 두고 있을 뿐 다른 어디에도 뿌리를 두고 있지 않다. 인종 문제는 미국의 역사상 큰 범죄의 결과이며, 공화국의 정치적·역사적 틀 안에서만 해결될 수 있다." '리틀록'이 현재 전 세계적으로 인종 문제의 일부로 논의되고 있는 사실은 '우연'일 뿐이다. 식민주의와 제국주의는 유럽 국가들에 의해 만들어졌기 때문이다. 이제 "국내의 인종 문제가 해결되지 않는다면, 미국은 세계 강대국으로서 당연히 누려야 할 이점을 잃을 위험에 처하게 될 것이다.”[305]

미국의 평판을 지키려는 조치였는가? 그렇다면 그녀는 흑인들의 갈등과 굴욕이 인권 문제가 아니라고 믿었을까? 그녀는 어른들이 어린이와 청소년을 도구화하는 것은 그 대의를 평가절하하는 것이라고 생각했다. 그녀는 신문에서 사건 기사를 읽고 나서 곧 자신의 분석 내용을 타자로 입력하면서 두 장의 사진을 나란히 끼워 넣었다. 두 장 모두 1957년 9월 5일자 《뉴욕 타임스》에 실린 사진이다. 한 장은 학생 도로시 카운츠, 다른 한 장은 엘리자베스 에크포드이다. 아렌트는 두 흑인 여성이 학교에 들어가려 한 것을 정치적인 행위라고 생각하지 않았다. 그녀는 단지 도구화만을 보았다. 혁명적 주체도 아니고 반항도 아닌 도구화만을 보았던 것이다. 아렌트의 표현대로, 카운츠와 에크포드는 “진보 교육의 풍자만화”가 되었다. 그러나 이는 자기 강화 행위라는 점을 명심해야 한다. 부모가 폭력적인 백인들을 헤치고 나가라는 지시를 내렸다고 하더라도, 경찰이 보호를 위해 출동했든 아니든 실제 폭도들에게 노출된 사람은 여전히 두 청소년이었다.

아렌트에게 부모란 ‘파르브뉘(속물)’였고, 사실 젊은이들은 자의식 있는 ‘파리아(버림받은 사람)’였다. 그저 그녀는 보고 싶었을 뿐이다. 그러나 아렌트는 왜 그것을 보지 못했을까? 그녀가 엘리슨에게 양보했고, 지금은 무엇이 위태로운지 이해하고 싶어 했으며, 두 젊은 여성이 여러 세대에 걸쳐 겪어온 폭력의 경험을 벗어던지고 끝까지 자신의 길을 걷는 두 행위 주체였다는 사실은 우리가 아렌트를 위해서라도 기꺼이 믿고 싶은 것이다.

앞서 언급했듯이, '리틀록'은 흑인 시민권 운동에 아무런 영향을 미치지 못했다. 볼드윈과 엘리슨의 논문에서는 이에 관한 내용이 전혀 없었고, 특히 엘리슨은 해야 할 말을 했다. 1963년 12월 9일 뉴욕의 권위 있는 잡지《새 지도자 The New Leader》에 엘리슨의 에세이 「세계와 주전자 The World and the Jug」가 실렸다. 표면적으로는 자기 자신과 볼드윈의 작업에 대한 비판적 거부에 답하는 글처럼 보였지만, 실제로는 아렌트가 핵심 대상이었다. 엘리슨에 따르면, 아렌트는 이미 언급된 '올림포스산의 높이'에서 흑인 동료들을 내려다보았으며, '흑인'을 '서양 문명'의 일부로 보지 않았고, '흑인 경험의 복잡성'에 대해서도 전혀 알지 못했다. 엘리슨은 이에 맞서 호메로스, 플라톤, 소포클레스 같은 서양 고전의 거장들을 거침없이 소환해 화살처럼 쏘아댔을 뿐 아니라, 아렌트의 1958년 철학적 대작『인간의 조건 The Human Condition』(또 1960년 독일어판)까지 인용하여 그녀를 겨냥했다. 인간 존재의 조건에 대한 아렌트의 관심이 과연 모든 사람에게 똑같이 적용될 수 있느냐는 반문이었다.

그러나 엘리슨의 가장 날카로운 무기는 따로 있었다. 그는 아렌트가 백인 폭도와 부모에 의한 청소년들의 '도구화'를 분석한 것을 두고, 그것이 다름 아닌 "아이히만 스캔들의 어두운 전조"라고 보았다. 엘리슨은 리틀록 사건에 대한 아렌트의 문제적 분석을, 마찬가지로 1963년에 발표된『예루살렘의 아이히만』이라는 그녀의 '보고서'와 직접 연결시킨 최초의 인물이었다. 엘리슨에게는 아렌트의 인종주의가 이미『예루살렘의 아이히만』에서 논쟁적으로 드러난 내용의 '어두운 전조'를 담고 있는 것이 분명했다. 그러나 엘리슨의 해석은 주목받지 못했다. 아렌트가 리틀록에 대한 자신의 발언을 철회한 편지에서도, 또 그녀를 자신들의 사유에 한참 못 미치는 인종주의자로 규정하려는 수많은 분노의 글에서도 마찬가지였다.

아렌트는 더 이상 시민권 운동에 대해 일관성 있는 발언을 하지 않았다. 그런데도 그녀는 결국 이해했을 것이다.

《비평가》

지식인들이 함께 모이면 무엇을 할까?[306] 그들은 계획을 세운다. 담배 연기처럼 허공으로 사라지는 것을 원하지 않는다면 소규모 모임 내에서 적어도 한 명은 생각을 글로 적어야 한다. 이것이 사실인지 아니면 상투적인 표현과 약간 달랐는지 확실히 말할 수는 없다. 1953년 한나 아렌트, 메리 매카시, 드와이트 맥도널드는 언론인 리처드 로베르, 역사학자 아서 슐레진저 주니어를 여러 차례 만나 오랜 토론과 여러 번의 초고를 거친 끝에 한 편의 글을 완성했다. 그들은 공백을 메우기 위해 《비평가*The Critic*》라는 잡지를 창간하고 싶어 했으며, 밀도 있게 쓴 16쪽 분량의 원고를 출판사와 잠재적 자금 후원자에게 보냈다. 그들은 정치 상황과 현대 문화에 대한 새로운 생각을 환영하는 공간이 없다는 점에 불만을 품고 있었다. 물론 관련자들은 이것이 독창적인 발상은 아니라는 것을 알고 있었다. 특히 이름을 올린 사람들은 모두 미국의 주요 학술지에 지속적으로 글을 게재하고 있었고, 잘 알려지고 인맥이 두터운 '공공 지식인'이었으며, 무엇보다도 맥도널드와 로베르라는 학술지 편집자 두 명이 있었기 때문이다.

그들은 자신들을 공공 지식인으로 분류하지는 않았을 것이다. 만약 지식인들이 동의한 한 가지가 있다면, 그것은 공공영역이 필요하다는 점, 필요하다면 그것을 스스로 만들어낸다는 점이었다. 그러나 그들은 백마, 즉 자명한 존재가 아니었다. 지식인이라고 말하는 것은 곧 공공영역을 말하는 것이기도 했다. 이 측면에서 한나 아렌트 역시 지식인이었다.

게다가 그들만 그런 계획을 세운 것은 아니었다. 《비평가》는 계획 단계를 넘어서지 못했지만, 뉴욕의 다른 '단체'는 더 큰 성공을 거두었다. 1954년에 《의견 차이》 창간호가 발행되었다. 이는 맥도널드와 이 계획에 대해 논의했던 어빙 하우의 주도로 이루어졌다. 《비평가》와 《의견 차이》는 모두 1944년 2월부터 1949년 '겨울호'까지 발행된 잡지 《정치》에서 영감을 얻었다. 물론 단독 편집자인 맥도널드가 《정치》를 편집했다. 당파를 초월한 '급진적인 대화'를 추구하며 항상 더 많은 독자에게 새로운 이념과 흥미로운 글을 제시하는 데 관심이 많았던 맥도널드의 노선은 모두가 염두에 두었던 방식이었다. 1952년 《비평가》의 보고서에서 조지프 매카시에 대해 명확히 입장을 밝힌 기사를 쓴 사람은 다니엘 벨이었다. 물론 그는 매카시를 의심스러운 인물로 보았지만, 그를 스탈린이나 히틀러와 비유하는 것은 별다른 도움이 되지 않는다고 썼다. 《비평가》를 기획하던 편집자들은 독자들에게 바로 이런 수준의 현실감을 기대하게 하고 싶었다.

잡지 계획은 몇 주, 어쩌면 몇 달 동안의 일화에 불과했다. 이를 지원하려는 출판사나 후원자가 없었기 때문에 이 계획은 무산되었다. 그 후에는 특별히 실망하는 기색은 없었다. 그들은 단순히 실용적으로 시도해본 것뿐이었다. 그러나 그 구상과 실패를 넘어서는 두 가지 측면이 있다. 즉《비평가》가 지식인들이 정치적 견해를 재조정하려는 시도의 일환이었다는 점이다. 이들은 때로는 더 가까웠고, 때로는 훨씬 덜 가까웠고, 심지어 반대 입장이었지만 뉴욕 지식인들과 연결되어 있었다. 이 단체의 중심 인물이자 가장 정확한 분석가 중 한 명인 다니엘 벨은 이들에 대해 다음과 같이 말했다.

> 그들은 주로 서로를 위해 글을 썼으며, 매우 다르고 때로는 엉뚱하기도 한 생각들을 논의했다. 동시에 일종의 친근감을 공유했는데, 이는 각자 자신이 특별한 사회·역사적 현상의 일부라는 사실을 자각하게 해주었다.[307]

누구든 자신을 포함하는 모든 특징 규정에는 신중해야 한다. 그러나 벨이 여기서 자기 연관성을 지나치게 강조하고 단체 내부의 갈등을 축소하더라도, 그의 설명은 정확하다. 그는 평생 적대감으로 이어지는 모든 차이와 치열한 불화에도 불구하고, 클럽 카드와 월 회비는 없으나 고정 회원 자격을 갖춘 '뉴욕 지식인' 단체가 있었다는 데 동의한다.

사회학적 범주를 과도하게 확대하고 싶지는 않지만, 남성과 여성 모두로 구성된 환경에 대해 말할 수 있을 것이다. 여성은 분명히 소수이며 종종 유대인 가정 출신이지만 모두 그런 것은 아니다. 이들은 뉴욕을 사랑하고 때때로 미국의 '나머지'에 대해서는 뚜렷하게 무관심을 보인다. 대개 개종 경험을 포함한 마르크스주의적 배경을 가지고 있고, 대체로 같은 세대에 속하며, 같은 잡지에 글을 쓰다가 동료들과 더 이상 할 말이 없다고 느끼면 곧바로 새로운 잡지를 창간했다. 책보다는 논문을 쓰는 편이었지만, 많은 논문이 결국 책으로 묶이곤 했다…. 이러한 기준들이 실제로 뉴욕 지식인들을 하나의 집단 혹은 환경으로 규정하는 데 사용되었다.

아렌트는 의심할 여지 없이 언급한 요점 대부분이 자신에게도 해당한다고 주장할 수 있었을 것이다. 그러나 무엇보다도 그녀가 다른 모든 뉴욕 지식인과 구별되는 점이 있었다. 그녀는 바로 이민자였고, 망명 생활을 해야 했으며, 유대인 단체에서 활동했고, 수용소에 수감되었다가 풀려난 경험이 있었다. 이 사실을 잊는다면 — 친구, 지인, 동료, 반대자, 적대자 등 관계에 따라 달라지지만 — 각각의 관계와 역할을 올바르게 평가할 수 없게 된다. 그렇게 되면 이 모임에 있는 많은 사람이 왜 그녀의 매력에 빠져들었는지, 그리고 동시에 아이히만 책을 둘러싸고 왜 그렇게 격렬하게 그녀와 거리를 두었는지를 이해하기 어려울 것이다.

『혁명론』

1960년 6월 12일 한나 아렌트는 가우처대학에서 명예박사학위를 받았다. 이 대학은 7년 전 볼티모어에서 메릴랜드주 타우슨으로 이전했으며, 원래 1885년 성공회 감리교회가 설립했을 당시 최고의 여자대학 중 하나였다. 수여식에서 낭독된 찬사 연설은 놀라웠다. 직접 언급하지는 않았지만, 아렌트의 사유 방식이 청소년 알리야와 유대인문화재건위원회에서의 경험과 근본적으로 연결되어 있음을 강조했기 때문이다.

> 한나 아렌트 박사는 오늘날 세계에서 명확하고도 강력한 목소리를 내며, 인간 조건에 대한 심오하고 타협하지 않는 이해를 우리 세대에 제공하고 있습니다. 그녀는 강의와 수많은 저서를 통해 뛰어난 학식과 명석함, 지혜로 인간의 능력과 관심사 및 가능성에 대한 뛰어난 분석을 제시해왔습니다. 그 분석은 개인의 자기 관계는 물론 개인과 세계의 관계까지 아우릅니다. 인간 정신의 복잡성을 이해하려는 이 과제야말로 모든 지적 노력 가운데 가장 어려운 것이며, 이 과제에 헌신하는 것이 가장 높은 학문적 소명 중 하나가 아닐까요?
>
> 독일 출신인 아렌트 박사는 현재 귀화한 미국인입니다. (…) 그녀는 중요한 사회 문제를 다루는 데 있어서 가장 광범위하고 까다로운 경험을 했습니다. 따라서 철학과 정치 분야에서 현재 창조적인 활동을 이어가며, 인간 문제를 탐구하는 과정에서 얻은 직접적인 지식을 바탕으로 깊은 통찰을 보여주고 있습니다.[308]

1962년 9월 『혁명론』에 실린 「감사의 말」에서 요약했듯이, 아렌트의 삶과 저작에 대한 이러한 분명하고도 독특한 입장은 엄청난 활동과 포괄적인 계획이 이루어지던 시기에 나타났다. 아렌트는 1959년 봄 프린스턴대학교에서 열린 「미국과 혁명 정신」 세미나에서 『혁명론』의 주제를 제안했다. 그녀는 다음 해에 록펠러재단으로부터 연구비를 받았으며 마침내 1961년 가을 학기에 웨슬리언대학교에 체류한 덕택에 집필을 완료할 수 있었다. 그러나 이 책의 집필은 1963년 초 독자들이 알게 된 것보다 훨씬 더 복잡했다. 이는 당시 그녀가 병행하던 다른 구상 및 계획들과 밀접히 관련되어 있었다. 아렌트는 원래 프린스턴대학교에서 학기를 마친 직후에 미국 독립혁명에 관한 책을 집필해 1960년 초에 대학출판사에서 출판할 수 있으리라고 생각했다.[309] 이전에는 매우 피상적인 방식으로만 이 주제를 다루었지만, 이제는 본격적으로 살펴보고 배운 내용을 집필하고 싶었다. 당시의 서신을 읽어 보면, 『혁명론』은 처음부터 매우 간결한 연구서로 계획되었음을 알 수 있다. 아렌트는 때때로 이 연구계획을 또 다른 구상, 즉 자신을 한동안 괴롭혔던 「정치 입문」*과 합칠 수 있다고 믿기도 했다. 그러나 다시 한번 상황은 완전히 다르게 전개되었다.

사실 프린스턴대학교의 환경은 거의 천국과도 같았다. 그녀가 해야 할 일은 공개 강의 세 차례, 프린스턴대학교에서 수업을 진행하는 다른 동료들과 함께 앞서 언급한 세미나에 참석하는 것,

---

* 완성되지 못한 이 연구계획은 유고로 출간되었다. Hannah Arendt, *The Promise of Politics*, ed., and intr. by Jerome Kohn(New York: Schocken Books, 2005), 93-200; 김선욱 옮김, 『정치의 약속』(파주: 푸른숲, 2007), 131-245쪽.

일주일에 3~4일 캠퍼스에 출근하는 것이 전부였다. 그녀는 이 대가로 정교수 연봉의 절반을 받았다. 친구들에게 보낸 아렌트의 편지에 따르면, 그녀는 이로 인해 다시 '부자'가 될 수 있었다. 프린스턴대학교는 그녀의 존재를 몹시 자랑스러워했고, 그래서 그녀를 즉시 대학교 최초의 여성 정교수로 공표했다. 이는 사실이었지만, 단지 1959년 봄 몇 주 동안만 유효했다. 아렌트는 「혁명론」이라는 주제로 세 차례의 공개 강연을 진행했다. 1959년 4월 27일에는 「혁명과 현대」, 다음 날에는 「자유와 사회 문제」, 마지막으로 5월 4일에는 「권위의 기반과 문제」라는 주제로 강연했다. 「미국 혁명」이라는 주제는 대학에서 미리 정해놓은 것이기 때문에, 그녀가 이 주제를 다루어야 한다는 사실은 전혀 놀라운 일이 아니었다. 다만 이제는 수년 동안 아렌트를 괴롭혔던 문제, 바로 그녀의 관점에서 볼 때 필연적으로 완전히 새로운 방식으로 답해야 했던 질문인 "정치란 무엇인가?"와 조화를 이룰 방법을 찾아야 했다.

그러나 아렌트가 프린스턴대학교에서 현재 상황과의 연관성을 모색해야 하는 사건이 발생했다. 1959년 4월 20일 쿠바의 실질적인 통치자이자 두 달 동안 쿠바의 공식 총리였던 피델 카스트로가 세미나에 모습을 드러낸 것이다. 카스트로는 미국의 바로 인근 지역에서 전복에 성공한 혁명가였기 때문에, 아렌트는 경찰과 언론의 엄청난 관심을 받았던 카스트로의 등장에 잠시 멈칫했을지도 모른다. 게다가 아렌트는 토크빌의 『미국의 민주주의 *Über die Demokratie in Amerika*』를 집중적으로 읽은 것을 제외하면 미국 혁명에 대한 자세한 지식이 없었다.* 아렌트가 친구들에게 보낸 편지에 따르면, 그녀는 자료를 재빨리 읽어서 빈칸을 메우는 대신에 카스트로의 연설문을 관심 있게 살펴보았다.

프린스턴대학교에 있는 동안 아렌트는 또 하나의 자극을 받아들여야 했다. 새로운 표준 저작으로 선언된 책의 제1권이 얼마 전에 출판된 것이다. 로버트 팔머의 『민주 혁명 시대: 유럽과 미국의 정치사, 1760~1800』**이며, 제1권의 부제는 「도전」이었다.*** 이 책은 아렌트의 이후 성찰에 상당한 영향을 미쳤으며, 특히 대서양 횡단적 관점에서 쓰였다는 점이 특징이다. 프린스턴대학교에서 가르치고 있던 팔머는 세미나에 참석하여 아렌트와 폭넓은 토론을 나누었다.

그러나 이 모든 영향력을 아우르는 하나의 구상이 있었다. 아렌트는 1950년대 중반에 처음으로 제3자에게 이 생각을 밝힌 후 1956년 9월 피페르출판사와의 계약으로 신속히 확정했다. 그녀는 「정치 입문」을 집필하고 싶었지만, 실제로는 진전을 이루지 못했다. 원래 계획은 1957년 하반기에 책을 쓰기 시작해서 이듬해 봄에 완성하는 것이었다. 그러나 사정이 달라졌다. 그녀가 맡

---

* 아렌트가 이 책을 꼼꼼하게 읽은 흔적은 바드대학 아렌트 서고의 관련 소장본을 편집하여 공개한 pdf 파일을 통해서 확인할 수 있다.

** 이 책의 서지사항은 다음과 같다. R. R. Palmer, *The Age of the Democratic Revolution: A Political History of Europe and America, 1760~1800*(Princeton: Princeton University Press, 1959). 총 15장과 부록으로 구성된 책 사본은 바드대학 아렌트 서고에 있으며, pdf 파일로 공개되었다.

*** 1964년에 출간된 제2권의 부제는 「투쟁」이며 제16~32장으로 구성되어 있다.

았던 여러 약속을 원하는 대로 끝내지 못했기 때문이다. 게다가 1958년 9월 28일 독일 출판서적상협회 평화상 시상식에서 카를 야스퍼스를 위해 찬사를 해달라는 요청까지 받았다. 그해 말에는 노트르담대학교에서 일련의 강의를 마친 후 프린스턴대학교 강의를 준비하기 시작했다. 그동안 아렌트의 친구인 샤를로테 베라트는 『인간의 조건』의 첫 번째 독일어 번역 작업을 진행했다. 아렌트는 헝가리 혁명에 관한 소책자를 완성했고, 유럽과 미국에서 진행한 강의를 바탕으로 한 다른 저작들도 완성했지만, 이 사실은 거의 묻혀버렸다. 그렇다면 그녀는 이 모든 일을 어떻게 조화시킬 수 있었을까?

우선, 언제나 그렇듯이 한나 아렌트의 이 모든 계획에는 한 가지가 필요했다. 바로 돈이었다. 그녀가 신뢰했고, 또 항상 그녀에게 호의적이었던 록펠러재단에 재정 지원을 신청할 충분한 이유가 있었다. 1956년에 그녀는 이미 『인간의 조건』을 완성하기 위해 2,250달러를 지원받았고, 유럽으로의 장거리 여행 비용도 지원받았다. 당시 그녀는 '법철학 및 정치철학' 프로그램LAPP의 지원을 받았고 그 결과에 매우 만족했다. 1959년 중반, 아렌트는 새로 시작하는 더 큰 규모의 지원사업에 새 연구계획을 신청해보라는 재단의 권유를 받았다. 록펠러가 때마침 나타난 셈이었다.

그녀가 염두에 둔 계획은 매우 야심적이었다. 제목이 암시하는 것과는 달리 그것은 초보자를 위한 책도, 수업 교재도 아니었다. 아렌트는 정치에 대한 완전히 다른 이해, 즉 완전히 다른 것을 염두에 두고 있었다. 그녀는 「정치 입문」에서 『인간의 조건』

의 연구 결과를 바탕으로 정치 이론을 발전시키고자 했다. 더 나아가, 훗날 그녀의 주요 철학 저작으로 간주된 『인간의 조건』은 사실 그녀가 밝힌 대로 단지 '프롤로그Prolegomena', 즉 본격적인 저작에 앞선 서론적 단상에 불과했다. 그녀는 원래 프린스턴대학교에서 강의의 연장선상에서 이 계획을 실현할 수 있으리라고 믿었다.

그렇다면 아렌트의 계획은 무엇이었을까? 첫째, 그녀는 록펠러재단에 제출한 지원서에서 『인간의 조건』이 '역사적 관점에서' 노동·작업·행위라는 세 가지 핵심적인 인간 활동을 분석했다고 밝혔다. 이 예비 작업은 이제 체계적으로 두 부분으로 구성된 저작, 즉 「정치 입문」으로 변환되어야 했다. 첫 번째 단계에서는 "수단과 목적, 권위, 정부, 권력, 법, 전쟁"과 같은 "정치사상의 전통적 개념과 개념적 틀"을 검토했다. 그녀는 자세한 방법론적 반성을 이어가며 다음과 같은 중요한 말을 했다.

나는 이런 개념들이 낡은 동전이나 추상적인 일반화로 변하기 전에 어디서 왔는지 알아내려고 노력할 것이다. 그러므로 나는 원래 정치 개념으로 이어진 구체적인 역사적·일반적인 정치 경험을 살펴볼 것이다. 아무리 낡은 개념조차도 그 이면의 경험은 여전히 유효하며, 해로운 것으로 판명된 특정한 일반화에서 벗어나려면 그 경험을 다시 포착하여 새롭게 되살릴 필요가 있기 때문이다.

그 다음에는 두 번째 단계가 이어졌다.

> 다음으로, 우리가 정당하게 정치적이라고 부르는 세계와 인간 삶의 영역 — 한편 공공영역이고, 다른 한편 행위 영역 — 에 대한 체계적인 연구이다. 여기서 나는 주로 인간적 다원성의 다양한 양식과 그에 상응하는 제도에 초점을 맞출 것이다. 다시 말해, 나는 정부 형태와 그 원칙, 운영 방식에 관한 오래된 문제를 재검토하고 있다. 인간적 다원성과 관련하여 두 가지 기본 형태의 공존이 있다. 행위가 생겨나는 다른 사람과의 공존, 그리고 사유 활동에 대응하는 자기 자신과의 공존이다. 따라서 이 책은 행위와 사유의 관계, 정치와 철학 관계에 대한 논의로 마무리해야 한다.[310]

록펠러재단은 이 구상에 깊은 인상을 받았고, 요청 금액이 총 7,200달러였기 때문에 이례적으로 5명의 심사위원을 위촉했다. 그중에는 한스 모겐소, 카를 요아힘 프리드리히, 카를 야스퍼스처럼 아렌트에게 대체로 호의적이었던 저명한 학자들도 있었다.

결정문에 따르면, 아렌트는 마침내 생활비를 충당할 5,000달러의 지원을 승인받았고, 이를 통해 더 이상 의무를 지지 않고 정치학 저술에만 전념할 수 있게 되었다. 동시에 컬럼비아대학교 측에도 아렌트의 연구 지원 비용으로 5,000달러(또는 필요한 금액)가 지급되었다.

대서양 건너편, 구체적으로는 프랑크푸르트와 뮌헨을 한번 살펴볼 필요가 있다. 아렌트는 야스퍼스에게 평화상이 수여되는 것을 기념하여 프랑크푸르트에서 출판인 피페르를 방문하여 계획을 논의했다. 1959년 4월 프린스턴대학교 학기 중반이자 록펠러재단 지원이 본격화되기 전, 그녀는 피페르에게 새로운 구상에 대해 쓴 편지를 보냈다. 「정치 입문」을 두 권으로 늘려야 한다는 내용이었다. 첫 번째 권은 '전쟁과 혁명', 두 번째 권은 본격적인 '입문'이 될 예정이었다. 그 기본 구상은 다음과 같다. 전쟁과 혁명은 둘 다 폭력의 영역에 속하지만, 정치는 권력 개념에서 유래되었으며, 권력과 폭력은 근본적으로 서로 분리되어 있다는 것이다. 여기에서 처음으로 혁명에 관한 책이 뚜렷한 윤곽을 드러냈다. 정치의 의미에 대한 질문으로 시작하여, 마지막 장에서 이 질문에 대한 대답을 공식화하는 구성이었다.

아렌트는 록펠러재단에 보낸 제안서와 출판사에 전달한 내용에서, 자신의 인생이 끝날 때까지 고민해야 할 사항들을 개략적으로 설명했다. 그녀는 권력과 폭력, 즉 정치가 한편이고 혁명과 전쟁이 다른 한편인 상황에서 앞으로 자신의 연구를 결정하고 측정할 좌표 체계를 확립했다. 『권력과 폭력*Macht und Gewalt*』*이 어느 날 갑자기 나타난 것이 아니라는 사실은 『전체주의의 기원』을 읽은 사람이라면 누구나 알고 있었을 것이다. 이 책들은 나치의 절멸적 반유대주의와 소련 공산주의/볼셰비즘에 의한 인

---

* 영어판의 서지사항은 다음과 같다. Hannah Arendt, *On Violence*(San Diego, New York, London: A Harvest/HBJ Book, 1970).

간성의 왜곡을, 근대 반유대주의와 제국주의라는 두 전사前史와 동시에 연결되면서도 분리된 새로운 현상으로 파악하려는 시도를 보여준다. 19세기의 근대 반유대주의와 유럽 제국주의는 폭력의 경계로 나타났으며, 부분적으로는 정치 과정을 통해 통제되고, 부분적으로는 이후 정당화되는 상황으로 이어졌기에 서로 연결되어 있다. 아렌트의 중요한 연구계획은 이러한 분석을 개념과 그 안에 내재한 경험 내용의 관점에서 가시화함으로써 인간 존재의 가능성 조건을 제시하는 것이었다.

예상하자면, 「전쟁과 혁명」은 『혁명론』으로 바뀌었다. 「정치 입문」은 그녀가 말하고자 하는 바를 암시하는 사유의 단편에 불과했다. 물론 그 단편들을 앞뒤에 언급된 내용과 결합할 수 있지만, 그 단편들로부터 유용한 무엇인가를 이끌어내는 것은 해석자의 능력에 달려 있다. 그 자체로 보면 이 비망록은 놀랄 것이 없는 사실을 드러낸다. 아렌트는 입문서를 쓸 수 있는 작가도 아니었고, 교과서처럼 체계적이고 근본적인 저작을 쓰고자 한 작가도 아니었다.

한나 아렌트가 1963년 『혁명론』을 출간했을 때, 그녀와 가까운 사람들을 포함해 꽤 많은 사람이 왜 그녀가 미국에 그토록 긍정적인 태도를 보였는지 의아해했다. 프랑스 혁명과 비교할 때 미국 혁명은 전통과 제도에 의지할 수 있는 지속적인 민주사회로 이어졌기에 훨씬 더 성공적이었다. 물론 아렌트의 분석은 훨씬 더 복잡하다. 그녀가 나중에, 베트남 전쟁과 워터게이트 사건에서 얻은 역사의 교훈을 망각한 미국의 정책을 날카롭게 비판했다는 사실도 반드시 함께 고려해야 할 부분이다.

그러나 언뜻 보기에 그 놀라움은 정당했다. '미국 예외주의'*라는 개념, 소련과 그보다 훨씬 뒤떨어진 중국이라는 사악한 세력에 맞서 서방을 이끌겠다는 주장은 미국이 세계에서 누리고 있는 특별한 지위에서 비롯된 것이었지만, 흑인 인구에 대한 차별을 촉발한 내전과 같은 상황과는 쉽게 조화를 이루기 어려웠다.

잘 알려진 바와 같이, 이 책은 원래 「전쟁과 혁명」이라는 제목으로 출간될 예정이었으며, 독일어판은 출간 직전까지도 이 제목으로 예고되었다. 이것이 단순한 예고에 그치지 않았음을 보여주는 것은 「서론」인데, 여기에는 원래 제목이 그대로 표기되어 있을 뿐 아니라 내용적으로도 그 제목에 충실하다. 이미 이 점만으로도 놀라운 일인데, 이어지는 첫 번째 장 첫 문장에서 주제가 반으로 잘려나간 것은 아마도 전례 없는 일일 것이다. "우리의 맥락에서 전쟁 문제는 고려 대상에서 제외되어야 한다." 이 결정으로 인해 또 다른 중심 개념인 '자유'를 특별한 방식으로 정당화해야 할 필요성이 생겼다. 두 현상 모두 단순한 해방을 넘어선 자유를 목표로 한다고 명시적으로 선언하고 있기 때문이다.

이상하게 시작된 이 책은 여섯 장 전체에서 그 기조를 이어간다. 아렌트는 다시 단호하게 유형화를 시도했다. 미국 혁명과 프랑스 혁명은 사회의 새로운 출발을 위한 두 가지 가능한 경로를

---

* 미국이 다른 국가와 구별되는 특별한 국가라는 생각을 지칭한다. 토크빌은 『미국의 민주주의』에서 미국이 유럽 국가들과 달리 "예외적"이라고 표현했지만, 이 첫 번째 용례는 미국 공산주의자들의 논쟁에서 발견할 수 있다.

도출하기 위해 기본 구조로 환원되었다. 미국 혁명의 격변에 대한 찬사는, 현재 그 유산이 제대로 관리되지 못하고 있다는 비판과 함께 제시되었다. 아렌트에 따르면 프랑스의 재편 시도가 실패한 것은 언뜻 보기에 '사회 문제'의 중심성에 대한 보수적 비판으로 읽혔으며, 이 문제가 해결되지 않은 것은 임마누엘 칸트의 말대로 결코 잊히지 않을 역사적 사건의 종말을 의미했다. 동시대인들에게는, 로자 룩셈부르크의 저술에 대한 분석을 포함한 독일 평의회 체계라는, 매우 단명한 모델이 성공적인 공동체의 한 가능성으로 제시되었다는 점도 놀라웠을 것이다. 또한 아렌트의 '기능자機能者'에 대한 묘사 속에서 그녀의 측근들은 남편의 이야기를 바탕으로 한 그의 전기를 분명히 읽어낼 수 있었다. 여기에 아렌트 특유의 요소들―긴 여담, 그리고 멜빌의 『선원 빌리 버드Billy Budd』*와 같이 그녀가 모범적이라 믿었던 문학에 대한 분석―이 더해진 아말감은, 많은 이들에게 너무 많기도 하고 동시에 너무 적기도 했다. 특히 역사가들은 사건의 역사가 전혀 다루어지지 않았다는 이유로 이 책을 실망스럽게 내려놓았다. 혁명 개념을 규정하고, 혁명에 맞섰거나 혁명에서 비롯된 다른 개념들을 새롭게 규정하려 했던 철학자들도 크게 다르지 않았다. 책은 레닌에서 시작해 소포클레스의 『콜로노스의 오이디푸스』로 끝맺으며 독자들을 미지의 영역으로 이끌었다.

* 아렌트는 『혁명론』에서 절대적 선악 문제가 정치 영역에 어떤 결과를 초래하는지 설명하기 위해 절대적 선의 화신인 빌리 버드와 절대적 악의 화신인 클래가트를 등장시킨다. 『혁명론』, 171-75쪽을 참조할 것.

모든 사람, 적어도 많은 이들의 기대를 저버린 사람에게는 분명한 의도가 있었을 것이다. 따라서 『혁명론』은 두세 부분으로 나뉘어 있지만, 『인간의 조건』의 사행蛇行하는 양식을 그대로 유지해 기대를 충족시킬 생각은 전혀 없었다. 오히려 누구도 전모를 파악하기 힘들었던 두 위대한 부르주아 혁명에 관한 방대한 연구를 단호하게 정리해냈으며, 결국 마지막 장에서는 아렌트가 사랑하던 그리스인들과 함께 끝을 맺게 된다.

『예루살렘의 아이히만』

'예루살렘의 아이히만'을 둘러싼 논쟁이 없었다면 한나 아렌트가 자신의 자료를 의회도서관에 맡겼을까?

1965년 여름 아렌트는 워싱턴 의회도서관을 방문하여 직원들에게 5권의 아이히만 자료를 넘겼다. 그녀는 이 자료들을 자신이 가져온 다른 수많은 문서와 구분하여 따로 보관해주기를 원했다. 아렌트는 그 전후를 통틀어 어느 때보다 신중하게 동료인 로테 쾰러와 함께 재판 문서, 심문 기록, 비망록, 원고, 필사본, 출판사 및 다른 사람들과 주고받은 서신, 서평, 성명서, 편집자에게 보내는 편지 등 출판과 관련된 모든 자료를 수집했다.

밖에서는 뉴욕의 한 기자가 논란을 촉발시키는 데 핵심적인 역할을 했던 폭풍이 여전히 거세게 몰아치고 있었다. 레스터 마켈은 그저 평범한 기자가 아니라《뉴욕 타임스》에서 근무하고 있었다. 그리고 자신감 넘치는 편집자들이 많고 그중 상당수가 미국 안팎에서 두려움의 대상이던 그 신문사에서도 그는 특별한 존재였다. 마켈은 1880년대 초 독일에서 미국으로 건너온 부모 사이에서 1894년 태어났다. 1923년 《뉴욕 타임스》의 소유주이자 발행인인 설즈버거 가문은 마켈에게 일요일판을 완전히 개혁하라는 임무를 맡겼다. 이후 마켈은 41년 동안 거의 매주 이 과제를 수행했다. 이 신문은 주로 잡지, 에세이, 생활 특집 기사, 그리고 때로는 40~50쪽 이상으로 구성된 방대한 서평 부록이 포함된 일요일판 덕택에 전 세계적으로 독보적인 명성을 얻었다. 1960년대에는 총 500~600쪽에 달하는 경우도 드물지 않았다. 그것도 매주!

마켈은 잡지와 서평 부록 편을 기획하고 편집했다. 이 부록 편은 점점 더 《뉴욕 타임스》의 중심이 되었다. 그는 1953년 이 공로로 퓰리처상을 받았다. 1977년 사망할 때까지 무려 30년 동안 미국 대통령들과 주요 정치인들은 모두 마켈을 만나고 싶어 했다. 그는 많은 곳을 여행하며 자신의 경험에 대한 방대한 에세이와 당대 주요 지식인들의 연락처를 가지고 돌아왔다. 누구도 《뉴욕 타임스》에 글을 써달라는 제안을 거절할 수 없었다. 마켈은 자신의 직업을 매우 진지하게 여겼고 언론계의 발전을 면밀하게 살폈다. 특히 그는 신문의 미래에 관한 책을 써서 호평을 받았다. 그는 1963년부터 정기적으로 텔레비전에 출연하면서 미디어에서도 영향력 있는 인물이 되었지만, 조용하고 내성적이며 과묵한 성격 탓에 대화에서 쉽게 과소평가되곤 했다. 그의 아버지는 매우 성공적인 은행가였고, 형은 컬럼비아대학교 철학 교수였다. 마켈은 곧 《뉴욕 타임스》 그 자체였다.

마켈은 유대인이었으며, 그 점에서도 언제나처럼 명확하고 확신에 차 있었다. 한나 아렌트의 보고서 「예루살렘의 아이히만」이 1963년 2월과 3월에 《뉴요커》에 5부작으로 실렸을 때, 가장 큰 관심사 중 하나는 《뉴욕 타임스》와 마켈이 경쟁지의 기습 보도에 어떻게 반응할 것인가였다. 적어도 미국에서는 신문이 분위기를 조성했고, 마켈은 누가 무엇을 논의할 수 있는가를 결정할 수 있는 사람이었다. 놀랍게도 아렌트의 주변 인물 중 누구도 《뉴욕 타임스》의 정규 필진으로 활동하지 않았고, 그녀도 그 신문과 아무런 연관이 없었다.

출판 직후 분명해졌듯, 이 사건에서 마켈의 상대자는 윌리엄 숀William Shawn이었다. 1907년 시카고에서 윌리엄 촌William Chon 이라는 이름으로 태어난 그는 유대인이자 언론인이었다. 그는 새로운 형태의 설명, 기술 혁신에 관심을 가졌으며, 교육받은 독자층에게 정보를 전달하면서도 최고의 저널리즘으로 즐거움을 제공할 방법을 끊임없이 모색했다. 1940년대 중반부터 《뉴요커》에 몸담았고 1952년에 편집장이 된 숀은 특별한 사건이 주간지의 내용을 결정해야 한다고 확신했으며, 1946년 히로시마 원폭 투하를 전체 호의 주제로 삼아 단번에 유명해졌다. 숀이 사망하기 8년 전인 1987년 은퇴할 때까지 《뉴요커》의 주력 분야였던 시사 보도는 숀의 특별한 관심사였다. 그리고 한 줄도 빠뜨리지 않고 세 번이나 샅샅이 검토하는 사실 확인 절차(작가들이 두려워하고 독자들이 인정하는 장치)는 언론계에서만 알려진 것이 아니었다. 물론 《뉴욕 타임스》와 《뉴요커》는 서로를 예의 주시했다. 두 신문사 간의 몇 차례의 인력 이동은 곧 배신으로 여겨졌다.

메리 매카시가 아렌트를 기자로 예루살렘에 보내자고 제안했는지, 아니면 아렌트 본인이 직접 파견 요청을 했는지는 확실하지 않다. 그러나 아렌트가 예루살렘에 가야 한다는 데에는 의심의 여지가 없었다. 그녀는 뉘른베르크 재판을 '놓쳤지만' 이번에는 달랐다. 그녀는 어떠한 상황에서도 이 특별한 순간을 놓치고 싶지 않았다.

전직 상급돌격대지도자(중령)이자 제국보안본부 유대인 부서의 책임자였던 아돌프 아이히만은, 수백만 명의 희생자와 극소수의 생존자를 '이송'하는 전문가라고 스스로 선언했다. 이 아돌프 아이히만은 1950년 모든 사람이 "쥐구멍, 즉 도주 경로Rat Line"*라고 부르는 검증된 탈출 경로를 통해 아르헨티나에 도착했다. 그는 그곳에서 가명으로 가족과 함께 겸손하고 신중하게 살았지만, 동시에 나치 조직에 정보를 제공하는 데도 기꺼이 노력했다. 1960년 5월 11일 이스라엘 비밀경찰 특공대가 아르헨티나에서 아이히만을 제압하고 그를 예루살렘으로 압송하는 데 성공했다.[311] 12일 후 이스라엘 총리 다비드 벤구리온은 의회에서 아이히만이 이스라엘에 있으며 재판을 받을 것이라고 발표했다. 1961년 4월 11일 공개 재판은 예루살렘 지방법원에서 '사건 번

---

* 이 도주 경로는 바티칸 교황청이 제2차 세계대전 당시 나치 전범을 남미, 아르헨티나 등으로 피신시킨 사업을 말한다. 바티칸이 가톨릭 국가인 남미 등에 은신처를 제공하고, 마피아가 나치 전범들의 탈출을 위한 위조 여권과 신분증을 만들었다. 이 도주로를 타고 '리옹의 도살자' 클라우스 바르비, 유대인 생체 실험을 진행한 요제프 멩겔레 등이 남미로 탈출했다.

호 40/61'*로 시작되었다. 전 세계의 수많은 언론인이 이를 취재했고, 텔레비전 제작팀은 모든 재판 개정을 녹화할 기회를 얻었으며, 재판은 이스라엘 라디오를 통해 생중계되었다.

한나 아렌트는 처음에 재판에 참석했다. 그녀는 5월 5일에 출국하여 6월 20일부터 22일까지 다시 출석했다. 아렌트는 121회 공판 중 29회 출석했다. 1961년 7월 21일 그녀는 하이델베르크대학교 정치학 교수인 친구 돌프 슈테른베르거가 주최한 학술 모임에서 아이히만 재판에 대한 자신의 인상을 처음으로 보고했다.

이 시점에서 아렌트는 이미 재판에 관한 여러 출판 계획에 찬성하기로 했다. 그녀는 판결이 선고된 후 보도를 시작하기로 하고 우선 게재권을 갖고 있던《뉴요커》뿐만 아니라 독일 잡지《수성》과《고원 지대》측에도 기고하기로 약속했다. 또한 피페르출판사와「아이히만 재판」이라는 잠정적 제목의 책자 발간 계획에 대해서도 합의했다. 책자에는 아이히만의 인생 편력에 이어「하우스너가 작성한 역사적 전망」과「재판 자체」라는 세 장이 계획되어 있었다. 한나 아렌트에 따르면, 이 책자는 주로 아이히만 자신의 목소리를 담아야 한다. 다만 그녀가 훗날 책에서 신랄하게 비판한 당시 검찰총장이자 수석 검사인 기디온 하우스너와 그때 의견을 같이했는지는 아직 밝혀지지 않았다.

1961년 12월 11일부터 15일까지 아이히만에 대한 판결이 낭

---

* 공개된 판결문 제목은 다음과 같다. "In the District Court of Jerusalem Criminal Case No. 40/61."

독되었다. 교수형이었다. 1961년 12월 17일 피고 측은 상고했고, 1962년 5월 29일 이스라엘 대법원은 이를 기각했다. 마침내 1962년 6월 1일 밤에 형이 집행되었다. 이제 한나 아렌트는 예루살렘의 아이히만에 대한 보고서를 작성하고 발표할 차례였다.

아렌트는 1962년 타자로 원고를 정리했다. 그녀는 1961년 말에 재판 자료를 받았는데, 이는 훗날 책의 1장에서 7장까지에 해당한다. 그러나《뉴요커》도, 책 출간을 맡게 된 바이킹출판사도 이 원고를 받지 못했다. 1962년 9월 중순 아렌트는 윌리엄 숀이 요청한「에필로그」를 제외하고는 (새로운) 원고가 완성되었으며, 《뉴요커》에서 거의 축약되지 않은 원고를 게재할 것이며, 책 형태로 바이킹출판사에서 출판할 것이라고 피페르출판사에 알렸다. 그리고 아렌트는 몇 달 전에 만난 피페르출판사의 작가 잉게보르크 바흐만이 번역에 적합하지 않을까 하는 '엉뚱한 생각'을 했다. 그녀가 염두에 둔 책 제목은「예루살렘의 아이히만: 보고서」이고 부제는「악의 평범성에 대한 보고서」였다.

그 후에 엄청난 양의 원고와 타자 원고가 홍수처럼 쏟아져 나왔다. 일부는《뉴요커》의 유명한 '사실 확인' 부서와 한나 아렌트가 수정할 수 있도록 다시 타자로 정리되었고, 일부는 바이킹출판사로 넘어갔다. 모든 것은 저자의 손을 거쳤다. 저자는 출판사에서 꼼꼼하게 편집하고《뉴요커》판본을 바탕으로 한 타자 원고를 회수했다. 교정자가 너무 많은 부분을 지적하고 수정하고 변경했다는 이유에서였다. 윌리엄 숀 편집본은 여러모로 인상적인 텍스트 작업으로, 다양한 색상 체계를 활용하고 있었다. 아이히만 심문 기록과 다른 자료에서 인용문을 끌어다 원고와 타자 원고에 반영하는 과정에서 복잡한 지침과 색상 카탈로그가 사용되었다. 그 사이에 한나 아렌트는 먼저 원고를, 이어서 바이킹출판사의 교정쇄를 피페르출판사에 보냈다.

아렌트는 아이히만이 이스라엘로 이송된 이후 바이킹출판사 편집자이자 친구인 덴버 린들리와 이 사건에 관해 처음 이야기를 나누었다. 1962년 7월 두 사람은 책 출간에 합의했고, 출판할 원고에 대한 우선 게재권을《뉴요커》에 부여했다. 이때 피페르출판사도 아렌트가『예루살렘의 아이히만』을 집필 중이라는 정보를 입수했다. 사실 아렌트는 택시를 타고 가던 중 교통사고로 입은 부상으로 인해 작업을 중단한 상태여서 1962년 10월 1일까지 원고를 제출하겠다고 출판사 측에 통보했다. 그 결과, 바이킹출판사와《뉴요커》가 협의하여 원고를 교환했다. 이렇듯 매우 복잡한 과정이 시작되었다.

1962년 말 미국에서는 한나 아렌트가 항상 그 중심에 서 있는 가운데 1월에《뉴요커》에서, 4월에 바이킹출판사에서 출간을 목표로 준비가 한창이었다. 한편 피페르출판사에서는 제출된 최신 원고를 검토하고 있었고, 그다음에는 편집자 한스 뢰스너가 살펴보았다.[312] 출판사는 저자가 잉게보르크 바흐만을 번역자로 원한다는 사실—"글을 쓸 줄 아는 사람이 필요합니다", "이러한 유형의 보고서에 적합한 어조를 찾는 것이 진짜 과제입니다"—을 지지했다. 당시 아렌트는 이 책이 결코 친독일적인 것이 아님에도 불구하고 뉴욕에서 영향력이 큰 '유대인 사회'에서 '불쾌감'이나 심지어 '분노'를 불러일으킬 수 있다고 명확히 경고했지만, 출판사 측에서는 더 이상의 반응이 없었다. 1962년 말에 들어서면서 프로젝트는 새 활력을 얻었다. 잉게보르크 바흐만이 번역을 거절한 이후, 많은 제안을 검토했으나 후보자들이 거부했거나 합의에 이르지 못했다. 한 편집자의 제안에 따라 번역 경험이 거의 없던 하이델베르크대학교의 역사학자 브리기테 그란조프가 마침내 이 작업에 참여하게 되었다.

그러나 그보다 앞서 1963년 1월 출판인 클라우스 피페르가 8쪽 분량의 편지를 뉴욕으로 보낸 뒤 처음으로 매우 심각한 위기가 찾아왔다. 그 편지에는 한나 아렌트의 판단이나 인식과 다른 수많은 제안, 우려, 평가가 담겨 있었다. 그렇지만 그녀의 답변은 더없이 명확했다. 그녀는 제3제국 시기 독일인의 저항에 대한 미공개 논문을 예로 들며 자신의 전문성을 내세웠고, 《뉴요커》의 사실 확인 부서가 자신을 지지하고 있다고 확신했다.

그리고 미국에서도 그 시간이 왔다. 1963년 2월 16일 『예루살렘의 아이히만』의 첫 회가 게재되었다. 이제 아렌트는 《뉴요커》의 매호 서두에 실리는 유명한 칼럼으로 '화제의 인물'이 되었다. 당시 야스퍼스의 집에 거주하고 있던 아렌트는 무슨 일이 일어나고 있는지 믿을 수 없었다. 편지가 가득 담긴 바구니가 도착했다. 대부분은 분노와 항의를 담은 편지였다. 아렌트의 동료인 로테 쾰러에 따르면, 때로는 살해 위협으로까지 치닫는 편지도 있었다. 몇 건의 문의가 있었지만, 지지하는 반응은 거의 없었다고 저자에게 전해졌다. 그러나 사람들은 책이 출간되기를 기다리고 있었으며 당연히《뉴욕 타임스》의 반응도 기다렸다.

그런데 레스터 마켈은 이 서평을 누구에게 맡기려 했을까? 물론 유대인 학살의 역사를 연구해온 전문가들도 이미 있었다. 예를 들어, 젊은 연구자 라울 힐베르크는 아렌트가 길게 인용한 방대한 논문을 발표하기도 했다. 또 1951년 파리에서 출판된『혐오의 성무일과서: 제3국과 유대인*Bréviaire de la Haine — Le IIIeme Reich et les Juifs*』이라는 연구 저서로 이 주제에 대한 최초의 표준 저작을 쓴 레옹 폴리아코프도 있다. 아렌트 역시 이를 자신의 보도 자료에도 광범위하게 활용했다.*[313] 잘로 바론도 참여 가능했지만, 그는 아렌트와 가까운 관계였고 재판의 증인이기도 했다. 이디시어 유대인과학연구소YIVO 또는 다른 유대인 조직에서도 많은 연구자들이 수년 동안 유럽 유대인 학살을 연구해왔다. 이스라엘의 많은 학자도 마찬가지였다.

그러나 편집진은 힐베르크와 폴리아코프 또는 다른 유명한 역사가를 선택하지 않고, 스스로 제안한 사람, 변호사이자 정치인이며 해군 장교인 마이클 안젤로 무스마노를 선택했다. 그는 그저 단순한 변호사가 아니라 1947년에 시작한 뉘른베르크의 '특수작전집단 재판'**에서 재판장을 맡았고 아이히만 재판의 증인이

---

*　폴리아코프의 저서에 대한 서평은 다음 자료를 참조할 것.『유대인 문제와 정치적 사유』,「대죄의 역사: 레옹 폴리아코프,『혐오의 성무일과서: 제3제국와 유대인』서평」, 863-74쪽.

**　특수작전집단 재판은 제2차 세계대전 이후 미군 군사 법정에서 개최한 12

기도 했다. 그는 자신감이 넘쳤다. 그는 아렌트의 주장에 여러 측면에서 전문적으로 반박할 수 있다고《뉴욕 타임스》편집자에게 보낸 편지에서 밝혔고, 편집진은 짧은 메모로 이에 동의했다. 마켈은 책에 등장하는 인물이 결코 서평을 써서는 안 된다는 오래된 원칙을 어기고 있다는 사실을 잘 알고 있었다. 물론 무스마노도 이 사실을 알고 있었다. 그래서 그는 이후의 논쟁 과정에서, 자신이 나치 가해자들을 다룬 재판에 직접 참여했기 때문에 자신을 날카롭게 비판한 아렌트에게 맞설 자격이 있다고 거듭해서 주장했다.[314]

마켈은 원고를 읽은 후 무스마노가 "훌륭한 일을 했다"고 생각했다. 하지만 박사학위를 받은 역사학자이자 1949년부터 서평 부록을 담당해온 옛 조수 프란시스 어니스트 브라운에게, 무스마노의 비난을 고려할 때 아렌트의 입장도 함께 들어야 하지 않겠느냐고 물어보았다. 또한 저자가 책에서 왜 그런 입장을 취했는지에 대한 생각도 물었다. 마지막으로 마켈은 현재까지도 계속되고 있는 이 책을 둘러싼 논쟁을 예견이라도 한 듯, 브라운에게 이렇게 편지를 보냈다. "이 모든 일에는 큰 비밀이 있고, 많은 관심이 있는 것 같군요."

무스마노의 서평은 1963년 5월 19일 3쪽 분량으로 실렸는데,

차례의 전쟁 범죄 재판 중 아홉 번째 재판이다. 특수작전집단은 나치 친위대의 기동특무부대로 나치 독일이 점령한 동부전선의 후방에서 학살을 벌였다. 1941년에서 1943년 사이에 유대인 100만 명 이상, 수십만 명 이상의 파르티잔, 집시, 장애인, 정치 장교, 슬라브족을 죽였다.

아이히만의 큰 사진과 아렌트의 참고문헌 및 매우 상세한 약력이 덧붙여져 있었다.[315] 이 서평은 최초는 아니었지만 가장 날카롭고 가장 주목받은 서평 중 하나였다. 무스마노는 「한나 아렌트의 『예루살렘의 아이히만』에서 아돌프 아이히만의 변호」라는 제목을 붙여 자신의 비망록 표지에 서평의 요지를 적어두었다. 그리고 6쪽에 걸쳐 빽빽이 타자한 글에서 자신의 비난이 정당하다는 것을 입증했다.

무스마노는 아렌트가 아돌프 아이히만을 변호했다고 주장했으며, 그외에는 이 책에서 다른 어떤 의미도 찾을 수 없었다고 밝혔다. 분위기는 정해져 있었다. 무스마노는 아렌트가 아이히만에게 명백히 동의하는 듯 보이는 텍스트 구절에서만 도출한 이 일반 논지를, 이후에 나온 모든 서평의 핵심 요지로 받아들였다. 마켈 역시 이에 반박하지 않았다. 아렌트의 글 속 어떠한 긍정도 변호의 시도로 해석되었다. 이후 토론이 진행되면서 논쟁의 분위기를 결정한 것은 무스마노의 비난의 내용이 아니라 그 비난이 만들어낸 '인상'이었다. 한나 아렌트가 그외에 생각하고 행하고 쓴 모든 것이 갑자기 지워져버렸다. 마켈과 무스마노는 장문의 서신을 주고받으며 서로 부추기고 추가 논의에 대해 서로에게 알렸다. 심지어 아렌트와 친분이 있던 언론인 멜빈 라스키와 같은 일부 사람들은 마켈에게 직접 연락해서 아렌트에 대한 공격에 힘을 보탰다.

독일에 있는 사람들은 미국에서 시작된 논쟁에 세심한 주의를 기울이기 시작했다. 그곳에서 유대인 단체들은 반대 성명을 발표했고, 생존자들 역시 대체로 매우 비판적인 의견을 표명했다. 독일 언론은 이 사건을 자세히 보도했다. 1963년 11월 16일 《프랑크푸르트 알게마이네 차이퉁》은 미국 문화 담당 특파원 사비나 리츠만이 「희생자들은 사형 집행자의 공범이었는가?」라는 제목으로 매우 정확한 정보를 담은 보고서를 게재했다.

이 시점에서 아렌트에게 제기된 모든 비난은 이미 공식화된 상태였다. 즉 가해자와 피해자의 관계를 뒤집은 "영혼 없는 걸작", 나치가 설립한 '유대인평의회'의 완전히 절망적인 상황을 가장 신랄하게 비난했다는 점, 범죄는 인정했으나 유죄는 인정하지 않은 아이히만의 "기어의 톱니" 테제를 받아들였다는 것 등이다. 아렌트는 지금까지 법적으로나 도덕적으로 이해할 수 없었던 600만 명 이상의 유대인에 대한 범죄를 "악의 평범성"으로 설명하고 싶어 했던 것 같다. 유대인이나 독일인들의 상당한 저항이 없었다는 그녀의 주장은, 테레지엔슈타트 강제수용소로 이송된 랍비이자 종교 철학자인 레오 벡에게 "지도자"라는 칭호를 붙인 것만큼이나 엄청난 분노를 불러일으켰다. 아렌트의 확장된 동아리에 속한 지식인들, 예를 들어 노르만 포드호레츠와 라이오넬 아벨을 비롯한 수많은 지식인은 그녀를 공격하며 그녀가 지나친 통찰력으로 스스로를 반대편으로 내몰았다는 점을 분명히 했다. 사비나 리츠만은 무스마노에게 직접 이렇게 말했다. "당신의 독자들 가운데 더 단순한 사람들에게는, 아이히만을 악마화하지 않은 것만으로도 아렌트 여사가 아이히만을 감싸고, 심지어 동조했다는 비난을 받기에 충분했다."

독일에서 이 논쟁은 1964년 9월 18일 프랑크푸르트 도서박람회에서 열린 공식 도서 발표회에서도 반복되었다. 아렌트는 젊은 역사가 볼프강 셰플러와 뉘른베르크 전범 재판의 부검사였던 로베르트 켐프너와 격렬한 논쟁을 벌였다. 이러한 상호 거부가 얼마나 적대감으로 변했는지는, 에바 미카엘리스-슈테른이 예루살렘의 아이히만 사건보다 앞서 독일에서 출판한 선집에 실린 아렌트 관련 글을 통해서도 확인할 수 있다.

《프랑크푸르트 알게마이네 차이퉁》의 변호사이자 편집자인 프리드리히 카를 프로메와《슈피겔》의 유명한 심리학자 알렉산더 미처리히를 제외하면, 독일에서의 반응은 분명히 부정적이었다.[316] 그러나 이 논쟁이 처음부터 유대인 내부 분쟁으로 이해될 수 있었기 때문에, 훨씬 더 중요한 것은《프랑크푸르트 차이퉁》과 그 후신인《프랑크푸르트 알게마이네 차이퉁》의 기고가였던 파울 아른스베르크의 입장이었다. 그는 1933년 팔레스타인으로 이주했다가 돌아온 후 독일계 유대인과 헤센계 유대인 역사에서 가장 중요한 역사가 중 한 사람이 되었다. 아른스베르크의 말은 대개 설득력이 있었다. 그는 아렌트에게서 희생자들이 공모했다는 비난이나 아이히만에 대한 동정심을 발견하지 못했으며, 유대인평의회에서 유대인 관리들의 역할을 조사할 필요성에 대해 지지하는 것처럼 보였다. 그러나 이번에는, 적어도 아렌트의 관점에서 볼 때, 아른스베르크는 전혀 울림을 얻지 못했다. 그의 서평은 아무런 주목도 받지 못했다.[317]

독일어판『예루살렘의 아이히만』은 345쪽 분량으로, 미국판 표지의 갈색과 흰색 배색을 모방하고 있다. 책은 15장으로 구성되어 있으며, 그 가운데 5장은 유럽에서 자행된 조직적인 학살과 절멸에 대한 일종의 개요를 제공한다. 아렌트는「에필로그」에서 아이히만에 대한 사형 선고를 정당화하는 근거를 제시했는데, 두 번째 장에서는 아이히만의 인생 편력과 아르헨티나에서 예루살렘으로의 이송을 소개하면서 당시 총리였던 다비드 벤구리온의 역할을 강조했다. 아렌트에게 이스라엘의 법적 관할권은 의심스러운 구성이었으며, 그 배후에서 정치적 의지를 읽어내려 했다. 실제 보고서는 원래 독일 출신의 세 명의 판사로 구성된 '법정'에 대한 소개로 시작되었다. 이어서 아이히만의 경력과 그가 거쳐온 단계와 장애물, '유대인 문제 전문가'로 자리잡게 된 과정, 유대인 문제 해결의 4단계 순서—추방, 수용, 학살, 최종 해결—에 대한 설명이 다뤄진다. 이 가운데 반제회의에서는 아이히만이 '본디오 빌라도'의 역할을 맡은 것으로 묘사된다. 마지막으로 "법을 준수하는 시민의 의무"에 대한 설명으로 이어지며,「에필로그」에 앞서 증거와 증인, 그리고 판결·항소·처형에 대해 다루며 마무리한다.

아렌트는 어떤 종류의 책을 썼는가? 그녀는 심문 자료를 집중적으로 연구하고, 독일어·영어·프랑스어로 된 관련 문헌을 읽었으며, 유럽 전역에서 체계적으로 자행된 학살의 양상을 이해하고자 하였다. 유럽 국가에서 일어난 사건을 기술한 장들은 일종의 편람便覽으로 읽을 수 있다. 당시에는 살해된 사람의 수와 추방의 역사에 대한 더 자세한 요약은 존재하지 않았다. 심지어 힐베르크가 1961년에 3권으로 출간한 연구서에서도 그와 같은 수준의 수치 자료에는 접근할 수 없었다.

「악의 평범성에 대한 보고서」는 『예루살렘의 아이히만』의 부제이다. 또한 '불안한 상황에 대한 보고서'로 제목을 바꿀 수도 있었다. 그렇다면 역사적 차원이 아닌 심리적 차원이 강조되었을 테지만, 사건과 결부되는 순간 역사적·사회학적 범주가 된다.

아렌트는 『전체주의의 요소와 기원』에서 분석한 일부 현상의 '불안한 요소'*를 강조했다. 예를 들어, 폭민과 엘리트 사이의 일시적인 동맹이나 사건을 인과 관계의 체계에 강제로 집어넣을 수 없을 때 현대 역사학이 마주치는 문제 등이 있다.

아렌트는 『예루살렘의 아이히만』에서도 의식적으로 '불안'**이라는 단어를 가끔 사용했다. 그녀가 관련 저술에서 이 단어를 사용한 몇 번의 사례는 공통적으로 일반적인 문제를 가리킨다. 즉 역사가들이 더 이상 역사를 이해하거나 설명하지 못할 때, 다시 말해 일련의 정치적 결정과 인간 행위가 더 이상 경험에서 도출된 규칙을 따르지 않을 때 어떤 일이 벌어질 것인가? 폭력으로

---

*　'Beunrehigende'는 영어로 'disturbing'에 해당되며, '불안한', '교란하는', '불온한'으로 번역된다. 아렌트는 『전체주의의 기원』에서 여러 차례 사용한다. 예컨대, "전체주의의 성공에 있어서 '방해' 요소", "우리 마음을 '어지럽히는'", "폭민과 엘리트 사이의 '불온한' 동맹" 등의 표현에서 확인할 수 있다.

**　이와 관련한 문구는 다음과 같다. "이 모든 의문 가운데 가장 '혼란스러웠던' 마지막 질문 한 가지가 판사들, 특히 주심 판사에 의해 반복적으로 제기되었는데…." 『예루살렘의 아이히만』, 156쪽.

인해 모든 도덕과 가치가 무너져 '무엇이든 허용되는' 상황이 되었을 때, 행위는 더 이상 정당화를 필요로 하지 않고 그저 행위 자체로 남게 된다. 그렇다면 피해자에게조차 죄를 떠넘기는 아이히만 같은 사람을 어떻게 다룰 수 있는가?

아이히만이 처형된 것은 그가 초래한 불안의 결과였다. 유럽 유대인 학살에 대한 역사적 전례가 없었기 때문에, 가해자의 잔혹한 죽음만이 생존자와 학살된 사람을 돌볼 수 있는 평온을 회복할 수 있었다. 가해자와 피해자가 명확히 분리되어 있어야만 이 사건 자체는 지속적인 실존적 위협으로부터 어느 정도 벗어날 수 있었다. 만약 가해자의 힘이 너무 강해서 개별 피해자를 가상의 공범으로 만들 수 있다면 어떨까? 이 정도 규모의 '불안한 사건' 앞에서도 과연 정의를 이야기할 수 있는가?

1963~64년에 이 문제를 공개적으로 언급한 것은 유대인 내부 문제였지 공개적으로 해결해야 할 사안이 아니었다. 가해자와의 연관성을 배제했을 때에만 그 고통을 이해할 수 있기 때문이다. 이런 측면에서 평온은 객관적으로나 주관적으로, 개인적으로나 사회적으로 참을 수 있는 유일한 상태였다.『예루살렘의 아이히만』이 유대인평의회의 책임 문제를 확장한 것은 사실 새로운 일이 아니다. 아렌트가 유대인의 저항 가능성, 유대인 관리들의 역할과 실패에 대해 질문한 최초의 사람은 아니었다. 이런 문제들은 늘 제기되어왔지만, 다른 논의들에는 부족했던 어떤 것이 아렌트의 책에서는 비록 드물게나마 매우 뚜렷하게 드러났다. 만약 유럽 유대인을 말살하려는 시도가 인류의 본질을 영구적으로 손

상시켰고, 반복의 위험을 고려하여 공존 조건을 재협상해야 한다면 어떻게 되는가? 만약 유대인 희생자들이 이후에 그러한 체계적인 대량 학살을 언제든 가능하게 만드는 행동 변화의 '전형적' 사례로 이용된다면 어떻게 될까? 아렌트는 이 불안이 계속될 것이라고 확신했다.

아렌트와 그녀의 책에 대한 이해할 만한 반응과 날카로운 공격의 상당 부분은, 아렌트가 이러한 '불안'을 아무런 미화나 고려 없이 그대로 공표함으로써 그들 자신의 경험이 더 이상 설 자리가 없다는 사실에 기인한 것이었다. 그리고 여기서 생존자들, 그리고 그들을 대신해 말한다고 주장하면서도 실제로는 자신의 입장과 역할이 공격받는 것을 목격한 사람들 사이에는 명확한 구분이 있어야 한다. 그러나 그것조차도 분리할 수 없었다. 따라서 『예루살렘의 아이히만』이 불러일으킨 '불안'은, 독자로 하여금 일어난 일에 직면하게 만들면서도 그것이 어떻게 가능한지 정확히 알지 못한 채, 자신과 전체에 대한 시각을 잃지 않도록 강제했다는 데 있었다.

아렌트의 『예루살렘의 아이히만』에서 '불안 요소'는 그녀 자신이 이러한 불안감을 진정시키려고 노력했다는 점에 있다. 그녀는 자신이 토론할 수 있는 보고서를 작성했다고 확신했다. 그러나 그것은 자신이 무엇을 하고 있는지에 대해 완전히 잘못 판단한 것이었다. 예루살렘 법원은 충분한 근거를 들어 아이히만을 처형함으로써 전례 없는 상황을 이해 가능한 맥락으로 전환했다. 판결에 대한 아렌트의 이의 제기와 학살의 수적·지리적 규모에

대한 강조는 유죄 판결의 취지와 상충될 수밖에 없었다. 아렌트
는 '악'이라는 단어를 언급함으로써 상황을 해소했다. 그러나 이
책은 아렌트가 피해자와 가해자에 대한 기존 관점을 철학적·윤
리적·역사적으로 설명할 수 있다고 가정함으로써 금기를 깨뜨린
셈이었다. 『예루살렘의 아이히만』이 오히려 끈질기게 '불안한 일
들'을 지적하는 데 성공할 수 있었던 것은 바로 그녀가 이러한 차
원을 잘못 판단했기 때문이다. 어떤 면에서는 비판자들도 옳았지
만, 무엇보다 아렌트가 옳았다. 그녀의 보고서에 따르면, 도덕 기
준의 완전한 붕괴가 사람들을 불안하게 하고, 그 결과는 불안으
로 이어졌다. 그녀는 상상할 수 있는 가장 끔찍한 방식으로 가해
자와 피해자에 대해 보도했으며, 이 '불안한 진실'을 밝히기 위해
누구도 용서해서는 안 된다고 믿었다.

부재 속의 현존: 여성으로서 여성의 입장

한나 아렌트가 당시 여성 문제, 즉 여성의 자기 결정권과 사회적 역할 문제에 대한 논의를 촉발했다는 사실은 더 이상 놀라운 일이 아닐 것이다. 그런데도 1972년 가을 「여성으로서 여성의 입장 Women on Women」이란 주제로 발표된 이 논쟁은 비교적 늦게, 그것도 미국 내에서만, 그조차도 매우 좁은 범위에서만 이루어졌다. 당시 이미 매우 저명한 인물이었던 관련 여성들 가운데 누구도 나중에 이 논쟁에 관한 글을 남기지 않았고, 그들의 전기작가들도 특별한 관심을 기울이지 않았다.[318] 아무도 오랫동안 아렌트와 여성 문제에 관심을 두지 않았고, 그녀의 해석자들은 대신 널리 회자되는 '우정의 천재성'에 주목했다. 결국 여성 문제 논쟁은 아무것도 없었음을 보여준다. 아렌트가 논쟁을 일으키는 사람으로 행동하지 않았다는 점을 지적하는 것만으로도 충분했지만, 동시대 사람들에 따르면 그녀의 발언이 논의 수준에도 부합하지 않았기 때문에 그들의 이후 작업에도 흥미를 주지 못했다.

그런데도 '여성으로서 여성의 입장'은 자세히 살펴볼 만한 가치가 있다. 특히 아렌트의 글에서 이 주제는 거의 드러나지 않았고, 이에 관한 공개 발언도 극히 드물었기 때문이다.

여성으로서 자신을 공개적으로 이야기하는 것은 유대인으로서 자신을 이야기하는 것과 비슷한 방식으로 아렌트에게는 분명 불편한 일이었다. 두 가지 모두 그녀에게는 완전히 자연스러운 일이었으므로, 어떤 설명이나 정당화 또는 추가 설명이 필요하지 않았을 것이다. 물론 미국이나 유럽에서 남성들이 크고 중요한 문제를 논쟁할 때, 아렌트가 대부분 그 방에서 유일한 여성이라는 사실을 그녀가 모를 리 없었고, 그로 인해 생겨나는 상황도 의식하지 않을 수 없었다. 남성들은 때로는 정중했고, 때로는 아렌트를 동등한 대화 상대자로 대했으며, 때로는 매력적으로 느꼈다. 하지만 때로는 무시하거나 거칠고 공격적이며 조롱하기도 했다. 이런 상반된 태도가 뒤섞인 사례는 수많은 기사, 서평, 서신에서 확인된다. 카를 야스퍼스와 같은 일부 사람들은 학습 과정을 거쳤다. 그녀와는 학생 시절부터 진정한 친구가 되었는데, 이는 야스퍼스에게 철학적·정치적 친구를 뜻했다. 그리고 야스퍼스 역시 그녀와의 다양한 관계에 따라 여러 어조가 섞여 있었다. 다른 많은 사람들은 아렌트뿐만 아니라 그녀의 저작과 입장에 자연스럽게 공감했다.

그러나 아렌트는 1964년 귄터 가우스와의 텔레비전 대담에서 이미 남성은 언제나 "영향을 미치고 싶어 하며", 영향력을 발휘하려는 의지 자체가 "남성적인 문제"라고 말했다. 아렌트는 "여성의 특성"에 대해 언급하면서 여성이 "명령을 내리는" 것이 좋지 않다고 말했고, 그외에는 자신의 고집을 유지했다. "저 자신도 다소간 무의식적으로, 아니면 다소간 의식적으로 어떻게든 그것에 적응했습니다. 그 문제 자체는 저에게 개인적으로 큰 의미가 없습니다. 아시다시피, 저는 그저 하고 싶은 일을 했을 뿐입니다."*[319]

그러나 대중은 그녀가 하인리히 블뤼허와 결혼했다는 사실 외에는 아무것도 알지 못했기 때문에, 논의가 필요한 것은 그녀와 남성 간의 관계가 아니라 다른 여성들과의 관계 속에서 드러난 그녀의 자아상과 사회적 역할이었다. 그렇다면 「여성으로서 여성의 입장」은 어떤 내용이었을까?

9명의 여성 모임에 빠진 아렌트

1972년 4월 27일 히람 하이든은 여러 '저명한 미국 여성'에게 편지를 보냈다. 1907년생인 하이든은 1944년부터 1973년 갑작스럽게 사망할 때까지 학생 명문 단체인 '파이 베타 카파Phi Beta Kappa'**의 잡지 《미국 학자American Scholar》에서 편집자로 활동하며 큰 영향을 끼쳤다. 이 잡지를 권위 있는 출판물로 성장시킨 하

----

* 『전체주의 물결과 정치적 이해』, 「무엇이 남아 있는가? 언어가 남는다: 귄터 가우스와의 대담」, 102쪽.

** Φιλοσοφία Βίου Κυβερνήτης(Philosophia Biou Kybernētēs)의 약자이며 '배우는 것을 사랑하는 것이 인생의 안내자다'를 의미한다. 이 단체는 1776년 12월 5일 버지니아주 윌리엄스버그의 윌리엄 & 메리 칼리지에서 5명의 학생이 첫 모임을 가졌으며, 첫 회장은 존 히드가 맡았다. 창립 이래 선발된 회원으로는 17명의 미국 대통령, 41명의 미국 연방대법원 판사, 140명 이상의 노벨상 수상자들이 있다.

이든은 몇 주 동안 자신을 괴롭혔던 문제를 초대한 손님들과 논의하고 싶었다. 그 계기는 《미국 학자》 편집위원회 회의 중에 제기된 '여성해방운동'에 관한 대화였다. 회의가 끝날 무렵, 아렌트는 하이든에게 쪽지를 건네주었다. 하이든은 그 내용을 편지에 이렇게 적었다. "진짜 문제는 이렇습니다. 우리가 승리하면 무엇을 잃게 될까요?"

아렌트가 쪽지를 이용해 '소통했다'는 사실 역시 아렌트가 하이든과 이미 친분이 있었음을 말해준다. 아렌트는 1961년부터 하이든과 연락을 주고받았고, 1962~63년 겨울호부터 편집위원으로서 오랜 친구인 알프레드 카진이나 다니엘 벨과 함께 일하기도 했으며, 영향력 있는 문학평론가인 이리타 반 도렌과도 함께 일했다. 이리타는 처음에 잡지 《민족 *The Nation*》에서 일했고, 그 후 1926년부터 1963년까지 《뉴욕 헤럴드 트리뷴 *New York Herald Tribune*》의 문예 부문을 담당했으며, 라디오와 텔레비전에도 정기적으로 출연했다. 아렌트는 1963년 가을 《미국 학자》에 「인간의 우주 정복」*이라는 논문을 발표했다. 이 논문이 그녀의 유일한 기고문으로 남았다.

물론 하이든은 아렌트가 자신의 초대를 수락하기를 바랐다. 특히 그녀가 여성 문제와 미국에서 벌어지고 있는 해방 문제에 대한 수많은 논쟁에 대해 직접 언급한 적이 없고, 언론을 통해서도 알려진 바가 없었기 때문이다. 이는 언뜻 보기에 놀라운 일이

---

* 이 논문은 『과거와 미래 사이』에 재수록되었다.

었다. 아렌트는 미국에 도착한 이래로 사회적·정치적으로 중요한 다른 주제에 대해 꾸준히 웅변적이고 날카롭게 발언해왔으며, 그때마다 대중의 반향을 일으켰기 때문이다.

하이든이 초청장에서 밝혔듯, 토론을 기록하고 출판하려는 의도가 아렌트의 참석을 기대했던 주요 이유였을 것이다. 또 하이든은 참가자들에게 상징적인 의미로 50달러를 지급하겠다고 제안했다. 그러나 그들을 끌어들인 것은 사례금이 아니라, 미국 여성해방운동의 근본적 의미라는 도발적인 문제를 논의하고 이에 대한 관심을 불러일으킬 수 있는 기회였다. 대학이나 '동아리' 또는 학술지 가운데 '1968년' 정신과 그 이후 관찰된 사회 변화를 흡수했거나 심지어 생산적으로 이어가고 있다고 주장할 수 있는 기관은 거의 없었다.

그러나 아렌트는 시카고대학교 강의 때문에 거절할 수밖에 없었다. 거부 편지에는 복잡한 상황을 자기 비하적으로 압축하는 그녀의 솜씨가 담겨 있었다. "사려 깊은 말을 할 때 얼마나 조심해야 하는지! 할 수만 있다면 대가를 치르고서라도 갔을 텐데요. (…) 남성과 여성의 싸움에 대담하게 뛰어든 당신의 도전을 응원합니다."[320]

그래서 1972년 5월 18일 오후 4시에 9명의 여성이 맨해튼 47번가 3길 757번지에 모였다. 이곳은 《미국 학자》의 출판사이자 아렌트의 책을 출판한 해코트출판사의 본사가 있는 곳이었다. 그녀는 비록 그 자리에 참석하지 못했지만 여러 가지 방식으로 참석하여 의제를 설정했다.

저자이자 한때 공산주의자였던 릴리언 헬먼이 진행한 토론에
는 작가 앤 버스타인, 엘리자베스 제인웨이, 노마 로젠, 사회역사
가 낸시 윌슨 로스, 컬럼비아대학교 영문학과 교수인 캐럴린 하
일브런, 당시 흑인 여성 작가를 연구하던 저자 앨리스 워커가 참
여했다. 하이든의 조수인 패트리샤 맥라플린은 토론을 녹음했으
며, 토론이 끝날 때 자신의 견해도 밝혀달라는 요청을 받았다. 마
지막으로 아렌트가 직접 추천한 편집위원회의 유일한 위원인 레
나타 아들러가 참석했다.

매우 알려진 모임이었다. 그중에는 아렌트와 접촉했던 여성들
도 있었다. 헬먼은 아렌트를 알고 있었다. 그들은 가끔 점심이나
저녁 식사를 하며 인사를 나누기도 했다. 그러나 두 사람이 서로
거리를 둔 이유는, 헬먼이 수십 년 동안 공개적으로 적대했던 메
리 매카시 때문이었다.[321]
반면 앤 버스타인은 아렌트를 참을 수 없었다. 그녀는 아렌트
의 친구 알프레드 카진의 세 번째 아내였는데, 유명한 정통 유대
교 랍비의 딸로서 23세에 첫 소설을 발표했다. 그러나 두 사람의
관계가 시작된 순간부터 그녀는 늘 아렌트와 비교를 당해야 했
다. 그러니 1951년, 풀브라이트 장학금을 받아 장차 남편이 될 사
람과 파리와 쾰른에서 지낼 계획을 세우던 중 아렌트를 만나게
될 것이라는 소식을 듣고 달가워하지 않은 것도 놀라운 일이 아
니었다. 아렌트는 카진 옆의 새로운 여성을 "매력적"이라고 평하
며 그 관계를 '축복'했지만, 결국 이렇게 결론을 내렸다. "그 소녀

는 그를 제법 두려워하네요. 항상 같은 얘기예요. 변덕스럽고 예측 불가능하죠. 하지만 나는 그녀가 정말 마음에 들어요. 그녀는 그 젊은이를 진심으로 사랑한답니다."*322 하지만 버스타인은 아렌트의 태도에 충격을 받았다. 그녀 눈에는 아렌트가 늘 카진을 두고 자신과 싸우는 듯 보였고, 두 '아이'를 훈계하고 교육하려는 욕망에 사로잡힌 듯 보였다. 결국 카진은 버스타인에게, 아렌트를 받아들이지 않는다면 자신을 사랑할 수 없다고 못박았다. 1952년에 결혼해 30년 뒤 이혼하게 되는 그들의 관계는, 출판사에서 아렌트를 만났을 무렵 이미 실패로 기울고 있었다. 버스타인에게 그 파리 체류는 훗날 문학적 소재로 삼을 만한 경험이 되었다.

두 여인이 하이든의 초대로 만났을 무렵, 마침 버스타인의 단편 소설집 『여름 상황 *Summer Situation*』이 출간되었다. 그중 「바람이 불 때」라는 단편에 아렌트를 풍자한 인물이 등장했다. 아렌트는 작품 속에서 '에리카 하우프트만'이라는 이름으로 등장한다. 그녀는 프랑크푸르트에서 열리는 중요한 회의에 참석하기 위해 파리에 잠시 들른 지식인으로 소개된다. 이야기 속에서 노먼(카진을 가리킴)은 그녀를 두고 "그녀는 독일인이오"라고 말한다. 그러자 소니아(버스타인을 투영한 인물)는 "그녀는 독일계 유대인이에요"라고 고쳐 말한다. 철학에 '엉터리'라서 '전체주의'를 가르친다고 여겨지는 하우프트만은 자신이 철학에 능숙하다고 생각

---

*   이 편지는 아렌트가 남편인 블뤼허에게 보낸 것이다.

하지만, 늘 세미나식으로 말하고 점수까지 매기는 태도를 보인다. 그녀는 소니아를 '어린애' 취급하며 아예 상대도 하지 않으려 한다. 소니아는, 남편이 조금 미쳐서 아이를 가질 수 없다는 하우프트만의 주장이 가식이라고 믿는다. 하우프트만이 아이를 갖는다는 것은 상상조차 할 수 없으며, 어쩌면 잡아먹을 생각뿐일지도 모른다고 생각하는 것이다. 이 모든 묘사는 자신이 당한 것으로 추정되거나 실제로 겪은 굴욕에 대한 복수처럼 보인다.

이 주제와 더 흥미롭고 밀접한 관련이 있는 인물은 마이어 부인으로, 안네 바일을 가리킨다는 점은 쉽게 알 수 있다. 그녀는 하우프트만의 친구이며, 두 집안은 쾨니히스베르크 시절부터 서로 알고 지냈다. 두 사람이 함께 과거를 불러내며 산 자와 죽은 자를 소환할 때면 공간은 가득 차오르지만, 곧 과도한 긴장이 풀린 뒤의 피로처럼 비워지고 만다. 남는 것은 침묵뿐이다. 마이어 부인이 철학자라고 주장하는 사람(에리히 바일은 하우프트만에게 끊임없이 "모든 것을 아는 사람"이라는 조롱을 받는다)과 결혼했다는 사실과 그들이 파리 외곽 클라마르의 어두운 연립주택에 살고 있다는 사실, 자매와 함께 산다는 사실은 모두 실제 바일 부부의 삶과 일치한다. 하우프트만의 눈에는 그것이 명백한 삼각관계였다. 소니아는 마이어 부인에게 관심을 갖고 그녀와 만나 대화를 나눈다. 마이어 부인은 소니아가 하우프트만과 관련된 모든 것, 특히 그녀가 드러내는 가톨릭 신앙, 교회에 대한 관심, 일반적으로 기독교적인 성향에 깊은 불편함을 느끼고 있다는 사실을 알아챘다. 예컨대 "600만 명"이라는 말이 나오면, 하우프트만은 곧바로 디트리히 본회퍼를 떠올렸다. 이 서사의 절정은 마이어 부인이 소니아에게 하우프트만과 자신을 용서해달라고 요청하는 장면이다. 화자는 이러한 제스처의 이유에는 관심이 없다. 그러나 어느 순간 그녀는 주인공으로 하여금 하우프트만이 어떤 끔찍한 일을 겪었는지를 생각하게 만든다. 답도 없고 추측도 없으므로 답은 독자에게 맡겨져 있다. 그러나 이 이야기에서 침묵은 다르게 해석될 수 있다. 즉 하우프트만은 아무 끔찍한 일도 경험하지 않았다는 뜻일 수 있다.

마지막 부분에서 소니아와 노먼의 대화가 다시 반복된다. 소니아는 하우프트만이 어떻게 독일 여행을 정당화할 수 있는지를 다시 묻는다. 소설 속에서 하이데거는 본에 살고 있고, 「문화 자유」 포럼이 주최한 회의가 프랑크푸르트에서 열리며, 야스퍼스는 바젤에 살고 있다. 노먼은 "그녀는 독일인이오"라고 말한다. 그러자 소니아가 "그녀는 독일계 유대인이에요. 그녀가 그 사실을 어떻게 잊을 수 있겠어요?"라고 반문한다. "그녀는 잊은 게 아니라 용서한 거예요." 그리고 이번에는 소니아가 노먼이 늘 입버릇처럼 내뱉던 감탄사 "오"를 자신의 입에 담게 된다.[323]

버스타인이 『예루살렘의 아이히만』 출간 당시 묘사된 아렌트의 '인상'을 이야기나 그녀의 후기 회고록에 포함하지 않은 것은 주목할 만한 일이다. 그러나 그것은 암묵적으로 계속 배경에 깔려 있다. 버스타인은 벨라루스에서 가족과 함께 대학살을 피해 망명한 랍비였던 아버지 베르나르드 버스타인에 관한 책, 특히 회고록에서 아렌트와 뚜렷한 경계선을 그었다. 그 경계선은 개인적인 반감 외에도 쇼아에 대한 관점 차이로 인해 형성된 것이었다.

버스타인이 1972년에 쓴 이야기는 아렌트의 여성성과 유대인성에 대한 최초의 논쟁적인 분석이었다. 누구에게도 그냥 넘어가는 법이 없고, 주변 사람들의 모든 관심을 요구하며, 가장 친한 친구조차도 '용서'라는 방식으로만 이용하려 했던 비밀에 둘러싸인 냉정한 내면harte Kern은 지금까지 알려진 아렌트의 모습과는 달랐다. 아렌트와 블뤼허 부부에 대한 수많은 이야기와 소설은 지나치게 미화되어 있었고, 그런 점에서 버스타인의 신랄한 이야기만큼이나 왜곡되어 있었다. 그러나 버스타인의 글은 정반대 성격을 띠었고, 실제 경험에 뿌리를 둔 생생한 증언이기도 했다. 그 속에서 드러난 인상은, 다른 사람과 자기 자신을 통제하려는 동시에 자신의 지성과 매력, 그리고 누구도 따라올 수 없는 경험을 인정받으려 애쓰는 정신의 모습이었다. 그 모든 거리감과 비판, 심지어 관계의 단절에도 불구하고 뉴욕 지식인들은 여전히 비슷한 정도의 직접적 초상을 쓸 수 없거나 쓸 의향도 없었다. 카진은 아렌트와의 거리감, 자신의 존경과 욕망, 역할과 실패에 관해 여러 번 같은 글을 썼다. 그는 아렌트를 옹호하지 않은 이유를 회고적으로 확신하며 설명했지만, 문학적·지적으로 드러난 것은 분석으로 이어질 수 없는 지속적인 의존성뿐이었다. 아렌트와 거리를 두거나 그녀를 자신의 삶에서 중요한 사건으로만 보고 싶어 하는 사람들은 모호함에 대한 관용을 보이는 경우가 거의 없었다.

버스타인은 이제 이 모임에서 여성이 '승리할' 경우 발생할 수 있는 손실에 관한 아렌트의 발언과 아렌트라는 인물을 어떻게 보았는가?

지금 그렇게 생각해보니, 내 첫 반응은 '우리가 무언가를 잃을 것이다'라는 두려움이었다. 왜냐하면 이런 사고방식은 적의 본 질을 닮아 있기 때문이다. 성공하고 자리를 잡은, 혼자 힘으로 성취해낸 나이 든 여성은 다른 사람이 자신의 성공에 기대려 하 는 것을 결코 원하지 않는다.[324]

이 첫 번째 평가는 소설에서 그려진 모습과 정확히 일치했으 며 토론 과정에서 더 구체화되었다.

아렌트를 알고, 높이 평가하며, 심지어 존경하기도 했던 세 번 째 사람이 이 모임에 있었다. 바로 레나타 아들러이다. 1938년 밀 라노에서 독일계 유대인 이민자의 딸로 태어난 아들러는 수년간 뉴욕 지식인 사회의 저명인사로 활약했다. 로만 야콥슨과 클로드 레비-스트로스 등의 제자였던 아들러는 1962년부터 《뉴요커》의 편집자로 일했으며, 1968~69년에는 잠시 《뉴욕 타임스》 영화 평 론가로 활동하다가 1981년까지 다시 《뉴요커》에 몸담았다. 그 사이에 아들러는 민주당 의원들의 텍스트를 더 잘 이해하기 위 해 예일대학교에서 법학 박사학위를 받았고, 이후 그들에게 고용 되어 문법 및 문체 수정을 맡았다. 적어도 전해지는 이야기는 그 렇다. 아들러는 특히 1970년에 출간된 에세이 모음집 『급진적 중 도를 향하여*Toward a Radical Middle*』를 통해 미국뿐만 아니라 전 세계적으로 유명해졌다. ‘급진적 중도’라는 개념은 정치철학 등에서 빠르게 자리잡았다.

아렌트는 이 책과 별개로 아들러에 대해 알게 되었다. 아렌트가 ‘아이히만 보고서’ 이후 현지 지식인 신문 중 가장 즐겨 읽었던《뉴요커》에 아들러의 글이 실렸다. 그녀의 글은 정확하면서도 자신감 넘치는 표현으로 화제가 되었다. 아들러는 첫 문장부터 자신만의 어조로 글을 썼다. 아렌트는 바로 이 점을 꿰뚫고 있었기에 처음부터 언론인이자 저자인 아들러를 눈여겨보았고, 자신의 동아리에서 아들러의 이름을 몇 번이고 언급하며 칭찬했다.

그러나 아렌트는 하이든에게 전달한 쪽지에서 알 수 있듯,『급진적 중도를 향하여』를 읽었음이 분명하다. 아들러는 이렇게 썼다. “나는 급진적 중도란, 시간과 정치 속에서 얼마나 많은 것을 성취했는지, 얼마나 멀리 갈 수 있는지, 그리고 무엇을 잃을 수 있는지에 대한 인식에서 행동하는 것이라고 생각한다.”[325] 이는 아들러가 어떤 지적 노력이나 전통에 의지하지 않고 공식화한 아리스토텔레스-칸트 프로그램이었다. 아들러가 언급하는 것은 바로 ‘급진적 중도’의 입장이다. 우선 마틴 루터 킹과 ‘인권의료위원회’의 중요한 정신과 의사인 앨빈 푸생을 포함하여 유명하거나 알려지지 않은 영웅들이 언급된다. 푸생은 흑인 사회에 대한 인종 차별의 영향을 심도 있게 연구했다. 그다음에 “우리 사상가들”이 이어지는데, 한나 아렌트가 가장 먼저 언급되었다. 따라서 아들러가 나중에 자신의 에세이 모음집에서 노르만 포드호레츠와 라이오넬 아벨이 아렌트의『예루살렘의 아이히만』을 비판한 것에 맞서 아렌트를 옹호한 것은 놀라운 일이 아니다. 중요한 것은 아들러가 자신의 영웅과 사상가들을 어떻게 특징짓는가 하는 점이다. 그녀는 "선례에 대한 인식, 이미 알려지고 행해진 것, 그리고 여전히 알려지고 행해질 수 있는 것에 대한 인식, 예술적·정치적 은유를 섞지 않은 것(결국, 알려진 모든 것은 이미 여러 번 알려진 것이다)"에 대해 썼다.

아렌트는 '급진적 중도'라는 표현을 사용하지 않았지만, 그것은 미국에서 그녀의 입장을 가장 정확하게 설명하는 표현이다. 아렌트의 정치사상에 대해 지금까지 언급된 바와 정확히 동일한 내용을 아들러의 에세이 형식의 요약에서 찾을 수 있지 않을까? "우리는 치료를 받기 위해 세상에 온 것이 아니다. 우리는 폭력적이지 않다. 우리의 가치는 진부하다. 그것은 이성, 품위, 번영, 인간 존엄성, 가능한 한 가장 좋고 개방적인 미국이다."

아렌트는 이런 방식으로 표현하고자 하지 않았지만, 여기에 나열된 가치와 신념은 전반적으로 애국적 좌파, 혹은 아들러의 용어를 사용하자면 '급진적 중도'에 대한 명확한 이념을 제공한다. 이 용어를 좀 더 진지하게 받아들인다면, 오랫동안 확립된 좌우 구분 체계는 없어지게 된다. 양측 모두 항상 '중도'가 급진적일 수 없다고, 즉 문제의 근원에 접근할 수 없다고 비난했기 때문이다. 이념적 참호전 속에서 '중도'는 양측에서 필요한 것만 취하는 미확정의 위치에 있었다. 윌리엄 버틀러 예이츠의 시 「재림 Second Coming」*의 시구가 미국인들의 정치적 기억 속에 깊이 새겨져 있다 하더라도, "사물은 무너지고, 중심은 지탱할 수 없다.

순수한 무정부 상태가 세상에 풀려났다."** '중도'는 1960년대 후반과 1970년대 초반에 좋은 평판을 얻지 못했다. 당시 '급진적'이라는 말은 실체 없는 약속에 불과했다.

물론 '중도'란 세계를 측정한 결과로 나온 것이 아니라, 세계 속에서 취하는 하나의 태도이다. 그리고 그것을 정치적·윤리적으로 구체화하려면 복잡한 협상 과정을 거쳐야 한다.

아들러는 아렌트에게 이것이 실체가 있다는 것을 쉽게 증명할 수 있었을 것이다. 억압받는 계층과의 연대나 정치적 좌파의 목표에서 벗어난 듯 보이는 사례는, 남성 기득권층에 대한 그녀의 두려움 없는 공격으로 상쇄되었기 때문이다. 그 공격이 아무리 정당했더라도 말이다. 그리고 아렌트를 용인했던 것처럼 보이는 다른 학자들도, 더 나쁘게는 모든 남성을 용인했던 게 아닌가? 사람들이 이 문제를 다루는 방식이 옳거나 학문적 형식에 부합한다고 하더라도, 아렌트에 관한 글에서는 남성적인 불편함이 금방 눈에 띄었다. 바로 이 점에서, 그녀가 그러한 불편함에 이의를 제기하지 않았을 뿐만 아니라, 오히려 그것을 자신의 행위를 확인하는 것으로 여겼다는 점이 반복해서 지적되었다. 아렌트는 실제로 '급진적'이었다. 사악한 좌파와 항상 반反 해방주의적인 우

---

* 이 시는 제1차 세계대전이 끝난 직후인 1919년에 쓰였고, 즉 1919년 1월 아일랜드 독립전쟁이 시작되기 전에 쓰였다. 이 시는 묵시론과 재림에 대한 기독교적 이미지를 사용하여 전후 유럽의 분위기를 우회적으로 묘사한다.

** 이 시의 제2연은 다음과 같다. "분명히 어떤 계시가 가까이 있다;/분명히 재림이 가까이 있다./재림! 그 말이 나오자마자 정신세계에서 나온 거대한 이미지가 내 시야를 방해한다."

파 사이에서 그녀는 분명 '중도'에 있었다. 바로 레나타 아들러가 말한 그 '급진적 중도'였다.

아렌트의 이름은 회의록에 단 한 번도 언급되지 않았다. 그러나 회의의 계기를 제공한 사람이 누구인지 버스타인과 아들러만이 알고 있었던 것은 아니었다. 어쨌든 인쇄된 문서는 비록 주장들이 충분히 전개되지는 못했지만, 토론이 얼마나 활발했는지를 잘 보여준다. 그러나 이 글을 총 9명의 여성이 쓴 에세이로 읽는다면, 특히 아렌트의 질문과 관련하여 주목할 만한 상황이 발생한다. 모인 여성들은 최초의 질문을, 지식인 중산층에 속하는 독립적인 여성의 전형적 입장에서 비롯된 것으로 보았다. 적어도 자기 인식으로는 남성 없이도 자기 길을 스스로 갈 수 있다는 것이었다. '독립'이 목표였다면, 이를 위해서는 상황에 따른 지혜와 유연함이 필요했다. 상황을 바꾸려 한다면, 이 입장은 결국 계급적 입장이기도 했으므로 타파되어야 했다. 참가자들은 이에 동의하는 것 같다. 그들은 이 매우 취약한 합의를 이루기 위해 항상 화자의 입장을 반영하여 소규모 환경 연구를 제시했는데, 여기에는 공통적인 편견(나이 든 흑인 여성은 '달콤하다', 대학교수는 일상적 삶과 분리되어 있다, 여성 작가는 분석을 위해 주변에 머물러야 한다)과 현재 상황에 대한 가능한 해결책이 포함되었다. 해결책은 대체로 '손실'을 거부하고 '이득'에 초점을 맞추는 것이었다. 그 '이득'이란 자기 결정, 개인적 책임, 중산층 여성의 요구에서 벗어나 빈곤층과 소수민족으로 관심을 돌리는 것이다. 이 모든 것은, 아렌트에게서도 여전히 드러나 있던 낡은 틀, 즉 여성이 남성의 반응에 따라 행동을 결정해야 한다는 변증법에서 벗어나기 위해 고안된 것이었다. 또한 정치적 실천과 연계망 형성, 서로 다른 여성들의 상충하는 입장까지도 인정해야만 사회 속에서 여성의 역할을 집단적이고 더 힘 있게 드러낼 수 있다는 점이 논의되었다.

주목할 점은 토론자들 대부분이 아렌트 세대였음에도 불구하고, 설령 그녀의 정치적 견해를 공유했다 하더라도, 이제는 그 견해와 상당한 거리를 두고 있었다는 사실이다. 아렌트는 철학적 일반성, 역사적이고 개인적인 경험적 지식, 그리고 그로 인한 주장이 서양 문명의 토대, 곧 고대에 대한 의존을 흐리게 해서는 안 된다고 보았다. 특히 전체주의 체제의 새로움으로 인해 '전통'이 '의심스러운' 것으로 판명되었을 때, 이러한 의존은 필수 불가결했다. 당시 중요한 것은 아도르노가 말한 "전복 직전의 형이상학과의 연대"가 아니라, 인간 운명의 역사에는 또 다른 형이상학, 또 다른 서사가 필요할 수 있다는 가능성이었다. 이에 비추어 볼 때 '여성 문제'는 일상적 삶 속에서 드러나야만 해결될 수 있는 문제일 뿐이다. 이는 질문을 거부한다는 의미가 아니었다. 그것은 — 대부분 말로 표현되지는 않았지만 — 전적으로 '인간의 조건' 내에서 일어난 사건 가운데 일부였다. 물론 여기서부터 다양한 여성운동과의 차이점은 무한히 커졌다. 아렌트는 개인으로서, 개척자로서, 지식인으로서 영감을 불어넣을 수도 있고 반박할 수도 있었다. 그러나 그녀의 입장이 여성운동에 어떤 영향을 미칠 것이라고 상상하기는 어려웠다. 히람 하이든이 초대한 여성들도 이런 결론을 내렸다.

여성 문제

아렌트의 '손익'에 대한 발언과 관련해, 이 질문이 특별히 긴급하게 다가왔던 데에는 두 가지 이유가 있었다. 동시대인들에게 첫 번째 질문은 아렌트의 정치적 입장이었다. 그녀가 늘 신뢰했던 뉴욕 지식인들은 정치적으로 전혀 신뢰할 수 없었기 때문에, 그들 중 한 명이 자신의 편을 들었을 때 회의적인 태도를 보이는 것은 오히려 당연해 보였다. 두 번째는 아렌트 자신과 여성 문제의 관계였다. 영어권 독자들은 번역 출간으로 아렌트의『라헬 파른하겐』전기를 읽었지만, 전기 정보에서 마르틴 하이데거와 카를 야스퍼스가 학문적 스승이라는 점, 프랑스와 미국의 망명 유대인 단체에서 활동한 경험, 전체주의 문제와 행위 이론, 미국 혁명과 프랑스 혁명, 마지막으로 산재한 현재 상황의 분석에 대한 언급은 그녀가 여성 문제를 분석한 사람임을 나타내지는 않았다.

그렇다면 1972년 봄의 상황은 어땠을까?

미국에서 보수적인 중도보다 왼쪽에 위치한다는 의미의 '자유주의자'로 분류되던 한나 아렌트는, 수십 년 동안 정치 문제에 관해 모든 성향의 독단주의자들에게 '불확실하고 신뢰할 수 없는 사람Kantonist'이었다. 고대를 현재의 척도로 삼는 듯한 그녀의 집요함과 고집은 나치즘과 볼셰비즘으로 대표되는 전체주의가 새로운 현상이라는 논리를 나름대로 고수하는 것만큼이나 의심스러웠다. 1960년대에 들어서면서 '전체주의'에 대한 논의는 '냉전'의 산물로 비판받기 시작했다. 이러한 관점은 화해를 통한 미래의 변화를 가로막는 장애물로 여겨졌다.

아렌트는 또한 미국 흑인의 권리를 열렬히 옹호하지 않았고, 오히려 '리틀록'을 둘러싼 사건에 대한 분석으로 사람들을 화나게 했다. 그녀는 결국 자신을 정당화해야만 했다.

요컨대, 지금까지 이루어진 연구는 일부 사람들에게 정치적 방향에 대한 명확한 신호를 주지 못했다. 아렌트의 독립성, 또는 다른 말로 표현하자면 비신뢰성이 다른 사람들에게는 특히 매력적이었다. 이미 여러 차례 언급했듯이, "한나 아렌트는 어디에 서 있는가?"라는 질문을 둘러싼 수수께끼는 그녀 자신의 사유에 영향을 미쳤다기보다는 다른 사람들에게 더 재미있는 사건에 가까웠다.

그 질문은 곧 스스로 답이 나오는 듯했다. 『공화국의 위기*Crisis of the Republic*』가 1972년 봄에 출판 준비를 완료하여 늦여름에 출간될 예정이었기 때문이다. 여기에 수록된 에세이는 「정치에서의 거짓말」, 「시민 불복종」, 「폭력론」, 「정치와 혁명에 대한 소고: 하나의 주석」이다. 아렌트는 이전에 출판한 원본의 내용을 수정했다. 이 네 편의 에세이는 현재 사건과 관련되어 있고, 해방 문제와 소수자의 권리에 대한 진술을 고려했으나 여성 문제를 회피했다. 그래서 편집 회의에서의 그녀의 개입은, 공공 지식인인 아렌트가 오랫동안 기다렸거나 갈망했던 복잡한 문제에 대한 입장의 서곡처럼 들렸다고 할 수 있다. 그런데도 서론이나 결론 없이 매우 빠르게 편집된 이 에세이 모음집은 아렌트 저작에서 전환점을 알리는 신호탄이었다. 출판사가 책 뒤표지의 소개글에서 그녀를 "정치철학자"라고 명확하게 소개했는데, 이는 선집의 기획 의도에 대한 설명 부재를 보완하려는 궁색한 표현으로 읽히기도 했다.*

이러한 규정은 매우 의외였다. 아렌트는 수년간 대담과 자신의 글을 통해 이러한 호칭을 거부해왔기 때문이다. 그녀는 귄터 가우스와의 대화에서 여성이 언젠가 철학자가 될 수 있다는 가능성을 배제하지는 않았지만, 자신은 철학에 이미 '작별'을 고했으며 '철학자의 동아리'에 받아들여졌다고도 믿지 않는다고 했다. 아렌트의 발언이 경솔하다고 생각될 수 있지만, 그 속내는 분명했다. 철학적 전통과 끊임없이 대화를 이어온 그녀가 '철학자'가 아닌 다른 무엇이 될 수 있었겠는가? 그러나 아렌트 자신은 분명 그렇게 생각하지 않았다.

책의 뒤표지에서는 아렌트를 단순한 '철학자'가 아닌 '정치철학자'로 소개했다. 이로써 그녀는 자신이 철학과 정치, 양쪽 모두에 파멸적이라고 반복해 분석한 역사의 일부가 되었다. 그러나 그게 전부가 아니었다. '정치철학자'는 말할 것도 없고 '정치철학'이라는 개념은 철학사에서도 입증하기 어려운 개념이다. 이 개념은 아렌트가 잘 알고 있던 레오 스트라우스와 그의 제자들

---

*　관련 문구는 다음과 같다. "아렌트 박사는 '정치철학자'의 관점에서 지난 10년의 위기를 미국 정부 형태에 대한 도전으로 평가한다."

이 오랫동안 점유하고 있었고, 그 과정에서 점점 더 강력한 영향력을 행사하고 있었다. 스트라우스는 근대성과 무엇보다도 현재와 맞서 싸우는 '고전 정치철학'을 공식화했다. 이는 신보수주의 철학자들의 고유한 영역이었다. 아렌트는 항상 스트라우스와 일정한 거리를 유지하려고 노력했기 때문에, '정치철학자'라는 용어는 실제로 스트라우스의 연구계획에 대한 도전으로밖에 이해될 수 없었다. 이러한 규정, 아니 호칭 변경은 의문을 불러일으켰어야 했지만, 실제로는 아무런 반응도 나타나지 않았다.

책 뒤표지의 소개글을 계속 읽어 내려가다 보면 가장 먼저 눈에 띄는 것은 바이마르 공화국 시기의 수사학과의 유사성이다. '위기', '미국 시민의 현재 관심사'에 대한 이야기가 있고, 상황은 한층 극적으로 묘사된다. 자본주의와 공산주의는 모두 '수탈'을 의미하며, 어느 체제도 '대책'을 제공할 수 없다. 미국에서 시작되어 하나의 탈출구로 여겨졌던 학생 저항조차도 도덕적 동기에 기반한 정당한 항의가 대학 제도를 정치화함으로써, 그 결과 정치를 가르치고 연습하고 보존하는 장소를 파괴할 수 있다는 것이다. 즉 '위기'를 악화시킬 뿐이다. 여기에서 우리는 이미『혁명론』이라는 책에서 잘 알려진 명제와 연결할 수 있다. 혁명을 주도하는 것은 억압받는 사람들이 아니며 혁명은 '만들어지지' 않는다는 것이다. 그러나 정치이론의 의붓자식이며 현대 민주주의에서 배제된 문제인 '권력'은 말하자면 '거리에' 놓여 있어 누군가에 의해 휘어잡히기를 기다리고 있다는 것이다. 아렌트가 제기한 문제 중 어느 것도, 해결책에 대한 접근방식 중 어느 것도, 베트남 전쟁과 관련된 '펜타곤 문서'와 관련해서든, 핵심 소수민족인 '미국 흑인과 인디언'에 대한 처사와 관련해서든, 그 '위기'는 전적으로 아렌트가 이미 확립한 개념적 영역의 틀 안에서 논의되었다. 여성 문제 역시 거기에는 포함되지 않았다.

그러나 과연 그럴까? 아렌트의 글은 항상 일반적인 의미에서 여성 문제에 대한 답이기도 하지 않을까? 이 시점에서 되돌아볼 필요가 있다. 아렌트가 엘리스 륄레-게르스텔의 『현대 여성 문제 *Das Frauenproblem der Gegenwart*』[326]를 다루면서, 좌파 사회민주주의 성향의 잡지 《게젤샤프트 *Gesellschaft*》 서평에서 자신을 친근한 독자라고 인정했을 뿐만 아니라 제기된 문제에 대해 잘 알고 있다고 기록한 방식은, 이 주제를 이해하는 데 매우 중요한 단서를 제공한다.[327] 물론 이 서평의 접근방식은 당시 아렌트가 사회학적 방법뿐만 아니라 그것을 통해 '현실'에 접근하는 방식 자체에 관심을 가졌던 데서 비롯된 것이다. 아렌트는 카를 만하임의 영향을 크게 받았던 이 시기에 유형론과 경험적 지식의 형성에 관심을 가졌고, 그러한 시도가 하이데거 이후 존재론의 회복을 지향하는 철학에 어떤 결과를 가져오는지 주목했다.

이 글의 분량은 2쪽 정도에 불과하지만, 아렌트는 여성 문제를 사회학적·분석적 관점에서 제시하는 데 성공했다.

전문 직업을 가진 여성의 평균적인 상황은 훨씬 더 복잡하다. 법적으로는 평등을 보장받고 있음에도 불구하고 자신의 성과가 실제로는 과소평가되는 현실을 감수해야 한다. 게다가 새로운 직위와 양립할 수 없는 사회적·생물학적 기반의 의무를 계속 수행해야 한다. 즉 여성은 자신의 직업과 별도로 집안을 돌보고 자녀를 양육해야 한다. 따라서 여성의 경제적 자립을 위한 자유는 가정 내에서 일종의 예속 상태가 되거나, 아니면 가족의 해체로 이어지는 것 같다.*[328]

아렌트의 경우 이 현재 상황은 특정한 '여성운동'이나 '청년운동'이 있어야 한다는 것을 의미하지 않는다. 두 운동 모두 너무 추상적이다. 오늘날 우리가 말하듯이 근본적으로 합법적인 여성의 요구가 정치로 전환되어 실제로 상황을 바꿀 수 있는 방식이 되기 어려우며, 특정 이익을 그럴듯하게 대표할 수도 없다.

프라하에서 독일계 유대인 가정에서 태어난 릴레-게르스텔은 사회학적·경험적 관점에서뿐만 아니라 개인적이고 심층 심리학적 관점, 궁극적으로는 마르크스주의적 관점에서 '여성 문제'를 탐구했다. 모든 것이 아렌트가 철학에 대한 도전으로 여긴 학문 분야이고 이데올로기이다. 그러나 사회학과 달리 당시의 다양한 심리학은 아렌트에게 회의를 불러일으켰고, 그녀에게 그 심리학들이 다루는 친근감은 개인이나 사회 전체에 아무런 의미가 없는 것이었다. 러시아 우만Uman 출신인 비독단적 마르크스주의자이자 국민경제학자 유디트 그륀펠트와 아렌트의 논의를 비교해

---

*   다음 자료에 재수록되어 있다. 『전체주의 물결과 정치적 이해』, 「여성의 해방에 대하여」, 191–94쪽.

보면, 1972년으로 거슬러 올라갈 수 있는 중요한 차이점이 드러난다.[329] 이 비교는 지식에 대한 아렌트의 관심을 보여줄 뿐만 아니라 그녀가 얼마나 좌파적인 입장에 동의했는지도 보여준다. 그륀펠트는 기고문에서 여성의 생물학과 신체를 다룬 구절들을 자세히 설명하면서 여성이 사회, 더 구체적으로 남성이 지배하는 자본주의적 착취 관계에 의존하게 되는 점을 강조했다. 릴레-게르스텔이 성적 특징, 모성, 교육과 계급 문제, 프롤레타리아 여성의 역사적 과제를 주제로 삼았다는 사실은 그륀펠트의 저작에서는 읽을 수 있지만, 아렌트의 저작에서는 읽을 수 없다. 마지막으로, 유형학은 어떤 직업, 집단 또는 계급을 고려할 것인지에 대한 보다 정확한 정의가 필요하다. 릴레-게르스텔의 제안을 실행하는 문제나 '여성 문제'에 대한 해결책을 바탕으로 한 사회의 근본적인 변화는 아렌트의 관점 밖에 놓여 있었다. 바이마르 공화국 말기는, 베를린에서만이 아니라 더 넓은 맥락에서 '준準혁명적' 시대로 이해될 수 있었는데, 아렌트에게는 이것이 사상의 또 다른 방향 전환을 불러왔다. 이제 아렌트는 이른바 '유대인 문제'에 초점을 맞추었지만, 구체적인 '현재의 여성 문제'에는 관심을 두지 않았다. 물론 아렌트가 한때 사회학적 방법과 연구에 주목한 사실을, 바로 그 시대 현실에 대한 반응으로 이해할 수도 있다.

여기서 다시 파른하겐 책을 보면 다른 관점이 드러난다. 물론 '여성 문제'의 관점에서 보면 여전히 자화상이었다. 적어도 유대인 해방 문제가 역사적 자료를 바탕으로 매우 강하게 양식화되어 독자들이 책과 저자 사이의 연관성을 찾을 수밖에 없었다는 의미에서 말이다. 아렌트가 파른하겐이 아니었다는 것은 의심의 여지가 없다. 그러나 이 책은 역사적 상황의 표현력을 시험하기 위한 시도이며, 어떤 주변 환경도 없는 인물을 통해 묘사되고 있으며, 일기·서신·대화·만남에서만 존재하는 것처럼 보이는 인물이라는 점이 분명했다.

파른하겐 책을 사회학적 연구로도 읽을 수 있다는 것은 이미 자세히 설명한 바 있다. 그런데도 1972년 아렌트가 륄레-게르스텔에 대해 논의한 후라면 "우리는 무엇을 잃을 것인가?"라는 질문을 다시 한번 살펴볼 필요가 있다. 아렌트의 수사학적 질문은 완전히 다른 역사적 조건 아래에서 항상 제기되어온 질문으로 밝혀졌다. 이것이 바로 파른하겐 전기가 말하는 내용이다.

유대인들은 부르주아지가 아니라 귀족과 직접적·사회적·개인적 관계를 맺었고, 오랫동안 대금업자의 형태로 귀족의 자금을 지원해왔다. 따라서 우리는 어디서나 유대인이 귀족 사회에 진입하는 것을 보는 이상하고도 짧은 전환을 보는 반면, 부르주아지의 집은 오랫동안 그들에게 닫혀 있었다. 유대인 지구의 대금업자는 가난한 융커 계급에게는 지참금을 가진 딸의 아버지가 되었다.

라헬은 여러 가지 이유로 한동안 귀족들에게 사회적으로 인정받은 동화 시대의 1세대에 속했는데, 이는 수세기 동안 이어져온 경제 관계를 사회적으로 합법화한 것과 마찬가지였다.[330]

아렌트가 신흥 부르주아 유대인의 사회적 상황과 기존 자본주의 구조를 융합한 것은 당시로는 매우 이례적인 일이었다. 그녀는 자신의 초기 후원자이자 역사가인 젤마 슈테른-토이블러의 '궁정 유대인'에 관한 연구를 프랑크푸르트의 카를 만하임 동아리에서 이루어진 연구와 연결할 수 있었다. 아렌트가 라헬 파른하겐을 예로 들어 '부르주아 지식인의 사회·역사적 상황'을 입증한 능력은 주목할 만하다. 이는 유대인 살롱에 관한 기존 문헌에서 정확히 빠져 있던 것이었기 때문이다.

이 사회학적 틀 덕분에 아렌트는 '독일계 유대인 여성'의 모습을 보다 뚜렷하게 그릴 수 있었다. 그리고 적어도 언뜻 보기에, 아렌트는 19세기를 자신의 현재와 교차시켜 '파른하겐'이라는 인물과 자신을 과도하게 동일시하지 않고도 자신의 전기를 자서전으로 드러낼 수 있었다. 바로 이 '단순한' 사회학적 질문 덕분이었다.

1920년대의 베를린은 세기 전환기의 대격변을 완전히 잊어버리고, 모든 것이 다시 제자리를 찾은 듯한 '관습적' 도시가 되어 있었다. 이곳에서 가장 분명해진 사실은 한 가지였다. 제자리에서 벗어날 수도, 다른 자리에 들어갈 수도 없다는 것이다. "아무리 옆으로 밀려가더라도 결국은 흐름과 함께 헤엄칠 수밖에 없고, 다시 그 안으로 끌려 들어가며, 강둑은 단지 거기에 있는 것처럼 보일 뿐이다." 이처럼 유대인의 운명은 결코 우연이나 이상한 것이 아니었다. 오히려 시회 상황을 정확하게 반영하고,

그 간극을 긍정적이면서도 끔찍할 정도로 정확하게 드러냈다. 따라서 달로 도망치는 것이 아니라면 탈출은 불가능했다.[331]

이 문장에서 1972년으로 거슬러 올라가면 두 가지 사실이 분명해진다. 첫째, 아렌트는 여성의 '이득'이 '손실'을 드러낼 수도 있다는 우려를 품고 있었다. 둘째, 이러한 태도는 시대착오적이다.

여성 문제에 대한 아렌트의 이해는 그것이 여성의 과소평가와 궁극적으로 여성의 약화를 의미한다는 확신에 따른 것이었다. 그녀에게는 자신을 '명백한 것'으로 축소하는 것이 동등한 사람들 사이의 토론을 위한 출발점이 될 수 없었다. 그녀에게 평등은 여성과 남성이 각자의 역사적·현재적 역할에 따라 자신에게 유리한 평등을 결정한다는 것을 의미했다. 아렌트는 자신을 두 번이나 드러내는 것이 불필요하다고 생각했다. 학문적·정치적 문제에서 여성으로서 자신을 드러내는 것이 표준은 아니었기 때문이다. 그렇게 되면 자신이 여성임을 고집함으로써 스스로를 처음부터 말할 자격이 있는 사람들의 범위 밖에 두게 되는 셈이다. 아렌트는 여성과 남성의 관계가 정치적으로 어떻게 발전했는지 누구에게도 알릴 필요가 없었다. 아렌트가 고대 아테네의 폴리스, 그리고 사적 영역인 가정과 공적·정치적 공간인 시장 사이의 관계를 끊임없이 언급한 것은 궁극적으로 사회적 포용과 배제, 그리고 그 결과에 대한 설명이기도 하다. 아렌트가 사회 모델의 개선 추진에 관심이 없었고, 오히려 아테네에서 실행된 공적인 정치의 일반화와 그것이 만들어낸 공공영역에 관심이 있었다는 사실은 결코 의심의 여지가 없었다. 그러나 아렌트가 근대에 처음 등장한 특정 이해관계와 달성해야 할 공동선을 나란히 놓고 어떤 주장을 우선시할 수 있는가를 검토하는 것은 전혀 생각할 수 없는 일이었다. 특히 여성의 평등권에 대한 정치적 요구는 그녀가 반대하지 않았던 만큼 아직 이론적으로 정당화되지 않았다. 게다가 그러한 정당화의 근거가 존재하지 않았다는 사실 자체가, 전통적으로 왜 성별로 분리된 정치 질서를 정당화하는 논리를 발전시키지 않았는지를 보여주는 증거였다. 아렌트에게 고대 이래의 성별 관련 진술들은 정부 형태의 유형화, 사적 영역과 공공영역의 구분, 국가의 공존 조건 등과는 다른 위상을 지닌 부속품이었다.

다른 많은 플라톤 해석자와 마찬가지로, 아렌트는 폴리스의 행정 업무를 남성이라는 이유만으로 남성에게, 여성이라는 이유만으로 여성에게 맡겨서는 안 된다는 진술을 현대적인 방식으로 이해해야 한다고 믿었다. 남성과 여성 모두 같은 재능을 가지고 있으며, 본성상 모든 가능한 활동에 같은 몫을 차지하고 있기 때문이다. 따라서 결정적인 것은 『국가』 제5권에 나오는 점점 약한 여성에 관한 이야기가 아니라, 성차별을 완전히 외면하고 대신 인간 자체에 초점을 맞추는 것이다.[332] 고전 정치철학에서는 인간이 복수형으로만 존재할 수 있다는 사실을 생각할 수 없었기 때문이다.

그러나 이는 또한 아렌트가 여성 문제와 그 구체적 내용에 직접 관심을 두지 않았다는 것을 의미한다. 그녀는 다른 여성을 승진시키거나, 자신이 마주한 기회를 그들에게 열어줄 이유가 없다고 생각했다. 그녀가 뉴욕의 뉴스쿨에서 특권적인 지위에 있었다는 사실이, 그녀가 그 지위를 이용해 다른 유능한 여성을 승진시켰다는 것을 의미하지는 않는다. 아렌트는 시카고대학교에 재직하는 동안 전통적으로 남성 중심적인 철학과가 있던 뉴욕보다 개입할 기회를 더 많이 가졌다. 그녀는 사회사상위원회에서 5년간 상임 방문교수로 재직하면서 사전에 임명과 면접을 진행할 수 있었을 뿐만 아니라 적극적으로 후보자를 모집할 수 있었다. 위원회 창립자 중 한 명인 울릭 네프는 위원들에게 끊임없이 잠재적인 후보자를 찾으라고 격려하기도 했다. 아렌트는 여기서 자신의 견해를 밝혔다. 그러나 이 경우에도 여성의 발전을 위한 어떠한 형태의 조치도 없었다. 그렇다면 아렌트 사후에 수전 손택과 같은 여성들이 몹시 한탄했던 말이 사실일까? 아렌트는 동료 여성들이 경력을 쌓는 데 어려움을 겪는 것을 전혀 개의치 않았다는 말인가? 아렌트는 왜 주디스 슈클라와 같은 젊은 동료들의 생각에 전혀 반응하지 않았을까? 친구나 동반자의 아내들에게도? 파리 시절을 보면, 그녀가 여성들로부터 지지나 인정을 받지 못했다는 사실을 변명삼아 내세울 수도 없었다. 다만 뉴욕에서 자리를 잡아가던 시기, 아렌트의 협력은 남성과의 관계에서 훨씬 더 활발하게 이루어졌다. 아버지를 일찍 여읜 외동딸이었다는 사실에서 그녀의 행동에 대한 그럴듯한 이유를 도출하려는 심리학적 해석 시도도 있었지만, 아렌트의 복잡한 성격에 비추어 볼 때 그런 설명은 무력해 보인다.

일반적 차원이든 개인적 차원이든, 여성들과의 연대는 이루어지지 않았다. 아렌트가 정당하다고 인정한 여성들의 관심사 역시 마찬가지였다. 아렌트가 자립적 삶 속에서 당연하다고 여겼던 자신의 여성성의 형태를 잃을지도 모른다는 우려 혹은 두려움은 단순히 얻을 수 있는 이익에 대한 회의적인 생각이 아니었다. 그것은 여성으로서 더 많은 권리를 부여받더라도 인간으로서 인정받지 못할지도 모른다는 우려였다.

아렌트는 이러한 정신에 따라 1942년 12월 2일 친구인 발데마르 구리안에게 보낸 편지에서, 거의 30년 후에 "우리가 승리하면 무엇을 잃을 것인가?"라는 질문을 던지게 된 동기를 정확하게 표현했다.

여성이 사적 영역으로 도피하는 것은 쉽지 않습니다. 그녀가 할 수 있는 말은 "다른 곳도 좋지만, 어차피 내가 여기 있잖아"라는 정도이지요. 다만 사적 영역에서조차 더는 '이 나라의 영부인'이나 도로시 톰슨처럼 특별한 위치에 있지 않을 때만 그렇습니다. 다시 말해, 여성도 공적 삶에 참여할 수 있고 또 그래야 하지만, 그러려면 남성들보다 훨씬 더 단단히 사적 영역에 발을 디뎌야 합니다. 하지만 남성들에게도 사적 영역이 공공영역과 모순되어서는 안 된다고 생각합니다. 비록 두 영역이 명확히 구분되어야 한다고 해도 말입니다.

삶의 한가운데서 서거함

1969년 카를 야스퍼스가, 그 1년 후에 하인리히 블뤼허가 세상을 떠났고, 1974년에는 게르트루트 야스퍼스가 뒤를 따랐다. 하이데거의 건강이 악화하기 시작하자, 아렌트는 다가올 일, 즉 '마지막 일들'을 정리하기 시작했다. 마르바흐의 독일 문서기록보관소가 이러한 활동의 중심 장소가 되었다. 매우 정직하고 지적인 기록 전문가이자 학자인 베른하르트 첼러 기록보관소 소장은 야스퍼스의 유산과 하이데거의 유산을 수집하면서 보관소에 새로운 수집 방향을 제시할 수 있게 된 것을 기뻐했다.[333] 아렌트는 첼러를 비롯한 동료들을 신뢰했다. 먼저 그녀는 티치노주 테나에 있는 자신의 별장과 마르바흐에서 야스퍼스의 문서를 분류하며 첼러를 비롯한 다른 책임자들과 집중적인 대화를 나누었다. 그녀는 자신이 소장하고 있던 하이데거 원고 모음집과 야스퍼스 부부와 주고받은 편지도 기록보관소에 기증했다. 결국 하이데거의 편지는 마르바흐로 보내졌고, 그의 헌사 사본도 기록보관소에 보관되었다. 전해진 목록에 따르면 그중 적어도 13부는 오늘날 찾을 수 없다. 그녀는 학생들과 함께 매년 도서관을 "정리"(아렌트의 표현)하면서, 다른 책들은 나눠줄 수 있다고 말하곤 했다. 그녀는 오래전부터 자신의 서류를 워싱턴 DC에 있는 의회도서관에 보관해야 한다고 선언했다.

그녀의 저작에 대한 관심은 아렌트가 깊이 사랑했던 이들의 죽음과 거의 동시에 높아졌다.

한나 아렌트의 텍스트가 초기부터 집중적으로 수용되었다는 사실은 여러 차례 언급되었다. 신문, 잡지, 미발표 논문과 학위논문을 포함한 현대의 데이터베이스에는 1975년까지 그녀의 저작에 대한 언급이 10만 건 이상 기록되어 있다.

1972년 11월 말, 아렌트는 토론토에서 3일간 진행된 심포지엄에 초대되어 자신의 저작과 관련한 강연을 하고 비판에 답했다. 아렌트의 높은 존경과 지지를 받았으며 위르겐 하버마스, 돌프 슈테른베르거, 이링 페처와 함께 독일에서 아렌트의 학문적 수용에 결정적 영향을 미친 철학자이자 정치학자인 쾰른대학교의 에른스트 볼라트도 참석했다. 프랑크푸르트 학파의 일원이었던 알브레히트 벨머도 그녀의 저작에 대해 잘 알고 있었으며 준비도 잘 되어 있었다. 또 아렌트의 직접적인 지원을 받은 총명하고 독립적인 사상가 리처드 J. 번스타인이 캐나다로 왔다. 아렌트가 이 자리와 다른 여러 기회에 알아차릴 수 있었던 것은, 자신을 정치학자·철학자·역사가·사회학자로서 진지하게 받아들이려는 그들의 무조건적인 의지였다. 아렌트의 성찰 토대, 전통에서의 위치, 전체주의에 대한 표현, 인간 행위 및 혁명의 의미에 관한 질문이 주를 이루었다.

아렌트는 해석학적으로 너무나 사려 깊었고, 스승들과 달리 토론토에서 최종적인 해석학적 조언을 하거나 자기 속마음을 드러낼 만큼 폐쇄적이지도 않았다. 그녀는 칸트주의자로서 자신이 자신을 이해하는 것보다 다른 사람이 자신을 더 잘 이해한다는 교훈을 오래전부터 깨달았다. 그녀의 많은 지지자가 따르기 매우 어려운 교훈이었지만, 그녀의 비판자들은 해석학적 기본 규칙 덕분에 언제나 자신이 옳은 편에 서 있다고 믿었다. 그러나 그것은 아렌트가 항상 알 수 없고 학문의 대상이 될 수 없다고 말한 미래의 일이었다.

1973년 7월 젊은 영국 정치학자 마거릿 카노반은 한나 아렌트에게 보낸 편지에서 새로운 책에 대한 자신의 여전히 '모호한 계획'에 대해 이야기했다. 이 책은 '학파' 밖에 서서 현대의 '정치과학'이나 '분석철학'을 따르지 않는 인물들을 통해 현대 정치사상을 조망하려는 책이었다. 카노반은 독창적이고 독특한 작가들의 저작이 지닌 요구와 기준을 강조하고, 그것을 정치사상의 '고전'과 연관시키고자 했다. 카노반은 사례로 아렌트를 들었다. 카노반은 아렌트에 대한, 오늘날에도 읽어볼 만한 간결하면서도 고도로 집중된 연구서를 쓴 바 있다. 그밖에는 에릭 푀겔린, 베르트랑 드 주브넬, 시몬 베유의 이름도 거론했다. 테냐에 있는 좋아하는 휴양 주택에 머물고 있던 아렌트는 즉시 몇몇 이름을 적어 답장을 보냈다. 아렌트는 카노반이 책을 막스 베버로 시작하려는 구상이 훌륭하다고 생각했다.* 막스 베버의 독일인 대척자는 카

* 카노반은 아렌트에 관한 두 권의 저작을 남겼다. *The Political Thought of Han-*

를 슈미트였다. 그때 아렌트는 '학파'를 성공적으로 세운 레오 스트라우스를 떠올렸다. 아렌트는 스트라우스를 좋아하지 않았고, 그가 슈미트와 마르틴 하이데거에게서 "태어났다begot"고까지 썼지만, 그런데도 그가 빠져서는 안 된다고 보았다. 아렌트의 생각은 거침없이 흘러나왔다. 에른스트 카시러의 제자인 레몽 아롱, 알렉상드르 코제브, 에리히 바일을 고려할 수 있다고 했다. 만약 그것이 '단지' 철학에 관한 것이라면, 프랑스에서는 다른 모든 사람, 심지어 훨씬 더 유명한 장 폴 사르트르와 알베르 카뮈보다 모리스 메를로-퐁티를 우선시해야 한다고 썼다. 아렌트는 또한 한 가지 팁으로 알레산드로 파세린 당트레브와 그의 연구 저작인 『국가의 개념 *The Notion of the State*』을 추천했다.**

이 편집의 출발점은 아렌트의 관찰에서 비롯되었다. '미국 학생들'에게는 앞서 언급한 여러 사상가들의 글과 생각이 모두 '비슷하게' 들렸지만, 실제로는 매우 다를 뿐 아니라 때로는 심각하게 '적대적'이기도 했다는 것이다. 그녀의 분석에 따르면, 그들은 고대 사상가들을 참조하고 이를 집중적으로 해석한다는 공통점

nah Arendt(London: Metheum & Co. Ltd., 1974); *Hannah Arendt: A Reinterpretation of Her Political Thought*(New York: Cambridge University Press, 1992).

** 1967년에 출간된 이 저서에서 당트레브는 제1부 강제력(Might), 제2부 권력(Power), 제3부 권위(Authority)를 조명하고 있다. 강제력은 강요할 수 있는 국가 권력이고, 권력은 순수한 합법성이며, 권위는 국가 정당성의 기초이다. 아렌트는 「폭력론」에서 다음과 같이 밝히고 있다. "이 부분은 알렉산드로 파세린 당트레브의 중요한 저서 『국가의 개념』에서 인용한 것으로, 내가 아는 한, 당트레브는 폭력과 권력 사이에 구분의 중요성을 인식한 유일한 저자이다." 『공화국의 위기』, 186쪽.

이 있었다.

아렌트는 언급된 사람들 가운데 많은 사람을 개인적으로 알고 있었다. 그녀는 그들의 글을 읽고 주석을 달고 발췌하고 인용하면서, 때로는 자세히 평가하고 더 자주 행간에서 다루며 심지어 날카롭게 비판하기도 했다. 그러나 그녀는 자신의 편지에서 정치사상의 '외부인'에 대한 역사를 개략적으로 설명했을 뿐만 아니라 자기 자신의 위치를 이런 방식으로 확정지었다. 그녀에게 중요한 것은 단순한 동시대성뿐 아니라 고대라는 공통의 기준점이었다.

뒤돌아보는 것은 항상 미래를 바라보는 것을 의미했다. 아렌트는 주변 환경, 공통의 참고점, 지적인 '집단 전기'*에 대한 계획을 탐구할 때면 늘 새로운 시작과 함께했다. 큰 구상에 대한 구체적 작업은 그녀의 성찰의 총체였다. 에버딘대학교의 유명한 기퍼드 강의와 시카고대학교와 뉴스쿨의 세미나는 결정적인 진전을 이루는 데 동기를 부여했다. 「정신의 삶」이라는 주제 아래 「사유」 강의는 1973년 4월 23일에 시작되어 5월 14일까지 9회에 걸쳐 이어졌다. 후년에는 「의지」 강의를 계속할 예정이었고, 개강일은 1974년 5월 3일로 정해졌다.

아렌트는 이 강의나 다른 일정에서 친구들에게 함께 가자고

---

*　'집단 전기(Kollektive Biografie)'란 집단 구성원의 개별 전기에 대한 비교분석을 기반으로 각 사회적 맥락에서 역사적 집단에 대한 이론적·방법론적 반성, 경험적으로 뒷받침되는 연구를 의미한다. 또 전기의 수집 및 문서화, 그리고 이 전기를 분석하는 방법을 의미할 수도 있다.

청하기도 했다. 사진을 보면 그녀의 건강이 악화하고 있는 것을 알 수 있다. 그러나 그녀는 누구에게도 내색하지 않았다. 그녀는 1970년 10월 31일 하인리히 블뤼허가 심장마비로 사망한 이후 자신을 걱정하는 친구들에게 항상 잘 지내고 있다고 편지를 보냈다. 자신은 테냐에 있는 오랜 휴양 주택에서 회복하고 있으며, 자신도 주치의들도 만족해하고 있으며, 여전히 일을 할 수 있고 자신의 대작『정신의 삶』3부작에 진전이 있다고 썼다.

아렌트의 강렬한 사적 삶, 신뢰할 수 있는 친구들과의 교류, 유럽 여행은 끊임없이 이어졌다. 그녀는 항상 그래왔듯이 여전히 사람을 끌어당기는 존재였다. 예를 들어, 뉴욕 아파트 근처에 살았던 우베 욘존은 가장 최근에 합류한 정신적 가족 구성원이었다. 두 사람은 1965년 괴테하우스에서 처음 만났고, 2년 후부터 서신 교환이 시작된 것으로 전해진다. 그 서신에서는 아렌트가 욘존의 4부작『기념일*Jahrestage*』에서 '자이들리츠 백작부인'으로 '등장'한 사실이 논의되었다. 두 사람의 서신은 세상사와는 거리가 멀었다. 그 불균형은 각자의 출신과 삶의 역사에 기인하면서도 동시에 교차점을 만들어낸다. 아우슈비츠에 관한 내용을 다룬 욘존의 뷔히너상 수상 연설은 아렌트의 저작 없이는 상상하기 어려웠고,『기념일』의 전개 또한 마찬가지였다. 아렌트는 욘존과의 만남을 통해 젊은 세대도 자신과 자신의 시대를 역사화하기 시작했다는 사실을 매우 정확하게 인식했다. 그녀는 저명한 사상사학자 피터 게이가 자신을 그 연구의 일부로 끌어들였고, 실제로도 적극 참여했음에도 불구하고, 초기 바이마르와 망명 연구에 대해서는 여전히 회의적이었다. 그러나 그녀는 '독일 이민자들과 루스벨트 시대'에 관한 논문을 위해 접촉을 모색하던 젊은 역사가 요아힘 라트카우와의 교류는 거부하지 않았다.[334]

아렌트가 보수적 사회학자이자 철학자인 아르놀트 겔렌과의 논쟁 이후 기성세대에서 발견한 피로감, 체념 또는 문화적 비관주의는 그녀에게 어울리지 않았다. 반대로 그녀는 "지적인 거리투사"(한스 모겐소의 표현)였을까? 그녀는 확실히 투사였다. 특히 아렌트는 쾨니히스베르크의 오랜 지인인 헨리(한스) 출키의 지원으로 1959년 직업보상법에 따라 '4만 마르크의 산업재해보상금'을 확보할 수 있었다.

한스 출키는 브레슬라우 출신의 상사법 전담 판사인 브루노 출키의 아들로 쾨니히스베르크에서 크게 존경받는 인물이었으며 유대인 공동체에서 많은 직책을 맡았다. 1924년 쾨니히스베르크에서 「현대 독일 헌법에서의 권력분립」에 관한 논문으로 법학 박사학위를 받은 한스 출키는 학생 시절 유대인 공동체의 청년 단체에서 활동했으며, 학교에 만연한 반유대주의에 맞서 싸웠다. 1919년 그는 한 급우와 함께 칸트가 다녔던 유서 깊은 콜레기움 프리데리치아눔에서 반유대주의 전단 배포를 막아 소동을 일으켰고, 이 때문에 교직원의 압력으로 학교로부터 엄중한 질책을 받았다. 반면 가해자는 '가벼운 질책'만 받았다. 이 사건은 지역사회에 큰 파장을 일으켰을 뿐 아니라 베를린의 프로이센 문화부에도 보고되었고, 그곳에서는 출키와 그의 동지에 대한 처벌이 정당하다고 판단했다. 유대인 신문들은 이에 대해 광범위하게 보도했다. 촐키는 1928년부터 베를린에서 변호사로 활동하면서 유대인 문제에 계속 관여했다. 그는 부모와 함께 뉴욕으로 도피할 수 있었고 1942년 중반부터는 '유대인 청년 단체'에서 강연을 하며 아렌트를 지원했다. 촐키는 1962년 자살했다.

한편 아렌트는 연금 수급 자격을 인정받지 못했다. 이는 훗날 교수직에서 받을 수 있는 연금이었다. 그녀는 공식적으로 자격 심사 절차를 밟았고, 1933년 탈출하기 전에 라헬 파른하겐 전기의 두 장을 제외하고 해당 저작을 거의 완성해두었다. 당시 폴 틸리히와 카를 야스퍼스를 비롯한 전문가들은 야스퍼스에게 제출된 원고가 독일 대학에서 언제든 받아들여질 만한 교수자격 논문의 질을 갖추고 있다고 인정했으며, 훌륭하고 끈기 있는 변호사들의 도움으로 마침내 아렌트는 자신의 권리를 관철시키는 데 성공했다. 1967년 쾨니히스베르크 출신의 저명한 사민당 국회의원이자 박해받던 '반半유대인' 아돌프 아른트[335]와 독일 연방의회 법무위원회 위원이자 무엇보다도 배상위원회 위원장이었던 마르쿠스 히르쉬는 카를스루에에 있는 연방 헌법재판소에 연금 규정에 대한 헌법 소원을 제기했다. 서류를 읽은 관련 당사자들은 절망에 빠질 뻔했지만, 결국 3 대 2의 찬성으로, '별도 의견'을 포함한 결정이 내려졌고, 결과는 1971년 11월 4일에 발표되었다. 이 판결은 전 세계적으로 들불처럼 퍼졌고,《재건》역시 이에 맞춰 특별 부록을 실었다. 1972년 6월 중순 아렌트는 바덴-뷔르템베르크주 급여 및 연금사무소에서 50만 마르크가 조금 넘는 금액을 자신에게 송금할 것이라는 소식을 접할 수 있었다.

1974년 5월 10일 아렌트는 에버딘에 머무는 동안 심장마비를 겪었다. 친구들은 크게 걱정했지만, 점차 일상생활을 재개하면서 어느 정도 안정을 찾았다.

1975년 2월 한나 아렌트는 권위 있는 소닝상을 수상했다. 이 소식은 전 세계 통신사를 통해 보도되었고, 덴마크의 주요 신문사들은 대담을 요청했으며, 수많은 축하가 쏟아졌고, 모두가 그녀를 위해 기뻐했다. 특히 20만 덴마크 크로네, 약 3만 5,000달러에 달하는 상금이 큰 화제가 되었다. 아렌트의 편지를 읽으면 그녀가 마침내 완전히 재정적으로 독립하여 심호흡하는 모습을 생생히 떠올릴 수 있다. 그녀는 이미 블뤼허의 강의 출판 계획을 지원했고, 그의 이름을 딴 상에도 자금을 지원했으며, 가사 관리인도 배려했다.

1975년 12월 4일 그녀는 리버사이드 드라이브 370번지에 있는 자신의 아파트로 옛 친구들을 저녁 식사에 초대했다. 역사학자 잘로 비트마이어 바론과 그의 아내 자네트가 정해진 시간에 도착했다. 아렌트가 실무 작업을 계속하는 동시에 '유대인 문제'에 전념할 수 있도록 도와준 사람들 가운데 두 가지 측면에서 가장 중요한 후원자였던 바론만이 살아 있었다. 그날 저녁 별다른 일 없이 지나갔지만, 갑자기 그녀의 심장이 멈췄다. 한나 아렌트는 삶의 한가운데서 세상을 떠났다.

바론 부부는 먼저 구급차를 불렀고, 이어서 마르부르크대학교와 하이델베르크대학교 학생 시절의 절친한 친구이자 뉴스쿨 동료였던 한스 요나스에게 알렸다. 요나스는 한나 아렌트의 죽음을 그녀의 가장 가까운 친구들에게 상세히 전했다. 특히 귄터 슈테른은 깊은 충격을 받았다. 아렌트의 마지막 순간들, 관 앞에서 행해진 카디시 기도까지 자세히 묘사된 긴 편지가 프라이부르크의 마르틴 하이데거에게 보내졌다.

요나스는 1930년 라이프치히에서 태어나 어린 시절 미국으로 망명한 정치학자이자 사회학자인 데이비드 케틀러의 지원을 받아 바드대학에서 추모식을 함께 준비했다. 또 요나스는 오랜 친구인 돌프 슈테른베르거와 젊은 친구인 위르겐 하버마스와 함께 뉴스쿨의 학술지에 아렌트 특별호를 기획하여 글을 기고하기도 했다. 충실한 제롬 콘을 비롯한 제자들이 의견을 표명했지만, 주디스 슈클라가 대표로 참석한다는 사실은 많은 이들을 놀라게 했다. 카를 요아힘 프리드리히의 제자였던 그녀는 아렌트를 비판적으로 평가했고, 아렌트가 대화에 응하지 않았기 때문에 거리를 유지해왔기 때문이다. 그러나 요나스는 이 작고 친근한 작별 합창에서 슈클라의 목소리가 얼마나 중요한지 알 수 있었다.

고별식은 하나의 행사였고, 눈물이 흘렀으며, 추도사는 사랑과 헌사의 선언이었다. 수전 손택은 후에 그 연설과 감정을 떠올리며 격앙되게 말하곤 했다. 그녀의 표현대로 모든 것이 고통스럽고 극적이었다.

《뉴욕 타임스》는 하루 뒤인 12월 8일에 장례식에 대해 다음과 같이 보도했다.

뉴스쿨의 한스 요나스 교수는 지난 목요일 69세를 일기로 세상을 떠난 정치철학자 한나 아렌트를 기리는 연설에서 "그녀가 상황을 본 후로는 그것이 달라 보였다"라고 말했다.

요나스 박사는 암스테르담 거리와 76번가 모퉁이에 있는 리버사이드 기념 예배당에 모여 아렌트 박사에게 경의를 표한 약 300명 중 한 사람이었다. 대부분은 깔끔하게 차려입은 검은색 옷차림이었지만, 일부는 거친 옷차림에 농장 노동자 배지를 단 사람들도 있었다. 이는 아렌트 박사가 얼마나 다양한 사람들을 대상으로 연설했는지를 보여주는 것이다.

요나스 박사는 사유가 아렌트의 열정이었으며, "인간의 딜레마에 대한 값싼 공식은 지속될 수 없다"는 기준을 세웠다고 말했다.

아렌트 박사와 50년째 우정을 이어온 요나스 박사는 흰 장미로 덮인 소박한 천연 소나무 관 근처에서 "당신은 너무 일찍 우리를 떠났습니다. 우리는 당신에게 충실하도록 노력할 것입니다"라고 말했다.

작가 메리 매카시는 호텔 종이에 적어둔 메모를 다음과 같이 읽어 내려갔다. "저는 한나를 육체적 존재, 즉 구체화된 존재로 이야기하고 싶습니다. 그녀는 아름답고 매혹적이며 유혹적인 여성이었습니다. 특히 눈은 반짝반짝 빛나고, 마치 지성의 광선이 발산되는 듯했지만 동시에 깊은 생각을 감추고 있었습니다. 한나의 눈 속에는 헤아릴 수 없는 무엇인가가 있는 듯했습니다. 그녀가 말할 때는, 입술을 깨물거나 눈살을 찌푸리거나 생각에 잠겨 턱을 들어올리는 등 마치 정신의 움직임과 몸짓이 그대로 보이는 것 같았습니다. 한나는 내가 본 사람 중에서 유일하게 사유하는 사람입니다." 매카시가 말했다. 어떤 사람들은 예배당의 망가진 확성기 탓에 그녀의 말을 들으려고 애써야 했다. "그녀가 어떻게 했는지 말씀드리겠습니다. 그러나 여러분 중 많은 분은 이미 알고 계실 것입니다. 그녀는 움직이지 않은 채 소파나 침대에 누워 있었습니다. 머리 뒤로 두 손을 깍지 끼고 눈을 감았지만 가끔씩 뜬 채로 올려다보았습니다. 걸린 시간은—잘 모르겠어요—아마 10분에서 30분 정도였을 것입니다. 내가 방에 들어가야 할 때면 발끝으로 그녀 곁을 지나쳐 갔습니다."

그녀의 뉴스쿨 제자 중 한 명인 제롬 콘은 아렌트를 "우리 시대의 위대한 스승 중 한 사람"이라고 표현했다. "아렌트의 가르침은 항상 개인적인 것이었습니다. 그녀의 지식은 방대했고, 그녀는 그것을 우아하게 전수했습니다."

아렌트 박사의 출판사인 해코트 브레이스 요바노비치 출판사의 대표 윌리엄 요바노비치는 다음과 같이 말했다. "아렌트는 정의를 믿는 사람이 어떻게 자비를 믿는 사람이 될 수 있고, 또 그렇게 되어야 하는지에 대해 열정적으로 가르쳤습니다. 그녀는 폭력을 혐오했지만 정당한 시민적 대의를 위해 불복종을 옹호했습니다. 그녀는 자신이 수행한 모든 진지한 연구를 따랐고, 적을 만들더라도 결코 두려움 때문이 아니었습니다. 나는 그녀를 뜨겁게 사랑했습니다."

이때 목소리가 끊어지더니 그는 잠시 멈추고 손으로 입을, 그리고 눈을 만졌다. 몇 분간 말을 잇지 못했다. 요바노비치는 떨리는 목소리로 이렇게 맺었다. "그녀와 내가 다시는 함께할 수 없고, 함께 살아갈 수 없을 것이라는 생각이 들면, 나는 갑작스러운 슬픔에서 결코 자유로울 수 없을 것입니다. 삶의 한가운데서, 혹은 마지막 순간에 우리를 무겁게 짓누르는 것은 자존심이 아닙니다. 그것은 불확실성입니다. 한나 덕분에 나는 인간인 것에 대해 덜 부끄러워하게 되었습니다. 그것이 그녀의 선물이었습니다."

예배당에 온 다른 조문객 중에는 한스 모겐소, 로버트 하일브로너, 아르놀트 브레히트, 케빈 매카시, 알프레드 카진, 어빙 하우, 드와이트 맥도널드, 에른스트 볼라트, 바이어드 러스틴 및 레온 보츠타인이 있었다.

장례식이 끝난 후 아렌트 박사의 유해는 화장을 위해 뉴욕주 하츠데일로 이송되었다.

1950년대 초부터 아렌트는 코부르크 출신의 정치학자 한스 모겐소와 깊은 우정을 나누었고, 최근 몇 년 동안 그 관계가 더욱 돈독해졌다. 모겐소는 1940년대 말, 레오 스트라우스가 구애를 받아 1949년에 결국 시카고대학교에 임용되던 무렵, 자신도 아렌트를 그곳으로 데려올 수 있었더라면 하고 생각했을지도 모른다.* 아이히만 논쟁 당시 모겐소는 아렌트의 첫 번째 옹호자였다. 안전한 거리에서 아렌트의 부재를 장황하게 변명하던 다른 사람들과 달리, 그는 아렌트에 대해 조직적으로 진행되던 항의 움직임을 뉴욕에 없던 그녀에게 알렸다.

모겐소는 아렌트와 마찬가지로 베트남 전쟁에 강력히 반대했다. 두 사람은 소련 통치 지역에서 유대인 이민을 촉구하는 청원서에 함께 서명했다. 두 사람 모두 비슷한 배경을 가지고 있었다. 눈에 띄게 자신감 넘치는 유대인 상인이자 교육받은 중산층집안 출신으로 도시 중심부에 살았다.

사랑하는 친구가 세상을 떠난 후, 모겐소는 다음과 같은 글을 남겼다.

> 한나 아렌트의 정신은 너무나 날카롭고, 세상에 밝았으며, 사건의 중요성과 말과 인쇄된 언어의 비밀을 잘 알고 있었기 때문에, 그녀가 눈 하나 깜빡이지 않고 아무것도 모른 채 죽음을 맞이하는 것이 그녀의 본성에 부합했을 것이다.

> 한나 아렌트를 만났을 때 가장 큰 인상을 받은 것은 그녀의 정신의 활력이었다. 정신은 빠르게 — 때로는 너무 빠르게 — 반짝반짝 빛나며 사람과 사물의 표면 아래에 숨겨진 의미와 연결을 찾아냈다. 그녀와 잠시 이야기를 나누다 보면, 놀라울 정도로

---

* 한스 모겐소(Hans Morgenthau, 1904~1980)는 1939~1943년 캔자스시티대학교 교수로, 1943~1974년 시카고대학교 교수로, 1974~1980년 뉴스쿨 교수로 재직했다. 레오 스트라우스(Leo Strauss, 1899~1973)는 1938~1948년 뉴스쿨에서 정치학을 강의했고, 1949~1968년 시카고대학교 교수로 재직했다.

풍부한 지식에 깜짝 놀라게 된다. 그녀는 철학 문헌뿐 아니라 과거와 현재의 위대한 소설과 시 같은 문학 작품에도 정통했다.

한나 아렌트를 전통적인 범주로 분류하는 것이 불가능하다는 사실은 그녀의 저작의 성격을 반영한다. 그녀는 마치 타고난 지식인처럼, 마음을 혼란스럽게 하는 모든 것에 대해 철학적으로 성찰하고, 그것을 명확하게 설명하는 데 능숙한 사람이었다.[336]

장례식에 참석한 다른 사람들은 누구였을까? 로버트 하일브로너는 뉴스쿨의 저명한 경제사학자로, 수백만 부가 팔린 자신의 베스트셀러 『세계의 철학자들 *Worldly Philosophers*』에 대해 아렌트와 이야기하기를 좋아했다. 이 책은 그의 위대한 학문적 저작을 다소 가려버리기도 했다. 또 다른 뉴스쿨 동료인 아르놀트 브레히트는 여러 면에서 '다른 독일'을 구현한 인물이었다. 뤼베크 시민인 뛰어난 변호사이자 확고한 민주주의자인 브레히트는, 폐위된 것으로 선언된 브라운의 프로이센 정부를 대신해 '프로이센 대 제국' 재판에 참여했다. 1933년 2월 2일 이른바 제국평의회에서 히틀러의 취임 연설에 직접적이고 날카롭게 반응했는데, 그러자 스스로를 '총통'이라고 칭한 히틀러는 자리를 박차고 나가버렸다. 그후 얼마 지나지 않아 브레히트는 망명해 저명한 대학교수가 되었고, 미국 대통령과 독일 총리의 중요한 고문이 되었다. 마지막으로 아렌트의 친한 친구였던 젊은 레온 보츠타인도 참석했다. 그는 1975년에 바드대학의 총장이 되었고, 지휘자로서의 국제적인 경력을 향해 중요한 발걸음을 내딛고 있었다.

기사에 언급된 사람들 외에도 많은 친구들이 참석했다. 당연히 파리에서 온 안네 바일, 로테 쾰러, 출판인 헬렌 볼프 등이 있었다. 1941년 4월에 리스본에서 탈출하는 데 성공한 한스 잘도 모습을 드러냈다. 아렌트의 가장 가까운 친척인 이스라엘의 퓌르스트 가족은, 화장을 금지하는 유대교의 전통에 반하여 아렌트의 시신이 화장되고 유골함이 바드대학에 있는 블뤼허의 유골함 옆에 안치되는 것을 충격 속에서 지켜보았다.

바이어드 러스틴도 애도자 중 한 명이었다. 오랜 시민권 운동가, 공산주의자, 사회주의자로서 많은 정치적 변화를 겪었고 앞으로도 더 겪게 될 인물이었다. 마틴 루터 킹을 밀접하게 따랐으나 생각에서는 완전히 자유로웠다. 뛰어난 흑인 작가인 그는 동성애자로서의 삶을 자신 있게 살았으며, 1960년대부터 소련에 사는 유대인을 위해 활발히 활동했다.[337]

애도자들이 영하에 가까운 날씨 속에서 뉴욕에 모였을 즈음, 한나 아렌트의 죽음은 이미 전 세계적으로 수많은 부고, 추도사, 라디오와 텔레비전 특집 방송을 촉발시켰다.

가장 가까운 사람들은 아파트, 가정 살림, 서류, 은행 계좌, 옷가지 등 실제적인 세부 사항을 처리하는 문제에 대해 논의했다.

그러나 무엇보다 중요한 것은 일화, 편지, 문서, 사진, 이야기, 원고, 저서, 타자 원고, 그리고 어지럽게 떠오르는 기억들을 통해 그녀의 삶과 저작을 하나로 모으는 일이었다.

이 모든 것은 에른스트 카시러에 대한 볼프람 아일렌베르거와의 심도 있는 대화에서 시작되었습니다.

한나 아렌트 전기를 집필하자는 구상을 내놓으며 적합한 저자를 찾았다고 굳게 확신한 사람은 바로 마이클 게이브였습니다. 모든 어려움에도 불구하고, 그와 그의 기관 동료들은 이러한 확신에서 한치도 벗어나지 않았습니다. 그들 모두에게 특별한 감사의 말씀을 전합니다.

마이클은 나를 뮌헨에 있는 피페르출판사와 그 편집자 앤 슈타들러, 에스더 포이스텔에게 소개해주었습니다. 우리는 출판인 펠리시타스 폰 로벤버의 초기 지원을 받아 한나 아렌트의 저작에 대한 매우 성공적인 교과서 판본을 출간했고, 그 후 그들은 저자가 올바른 방향으로 나아갈 수 있도록 관리했습니다. 그들은 뛰어난 기술과 위기 상황에서도 강한 회복력을 발휘하여 이 책이 목표를 달성하도록 도왔습니다. 캐럴린 슈라이버와 파비안 베르크만도 이 팀에 속해 있습니다. 나는 그들과 피페르 가족 모두에게 큰 빚을 졌습니다.

교과서 판본은 이 전기를 쓸 수 있는 조건을 만들어주었습니다. 리리안 바이스베르크, 에바 폰 레데커, 크리스인 블레터, 위르겐 퓌르스터, 한스-외르크 지크바르트, 헬무트 쾨니히는 그들의 '후기'를 통해 내가 아렌트 사상이라는 광대한 우주에서 방향을 잡는 데 큰 도움을 주었습니다. 크리스틴, 베른트 아우에로크스, 이노 아우크스베르크, 클라우스 오르트는 킬에서 친구로 지내며 수년간 나에게 영감과 지원을 주었고, 초대를 통해 과학 대화에 참여하게 해주었습니다. 이것은 우리의 '아헨' 친구인 위르겐, 한스-외르크, 헬무트에게도 마찬가지입니다!

엔스 하케는 또한 『전체주의의 요소와 기원』의 후기를 기고했을 뿐만 아니라 여러 면에서 연대를 도운 '후기 작가' 중 한 명입니다!

마틴 후버와 토마스 허트펠더와 그 가족들의 우정이 없는 삶은 상상할 수 없습니다.

나는 한스-요아힘 한, 얀 아케 둔크하제, 페터 고스트만의 진정한 성실성과 많은 제안에 감사드리고 싶습니다. 틸 반 라덴의 최근 문헌의 '배달 서비스'가 없었다면, 나는 분명 곤경에 처했을 것입니다.

나는 베티나 반나쉬와 그의 가족, 하랄트와 카타리나 블룸, 알렉산더 캄만, 아스트리드 도이버-만코프스키, 미리엄 드류스와 크리스티안 디멘드, 리하르트 파버, 울리히 구트마이어, 로타어 뮐러, 옌스 페테르센, 울리히 펠처, 게르하르트 포펜베르크, 빌 레비거, 마틴 리터, 크리스토프 슐테, 마틴 트렘, 다니엘 바이드너, 제럴드 바그너에게 베를린을 제 고향으로 만들어줄 기회를 준

것에 감사드리고 싶습니다.

사심 없이 많은 문서를 제공해주었을 뿐만 아니라 슈바르체 카페에서 흥미로운 대화를 나눌 수 있었던 링고 뢰제너에게 감사드리고 싶습니다. 이처럼 시간을 초월한 멋진 장소에서 나는 스테판 말리노프스키를 만날 수 있는 행운을 얻었습니다. 그는 자신의 질문과 성찰로 이 책에 큰 공헌을 했습니다. 모니카 볼, 자비네 보셋, 게르하르트 오버슐리크, 노라 키슬링, 마르쿠스 크라, 미르얌 툴린, 루스 라이세로비츠, 스테파니아 마페이스, 베르너 렌즈, 다니엘 지멘스는 사심 없이 나에게 자료와 지식을 제공해주었습니다.

세드릭 코헨-스칼리는 그가 이끄는 현대 독일 역사와 사회 연구를 위한 부체리우스 연구소(하이파대학교)에서 자금 지원을 받아 내 기록보관소 업무를 후원했을 뿐만 아니라 10년 동안 그의 연구를 통해 끊임없이 영감의 원천이 되어주었습니다. 마리-크리스틴 베렌트의 지원이 없었다면 이스라엘의 기록보관연구소 열람은 불가능했을 것입니다. 정말 감사드리고 싶습니다! 이스라엘에서는 피니 에프르간, 조지 쾰러, 슈테판 리트가 수년간 친구로 지내며 이 책에 대한 지원의 원천이 되기도 했습니다.

옴리 보엠, 존 매코믹, 데이비드 니렌버그, 로버트 노튼, 마이클 잔크와 같은 친구들과 심도 있는 교류가 없었다면, 이 책은 상상도 할 수 없었을 것입니다. 스탠퍼드대학교의 아미르 에셸과 시카고대학교의 나아마 로켐은 내 연구에 대해 이야기해달라고 초대했습니다.

한나 아렌트의 저작물에 대한 비판적 편집에 중요한 역할을 한 바바라 한과 토마스 와일드는 경쟁적인 학술적 노력 간에 제한 없는 협업이 가능했음을 보여주는 고무적인 증거를 제공했습니다. 여러분 모두 감사합니다!

엘리자베스 갈라스가 아렌트와 잘로 바론의 협력을 진지하게 받아들인 것을 일찍부터 주장하고 관련 문서를 제공해준 데 대해 매우 감사하게 생각합니다. 미르얌 벤젤과 루츠 피들러로부터 『예루살렘의 아이히만』에 관해 많은 것을 배울 수 있었습니다.

지난 4년 동안 나를 지원해준 기록보관소 전문가 중에서 가장 먼저 언급하고 싶은 사람은 올덴부르크 아렌트센터의 크리스틴 하르켄제-로트입니다. 나는 언제나 자신감을 가지고 그녀에게 도움을 요청할 수 있었고, 내가 사안의 맥락을 놓칠 뻔할 때, 그녀는 한 번 이상 나를 도와주었습니다.

게오르크 하르트만과 나는 마르바흐 독일 문서기록보관소에서 함께 일했는데, 아렌트에 관한 작업이 전부가 아니었습니다. 그의 야스퍼스 전문성은 탁월합니다.

파리에서는 세디아스 사회박물관에서 레오폴디네 바이츠만의 부지에 대한 독점적인 접근 권한을 제공해준 에릭 벨루에를 소개하고 싶습니다. 노트르담대학교의 켈리 브라운과 그녀의 팀, 히브리 유니언 칼리지의 미국 유대인 기록보관소의 제이콥 하이슬러, 록펠러 기록보관소의 마가렛 H. 스나이더는 모든 연구 요청을 인내심 있고 유능하게 이행했습니다.

뿐만 아니라 예루살렘 중앙시온주의 기록보관소의 조라 카츠와 수잔 베른스, 그리고 뉴스쿨 기록보관소의 동료들도 마찬가지입니다.

이스라엘 국립도서관 기록보관소, 이디시어 과학연구소 기록보관소, 레오백연구소, 뉴욕공공도서관 기록보관소(모두 뉴욕에 소재함), 스탠퍼드대학교 기록보관소, 시카고대학교 레겐스타인 특별 컬렉션 연구센터, 예일대학교 기록보관소, 하버드대학교 기록보관소, 국립기록보관소, 파리 유대인 자선위원회, 쇼아기념관 기록보관소(모두 파리 소재), 경찰청 기록보관소(프레 생 제르베 소재), 암스테르담 국제사회역사연구소 기록보관소, 옥스퍼드대학교 보들리안도서관 및 기록보관소, 마르바흐 독일문서기록보관소, 하이델베르크 기록보관소, 함부르크주 기록보관소, 프로이센 왕립문서보관소, 베를린 중앙 및 주립도서관 기록보관소, 베를린 국립도서관, 베를린시립도서관의 베를린 컬렉션, 베를린 라이프니츠 인간발전연구소 기록보관소, 베를린예술아카데미 기록보관소, 프랑크푸르트/마인대학교 기록보관소, 콘스탄츠 대학기록보관소 및 기타 수많은 기록보관소, 도서관, 연구소 및 국내외 대학기관 여러분의 협조에 감사드리고 싶습니다!

워싱턴 DC에 있는 의회도서관이 한나 아렌트의 유산을 디지털화했다는 것은 정말 행운입니다. 이 일을 담당하고 있으나 알려지지 않은 분들에게 감사를 표시해야 합니다. 그러나 무엇보다도 한나 아렌트의 사후 세계를 지켜보는 활기차고 선한 영혼, 제롬 콘이 있습니다.

나에게 그녀 어머니 엘츠의 서류를 볼 수 있게 해준 마이아 에팅거에게 특별히 감사드립니다. 에팅거(슐레진저도서관, 레드클라프연구소)가 관대하게 허락해주었습니다.

4년은 긴 시간입니다. 우리를 떠난 사람들 가운데 2023년 2월에 일어난 이타 셰들에츠키의 갑작스러운 죽음은 나에게 가장 큰 충격을 주었습니다. 내가 이타에게 전기 연구계획에 관해 이야기한 이후로, 우리는 그것에 대해 수많은 대화를 나누었습니다.

이제 가족이 남았습니다. 용감한 어머니 엘렌과 동생 롤랜드, 훌리야, 레아, 라라에게 내가 얼마나 감사한지 그들 스스로 가장 잘 알 것입니다. 이는 아름다운 뷔르차우에 사는 장인 장모님, 브리기테와 알베르트도 마찬가지입니다.

우리 시대의 사상가! 아렌트를 재조명하다

I. 프롤로그: 우리 현실을 바라보며

아렌트는 『어두운 시대의 사람들』 머리말에서 다음과 같이 밝혔다. "모든 공적인 대변자들이 매우 효과적인 빈말과 허튼소리로 파국을 은폐하고, 오래된 진실을 보호한다는 명분으로 모든 진실을 무의미하고 사소한 것으로 폄훼할 때, 인간사에 빛을 밝히는 공공영역은 어둠의 영역으로 바뀐다. 이러한 현상은 어디서나 나타났기에 새로운 것은 아니다."* '자유'를 보호한다는 명분으로 '자유'를 은밀하게 또는 공개적으로 짓밟아 왔던 지난 3년간의 비민주적인 통치는 헌법재판소의 대통령 탄핵 결정으로 그 종말을 맞이했지만, 그 여파는 남아 있다. 인간다운 삶은 '개인적 자유liberty'와 '정치적 자유freedom'가 함께 발현될 때 비로소 가능해진다. 자유를 강조했으나 자유의 진정한 의미를 위축시켰던 윤

---

*   여기서는 문장을 부분적으로 재구성하였다. Hannah Arendt, *Men in Dark Times*(San Diego, New York and London: A Harvest/HBJ Books, 1968), p. viii; 홍원표 옮김, 『어두운 시대의 사람들』(파주: 한길사, 2019), 60쪽. (이하 인용에서는 한국어판 관련 쪽만을 표기한다.)

석렬 정부는 정치적 자유를 실천한 시민들의 권력 앞에 몰락했다. 브레히트의 시구를 원용하자면, "흐르는 부드러운 물이 시간이 지나면 힘 있는 돌을 이긴다오."*

한국 현대 정치사에서 권위주의 독재가 오랫동안 시민들의 정치적 삶을 옥죄어 왔기에, 우리는 어두운 시대를 경험했다. 그렇다고 하여 권위주의 독재를 전체주의와 등식화할 수 있는가? 그렇지 않다. 그런데도 지난 3년간 한국 정치 현실을 이른바 '전체주의'와 연계시키려는 반정치적 사유와 행위는 공적인 인물들을 통해 유포되고 확산했다. 전체주의가 얼마나 무서운 정치 체제인가! 한국 정치에서 어떤 정치 세력이 과거·현재·미래를 관통한다는 '초인간적' 역사 법칙이나 자연법칙을 내세워, 다른 집단을 객관적 적으로 규정하고 인간을 인간 이하의 존재로 전락시키는 정치 이데올로기를 운동의 원칙으로 삼았는가? 없다.

그런데도 특정 정치 집단은 반대 세력을 '전체주의 세력'으로 규정하여 자신들의 정치 행태를 정당화하려고 했다. 어느 순간 정치적 수사로서 '전체주의'라는 용어는 정치적 반대 세력과의 경쟁이나 경합이 아니라 대립과 배제를 위한 수단으로 사용되어 왔다. 경쟁과 경합 또는 대화와 타협이 아닌 대립과 적대 행태가 정치 영역을 압도하는 순간 정치적인 것은 심각하게 손상되고 위축되었다. 우리는 이러한 정치적 위기가 시민의 삶에 어떤 결과를 초래하는가를 다시 한번 목격했다.

* 아렌트, 『어두운 시대의 사람들』, 403쪽.

전체주의 이론가인 한나 아렌트는 전체주의가 역사적 유물이지만 그 변형된 형태가 역사 속에서 재현될 수 있다는 것을 경고하였다. 그러니 전체주의가 무엇인가를 이해하려는 시도는 오늘날에도 중요할 것이다. 토마스 마이어가 이 전기의 머리말과 대담에서 주장하듯이, "아렌트는 오늘날에도 인식될 수 있다고 여겨지는 일반적인 구조를 파악했다. 즉 민주주의의 위기, 권위주의적 전체주의 체제의 부상, 자유의 제한, 난민 문제, 인간을 무력화할 수 있는 발명품의 위협 등이 그것이다. 이 모든 것이 아렌트의 저작에 깃들어 있다."* 마거릿 카노반이 강조한 바 있지만**, 마이어는 이 전기에서 『전체주의의 기원』을 중심에 두고 있다. 즉 아렌트의 경험과 사유의 결실이 곧 『전체주의의 기원』이라고 한다. 그렇다면 마이어의 전기는 우리 시대의 사상가인 아렌트의 삶과 저작에서 무엇을 새롭게 드러내고 있는가?

II. 전기의 구성을 고려하며, 해제를 어떻게 엮을까?

이 전기는 포르투갈 리스본항에서 출항하여 미국으로 향하는 기

---

* Thomas Meyer, "Eine Einheit von Leben und Werk," *Einsichten* (6 Dezember, 2023).

** 이를 잘 드러낸 카노반의 저서는 다음과 같다. Margaret Canovan, *Hannah Arendt: A Reinterpretation of Her Political Thought* (Cambridge: Cambridge University Press, 1992).

네호에 관한 이야기로 시작된다. 당시 나치의 '폭풍우'가 아직은 몰아치지 않은 리스본은 유대인 난민에게 고향 상실과 새로운 기회를 상징하는 영역이었다. 아렌트와 블뤼허 부부는 1941년 5월 10일 리스본항에서 기네호에 승선하여 13일간의 항해 끝에 5월 22일 뉴욕항에 도착했다. 1906년 하노버 인근 린덴에서 태어난 아렌트가 쾨니히스베르크·마르부르크·하이델베르크·프라이부르크·베를린·프랑크푸르트에서 보낸 시절, 그리고 1933년 이후 프랑스 파리에서 보낸 망명 시절은 34년 5개월이고*, 미국으로 이주한 이후 세상을 떠나기까지 활동했던 기간은 34년 6개월이다. 아렌트는 "기네호가 리스본항을 떠났을 때 돌이킬 수 없는 단절을 경험했다."** 기네호 선상에 있던 시점에서 보면, 전반기는 '더는 아님(과거; No more)'이고, 후반기는 '아직은 아님(미래; Not yet)'이다. 공간 개념으로 표현하면, 유럽은 떠나 잊힌 '그곳'이 되고, 미국은 미답未踏의 기대되는 '이곳'이 되었다.

토마스 마이어는 전기의 전반적인 구도를 두 부분으로 나눈다. 이 구도에서 『전체주의의 기원』이 중심부를 구성한다. 아렌트는 1941년 미국 이주 이후 1951년 저서 출간 사이 거의 10년 동안에

---

* 아렌트가 뉴스쿨의 알버트 잘로몬의 도움을 받아 직접 작성한 이력서는 이 책 20쪽을 참조할 것. 이력서 영어 번역문 서두에는 다음과 같은 내용을 밝히고 있다. "위대한 정치이론가들도 때때로 이력서를 써야 할 때가 있다. 한나 아렌트도 마찬가지다. 파리에서의 경험과 작업이 이후 그녀의 삶에 얼마나 결정적 영향을 미쳤는지 증명한다."(https://en.we-refugees-archive.org, Hannah Arendt: Curriculum Vitate)

** 이 책, 25쪽.

도 무국적자로 생활했다. 마이어는 "개인적 경험 없이는 어떠한 사유 과정도 없다. 모든 사유는 문제를 추적하는 추후 사유다."* 라는 아렌트의 주장을 이 전기의 제사題詞로 삼았기에, 경험과 정치적 사유의 결실인『전체주의의 기원』이전 아렌트의 삶을 이야기하기의 중심에 두고 있다. 마이어는 이러한 구도를 드러내고자 제1~5장을 연대기적으로 구성했지만, 제6~10장을 특정한 주제 또는 다양한 연구 영역을 중심으로 구성하였다. 반면에 마이어가 모범적인 전기의 범례로 삼고 있는 영-브륄의 한나 아렌트 전기**는 철저하게 연대기적으로 이야기를 구성하고 있다.

이 해제를 구성할 때 몇 가지 사항을 고려한다. (1) 방대한 분량의 전기를 읽을 때 맥락을 놓칠 수 있으므로 아렌트와 관련한 내용을 중점적으로 소개하고, (2) 이 전기에서 밝히지 않은 사항 가운데 중요한 일부 내용을 추가한다. 또한 (3) 저자의 해석이나 내용을 평가하는 서평 형식을 취하기도 하며, (4) 다른 연구자의

---

* 이 제사는 「무엇이 남아 있는가? 언어가 남아 있다」에서 아렌트가 강조한 것이다. 이와 관련한 구체적인 언급은 다음과 같다. "우리는 체험이 발생한 무대를 떠난 이후에도 우리의 정신 속에서 이 체험을 반복해야 한다. 다시 말하자면, 모든 사유는 추후 사유다." Hannah Arendt, *The Life of the Mind*(San Diego, New York, London: A Harvest Book, 1978), p. 87; 홍원표 옮김,『정신의 삶: 사유와 의지』(파주: 푸른숲, 2019), 153쪽. (이하『정신의 삶: 사유와 의지』로 표기함.)

** Elisabeth Young-Bruehl, *Hannah Arendt: For Love of the World*(New Haven and London: Yale University Press, 2004[1982]); 홍원표 옮김,『한나 아렌트 철학 전기: 세계사랑의 여정』(서울: 신서원, 2022). (이하 인용에서는 한국어판 관련 쪽만을 표기한다.)

평가를 원용하는 비교 서평을 고려하고, (5) 본문에 포함되지 않는 내용은 각주로 보완한다.

아렌트의 삶과 저작의 상호작용에 관한 영-브륄의 '종합적인' 전기는 1982년 출간되었다. 왜 또 다른 아렌트 전기인가? 토마스 마이어는 『한나 아렌트*Hannah Arendt: Die Biografie*』 서론에서 매우 도전적인 문제를 제기한다. 즉 "아렌트의 삶과 저작에 대한 전 세계의 관심"*에도 불구하고, 전기 연구는 상대적으로 빈약하다는 지적이다. 특정한 인물의 연구에서 전기가 관심의 중심이 아닌 언저리에 놓이는 것은 일반적인 경향이다. 마이어는 이런 학문적 분위기를 비판하며, 수많은 아렌트 연구 결실에 드러나지 않은 사각지대에 빛을 밝힐 수 있는 대안을 찾으려고 한다. 따라서 본문의 내용을 읽기에 앞서 서론에서 제기한 몇 가지 새로운 제안을 검토할 필요가 있다.

첫째, 아렌트 연구자들이 대부분 공개된 자료를 잘 활용하고 있지만 간과했던 자료는 없는가? 마이어는 삶의 여정에서 특정한 시기에 드러낸 아렌트의 모습을 더욱 명료하게 드러내고자 미공개 자료를 탐색하는 데 많은 시간과 노력을 들였다. 이러한 노력은 새로운 자료의 발굴과 더불어 아렌트의 삶과 저작에 대한 새로운 해석을 통해 잘 드러나고 있다. (1) 우선, 어린이·청소년 알리야에서 활동했던 파리 망명 시절의 자료와 초기 저작의 연관성에 대한 심도 있는 분석을 그 예로 들 수 있다. (2) 다른 저

---

* 이 책, 27쪽.

작, 특히 전기에서 주목하지 않았던 사람들과의 인연 또는 '우정'
을 새롭게 조명하고 있다. (3) 아렌트는 쾨니히스베르크에 대해
거의 언급하지 않았지만, 쾨니히스베르크의 도시 전체 지형과 유
대인 거주 지역에 관한 이야기는 과거의 경험 공간을 드러내는
데 도움이 된다.

둘째, 아렌트의 학문적 위상을 어떻게 규정할 것인가? 포괄적
으로 말하자면, 아렌트는 "우리 시대의 사상가"이다. 그녀는 자
유주의와 사회주의의 한계를 넘어서 현대 우리의 삶을 통찰하는
지혜를 여전히 제공하고 있기에, 연구자들은 아렌트를 우리 시대
의 사상가로 부른다. 그러나 아렌트의 저작이 다양한 학문 영역
에서 재조명되고 있기에, 아렌트 연구를 학제간 또는 융합적 차
원에서 고려할 필요가 있다. 간단히 열거하자면, 역사·철학·정치
학·문학·언론학·행정학·신학·환경학·심리학·교육학·보건학·사
회학 등의 분야에서 아렌트의 이론적 통찰을 수용하거나 비판하
고 있다. 마이어는 서론에서 "철학자가 실제로 어떻게 역사학자
이자 사회학자가 되었는가"*라는 문제의식에서 연구를 시작했
다고 밝힌다. 마이어는 아렌트의 저작에 대한 사회학적 이해를
강조하고 있다.

셋째, 아렌트의 삶과 저작에 대한 사회학적 고찰은 아렌트의
어떤 모습을 드러낼 수 있는가? 사회학적 고찰이란 표현은 연구
자를 포함해 독자들에게 생소하게 들릴 수 있다. 그러나 마이어

*　　이 책, 29쪽.

는 ‘경험 공간’과 ‘기대의 지평’이란 틀을 반영하여 이 책의 구도를 두 부분으로 구성하고 있다. 이는 아렌트의 ‘더는 아님’(과거)과 ‘아직 아님’(미래)이라는 틀과 연관된다. 여기에서 사회학적 접근방법에 관한 마이어의 입장에 주목할 필요가 있다.

마이어는 이 전기에서 아렌트와 만하임의 ‘개인적’ 관계뿐만 아니라 ‘학문적’ 관계를 여러 군데서 밝히고 있다. 몇 가지 예는 다음과 같다. 아렌트는 1927/28년 만하임의 강좌에 참여했으며, 1930년 그와 편지를 주고받았다. 아렌트는 『이데올로기와 유토피아』에 대한 서평 「철학과 사회학」을 《게젤샤프트》에 게재했고, 「계몽주의와 유대인 문제」(1932년)라는 제목의 에세이에서 “만하임의 방법이 아렌트를 사회학적·역사적 분석으로 얼마나 멀리 이끌었는지를 보여주었다.”* 만하임은 1933년 독일에서 영국으로 망명하여 런던 정치경제대학교에서 사회학 연구를 발전시켰다.

아렌트는 만하임과의 개인적인 관계와 별도로 사회과학, 특히 사회학에 대해 비판적 견해를 유지했다. 그런데도 사회학이 아렌트 연구에 주목하는 학문적 흐름을 소개한 피터 베어의 입장은 고려할 필요가 있다. 피터 베어는 앤섬출판사의 사회학 총서 가운데 하나인 『한나 아렌트 지침서』 서문에서 사회과학에 대한 아렌트의 평가를 다음과 같이 밝히고 있다.

그녀의 평가는 다섯 가지 관련 분야와 시대에 걸쳐 있다. 1) 카

* 　이 책, 137쪽.

를 만하임의 『이데올로기와 유토피아』(1929)에 대한 아렌트의 초기 비판은 사회학의 침범에 맞서 철학을 옹호한다. 2) 전후 전체주의에 관한 아렌트의 연구는 사회과학자들이 자신의 연구에 가져오는 기본 이해 범주에 도전한다. 3) 『인간의 조건』(1958)에서 제시한 인간 활동의 존재론은 '사회적 관점'에 대한 비판적 설명을 제공한다. 4) 거의 모든 저작을 관통하는 정치의 의미에 대한 그녀의 관점은 사회과학자들이 정치 문제를 연구하는 방식과 날카로운 의견 차이를 보인다. 5) 인간 행위의 법칙을 밝혀내려는 사회학적 야망은 1960년대 중반에 쓴 여러 에세이에서 아렌트의 비난 대상이 되었다.*

마이어는 이 전기에서 아렌트의 삶과 저작에 대한 사회학자들의 최근 관심을 소개하고 있지 않지만, 만하임의 역사적·사회학적 방법을 강조하고 있다. 즉 '경험 영역'과 '기대 지평'을 수용한다. "경험 공간은 역사적 주체의 과거가 그들 속에서 살아 있던 그대로를 특징지으며, 기대 지평은 역사적 주체들의 미래에 대한 희망과 두려움, 그리고 미래에 대한 감각을 특징짓는다."** 쾨니히에 따르면, "마이어는 카를 만하임과 라인하르트 코젤렉의 경

---

*   Peter Baehr and Philip Walsh, "Editor's Introduction: Arendt's Critique of the Social Science," *The Anthem Companion to Hannah Arendt*(London and New York: Anthem Press, 2017), pp. 5-6.

**   Thomas Kohut, "Experience and Expectation," *Williams: Magazine*(Autumn 2020).

험 공간과 기대 지평의 개념을 아렌트의 전기에 적용한다. 동시에 그는 이를 아렌트의 『인간의 조건』에서 언급한 '현상 공간' 개념과 연결한다."* 이러한 해석을 고려하면, 마이어의 전기는 기존에 출간된 여러 권의 전기와 차별화될 수 있다.

넷째, 마이어의 사회학적 기술과 영-브륄의 이야기하기 사이에 어떤 공통점과 차이가 있는가? "영-브륄은 아렌트로부터 직접 받은 많은 정보, 이야기, 일화를 다른 사람들이 전해준 이야기와 조화시키기만 하면 되었다."** 마이어는 왜 이렇게 평가했는가? 독자는 마이어의 이러한 주장을 신중하게 고려해야 한다.

아렌트의 삶과 저작을 새롭게 드러내려는 마이어의 진지한 노력은 다음과 같이 '머리말'에 잘 드러나고 있다.

> 나는 한 걸음 물러서서 아렌트가 살았던 시대의 입장에서 그녀의 삶과 저작을 거의 대부분 소개하기로 했다. '기록문서 연구 Archivrecherch'를 바탕으로 한 이 최초의 전기에서 알 수 있듯이, 아렌트는 자신이 살던 시대와 특별한 방식으로 소통했다.

'감사의 말'에도 나타나듯이, 마이어는 수많은 기록보관소의 자료를 검토하였다. 마이어는 삶과 저작의 직접적인 대응 관계

---

*   Armin König, "Ein Meilenstein der Hannah-Arendt-Forschung, aber kein Referenzwerk Thomas Meyers Biografie hat Stärken und Schwächen,"(review), *literturkritik.de*, Nr. 8(August, 2024).

**   이 책, 28쪽.

를 강조한다. 즉 "삶과 저작에서 '과(그리고)'는 사실상 사라지고 둘이 하나가 된다. (…) 우리는 한나 아렌트가 자신의 작품의 화신이라고 말할 수 있다."* 이런 맥락에서 마이어는 『전체주의의 기원』을 곧 그녀의 자서전으로 규정하고, 이를 위해 기록문서 연구에 집중했다. 이 연구 정신에는 현실에 정면으로 맞서 대응하려는 아렌트의 '특별한' 입장을 있는 그대로 드러내려는 마이어의 학문적 입장이 무엇보다도 잘 드러나고 있다. "영-브륄의 저서는 편향된 것으로 여겨지며, 여러 진술은 일화적이다."**라는 지적은, '표준적인 저작으로서 영-브륄 전기'라는 평가를 폄훼하기 쉽다. 마이어의 전기는 "그녀의 삶의 특정 측면을 더 명확하게 강조하고 다른 곳에서 아렌트 사상에 대한 비판적 검토의 기초를 형성할 수 있는 보충 자료로 간주되어야 한다."*** 영-브륄은 7년 동안 집필한 전기의 초판 서문에서 서신, 출판물, 보관문서, 증언 등을 검토했다고 밝혔고, 2판 서문에서 초판 출간 당시 검토하지 못한 자료를 언급하며 전기의 결점을 인정했다. 다행스럽게도, 마이어는 수많은 기록보관소의 귀중한 자료를 통해 아렌트

---

*   Thomas Meyer, "Eine Einheit von Leben und Werk," *Einsichten*(6 Dezember, 2023).

**   Armin König, "Ein Meilenstein der Hannah Arendt-Forschung, aber kein Referenzwer: Thomas Meyers Biografie hat Stärken und Schwächen"(review).

***   Sven Thomas, "Thomas Meyers neue Arendt Biographie. Sinnbild der Verstrickung von Theorie und Praxis," *HannahArendt.net*, Augsgabe 1, Band 14(2025), p. 242.

의 삶의 궤적을 더 뚜렷하게 드러낼 기회를 제공했다. '객관적으로' 입증되지 않은 '일화'는 사실적인 진실로 밝혀졌기 때문이다.

아렌트의 『라헬 파른하겐: 한 유대인 여성의 삶』과 『어두운 시대의 사람들』은 전기의 특성이 한껏 드러난다. 이 전기들은 이야기하기로 이루어졌다. 마이어와 영-브륄의 전기는 바로 이러한 아렌트를 각기 다른 접근방식으로 다루었다. 전기 연구에 있어서 본질주의의 위험을 벗어나면서도 상대주의 입장으로 빠지지 않으려는 노력이 중요할 것이다.*

다섯째, 책의 구도에서 드러나는 차이는 무엇인가? 마이어는 아렌트 전기에서 전기의 본질을 강조한다. 마이어는 『전체주의의 기원』을 "독일인들에게 보내는 편지"로 규정하며 다음과 같이 주장한다.

> 이런 점에서 이 책은 자전적이라고 할 수 있다. 이 책은 상실을 면밀히 살피고, 심연을 깊이 들여다보며, 이로부터 어떤 교훈도 얻지 못하도록 막았다. 아렌트는 『전체주의의 기원』과 『전체주의의 요소와 기원』을 통해 20년간의 사유와 행위, 실천과 이론을 책이라는 형태로 만들어냈다. 책을 계속 쓴다는 것은 현재 자신의 경험을 인식하고 그 경험의 핵심에 도달하고 싶다는 의미이기도 했다. 이런 면에서 이 작품은 그녀의 첫 번째이자 마

---

* 이에 관한 논의는 다음 자료를 참조할 것. 홍원표, 「한나 아렌트와 영-브륄의 대화: 또 다른 대화를 위한 이야기」(해제 에세이), 『한나 아렌트 철학 전기: 세계사랑의 여정』, 27-34쪽.

696

지막 작품이었다.

전기작가는 주인공의 삶을 이해하는 데 있어서 그 본질에 천착하려는 의도 또는 유혹을 무시하기 어렵다. 삶의 본질을 포착하려는 의도는 (1) 주인공의 삶을 총체적으로 담으려는 방식, (2) 주인공의 인격을 매혹적으로 묘사하기 위해 품성의 강력한 특성이나 습관적인 기질의 징후를 드러내는 방식, (3) 전체로부터 일부를 드러내는 방식, (4) 전체를 대변하는 상징으로 주체를 묘사하는 방식으로 드러난다. "역사는 사례를 통한 철학적 가르침이듯, 전기는 이야기를 통한 철학적 가르침이다."* 마이어는 전기에 부제를 붙이지 않았다. 반면에, 영-브륄은 "아렌트의 삶이 한 형태의 삶이 아니라 다양한 형태의 삶으로 구성되어 있다는 점"을 부각하고 전기의 부제를 "세계사랑의 여정"으로 붙였다.

III. 쾨니히스베르크와 한나 아렌트: '고향 상실' 문제

마이어는 한나 아렌트의 가족사를 언급하면서 유대인 해방의 역사를 간단히 설명한다. 유대인 문제는 계몽주의 시대인 1812년 해방 칙령으로 시작되었다. "계몽주의는 유대인 해방을 약속했

---

* Elisabeth Young-Bruehl, *Mind and the Body*(New York and London: Routledge, 1989), p. 133.

고 무엇보다도 동등한 인권을 요구하며 유대인을 옹호했다."*
유대인 동화 문제는 이후에 비로소 제기되었다. 개별 유대인의
동화를 보여주는 개별적인 범례는 라헬이다. 아렌트 집안의 쾨니
히스베르크 정착도 이 시대의 상황과 밀접하게 연계되어 있다.

유대인 주민은 1810년경부터 쾨니히스베르크에 정착하기 시
작했다. 아렌트의 증조할아버지 아론 아렌트는 1818년 친텐 농
촌 공동체에서 태어나 경제적인 이유로 1840년대 초반 쾨니히스
베르크로 이주했다. 아렌트 가족은 이후 할아버지인 막스 아렌
트, 아버지인 바울 아렌트, 그리고 한나 아렌트에 이르기까지 거
의 90년 동안 쾨니히스베르크에 뿌리를 내리고 살았기 때문에,
이 도시는 한나 아렌트의 경우에 고향이 되었다.

그렇다면 쾨니히스베르크는 아렌트의 삶에서 어떤 의미가 있
는 곳인가? 상실된 고향인가? 한나 아렌트는 1906년 10월 14일
하노버 인근 린덴에서 태어났지만, 가족은 아버지의 질병 악화에
따른 퇴직 이후 1908년 11월 조상의 정착지인 쾨니히스베르크로
이사했다. 한나 아렌트는 이때부터 1924년 전반기까지 어린 시
절과 청소년기를 보냈다. 물론 한나 아렌트는 제1차 세계대전 중
잠시 쾨니히스베르크를 벗어나 있었고 고등학교에서 퇴학당한
이후 베를린대학교에서 강의를 들었던 기간을 포함해 대략 16년
동안 쾨니히스베르크에서 살았다. 대학에 입학한 이후 마르부르
크(1924~26)와 하이델베르크(1926~29)에서 보냈고, 1929년 귄터

* 아렌트, 『유대인 문제와 정치적 사유』, 220쪽.

슈테른과 결혼한 직후 프랑크푸르트에 잠시 머물다가 베를린으로 이주했다.

한나 아렌트는 1933년 프랑스로 망명하기 이전에 쾨니히스베르크를 방문하여 '라헬 파른하겐'이란 주제로 강연하기도 했지만, 이후 이 도시를 방문했다는 기록을 찾기는 어렵다. 전후 쾨니히스베르크는 유럽인이 방문할 수 없는 구소련의 칼리닌그라드로 바뀌었기 때문이다. 칸트의 고향이자 아렌트 집안의 고향인 쾨니히스베르크는 독일인들에게는 잃은 영토이다. 이는 곧 "고향 상실"*로 묘사된다.

마이어는 아렌트 집안의 가족사를 밝힐 때 쾨니히스베르크 지역의 전체 구도를 밝히고 있다. 도시 자체의 발전 과정, 주민의 구성 변화, 유대인 거주지 등에 관한 상세한 기록은 도시의 역사를 보는 듯한 인상을 드러낸다. 이러한 자료는 아렌트 가족사를 이해하는 기초 자료가 될 것이다. '베니스 섬Insel Venedig'은 프레겔강 남쪽 아쉬호프 다리가 시작되는 아쉬호프 지역에 맞닿아 있는 유대인 주거 지역이었다.

---

*   아렌트는 전반기 에세이 모음집인 『전체주의 물결과 정치적 이해』에서 고향 상실에 대해 20여 차례 언급하는데, 일부 문장은 다음과 같다. "사회학과 사회학의 해체하기 방식에서 명백하게 드러나는 정신에 대한 이러한 불신은 고향 상실에서 비롯되며, 우리 사회에서 정신은 고향 상실로 비난받는다."(「철학과 사회학」, 148쪽). "우리 제도의 붕괴—즉 정치적·물리적 고향 상실과 영적·사회적 뿌리 상실의 지속적 존재—는 우리가 모두 겪고 있는 이 시대의 거대한 집단의 운명이지만, 그 강도와 비참함의 정도는 매우 다르다."(「전체주의의 본성에 관하여」, 569쪽).

마이어는 이곳을 배경으로 아렌트 집안 3대의 삶을 소개한다. 증조할아버지 아론Aron, 할아버지 막스Max, 아버지 바울Paul로 이어지는 가족사가 중심이다. 아렌트 집안은 상업을 통해 부를 축적하였다. 마이어는 쾨니히스베르크의 도시 성장과 아렌트 집안의 사업 성장을 밝히면서 중산층 유대인의 전형적인 삶을 잘 드러내고 있다. 아렌트는『전체주의의 기원』제1부「반유대주의」에서 유대인의 경제적 성장과 반유대주의의 등장을 전반적으로 밝히고 있다. 아렌트 집안 3대의 가족사는 유대인 경제적 성공의 한 단면을 제공한다. 달리 말하면, 이는 유대인 해방 역사의 구체적 사례를 보여준다. 한나 아렌트의 증조할아버지 아론과 할아버지 막스는 경제 활동을 통해 쾨니히스베르크에서 안정된 기반을 마련했지만, "가족 역사의 새로운 장은 막스 아렌트와 함께 시작되었다." 막스 아렌트는 중산층 사업체의 사업가로 성장했기 때문이다.

아론과 막스 아렌트는 경제인이었지만, 바울 아렌트는 대학 교육을 받은 전문가가 되었다. 마이어는 전기에서 아렌트의 아버지 바울의 삶을 비교적 자세하게 소개한다. 아렌트가 아버지의 삶에 대해서는 어디서도 자세히 언급하지 않았고 다른 전기작가도 그러지 못한 점을 고려할 때, 마이어는 기록문서 또는 다른 자료에 근거해 바울의 삶을 상세히 밝히고 있다.

영-브륄 전기에서는 1908년 한나 아렌트가 쾨니히스베르크로 이사한 이후 할아버지 막스, 아버지 바울과 3대가 한동안 살았던 사실을 언급하고 있고, 매독이란 질병으로 고생하여 아렌트에게 우울함을 안겨주었던 바울에 대한 묘사가 중심을 이루고 있다. 그러나 마이어는 막스의 자식인 바울과 헨리에테 아렌트의 가족 관계를 밝혔다. 한나 아렌트는 자신의 고모인 헨리에테에 대해 밝힌 적이 없지만, 마이어는 헨리에테의 자서전적 실화소설인 『자비의 가시밭: 게르다 수녀의 일기에서』, 그리고 부고 기사를 통해 가족사의 한 단면을 새롭게 드러냈다. "바울은 15살의 나이에 신념에 찬 사회민주주의자이자 동지가 되었다."*

다른 자료에서는 한나 아렌트가 하노버 인근의 린덴에서 태어난 사실과 관련한 정확한 사항을 자세하게 소개하지 않는다. 이 사실을 이해할 단서는 쾨니히스베르크의 알트슈타트 고등학교에 재학했던 바울에 관한 이야기이다. 바울은 자연과학에 남다른 관심이 있어서 자신의 직업 선택을 '전기공학'이라고 밝혔다. 그는 졸업한 이후 베를린으로 유학하였고, 대학교 졸업 직후 하노버에 설립된 괴르팅 전기회사의 전기 부서에 일자리를 얻게 되었다. 1902년 마르타 콘과 바울 아렌트는 쾨니히스베르크 독일 지원센터의 한 연회장에서 랍비 헤르만 포겔슈타인의 주례로 결혼식을 올렸다. 결혼 직후 바울은 수석 기술자로 승진했다. 1904년 바울 부부는 린덴 중심부에 있는 아파트 마르크폴라츠로 이사했는데, 한나 아렌트는 그곳에서 태어났다. 이듬해 바울 아렌트 부부는 스위스로 3주간 휴가를 갈 수 있었다. 마이어의 전기에서 바울에 관한 이야기는 여기에서 끝난다.

* 이 책, 67쪽.

영-브륄의 전기와 비교할 때, 선대의 가족사와 관련하여 새로 발굴한 자료는 한나 아렌트의 이해에 도움이 될 것이다. 그러나 마이어의 이야기에서 어머니의 역할에 관한 이야기는 영-브륄의 전기와 비교하면 상당히 부족한 편이다. 왜 그랬을까? 아렌트의 어린 시절 이야기는 미국 의회도서관에 소장된 마르타의 육아일기 『우리 아기』에 기반을 두고 있다. 『우리 아기』가 포함된 서류철은 전기에 연대기적 틀을 제공하고 가족의 이야기를 구성하는 지침을 제공한다. 마이어는 이 육아일기를 부분적으로만 인용할 뿐이다. 차이점은 영-브륄이 어린 시절 독립적인 태도가 아렌트의 삶에서 어떻게 유지되고 있는가를 밝혔다는 점이다. "어린 시절 아렌트의 독립적인 태도, 1930년대 초반 부정적 태도, 이후 지적 독립성은 상호 연계되어 있다."*

마이어가 전기에서 지나가는 말로 밝히거나 언급하지 않은 몇 가지 일화를 언급하는 게 좋을 것이다. 우선 아렌트와 쿠르트 블루멘펠트의 관계이다. 막스 아렌트는 쾨니히스베르크의 유대인 공동체 지도자들 가운데 한 사람이었지만 시온주의에 대해서는 비판적인 태도를 유지했다. 블루멘펠트는 막스 아렌트를 방문하여 유대인 문제에 대해 논쟁하기도 했는데, 어린 시절 한나 아렌트를 만났다. 한나 아렌트는 하이델베르크대학교 시절 한스 요나스의 소개로 시온주의 활동에 적극적이었던 블루멘펠트를 다시

---

* 홍원표, 「한나 아렌트와 영-브륄의 대화: 또 다른 대화를 위한 이야기」, 『한나 아렌트 철학 전기: 세계사랑의 여정』, 33쪽.

만났다. 『예루살렘의 아이히만』이 출간되었을 때, 한나 아렌트와 블루멘펠트는 불편한 관계에 놓이기도 했지만,* 두 사람의 우정은 평생 유지되었다. 한나 아렌트는 1955년에 출간된 『전체주의의 기원』 독일어판 제1부 「반유대주의」를 "70세 생일을 기념하여 쿠르트 블루멘펠트에게" 헌정했다.**

질풍노도 시대의 아렌트 가족 일화는 아렌트를 이해할 수 있는 내용이다. 제1차 세계대전이 끝난 이후 마르타 아렌트는 마르틴 베어발트와 재혼하였고, 한나 아렌트는 한동안 의붓자매와 함께 생활했다. 1933년 에바 베어발트는 영국으로 망명하였다. 어머니 마르타는 사위인 블뤼허를 탐탁지 않게 생각하였고 뉴욕 생활에 적응하지 못하여 1948년 영국에 있는 에바 베어발트에 합류하고자 했다. 그러나 어머니는 영국에 도착한 직후 지병으로 사망하였다.

아렌트의 쾨니히스베르크 시절 친구로는 에른스트 그루마흐, 학급 동료인 헬라 옌쉬, 안네 바일 멘델손이 있다. 아렌트는 그루마흐의 이야기를 듣고 안네 멘델손을 만나게 되었다. 아렌트는 미국에서 옌쉬의 17세 된 아들과 만난 것이 최대의 기쁨이라고 밝혔다. 멘델손은 아렌트에게 라헬 파른하겐 서간집을 넘겨주고 전

* 이 책, 320쪽. 두 사람이 평생 주고받은 편지 모음집의 서지사항은 다음과 같다. Hannah Arendt and Kurt Blumenfeld, *Correspondence 1933~1963*(Paris: Desclée de Brouwer, 2012).

** Hannah Arendt, *Elemente und Ursprünge totaler Herrschaft*(Frankfurt: Europäische Verlagsanstalt, 1955), p. 21.

기를 집필하도록 요청했으며, 아렌트 사후에 제자인 영-브륄에게 아렌트 전기를 집필하도록 권고하기도 했다. 아렌트는 이 우정을 간직하고자 『라헬 파른하겐』을 안네 멘델손에게 헌정했다.

한나 아렌트는 시에는 재능이 없었지만, 시를 통해 자신을 이해했다.* 그녀는 17세 때부터 고독한 문제를 제기하는 과정에서 시에 관심을 두기 시작했다. "아렌트는 시를 쓰기 시작하였을 때 자의식적인 파리아pariah 영역을 개인적 왕국으로 생각하였다."** 소녀 시절 아렌트의 시에는 생소함, 상실감, 정처 없는 배회 등과 같은 자기 소외와 세계 소외 감정을 표현하고 있다. 아렌트는 이후 자신의 저작에서 시를 많이 인용하였다. 시와 사유는 모두 아렌트에게 중요했다. "내면적이고 비가시적인 정신 활동과 현상 세계 사이의 심연을 좁히는 은유는 확실히 언어가 사유와 철학에 부여한 가장 위대한 선물이었다. 그러나 은유 자체는 본래 철학적이라기보다 시적이다."***

종합하면, 마이어는 쾨니히스베르크 시절 아렌트의 삶을 자세하게 밝히지는 않았지만, 관련 사항들을 응축하여 소개하며 그 전체적 윤곽을 드러내고자 했다. 여기서는 그 일부 내용을 소개

---

*　아렌트의 시 일부는 『한나 아렌트 철학 전기: 세계사랑의 여정』 부록에 수록되어 있다. 아렌트는 1923년부터 1961년 사이에 74편의 시를 썼다. 유고 시집의 서지사항은 다음과 같다. Hannah Arendt, *What Remains: The Collected Poems of Hannah Arendt*, trans., and ed., Samanta Rose Hill and Genese Grill(New York: Liveright Publishing Co., 2024).

**　영-브륄, 『한나 아렌트 철학 전기: 세계사랑의 여정』, 189쪽.

***　아렌트, 『정신의 삶: 사유와 의지』, 179쪽.

했을 뿐이다.

IV. 대학 시절~망명 이전(1924~33): 전통의 붕괴와 어두운 시대의 시작

"한나 아렌트의 대학 시절인 1924~29년은 불안했던 바이마르 공화국에서 가장 안정된 시기였다."* 그러나 아렌트가 대학에 입학하기 이전 "독일 대학들에는 교육과 학습의 학술 활동에 대한 반감이라기보다는 광범위한 불만이 깔려 있었다."** "권태의 늪"에서 벗어나려는 저항적인 철학자들이 있었다. "사태 자체로"라고 외친 후설과 "이론이나 책과 거리 두기"를 주장한 막스 셸러를 비롯하여 마르틴 하이데거와 카를 야스퍼스가 바로 그들이다. 제2~3장에서는 대학 시절 아렌트와 두 스승과의 관계를 조명하고, 어둠이 찾아오던 시기의 아렌트 삶을 간략하게 밝히고 있다.

제2장 「『소피스트』에서 라헬까지」는 하이데거와 아렌트의 만남, 그리고 결별에 관한 내용으로 구성된다. 하이데거가 1924/25년 겨울 학기 플라톤의 대화편 『소피스트』를 강의할 때, 아렌트는 한스 요나스와 함께 이 강의에 참여했다.*** 아렌트는, 학생들

* 영-브륄, 『한나 아렌트 철학 전기: 세계사랑의 여정』, 193쪽.
** 한나 아렌트, 『난간 없이 사유하기』, 「80세를 맞은 하이데거」, 594쪽.
*** 요나스는 추도사에서 아렌트를 우정의 천재로 밝히며 50년 이상 친구로 지낸 사실을 밝혔다. Hans Jonas, "Hannah Arendt(1906~1975)," *Social Re-*

사이에서 명성이 높았으나 공적으로 받아들여지지 않았던 "숨겨진 왕의 소문"에 이끌려 이곳에 왔다. 아렌트의 친구인 그루마흐는 "1,650킬로미터 떨어진 고향"인 쾨니히스베르크에 있던 그녀에게 이 소문을 알렸다.

"하이데거는 그해에 아리스토텔레스의 '알레테이아aletheia' 개념의 해석에 관한 잠정적 개요를 발표하였으며, 이어서 플라톤의 『소피스트』를 한 줄씩 읽으면서 학생들을 인도한다."* 아렌트를 포함한 학생들은 "철학자가 되려면 어떻게 해야 한다는 식의 공허한 계획을 제시하는 것이 아니라 철학하는 것을 통해 이를 수행한다"는 하이데거의 연구계획에 주목했다. "사람들은 사유를 배우고자 하이데거에 관한 소문을 따랐다고 한다."** 그는 제1차 세계대전 이후 독일 학계에서 새로운 변화를 모색한, 대학혁명을 주장한 미래학자로 묘사된다. 한나 아렌트는 이 강의에 참여했고 사랑에 빠졌다. "두 사람은 아마도 1925년 2월 초부터 불륜 관계였을 것이다."***

search, Vol. 43, No. 1(Spring 1976), pp. 3-5.

* 영-브륄, 202쪽. "제1장은 존재를 드러내는 방식으로 기술(technē)과 제작(poiesis)의 결핍을 드러내고, 제2장과 제3장에서는 실천적 지혜(phronesis)와 지혜(sophia)를 드러내는 최고의 방식으로 우월함을 확립하고자 한다. (⋯) 이후 『소피스트』의 주요 부분을 대부분 대화편에 대한 행 단위로, 그리고 인내심 있게 해석하는 데 할애한다. Michael J. MacDonald, "Plato's *Sophist* by Martin Heidegger,"(review), *Rhetorica*, Vol. 18, No. 1(Winter, 2000), pp. 103-5.

** 아렌트, 『난간 없이 사유하기』, 「80세를 맞은 하이데거」, 599쪽.

*** 이 책, 102쪽. Elzbieta Ettinger, *Hannah Arendt and Martin Heidegger*(New

마이어는 왜 제2장의 제목 일부를 "라헬까지"라고 붙였는가? 마이어는 아렌트와 하이데거의 개인적인 관계에 대해서는 간단히 언급한다. 영-브뢸의 이야기는 두 사람의 관계를 잘 드러내고 있다. 두 사람은 자신들의 불륜을 비밀로 간직했기에, 연애편지는 보관될 수밖에 없었고, 다른 사람들은 이를 열람할 수 없었다. 에팅거가 아렌트와 하이데거의 관계를 조명한다는 조건으로 편지를 열람했으나, 에팅거는 두 사람의 연애 관계를 조명하면서 아렌트를 그저 하이데거의 연인으로 왜곡했다. 이후 양측의 유저 관리자들은 균형감 있는 조명을 기대하면서 미공개 편지를 서간집 형태로 출간하겠다고 결정했다. 「그림자」라는 제목의 편지는 이때 비로소 공개되었다. "아렌트는 1925년 4월 쾨니히스베르크에 있는 집에서 자화상인 「그림자」라는 제목의 편지를 하이데거에게 보냈다."* 다음 인용문 가운데 앞의 것은 아렌트가 하이데거에게 보낸 편지의 서두와 끝단락이고, 뒤의 인용문은 하이데거의 답장 가운데 일부다.**

길고 몽환적이면서도 깊은 잠에서 깨어날 때마다, 꿈속의 것과

Haven and London: Yale University Press, 1997); 황은덕 옮김, 『한나 아렌트와 마르틴 하이데거』(부산: 산지니, 2013).

* 영-브뢸, 『한나 아렌트 철학 전기: 세계사랑의 여정』, 205쪽.

** Hannah Arendt and Martin Heidegger, *Letters 1925~1975*, ed., Ursula Ludz(Orlando, Austin, New York, San Diego, Toronto, London: Harcourt, Inc., 2004), pp. 12-18.

온전히 합쳐지는 잠에서 깨어날 때마다, 그녀는 세상의 것들에 대해 수줍고 주저하는 듯한 부드러움을 느꼈는데, 이는 실제 삶에서 얼마나 많은 부분이 잠처럼 그 자체로 완전히 침몰했는지, 정상적인 삶에서 그것과 비교할 수 있는 것이 있다면 얼마나 많은 부분이 그 과정을 달려왔는지 분명히 알게 해주었습니다. (…) 그녀의 젊음은 아마도 이런 마법에서 벗어날 것이며, 그녀의 영혼은 아마도 다른 하늘 아래에서 거리낌 없이 말하고 해방되는 것이 무엇을 의미하는지 깨달을 것이며, 그래서 이러한 아픔과 혼란을 극복하고 유기적 성장의 인내, 순박함과 자유를 체득할 것입니다. 그러나 오랫동안 열렬하게 기대했던 종말이 그녀를 불시에 습격하여 불필요하고 공허한 그녀의 활동을 제멋대로 중단시킬 때까지 그녀는 아마도 무의미한 시도와 비합법적이고 무한한 호기심으로 계속 인생을 보낼 것입니다.

자네의 일기를 읽었으니 더는 이해하지 못한다고 말할 수 없구려. 자네는 그것을 감지하고 따라가오. 태양이 있는 곳에만 그림자가 있으니. 그리고 그것이 자네 영혼의 기초라네. 자네는 존재의 중심에서 나와 가까워지기 위해 곧장 왔고, 내 삶에 영원히 영향을 미칠 힘이 되었네.

이 개인적인 이야기는 아렌트가 누구에게 들려준 일화가 아니라 마르바흐 문서보관소에 오랫동안 보관되었다가 아렌트 사후 비로소 공개된 편지 가운데 일부이다. "안네 바일 멘델손과 같은 친구들은 한나 아렌트가 하이데거에게 느꼈던 사랑에 대해 알고 있었다."*

안네 바일 멘델손은 아렌트가 박사학위를 받은 이후 라헬 파른하겐을 소개하고 파른하겐 전기를 집필하도록 권고한 친구이다. 이때 아렌트는 라헬 파른하겐의 삶을 통해서 스승과의 사랑과 결별이라는 경험의 의미를 드러냈다. "라헬이 이교도 출신의 폰 핀켄슈타인 백작에 대해 느꼈던 사랑, 완만하면서도 고통스럽게 거부당했던 사랑에 공감했다. 백작은 자기 가정의 안전과 이른바 처지를 위해 라헬 살롱을 떠났다."** 하이데거 첫 편지에서 밝혔듯이, "나는 당신을 내 사람이라고 부를 수 없을 것이오. 하지만 지금부터 당신은 내 삶에 속할 것이고, 내 삶은 당신과 함께 성장할 것이오."***

아렌트는 마르부르크대학 시절 신학에도 관심을 가졌다. 따라서 마이어는 신학에 대한 아렌트의 관심과 연구에 대해 간단히 밝혔다. 이 장의 서두에서 마이어는 베를린대학교 객원 학생의 신분으로 개신교 신학자인 로마노 과르디니의 강의를 들었던 아렌트가 1952년 독일을 방문했을 때 로마노 과르디니의 강의에 참여한 사실을 밝혔다. 마이어는 이를 통해 신학에 대한 아렌트의 관심을 드러냈다.**** 아렌트는 철학을 공부할 당시 하이데거의

---

*   영-브륄, 『한나 아렌트 철학 전기: 세계사랑의 여정』, 214쪽.

**   앞의 책, 215쪽.

***   Arendt and Heidegger, *Letters 1925~1975*, p. 3.

**** 아렌트의 저작에 드러난 신학 문제에 관한 연구 저서는 다음과 같다. John

친구인 루돌프 불트만의 「바울의 인간학」 세미나에 참여하였다. 이는 아렌트의 박사학위 논문과 연계하여 고려할 수 있는 사항이다. 물론 아렌트는 루돌프 불트만의 학생이면서도 아우구스티누스가 신학자가 아니라는 입장을 박사학위 논문에서 드러내고자 하였다.

아렌트와 야스퍼스의 관계를 밝히는 제3장 「사랑은 오직 천국에만 존재한다」는 제목의 출처와 의미를 먼저 살펴보아야 한다. 마이어는 아렌트의 박사학위 논문의 주제가 아우구스티누스의 사랑 개념이라는 점을 신학적 문구로 드러내고자 했다. 제목 "Liebe gibt es nur im Himmel"에 해당하는 문구는 1929년 피페르출판사에서 출간한 원본에서 찾기 어려웠으나 영어본에서는 아우구스티누스의 『시편 주해 *Commentaries on the Psalm*』 85.6에서 언급한 문장 "하느님을 사랑한다면 당신이 아직 지상에 있을지라도 천국에 있는 것이나 다름없다"*를 확인할 수 있다. 이 사랑은 하느님에 대한 사랑caritas을 의미한다.

마이어는 이 장에서 야스퍼스가 아렌트의 박사학위 논문을 지도하면서 가졌던 자기 생각과 더불어 심사 내용을 소개한다. 여

Kiess, *Hannah Arendt and Theology*(London, Oxford, New York, New Delhi, Sidney: Bloomsbury, 2016).

* Hannah Arendt, *Love and Saint Augustine,* ed., Joanna Vecchiarelli Scott and Judith Chelius Stark(Chicago and London: The University of Chicago Press, 1996), p. 33; 서유경 옮김, 『성 아우구스티누스의 사랑 개념』(서울: 텍스트, 2013), 81쪽.

기에서 구체적인 언급은 본문의 반복이므로 자세히 소개하지는 않는다. 마이어는 아렌트의 박사학위 논문이 신학 논문이 아닌 철학 논문이라는 점을 고려하여 논문의 부제「철학적 해석의 시도」를 부각하고 있다. 아우구스티누스에 대한 아렌트의 이러한 해석은 후기 저작에서 잘 드러난다. 아렌트는 『정신의 삶: 사유와 의지』 가운데 「아우구스티누스, 첫 번째 의지 철학자」에서 의지 개념을 어떻게 정립했는가를 밝혔다.* "그는 생애 동안 철학을 고수했기 때문에 첫 번째 기독교 철학자가 되었다."**

이제 아렌트가 하이델베르크대학교에서 어떤 학문 분야에 관심을 가졌는가를 간단히 살펴본다. 마이어가 밝혔듯이, 아렌트는 박사학위 논문을 준비하는 과정에서 야스퍼스의 「현대 철학사」와 「셸링」(1926년), 「철학적 세계관」과 「헤겔과 정신현상학」(1927년), 그리고 「헤겔 역사철학」(1928년) 강좌 및 세미나에 참여했다.*** 예컨대, 아렌트가 1926년 세미나에 참여하여 야스퍼스의 역사 이해에 대해 가졌던 의문을 편지에서 다음과 같이 밝혔다. "저는 경험을 통해 얻은 시각에서 역사를 해석하고, 역사에서 표현된 것을 이해하려고 노력합니다."****

---

* 아렌트, 『정신의 삶: 사유와 의지』, 435-71쪽.

** 앞의 책, 436쪽.

*** 이 책, 112쪽.

**** 아렌트·야스퍼스, 『한나 아렌트·카를 야스퍼스 서간집 1』, 81-82쪽. 이 서간집의 서지사항은 다음과 같다. Hannah Arendt Karl Jaspers, *Briefwechsel 1926~1969*, hrsg., Lotte Köhler und Hans Saner(München/Zürich: Piper, 1985); *Correspondence, 1926~1969*, trans., Kimbers(San Diego, New York, Lon-

이뿐만 아니라 아렌트는 학위 논문을 집필하기 이전 다양한 학문 분야를 이해하는 기회를 얻었다. 즉 그녀는 디벨리우스의 신학 강좌, 오스테른의 고전 문헌학, 하르더의 그리스 문학, 군델핑거의 현대 독일 문학 강좌, 만하임의 사회학 강좌(「19세기 철학의 정치적·사회적 의미」, 「사회학 연습」) 등에 참여했다.* 이때 그녀는 후설의 현상학 입문을 수강하였다. 마이어는 이 장에서도 아렌트와 카를 만하임의 관계를 특별히 강조한다.

아렌트는 박사학위 논문을 마친 후 독일 학술비상대책재단에 연구 계획서를 제출할 때 야스퍼스의 요청으로 하이데거와 디벨리우스의 추천서를 받을 수 있었지만, 교수자격 논문을 집필하는 남편과 함께 프랑크푸르트에 있을 때 카를 만하임을 만났으며 도움을 받았다. 1929년 노바베스 법원 등기소에서 결혼식을 올린 한나 아렌트와 귄터 슈테른은 1933년 독일 망명에 즈음하여 파경에 이르기 시작했지만, 이혼 이후에도 두 사람과 가족은 유대인 공동체를 통해서 여전히 관계를 유지했다. 관련 내용은 마이어의 전기와 영-브륄 전기에 잘 드러나고 있다.

아렌트는 박사학위를 마치고 에세이를 집필하던 1930년대 초반 전체주의의 서막, 즉 어두운 시대의 도래를 감지하기 시작했다. 아렌트는 귄터 가우스로부터 "언제 정치에 주목하게 됐는가?"라는 질문을 받자 다음과 같이 답변했다. "1931년부터 나치

don: A Harvest Books, 1992); 홍원표 옮김, 『한나 아렌트·카를 야스퍼스 서간집, 1926~1969년』(서울: 신서원, 2024).

*　　이 책, 112쪽.

가 집권할 것이라고 굳게 확신했습니다. 그리고 이 문제에 대해 다른 사람들과 끊임없이 대화를 나누었습니다."* 「베를린 살롱」은 전체주의의 서막에 대한 아렌트의 반응이 간접적으로 드러난다. 이 시기 아렌트의 저작을 역사적·사회학적 시각에 중점을 두고 있다는 지적에 대해서는 다른 의견이 있다는 점을 고려해야 할 것이다.

V. 파리 망명 시절(1933~41) 시온주의 활동과 무국적자의 삶

아렌트의 파리 망명 시절 이야기는 영-브륄 전기에서 상당한 지면으로 구성되었지만, 마이어의 전기에서는 훨씬 더 많은 분량을 차지한다. 이는 소책자로서 충분한 분량이다. 여기에서 파리 망명 시절 아렌트의 시온주의 활동이 중요한 일부를 구성한다. 강조하자면, 마이어는 이를 위해 기록보관소 자료를 새롭게 발굴했을 뿐만 아니라 아렌트 연구에서 비중 있게 취급되지 않은 부분들에 대해 세심하게 기술하고 있다.

이 장은 총 9절로 구성되어 있다. 제1절 「최후까지의 책임」에서는 1933년 아렌트의 망명 직전 상황을 밝히고 있다. 특히, 마이어는 『라헬 파른하겐』을 집필하고 반유대주의에 저항하는 아렌트의 모습과 정치 행위를 강조했다. "아렌트의 라헬 파른하겐은

* 아렌트, 『전체주의 물결과 정치적 이해』, 104쪽.

1932/33년에 구체적인 이상형이었다."* 이때 아렌트 부부에게 어둠이 찾아왔다. 1933년 2월 27~28일 밤 독일 제국의회 화재가 발생한 직후 귄터 슈테른은 파리로 망명했지만, 아렌트는 "이 사건에 충격을 받았고 그 순간부터 책임감을 느꼈다."** 아렌트의 책임감은 《유대인 평론》과 《쾰른 신문》에 게재된 두 편의 글, 즉 「사교육 기관을 반대하며」와 「최초의 동화: 라헬 파른하겐 서거 100주년 후기」에도 반영되었다.*** 이런 점에서 "그녀는 사적인 것과 공적인 것이 하나로 합쳐진 이상적인 사람이었다."**** 아렌트는 시온주의 단체의 요청으로 반유대주의에 관한 기사를 수집하다가 나치 경찰에 체포되었고, 8일 만에 석방된 직후 프라하와 제네바를 거쳐 프랑스로 망명했다. 아렌트는 하이데거가 프라이부르크대학교 총장에 취임하면서 드러낸 반유대주의에 대해 어떤 태도를 보였는가? 당시 아렌트의 입장에 관한 자료는 찾기 어려웠다. 그렇다면 아렌트가 사후적으로 어떠한 태도를 보였는가?*****

---

    *   이 책, 145쪽.

   **   아렌트, 『전체주의 물결과 정치적 이해』, 104쪽.

  ***   아렌트, 『유대인 문제와 정치적 사유』, 215-29쪽.

 ****   이 책, 147쪽.

*****   아렌트, 『난간 없이 사유하기』, 608쪽. "사상가들을 영예롭게 하고자 하는 우리에게 비록 자기 거주지가 세계의 한복판에 있을지라도 플라톤과 하이데거가 인간 현안에 관여할 때 군주나 독재자로 변했다는 점은 충격적이며 아마 거의 격분하지 않을 수 없다. 이는 단순히 그들의 시대적 상황 탓도, 더욱 공연 행위를 행한 등장인물 탓도 아니며, 차라리 프랑스어로 이른바

제2절 「자유를 의미하는 프랑스」에서는 아렌트가 망명 중 제 네바에서 어머니의 친구인 마르타 문트를 만나게 된 사실과 관련된 내용을 서두에 밝힌다. 무엇보다도 파리에서 남편인 귄터 슈테른을 만났을 때, 프랑스 경찰서는 슈테른의 수입과 재정 능력을 고려하여 아렌트의 거주 허가 신청을 긍정적으로 고려했다. 아렌트는 이러한 조건에서 작가이자 수필가인 아르놀트 츠바이크를 만났다. 츠바이크는 아렌트의 도움을 받아 『독일계 유대인의 성과 1933: 시도』를 집필했다. 츠바이크는 아렌트를 위한 공개 추천서에서 그녀가 베를린 국립도서관에서 반유대주의 발언에 관한 자료를 취합했다는 사실을 밝혔다.

제3절 「첫 번째 경력: 행위와 말」에서는 아렌트가 농업·수공업훈련원에 참여하면서 『라헬 파른하겐』 집필을 마무리한 상황을 밝혔다. 이 절에서는 몇 가지 사항에 주목할 필요가 있다. 마이어는 농업·수공업훈련원과 협력 관계를 유지하는 유대인 자문위원회에 보낸 편지 내용을 부각하고 있다. 즉 아렌트가 "유대인의 동화 동기와 기원에 관한 역사적·사회학적 조사로 전기를 집필하려고 했다"는 지적이다. 아렌트의 요청은 런던의 과학·학습보호협회에 전달되었고, 영국에 망명 중인 만하임은 적극적인 역할을 했다. 그러나 중요한 점은 이러하다. "농업·수공업훈련원에서의 활동은 (…) 아렌트가 시온주의의 목표를 지지하는 어떠한 지적 활동에도 참여하지 않고 오히려 실천 활동을 했음을 의미했다."*

'왜곡된 직업관' 탓으로 돌려야 할 것이다."

제4절 「유대인 청소년을 위한 모든 것」에서는 마이어가 아렌트의 시온주의 활동과 관련한 여러 자료를 소개한 점에 주목할 필요가 있다. 1935년 1월《유대인 신문》에 게재한 「유대인 젊은이들의 직업 재분류」 기사와, 또 다른 광범위한 기사 「모국으로 돌아가는 젊은이들」은 어린이·청소년 알리야에 대한 아렌트의 깊은 관심을 잘 보여주고 있다. 아울러 청소년 수송을 마치고 돌아오는 아렌트의 활동과 관련한 기사 「팔레스타인 방문과 복귀」를 들 수 있다. 기사의 첫 부분은 다음과 같다. "《유대인 신문》은 활력과 열정이 넘치는 젊은 박사이자 시온주의 활동가인 한나 아렌트 부인이 파리로 돌아온 것을 발표하게 되어 기쁘게 생각한다."** 《유대인 신문》의 편집자들은 아렌트를 "협력자"로 묘사했다.

제5절 「알리야와의 잠정 이별, 블뤼허와의 만남」에서는 주목해야 할 몇 가지 '사건'을 밝히고 있다. 첫째, 스위스에서 열린 프랑크푸르터 재판에 관한 사항이다. 아렌트는 이 재판을 참관하기 위해 알리야 사무소를 잠정 폐쇄하고 스위스를 방문하였다. 그녀의 재판 참관기는 『유대인 문제와 정치적 사유』에서 확인할 수 있다. 둘째, 아렌트는 1936년 5월 말부터 6월 말까지 파리의 독일 성인교육센터에서 「독일 반유대주의의 역사」라는 주제로 네 차례 저녁 강의를 진행했다. "자신을 하인리히 라르젠이라고 불렀

---

*   이 책, 174쪽.
**   이 책, 207쪽.

던 하인리히 블뤼허도 어느 날 저녁 청중 가운데 한 명이었을 것이다."* 이 부분에서 하인리히 블뤼허의 그동안 행적을 자세히 언급하고 있다. 귄터 슈테른은 1936년 5월 프랑스에서 뉴욕으로 떠났고, 아렌트는 1937년 9월 법원의 판결로 귄터와 이혼하였다. 아렌트는 이때를 전후하여 블뤼허를 만났다.

제6절 「파리의 시사평론가」에서는 현대 반유대주의에 대한 아렌트의 강연을 소개한다. 출판할 의도로 작성한 159쪽 분량의 타자 원고를 자세히 설명하고 있다. 이 원고에는 "1937/38년"이란 연도가 표시되어 있다. 5개 절로 구성된 이 원고는 제롬 콘과 론 펠드만이 편집하여 2007년에 출간한 『유대인 문제와 정치적 사유 *The Jewish Writings*』에 「반유대주의」라는 제목으로 처음 수록되었다. 원본의 5개 절과 달리, 수록 원고는 서론을 포함해 총 8절로 구성되어 있다. 원고 완성 연도는 "1938/39년"으로 표시되어 있다. 아울러 「드레퓌스 사건에서 오늘날의 프랑스까지」도 이 시기에 집필한 것으로 추정된다고 밝혔다. 이 원고는 45쪽 분량으로 1942년 『유대 사회 연구』에 수록되었고, 이후 아렌트의 유고 모음집에 포함되지는 않았다. 두 에세이는 이후 『전체주의의 기원』 제1부 「반유대주의」에 포함된다.

제7절 「숨가쁜 시간들」에서는 유럽의 국제정세가 급박하게 바뀌는 상황을 밝히고 있다. 독일은 1936년 3월 7일 독일 제국의 확장 정책으로 라인란트를 점령했고, 루마니아는 독일의 반유대

* 이 책, 218쪽.

인 조치에 동참하였다. 영국과 프랑스는 제3제국에 대해 유화 정책을 지지했다. 1938년 7월 6~15일 개최된 국제난민회의, 즉 에비앙 회의는 유대인 난민에게 또 다른 좌절을 안겨주었다. 1938년 9월 29일 뮌헨에서 영국·프랑스·나치 독일·이탈리아가 체코슬로바키아의 영토 중 독일인 인구가 많은 서쪽 지역을 나치 독일에 양도하는 것을 골자로 하는 뮌헨 협정이 체결되었다. 1938년 11월 7일 그린스판이 파리 주재 대사관에서 공사관 폼 라트에게 총격을 가했고, 이후 독일 전역에서 유대교 회당과 유대인 기관이 불탔다. 이 사건이 바로 제국의 '대학살의 밤'이었다.

제8절 「알리야로의 복귀」에서 주목할 몇 가지 사항은 다음과 같다. 첫째, 제국의 대학살의 밤 이후 쾨니히스베르크에 남아 있던 가족은 독일을 떠나기 위해 움직였으며, 아렌트는 어머니를 구출하기 위해 더욱 노력했다. 의붓자매인 에바 베어발트는 영국으로 망명했다. 둘째, 아렌트는 알리야 활동을 하면서 에바 슈테른과 관계를 유지했다. 셋째, 아렌트는 유럽 유대인의 파국적 상황을 고려하여 게오르크 란다우어에게 보고서를 보내 알리야 활동을 전개하기 위한 다각적인 노력을 기울였다. 이 과정에서 로스차일드 가문의 지원을 받았으며, 국제여성시온주의 단체와 협조 관계를 유지하였다. 마지막으로, 아렌트는 1939년 거의 5년 동안 참여했던 어린이·청소년 알리야 활동을 끝냈다.

제9절 「폭풍의 한가운데서」는 전쟁이 발발한 이후의 상황과 프랑스 탈출에 관한 내용을 간략하게 소개하고 있다. 아렌트와 블뤼허는 1940년 결혼하여 독일의 프랑스 점령 이후 귀르스 수

용소를 떠나게 되었고, 몽토방에서 다시 만나 마르세유로 이동한 후, 스페인 국경을 넘어 리스본으로 갔다. 리스본에서 미국으로 이주하는 이야기는 「서론」으로 연결된다.

마이어는 머리말에서 발터 벤야민과 함께 수용소에 함께 갇혔던 한스 잘의 시 「마지막 닻줄」을 통해 이주 난민들의 심리 상태를 잘 드러냈다. 한스 잘은 미국으로 이주한 이후 자신의 도피를 도와준 바리안 프라이와 함께 망명 지식인들을 도왔다. 그러나 아렌트 부부는 어떤 입장이었을까? "블뤼허 부부는 리스본에서 배를 기다리는 동안 벤야민의 「역사철학 테제」를 서로에게, 그리고 주위에 모인 사람들에게 큰소리로 읽어주었다."* '닻줄'은 '구원'을 의미하는가? 마이어와 영-브륄은 독자들에게 '무엇'인가를 이야기하고 있다.

VI. 『전체주의의 기원』의 탄생: 경험과 사유의 응축된 '자서전'

마이어는, 1951년 3월 22일 『전체주의의 기원』을 출간하기까지 아렌트의 주요 활동뿐만 아니라 텍스트의 내용을 독특하게 이야기하고 있다. 앞 장의 파리 망명 시절 "완전한 유대인"으로서의 경험은 이를 뒷받침하려는 주요 배경이 될 수 있다. 이 장은 「프롤로그」 및 「뉴욕시 한가운데서」 이외에 크게 4절로 구성되어 있다.

---

*　　영-브륄, 『한나 아렌드 칠힉 진기: 세계사랑의 어징』, 370쪽.

즉 「전체주의 연구의 원초적 기반 형성」, 「유대인의 대의 수행」, 「사각지대의 아틀라스」, 그리고 「독일인에게 보내는 편지」이다.

마이어는 경험 공간과 기대 지평이라는 틀에 기반하여 전기를 구성하였다. 제5장 「옛날 옛적 미국에서Es war Einmal in Amerika」라는 주제 아래 『전체주의의 기원』이 아렌트의 삶과 사상에서 차지하는 위상을 독특하게 드러내고 있다. 우선 「옛날 옛적에 미국에서」*라는 문학적이고 비유적인 문구는 '차례'와 제5장 '제목'에만 나타날 뿐 어디에서도 언급되지 않는다. 아렌트는 『전체주의의 기원』을 남편인 블뤼허에게 헌정했지만, 마이어는 이후의 논의에서 발데마르 구리안과 잘로 바론의 역할을 잘 드러내고 있다.

이 장의 결론에서도 지적하듯이, "아렌트는 『전체주의의 기원』을 통해 20년간의 사유와 행위, 실천과 이론을 책이라는 형태

---

* 「옛날 옛적에 미국에서」라는 제목의 영화(1984년)는 해리 그레이(Harry Grey)의 자전적 소설 『후드The Hoods』에 기반을 두고 있으며, 유대계 미국인 갱스터 '네 명'의 우정과 아메리칸 드림을 그린 작품이다. 영화 구성은 유년기(1920년 금주법 시대), 청년기(1930년대 대공황기), 노년기(1968년 베트남전으로 인한 혼란기)로 구성되지만, 영화는 시대순이 아닌 노년의 주인공이 과거를 회상하는 방식으로 진행된다. 이 이야기에서 「옛날 옛적에 미국에서」의 함의를 도출하는 것은 쉽지 않았다. 마이어가 이 문구를 어떤 근거로 사용했는가는 차후의 연구 과제이다. 참고로 다음 문장의 의미를 살펴볼 필요는 있다고 생각된다. "아렌트는 어린 시절, 청년기, 대학 시절의 경험 공간과 쇼아로 파괴된 기대의 지평을 거쳐 미국에서 새로운 기대나 현상 공간을 연구했다." 이 인용문은 다음 자료를 참조할 것. Armin König, "Ein Meilenstein der Hannah Arendt-Forschung, aber kein Referenzwer: Thomas Meyers Biografie hat Stärken und Schwächen."

로 만들어냈다."* 잘 알려졌듯이, 아렌트는 1944~45년『전체주의의 기원』을 집필하는 데 전념하기 시작했다. 그러나 아렌트는 이미 이전에 전체주의 연구의 주요 요소가 되는 원초적 기반 형성(정치적 사유 또는 이론적 고찰, 관련 쟁점을 둘러싼 대화)와 실천적 행위를 병행하였다. 마이어는『전체주의의 기원』의 결실에 앞서 이를 가능하게 하는 과정을 두 가지 측면에서 고찰한다.

마이어는「전체주의 연구의 원초적 기반 형성」**에서 아렌트와 친구인 발데마르 구리안 사이의 왕래 서신에 담긴 정치이론의 측면을 눈에 띄게 드러냈다.*** "구리안은 아렌트의 이후 삶에 헤아릴 수 없을 만큼 큰 영향을 끼쳤다. (…) 우리는 구리안에게 보낸 아렌트의 편지로『전체주의의 기원』을 더 잘 이해할 수 있다."**** 마이어는 이를 확인하기 위해 의회도서관에 소장된 발데마르 문서를 그 근거로 삼았다.

여기서는 아렌트가 구리안에게 보낸 편지 가운데 전체주의 연구와 관련한 인용문을 간략하게 소개한다. 마이어에 따르면, 구리안의「마르크스주의 분석」은 아렌트의『전체주의의 기원』제3부의 테제와 관련한 내용을 제시했다. 즉 아렌트는 1942년 2월

---

*   이 책, 382쪽.

**   여기서는 "Ursprung der Ursprünge"를 '기원들의 기원'으로 번역하지 않고, 전반적인 내용을 고려하여 '전체주의 연구의 원초적 기반 형성'으로 표기한다. '기원들의 기원'은 너무 모호하기에 제목에서 그 의미가 구체적으로 드러나지 않기 때문이다.

***   발데마르 구리안과 아렌트의 우정은『어두운 시대의 사람들』을 참조할 것.

****   이 책, 290쪽.

편지에서 "나는 총체적 정치화를 시민 의식 — 한 사람의 일이 모두의 일이라는 의식 — 이 실종된 사람들의 완전한 탈정치화라고 생각합니다."*라고 밝혔다. 아렌트와 구리안은 이 점에 대해 동의했다. 아렌트는 마르크스주의·공산주의·볼셰비즘 문헌에 대한 구리안의 깊은 지식, 가톨릭 저항운동에 참여한 구리안, 그리고 구리안의 독창적인 질문을 통해 많은 통찰을 얻었다. 아렌트는 콘래드의 『어둠의 심장』을 구리안에게 강력히 추천했다. 아렌트는 구리안과의 대화를 통해 갈등 상황을 '문화적 차이'라는 순진하면서도 음험한 공식으로 축소하는 것의 위험성을 경고했다. 아렌트는 또한 세계국가의 내용과 관련하여 이를 평화의 맥락에서 이해하려는 비관론과 교육을 통해서 갈등을 해결하려는 낙관론을 모두 경계했다. 아렌트는 이를 통해 전체주의 체제를 정치적으로 이해하는 틀을 마련했다.

아렌트는 구리안이 창간한 《정치평론》에 1944년 처음으로 논문을 게재했다. 구리안은 아렌트와 서신을 주고받으면서도 이때까지 아렌트의 논문 게재를 기다렸다. 이후 아렌트는 1954년 구리안이 사망하기 직전까지 《정치평론》에 총 10편의 논문을 게재했고, 그의 사망 직후 3편의 논문을 더 게재했다.** 이는 영-브뤼

---

* 이 책, 296쪽.

** 여기에 열거한 에세이들은 모두 아렌트의 저작 또는 사후 편집본에 모두 수록되었으나 여기서는 《정치평론》에 수록된 서지사항만을 기재한다. "A Believer in European Unity," *Review of Politics*, 4/2(April 1942), 245-47; "Race-Thinking before Racism," *Review of Politics* 6/1(January 1944), 36-73; "Imperialism, Nationalism, Chauvinism," *Review of Politics* 7/4 (October

의 『한나 아렌트 철학 전기』에 수록된 「한나 아렌트 저작의 연대기적 서지사항」에서 확인할 수 있다. 9편의 에세이는 아렌트가 철학·역사·사회학의 관점에서 정치이론으로의 전환을 확연히 보여주고 있으며, 4편의 에세이는 서평, 구리안 전기, 그리고 역사와 권위에 관한 주제를 다루고 있다.

구리안은 노트르담대학교 강의에 친구인 아렌트를 초청했다. 가톨릭계 대학교에서 여성 학자를 초청하는 일은 당시 예외적이었다. 이런 마음은 아렌트가 야스퍼스에게 보낸 편지에 잘 나타난다. "구리안은 몹시 두려워하며 저를 이리저리 안내했습니다. 한 여성이 가톨릭계 대학교의 강단에 오르는 일은 이번이 처음이기 때문입니다."* 아렌트는 1954년 세상을 떠난 구리안의 추

1945), 441-63; "The Nation," *Review of Politics* 8/1(January 1946), 138-41, A review of J. T. Delow, *La Nation*(Montreal: Editions de l'Arbre); "Totalitarian Terror," *Review of Politics* 11/1(January 1949), 112-15, A review of David J. Dallin and Boris I. Nicolaevsky, *Forced Labor in Soviet Russia*; "Peace or Armistice in the Near East?" *Review of Politics* 12/1(January 1950), 56-82; "The Imperialist Character," *Review of Politics* 12/3(July 1950), 303-20; "Ideology and Terror: A Novel Form of Government," *Review of Politics* 15/3(July 1953), 303-27; "Rejoinder to Eric Voegelin's Review of *The Origins of Totalitarianism*," *Review of Politics* 15(January 1953), 76-85; "The Personality of Waldemar Gurian," *Review of Politics* 17/1(January 1955), 33-42; "Authority in the Twentieth Century," *Review of Politics* 18/4(October 1956), 403-17; "The Modern Concept of History." *Review of Politics* 20/4(October 1958): 570-90.

* 아렌트가 야스퍼스에게 보낸 편지(1950년 12월 25일). 『한나 아렌트·카를 야스퍼스 서간집 1/2』.

도사에서 다음과 같이 끝을 맺었다. "그는 자신의 집을 이 세계 속에 세웠으며 우정을 통해 이 지상에서 편안함을 누렸다."*

이제 「유대인의 대의 수행」에서 마이어가 전체의 구도를 어떻게 구성하고 논지를 이끌어가는가에 대해 살펴보기로 한다. 이 절은 매우 복잡한 구도로 짜여 있다. 몇 가지를 먼저 제시한다. (1) 아렌트가 《재건》을 통해 유대인 정치의 중요성을 공개적으로 밝혔던 정치평론가의 역할이다. 앞에서는 아렌트가 편지로 구리안과 나누었던 이론적 대화를 부각하는데, 이 시기(1941년 10월~1945년 4월 20일)에는 또한 아렌트가 《재건》에 많은 기사를 정기적으로 기고했던 시기다. (2) 아렌트는 새로운 유대인 단체를 창립하고 이에 적극적으로 참여하면서 어떤 인간관계를 유지했는가? (3) 『전체주의의 기원』을 집필하는 과정에서 드러낸 정치적 사유의 궤적을 어떻게 취급할 것인가? 정치적 사유의 중심이 유대인 정치에서 정치 일반으로 어떻게 이동하고 있는가? 특히, 「시온주의를 재고하자!」라는 제목의 논문에 주목해야 할 것이다.

첫째, 아렌트는 《재건》을 통해 유대인 정치의 필요성을 주장했으나 시온주의 단체의 소극적 입장에 실망감을 느끼며 유대인 정치에 진지하게 관심을 두고 실천할 '유대인 청년 단체'의 설립에 참여했다. 이 단체의 강령은 마이어의 표현대로 "나중에 『전체주의의 기원』에 드러난 성찰 정신을 반영하고 있다. 유대인 문제는 생과 사의 문제였다." 이때 아렌트는 요제프 마이어와 함께

*　　아렌트, 『어두운 시대의 사람들』, 425쪽.

기존 시온주의 운동이나 동화와 다른 제3의 길을 모색하였다. 이러한 입장은 1945년에 발표된 「시온주의를 재고하자!」에서 구체화하기 시작한다. 이 에세이는 아렌트의 시온주의 친구들에게 도전으로 받아들여졌다. 이때 아렌트는 시온주의 운동의 오랜 동료인 블루멘펠트와 긴장 또는 갈등 관계에 놓이기 시작했다. 왜 그랬을까? 한편 폐쇄적 민족주의에 기반한 근대 국민국가 형태의 이스라엘 국가 건설을 구상하는 블루멘펠트의 입장, 다른 한편 정치적 조직화의 방안으로 연방을 구상하는 아렌트의 입장은 당연히 충돌할 수밖에 없었을 것이다.* 토마스 마이어는 이 전기에서는 이 문제를 자세히 다루지 않고, 아렌트와 블루멘펠트의 관계가 우정에서 갈등 관계로 바뀌는 과정을 이야기했다. 이 갈등은 『예루살렘의 아이히만』 출간으로 극단 상황으로 바뀌고, 1963년 5월 블루멘펠트의 사망으로 해소되지 못한 상태로 끝난다.

둘째, 유대인문화재건위원회의 활동이 『전체주의의 기원』에 어떻게 반영되어 있는가? 1944년 7월 히브리 유니언 대학의 사서인 오코의 집에서 열린 회의에서 유대인문화재건위원회가 결성되었다. 유대인관계회의는 유대인문화재건위원회의 설립에 주도적 역할을 했다. 바론은 1933년부터 1988년까지 의장을 역임했다. 바론은 아렌트가 세상을 떠난 다음 해에 《유대인 사회연구》에 아렌트의 삶과 학문적 업적을 알리는 기고문을 게재했

---

* 아렌트, 『유대인 문제와 징치적 사유』, 「시온주의를 재고히지!」를 참조할 것.

다.* 아렌트는 미국으로 이주한 직후 컬럼비아대학교에 재직하고 있던 바론을 방문하여 프랑스에서의 유대인 상황에 대해 논의하였다. 아렌트는 바론의 제안으로 1942년 에세이 「드레퓌스 사건에서 오늘날의 프랑스」를, 1946년에 에세이 「파리아로서 유대인: 숨겨진 전통」과 「특권적 유대인」을 《유대인 사회 연구》에 게재했다. 바론의 회고에 따르면, "그녀의 집중적인 개인적 지도로 '점령된 추축국의 유대 문화 보물에 대한 임시 목록'이 편집되어 《유대인 사회 연구》 제8권에 보충 자료로 출판되었다."** "『전체주의의 기원』이란 유명한 저서는 그녀의 이러한 집중적인 노력으로 출간되었고, 그녀는 곧 최고의 정치학자로 명성을 얻었다."***

조슈아 스타는 1949년 초 유대인문화재건위원회의 대표로 오펜바흐를 방문했으나 12월 42세의 나이로 자살했다. 1941년 미국으로의 이주 이후 아렌트는 그의 자리를 이어받아 1949년 12월부터 1950년 4월까지 사무총장의 직책으로 처음 유럽과 독일을 방

---

* Salo W. Baron, "Hannah Arendt(1906~1975)," *Jewish Social Studies*, Vol. 38, No. 2(Spring, 1976), pp. 187-89. 이 보고서는 다음 말로 끝을 맺는다. "간단히 말해서, 한나 아렌트가 정치학과 사회철학의 일반 분야와 유대인 사회 연구 및 공동체 행위와 관련된 특정 분야에서 이룬 중요한 업적은 잊을 수 없을 것이다."

** Ibid., 187. 아렌트가 책임을 맡아 정리한 두 자료는 다음과 같다. "Tentative List of Jewish Cultural Treasures in Axis-Occupied Countries." Supplement to *Jewish Social Studies* 8/1(1946); "Tentative List of Jewish Educational Institution in Axis-Occupied Countries." Supplement to *Jewish Social Studies* 8/3(1946).

*** Ibid., 188.

문했으며, 귀국하여 「나치 지배의 여파: 독일 보고서」를 출간했다. 이때 그녀는 스승인 야스퍼스·하이데거와 재회하였다. 그녀는 유대인문화재건위원회의 임무로 1952/53년 두 번째로 방문했다. 그녀는 8년 동안 임무를 수행하면서 "유럽 유대인 학살이 얼마나 심각했는지를 완전히 이해하였다."* 이렇듯, "그녀의 학문적 문제 설정과 실천 활동은 분리될 수 없었다."** 아렌트가 당대의 현실에 어떻게 맞서고자 했는가? "첫째로 책임을 지기 위해 어떤 식으로든 유대인의 대의에 봉사하고, 둘째로 앞으로 그런 일이 일어나지 않도록 방법을 찾아야 한다."*** 이 장의 제목에서 드러나듯이, 마이어는 아렌트의 행위와 사유에서 유대인성을 부각하고 있다. 그렇다면, 유대인 정치에서 정치 일반으로의 전환 문제는?

「사각지대의 아틀라스」에서는 『전체주의의 기원』과 관련한 내용을 압축하여 밝힌다. 여기에서 마이어는 3부의 전반적인 흐름을 응축하여 소개하고 있기에, 이와 관련한 내용을 반복할 필요는 없다. 몇 가지 두드러진 해석을 소개하는 것으로도 충분할 것이다.

(1) 1942년 이후 출간된 13편의 텍스트가 『전체주의의 기원』에 수용되었다는 지적은 앞의 내용을 통해서 충분히 알 수 있다. 마이어는 이와 별도로 다른 저작에서 인용되지 않았던 자료를

---

*　　　이 책, 341쪽.

**　　이 책, 342쪽.

***　이 책, 342쪽.

새로 발견하여 소개하였다. (2) 『전체주의의 기원』은 모든 사람에게 사각지대를 정확하게 지적한 지도책이다. 아렌트는 깊은 통찰력으로 유럽 역사에서 주목하지 않았던 역사적 사건의 다양한 의미를 드러냈기 때문이다. (3) 마이어는 『전체주의의 기원』을 집필하는 과정에서 발데마르 구리안과 잘로 바론의 역할을 강조하였다. 그러나 마이어는 아렌트가 이 책을 남편인 블뤼허에게 헌정한 사실을 지적하면서도 블뤼허의 역할에 대해서는 거의 언급하지 않았다. 오히려 "잘로 바론과 그의 아내가 아렌트의 임종 때 함께 있었다는 사실은 전기적으로 엄청날 뿐만 아니라 적절한 일이었다."* (4) 아렌트 책의 제사에서도 언급했듯이, 아렌트는 현재의 입장에서 역사를 기술하고자 했다. (5) 파괴된 경험 공간에 대한 이해와 새로운 경험 공간의 발현은? 한 시대의 종말은 새로운 시작을 예고한다. "인간은 시작이었다." 이 부분은 유대인 정치를 넘어서 인간다운 삶을 가능케 하는 정치 영역의 가능성, 즉 새로운 시작으로서 행위와 제도의 필요성을 밝히고 있다.

그러나 마이어는 「독일인에게 보내는 편지」라는 절로 이 장의 내용을 마무리한다. 마이어는 왜 이렇게 표현했을까? 마이어는 초판인 영어판 『전체주의의 기원』이 1955년 유럽출판사에서 독일어판 『전체주의의 요소와 기원』으로 출간되기까지의 애로사항을 밝혔다. 이 독일어판에 수록된 야스퍼스의 서문은 『전체주의의 기원』을 압축적으로 드러내고 있다. 즉 이 책은 "역사적 통

* 이 책, 368쪽.

찰력을 제공할 뿐만 아니라 (…) 철학적 사고방식이 정치 현실에서 어떻게 비로소 타당성을 갖게 되는지에 대한 통찰력을 제공한다. (…) 그러나 이러한 정신은 끝없는 무관심이라는 무한한 객관성이나 특정 이해관계의 편협함을 추구하는 것이 아니라, 오히려 인간 존엄성을 옹호한다. 따라서 이 책은 거대한 규모의 역사서다."* 야스퍼스의 마지막 문장은 다음과 같이 끝을 맺는다. 즉 "이 책의 사고방식은 독일적이고 보편적인 기원을 가지고 있고 (…) 이러한 사고방식은 때때로 독일 정신에서 우러나오는 놀라운 개방성을 지닌다. 따라서 독일어라는 언어에서 가장 적절한 표현을 찾는다."** 마이어는 이러한 점을 고려하여 『전체주의의 기원』을 "독일인에게 보내는 편지"로 표현했을 것이다.

아렌트는 머리말에서 다음과 같이 『전체주의의 기원』을 특징화한다. "나는 전체주의 지배가 제3제국과 볼셰비키 정권에서 새로운 '국가 형태'로 인식되고 있다고 생각한다. 그 기원은 국민국가의 쇠퇴와 붕괴, 그리고 현대 대중사회의 무정부적 부상에 있다. 이러한 붕괴 과정에서 드러난 요소들을 제1부와 제2부에서는 역사적 기원으로 거슬러 올라가 분석하고, 제3부에서는 전체주의적 결정화로 분석한다."***

지금까지의 주장을 토대로 몇 가지 의견을 제시할 수 있다. (1)

---

*   Karl Jaspers, "Geleitwort," in Arendt, *Elemente und Ursprünge totaler Herrschaft*, p. 9.

**   Ibid., p. 11.

***   Arendt, "Vorwort," *Elemente und Ursprünge totaler Herrschaft*, p. 14.

역사의 종말은 역사의 새로운 시작을 의미한다.『전체주의의 기원』의 마지막 단락을 참조할 필요가 있다. "시작은 그것이 역사적 사건이 되기 이전에 인간이 가진 최상의 능력이다. 정치적으로 시작은 인간의 자유와 같다. (⋯) 새로운 탄생이 이 시작을 보장한다. 실제로 모든 인간은 시작이다."* (2) 우리는 '전체주의'라는 용어를 삼가며 세심하게 사용할 온갖 이유를 가지고 있다. 전체주의는 나치즘이든 스탈린주의든 20세기에 등장한 전례 없는 정치 체제이지만, 역사 속에서 변형된 형태로 발전할 수 있다. 이런 점에서『전체주의의 기원』은 이후 역사에서도 정치와 자유 영역이 유린되고 고사될 수 있을 위험성을 경고하고 있다. 따라서 아렌트는 정치 행위의 중요성, 그리고 정치제도로서 평의회와 같은 공공영역의 복원과 활성화를 주장하였다. 독일인의 관점에서 볼 때, 이 책은 아렌트가 독일인에게 보내는 편지이기도 하지만, 무엇보다도 인류에게 보내는 편지이기도 하다.

VII. 철학과 정치이론의 차이를 넘어: 독립적으로 사유하는 우정의 화신

제4절에서는 대학 시절 아렌트와 스승의 관계, 어두운 시대의 시작을 언급했다. 여기서는 전후 두 스승과 아렌트의 관계를 살펴

---

* 아렌트,『전체주의의 기원 2』, 284쪽.

본다. 제4절의 내용과 더불어 이들 사이의 우정과 학문적 차이에 관한 이야기는 전기의 약 20% 분량에 해당한다. 특히, 이 절에서는 철학자와 정치이론가의 차이를 드러낸다. 즉 독립적으로 사유하는 아렌트의 모습이 확연히 드러나는데, 전반부는 하이데거와 아렌트의 관계를, 후반부는 야스퍼스와 아렌트의 관계를 조명하고 있다. 마이어의 심도 있는 분석과 해석이 돋보인다.

마이어는 하이데거와 관련한 아렌트의 입장을 『편지들, 1926~1975년』 또는 『사유 일기』를 주로 활용하고 있다. 즉 "아렌트의 경우 편지 장르는 그녀 자신이 『사유 일기』나 책에 관한 대화에서 자신이 생각했던 것을 보다 정확하게 표현할 가능성을 제공했기 때문이다."*

아렌트는 하이데거 밑에서 실존철학을 연구하였고 1945년 이후 이를 공개적으로 밝히기도 했다. 그러나 이 공개적 언급은 대단히 비판적이었다. 즉 아렌트는 「실존철학이란 무엇인가?」에서 하이데거의 전력을 명백히 언급했다. 이 독일어 원본은 『6편의 에세이』에 수록되었고, 하이데거는 이 책을 읽었을 것이다. 여기에는 「야스퍼스에 대한 헌사」가 실렸다. 그런데 아렌트는 1950년 하이데거와 재회한 이후 하이데거와 관련한 집필을 거부하거나 침묵을 지켰다. 하이데거에 대한 아렌트의 비판은 1953년 『사유 일기』에 기록한 「여우 하이데거」에 잘 드러난다. 함정을 만들어 덫에 갇혀 살던 여우는 이렇게 말한다. "내 함정에 찾아오는 사람

＊　　이 책, 484쪽.

이 너무 많아서 내가 여우 중에서 최고가 되었어."* 마이어는 이를 아렌트의 '심리학 작품'으로 언급한다.

아렌트는 유대인문화재건위원회에서 활동할 때 철학 자체와 일정한 거리를 유지하면서 정치적 관점을 공식화했지만, 하이데거는 철학적 도피주의에서 정치적으로 사유하는 사람을 무시했다. 반면에, 아렌트는 "경험의 관점에서 현재와 관련하여 철학의 세계 의미와 의미 세계"에 주목했다. 아렌트의 이러한 태도는 자신의 정치적 성찰을 담아 하이데거에게 보낸 1954년 보고서에도 잘 드러난다. 여기에는 정부 형태 분석, 노동·작업·행위 개념 분석, 정치이론의 기초인 폴리스에 관한 내용이 담겨 있다.** 이렇듯, 아렌트는 편지 또는 『사유 일기』를 통해 자기 생각을 표현했다.

아렌트는 1954년 미국 정치학회의 초청을 받아 「최근 유럽의 철학사상과 정치에 대한 관심」을 발표하면서 하이데거의 논문 「사물」***을 원용한 점을 강조했다. 아렌트는 이를 기반으로 하여 "인간 경험을 바탕으로 정치 분야를 철학적으로 재검토할 수 있다"****고 밝혔다. 이후 아렌트와 하이데거 사이에 5년간의 침묵이 흘렀다. 이 시기 두 사람 사이의 왕래 서신은 『서간집 1925~1975』에 나타나지 않는다.

* Hannah Arendt, *Denktagebuch, 1950~1973*(München/Zürich: Piper, 2002), 403-4; 『전체주의 물결과 정치적 이해』, 576쪽.
** 이 책, 575쪽.
*** 하이데거 저, 이기상·신상희·박찬국 옮김, 『강연과 논문』, 211-42쪽.
**** 이 책, 488쪽.

아렌트와 하이데거 사이 학문적 긴장을 드러내는 또 하나의 사건은 1958년에 출간된 『인간의 조건』에 대한 하이데거의 무반응이다. 아렌트는 이 책을 보내면서 다음과 같은 내용의 편지를 동봉했다. 즉 "당신은 이 책에 헌정이 없다는 것을 알게 될 것입니다. (…) 이 책은 프라이부르크에서 시작되었고 모든 면에서 거의 모든 것을 당신에게 빚지고 있습니다."* 그러나 하이데거는 이 책에 어떠한 반응도 보이지 않았다. 다시 5년간의 침묵이 흘렀다. 이 침묵은 『인간의 조건』이 하이데거에게 얼마나 깊은 충격을 주었는지를 보여준다. 하이데거는 아렌트의 정치적 사유에 무관심했다.

하이데거는 가다머를 통해 아렌트의 주소를 확인한 다음 1965년 4월 13일 편지를 보냈고, 이듬해 10월 6일 아렌트의 60세 생일을 축하하는 편지를 보냈다. 하이데거는 이 편지 뒷부분에 횔덜린의 시 「가을」과 자신의 시를 동봉했다.** 시는 두 사람을 연결하는 소통 수단이었다. 아렌트는 하이델베르크대학교로 이동한 순간부터 하이데거로부터 독립해 있었지만, 사유의 힘이 하이데거

---

* 아렌트가 하이데거에게 보낸 1960년 10월 28일자 편지(편지 89), *Letters 1925~1975*, p. 124.

** 「가을」 제1연은 다음과 같다. "자연의 빛남은 더 고귀한 표정이다/하루가 그토록 신나는 기분을 끝내는 곳이다;/한 해의 장엄한 정점이며,/열매들이 고귀한 광채와 어우러지는 곳이다." 번역자의 각주에 따르면, 하이데거가 인용한 시와 횔덜린의 원본 사이에는 차이가 있다. 하이데거의 시 일부는 다음과 같다. "오두막 근처에서는 나무로 덮인 파이프에서 샘물이 솟아나 나무통으로 흘러 들어가네. …" *Letters 1925~1975*, pp. 128, 262.

에게서 나온다는 점을 배웠다. 소통 문제는 하이데거와 연계된다.

마이어는 「태고로 되돌아감: 팔순의 하이데거에 바치는 헌사」라는 제목으로 하이데거의 삶과 저작의 의미를 드러낸 아렌트의 입장을 자세하게 소개했다. 앞에서는 하이데거에 대한 아렌트의 거리 두기를 강조했지만, 이 부분은 사유 방법을 가르친 하이데거를 드러내고 있다. 마이어의 독창적인 해석이 돋보이는 부분이다. 따라서 몇 가지 두드러진 내용을 간단히 살펴본다.

첫째, 「팔순을 맞는 하이데거」와 「마르틴 하이데거에게」라는 제목의 에세이를 쓰게 된 배경을 고려한다. 이 글은 '화해, 생일 축하, 그에 대한 우정의 강화'를 잘 드러내고 있다. 아렌트는 1969년 하이데거의 팔순을 기념하는 행사에 참여해달라는 바이에른 방송국의 요청으로 「마르틴 하이데거가 80세가 되었습니다」라는 헌사를 방송한다. 아렌트는 이 에세이에서 하이데거의 삶과 사상의 궤적을 압축하여 밝히고 있다. 이 에세이의 독일어 원본은 《수성》에 수록되었고, 영역본은 이후 『난간 없이 사유하기』에 수록되었다.

둘째, 아렌트는 "태고로 돌아감"이란 표현을 통해 거장인 하이데거를 부각하였다. 이 절의 제목은 헌사의 마지막 문장에서 가져온 것이다.

이 소수의 사람에게는 자기 세기의 폭풍우가 자신들을 어디로 몰아갔는지는 절대 중요하지 않았다. 플라톤의 저작에서 나온 바람이 몇천 년 지난 후에도 여전히 우리를 휩쓰는 것처럼 하이데거의 사유에 불어닥친 바람은 그가 우연히 살았던 세기에 기인하지 않는다. 그 바람은 태고에서 기인한 것이다. 그 바람이 남긴 부분은 완벽한 무엇, 즉 완벽한 모든 것처럼 그 바람이 온 곳으로 되돌아간다.

마지막 부분은 릴케의 소네트 XIX 가운데 "완벽한 것은 모두/태고로 되돌아간다Alles Vollendete fällt/heim zum Uralten"에 해당된다. 이때 아득한 옛날이란 의미의 '태고Uralter'는 세계의 시작을 의미하는 '태초Beginning'와 구별된다. 아렌트의 구분에 따르면, 전자는 'initium'이고 후자는 'principium'을 지칭한다. 아렌트는 "시작도 신이다"(『법률』 775e)라는 플라톤의 말을 인용하면서 다음과 같이 밝힌다. "하이데거에게 시작은 고향과 생년월일이 아니라 프라이부르크대학교에서 일개 사강사이자 후설의 조교 자격으로 담당한 첫 강좌와 세미나다."* 1920년대 야스퍼스와 함께 투쟁 공동체를 형성하여 철학 혁명을 시작하고, 사유 방법을 가르친 하이데거는 소크라테스로 비유되고 있다. 그러나 사유 영역의 '비밀의 왕'인 하이데거와 달리, 아렌트는 이 시대의 재앙을 전적으로 행위 영역으로 옮겨놓았다.

셋째, 폭풍우에 직면한 하이데거를 부각하였다. 사유의 영원한 흐름을 중단시킨 역사, 나치는 하이데거의 사유를 중단시킨 폭풍우이다. 하이데거는 대화편 『국가』에서 밝힌 "커다란 모든 것이

* 아렌트, 『난간 없이 사유하기』, 593쪽.

폭풍우 속에 있다"라고 생각하여 나치의 폭풍우 속으로 들어갔는가? 하이데거는 총장 취임 연설을 이 문장으로 마쳤는데, 아렌트는 1967년 7월 26일 프라이부르크대학교 강연에서 벤야민의 "낙원에서 불어오는 폭풍우"를 언급했다. 아렌트는 "폭풍우 속에서 사유가 무엇인가를 자신과 우리에게 가르친 하이데거, 그리고 사유의 전범이며, (…) 그런 폭풍우 속에서도 이런 사람이 존재할 수 있고 그가 했던 것과 같은 작업은 여전히 가능하다"*고 말했다. 아렌트는 만년에 하이데거와 화해하려는 태도를 그대로 드러냈고, 하이데거는 자신이 구원받은 것을 기뻐했다. 이 부분은 아렌트의 관점이 지닌 한계와 빈틈을 드러내며 비판의 대상이 될 수 있다. 간단히 말하자면, 단절인가, 아니면 공모인가?

넷째, 마이어는 아렌트가 『정신의 삶』에서 하이데거를 다시 집중적으로 조명하며, 교수자격 논문의 주제인 둔스 스코투스의 의지 이론을 언급했다고 밝혔는데, 이는 하이데거에 대한 존경심의 표현인가? 마이어는 "물론 알 수 없다"고 밝혔다. 아렌트는 『정신의 삶』 제2권 제3장에서 「둔스 스코투스와 의지의 우위」라는 제목으로, 그리고 결론에서 「하이데거: 의지하지 않을 의지」라는 제목으로 이들의 의지 이론을 밝혔다.** 아렌트는 고대에서 현재에 이르기까지 '의지의 역사'를 밝히고자 했기에, 하이데거에 대한 언급을 그에 대한 존경심의 표현으로만 규정할 수는 없을 것

*   앞의 책, 612쪽.

**   아렌트, 『정신의 삶: 사유와 의지』, 490-520쪽, 552-81쪽을 참조할 것.

이다. 마이어는『정신의 삶』이 미완성 저작이라고 언급하고 이 전기에서는 이 저작의 좌표를 언급하지 않았다. 대신에 마이어는 「팔순을 맞는 하이데거」가 아렌트의 숙고를 잘 드러내고 있다는 점을 부각하는 것으로 논의를 마쳤다.

이제 야스퍼스와 아렌트의 관계에 대한 마이어의 해석으로 이야기를 옮긴다. 마이어는 전후 아렌트와 야스퍼스의 우정을 부각하고자 1958년 독일 출판서적상협회가 수여하는 평화상 시상식에서 언급한 아렌트의 연설「찬사」를 지적하였다. 제4절「대학 시절~망명 이전」에서는 학생인 아렌트와 스승인 야스퍼스의 관계를 설명했지만, 여기서는 전후 서신 교환, 13차례의 야스퍼스 방문 등 두 사람의 관계를 몇 가지 항목으로 나누어 살펴보는 게 좋을 것이다. 아렌트와 야스퍼스가 주고받은 왕래 서신이 여전히 마르바흐 기록문서보관소의 수장고에 잠자고 있었다면, 누구든 이 자료를 직접 검색하는 수고를 들여야 했을 것이다. 다행히도, 현재는 서간집이 출간되었다.『한나 아렌트·카를 야스퍼스 서간집 1926~1969년』은 두 사람의 우정과 학문적 소통을 이해하는 귀중한 자료다.

하이데거와 아렌트의 관계를 한때는 증오, 만년에는 사랑으로 표현하기도 한다. 그렇다면, 아렌트와 야스퍼스의 관계는? 이 서간집에서는 아렌트와 야스퍼스의 우정이 어떻게 평생 도탑게 유지되었는가를 확인할 수 있을 것이다. 아렌트는 1949년 12월 유대인문화재건위원회 일로 독일을 방문하면서 진후 처음으로 아스퍼스와 재회하면서 평생 바젤에 있는 야스퍼스 부부를 13차례 방문했다. 1961년 방문은 두 사람의 관계에 변화가 있는 하나의 '사건'이었다. "아렌트와 블뤼허 부부가 처음으로 바젤을 방문한 이후, 네 사람은 '너 또는 자네Du'라는 친숙한 호칭을 사용하기 시작했다. 우정은 야스퍼스가 서거할 때까지 지속되었다."* 야스퍼스는, 자신의 저서 『진리에 대하여』를 받은 이후 "아직 읽지 못했다"고 미안함을 표시하는 아렌트에게 다음과 같이 답장했다. "우리가 책들에 노력을 많이 기울이고 이것들이 때때로 누군가에게 중요할 수 있다는 흔들리지 않는 믿음으로 산다고 하더라도, 우리는 자신의 저서를 부차적인 산물로 간주해야 한다오."** 이렇듯 야스퍼스의 품성은 우정을 유지하는 데 중요한 요소였을 것이다. 스승인 야스퍼스는 평생 아버지와 같은 위치에 있었고, 지적 친구로서 삶에서 중요한 동행이 되었다.

그러나 아렌트와 야스퍼스는 편지를 통해서든, 직접 만나는 기회를 통해서든 서로의 저작에 대해 신랄하게 비판하거나 찬사를 보냈다. 서간집을 읽다 보면, 이에 대한 대화를 충분히 파악할 수 있다. 저작을 둘러싼 대화와 논쟁을 간략하게 살펴보는 게 좋을 것이다.***

* 홍원표, 「두 거목의 '대화'에서 삶과 사상의 단면을 보다」(옮긴이 해제), 『한나 아렌트·카를 야스퍼스 서간집 1』, 20-23쪽.

** 아렌트·야스퍼스, 『한나 아렌트·카를 야스퍼스 서간집 1』, 287-88쪽.

*** 여기서는 아렌트와 야스퍼스가 1926-1936년 편지에서 상대방의 저작과 관련하여 나눈 '대화' 내용은 포함시키지 않았다.

1945~52년 출간된 주요 저작에 대한 두 사람의 입장을 살펴본다. 1946년 야스퍼스는 『대학의 이념』, 『책임 문제』, 『정신병리학 총론』(개정판 제4판)을 출간했다. 아렌트는 『대학의 이념』을 좋아했지만, 『책임 문제』의 일부 내용에 대해서는 비판적 견해를 밝혔다. 야스퍼스는 1951년에 출간된 『전체주의의 기원』을 기증받고 서문을 읽은 이후 "나는 서문을 즉시 읽었소. 내가 보기에 대작답구려"*라고 호평했다. 이 책의 제사("과거와 미래에 귀속되지 마라. 전적으로 현재에 있다는 것이 중요하다.")는 야스퍼스의 『논리학』에서 가져온 것이다. 야스퍼스는 이에 고마움을 표현했다. 야스퍼스는 1949년에 출간된 『역사의 기원과 목표』에서도 "내가 과거 전체를 볼 때, (…) 현재 사건 과정에 대한 나의 참여는 더욱 두드러진다"**고 밝혔다. 아렌트는 『진리에 대하여』를 야스퍼스 저서들 가운데 "가장 훌륭한 저서이고 실제로 매우 위대한 저서"***라고 밝혔다.

1953~57년 출간된 주요 저작에 관한 입장을 살펴본다. 아렌트는 1953년 야스퍼스 70세 생일을 맞이하여 쉴프가 준비한 70세 생일 논문집에 「세계시민으로서 야스퍼스」를 기고했다. 아울러 1954년 미국 정치학회에서 발표한 「최근 유럽 철학사상에서 정치에 대한 관심」에서 야스퍼스의 소통에 대해 강조했다. "내가 아

---

*   아렌트·야스퍼스, 『한나 아렌트·카를 야스퍼스 서간집 1』, 344쪽.

**   Karl Jaspers, *The Origins and Goal of History*, trans., Michael Bullock(London: Routledge & Kegan Paul Ltd., 1953), p. 271.

***   아렌트·야스퍼스, 『한나 아렌트·카를 야스퍼스 서간집 1』, 330쪽.

는 한, 야스퍼스는 이제껏 고독에 반대했던 유일한 철학자이다. 그는 고독이 '해롭다'고 생각하며, 심지어 '모든 사유·경험·주제'를 검토하여 소통이 무엇을 의미하는지를 탐구하려고 한다."* 이듬해 아렌트는 시카고대학교 강의를 통해 "저는 실제로 (…) 세계를 진정으로 사랑하기 시작했으며, 보답으로 정치이론에 관한 저서를 '세계사랑'으로 붙이고 싶다"**고 밝혔다.

1958~62년의 주요 저작에 대해 살펴본다. 야스퍼스는 1958년 『원자폭탄과 인류의 미래』를 출간했고, 독일 서적상출판협회가 수여하는 평화상 시상식에서 「진리, 자유 그리고 평화」라는 주제로 수락 연설을 했다. 이 자리에서 아렌트도 「찬사」라는 주제로 연설했다. 귀국 직후인 7월 『인간의 조건』이 출간되었다. 이 소식을 들은 야스퍼스는 "『인간의 조건』은 특히 미국에서 이론적 저서로는 참으로 대단한 성공이오"라고 호평했다.*** 이듬해 아렌트는 함부르크시로부터 레싱상을 받으며, 「어두운 시대의 인간성: 레싱의 사유」라는 주제로 수락 연설을 하였다. 1959년 야스퍼스는 『위대한 철학자들』을 출간하고, 이를 지원한 아렌트에게 감사함을 표시했다.

1963~69년의 주요 저작에 대해 살펴본다. 아렌트는 1963년 『혁명론』과 『예루살렘의 아이히만』을 출간했다. 그녀는 『혁명

---

* 　　아렌트, 『전체주의 물결과 정치적 이해』, 675쪽.

** 　　아렌트·야스퍼스, 『한나 아렌트·카를 야스퍼스 서간집 1』, 501쪽.

*** 　아렌트, 야스퍼스, 『한나 아렌트·카를 야스퍼스 서간집 2』, 48쪽.

론』을 야스퍼스 부부에게 헌정했다. "자네는 이 책을 우리 두 사람에게 헌정했다오! 대단히 감사하오."* 야스퍼스는 13차례의 텔레비전 강의록으로 구성된『작은 철학 학교』를 헬렌 볼프를 통해서 받았다. 아렌트는 편지로 다음과 같이 밝혔다. "대단히 생생하며, 다른 어느 것보다도 훨씬 더 구체적이고 (…) 사람들에게 감명을 줄 것입니다."** 야스퍼스는 1965년 정치와 관련한 소책자『희망과 우려』를 마쳤다. 아렌트는『연방공화국은 어디로 나아가는가?』를 읽고 "저는 연방공화국에 대한 당신의 가혹함과 관련하여 기쁩니다"라고 밝혔다. 이 책은 미국에서『독일의 미래』로 출간되었다. 야스퍼스는 학문적 대화의 중요성을『원자폭탄과 인류의 미래』에서 다음과 같이 밝혔다. "철학자는 행동하지 않고, 정치인은 일정한 공간에서 자신의 사유를 제한한다. 그러나 철학과 정치는 협력해야 한다."***

아렌트와 야스퍼스의 왕래 서신에는 '목가적 대화'와 더불어 '독립적인 사유'가 명확하게 드러난다. 아렌트는 야스퍼스의「마르크스와 프로이트」라는 제목의 논문을 읽은 후 마르크스에 관심을 가졌지만, 야스퍼스는 마르크스에게서 무엇인가를 드러내려는 아렌트의 의향에 비판적 견해를 보였다. "나로서는 당신이 결국에 마르크스가 전체주의를 향한 길을 대비한 것의 지적 책

<hr>

* 　앞의 책, 271쪽.

** 　앞의 책, 409쪽.

*** 　Karl Jaspers, *The Future of Mankind*, trans. E. B. Ashton(Chicago: The University of Chicago Press, 1958[1961]), p. ix.

임이 있는 창시자라는 것을 발견하리라는 희망을 품는다오."*

1953년 아렌트는 프린스턴대학교에서 「카를 마르크스와 정치사상의 전통」이란 주제로 강의하면서 야스퍼스의 입장을 정확히 이해할 수 있었다. 마르크스에 대한 아렌트의 독특한 해석은 『인간의 조건』, 『과거와 미래 사이』, 『혁명론』 등에 나타난다.

그러나 무엇보다도 야스퍼스와 아렌트 사이에 이론적 긴장이 강하게 드러나는 주제는 '막스 베버'이다. 야스퍼스는 1933년 『막스 베버』를 아렌트에게 보내며 "독일의 본질"에 대해 언급했다. 이 문제는 전후 지적인 대화에서도 계속된다. 야스퍼스는 『전체주의의 기원』과 관련하여 베버의 이념형을 언급했지만, 아렌트는 답장에서 "베버의 지적인 냉철함"을 수용하기 어렵다고 밝혔다. 이후 야스퍼스의 편지에도 막스 베버와 관련한 내용이 많이 언급된다. 독일의 본질 문제는 아렌트에게는 유대인성에 대한 관심과 밀접하게 연계되어 있다. 아렌트의 '유대인성'과 '유럽인성'에 관한 견해는 론 펠드만의 「파리아로서 유대인: 한나 아렌트의 사례」에 잘 드러난다. 그러나 '세계사랑'에 대한 헌신에도 나타나듯이, 아렌트의 '세계시민성'을 어떻게 부각하는가의 문제도 고려할 필요가 있다.

아렌트와 야스퍼스의 저작에는 한국에 관한 언급이 없지만, 왕래 서신에는 한국전쟁, 그리고 핵무기 개발과 국제정세에 대한 두 사람의 견해가 드러난다. 『원자폭탄과 인류의 미래』는 핵 문

* 아렌트·야스퍼스, 『한나 아렌트·카를 야스퍼스 서간집 1』, 407쪽.

제를 둘러싼 진영 간의 냉전적 대립에 대응한 현실정치적 사유가 잘 드러난다. 이 저작은 야스퍼스의 평화상 수상, 그리고 아렌트의 「찬사」와 연결된다. 야스퍼스는 「자서전」에서 공공영역으로의 모험을 통해 세계시민의 모범적인 상을 보여주었다. 반면에 아렌트는 인간다운 삶을 영위하기 위해 자신을 둘러싸고 있는 공동 세계에 관심을 두는 세계사랑을 강조했다.

정리하면, 아렌트와 야스퍼스는 우정을 유지하고 학문적인 논쟁 속에서도 상대방의 '독립적인 사유'를 인정하였다. 현실 문제를 둘러싼 이론적 긴장은 단순히 대립을 넘어서 인간적 공존의 가능성을 모색하는 원동력이다.

VIII. 학제적 사유의 결실과 그 반향: 아렌트의 다양한 모습

한나 아렌트는 1973~74년 에버딘대학교 기퍼드 강의에 초청되어 「정신의 삶」을 주제로 강의를 진행했고, 그 결실이 『정신의 삶』이다. 2023년 8월 22~25일 에버딘대학교는 아렌트의 강의 50주년을 맞이하여 「학제적인 아렌트: 다원주의, 약속, 문제Inter-disciplinary Arendt: Pluralism, Promise, Problems」라는 주제로 학술회의를 가졌다. 이렇듯, 아렌트의 삶과 사상은 다양한 학문 영역을 넘어서 우리 시대의 연구 주제로 재조명되고 있다. 마이어는 '학제적 아렌트'의 이미지를 이 전기에 잘 드러내고 있다. 주제를 중심으로 다룬 최근 논문 또는 저작은 특정 연구 영역에 중점을 두고 있지만, 마이어의 전기는 파괴된 경험 영역의 복원과 기대의 지평이라는 틀에서 또 다른 아렌트를 조명하려고 했다. 여기에서 모든 것을 드러내지는 못하지만, 다양한 학문 영역의 경계를 넘어서 관련된 내용을 살펴본다. 특히, 문학·언론학·정치학·여성학·사회학·역사학 등에 중점을 둔다.

아렌트는 철학 박사학위 논문을 마친 이후 1932년 에세이 「프리드리히 폰 겐츠」를 《쾰른 차이퉁》에 기고했다. 겐츠는 보수주의 사상가인 문학적 인물이다. 이 에세이에서 말미의 문장은 아렌트의 판단이론과 관련된다. "성공한 대의는 신을 기쁘게 하지만, 실패한 대의는 가토를 기쁘게 한다."* 이때 아렌트는 라헬 파른하겐 전기를 문학적 관점, 그리고 역사적·사회학적 관점에서 분석했다. 라헬 파른하겐 전기는 아렌트의 문학 전기다. 아렌트는 젊은 시절 시에 관심을 가졌으며, 이 시기의 시는 영-브릴의 전기에 수록되어 있다. 아렌트가 귄터 슈테른과 공동으로 1930년에 집필한 에세이 「릴케의 『두이노의 비가』」는 "아렌트의 문학적 성찰 가운데 독특한 작품이다. 즉 이 에세이는 공동의 저작이며 (…) 저자의 구체적인 역사적 상황에 대한 언급이 전혀 드러나지 않는 유일한 저작이다."**

마이어는 1946~48년 쇼켄출판사에서 편집자로 활동했던 아렌트의 삶을 자세히 밝히고 있다. 쇼켄출판사의 "쇼켄 총서는 아

---

*   아렌트, 『전체주의 물결과 정치적 이해』, 177쪽.

**   Susannah Young-Ah Gottlieb, "Introduction," *Reflections on Literature and Culture*(Stanford: Stanford University Press, 2007), p. xv.

렌트에게 삶의 일부이기도 했기 때문에, 그녀는 이 작업에서 자신의 경험을 바탕으로 일할 수 있었다."* 아렌트는 편집자로서 유대인의 전통과 현재와 관련한 연구를 접할 수 있었다. "아렌트가 쇼켄출판사에서 일하는 것은 그녀의 사유와 이해 과정에서 중요한 부분이었다."** 이때 아렌트는 『전체주의의 기원』 초안을 작성할 수 있었으며, 문학에 관한 관심은 『베르길리우스의 죽음』 서평과 에세이 「헤르만 브로흐와 현대 소설」에 잘 드러나고 있다. 아렌트는 문학의 역할을 조명했다. "문학은 아직 철학적으로 이해되지 않은 것을 나타낸다."*** 아렌트는 브로흐의 소설을 통해 다원성에 대한 사유를 인식할 수 있었다. 아렌트에 따르면, "브로흐의 작품은 (…) 우리가 회복할 수 없게 잃어버린 과거와 아직 다가오지 않은 미래 사이의 잃어버린 고리와 같은 것이 되었다."**** 마이어는 이를 역사철학의 기초로 삼았다고 주장한다. 달리 표현하면, "아렌트는 자신의 문학비평을 시간의 본질에 대한 성찰의 장으로 만들었으며, 특히 과거와 미래 사이의 불확실한 틈새에 주목했다."*****

아렌트는 작가이자 비평가인 메리 매카시와 교류하면서 역사

---

* 이 책, 402쪽.

** 이 책, 410쪽.

*** 이 책, 412쪽.

**** 아렌트, 『전체주의 물결과 정치적 이해』, 321쪽.

***** Susannah Young-Ah Gottlieb, "Introduction," *Reflections on Literature and Culture*, p. xiii.

가 모든 것의 혼합물, 즉 우연임을 깨달았다. "아렌트는 평생에 걸쳐 미래의 역사적 사건에 대한 예측, 특정한 인물 유형의 출현, 폭력의 결과를 드러내는 사례를 문학에서 찾아냈다."* 즉 그녀는 문학 작품에 묘사된 현상이 미래 사건을 예측하는 데 얼마나 이바지하는가에 주목했다. "아렌트의 저작에서 프란츠 카프카, 마르셀 프루스트, 조셉 콘래드, 러디어드 키플링, 허먼 멜빌이 결정적인 시점에 역사적 조사, 사회학적 분석, 정치이론적 사유를 대신한다."** 아렌트는 『전체주의의 기원』에서 동성애자와 유대인의 '범죄'를 설명하는 『잃어버린 시간을 찾아서』, 그리고 영국 제국주의를 설명하는 『킴』을 이야기한다. 반면에 멜빌의 소설 『선원 빌리 버드』는 『혁명론』에서 선악 문제를 논의할 때 언급된다.

아렌트는 「파리아로서 유대인: 숨겨진 전통」에서 여러 유형을 제시한다. 하인리히 하이네의 '슐레밀'과 '꿈의 세계의 주인', 베르나르 라자르의 '의식적인 파리아', 혐의자로서의 찰리 채플린, 그리고 카프카의 '선의를 가진 사람'이 그것이다. 이렇듯, 아렌트는 "유대인 역사와 그 해석을 바로잡기 위해" 문학 형식을 광범위하게 활용하며, 문학 작품을 통해 독자를 사유의 바다로 이끈다. 그녀는 에세이 형식을 선호한다. "여기서 그녀는 경로를 완전히 간과하고 눈에 띄지 않는 샛길, 일탈, 외론을 구축한다."***

* 이 책, 417쪽.
** 이 책, 418쪽.
*** 이 책, 424쪽.

이 장의 제목에도 나타나듯이, 문학은 경험과 이해의 원천이다.

　마이어는 한나 아렌트를 "포괄적 의미에서 최초의 미디어 지식인"*, 즉 공공 지식인으로 특징화하였다. 아렌트는 미국으로 이주한 1941년 10월부터 1945년까지 유대계 독일어 신문 《재건》에 정치평론 기사를 게재한 정치평론가, 즉 언론인으로 활동했다. 아렌트는 1958년 토론토를 방문하여 텔레비전 대담에 참여한 것을 계기로 라디오뿐만 아니라 텔레비전에 출연하게 되었다. 이러한 점에서 아렌트는 글뿐만 아니라 라디오와 텔레비전을 통해서도 자신의 입장을 일반 대중에서 소개하는 기회를 얻게 되었다. 마이어는 미디어 지식인으로서 아렌트의 모습을 "3화음 차원(에세이·라디오·텔레비전)"으로 특징화한다.

　아렌트는 이미 1946년 뉴욕 공영방송에 출연하여 자신의 모습을 드러냈다. 1953년에는 베를린 공영 라디오 방송국RIAS에서 「인간과 테러」와 「헤겔과 마르크스」라는 에세이를 발표했다. 『전체주의의 기원』 독일어판이 출간되자 바이에른 방송국BR 등으로부터 출연 요청을 받았다. 아렌트는 1958년 토론회 원탁 대담에 이어 1964년 독일 제2텔레비전 연재 방송 〈인물 소개〉에 출연하였다. 이 출연으로 아렌트는 두 번째 방송 출연 유명인사가 되었다. 마이어는 아렌트의 출연과 관련하여 자세한 경과를 설명하면서 대담 중 언급한 "남아 있는 것은 모국어다"라는 아렌트의

---

*　　이 책, 458쪽.

말을 곧 명언으로 규정하였다. 물론 아렌트는 다양한 학술지에 에세이를 게재하였다. "라디오와 텔레비전에서 들리던 아렌트의 '목소리'를 잠시 벗어나면, 곧바로 잡지 기사에서 그녀를 다시 보게 될 것이다."* 이 잡지들이 아렌트의 입장을 드러내는 데 중요한 역할을 했다. 즉 "이 잡지들은 아렌트가 글을 쓰는 동안 생각을 발전시킬 수 있는 공간이 되어주었고, 동시에 언제든 더 확장할 수 있는 여지를 제공했다."** 마이어에 따르면, 아렌트의 텍스트는 문체적으로 폐쇄성과 개방성을 지니고 있다. 마이어는 아렌트가 미디어 지식인의 역사에서 제대로 조명되지 않았음을 지적하며, 그녀를 '최초의 미디어 지식인'으로 부각했다.

마이어는 제9장 「사유하기와 글쓰기」에서 무엇을 드러내려고 했는가? 그는 앞부분에서 아렌트의 방대한 저작을 엮는 외올실을 드러낸다. 아렌트의 방대한 저작을 이해하려 할 때 형식과 문체 등의 부차적인 문제도 따르지만, 마이어는 두 가지 기준을 강조한다. 첫째, 『인간의 조건』에서 드러나는 '현상 공간'에 대한 이해이다. 그녀는 파괴된 경험 공간에서 벗어나 인간의 공존을 생각하자고 밝혔다. 둘째, 그녀는 고대 그리스와 로마 사상을 통해 정치의 시작을 알리는 약속의 중요성을 강조했다.

이러한 테제를 반영하고 있는 저작이 바로 『현대 정치사상의

*   이 책, 451쪽.
**   이 책, 454쪽.

의심스러운 전통』이다. 이 책은 1954년에 기획하여 1957년 출간되었고, 이후『과거와 미래 사이』로 확장되었다. 여기에는 역사 문제에 대한 성찰인「전통과 현대」,「자연과 역사」,「역사와 정치」,「권위란 무엇인가?」라는 에세이 네 편이 수록되었다. 이후 출간된 에세이(즉「이해와 정치」,「자유와 정치」,「문화와 정치」,「종교와 정치」,「진리와 정치」,「권력과 폭력」)는 다른 방식으로 하나의 목표, 즉 옛것의 청산과 새것의 시작을 알린다. '그리고(와/과)'에서 드러나듯이, 양자의 관계를 통해 '사유 방식의 혁명'을 드러내고 있다.『정신의 삶』도 사유 방향의 급진적 전환을 잘 드러내고 있다. 마이어는 아렌트의 연구계획을 벤야민의 "현대의 원사"와 연계시킨다.

마이어는 이러한 해석을 토대로 네 가지 사례를 그 범례로 삼고 있다. 즉 불안정한 전통과 파괴된 경험 공간을 극복하는 접근 방식으로 아렌트의 사유하기와 글쓰기를 검토한다.

첫째, 아렌트는《재건》에 정기적으로 기고한 신문 기사에서는 유대인 정치의 부활을 강조하였다. "그녀는 팔레스타인에 군대를 창설하는 계획을 자기 강화 행위로 여겼다."* 특히, "당신은 공격받는 사람으로서 당신 자신을 오로지 방어할 수 있다"라는 주장은 이때 기고한 아렌트 정치평론의 기저를 이룬다. 반유대주의의 등장으로 파괴된 경험 공간을 복원하는 길은 유대인 정치의 실현일 것이다.

* 　이 책, 584쪽.

둘째, 아렌트는 1958년 바이에른 라디오에서 헝가리 혁명과 그 결과가 소비에트 블록에 미친 영향을 분석하면서 "모든 정치와 이론, 그리고 가능성과 불가능성에 대한 모든 예측은 혁명적 발전 앞에서 항상 다시 검토되어야 한다"*고 밝혔다. 헝가리 혁명에 등장한 평의회는 19세기와 20세기 초에 존재했으나 폐지되었던 자치조직이다. "평의회는 공동 행위와 이 행위에서 유래한 인민의 자발적 요구에서 전적으로 탄생했다."** 평의회는 정치 행위와 더불어 전체주의의 등장을 막을 수 있는 제도였기에, 그녀는 현재의 관점에서 과거와 미래를 살펴보았다. 이 에세이는 프랑스 혁명과 미국 혁명의 연구를 위한 시발점이 되었으며, "전체주의에 대한 자신의 마지막 주요 분석을 제공했다."***

셋째, 마이어는 실패한 연구계획의 사례로 「리틀록 사건에 대한 성찰」을 들고 있다. "이 논문은 미국 시민권 운동의 역사에서, 흑인 지식인의 역사에서 1950년대부터 1970년대까지 아무런 역할도 하지 못했다." 아렌트는 메리 매카시, 드와이트 맥도널드 등 여러 지식인과 함께 "정치 상황과 현대 문화에 대한 새로운 생각을 환영하는 공간이 없는 잡지 환경에 불만을 품고"****《비평가》를 창간하려 했으나 실패했다.

넷째, 아렌트는 1959년 프린스턴대학교에서 「미국과 혁명 정

---

* 아렌트, 『난간 없이 사유하기: 한나 아렌트의 정치 에세이』, 181쪽.

** 앞의 책, 216쪽.

*** 이 책, 589쪽.

**** 이 책, 599쪽.

신」이라는 주제로 세미나를 진행하면서 록펠러재단의 지원을 받아『혁명론』을 집필했다. 이때 아렌트는 또 다른 주제「정치란 무엇인가?」도 연구하고 있었다. 그녀는 록펠러재단에 보낸 제안서에서 "권력과 폭력은 정치에, 혁명과 전쟁은 다른 한편에 속한다"는 구상을 밝히며『혁명론』의 윤곽을 드러냈다.『혁명론』이 "원래「전쟁과 혁명」이라는 제목으로 출간될 예정이었다는 점을 고려할 때,『권력과 폭력』(또는『폭력론』)은『혁명론』과 연계된다. 『혁명론』은 아렌트 정치이론의 정수로 평가될 수 있다.

마이어는 미국 혁명과 프랑스 혁명에 관한 책이 왜『콜로누스의 오이디푸스』이야기로 끝나는지에 대해서는 설명하지 않고, 그저 "마지막 쪽에서 사랑하는 그리스인들과 함께 끝을 맺는다"라고 마무리한다. 아렌트는 '일종의 새로운 로마'인 미국 공화국의 외교정책에서 혁명 정신이 이미 퇴색했음을 지적하면서도, 무엇보다 자유의 발현을 강조하고자 로마 공화정을 이야기했다. 그리고 마지막에는 아테네 인근 콜로누스 숲에서 이루어진 대화를 환기하며, '새로운 시작' 정신의 상징으로 아테네를 소환했다.

다섯째, 같은 시기에 출간된『혁명론』과 달리,『예루살렘의 아이히만』은 출간과 더불어 엄청난 논쟁을 불러일으켰다. 마이어는 주로 이 책의 출간으로 촉발된 논쟁 과정을 소개하고 있다. 《뉴욕 타임스》의 편집자 마켈과《뉴요커》의 편집자 숀은 모두 유대인으로서 상반된 태도를 보였다. 이 논쟁에서 주요 쟁점 가운데 하나는 '악의 평범성'과 악마적 특성을 둘러싼 논쟁이다. 독일 내 논쟁에서도 몇 가지 예를 들고 있다. 아렌트는 이러한 일련의 논쟁에 대응하여 「진리와 정치」라는 에세이를 발표했다. 그러나 논쟁은 이후에도 계속되었다. 『예루살렘 이전의 아이히만』 역시 이 맥락에서 주목할 만한 저작이다. "이 책 역시 아렌트와의 대화다."* 특이하게도 마이어는 「악의 평범성에 대한 보고서」라는 제목을 「불안에 대한 보고서」로 바꿀 수 있다고 주장한다. 심리학적 차원을 고려할 때, 불안은 역사적·사회학적 범주가 될 수 있다는 것이다. 한마디로, "도덕 기준의 완전한 붕괴가 사람들을 불안하게 하고, 그 결과는 불안으로 이어졌다"는 사실을 보여준다는 것이다.**

마이어는 제10장 「부재 속의 현존: 여성으로서 여성의 입장」에 여성 문제와 관련한 아렌트의 주장과 이해를 독특하게 조명하고 있다. 1972년 《미국 학자》 편집위원회가 '여성해방운동'에 관한 대화를 나눌 때, 아렌트는 "우리가 승리하면 무엇을 잃게 될까요?"라는 질문을 제기했다. 이 질문은 참여자들이 여성운동으로 더 많은 권리를 얻을 수 있겠지만, 잃을 수 있는 것이 무엇인가를 생각했느냐는 반론이었다.

이후 아렌트는 하이든의 제안으로 구성된 9명의 여성 모임에 참여하지 못했다. 아렌트가 9명의 여성 가운데 한 명인 앤 버스타인의 단편 소설 『여름 상황』에도 등장할 정도로 유명인사였지

*   아렌트, 『예루살렘 이전의 아이히만』, 38쪽.
**   이 책, 631쪽.

만, 참여자들과 견해를 달리했다. 이 시기 출간된 『공화국의 위기』에서도 여성 문제에 관한 언급은 없지만, 마이어는 "과연 그런가? 아렌트의 글은 항상 일반적인 의미에서 여성 문제에 대한 답이기도 하지 않을까?"*라는 질문을 제기한다. 그는 릴레-게르스텔의 저서, 『현대 여성 문제』 서평을 사회학적 관점에서 재해석하였다. 아렌트는 여성 문제를 "전적으로 인간 조건 내에서 일어난 사건의 일부"**로 인식했다. 그녀는 여성 운동을 통해 여성으로서 더 많은 권리를 얻을 수 있는 것보다 인간으로서 인정받지 못할 수 있다는 점을 우려했다. 아렌트가 구리안에게 보낸 편지에서 밝혔듯이, "남성들에게도 사적 영역이 공공영역과 모순되어서는 안 된다"***라고 생각했다. 특이한 점은 마이어가, 이러한 결론이 아렌트의 사회학적 분석 덕분에 도출되었다고 지적했다는 것이다.

IX. 새로운 문제를 제기하며

마이어는 전기를 "삶의 한가운데서 서거한 아렌트"에 관한 이야기로 마무리한다. 아렌트는 1975년 12월 4일 『정신의 삶』 제3권

---

   *   이 책, 653쪽.
  **   이 책, 648쪽.
***   이 책, 661쪽.

「판단」을 집필하던 중 타자기에 문구를 남긴 채 심근경색으로 세상을 떠났다. 마이어는 장례식과 관련한 12월 8일자《뉴욕 타임스》기사를 전재하고, 한스 모겐소 등 많은 참석자를 소개하는 것으로 끝을 맺는다.

마이어는 아렌트의 삶과 사상을 연계시키는 방대한 분량의 전기에서 또 다른 아렌트를 드러내려고 했다. 이 해제에서 저자의 저술 의도를 정확하게 드러내고자 했지만, 여전히 아쉬움은 남을 뿐이다. 이런 점을 고려하며 몇 가지 함께 생각해볼 만한 사항으로 마무리한다.

첫째, 자신의 저작에서 한국 정치에 대해 언급하지 않은 아렌트를 어떻게 수용하는가? 유대인 정치를 넘어 정치 일반이 우리의 삶에 어떤 의미를 갖는가? 아렌트는 세계사랑의 실현 문제를 제기했기에, 한국 정치를 이해하고 발전시키는 데 중요한 사상가로서 자리를 잡을 수 있을 것이다.

둘째, 마이어는 저작에서 다양한 학문 영역을 넘나드는 아렌트를 어떻게 드러내고 있는가? 마이어는 이러한 모습을 드러내는 '학제간 아렌트'를 조명하고 있다. 물론 다른 아렌트 연구자들의 개별 논문이나 연구 저작에서 드러나는 아렌트의 개별적인 모습을 넘어서 다양한 아렌트의 모습을 하나의 저작에 담으려고 했다. 몇 가지 아쉬운 점은 이러하다. 마이어는 아렌트 후반기 저작인 『예루살렘의 아이히만』에 대한 검토로 끝을 맺고 있다. 이는 마이어가 오늘날에도 아이히만 논쟁이 지속되고 있는 점을 고려한 것으로 평가될 수 있지만, 이 저작이 『정신의 삶』과 밀접하게 연계되어 있다는 것을 드러내지 않은 점을 고려해야 할 것이다.

셋째, 마이어는 아렌트의 삶과 사상을 이해하는 데 필요한 역사적·사회학적 배경을 자세하게 언급함으로써 아렌트를 이해하는 데 풍부한 자료를 제공하였다. 전기의 전반부인 제1~5장은 연대기적 설명으로 아렌트의 삶에 관한 역사적 이해에 중점을 두고 있으나, 전반적으로 경험 영역과 기대의 지평이란 틀을 반영시킴으로써 사회학적 기술이 두드러지게 드러난다. 마이어의 전기가 지니는 장점이자 결점을 고려해야 할 것이다. 정치이론가로서 아렌트의 위상은 어떻게 드러낼 것인가?

넷째, 마이어의 전기는 아렌트의 삶과 사상을 해석하는 과정에서 한 측면을 부각하고, 다른 측면을 축소시키고 있는가? 해석의 다양성을 고려할 필요가 있다. 기존의 다른 전기와 차별화하려는 마이어의 의도가 드러나며, 비교 서평은 이러한 점을 밝히는 데 도움이 될 것이다.

우리말로 엮으며 가진 단상

많은 사람과 만나면서 촘촘히 엮은 인간관계가 당사자들의 귀중한 자산이듯이, 우리말로 짜임새 있게 엮은 저작은 일차적으로 개인의 귀중한 자산이지만 공개되는 순간 공동 자산이 됩니다. 그러니 많은 수고와 노력이 따르는 활동으로서 엮음은 그 자체로 귀중할 것입니다. 그 엮음의 결실은 다양한 용어로 표현될 수 있습니다. 예컨대, 이는 사적 영역에서 '결혼'·'우정'·'약속' 등으로, 정치·사회 영역에서 '결사'·'약속'·'관계'·'법' 등으로 표현됩니다. 어떠한 공동체든 그 독특한 정치의 '문법'과 '구문'이 있을 것입니다.

아렌트의 삶과 저작은 엮음의 결실이며, 이에 관한 이야기도 또 다른 결실일 것입니다. 이 결실은 지성사에서 중대한 사건입니다. 개인의 사건이 사적 영역에 머물지 않고 공적 의미를 지닐 때, 그 사건은 많은 사람의 관심사가 되기에 충분할 것입니다. 아렌트가 타계한 지 벌써 50년이 지난 현재에도, 그 결실은 과거의 사건으로 끝나지 않고 현재를 살아가는 우리에게 관심의 대상이 되고 있습니다. 그래서 아렌트는 '우리 시대의 사상가'로 많이 회자되고 있습니다. 국내외 학계에서 아렌트의 정치이론에 대한 수많은 해석과 연구 결실을 '분출'로 표현해도 부족하지 않을 만큼 아렌트를 다양하게 조명하고 있습니다. 국내 출판계에서도 그 양상은 뚜렷하게 드러납니다. 이러한 분위기에서 아렌트 전기도 여러 권 출간되었습니다.

나는 아렌트의 정신세계를 천착하려는 욕구로 그녀의 저작과 연구 저서뿐만 아니라 한나 아렌트 전기도 이미 출간한 바 있습니다. 그런데 왜 또 다른 전기인가? 우선 영-브륄은 아렌트의 제자로서 7년 동안 연구를 통해 전기를 출간했고, 이후 많은 연구자가 이와 유사한 전기를 출간했지만 영-브륄의 저작과 차별적인 입장을 잘 드러낸다고 생각하지 않았습니다. 그러나 토마스 마이어가 피페르출판사의 한나 아렌트 총서를 편집하면서 독특한 접근방법으로 아렌트의 삶과 저작을 새롭게 조명했으리라고 생각했습니다. 결과적으로, 차이점을 발견할 수 있었습니다.

내가 이 귀중한 책에 주목하게 된 계기는 2019년 한나 아렌트의 『정신의 삶: 사유와 의지』를 출간할 당시 편집을 담당했던 편집자로부터 오랜만에 받은 전화 때문이었습니다. 그동안 아렌트의 저작, 그리고 영-브륄의 한나 아렌트 철학 전기 등을 총서의 구도 아래 번역을 진행하고 있었기에, 토마스 마이어의 『한나 아렌트: 전기』를 출간하자는 제안을 선뜻 수락하지 못하였습니다. 미리 보내준 원본의 내용을 개략적으로 검토하고 관련 서평 등을 확인한 후에 아렌트의 삶과 사상을 색다르게 조명하고 있다는 점을 확인한 이후에야 그 제안을 수락하였습니다. 번역을 상당 부분 진행한 후에야 망명 이전 아렌트의 삶과 저작을 새롭게 조명하고 있는 부분을 제대로 확인하여 번역에 참여한 것이 큰 결실이라고 생각하게 되었습니다. 이 기회를 갖게 된 점을 감사하게 생각합니다.

물론 나는 이즈음에 해당 출판사의 아렌트 총서 시리즈 가운데 『한나 아렌트·카를 야스퍼스 서간집 *Hannah Arendt/Karl Jaspers Briefwechsel, 1926~1969*』과 『전체주의 물결과 정치적 이해 *The Essays in Understanding, 1930~1954*』의 번역과 출간을 진행하고 있었기에, 토마스 마이어의 베스트셀러인 아렌트 전기를 우리말로 엮는 작업을 미룰 수밖에 없었습니다. 그래서 두 권의 출간을 거의 마무리할 즈음인 2024년 12월 초부터 작업을 진행하였습니다. 출판사 담당자와의 약속을 지체하다가 늦게 번역을 시작했기 때문에 매일 7~8시간 정도 시간을 할애하여 진행하였지만, 의도한 대로 진전이 없었습니다. 해제에서도 밝혔지만, 필자가 미처 알지 못했던 사실들을 확인하고 이해해야 했기 때문입니다. 토마스 마이어는 여러 기록보관소에 묻혀 있던 많은 자료를 새롭게 발굴함으로써 그동안 제대로 조명되지 않은, 특히 미국으로 이주하기 이전 아렌트의 행적과 지성계의 흐름을 소개하며 새로운 해석을 제시했습니다. 마이어가 평가하듯이, "『전체주의의 기원』은 20년간의 사유와 행위, 이론과 실천을 책의 형태로 만들었기에 … 자전적"입니다. 그는 이 책이 아렌트의 "처음이자 마지막 책"이라고 합니다. 과연 그럴까? 반론을 제기할 수 있습니다.

토마스 마이어는 자신의 텍스트에서 아렌트의 저작을 직접 인용하기도 하였지만, 활동적 삶과 정신의 삶을 연계시키거나 저작의 시간적 맥락을 넘어 관련 내용을 언급하기도 하였습니다. 번역 과정에서 이러한 내용을 충분히 확인했습니다. 그러나 우리 독자들에게 생소하게 느껴지는 부분에서는 관련 내용을 참조해야 한다는 생각을 많이 했습니다. 특히 마이어는 아렌트의 전반기 삶과 사상을 조명하는 데 역점을 두고 있기에, 아렌트의 전반기 저작에 대한 이해가 필요했습니다. 앞에서 밝힌 두 저작 이외에 『유대인 문제와 정치적 이해 *The Jewish Writings*』와 『한나 아렌트 철학 전기: 세계사랑의 여정 *Hannah Arendt: For Love of the World*』, 그리고 아렌트의 여러 서간집 등을 많이 참조했습니다. 미국으로 이주하기 이전 아렌트의 가족사, 파리 시절 어린이·청소년 알리야 활동에 관한 연대기적 분석에서는 아렌트의 전반기 저작의 이해가 필요합니다. 이 저작들을 이미 우리말로 옮긴 필자로서는 다행이라고 생각했습니다.

토마스 마이어는 참고문헌에서는 아렌트의 저작만을 소개했고 이외의 관련 자료는 미주에 소개했습니다. 마이어는 자신의 전기에서 연구 자료를 소개하고 내용에 대한 이해를 돕고자 337개의 주를 달았지만, 우리말 번역본에서는 독자들의 이해를 돕고자 별도로 250여 군데 이상의 옮긴이 주를 덧붙였습니다. 각주를 '과도하게' 덧붙이는 게 독자들의 '편안한 원전 읽기'를 어렵게 할 수 있다고 우려했습니다. 반면에, 필요하다고 생각했으나 출처를 확인하지 못한 부분에서 옮긴이 주를 달지 못한 점은 아쉬울 따름입니다. 물론 책을 읽어 내려갈 때 옮긴이 주를 검토하는 일이 독자 여러분에게 부담으로 작용할 것이지만, 더 심도 있는 이해를 위해서는 필요하다고 생각합니다. 이 책이 단순히 아렌트의 삶에 관한 이야기에 그치지 않고 활동적 삶과 정신의 삶을 함께 엮은 저작임을 강조하고 싶습니다.

번역 원고를 출판사에 넘기기에 앞서 몇 차례 검토하고 수정하는 과정을 거쳤습니다. 문법과 구문이 다른 원문을 우리말로 다시 엮는 '번역'은 한편 '고역苦役'이지만, 다른 한편 귀중하고 새로운 것을 드러낼 수 있는 즐거운 정신 활동이기도 합니다. 저자와의 소리 없는 내면의 대화는 '말로 사유하기'와 연계되기 때문입니다. 토마스 마이어는 "모든 사유가 추후 사유이며 사실에 대한 사유다"라는 아렌트의 주장을 이 전기의 제사題詞로 삼고 있습니다. 어두운 시대에 빛을 밝히고자 했던 아렌트의 삶과 저작은 마이어의 심도 있는 연구로 다시 빛을 발하고 있습니다.

그래서 마이어의 전기를 우리 독자들에게 소개할 수 있게 되어 다행이라고 생각합니다. 우선 이러한 기회를 마련해주신 조미현 대표님께 감사함을 전합니다. 또한 편집 과정을 원만하게 진행할 수 있도록 세심하게 챙겨주신 박이랑 선생님에게 감사함을 표합니다. 옮긴이의 거친 번역문을 꼼꼼하게 다듬어 독자 여러분에게 이 책을 선보일 수 있도록 도와주었습니다. 물론 번역과 관련한 결점은 전적으로 옮긴이의 책임입니다. 제작총괄 및 저작권 팀장인 조은미 선생님을 비롯한 편집진 여러분에게도 감사함을 전합니다. 번역 작업을 하는 게 일상이 되었는데, 이를 마치기까지는 많은 시간이 지났습니다.

번역 작업을 진행하는 동안에도 만나는 친구와 지인들은 일

상의 지루함을 벗어날 수 있도록 도와주었기에 이분들의 배려를
생각하지 않을 수 없습니다. 함께 나누는 우정이야말로 삶의 촉
진제이기 때문입니다. 마지막으로, 언제든 아렌트 연구에 전념할
수 있도록 도와주는 아내와 가족들의 세심함을 생각합니다. 더없
이 고마운 일입니다. 이 책이 독자 여러분에게 조금이라도 도움
이 되기를 바랍니다.

2026년 봄
인헌동 서재에서

약어 및 기호 목록

약어 및 기호 목록

한나 아렌트 저작은 토마스 마이어의 편집본에 따라 소개된다. 피페르출판사에서 출판한 저작은 다음과 같은 내용이 인용되어 있다.

EiJ — *Eichmann in Jerusalem: Ein Bericht von der Banalität des Bösen.* Mit e. Nachwort v. Helmut König, München 2022.

FT — *Fragwürdige Traditionsbestände im politischen Denken der Gegenwart: Vier Essays.* Mit e. Nachwort v. Eva von Redecker, München 2021.

Liebesbegriff — *Der Liebesbegriff bei Augustin: Versuch einer philosophischen Interpretation.* Mit e. Nachwort v. Thomas Meyer, München 2021.

ÜdR — *Über die Revolution.* Mit e. Nachwort v. Jürgen Förster, München 2022.

VA — *Vita activa oder Vom tätigen Leben.* Mit e. Nachwort v. Hans-Jörg Sigwart, München 2020.

Varnhagen — *Rahel Varnhagen. Lebensgeschichte einer deutschen Jüdin aus der Romantik.* Mit e. Nachwort v. Liliane Weissberg, München 2021.

Weitere Werke Arendts:

DT — Hannah Arendt, *Denktagebuch. 1950~1973.* Zwei Bde. Hg. v. Ursula Ludz u. Ingeborg Nordmann, München 2002.

Origins — *Origins of Totalitarianism,* New York 1951.

Varnhagen/Hahn — Hannah Arendt, *Rahel Varnhagen: Lebensgeschichte einer*

deutschen Jüdin/The Life of a Jewish Woman (Kritische Gesamtausg. Bd. 2).
Hg. v. Barbara Hahn, Göttingen 2021.

Briefwechsel Arendts:

ABBw — Hannah Arendt/Heinrich Blücher, *Briefe 1936~1968*. Hg u. mit e.
Einführung v. Lotte Köhler, München 1996.

AGSBw — Hannah Arendt/Gershom Scholem, *Der Briefwechsel 1939~1964*.
Hg. v. Marie Luise Knott, Frankfurt/Main 2010.

AJBw — Hannah Arendt/Karl Jaspers, *Briefwechsel 1926~1969*. Hg. v. Lotte
Köhler u. Hans Saner, München 1985.

AMH — Hannah Arendt/Martin Heidegger, *Briefe 1925 bis 1975 und andere
Zeugnisse*. A. d. Nachlässen hg. v. Ursula Ludz, Frankfurt/Main 1998.

ASBw — Hannah Arendt/Günther Anders Schreib doch mal hard facts über
Dich. *Briefe 1939 bis 1975: Texte und Dokumente*. Hg. v. Kerstin Putz, München
2016.

Arendt/Voegelin — *Disput über den Totalitarismus. Texte und Briefe.*
Hannah Arendt/Eric Voegelin. Hg. v. Ursula Ludz. Mit e. Nachwort v. Inge-
borg Nordmann, Göttingen 2015.

주

1 다음 자료를 참조할 것. Clemens Bogedain, *Lothar von Arnauld de la Perière: Erfolgreichster U-Bootkommandant der Seekriegsgeschichte: ein vergessener Kriegsheld?*(Stuttgart, 2016), 111f.

2 개요를 보기 위해 다음 자료를 참조할 것. Jehuda Bauer, *American Jewry and the Holocaust: The American Jewish Joint Distribution Committee*(Detroit, 1989).

3 Hans Sahl, *Memoiren eines Moralisten. Band 2: Das Exil im Exil*(Darmstadt, 1990), 102f. 다음 자료를 참조할 것. Irene Flunser Pimentel und Christa Heinrich, *Zuflucht am Rande Europas. A. d. Portugiesischen,* mit Sarita Brandt und Renate Heß(Leipzig, 2022); Marion Kaplan, *Hitler's Jewish Refugees. Hope and Anxiety in Portugal*(New Haven/London, 2020); Ansgar Schaefer, *Portugal e os refugiados judeus provenientes do território alemão: 1933~1940*(Coimbra, 2014). 고전적인 독일어 저작은 다음과 같다. Patrik von zur Mühlen, *Fluchtweg Portugal: Die deutsche Emigration und der Exodus aus Europa 1933~1945*(Bonn, 1992).

4 다음 자료를 참조할 것. Sheila Isenberg, *A Hero of Our Own: The Story of Varian Fry*(New York, 2001).

5 다음 자료를 참조할 것. Jeremy Adelman, *Worldly Philospher: The Odyssey of Albert O. Hirschman*(Princeton and Oxford: Princeton University Press, 2013).

6 아델만(Adelman), 105-7쪽을 참조할 것. Ursula Hirschmann, *Noi Senzapatria*(Bologna, 1993). 전체 영역에 대해서는 링고 뢰제너(Ringo

Rösener)가 아이크-마르쿠스 벤트와 함께 추가한 훌륭한 연구를 참
조할 것. *Heinrich Blücher: Versuche über den Nationalsozialismus.* Hg. v.
Ringo Rösener. M. e. Nachwort v. Ringo Rösener u. Eyck-Marcus
Wendt(Göttingen, 2020), 107-70.

7   브란들러를 이해하기 위해 다음 자료를 참조할 것. Jean Becker, *Hein-rich Brandler: Eine politsche Biographie*(Hamburg: VSA Verlag, 2001).

8   다음 자료를 참조할 것. Hannah Arendt/Günther Anders, *Schreib doch mal hard facts über Dich: Briefe 1939 bis 1975: Text und Dokumente.* Hg. v. Kerstin Putz(Müchen: Beck, 2016), 19/23. 굿맨과 귄츨러의 이름도 인쇄 된 편지에 나타난다.

9   브루노 스넬(Bruno Snell)은 자신의 저서 『아이스킬로스와 비극 행위 *Aischylos und das Handeln*』(Leipzig: Dieterich, 1928) 69쪽에서 이렇게 번역 했다. 스넬과 아렌트는 제2차 세계대전 이후 알게 되었다.

10   다음 자료를 참조할 것. Zachary J. Violette, *The Decorated Tenement: How Immigrant Builders and Architects Transformed the Slum in the Gilded Age*(Minneapolis/London, 2019).

11   Hannah Arendt/Günter Anders, *Schreib doch mal hard facts über Dich: Briefe 1939 bis 1975.* Text und Dokumente Hg. v. Kerstin Putz(München, 2016), 23. 이하 '*ASBw*'로 약칭함.

12   이력서는 다음 자료에 있음. *ASBw*, 30f.

13   Elisabeth Young-Bruehl, *Hannah Arendt: Leben, Werk und Zeit*(Frank-furt/Main, 1986). 독일에 알려지지 않은 저작은 다음과 같다. Laure Ad-ler, *Dans les pas de Hannah Arendt*(Paris, 2005).

14   Karl Mannheim, "Eine soziologische Theorie der Kultur und ihrer Erkennbarkeit(Konjunktives und kommunikatives Denken)," *Strukturen des Denkens*(1923/24). Hg. v. David Kettler, Volker Meja, Nico Stehr(Frank-furt/Main, 1980), 155-322.

15   Karl Mannheim, *Mensch und Gesellschaft im Zeitalter des Umbaus*(Leiden, 1935), 133f.

16   Hannah Arendt, *Between Past and Future: Six Exercises in Political*

Thought(New York, 1961), 9.

17 Hannah Arendt/Karl Jaspers, *Briefwechsel 1926~1969*, 65.

18 Hans Graf von Lehndorff, *Ostpreußisches Tagebuch: Aufzeichnungen eines Arztes aus den Jahren 1945~1947*(München, 1961).

19 *Eichmann in Jerusalem*, 204.

20 다음 자료를 참조할 것. Christian Tilitzki, *Die Albertus-Universität Königsberg: Ihre Geschichte von der Reichsgründung bis zum Untergang der Provinz Ostpreußen(1871~1945). Bd.1: 1871~1918*(Berlin, 2012), 551f.

21 루스 라이제로비츠의 연구에 대해서는 아래 미주 26을 참조할 것.

22 Franz Schnabel, *Deutsche Geschichte im neunzehnten Jahrhundert. Bd.1: Die Grundlagen*(Freiburg, 1929), 464; Hans Rothfels, *Theodor v. Schön, Friedrich Wilhelm IV. und die Revolution von 1848*(Halle, 1937).

23 Joseph Levin Saalschütz, "Zur Geschichte der Synagogen-Gemeinde Königsberg," *Monatsschrift für Geschichte und Wissenschaft des Judentums* 6(1857), 437-49; 7(1858), 203-217, 397-405; 8(1859), 81-100; 11(1862), 209-22.

24 다음 자료를 참조할 것. Friedrich Gause, *Die Geschichte der Stadt Königsberg in Preußen. 3 Bde.* 제2권 보충판(쾰른, 1996). 이 책에는 슈펠링에 대한 내용은 별로 없다. 다음 자료를 참조할 것. Stefanie Schüler-Springorum, *Die jüdische Minderheit in Königsberg/Preußen 1871~1945*(Göttingen, 1996), und Andrea Ajzensztejn, *Die jüdische Gemeinschaft in Königsberg: Von der Niederlassung bis zur rechtlichen Gleichstellung*(Hamburg, 2004).

25 *Gesetz-Sammlung der Königlich Preußischen Staaten*(Berlin, 1847), 263-78.

26 다음 자료를 참조할 것. Ruth Leiserowitz, *Sabbatleuchter und Kriegerverein: Juden in der ostpreußisch-litauischen Grenzregion 1812~1942*(Osnabrück, 2010); Stefanie Schüler-Springorum, "Borderliners: Identitäten in einer Grenzregion," Elke-Vera Kotowski, (Hg.), *Das Kulturerbe deutschsprachiger Juden: Eine Spurensuche in den Ursprungs-, Transit- und*

Emigrationsländern(Berlin, 2014), 273-87.

27　다음 자료를 참조할 것. XX. HA Historisches Staatsarchiv Königsberg, *Rep. 17/10, 21 und 26 Geheimes Staatsarchiv Preussischer Kulturbesitz*(Berlin). 인구 비율은 우리가 직접 계산한 것이다.

28　Alexander Jung, *Königsberg und die Königsberger*(Leipzig, 1846), 8.

29　그 이야기를 보려면 다음 자료를 참조할 것. Joseph Rosenthal, *Die gottesdienstlichen Einrichtungen in der Jüdischen Gemeinde zu Königsberg i. Pr.—Festschrift zur 25. Wiederkehr des Tages der Einweihung der Neuen Gemeindesynagoge. 1896~1921*(Königsberg, 1921), 29-32.

30　이 기간에 5개의 주거용 건물로 구성된 약 200헥타르의 부지에 50~60명의 주민이 살았다.

31　누더기 무역의 경제적 발전을 설명하는 포괄적인 역사는 존재하지 않으며, 논문 연구에서도 항상 불만을 토로했다.

32　현재 가치로 약 920.00유로이다.

33　Karl Wilke, "Königsberg," *Allgemeine Encyclopädie der Wissenschaften und Künste*, in alphabetischer Folge. Zweite Section: H–N. Hg. v. August Leskien, 38. Theil(Kocher-Köppen[Friedrich])(Leipzig, 1885), 236-45. 237쪽을 참조할 것.

34　다음 자료를 참조할 것. Manfred Kühn, *Kant: Eine Biographie*(München, 2004).

35　다음 자료를 참조할 것. Andreas Kurt Borm, *Die Entwicklung Königsbergs i. Pr. zu einer modernen Großstadt in der Weimarer Republik*(Greifswald, 2016).

36　한나 아렌트의 훗날 절친한 친구인 쿠르트 블루멘펠트가 막스 아렌트와 1906년 11월 24일 '유대인 학생협회'가 모이는 새집 개관식에서 만났다는 증거가 있다. 블루멘펠트는 유대인협회와 푸흐스마요르(Fuchsmajor) 형제회 회원이었다. 다음 자료를 참조할 것. *Die Welt* 14(Dezember 1906), 17.

37　막스 아렌트가 유대인 공동체 및 조직의 역할에 관한 토론에 참가한 사실은 다음 자료를 참조할 것. *Die Jüdische Volksstimme*(Brünn), 10 März

1910, 5f.

38 *Im deutschen Reich* 18(1912), 91f. 여기서 보고된 회의는 1911년 12월 23일 쾨니히스베르크의 아르투스호프에서 열렸다.

39 Henriette Arendt, *Dornenpfade der Barmerzigkeit*, 19.

40 *Hartungsche Zeitung*, 9 April 1889, Sonderbeilage.

41 다음 자료를 참조할 것. Christian Tilitzki(미주 20).

42 연구를 위해 1880년부터 1900년까지의 연례 보고서를 평가했다.

43 다음 자료를 참조할 것. Henrike Sappok-Laue, *Henriette Arendt: Krankenschwester, Frauenrechtlerin, Sozialreformerin*(Frankfurt/Main, 2015).

44 "Totenliste," *Sozialistische Monatshefte* 26(1922), 1003. 바울 아렌트는 1913년 사망했다.

45 미주 42를 참조할 것.

46 편지는 다음 자료에서 확인된다. International Institute of Social History, Amsterdam, Sozialistische Monatshefte Archives, ARCH 01536, Inv. nr. 3.

47 다음 자료를 참조할 것. Christina Morina, *Die Erfindung des Marxismus: Wie eine Idee die Welt eroberte*(Berlin, 2017).

48 다음 자료를 참조할 것. Schüler-Springorum, 1996.

49 Hannah Arendt, *A travers le mur: Un conte et trois paraboles, précédés de »Notre enfant« par Martha Arendt.* Édition établie et présentée par Karin Biro(Paris, 2017), 14

50 특히 그녀의 친구 펠릭스 그라예프(Felix Grayeff, 1906~1981)는 1970년대 후반에 회고록을 썼다. 이 회고록은 그가 죽은 지 한참이 지나서 출판되었다.

51 *Die Verfolgung und Ermordung der europäischen Juden durch das nationalsozialistische Deutschland 1933~1945.* Bd. 9 *Polen: Generalgouvernement August 1941~1945.* Bearbeitet von Klaus-Peter Friedrich(München, 2014), 107.

52 *AHBw*, 270.

53 Friedrich Wilhelm Graf, *Der heilige Zeitgeist. Studien zur Ideen-geschichte*

der protestantischen Theologie in der Weimarer Republik(Tübingen, 2011).

54 다음 자료를 참조할 것. Ulrich Bröckling, *Katholische Intellektuelle in der Weimarer Republik: Zeitkritik und Gesellschaftstheorie bei Walter Dirks, Romano Guardini, Carl Schmitt, Ernst Michel und Heinrich Mertens*(München: Fink, 1993), 44f.

55 Romano Guardini, *Von heiligen Zeichen*(Rothenfels am Main, 1923). 첫 번째 소책자는 1922년 출간되었다. 다음 자료를 참조할 것. Hanna-Barbara Gerl-Falkovitz, (Hg.), *Lauterkeit des Blicks. Unbekannte Materialien zu Romano Guardini*(Heiligenkreuz im Wienerwald, 2013), 134-63.

56 Martin Heidegger, *Zur Bestimmung der Philosophie, mit einer Nachschrift der Vorlesung "Über das Wesen der Universität und des akademischen Studiums,"* Hg. v. Bernd Heimbüchel(Frankfurt/Main, 1999), 4f.

57 Martin Heidegger, *Phänomenologische Interpretation ausgewählter Abhandlungen des Aristoteles zu Ontologie und Logik,* Hg. v. Günther Neumann(Frankfurt/Main, 2005), 371 und 374f. 「나토르프 보고서」는 340-415쪽에 수록되어 있다.

58 Martin Heidegger, *Einführung in die phänomenologische Forschung.* Hg. v. Friedrich-Wilhelm von Herrmann(Frankfurt/Main, 2006), 319f.

59 Ibid, 289f.

60 Martin Heidegger, *Platon: Sophistes,* Hg. v. Ingeborg Schüßler(Frankfurt/Main, 1992), 12.

61 Ibid. 229.

62 Leopoldine Weizmann, Zum Bericht uber eine Generation. Mit einem Vorwort v. Jurgen Habermas, Karlsruhe 1997.

63 신학자 빌헬름 폰 로덴(Wilhelm von Rohden, 1901~1990)이 쓴 사본은 『불트만-하이데거 서간집*Rudolf Bultmann/Martin Heidegger: Briefwechsel 1925 bis 1975*』의 부록에서 찾을 수 있다.

64 Rudolf Bultmann, *"Das Problem der Ethik bei Paulus,"* Zeitschrift für die neutestamentliche Wissenschaft 23(1924), 123-40. 다음 자료를 참조할 것. Konrad Hammann, *Rudolf Bultmann: Eine Biografie.* Dritte, durch-

gesehene u. ergänzte Aufl.(Tübingen, 2012).

65 이 부분은 다음과 같이 새로운 판본의 후기로 출간되었다. Thomas
Meyer, "Nachwort zu Hannah Arendts *Liebesbegriff bei Augustin*," in
Hannah Arendt, *Der Liebesbegriff bei Augustin*(München, 2021), 139-87.

66 하이델베르크대학교 기록보관소에 소장된 다음 자료를 참조할 것.
Universitätsarchiv Heidelberg H-IV-757_24. Zudem Rep. 29_599, 633
und 666.

67 아렌트가 뢰벤슨에게 보낸 편지는 마르바흐 문서보관소에 소장되어 있
다. 다음 자료에서 인용한다. Tatjana Noemi Tömmel, *Wille und Passion.
Der Liebesbegriff bei Heidegger und Arendt*(Frankfurt/Main, 2013), 26,
203f.

68 *Liebesbegriff*, 25.

69 *Liebesbegriff*, 21.

70 *Liebesbegriff*, 49.

71 Karl Löwith, *Das Individuum in der Rolle des Mitmenschen: Ein Beitrag
zur anthropologischen Grundlegung der ethischen Probleme*(München, 1928).

72 다음 자료를 참조할 것. 베를린 중앙도서관과 주립도서관 상자 259 B
68과 689 B J 27 및 서류철 9, 1937-61, Ant-Arnd.

73 다음 자료를 참조할 것. Mathias Iven, "Spurensuche: Hannah Arendt
und Günther Anders in Nowawes," *Mitteilungen der Studiengemeinschaft
Sanssousci e. V.* 18(2013), 122-34.

74 출처는 다음과 같다. 보들리안 과학·학습보호협회 기록보관소. MS. S.
P. S. L. 259/2, Blatt 18.

75 당시 주소록에는 권터 슈테른이 1931년에만 기재되어 있고 아렌트는
전혀 기재되어 있지 않다.

76 *Mannheim Károly levelezése 1911~1946*, Válgotta és jegyzetekkel ellátta
Gábor Éva(Budapest, 1996), 43f.

77 Karin Orth, *Vertreibung aus dem Wissenschaftssystem: Gedenkbuch für die
im Nationalsozialismus vertriebenen Gremienmitglieder der DFG*(Stuttgart,
2018), 55-66.

78 Hannah Arendt, "Philosophie und Soziologie," *Die Gesellschaft* 7(1930), 163-76.

79 다음 자료를 참조할 것. Claudia Schulze and Alf Christophersen, "Chronologie eines Eklats: Hannah Arendt und Paul Tillich," *Zeitschrift für Neuere Theologie geschichte*, 20(2002), 98-130.

80 익명, *Die Internationale* 13(1930), 192.

81 Siegfried Marck, *Die Dialektik in der Philosophie der Gegenwart.* Bd. 2(Tübingen, 1930), 150.

82 Martin Buber Nachlass, Arch. Ms. Var 350/File 473 Karl Mannheim.

83 한스 게르트, 『18세기 말 독일 지식인의 사회학적 상황: 초기 자유주의의 사회학에 대한 기여*Die sozialgeschichtliche Lage der bürgerlichen Intelligenz um die Wende des 18. Jahrhunderts: Ein Beitrag zur Soziologie des Frühliberalismus*』(Berlin, 1935); 야콥 카츠, 『독일에서의 유대인의 동화와 그 이데올로기*Entstehung der Juden assimilation in Deutschland und deren Ideologie*』(Frankfurt/Main, 1935).

84 Hannah Arendt, "Aufklärung und Judenfrage," *Zeitschrift für die Geschichte der Juden in Deutschland,* 4(1932), 77; Hannah Arendt, *Jewish Writings*(New York: Schocken Books, 2007).

85 다음 자료를 참조할 것. Dirk Blasius, *Weimars Ende: Bürgerkrieg und Politik 1930~1933*(Göttingen, 2005).

86 Hannah Arendt, *Rahel Varnhagen. Lebensgeschichte einer deutschen Jüdin/ The Life of a Jewish Woman*(Kritische Gesamtausg. Bd. 2). Hg. v. Barbara Hahn(Göttingen, 2021), 11.

87 Varnhagen/Hahn, 24.

88 Varnhagen/Hahn, 46.

89 Varnhagen/Hahn, 122f.

90 Varnhagen/Hahn, 125.

91 385쪽을 참조할 것.

92 Gerhard Schott, "Richard Harder, Klassischer Philologe, erster Interpret der Flugblätter der 'Weißen Rose' und das 'Institut für Indogermanische

Geistesgeschichte'," in Elisabeth Kraus (Hg.), *Die Universität München im Dritten Reich*. Aufsätze. Bd. 2(München, 2008), 413-500.

93 아렌트가 나중에 쿠르트 블루멘펠트에게 보낸 편지에서 저렴한 식사, 좋은 와인, 작고 우아하게 꾸며진 많은 부스, 그리고 사람들이 눈에 띄지 않게 만날 수 있는 곳으로 유명했던 쿠르퓌르스텐담 14/15의 '맘페의 선술집'에서 그와 작별 인사를 나누었다고 회고했다.

94 파리 국립문서보관소: 19940474/429, 문서 40379, 1927~1938: 슈테른 귄터 지그문트.

95 다음 자료를 참조할 것. Martha Mundt, "Die Frau und die Internationale Arbeitsorganisation," in *Handbuch der Frauenarbeit in Österreich*, Hrsg. von der Kammer für Arbeiter und Angestellte in Wien. Redaktion Käthe Leichter u. a.(Wien, 1930), 563-66.

96 다음 자료를 참조할 것. Françoise Thébaud, *Une traversée du siècle: Marguerite Thibert, femme engagée et fonctionnaire internationale*(Paris, 2017).

97 스트라우스가 아렌트를 더 잘 알아가는 데 관심이 있었다는 일화적인 주장이 반복적으로 제기되고 있다. 이에 대한 증거는 없다.

98 다음 자료를 참조할 것. Arnold Zweig, Berliner Ausgabe. Essays 3/2: *Bilanz der deutschen Judenheit 1933: Ein Versuch*. Bd.-Bearbeitung Thomas Taterka(Berlin: Aufbau, 1998).

99 다음 자료를 참조할 것. Anatol Schenker, *Der Jüdische Verlag 1902~1938: Zwischen Aufbruch, Blüte und Vernichtung*(Tübingen 2003), 263-80, 440ff.

100 Arnold Zweig, *Bilanz der deutschen Judenheit*, 97.

101 아렌트 서고에는 아르놀트 츠바이크의 저작은 단 한 권도 없다.

102 다음 자료를 참조할 것. 과학·학습보호협회 기록보관서(MS S. P. S. L.), 259-2 서류철 18-38.

103 다음 자료를 참조할 것. Martine Lemalet, "Les comités d'accueil aux réfugiés et l'Oeuvre de secours aux enfants(1933~1939)," Annette Wieviorka (Hg.), *Justin Godart: Un homme dans son siècle 1871~1956*(Paris, 2005), 87-104.

104 공동 창립자는 같은 이름의 유명한 프랑스 수학자 조르주 할펜의 손자

인 조르주 할펜이었다.

105 제네바 국제연맹 기록보관소, 농업·수공업훈련원, C6105-502-01.

106 다음 자료를 참조할 것. Christoph Schulte, *Psychopathologie des Fin de Siècle: Der Kulturkritiker, Arzt und Zionist Max Nordau*(Frankfurt/Main, 1997), 107.

107 다음 자료를 참조할 것. Shoshana Feingold-Studnik, *Der Kibbuz im Wandel: Wirtschaftliche und politische Grundlagen*(Wiesbaden, 2002), 12 ff; Henry Near, *The Kibbutz Movement: A history, Origins and growth, 1909~1939*(Oxford, 1992).

108 제네바 국제연맹 기록보관소, 농업·수공업훈련원, C6105-502-01.

109 맥도널드는 1933년 노먼 벤트위치 난민고등판무관이 설립한 이 부서의 책임자였으며, 1935년 실패를 선언한 이후 해산되었다. 맥도널드는 제2차 세계대전 이후 팔레스타인 주재 미국 대사가 되어 이스라엘 건국 과정에 큰 영향력을 발휘했다. 1만 쪽이 넘는 그의 일기는 워싱턴의 홀로코스트 박물관에 소장되어 있으며, 그의 딸이 편집한 것이다. 이는 고다르와 국제연맹의 다양한 부서 사이 협력에 중요한 자료가 되었다.

110 히브리어는 개척자(HeHalutz)다. 팔레스타인 정착 운동은 1905년 미국과 러시아에서 거의 동시에 시작됐다. 다음 자료를 참조할 것. Israel Ritov and Yehuda Slutsky, "He-Halutz," Michael Berenbaum and Fred Skolnik (Ed.), *Encyclopaedia Judaica*, Vol. 8(Detroit, 2007), 756-61.

111 James G. McDonald, *Report of the High Commissioner: The Third Meeting of the Governing Body of the High Commisson for Refugees(Jewish and other) Coming from Germany*(London, 1934), 13.

112 출판사는 맞을 것이다. 출판사의 기록보관소에 발견된 아렌트 문서는 없으며, 카를 만하임의 문서도 없다.

113 과학·학습보호협회 기록보관소(MS S. P. S. L.), 259-2 서류철 18-38.

114 만하임은 그의 주요 저서인『이데올로기와 유토피아』에서 한 곳에서만 "동기 변화의 역사"(199)를 언급했을 뿐이지 현상의 '구조'와 '운명'을 결정하려는 연구에 근접하지 않았다. 그러나 아렌트는 쪽의 끝부분에 "정확함"이라고 기록했다.

115 랄프 다렌도르프는 1995년 런던 정치경제대학교의 옥스퍼드 역사에서
베버리지에 대해 회의적인 시각을 드러냈다.

116 다음 자료를 참조할 것. David Zimmerman, "The Society for the Pro-
tection of Science and Learning and the Politicization of British Science
in the 1930s," *Minerva* 44(2006), 25-45.

117 다음 자료를 참조할 것. Christian Fleck, *Etablierung in der Fremde: Ver-
triebene Wissenschaftler in den USA nach 1933*(Frankfurt/Main, 2015).

118 다음 자료를 참조할 것. Dario Miccoli, *Histories of the Jews of Egypt: An
Imagined Bourgeoisie 1880s~1950s*(London, 2015), 120-27.

119 원래 프랑스 제목은「직업 재분류(reclassement professionnel)」이다. 팔레
스타인으로 이주하기 위한 젊은 유대인들의 준비, 말 그대로 '훈련'인
이른바 '하흐샤라(Hachschara; 준비)'의 맥락에서 현대 독일어로는 '경력
재편(Berufsumschichtung)'이었다. 번역에서는 젊은이들의 직업 준비를
지칭하기 위해서 '단련(Ertüchtigung)'을, 다른 직업군에 속하는 유대인
의 구조적 측면을 지칭하기 위해 '경력 개편'을 선택했다.

120 Hannah Arendt, "Le Reclassement Professionel de la Jeunesse," *Le Jour-
nal Juif* 2(1935), 8. 1월 25일 출간되었다. 여기에서 원본은 독일어로 초
역되었다.

121 예루살렘 중앙시온주의기록보관소, 청소년 알리야, S75.

122 1900년 베를린에서 힐데(Hilde) 바이스라는 이름으로 태어났다. 아렌
트도 그녀를 그렇게 불렀다. 그녀는 1981년 브루클린에서 사망했다.

123 여기에는 유대인 이민자 지원 중앙위원회와 반유대주의 독일 희생자
구호를 위한 전국위원회가 있다. 프랑케, 353-57을 참조할 것.

124 몇몇 동시대의 초상화를 제외하면 란다우어에 대한 포괄적인 평가는
없다. 감상은 부족하다.

125 예루살렘 중앙시온주의기록보관소, 청소년 알리야, S75.

126 다음 자료를 참조할 것. Jacques Adler, *Face à la persécution, Les organisa-
tions juives à Paris de 1940 à 1944*(Paris, 1984), 25ff.

127 Hannah Arendt, "Martin Buber: un guide de la jeunesse," *Le Journal
Juif*, 26. April 1935, 8. 마리 루이제 크노트와 우르줄라 루츠가 편집한

다음 자료를 참조할 것. Hannah Arendt, *Wir Juden*(München, 2019), 36.

128 동시에 예루살렘에는 다양한 프로그램을 통해 팔레스타인에 입국할 수 있었던 약 800명의 어린이와 청소년이 있었다.

129 얼마 후 모텍(Berta Mottek)은 런던에서 헬무트 칸토로비츠(1905~1975)와 결혼했다.

130 다음 자료를 참조할 것. Kathrin Kollmeier, "Das Nansen-Zertifikat: Ein ambivalentes Schlüsseldokument des ersten internationalen Flüchtlingsregimes," *Zeithistorische Forschungen*, Vol. 16(2019), 354-62.

131 https://hundredheroines.org/historical-heroines/lou-landauer/(2022년 11월 20일 최종 접근). 이 영화는 1934~1935년에 촬영되었고 1936년에 초연되었다. 에바 미카엘리스-슈테른이 편집자 중 한 사람이었다.

132 아렌트는 올가 슈타인(나중에 올가 샤미르)과 알 수 없는 다툼으로 헤어지기 전까지 좋은 친구였다.

133 Hannah Arendt, "Des jeunes s'en vont chez eux," *Le Journal Juif*(28. Juni 1935), 8.

134 *Walter Benjamin/Gershom Scholem, Briefwechsel*, Hg. v. Gershom Scholem(Frankfurt am Main, 1980), 205.

135 다음 자료를 참조할 것. Gabriele Anderl, "Emigration und Vertreibung," Otto D. Kulka, Erika Weinzierl (Hg.), *Vertreibung und Neubeginn: Israelische Bürger österreichischer Herkunft*(Wien, Köln, Weimar, 1992), 167-338.

136 팔레스타인으로 보낸 어린이와 청소년의 숫자에 대한 다양한 통계가 있다. 여기에서는 최대 1,800명의 어린이와 청소년의 수치가 포함된다.

137 서명되지 않은 이 기사는 1935년 9월 13일《유대인 신문》8면에 게재되었다.

138 Samuel Boussion, Juliette Gourfinkel/Pary https://repenf.hypotheses.org/636(letzter Abruf 24. Juni 2023).

139 한나 아렌트는 1935년 12월 11일 한스 베이트와 솔드의 개인 비서 에마 에를리히에게 보낸 편지에서 이렇게 말했다.

140 ha., "Jugend-Alijah – Kinderkreuzzug?," *Pariser Tageblatt*(17 April,

1936), 6. 아렌트는 뉴욕의 《재건》에 기사를 쓸 때 '하(ha)'라는 약어를 다시 사용했다.

141 아렌트는 요한 로렌츠 슈미트(1900~1978)가 1925년 작가 안나 세게르스(1900~1983)와 결혼한 이후 1935년 공동 설립한 라즐로 라드바니의 '독일자유대학'과 어떻게 접촉했는지는 알 수 없다. 라드바니는 1923년 하이델베르크에서 카를 야스퍼스의 지도로 박사학위를 받았으며, 이는 어떤 연관성을 암시한다. 그는 카를 만하임도 참여했던 게오르크 루카치의 부다페스트 '일요일 모임'에 소속되어 있었기 때문에 또 다른 가능성이 있다.

142 철자가 다른 것은 독일과 프랑스 당국이 키릴 문자를 번역한 결과이다.

143 다음 자료를 참조할 것. Daniel Siemens, *Hinter der Weltbühne: Hermann Budzislawski und das 20. Jahrhundert*(Berlin, 2022).

144 파리 국립기록보관소, 19940434/415, 서류 34520, 1934~1940, 블뤼허 하인리히.

145 다음 자료를 참조할 것. Christian Walther, *Ein Freund, ein guter Freund: Robert Gilbert: Lieddichter zwischen Schlager und Weltrevolution. Eine Biografie*(Berlin, 2019).

146 코블렌츠 연방 기록보관소, 연방 외무부 정치기록보관소, PA AA_RZ214_099689_309. '슈테른, 귄터 지그문트' 서류는 링고 뢰제너가 나에게 제공했다.

147 부치슬라브프스키와 로젠펠트가 1936년 8월 5일과 8일에 주고받은 편지를 다니엘 지멘스에게 언급했다. 베를린 기록보관소에 있는 『새로운 세계 무대』 기록을 참조할 것. *Die Neue Weltbüne*, Signatur 40, 141 und 142.

148 다음 자료를 참조할 것. Heinrich Blücher. *Versuche über den Nationalsozialismus*, Hg. v. Ringo Rösener. Mit einem Nachwort von Ringo Rösener und Eyck-Marcus Wendt(Göttingen, 2020).

149 1937년 7월 《제네바 유대인 잡지 *Revue Juive de Genève*》에 실린 비스트리츠키(1896~1980)의 에세이는 시간적 경계를 표시한다.

150 Otto Heller, *Der Untergang des Judentums: Die Judenfrage, ihre Kritik, ihre*

Lösung durch den Sozialismus(Wien, Berlin, 1931).

151   Hannah Arendt, "Antisemitismus"(Ms. 1937/38), 62.

152   Ibid., 115.

153   다음 자료를 참조할 것. Joshua M. Karlip, *The Tragedy of a Generation: The Rise and Fall of Jewish Nationalism in Eastern Europe*(Cambridge/Mass., 2013).

154   다음 자료를 참조할 것. Sabine Bossert, *David Frankfurter(1909~1982): Das Selbstbild des Gustloff-Attentäters*(Köln, 2019).

155   다음 자료를 참조할 것. http://www.ifz-muenchen.de/archiv/MS_0087_0000.pdf(letzter Abruf 7. August 2023).

156   다음 자료를 참조할 것. Hannah Arendt, "From the Dreyfus Affair to France Today," *Jewish Social Studies* 4(1942), 195-240. 아렌트는 1941년 말까지 출판된 문헌을 통합했다.

157   발터 벤야민은 1939년 2월 자신이 읽은 내용을 게르숌 숄렘에게 보고했다. 아렌트는 원고를 팔레스타인의 숄렘에게 보냈다.

158   Varnhagen/Hahn, 875f.

159   다음 자료를 참조할 것. Olaf Glöckner/Helmut Müssener/Lars M. Andersson/Lena Roos (Hg.), *Deutschsprachige jüdische Migration nach Schweden 1774 bis 1945*(Berlin, 2017).

160   다음 자료를 참조할 것. Dan Diner, *Das Jahrhundert verstehen – 1917~1989: Eine universal historische Deutung*(München, 1999); *Ein anderer Krieg: Das jüdische Palästina und der Zweite Weltkrieg 1935~1942*(München, 2021).

161   Roger Colombani, *Die Affäre Weidmann: Das Ende eines Dandys*(Hamburg, 1992). 프랑스 원본은 "인민전선 당시 독일 멋쟁이의 피비린내 나는 표류"라는 문제의 핵심에 도달했다.

162   다음 자료를 참조할 것. Steven E. Zipperstein, *Zionism, Palestine, Nationalism and the Law, 1939~1948*(London, New York, 2021). 원래 8,500명의 이민자가 계획되어 있었다.

163   다음 자료를 참조할 것. Amos Morris-Reich, "Arthur Ruppin's Con-

cept of Race," *Israel Studies* 11(2006), 1-30.

164 다음 자료를 참조할 것. Maurice Samuel, *What Happened in Palestine: The Events of August 1929: Their Background and Significance*(Boston, 1929); Tom Segev, *Es war einmal ein Palästina: Juden und Araber vor der Staatsgründung Israels*(München, 2005); Thomas Vescovi, *L'échec d'une utopie: Une histoire des gauches en Israël*(Paris, 2021).

165 어린이·청소년 알리야는 최대 30만 마르크까지 모을 수 있었고, 이 중 18만 마르크가 보관되었다.

166 다음 자료를 참조할 것. Michael Marrus, "Évian," Dan Diner, (Hg.), *Enzyklopädie jüdischer Geschichte und Kultur. Bd. 2: Co–Ha*(Stuttgart/Weimar, 2012), 289-95.

167 기록보관소에는 이후 런던과 예루살렘을 통해 진행되는 추가 협력의 일환으로 체코슬로바키아에서 669명의 어린이를 구출한 것으로 기록된 니콜라스 윈턴 경(1909~2015)의 편지도 포함되어 있다.

168 Michel Laffitte, "L'UGIF, collaboration ou résistance?" *Revue d'Histoire de la Shoah* 185 (2006), 45-64.

169 기껏해야 노먼의 잘 알려진 수백 장의 사진을 대표하는 이름일 뿐이다.

170 Alice Kaplan, *Looking for "The Stranger": Albert Camus and the Life of a Literary Critic*(Chicago, 2016), 257. 다음 자료를 참조할 것. Philippe Vanney, "La Crise de l'homme« a-t-elle trouvé son texte?" *Études camusiennes: société japonaise des Etudes camusiennes* 6(2004), 76-96.

171 Albert Camus, "Die Krise des Menschen." 하로 슈타머요한의 프랑스어 온라인 잡지 《파우스트 문화*Faust-Kultur*》에 게시됨(2023년 8월 7일 마지막 확인). http://archiv.faustkultur.de/1481-0-Camus-Die-Krise-des-Menschen.html.

172 앞의 글.

173 Elisabeth Fondren, "'We are Propagandists for Democracy': The Institute for Propaganda Analysis' Pioneering Media Literacy Efforts to Fight Disinformation(1937~1942)," *American Journalism* 38(2021), 258-91.

174 다음 출처를 참조할 것. Jim Mackin https://www.youtube.com/
watch?v=eSLnHRikhVE(letzter Aufruf 7. August 2023).

175 자세한 내용은 원서 335쪽을 참조할 것.(이 책 480쪽)

176 구리안의 편지와 잘로 바론의 편지 몇 편이 처음으로 이용되었다. 이용
한 출처는 다음의 미발표 논문이다. Olga Kirschaum, "Among the Jews
and Other European Peoples: Hannah Arendt(1924~1951)."

177 Hannah Arendt, *Men in Dark Times*(New York, 1970), 257. 아렌트의 구
리안 추도사는 원래 그에게 헌정된 《정치평론》의 1955년호에 게재되
었다.

178 앞의 책.

179 스티븐 휘트필드는 1984년 처음으로 이 편지를 참조했다. Stephen
Whitfield, *A Critical American: The Politics of Dwight Macdonald*(Ham-
den, 1984), 143. 출처는 다음과 같다. MacDonald Papers an der Yale
University, Box 7, Folder 138.

180 이것은 2년 후 E. P. 필러의 번역으로 「마르크스주의의 흥망성쇠」라는
제목으로 런던에서 출간된 구리안의 「마르크스주의의 종말?」(1936)의
영어 번역본으로, 서신에서 아렌트의 언급을 참고하였다.

181 아렌트가 구리안에게 보낸 1942년 2월 1일자 편지, 발데마르 구리안 문
서, 의회도서관.

182 아렌트가 구리안에게 보낸 1942년 2월 18일자 편지. 발데마르 구리안
문서, 의회도서관.

183 William Watson, *A decacordon of ten quodilibeticall questions...*(London,
1602), 67. 왓슨은 이미 소개된 라틴어 용어 "mobile vulgus(변덕스러운
평민)"를 사용했는데, 이는 '폭민'이 된다.

184 다음 자료를 참조할 것. Karl Schlögel, "Archäologie totaler Herrschaft:
Rußland im Horizont Hannah Arendts," Gerd Koenen/Lew Kopelew
(Hg.), *West-östliche Spiegelungen: Deutschland und die russische Revolu-
tion*(München, 1998), 790-804.

185 아렌트가 구리안에게 보낸 1942년 4월 4일자 편지. 발데마르 구리안 문
서, 의회도서관.

186   아렌트가 발데마르 구리안에게 보낸 1943년 4월 30일과 5월 1일자 편
      지. 발데마르 구리안 문서, 의회도서관.

187   아렌트가 구리안에게 보낸 1943년 11월 1일자 편지. 발데마르 구리안
      문서, 의회도서관. 이 책에 대한 서평을 쓴 구리안은 1944년 초까지 출
      판되지 않았던 이 책의 교정쇄를 가지고 있었던 것으로 보인다. 다음 자
      료를 참조할 것. *Review of Politics* 6(1944), 228-38.

188   아렌트가 구리안에게 보낸 1943년 11월 5일자 편지. 발데마르 구리안
      문서, 의회도서관.

189   아렌트가 구리안에게 보낸 1943년 4월 19일자 편지. 발데마르 구리안
      문서, 의회도서관.

190   이것은 아렌트가 1941년 10월부터 기사를 게재한 신문《재건》을 의미
      한다. 그녀는 1945년 4월까지 수많은 기사를 썼으며, 때로는 정규 칼럼
      형식의 글을 쓰기도 했다.

191   이 질문은 아렌트가 1942년 내내 고민하던 문제였다. 발데마르 구리안
      문서, 의회도서관.

192   Hannah Arendt, *Vor Antisemitismus ist man nur noch auf dem Monde
      sicher: Beiträge für die deutsch-jüdische Emigrantenzeitung »Aufbau«
      1941~1945*, Hg. v. Marie Luise Knott(München, 2004), 185-221.

193   '유대인 청년'이라는 용어는 1900년경에 등장한 용어로, 공통분모로
      묶기 어려운 수많은 유대인 부흥 운동을 포괄한다. 다음 자료를 참조
      할 것. Mark H. Gelber, "The jungjüdische Bewegung: An Unexplored
      Chapter in German-Jewish Literary and Cultural History," *Leo Baeck
      Yearbook* 31(1986), 105-119; Sabrina Schütz, *Die Konstruktion einer
      hybriden "jüdischen Nation": Deutscher Zionismus im Spiegel der Jüdischen
      Rundschau 1902~1914*(Göttingen, 2019).

194   Hannah Arendt, Josef Maier, "Jungjüdische Gruppe im New World
      Club," *Der Aufbau*(Februar 1942), 23.

195   Hannah Arendt, Josef Maier, Manifest Jungjudische Gruppe, in: *Der
      Aufbau* vom 27. Februar 1942 (unpag.).

196   오펜하이머-블룸은 고태인 학교 여학생으로 1931년 말 노동부의 고위

정부 고문이 되었고, 독일 제국의 임금 구조에 관한 수많은 전문서를 썼으며, 뉴욕의 뉴스쿨에서 '제3제국'의 사회적 상황을 분석하는 등 여러 가지 일을 했다.

197 쿠르트 블루멘펠트, "1942년 3월 26일 유대인 청년 단체", 한나 아렌트 유고.

198 *Sechs Essays*, 159.

199 의회 기록 – 상원 1944, 워싱턴 1944, 963.

200 *Toward Peace and Equity: Recommendations of the American Jewish Committee*(New York, 1946).

201 미국 유대인 기록보관소, 아돌프 오코 문서 소장품, 번호 14, 9번 서류함, 서류철 6, 7번.

202 Francis E. McMahon, "Plain Speaking," *New York Post*(24. August 1946), 10.

203 아렌트가 구리안에게 보낸 1942년 5일자 편지. 발데마르 구리안 기록보관소, 의회도서관.

204 다음 자료를 참조할 것. Arndt Engelhardt, "Koppel S. Pinson(1904~1961). Eine jüdische Intellektuellenbiografie in Amerika," *Konstellationen über Geschichte, Erfahrung und Erkenntnis. Festschrift für Dan Diner zum 65. Geburtstag*. Hg. v. Nicolas Berg, Omar Kamil, Markus Kirchhoff, Susanne Zepp(Göttingen, 2011), 81-101.

205 엘리자베스 갈라스의 저서 『책들의 영안실』에서 인용한 내용이다. *A Mortuary of Books: The Rescue of Jewish Culture after the Holocaust*(New York, 2019), 81.

206 허버트 A. 스트라우스에 대해서는 안나 코르스텐의 『불편한 기억들 *Unbequeme Erinnerer*』을 참조할 것. *Unbequeme Erinnerer: Emigrierte Historiker in der westdeutschen und US-amerikanischen NS- und Holocaust-Forschung, 1945~1998*(Stuttgart, 2023), 128-38, 187-93; 개척적인 연구로 다음 저서를 참조할 것. Nicolas Berg, *Der Holocaust und die westdeutschen Historiker. Erforschung und Erinnerung*(Göttingen, 2004).

207 스트라우스는 당시 약혼녀인 로테와 재회할 수 있었다. 니버가에 숨어

있던 카흘레(1913~2020)는 탈출했다.

208 이전 명칭은 이디시어과학연구소(Yiddish Scientific Institute)였다.

209 유대인연구소와 다른 사람들이 시작한 홀로코스트와 생존자에 관한 연구를 위해서는 라우라 요쿠쉬의 여러 저작, 특히 다음 저작을 참조할 것. Laura Jokusch, *Collect and Record!: Jewish Holocaust Documentation in Early Postwar Europe*(New York, 2015).

210 Hans Ulrich Gumbrecht, *Nach 1945. Latenz als Ursprung der Gegenwart*(Frankfurt/Main 2012), und Harald Jähner, *Wolfszeit. Ein Jahrzehnt in Bildern. 1945~1955*(Berlin, 2020).

211 다음 자료를 참조할 것. Natan Sznaider, *Gedächtnisraum Europa: Die Visionen des europäischen Kosmopolitismus. Eine jüdische Perspektive*(Bielefeld, 2008), 45-64.

212 장례식에 참석했던 하인리히 블뤼허는 1949년 12월 8일에 아렌트에 대한 민감한 '부고'를 썼다. HAB, 172f.

213 Hannah Arendt/Gershom Scholem, *Der Briefwechsel 1939–1964*, Hg. v. Marie Luise Knott(Frankfurt/Main, 2010). 10.

214 Hannah Arendt und Kurt Blumenfeld, ⋯ *in keinem Besitz verwurzelt: Die Korrespondenz*, Hg. v. Ingeborg Nordmann u. Iris Pilling(Hamburg, 1995), 43.

215 Hannah Arendt/Karl Jaspers, *Briefwechsel 1926~1969*, 134; 『한나 아렌트·야스퍼스 서간집 1, 1926~1969년』, 235-36쪽.

216 *The Origins of Totalitarianism*, 3.

217 *The Origins of Totalitarianism*, 10.

218 *The Origins of Totalitarianism*, 416.

219 *The Origins of Totalitarianism*, 417f.

220 Arendt/Voegelin, *Disput über den Totalitarismus: Texte und Briefe*. 17.

221 *The Origins of Totalitarianism*, 439.

222 아렌트가 쾨젤출판사에 보낸 편지.

223 다음 자료를 참조할 것. Uwe Sonnenberg, *Von Marx zum Maulwurf: Linker Buchhandel in Westdeutschland in den 1970er-Jahren*(Göttingen,

2016), 67-70.

224 유럽출판사 판은 XV+782쪽으로 구성되었지만, 도서 길드 판은 731쪽
에 불과했다. 처음에든 그렇게 계획되었지만, 길드 판은 실제로 1955년
판이 1956년이 되어서야 출판되었고, 유럽출판사 판이 1958년에 정확
히 같은 쪽수로 재판되었다.

225 *DT*, 68 v. April 1951.

226 익명,《이스라엘 공동 보고서*Israelitisches Gemeindeblatt*》, 1930년 3월 6일
(쪽 표시 없음).

227 프리드리히의 에세이 바로 앞에는 발터 벤야민이 쓴 줄리앙 그린의 초
상화가 있다.

228 Hannah Arendt/Günther Stern, "Rilkes Duineser Elegien," *Schweizer
Rundschau* 23 (1930), 855-871. 871쪽에서 인용했다.

229 이 판본, 즉『라헬 파른하겐: 낭만주의 시대 독일계 유대인 여성의 삶』
은 릴리안 바이스 베르크가 후기를 쓴『연구본*Studienausgabe*』의 판본에
따라 인용한 것이다.

230 그녀가 페기를 언제 발견했는지는 불분명하다. 페기는 드레퓌스 사건
에 대한 그녀의 논문(1944년)에서 처음 등장한다.

231 Walter Benjamin, "Zum gegenwärtigen gesellschaftlichen Standort des
französischen Schriftstellers," *Gesammelte Schriften*. Hg. v. Rolf Tiede-
mann u. Hermann Schweppenhäuer(Frankfurt/Main), Bd. II. 2, 776-
803. 원래《사회조사지*Zeitschrift für Sozialforschung*》3(1934), 54-78쪽에
게재되었다.

232 특히 다음 자료를 참조할 것. Nina Gourfinkel, "Les thèmes
scatologiques en littérature," *Le Courrier d'Épidaure, revue médico-littérai-
re*, 9-10, novembre et décembre 1936, 26-37, 51-59.

233 다음 자료를 참조할 것. Barbara Hahn, "'Wesentlich ein Verlag für
Übersetzungen?' Hannah Arendt als Lektorin bei Schocken Books in
New York," Antje Borrmann/Doreen Mölders/Sabine Wolfram (Hg.),
*Konsum und Gestalt: Leben und Werk von Salman Schocken und Erich Men-
delsohn vor 1933 und im Exil*(Berlin, 2012), 259-70.

234 Simone Weil, "Die Ilias oder das Poem der Gewalt," *Krieg und Gewalt: Essays und Aufzeichnungen*, A. d. Frz. v. Johanna-Charlotte Horst, Thomas Laugstien, Anouk Luhn(Berlin, 2011), 161-91.

235 다음 자료를 참조할 것. Deborah Nelson, *Denken ohne Trost: Arbus, Arendt, Didion, McCarthy, Sontag, Weil. Aus dem amerikanischen English von Birthe Mühlhoff. M. e. Nachwort v. Merve Emre*(Berlin, 2022), 103-37. 아렌트에 관한 장(63-101쪽)도 그다지 적절하지 않다.

236 *EuU*, 407f.

237 *EuU*, 416.

238 "Die verborgene Tradition," Hannah Arendt, *Sechs Essays: Die verborgene Tradition*(Kritische Gesamtausgabe. Bd. 3). Hg. v. Barbara Hahn u. unter Mitarbeit v. Barbara Breysach u. Christion Pischel(Göttingen, 2019), 64-85, hier: 66.

239 *VA*, 246.

240 Gareth Dale, *Karl Polanyi. A Life on the Left*(New York, 2016).

241 아렌트가 귄터 가우스에게 보낸 1964년 12월 17일자 편지.

242 귄터 가우스가 아렌트에게 보낸 1964년 10월 28일자 편지.

243 아렌트가 귄터 가우스에게 보낸 1964년 11월 28일자 편지.

244 *AJBw*, 600(1964년 10월 4일).

245 Karl Jaspers, Gesamtausgabe. II. Nachlass. Bd. 6. *Vom unabhängigen Denken: Hannah Arendt und ihre Kritiker. Nachgelassene Fragmente*, Hg. v. Georg Hartmann(Basel, 2023), 20.

246 이 모든 내용을 보기 위해서는 다음 자료를 참조할 것. Peter Krause, *Der Eichmann-Prozeß in der deutschen Presse*(Frankfurt/Main, New York, 2002).

247 다음 자료를 참조할 것. Hans-Jörg Sigwart, *The Wandering Thought of Hannah Arendt*(London, 2016), 2f.

248 다음 자료를 참조할 것. Sonja Asal, "Zwischen Humanismus und zweiter Aufklärung: Ernesto Grassis publizistisches Unternehmertum," *Rowohlts deutscher Enzyklopädie*, Annette Meyer (Hg.), Ernesto Grass-

i(München, 2020), 147-93.

249 Hannah Arendt, "Was ist Existenz-Philosophie?" *Hannah Arendt Digital: Kritische Gesamtausgabe*, Bd 3. Hg. v. Barbara Hahn. https:// hannah arendt edition.net/vol_text.html?id=/3p_III-001existenzPhilosophie. xml.

250 역사의 천사는 (…) 과거를 향해 얼굴을 돌리고 있다. 우리 앞에 일련의 사건들이 펼쳐질 때, 그는 끊임없이 잔해 위에 잔해를 쌓아 그 발 앞에 내던지는 단 하나의 재앙만을 본다. 그는 머물러 죽은 자들을 깨우고 부서진 것들을 다시 맞추고 싶어 한다. 그러나 낙원에서 불어오는 폭풍이 그의 날개에 걸려들었고, 그 폭풍은 너무나 강렬하여 천사가 더 이상 날개를 접을 수 없게 했다. 이 폭풍은 그가 등을 돌린 미래로 멈출 수 없이 몰아붙이며, 그 앞에 쌓인 잔해더미는 하늘을 향해 자라난다. 우리가 진보라고 부르는 것은 바로 이 폭풍이다.

251 Dolf Sternberger, *Der verstandene Tod: Eine Untersuchung zu Martin Heideggers Existenzialontologie*(Leipzig, 1934).

252 Dolf Sternberger, "Martin Heidegger über die Aufgaben im neuen Staat," *Frankfurter Zeitung*(30. Juni 1933).

253 세 가지의 텍스트 중 마지막은 1936년 12월 8일 출간됐다.

254 다음 자료를 참조할 것. Teresa Orozco, *Platonische Gewalt: Gadamers Hermeneutik der NS-Zeit*(Hamburg, 2004).

255 당시 프랑스에서 흔히 쓰이던 표현이다. 모리스 토레즈(1900~1964)는 매우 인기 있는 공산주의 레지스탕스 투사였으며, 1945년부터 1947년 5월까지 잠시 장관직을 맡기도 했다. "토레즈는 말했다"라는 말은 많은 공산주의자에게 법이었다.

256 "Sagt der Philosoph" — "Was (heißt/soll das)?".

257 레오폴디네 바이츠만 유고, '연구·문서화·정보·사회행위센터(CEDIAS)' 사회박물관 기록보관소, 파리 슈발바흐.

258 앞의 자료.

259 현재는 다음 책에 재수록되어 있다. Martin Heidegger, *Besinnung*(1938/39), Hg. v. Friedrich-Wilhelm von Herrmann(Frankfurt/

Main, 1997), 25

260 앞의 책, 40.

261 독일 마르바흐 문서보관소, 아렌트/하이데거 모음집.

262 Karl Jaspers, *Vernunft und Existenz*(Groningen, 1935); *Nietzsche: Einführung in das Verständnis seines Philosophierens*(Berlin, Leipzig, 1936).

263 다음 자료를 참조할 것. Richard Wisser, *Karl Jaspers: Philosophie in der Bewährung: Vorträge und Aufsätze*(Würzburg, 1995).

264 *AMHBw*, 145.

265 Martin Heidegger, *Sein und Zeit*(Halle/Saale, 1927), 376.

266 앞의 책, 383-391.

267 아렌트는 1950년 6월 6일 뮌헨에서 「사물에 관하여」라는 제목으로 진행한 강의를 바탕으로 한 1951년 초판을 인용했다. 다음 자료를 참조할 것. Martin Heidegger, *Bremer und Freiburger Vorträge, Hg. v. Petra Jäger*(Frankfurt/Main 1994), 5-23, 20쪽을 참조할 것. 인용문은 모든 텍스트에서 같은 곳에 나타난다.

268 *Modern Challenge to Tradition: Fragmente eines Buchs*(Göttingen: Wallstein, 2018), 563.

269 *AMHBw*, 145.

270 *VA*, 515.

271 전문의 출처는 다음과 같다. Hannah Arendt, "Martin Heidegger ist 80 Jahre," *Merkur* 23 (1969), 893-902.

272 *Vita activa*, 387-417.

273 Hannah Arendt, 'Walter Benjamin. III. Der Perlentaucher," *Merkur* 22(1968), 305-15.

274 Walter Benjamin, "Wider ein Meisterwerk. Zu Max Kommerells *Der Dichter als Führer in der deutschen Klassik*"(1930); *Kritiken und Rezensionen. Hg. v. Heinrich Kaulen*(Berlin, 2011), 271-79.

275 Arendt, "Heidegger ist 80 Jahre."

276 앞의 글.

277 Karl Jaspers, *Max Weber. Deutsches Wesen im politischen Denken, im*

Forschen und Philosophieren(Oldenburg, 1932), 23.

278 Dolf Sternberger, "Karl Jaspers, Max Weber," *Frankfurter Zeitung*(1 Juli 1930).

279 Ernst Cassirer, *Die Philosophie im XVII. und XVIII. Jahrhundert*(Paris, 1939), 13-22.

280 Karl Jaspers, *Descartes und die Philosophie*(Berlin/Leipzig, 1937), 68 und 92.

281 *Deutsche Briefe 1934~1938; 1936~1938*, Hg. v. Waldemar Gurian und Otto Michael Knab, Bearbeitet v. Heinz Hürten(Mainz, 1969), 773.

282 관련 정보와 인용문은 다음과 같다. Lars Fischer, "Vorgestellt: Gertrud Mayer-Jaspers, 1879~1974," *Medaon* 7(2013), 1-14. 8쪽을 참조할 것.

283 Hannah Arendt, "Zueignung an Karl Jaspers," *Sechs Essays*, 12.

284 다음 자료를 참조할 것. *AJBw*, 106f.

285 한나 아렌트가 1946년 5월 30일 게르트루트 야스퍼스에게 보낸 편지, 카를 야스퍼스 유고, 독일 마르바흐 문서기록보관소.

286 한나 아렌트가 1946년 5월 30일 게르트루트 야스퍼스에게 보낸 편지.

287 Hannah Arendt, "Karl Jaspers: Bürger der Welt," Paul Arthur Schilpp, Hg., *Karl Jaspers*(Stuttgart, 1957), 532-43.

288 앞의 책, 536.

289 *ABBw*, 243.

290 *ABBw*, 243.

291 *ÜdR*, 12.

292 *VA*, 12.

293 *ÜdR*, 46.

294 앞의 책, 419.

295 *VA*, 460.

296 *DT*, 482.

297 이 책이 만들어지는 과정은 새 판에 자세히 설명되고 있다. 서지사항은 다음과 같다. Hannah Arendt, "Ideology and Terror: A Novel Form of Goverment." *Review of Politics* 15/3(July 1953): 303-27; The 1958

edition of *The Origins Totalitarianism;* A German version appeared in *Offener Horizont: Festschrift für Karl Jaspers*(München: Piper, 1953).

298 *FT*, 186.

299 신문은 완전히 디지털화되어 다양한 포털에서 쉽게 이용할 수 있다. 여기에서 확인할 수 있다. www.deutsche-digitale-bibliothek.de.

300 Hannah Arendt, "Die jüdische Armee—der Beginn einer jüdischen Politik," *Vor Antisemitismus ist man nur auf dem Monde sicher. Beiträge für die deutsch-jüdische Emigrantenzeitung »Aufbau«,* Hg. v. Marie Luise Knott(München, 2004), 22.

301 Hannah Arendt, "Was ist das Committee for a Jewish Army? Letter to the Editor", Ibid, 37.

302 Hannah Arendt, Totalitarian Imperialism: Reflections on the Hungarian Revolution, in: The Journal of Politics 20 (1958), 5-43. Die Umarbeitungen dieses Artikels gingen in die zweite, erweitere Auflage der "*Origins of Totalitarianism*", 1958, 380–410, ein.

303 다음 자료에서 인용하였다. Marie Luise Knott, *370 Riverside Drive, 730 Riverside Drive: Hannah Arendt und Ralph Ellison*(Berlin, 2022), 69f.

304 Ralph Ellison, "The World and the Jug," *The New Leader*(9 Dezember 1963), 22-26; (3. Februar 1964), 15-22.

305 Hannah Arendt, "Reflections on Little Rock," *Dissent* 6(1959), 45-56.

306 이 에피소드의 묘사는 여전히 메리 매카시의 최고 전기작가이자 해석자인 프랑스 키르난이 《비평가》의 다른 측면을 조명하는 과정에서도 언급된다.

307 Daniel Bell, "The 'Intelligentsia' in American Society," *The Winding Passage: Sociological Essays and Journeys.* With a New Foreword by Irving Louis Horowitz(New Brunswick, 1991), 130.

308 찬사와 사진은 《가우처 동문지 *Goucher Alumnae Quarterly*》(1960년 여름호), 5쪽에서 찾을 수 있다.

309 다음 자료를 참조할 것. Hannah Arendt, *Was ist Politik?: Fragmente aus dem Nachlass.* Hg. v. Ursula Ludz(München, 2015), 135-87.

310 두 인용문은 다음 자료에서 인용하였다. Hannah Arendt, "Description of Proposal," Rockefeller Foundation Records, Series 200: United States. 200 Subseries. S: United States—Social Sciences. Box 487: Columbia University—Arendt, Hannah—(Political Theory). Teil des Antrages vom 12. Dezember 1959.

311 여기에 제공된 정보 중 일부는 저자가 2022년『예루살렘의 아이히만』 신판에 덧붙인 「서문」에서도 확인할 수 있다. 다음 자료를 참조할 것. Helmut König, "Ein faszinierendes Buch und zählebige Missverständnisse. Hannah Arendt über Eichmann, das Verbrechen gegen die Menschheit und die Gerechtigkeit," *Essays in Understanding*, 455-552. 또 다음 자료를 참조할 것. Werner Renz, *Hannah Arendt. Eichmann in Jerusalem. Die Kontroverse um den Bericht von der Banalität des Bösen*(Hamburg, 2021).

312 한스 뢰스너(Hans Rößner, 1910~1997) 박사와 관련하여 다음 자료를 참조할 것. Michael Wildt, *Generation des Unbedingten: Das Führungskorps des Reichssicherheitshauptamtes* (Hamburg, 2002), 797-813.

313 마이어(Ahlrich Meyer)가 편집하고 번역했다. Léon Poliakov, *Vom Hass zum Genozid: Das Dritte Reich und die Juden*(Berlin, 2021). Hannah Arendt, "Review: The History of the Great Crime," Commentary 13(1952), 300-304.

314 뉴욕 공공도서관 기록보관소:《뉴욕 타임스》기록물. Lester Markel papers 1930~1997: MssCol 17787, Box 1, Folder 6, sowie die diversen Manuskript-Folder in: MssCol 2236, Serie 6, der Sammlung *New Yorker*.

315 다음 날 패널 토론에서 아렌트는 기드온 하우스너와 나훔 골드만 등으로부터 날카로운 공격을 받았다는 보도가 나왔다.

316 다음 자료를 참조할 것. Richard I. Cohen, "Breaking the Code. Hannah Arendt's »Eichmann in Jerusalem« and the Public Polemic. Myth, Memory and Historical Imagination," *Michael: On the History of the Jews in the Diaspora* 13(1993), 29-85. 이는 거의 사용되지 않은 추가 문헌을

가리킨다.

317 Paul Arnsberg, Hannah Arendt stellt die Frage: War Eichman-ein Damon? Die banale Antwort-eine ≫Affare≪, in: Hessische Blatter fur Volksbildung 14 (1964), 37-60.

318 다음 자료를 참조할 것. Alice Kessler-Harris, *A Difficult Woman: The Challenging Life and Times of Lillian Hellman*(New York, 2012).

319 ZDF-Broschüre(Privatbesitz), 48.

320 한나 아렌트가 1972년 5월 5일 히람 하이든에게 보낸 편지.

321 다음 자료를 참조할 것. Dorothy Gallagher, *Lillian Hellman: An Imperious Life*(New Haven/London, 2014), 130ff.

322 *ABBw*, 238, 242. 인용문은 254쪽. 서신에서 그 이름은 항상 부정확하게 '버스타인'으로 번역된다.

323 다음 자료에서 모두 인용했다. Ann Birstein, *Summer Situations*(New York, 1972).

324 Patricia McLaughlin, "Women on Women [with Comment], *American Scholar* 41(1972), 599-627. 599.

325 Renata Adler, *Toward a Radical Middle: Fourteen Pieces of Reporting and Criticism*(New York, 1970), XXII.

326 Alice Rühle-Gerstel, *Das Frauenproblem der Gegenwart: Eine psychologische Bilanz*(Leipzig, 1932).

327 Hannah Arendt, "Rezension zu Alice Rühle-Gerstel, *Das Frauenproblem in der Gegenwart: Eine psychologische Bilanz,*" *Die Gesellschaft* 10(1932), 177-79.

328 앞의 글, 178.

329 Judith Grünfeld, "Rezension zu Alice Rühle-Gerstel, *Das Frauenproblem der Gegenwart,*" *Die Arbeit. Zeitschrift für Gewerkschaftspolitik und Wirtschaftskunde* 10(1933), 125-27.

330 Arendt, *Varnhagen*, 208.

331 앞의 책, 256.

332 Platon, *Staat*, 455D.

333　다음 훌륭한 책을 참조할 것. Jan Eike Dunkhase, *Provinz der Moderne: Marbachs Weg zum Deutschen Literaturarchiv*(Stuttgart, 2021).

334　Joachim Radkau, *Die deutsche Emigration in den USA: Ihr Einfluss auf die amerikanische Europapolitik 1933~1945*(Düsseldorf, 1971).

335　다음 자료를 참조할 것. Dieter Gosewinkel, *Adolf Arndt: Die Wiederbegründung des Rechtsstaats aus dem Geist der Sozialdemokratie 1945~1961*(Bonn, 1991); Claus Arndt (Hg.), *Adolf Arndt zum 90. Geburtstag: Dokumentation der Festakademie in der Katholischen Akademie Hamburg*(Hamburg, 1995).

336　Hans J. Morgenthau, "Hannah Arendt 1906~1975," *Political Theory* 4(1976), 6f.

337　John D'Emilio, *Lost Prophet: Bayard Rustin and the Quest for Peace and Justice in America*(New York, 2003).

찾아보기

ㄱ

가다머, 한스-게오르크 96, 103, 118,
466, 530, 733

가스터, 테오도르 334, 336

가우스, 귄터 390, 391, 428, 431, 435-
438, 516, 634, 651

가우제, 프리츠 55

갈라스, 엘리자베스 340, 682

게오르게, 만프레드 314, 315

게이, 피터 668

겐츠, 프리드리히 21, 291, 386, 387, 744

겔렌, 아르놀트 669

고다르, 쥐스탱 165, 190

고이테인, 슐로모 도브 403

고타인, 에버하르트 530

과르디니, 로마노 84, 90, 709

괴테, 요한 볼프강 폰 8, 9, 145, 175

구르핑켈, 니나 210, 398

구리안, 발데마르 286, 367, 491, 539,
541, 661, 720, 728

구스트로프, 빌헬름 24, 213, 248

구트만, 에밀 248

구트만, 율리우스 390

군돌프, 프리드리히 394

군츠부르크, 알프레드 드 190

굼벨, 율리우스 132

귄츨러, 모리스 16

굿맨, 찰스 16

그라시, 에르네스토 447, 471

그레고르비우스, 페르디난트 44, 405

그레타나워, 카를 빌헬름 프리드리히
239

그로네만, 자미 176

그루마흐, 에른스트 86, 88, 102, 104-
106, 187, 337, 389, 496, 703

그륀발트, 프리데 88

그륀펠트, 유디트 654

그륄레, 한스 발터 530

그린가우스, 사무엘 366

그린버그, 클레멘트 414

그린스판, 헤르셸 259, 718

글라처, 나훔 401, 402, 406

길베르트, 로베르트 226, 234, 393

로젠베르크, 알프레드 243

로젠블뤼트, 마르틴 262, 263, 266, 268,
　　270, 272-274

로젠크란츠, 카를 394

로젠츠바이크, 프란츠 401, 409, 410

로트, 세실 335

롤만, 에른스트 에밀 14

롤만, 한스 14

뢰벤슨, 에르빈 113, 114, 119, 131, 391,
　　394

뢰벤탈, 레오 127

뢰비트, 카를 103, 106, 122, 127, 174,
　　466, 467, 530, 542

뢰제너, 링고 681

뢰스너, 한스 431, 590, 620

뢸레-게르스텔, 엘리스 653

루스벨트, 프랭클린 324

루카치, 게오르그 133

루츠, 우르줄라 561

루터, 마틴 107, 644, 678

루핀, 아르투르 255

룩셈부르크, 로자 371, 380, 589, 590,
　　613

룰리스, 라인하르트 85

리벤트로프, 요아힘 폰 274

리슈카, 쿠르트 파울 230

리스만, 아이텔-프리드리히 85, 86

리츠만, 사비나 625

리케르트, 하인리히 530

리히너, 막스 147, 395

리히텐슈타인, 하인리히 57

리히텐슈타인, 하인츠 88

린들리, 덴버 620

릴케, 라이너 마리아 21, 113, 394, 396,
　　518, 558, 559, 735, 744

□

마그네스, 유다 320, 341

마그누스, 사무엘 383, 384

마르쿠제, 헤르베르트 105, 127, 133,
　　468, 469

마르크비차, 힐데 126

마르크스, 카를 218, 303, 304, 443, 471,
　　478-480. 508, 580, 741, 742

마리탱, 자크 489

마봇, 앤드류 8, 9

마이몬, 잘로몬 403

마이어, 요제프 315, 316, 318

마이어, 구스타프 540

마켈, 레스터 614-616, 622-624, 751

마키아벨리, 니콜로 580

만, 골로 435

만, 토마스 280, 393

만테이, 위르겐 49

만하임, 카를 112, 131-137, 149, 164,
　　172-174, 375, 443, 445, 540, 653,
　　657, 692, 693, 712, 715

매카시, 케빈 675

베유, 시몬 415, 665

베이트, 한스 196, 204, 214

벡, 레오 206, 341, 373, 625

벤구리온, 다비드 248, 322, 617, 627

벤야민, 발터 25, 203, 343-346, 376,
    397-399, 408, 409, 444, 454, 463,
    513-515, 518, 550, 551, 579, 582,
    719, 736, 749

벨, 다니엘 293, 540, 600, 601, 636

벨로우, 사울 594

벨머, 알브레히트 664

보츠타인, 레온 675, 677

보프레, 장 471

볼드윈, 제임스 592, 594, 595, 598

볼라트, 에른스트 664, 675

볼프, 케테 15

볼프, 헬렌 678, 741

부르델, 장 275

부버, 마르틴 135, 187, 188, 242, 401,
    406

불트만, 루돌프 107, 710

빌러, 카를 15

브라운, 오토 140,

브라운, 프란시스 어니스트 623

브레히트, 베르톨트 280, 408, 413, 514

브레히트, 아르놀트 675, 677

브로케, 미하엘 554

브로트, 막스 210

브로흐, 헤르만 409, 411-413, 745

브뢰커, 발터 504

브리기테, 그란조프 621, 684

블로흐, 요제프 70, 152, 724

블루멘펠트, 쿠르트 103, 151, 162, 164,
    232, 248, 262, 318-323, 331-333,
    350, 366, 702, 703, 725

블뤼허, 하인리히 14-17, 37, 89, 106,
    218, 222, 231, 275, 277, 286, 351,
    474, 496, 554, 564, 635, 663, 668,
    717

블룸, 킬리안 317

블룸, 레옹 253

비멜, 발터 500

비에른손, 비에른스티에르네 212

비에른손, 소트로 212

비에타, 에곤 463, 467

비제, 베노 폰 150, 394

비커만, 엘리야스 403

ㅅ

사로트, 나탈리 393

사르트르, 장 폴 281, 409, 460, 473,
    489, 490, 666

샤츠키, 발터 375, 376

샤트너, 마르두크 204, 263

세르, 필리프 270

셀린, 루이 페르디낭 292, 398

세플러, 볼프강 626

셀러, 막스 705

아도르노, 테오도르 105, 127, 174, 346,
    373, 409, 421, 443, 454, 497, 514,
    648
아들러, 레나타 638, 643, 647
아들러-루델, 잘로몬 196, 257, 263, 273
아들러, 모티머 307
아렌트, 마르타 57, 77, 78, 82, 86, 87,
    390, 391, 702, 703
아렌트, 막스 54, 56-59, 63-67, 75, 76,
    78, 87, 384, 698, 700, 702
아렌트, 아론 47-58, 75, 698
아렌트, 요한나 57, 77, 79, 80, 84
아렌트, 헨리에테 67, 69, 701
아론슨, 나오움 248
아롱, 레몽 666
아른스베르크, 파울 626
아른트, 아돌프 670
아른트, 조셉 47
아리스토텔레스 96, 99, 101, 121, 304,
    484, 492, 495, 511, 644, 706
아벨, 라이오넬 281, 625, 644
아우구스티누스 20, 21, 23, 43, 103,
    108, 112-124, 173, 286, 385, 395,
    396, 466, 500, 520, 527, 710, 711
아이스킬로스 17
아이히만, 아돌프 35, 40, 45, 104, 236,
    323, 345, 431, 435, 436
아인슈타인, 알베르트 175, 280
아이젠하워, 드와이트 591
아이젠슈타트, 모세 엘레아자르 190

알예헴, 숄렘 402, 404
알텐베르크, 피터 72
야르블룸, 마르크 263, 276
야스퍼스, 게르트루트 540, 543, 547,
    549, 551, 553, 663
야스퍼스, 카를 20, 29, 35, 46, 104, 107,
    111-117, 123, 124, 128, 215, 232-
    234, 251, 290, 305, 352, 365, 373,
    374, 377, 378, 384, 390, 395-397,
    431, 433-435, 447, 451, 459-464,
    470, 475, 477, 478, 480, 482, 484,
    490, 497, 506, 509, 522-559, 563,
    607 609, 610, 621, 634 641, 649,
    663, 670, 682, 705, 710-712, 723,
    727-731, 735, 737, 738-743
야코비, 요한 49
야코비, 콘라트(요람) 88
야콥슨, 로만 643
야콥슨, 빅토르 170
에르하르트, 루트비히 432
에를리히, 에마 204, 211
에벌린, 엘리 248
에셴부르크, 테오도르 448
엔제스베르거, 한스 마그누스 454
엘론, 아모스 455
엘보겐, 이스마르 141, 290
엘리슨, 랄프 왈도 592, 594
엘리자베스, 에크포드 597
엥겔스, 프리드리히 71, 304, 540
닝-브릴, 엘리자베스 27-29, 151, 689,

체임벌린, 네빌 259

첼란, 파울 422

츌키, 부르노 669

츌키, 한스 669, 670

츠바이크, 슈테판 210, 400, 481

츠바이크, 아르놀트 21, 24, 151, 157-
  164, 173, 413, 715

ㅋ

카노반, 마거릿 665, 687

카뮈, 알베르 281-284, 363, 460, 666

카미유, 쇼탕 253

카스트로, 피델 605, 606

카시러, 에른스트 96, 127, 128, 252,
  259, 467, 502, 528, 537, 538, 666,
  679

카우프만, 카를 14

카운츠, 도로시 597

카즈넬손, 지그문트 159

카진, 알프레트 233, 351, 414, 636, 638,
  639, 642, 675

카토 573

카츠, 야콥 136

카프카, 프란츠 280, 294, 315, 390, 395,
  401, 404, 405, 408, 418, 423, 463,
  481, 500, 506, 746

칸트, 임마누엘 49, 61, 66, 70, 145, 315,
  390, 394, 403, 507, 510, 516, 555,

556, 613, 669, 699

칼렌, 호레이스 336

케이, 엘렌 141

케틀러, 데이비드 672

켐프너, 로베르트 454, 626

코머렐, 막스 514

코베트, 하인리히 375

코제브, 알렉상드르 156, 666

코헨, 나탄 428

코헨, 엘리엇 410

코헨, 헤르만 70, 92, 352, 402, 423

콘, 라파엘 82

콘, 야콥 55, 57

콘, 제롬 672, 674, 683, 717

콘, 한스 320

콘래드, 조셉 305-308, 354, 418-421,
  722, 746

쾰러, 로테 222, 564, 614, 621, 678

크노트, 마리 루이스 561

크라카우어, 지그프리트 17

크로넨베르거, 프리드히리 88

크루시, 프랑수아 275

크뤼거, 게르하르트 96, 103, 530

크리스텔러, 폴 오스카 291

크리스톨, 어빙 414

클라인, 야콥 103, 156, 157

클로델, 폴 397

클레망소, 조르주 190, 584

클롭슈톡, 프리드리히 고트리프 394

클리반스키, 레이몬트 529

802

프라이, 바리안 15, 435, 719

프라이어, 레샤 256

프라이어, 한스 105

프랑크, 에리히 531

프랑크푸르터, 데이비드 21, 24, 213,
    214, 248-250

프로메, 프리드리히 카를 626

프로이덴하임, 헬레네 71

프로이트, 지그문트 14

프루스트, 마르셀 352, 418, 420, 746

프르지와라, 에리히 386

프리드리히, 카를 요아임 609, 672

프리드먼, 필립 341, 366, 367

플라톤 100, 101, 121, 304, 424, 479,
    482, 484, 491, 495, 502-507, 512,
    516, 573, 598, 659, 705, 706, 735

플레그, 에드몽 170, 190

플레스너, 헬무트 448

피아제, 장 15

피카소, 파블로 506

피페르, 클라우스 590

피하, 막심 170

핀슨, 코펠 334, 337, 341, 366, 367

핀켄슈타인, 카를 프리드리히 144, 709

필더만, 루바 176, 271

필립스, 빌헬름 281

ㅎ

하드윅, 엘리자베스 414

하르트만, 게오르크 34, 682

하르트만, 니콜라이 92, 93, 96, 127, 529

하르더, 리하르트 91, 106, 112, 150

하버마스, 위르겐 454, 467, 664, 672

하우, 어빙 429, 600, 675

하우스너, 기디온 618

하이네, 하인리히 423, 746

하이네, 마르가레테 48, 53, 83

하이데거, 마르틴 92-111, 114, 115,
    122-134, 150, 157, 172, 233, 280,
    286, 291, 392-396, 422, 440, 447,
    459-521, 528-532, 541-543, 558,
    559, 569, 574. 579, 649, 653, 663,
    666, 672, 705-709, 712, 714, 727,
    731-737

하이든, 히람 635-639, 644, 648, 752

하일브로너, 로버트 675, 677

하일브로너, 자크 266

한-바르부르크, 롤라 258, 263

함순, 크누트 72

헤겔, 게오르크 빌헬름 프리드리히 112,
    156, 315, 481, 487, 490, 512, 711,
    747

헤르더, 요한 고트프리트 폰 85, 137,
    528

헤로도토스 359

헤르츨, 테오도르 242, 252, 322

한나 아렌트

초판 1쇄 발행   2026년 3월 30일

지은이   토마스 마이어
옮긴이   홍원표
펴낸이   조미현

책임편집   박이랑, 정차임
디자인   나윤영
마케팅   이예원, 공태희
제작   이현

펴낸곳   (주)현암사
등록   1951년 12월 24일 (제10-126호)
주소   04029 서울시 마포구 동교로12안길 35
전화   02-365-5051
팩스   02-313-2729
전자우편   editor@hyeonamsa.com
홈페이지   www.hyeonamsa.com

ISBN 978-89-323-2489-0 03100

책값은 뒤표지에 있습니다. 잘못된 책은 바꾸어 드립니다.